NORMAN
Oswalds Geschichte
MAILER

EBENFALLS VON NORMAN MAILER:

DIE NACKTEN UND DIE TOTEN

AM RANDE DER BARBAREI

DER HIRSCHPARK

REKLAME FÜR MICH SELBER

DEATHS FOR THE LADIES (AND OTHER DISASTERS)

THE PRESIDENTIAL PAPERS

DER ALPTRAUM

CANNIBALS AND CHRISTIANS

AM BEISPIEL EINER BÄRENJAGD

HEERE AUS DER NACHT

NIXON IN MIAMI UND DIE BELAGERUNG VON CHICAGO

AUF DEM MOND EIN FEUER

GEFANGEN IM SEXUS

UND NICHTS ALS DIE WAHRHEIT

S(ANKT)T GEORG UND LUZIFER

MARILYN MONROE

THE FAITH OF GRAFFITI

DER KAMPF

GENIUS UND LUST

GNADENLOS

ICH, MARILYN M.

PIECES AND PONTIFICATIONS

FRÜHE NÄCHTE

HARTE MÄNNER TANZEN NICHT

DIE SPRACHE DER MÄNNER

GESPENSTER/FEINDE – DAS EPOS DER GEHEIMEN MÄCHTE

**Der Fall Lee Harvey Oswald
Ein amerikanisches Trauma**

*Ins Deutsche übertragen von
Maurus Pacher
und
Brita Baumgärtel*

Herbig

Titel der Originalausgabe: Oswald's Tale:
An American Mystery (Random House, New York)

Englische Übersetzung von amtlichen Dokumenten der Russischen Föderation:
© 1994 Polaris Communications, Inc., und Norman Mailer
Englische Übersetzung von amtlichen Dokumenten der Republik Weißrußland:
© 1994 Polaris Communications, Inc., und Norman Mailer
Interview von Lawrence Schiller mit Marguerite Oswald:
© 1976 by The New Ingot Company, Inc.
Dank für die Genehmigung des Abdrucks früher veröffentlichten Materials:
CAROL PUBLISHING GROUP: *Auszüge aus Passport to Assassination: The Never Before-Told
Story of Leer Harvey Oswald by the KGB Colonel Who Knew Him* von Oleg M. Nechiporenko,
übersetzt vo Todd R. Bludeau. © by Oleg M. Nechiporenko. Veröffentlicht nach Absprache mit
Carol Publishing Group. Ein Birch Lane Buch. Genehmigter Abdruck.
EDWARD J. EPSTEIN: Auszüge aus *Legend: The Secret Life of Lee Harvey Oswald* von Edward
J. Epstein. © 1978 by Edward J. Epstein Abdruck mit Erlaubnis des Autors.
HARPERCOLLINS PUBLISHERS, INC.: Auszüge aus *The Death of a President* von William
Manchester. © William Manchester. Genehmigter Abdruck.
ROBERT LEE OSWALD: Auszüge aus *Lee: Portrait of Lee Harvey Oswald* von Robert Oswald.
Abdruck mit Erlaubnis von Robert Lee Oswald.
RUSSELL & VOLKENING, INC.: Auszüge aus *Marina and Lee* von Priscilla Johnson McMillan
(William Morrow & Co., 1977). © 1977 by Priscilla Johnson McMillan. Abdruck mit Genehmi-
gung von Russell & Volkening als Agenten des Autors.
RANDOM HOUSE, INC., AND LITTLE BROWN AND COMPANY (UK):
Auszüge aus *Case Closed* von Gerald Posner. © 1993 by Gerald L. Posner. Weltrechte mit Aus-
nahme Großbritanniens bei Random House, Inc. Abdruck mit Genehmigung von Random
House, Inc., und Little, Brown and Company (UK).
STERLING LORD LITERISTIC, INC.: Auszüge aus *Conspiracy* von Anthony Summers
(Paragon House Publishers). © by Anthony Summers. Abdruck mit Genehmigung von Sterling
Lord Litecristic, Inc.
THUNDER'S MOUTH PRESS: Auszüge aus *The Last Investigation* von Gaeton Fonzi.
Nachdruck mit Genehmigung von Thunder's Mouth Press.
WGBH: Auszüge aus der Sendung *Frontline* vom November 1993 unter dem Titel »Who Was
Lee Harvey Oswald?«. Genehmigter Abdruck.

© 1995 by Norman Mailer, Lawrence Schiller und Polaris Communications, Inc.
© 1995 für die deutsche Sprache bei F. A. Herbig
Verlagsbuchhandlung GmbH, München
Umschlaggestaltung: Wolfgang Heinzel unter Verwendung
eines Fotos des Ullstein Bilderdienstes, Berlin
Herstellung: Franz Nellissen
Satz: Filmsatz Schröter GmbH, München
Gesetzt aus: 10,5 /12 Punkt Minion auf Apple Macintosh in QuarkXPress
Druck und Binden: Graphischer Großbetrieb Pößneck GmbH
Printed in Germany
ISBN: 3-7766-1903-1

FÜR NORRIS, MEINE FRAU,
für dieses Buch und die sieben anderen,
die in diesen Jahren der Geborgenheit geschrieben wurden,
diesen wärmenden zwanzig Jahren, die wir zusammen sind.

DANK

an Larry Schiller, meinen cleveren und pfiffigen Kollegen bei den Interviews und Nachforschungen, für die sechs Monate, die wir Seite an Seite in Minsk und Moskau arbeiteten, und für die Zeit in Dallas, in der wir sehr familiär miteinander umgingen (und bisweilen auch so streitsüchtig); und an Judith McNally, meine unvergleichliche Assistentin, deren Vorzüge so zahlreich sind, daß es meinem Eigennutz schaden würde, sie alle aufzuzählen – ja, an Schiller und McNally meine volle und uneingeschränkte Danksagung. Ohne sie wäre vielleicht keine Geschichte zu erzählen gewesen.

Abgeordneter Boggs: Warum lief Ihr Sohn nach Rußland über?
Marguerite Oswald: Das kann ich nicht mit Ja oder Nein beantworten, Sir. Ich muß die ganze Geschichte aufrollen, sonst hat es keinen Sinn. Und damit bin ich vor dieser Kommission schon den ganzen Tag beschäftigt gewesen – eine Geschichte mitzuteilen.
Abgeordneter Boggs: Ich nehme an, daß Sie es kurz und bündig machen.
Marguerite Oswald: Ich kann es nicht kurz machen. Ich möchte damit sagen, daß ich außerstande bin, es kurz zu machen. Dies ist mein Leben und das Leben meines Sohnes, die beide in die Geschichte eingehen werden.

Aus Marguerite Oswalds Aussage vor der Warren-Commission
am 10. Februar 1964

INHALT

ERSTER BAND
OSWALD IN MINSK MIT MARINA

ERSTER TEIL
Waljas Abenteuer 10

ZWEITERTEIL
Oswald in Moskau 43

DRITTER TEIL
Oswalds Arbeit, Oswalds Flamme 67

VIERTER TEIL
Marinas Freunde, Marinas Verehrer 119

FÜNFTER TEIL
Werbung und Hochzeit 137

SECHSTER TEIL
Eines langen Tages Reise in die Heimat 162

SIEBTER TEIL
Vater, Mutter, Kind 203

ACHTER TEIL
Im Vorzimmer der Geschichte 254

NEUNTER TEIL
Schock 270

ZWEITER BAND
OSWALD IN AMERIKA

ERSTER TEIL
Frühe Jahre, Militärzeit 280

ZWEITER TEIL
Nächstenliebe in Fort Worth 343

DRITTER TEIL
Dunkle Tage in Dallas 371

VIERTER TEIL
The Big Easy 435

FÜNFTER TEIL
Protagonisten und Provokateure 492

SECHSTER TEIL
Oswald ex machina 516

SIEBTER TEIL
Der Amateurrächer 589

ACHTER TEIL
Oswalds Gespenst 613

ANHANG

Namenverzeichnis 638

Danksagung 643

Anmerkungen 644

Quellenverweise 645

Bibliographie 655

ERSTER BAND

OSWALD IN MINSK MIT MARINA

ERSTER TEIL

WALJAS ABENTEUER

1

Brummkreisel

Als Walja drei war, fiel sie gegen einen heißen Ofen, verbrannte sich das Gesicht und war ein ganzes Jahr lang krank. Kurz darauf starb ihre Mutter, und ihr Vater blieb mit sieben Kindern zurück.

Als ihre Mutter begraben wurde, sagte Waljas Vater: »Schaut sie an und behaltet sie im Gedächtnis.« Dann reihte er sie um den Sarg auf und wiederholte: »Versucht, eure Mutter im Gedächtnis zu behalten.« Da standen sie, alle sieben Kinder, in Schwarz gekleidet. Waljas Kleid hatte ein Muster in der Form kleiner Kreuze. Sie erinnert sich genau daran, und daß alle ihre Brüder und Schwestern weinten. Ihre Mutter war bei der Geburt ihres achten Kindes gestorben.

Sie war in einem 50 Kilometer entfernten Krankenhaus verschieden, und als sie ihr letztes Stündlein kommen fühlte, bat sie, man möge Guri, ihren Mann, rufen und ihm ausrichten, daß sie ihm noch ein paar Worte sagen wolle. Sie lag im Bett, wartend, die Augen auf die Tür gerichtet, und als er endlich hereinkam, war sie bereits so schwach, daß sie nur noch sagen konnte: »Bitte, Guri, nimm dich unserer Kinder an«, und dann die Seele aushauchte. Sie hatte keine Sekunde länger leben können. Aber natürlich kommt sie in Waljas Träumen bis heute immer wieder zurück.

Walja war die zweitälteste Tochter, und als die Älteste nach einigen Jahren das Elternhaus verließ, mußte sie sich um den Haushalt kümmern. Sie waren eine Familie, alle sehr gutherzig, und fast jeder wurde als gleichberechtigt behandelt. Als Walja sieben war, konnte sie bereits Brot in einem Ofen backen, in den man auf einer flachen Holzschaufel den Laib schob, und jeder war froh, wenn sie ihr Brot buk, weil es so schmackhaft war.

Ihr Vater war Bahnwärter in der Smolensker Sektion der Sowjetischen Eisenbahnen. Da seine Kinder ohne weibliche Obhut aufwuchsen, heiratete er wieder. Seine Kinder hegten gegen die neue Frau keinen Groll, sie liebten sie, denn sie war ein guter Mensch, und nannten sie sogar Mama. Sie war sehr gütig zu ihnen, obwohl sie nicht gesund war und bereits zweimal verheiratet gewesen war; doch ihr einziges Kind aus der zweiten Ehe war gestorben, und aus der dritten Ehe mit Guri kamen keine Kinder mehr.

Vielleicht hatte die Stiefmutter Waljas Vater geheiratet, weil sie auf diese Weise der Arbeit in einer Kolchose entgehen konnte. Manchmal fragte sich Walja, warum er sie genommen hatte, denn sie war häufig krank und mußte sogar ins Krankenhaus; aber obwohl sie nicht soviel wie gehofft helfen konnte, brauchten die Kinder sie, um sich als Familie zu fühlen, und warteten immer sehnsüchtig, bis sie sich von ihren Krankheiten wieder erholt hatte. Sie nahm sich der Kinder Guris wirklich an. Manchmal, wenn er nach Smolensk oder Witebsk fuhr und einen Leckerbissen heimbrachte, sagte er zu seiner neuen Frau:»Schau, es sind so viele Kinder, und sie sind noch so jung, also konnte ich nur diese Kleinigkeit für dich mitbringen.« Sie dankte ihm, aber sobald sie ihr den Rücken kehrte, teilte sie das Mitbringsel gerecht auf. Sie lebte so lange, daß sie alle mit ihr aufwuchsen. Waljas Vater wurde sogar achtundsiebzig. Wenn das Leben auch nicht leicht war, so hatten sie doch ihren Vater.

Walja war sehr scheu. Und immer schamhaft wegen ihrer Wange, denn eine Seite ihres Gesichts blieb seit dem Unfall vernarbt. Die ärztliche Versorgung in jener Zeit war schlecht. Sie legten ihr Verbände an, die austrockneten, und immer, wenn sie abgenommen wurden, blieb ein Mal zurück. Außerdem waren diese Prozeduren äußerst schmerzhaft. Walja erinnert sich, daß sie das ganze Jahr hindurch weinte. Sie hörte die Leute sogar sagen:»Vielleicht wäre es besser gewesen, wenn sie gestorben wäre, denn ein Mädchen mit einem solchen Gesicht kann nicht glücklich werden.« Sie glaubt, daß sie dadurch ein stiller Mensch wurde, der alles Unangenehme in sich hineinfraß. Sie war nie emotional, erfüllte ihre Pflicht und schrie nie jemanden an, nur in ihrem Inneren fühlte sich unglücklich.

Die Kinder in der Schule waren gleichwohl niemals grausam zu ihr. Walja hatte vier Brüder, also war es für ihre Mitschüler nicht ratsam, sie zu verhöhnen. Ihre Brüder und Schwestern waren alle gesund und hatten deshalb zu Walja eine besondere Art von Zuneigung. Sie tat ihnen leid, weil sie ein ganzes Jahr krank gewesen war und sie ihre Qualen miterlebt hatten. Ihr Vater sagte sogar:»Weißt du, daß ich mich mit dir, als du ein Kind warst, viel mehr abgegeben habe als mit allen anderen? Ich habe dich das ganze Jahr im Arm gehalten, weil du soviel geweint hast.« Walja wuchs in dem Bewußtsein auf, daß die Narbe auf ihrer Wange ihr die weibliche Schönheit geraubt hatte. Sie hatte einen hübschen Körper und schöne Zähne, aber wegen der Wange hielt sie sich nicht für attraktiv. Trotzdem waren immer

Männer um sie. Es war merkwürdig. Sie wußte nicht, warum sie Männer anzog, aber es war so. Vielleicht, meint sie, wußten die Leute, daß sie eine gute Hausfrau war. Ihre ganze Jugend über galt ihr Interesse dem Haushalt. Sie hielt alles sauber; in Guris Haus war kein Stäubchen zu sehen.

An jeder Bahnstation gab es ein kleines Wärterhaus, meistens in einem Feld neben den Schienen. Im Erdgeschoß war die Dienststelle, im ersten Stock lebte der Bahnwärter mit seiner Familie. Sie hatten zwei Zimmer, eines für die sieben Kinder, eines für Guri und seine Frau. Es gab keine Küche, Walja bereitete die Mahlzeiten auf dem Ofen im Zimmer ihres Vaters zu. An Festtagen wie Neujahr wurde der geschmückte Baum im anderen Zimmer aufgestellt, in dem die sieben Kinder in drei Betten schliefen. Noch heute, wenn sie an einer kleinen Eisenbahnstation vorbeifährt, wird sie traurig. Ihre Kindheit war schwer gewesen, aber irgendwie erinnert sie sich gerne zurück, und die Traurigkeit ist gleichzeitig eine Rückbesinnung auf schöne Augenblicke im Leben. Sie liebt diese Traurigkeit.

In der Oberschule lernte sie Deutsch als zweite Sprache, aber sie wurden regelmäßig darauf hingewiesen, daß der Nationalsozialismus ein totalitäres System sei, und daß sie selbst in einer sozialistischen Volksdemokratie lebten. Die ersten Deutschen sah sie erst im Juni 1941, kurz nach dem Kriegseintritt der Sowjetunion. Sie erinnert sich, daß die Felder reiften und die Deutschen bereits in Smolensk waren. Sie rückten unheimlich schnell vor. Überall setzten sich die russischen Truppen ab und ließen viele Panzer zurück. Die Deutschen waren die Herren der Lage. Erst kamen die Flugzeuge und bombardierten Brücken, die Bahnstation, setzten Dörfer in Brand. Das dauerte eine Woche, dann kamen die Panzer. Sie besetzten alles. Die Deutschen brachten ihre Gesetze, und man durfte sich ohne Sondergenehmigung nicht einmal ein paar Kilometer vom Haus entfernen.

Sie töteten, hängten Menschen an Bäumen auf. Walja sah sie: junge Partisanen, die an Bäumen hingen. Sie hat das Bild immer noch vor Augen: da war eine Allee, und die ganze Allee hinunter hingen junge Menschen, manchmal zwei an einem Baum. Jeder im Dorf ging hin, um zu schauen. Sie waren alle vom Grauen gelähmt, aber sie gingen schauen, damals, als sie sechzehn war und die Deutschen alles Land, das sie kannte, überrannt hatten.

Ihren Vater ließen sie auf seinem Posten. Er verrichtete weiter seinen Dienst, was blieb ihm anderes übrig? Er mußte den Lebensunterhalt verdienen. Aber an anderen Orten waren sie sehr grausam und brannten viele Dörfer nieder. Also machten sich die Russen, die für die Deutschen arbeiteten, große Sorgen, daß sie später dafür bestraft würden. Gewiß war ihr Vater von den Sorgen niedergedrückt. Er sagte nichts, aber sie hatten große Angst, daß er zur Rechenschaft gezogen würde, sie sprachen untereinander darüber und bangten später, was Stalin ausbrüten könnte. Ihre Familie fühlte sich seither gebrandmarkt, obwohl sie und die Ihren nie kollaboriert hatten, niemals. Sie hat immer ein rechtschaffenes Leben geführt. Im übrigen schlugen diese Deutschen ihren Vater.

Walja erinnert sich noch immer daran. Die Familie hatte eine Kuh, aber kein Futter. Wenn Züge vorbeifuhren, blieb manchmal Heu auf dem Bahnsteig liegen, das aus Güterwagen herausgeweht war. Ihr Vater sammelte diese Reste ein. Einmal beschlossen ein paar Deutsche, die gerade vorbeikamen, daß er jüdisch aussehe, denn er hatte schwarzes Haar, einen schwarzen Bart und schwarze Augen und trug einen Hut. Sie waren zu dritt und schlugen ihn ins Gesicht, und er verlor einige Zähne. Seither hatte er immer Probleme mit seinen Zähnen. Als es an jenem Abend schaffte, nach Hause zu kommen, fluchte er in einer Weise, die Walja am liebsten nicht wiederholen würde. Er gebrauchte das schlimmste Fluchwort, das sie nur flüsternd über die Lippen bringt: *job ich mat*, was sexuellen Umgang mit der eigenen Mutter bedeutet. Guri vergaß die Schläge sein ganzes Leben nicht. Er mußte zwei Wochen zu Hause bleiben. Danach sammelte er tapfer wieder Heu vom Bahnsteig auf, weil die Kuh Futter brauchte. Er war dabei ständig in Angst, wieder geschlagen zu werden. Aber schließlich fürchteten sie sich alle.

Später nahmen die Deutschen ihren Vater, ihre Brüder und zwei Onkel mit. Sie brannten die Bahnstation nicht nieder, aber sie zertrümmerten alle Fensterscheiben. Die Deutschen vergewaltigten auch viele Frauen, aber nicht ihre Stiefmutter, weil sie nicht verführerisch genug war, und auch sie und ihre Schwestern nicht, weil sie noch Kinder waren. Dann versuchten sie, ihr Häuschen niederzubrennen, aber sie zündeten es hastig an und zogen dann weiter, so daß Walja mit dem Wasser, in dem sie die Wäsche wusch, die Brandherde löschen konnte. Nachbarn brüllten sie an, daß die Deutschen, wenn sie das mitbekämen, andere Häuser anzünden würden. Es war eine sehr schwierige Situation. Sie standen alle in ihrem Garten, die Deutschen hatten ihren Hund umgebracht, und alle Dörfer im Umkreis der Bahnstation waren niedergebrannt.

Ihr Vater und ihre Brüder mußten anderthalb Jahre, bis Kriegsende, im deutschen Gefangenenlager bleiben. Es war noch ein Glück, daß sie sie besuchen konnte. Sie, ihre jüngere Schwester und ihre Stiefmutter gingen die 35 Kilometer zu Fuß. Manchmal durften sie etwas zu essen mitbringen. Weil es viel Schnee gab, hatte die Familie ihre Schweine geschlachtet und sie unter dem Schnee versteckt. So konnte ihre Stiefmutter Fleisch kochen und es den Brüdern und dem Vater mitbringen. Damit verzichteten sie natürlich auf ihre eigene Nahrung, also bestanden die Männer ihrerseits darauf, daß sie einen Teil selbst aßen. Trotzdem mußten sie auf dem Rückweg auf der Landstraße betteln. Sie waren immer hungrig und hatten keine ordentlichen Schuhe und Kleider. Einmal hörte sie, wie ihr Vater zu ihrer Stiefmutter sagte: »Meine Töchter wachsen auf, ohne etwas zum Anziehen zu haben. Nimm meinen Anzug; vielleicht kannst du ein Kleid daraus machen.« Dennoch trugen sie so alte Kleider, daß einige Deutsche sie – Walja war fünfzehn, ihre Schwester vierzehn – *matki* nannten, ein schlimmes Wort, etwa »olle Ziegen«.

Eines Tages im Juni 1944 kamen ohne Vorwarnung viele Deutsche, verluden alle Personen ihres Alters in Güterwagen und transportierten sie ab. Alle Mädchen weinten. Es geschah um die Mittagszeit, sie wurden zusammengetrieben und mit dem, was sie am Leibe trugen, zur Bahnstation gebracht. Später erfuhr sie, daß ihr Vater, als er aus dem Lager zurückkam und sie nicht mehr vorfand, sich auf die Knie warf und herzzerreißend schluchzte.

Da war sie nun in einem Güterwagen mit so vielen anderen Mädchen zusammengepfercht, und es gab kein Klo. Sie rissen eine Bohle heraus und machten ein Loch in den Boden. Es war ein langer Zug, und sie hatten in die Viehwagen hinaufklettern müssen, denn es gab nicht einmal die Planke, auf der sonst Kühe verladen wurden. »Die Deutschen haben uns einfach in den Waggon gestoßen und die Tür verriegelt. Sie brüllten niemanden an, sie schlugen uns nicht, aber sie waren sehr rigoros. Wir waren nicht die ersten, und auf jeder Station sammelten sie noch mehr Leute ein. Und nach weiteren Stops konnte man sich kaum noch bewegen.« Was sie in diesem Zug nach Deutschland erlebte, wird sie nie vergessen. »Kein Maler könnte das auf eine Leinwand bringen. Auf allen Gesichtern nur noch nackte Furcht, als ob das Leben vorbei wäre und der finstere Waggon das Inferno sei. Und dann mußten wir dieses Loch in den Boden machen.« Sie erinnert sich nicht, welches Werkzeug sie dafür benutzten; vielleicht war da bereits eine kleine Öffnung, und sie vergrößerten sie mit bloßen Händen.

Walja konnte nicht feststellen, durch welche Städte sie kamen, es wurde ihr nur gesagt, daß sie durch Polen fuhren. Dann kamen sie in ein Transitlager. Sie mußten sich in einer Reihe aufstellen, Männer wie Frauen, und alles ausziehen. Ihre Zähne wurden untersucht, als ob sie Pferde wären, ebenso jede andere Stelle ihres Körpers, und sie bekamen Spritzen. Es war sehr unangenehm; da standen sie alle in ihrer Nacktheit und wußten nicht, was geschehen würde. Sie empfand keine Scham, weil alle anderen ebenfalls ohne Kleider waren, aber es war unangenehm. Bis zum heutigen Tag ist Walja überzeugt, daß die Spritzen, die sie an jenem Tag bekam, schuld waren, daß sie später keine Kinder bekommen konnte.

Dann bekamen sie die Kleider zurück und verbrachten eine weitere Woche in diesem Zug. Es gab etwas Essen, einen Löffel Suppe, und soviel Platz, daß man auf dem Boden sitzen konnte – das war eine Verbesserung gegenüber der Fahrt von Weißrußland nach Polen. Aber allen stand immer noch das Grauen ins Gesicht geschrieben, als ob sie zur Hinrichtung geführt würden. Auch heute noch bricht Walja in Tränen aus, wenn sie sich daran erinnert.

Schließlich kamen sie in Frankfurt am Main an und wurden in der Nähe in einem Lager mit Holzbaracken untergebracht. Sie hörten, daß die Deutschen viele Menschen in riesigen Öfen verbrannten, aber sie und die anderen Mädchen waren jung und wurden zur Arbeit eingesetzt und nicht getötet. Trotzdem war jede, die nur ein wenig jüdisch aussah, in großer Gefahr. Im Lager gab es Holzpritschen ohne Decken und Kissen, so daß sie bei warmem Wetter lieber draußen schliefen. Nach kurzer Zeit bekamen sie fellgefütterte Holzschuhe und Jacken mit dem Aufdruck »OST«, damit jeder sehen konnte, woher sie kamen. Jeden Morgen um sieben gingen sie hinunter zum Zug, der sie nach Frankfurt brachte. Dort arbeiteten sie den ganzen Tag und kamen erst am späten Abend wieder zurück. Sie war neun Monate in diesem Lager. Walja sah nie, daß jemand erschossen wurde, aber einige Mädchen starben an Unterernährung.

Dann kam ein Tag im April 1945, an dem es keinen Zug gab und sie gezwungen waren, zu Fuß zur Arbeit zu gehen. Amerikanische Flugzeuge hatten in der vergangenen Nacht das Gebiet bombardiert, und Walja sah ein Bahngleis, das kerzengerade in die Luft stand. Sie wollte aus Angst vor einem weiteren Luftangriff nicht in das Lager zurückkehren und lieber in Frankfurt bleiben. Eine Freundin machte sich allein auf den Rückweg, aber nach ein paar Minuten dachte Walja: Was fange ich hier allein an? und lief ihrer Freundin nach. Im Lager ging das Gerücht, daß sie evakuiert würden, und alle hatten Angst. Würde man sie nun auch in Öfen stecken und verbrennen? Die ersten begannen zu flüchten. Walja mußte einen Hügel hinunter, der so steil war, daß sie ganze Strecken nur hinabrutschen konnte. An der gegenüberliegenden Seite des Tales war ein kleiner Wald mit ein paar Häusern. Ein Deutscher, der sich ihrer Gruppe angeschlossen hatte, zeigte ihnen einen Vorratsraum unter der Erde, in dem sie sich verstecken konnten. Dort blieben sie zehn Tage ohne Licht, bis der Krieg zu Ende war.

Walja erfuhr, daß über ihren Köpfen das totale Chaos geherrscht hatte. Dieser Deutsche hatte ihre Gruppe gerettet, denn das Lager war in den letzten

Kämpfen zwischen den Deutschen und den Amerikanern zerstört worden. Nun sah sie zum ersten Mal in ihrem Leben Amerikaner. Es waren viele Neger unter ihnen. Sie erinnert sich, daß sie sehr nett, glücklich und lebendig aussahen, und so gutgebaut. Sie waren stolz, daß sie die Leute befreit hatten. Erstmals nach einem Jahr sah sie lächelnde Gesichter. Walja ist sicher, daß sie sich noch in ihrer letzten Stunde an diesen Tag erinnern wird, und wie es war, als sie wieder ans Licht gekrochen war und es ihr vorkam, als ob ihr Leben neu begonnen habe.

Walja weiß noch genau, wie ihr ein amerikanischer Soldat seine Feldflasche anbot und ihr ein großes Stück Schokolade gab. Sie hatte noch nie Schokolade gegessen, und in der Feldflasche war Wein. Da sie auch noch nie Alkohol zu sich genommen hatte, wurde ihr plötzlich schlecht. Und in all ihrer Glückseligkeit mußte sie sich übergeben.

Amerikanische Offiziere sagten ihr: »Wenn Sie nicht nach Rußland zurückkehren wollen, können Sie hierbleiben; wir werden Ihnen bei der Suche nach Arbeit behilflich sein.« Aber Walja fühlte, daß sie nicht auf der amerikanischen Seite bleiben konnte. Sie liebte ihren Vater und vermißte ihn so sehr. Also wurde sie mit anderen Mädchen, die ebenfalls zurückkehren wollten, in ein russisches Auffanglager in Frankfurt an der Oder geschickt, wo bereits Tausende auf die Repatriierung warteten. Aber bis dahin wurde es wieder Juni, sie arbeitete auf den Feldern, schied für die Kühe gutes Gras vom schlechten, molk die Kühe, kam in eine kleine Molkerei, die stolz als Butterfabrik firmierte, und bekam die Leitung über eine Abteilung, weil sie ihre Arbeit so gut machte. In der Molkerei lernte sie einen Mann kennen, den sie über alles liebgewann. Er war groß und sehr schüchtern, ein bescheidener, ein sehr guter Mensch. Es war eigentlich keine Beziehung, sie trafen sich nur jeden Abend nach der Arbeit und küßten einander. Er berührte nicht einmal ihre Brüste. Er sagte: »Wenn wir zurück in Rußland sind, heiraten wir.« Und sie hatte einen Traum, in dem sie ihn küßte und küßte und nicht damit aufhören konnte, aber als sie diesen Traum ihren Freundinnen erzählte, sagten die: »Das bedeutet, daß du ihn nie wiedersehen wirst.« Es stellte sich heraus, daß sie recht hatten, denn er wurde abkommandiert und konnte nicht einmal mehr Abschied nehmen. Sie weinte. Sie liebte ihn so sehr, weil sie noch nie so eine Zärtlichkeit erlebt hatte. Er war ihr zwei Monate so nahe gewesen und hatte nie gefragt, was mit ihrem Gesicht geschehen war. Er hatte sie behandelt, als ob sie etwas Besonderes wäre, während der Mann, den sie kurz darauf kennenlernte und der ihr Ehemann wurde, sie bereits beim zweiten Treffen fragte, warum ihre Wange so war, wie sie war.

Sie heiratete diesen zweiten Mann, aber bei dem ersten hatte sie sich geborgener gefühlt. Sie sah ihn nie wieder, obwohl sie in Briefwechsel standen. Selbst, als sie bereits verheiratet war, schrieb sie ihm, aber dann hörte sie damit auf. Der zweite Mann hatte sie trotz ihres Gesichts geheiratet, und dafür war sie ihm dankbar. Sie wollte ihn nicht verlieren. Deshalb hörte sie auf. Später schrieb ihr der erste Mann, daß er eine Lehrerin geheiratet habe, und daß sie viel ins Theater und ins Kino gingen, und fügte hinzu: »Obwohl ich Dich nur zwei Monate kannte, gehört mein Herz Dir.« Und obwohl sie nur Küsse mit ihm getauscht hatte, liebt sie ihn noch immer und ist überzeugt, daß auch er sie noch liebt, falls er noch am Leben ist.

Kurz nachdem er weg war, kam regelmäßig ein Soldat in die Molkerei, der einem Lazarett in der Nähe zugeteilt war, um Essen für den Mann abzuholen, der ihr künftiger Ehemann wurde. Einmal fragte sie: »Für wen nehmen Sie das alles mit?« Er sagte: »Einer unserer Offiziere ist krank, es ist für ihn.« Sie sagte: »Richten Sie ihm meine besten Grüße aus, und wir möchten, daß er bald wieder gesund wird.« Sie sagte es einfach, um einem Kranken eine Freude zu machen. Doch als der Soldat zurückkam, sagte er: »Der Offizier schickt Ihnen ebenfalls seine besten Grüße.« Später stellte sich heraus, daß der Soldat ihrem Ehemann in spe erzählt hatte: »Eines von den Mädchen, die dort arbeiten, ist so freundlich und nett, sie hat mir sogar Essen gegeben.« Bald darauf wurde der Offizier mit der Oberaufsicht über die ganze Molkerei beauftragt. Er war groß und so penibel wie ein Deutscher. Eines Abends gingen alle Arbeiterinnen ins Kino, nur Walja – sie weiß nicht, warum – blieb zu Hause. Vielleicht war sie niedergeschlagen. Sie sah jemand in einer Lederjacke kommen – bis heute hat sie diese Lederjacke aufbewahrt –, und er sah sie rumsitzen und fragte: »Warum sind Sie nicht ausgegangen?« Dann stellte er fest, daß er sie schon gesehen hatte, und sagte: »Wollen wir uns nicht bekanntmachen?« Wie es unter Leuten seines Rangs üblich war, lud er sie in sein Büro ein, und sie unterhielten sich. Er sagte: »Erzählen Sie mir Ihre Geschichte.« Sie erzählte ihm alles. Dann kam ein Freund von ihm, der Klavier spielen konnte, und der Offizier fragte sie: »Können Sie tanzen?« Und da niemand anderer zugegen war, forderte er sie auf. Danach sagte er: »Ich danke Ihnen für Ihre Grüße.« Erst in diesem Augenblick begriff Walja, daß er der Kranke gewesen war, dem sie Essen geschickt hatte.

Er war verheiratet. Das heißt, er hatte 1939 geheiratet, aber seine Frau hatte ihm in vier Jahren nur einen einzigen Brief geschickt und sich dann scheiden lassen, um einen Piloten zu heiraten. Der große Mann erzählte seine Geschichte und sagte, daß er mit dieser Frau keine Kinder hätte. Er zeigte ihr ein Foto. Seine frühere Frau war sehr attraktiv.

Dieser Offizier war fünfzehn Jahre älter als Walja und sehr streng, aber er taute auf, wenn er tanzte. Bereits am zweiten Abend erkundigte er sich nach ihrem Gesicht, und sie fühlte sich verletzt und weinte die ganze Nacht, sobald sie wieder allein war. Erst viel später erzählte sie ihm, wie sehr sie das getroffen hätte, denn er habe sie überhaupt noch nicht gekannt, aber bereits geküßt und solche Fragen gestellt.

Er war sehr intelligent und sehr kultiviert. Als sie verheiratet waren, entdeckte sie, daß er großes Taktgefühl besaß, und daß es unmöglich war, ihn nicht zu lieben, aber es war eine andere Art von Liebe als ihre erste. Erste Liebe bleibt erste Liebe. Er war groß, schlank und stattlich, und den Stil, den er am ersten Abend gezeigt hatte, behielt er sein ganzes Leben. Er blieb immer ruhig und nett und sehr distinguiert. Noch am Ende ihres gemeinsamen Lebens, es ist erst wenige Jahre her, als er sehr krank war und hohes Fieber hatte, war er so korrekt, daß er, als ihn die Ambulanz abholte, fragte: »Walja, findest du, daß ich ohne Krawatte weg kann?« Sie wußte nicht, ob sie lachen oder weinen sollte.

Sie waren in den folgenden neun Monaten in Deutschland meist zusammen. Sie lernten sich im August 1945 kennen und heirateten im Mai 1946. Ilja – das war sein Name, Ilja Prusakow – umwarb sie sehr korrekt. Er beschützte sie und begegnete ihr mit großer Zartheit. Sie kam nie auf die Idee, daß sie heiraten würden. Er behandelte sie sehr menschlich, und sie mochte ihn, aber er war oft krank. Er hatte sich in den Kämpfen ein Leiden zugezogen. Einmal in dieser Zeit mußte er wieder ins Lazarett, und sie konnte ihn nicht einmal finden – solche Besuche stießen auf unüberwindliche Hürden. Aber als er wieder herauskam, sagte er: »Sie haben in schwierigen Situationen so viel für mich getan, daß ich immer für Sie dasein werde. Ich würde Sie heiraten, falls Sie einverstanden sind, aber ich weiß, daß Sie sehr jung sind – ich kann Ihnen keinen Antrag machen, weil der Altersunterschied zu groß ist. Vielleicht finden Sie später jemand anderen, und ich werde eifersüchtig sein. Also würde ich mich zwar gerne erklären und Sie heiraten, aber die Entscheidung müssen Sie treffen.«

Er hatte eine sehr schlimme Knochenentzündung gehabt und danach eine andere Erkrankung, die mit hohem Fieber verbunden war, so daß er in ein anderes Lazarett mußte. Diesmal ließ er ihr Nachricht zukommen und bat sie, ihm Hühnersuppe zu bringen. Es war nicht möglich, ein Huhn aufzutreiben, aber Walja fand eine Polin, die Deutsch sprach und sie in eine Stadt mitnahm, in der sie ein Huhn kaufen konnte. Danach bat Ilja sie, ihm Tee mitzubringen, aber er mußte eine bestimmte Temperatur haben, denn mit einer warmen Flüssigkeit im Magen fühlte er sich besser. Also brachte sie ihm den Tee, damit er nicht kalt würde, im Laufschritt. Sie machte auch noch andere Dinge für ihn: sie reparierte seine Kleidung und war glücklich dabei. Sie wollte es tun. Er wiederum dachte für den Fall, daß sie ihn nicht heiraten wolle, über andere Möglichkeiten nach: »Ich kann Ihnen Stenographie beibringen. Ich möchte Sie immer in meiner Nähe haben.« Aber natürlich war sie mit der Heirat einverstanden. Auch als sich herausstellte, daß dieser schöne Offizier schwere Kriegsverletzungen hatte. Ein Bein war durch Kugeln aus einer Maschinenpistole schwer in Mitleidenschaft gezogen worden, und bei einer Explosion, die dicht neben ihm stattfand, hatte er eine Gehirnquetschung erlitten.

Inzwischen war die Molkerei geschlossen worden, doch Ilja, der sie immer um sich haben wollte, sorgte dafür, daß sie nun für russische Soldaten und Offiziere kochte. Sie war so voller Energie und so entzückend und glücklich und immer in Bewegung, daß Ilja sie *woltschok* – »mein Brummkreisel« nannte. Sie ihrerseits nannte ihn Ilitschka. Als sie beschlossen, in den Ehestand zu treten, fuhren sie für die nötigen Formalitäten nach Potsdam. Sie hatte kein hübsches Kleid, aber er kaufte ihr eines mit wunderschönen Stickereien, und sie erinnert sich, daß sie im Zug von Berlin nach Potsdam fuhren, und daß sie selig war. Nun wußte sie sicher, daß er sie heiraten würde, denn er hatte seine Verwandten unterrichtet.

Zurückgekehrt nach Rußland, zogen sie bei seinen Leuten in Archangelsk ein. Das war etwas schwieriger. Archangelsk lag nordöstlich von Finnland, und sie waren nicht mehr zu zweit, sondern Teil einer Großfamilie im hohen Norden. Ilja änderte sich in der anderen Umgebung nicht; sein ganzes Leben verletzte oder beleidigte er sie nie, und bald liebte sie ihn so sehr und blickte ihn bei seiner Rückkehr vom Dienst mit solcher Bewunderung an, daß seine Mutter sagte: »Zeig nicht, wie glücklich du bist. Schau ihn nicht so viel an – du beschwörst das Böse.« In der Tat war es gefährlich, den Teufel wissen zu lassen, wie glücklich man war.

Die folgenden dreizehn Jahre lebten sie im Dunstkreis der Familie Prusakow. Das war für sie nicht überraschend gekommen. Bevor sie aufs Standesamt gingen, hatte Ilja gesagt: »Walja, du mußt wissen, daß ich meine Mutter nie verlassen werde.« Sie war also vorbereitet gewesen, daß sie nicht ihr eigenes Leben führen würden, und daß seine Mutter großen Einfluß auf ihn hatte. Ilja hatte seine erste Frau aus dem Kururlaub mitgebracht, und seine Mutter Tatjana war darüber ganz und gar nicht entzückt gewesen. Daß ein Mann in Urlaub auf die Krim fuhr, dort eine Frau kennenlernte und sie heiratete, war ihrer Meinung nach eine miserable Idee und höchst unkultiviert. Was wußte man schon von dieser Person? Man hatte ein paar Wochen

Spaß und dann war man verkauft; eine solche Frau war ausgekocht – sie hatte ihn ins Ehejoch gezwungen. Iljas Mutter hatte ihm von Anfang an gesagt, daß das keine seriöse Entscheidung gewesen sei, sondern bloße Leidenschaft, auf die sich keine Ehe bauen lasse. Sie hatte recht behalten. Die Verbindung hatte den schlimmen Krieg nicht überlebt.

Als Ilja jedoch mit Walja nach Hause kam, wurde sie von Tatjana akzeptiert. Und mehr oder weniger auch von seinen Schwestern. Gleichwohl waren alle überrascht. Ilja, dieser attraktive und gebildete Mann, hatte eine Frau geheiratet, deren Problem eine Narbe im Gesicht war. Alle sagten: »Konnte er keine passendere Partie machen?« Und natürlich redeten sie darüber. Aber Ilja liebte junge Frauen, und sie war jung.

Am Anfang fand sich Walja in dieser gebildeten Familie Prusakow schwer zurecht. Sie kam schließlich aus einem Dorf. Es war nicht leicht, sich so zu verhalten, wie es von ihr erwartet wurde, und es gab so viele neue Menschen, daß sie sich ein wenig ausgeschlossen fühlte. Aber sie war sehr lernbegierig, und Tatjana brachte ihr eine Menge bei. Tatjana war eine hervorragende Köchin, und da Walja ständig um sie war, konnte sie bald besser kochen als Iljas Schwestern. Es half auch, daß Ilja ohne Einschränkung zu ihr stand; er sagte: »Das ist die Frau, die ich liebe« – und das war's. Er hatte sie aus Deutschland mitgebracht. Wenn man eine Frau nicht liebt, nimmt man sie nicht mit zurück in die Heimat.

In den ersten gemeinsamen Jahren wollte Walja Kinder haben und weinte jeden Monat aufs neue, doch Ilja tröstete sie: »Mach dir keine Gedanken.« Heute fragt sie sich, ob das für ihn überhaupt jemals ein Problem war. Im Alter sagte er sogar: »Vielleicht ist es gut, daß wir keine Kinder haben konnten. Schau dich um. Heutzutage taugen die Kinder nicht viel.«

Damals waren immer Leute um sie herum. Tatjanas Wohnung hatte drei Zimmer. Das erste, was sie Walja sagte, war: »Ich habe fünf Töchter. Nun bist du meine sechste.« Das freute Walja so sehr, daß sie Ilja noch doppelt so lieb gewann, denn sie begriff, daß Ilja bereits ein glückliches Familienleben gehabt hatte, und daß seine Wahl bedeutete, daß er sie wirklich liebte. Es war nicht so, daß er sie bloß nötig hatte. In seiner Familie herrschte derselbe liebevolle Umgang wie in der ihren, und doch war es anders – sie hatten mehr Lebensart, mehr Kultur. Ein weiterer Grund, ihn noch mehr zu lieben – er hatte sie emporgehoben. Aber sie hatte nicht viel Freiheit. Sie fühlte sich nie unbeobachtet, und sie erinnert sich, daß sie einmal im Bett sogar weinte, weil sie sich auch da nicht mit ihm allein fühlte.

Eines Abends wurde ein Fotoalbum hervorgeholt, und Walja verspürte wieder den Unterschied zu ihrer Familie, die derlei nie gehabt hatte, arm, wie sie waren. Also fühlte sie sich höchst unbehaglich, als sie alle um den großen Tisch saßen und seine Mutter sie aufforderte: »Nun erzähl mir deine Geschichten, erzähl mir mehr über dich.« Glücklicherweise fuhr sie im selben Atemzug fort: »Du mußt nämlich wissen, daß Iljuschas erste Frau von einer Stiefmutter aufgezogen wurde.« Walja geriet außer Fassung und berührte den Fuß ihres Mannes unter dem Tisch, und er erwiderte den Druck, was sie als Aufforderung verstand: »Erzähl es ihr nicht.« Also ließ sie es bleiben. Aber später hakte ihre Schwiegermutter nach: »Warum sprichst du immer über deinen Vater? Warum erzählst du mir nie etwas über deine Mutter?« Also kam sie mit der Wahrheit heraus, daß sie ebenfalls von einer Stiefmutter großgezogen worden war.

In der Prusakow-Familie in Archangelsk lebte auch Iljas Schwester Klawdija mit ihren zwei Kindern Marina und Petja, die von verschiedenen Vätern stammten. Es gab in der Wohnung noch zwei andere Schwestern, Musja und Ljuba, aber der Mittelpunkt des Haushalts war Klawdijas Tochter Marina, fünf Jahre alt und besonders niedlich und aufgeweckt. Sie hatte wunderschöne große blaue Augen, und ihre Großmutter vergötterte sie. Marina war nicht eigentlich verzogen, sie war *isbalowannaja* – das heißt, sie hatte einfach zuviel Liebe erfahren. Es bestand gewiß die Neigung, Marina nachsichtiger zu behandeln, als strenge Eltern das gutheißen könnten. Aber sie war ein Kind, das man einfach gernhaben mußte, und in der Schule bekam Marina gute Noten, und alles in der Familie drehte sich um sie.

Allerdings gab es keinen Vater, nur einen Stiefvater namens Alexander Medwedew, der Marina von Anfang an sehr gut behandelte, auch als ihm Klawdija den gemeinsamen Sohn Petja geboren hatte. Was mit Marinas richtigem Vater geschehen war, fand Walja nie heraus. Er war 1941 verschwunden, bevor Marina geboren wurde. Ilja drückte sich nie klar aus. Er sagte nur, daß Marinas abhanden gekommener Vater ein netter Mann gewesen sei. Klawdijas Schwester erzählte ihr, daß sie ihn einmal getroffen habe – er sei sehr attraktiv gewesen, mit suggestiven Augen, ein Ingenieur namens Nikolajew. Nikolajew und Ilja hatten zusammen eine neue kleine Stadt gebaut, in einem Terrain, in dem es vorher nur Wasser und Sumpf gegeben hatte. Die Stadt existiert, Sewerodwinks, etwa fünfzig Kilometer nördlich von Archangelsk.

Was Nikolajew betrifft, glaubt Walja, daß der Prusakow-Clan ihr nicht mehr über ihn erzählen wollte, um sich nicht selbst zu entehren. Vielleicht war Nikolajew bereits verheiratet gewesen, hatte Klawdija nur ein Kind gemacht und war dann verschwunden. Andererseits hatte sich das alles in der stalinistischen Zeit abgespielt. Also war es möglich, daß Nikolajew deportiert worden war. Walja erinnert sich, daß Stalin, als sie noch ein Kind gewesen war, einmal sagte: »Wir haben die Lebensbedingungen verbessert und wir haben mehr Freude am Leben.« Ein Mann in der Menge hatte zurückgeschrien: »Ja, so viel Freude, daß man heulen könnte.« Er kam dafür ins Gefängnis. Es war eine schreckliche Zeit. Also hatten die Leute keinen Grund, besonders gesprächig zu sein. Aber auf jeden Fall sagte Ilja immer, daß Nikolajew ein guter Mann gewesen sei.

Walja verstand nicht viel von diesen Dingen. Sie lebte zu Hause und half ihrer Schwiegermutter. Weder damals noch später ging sie jemals in Iljas Büro. Er hatte einen Posten im MWD (Minsterium für Innere Angelegenheiten) und dort blieb er auch. Sie hatte weder eine Ahnung, welcher Beschäftigung er dort nachging, noch, ob er für die Verwaltung oder die Produktion zuständig war. Sie wußte allerdings, daß es um Leute ging, die aufgrund irgendwelcher Verfehlungen verurteilt worden waren, in Fabriken oder Lagern zu arbeiten. Ilja hatte nie direkt mit diesen Leuten zu tun; er hatte mehr die Oberaufsicht über die Produktion. Seine Ansprechpartner waren die Direktoren der Fabriken. Er stand nicht an höchster Stelle, aber hatte große Verantwortung zu tragen, und sie meint, daß ihm das gefiel. In jedem Fall äußerte er ihr gegenüber nie Unzufriedenheit.

Auch wenn sie all diese Jahre mit Iljas Familie lebten, war es ein gutes Leben, denn immerhin hatten Walja und ihr Mann einen abgetrennten Raum. Sie durften nicht laut sein, aber es ließ sich durchaus so leben, auch wenn sie sich nicht echt auf den Sommer freuen konnte, denn Ilja wollte nicht Pilze suchen gehen. Im Sommer herrschte in Archangelsk eine derartige Mückenplage, daß es sich verbot, unter dem Vorwand des Pilzesammelns mit dem Ehemann auf einer Wiese endlich einmal allein zu sein.

Archangelsk war in jener Zeit noch keine große Stadt und hatte nicht viele Straßen. Die meisten waren schlammig oder mit Baumstämmen befestigt, aber die Dwina war tief, und Ozeanschiffe konnten aus dem Weißen Meer ein Stück flußaufwärts fahren. Es war nur viel zu kalt. Ilja hatte eine Art Arthritis im Rücken und ein wärmeres Klima nötig. 1951 zogen sie deshalb nach Minsk, erst Ilja, und Walja folgte ihm einen Monat später. Am Anfang hatten sie nur ein Zimmer und mußten sich die Küche mit einer merkwürdigen Familie teilen, aber später bekamen sie aufgrund seines Postens eine bessere Wohnung. Und wieder wußte Walja nicht genau, was seine Aufgaben in diesem Sonderministerium waren, das in der Kontrolle der Produktion mit dem Kriegsministerium und dem Sicherheitsdienst verbunden war. Iljas Büro lag in demselben großen Gebäude, in dem auch der KGB residierte. Es war ein großes gelbes Bauwerk, vierstöckig, mit Säulen an der

Vorderfront – ein großzügiges Regierungsgebäude, dessen Eingänge, wie Walja anmerkt, allerdings auffallend klein geraten waren.

Ilja war selbstredend Mitglied der Kommunistischen Partei, aber das war kaum je ein häusliches Thema, und er forderte sie nie auf, ebenfalls einzutreten. Eigentlich verlor er überhaupt kein Wort darüber. Er war kein hundertfünfzigprozentiger Apparatschik, aber er hatte Verantwortungsgefühl und er war loyal; er zahlte Gehälter korrekt aus und tat mit vollem Einsatz seine Pflicht. Wenn alle Kommunisten wie Ilja gewesen wären, dann hätte die Welt anders ausgesehen. Walja war jedenfalls nie jemandem begegnet, der rechtschaffener war als Ilja.

Walja konnte sich mit Minsk anfreunden. Die Stadt war im »Großen Vaterländischen Krieg« zweimal zerstört worden – einmal, als die Deutschen sie besetzten, und dann, als die Deutschen sich nach drei Jahren nach Polen zurückzogen. 90 Prozent von Minsk waren dem Erdboden gleichgemacht worden. Trotzdem wurde nach dem Krieg entschieden, die Stadt nicht woanders wieder aufzubauen, was einfacher gewesen wäre, sondern auf den Ruinen. Als Walja und Ilja sechs Jahre später hinzogen, war das Zentrum bereits in neuem Stil wiedererstanden. Die Stadt hatte ein völlig anderes Gesicht bekommen. Minsk war eine zersiedelte Stadtgemeinde gewesen, mit unzähligen Holzhäuschen, die sich eines an das andere lehnten. Nun war es eine prächtige Stadt mit vier- und fünfstöckigen Gebäuden aus gelbem Stein wie in Leningrad und breiten Straßen mit stattlichen Mietshäusern, die aussahen, als ob sie vor hundert Jahren gebaut worden wären. 1951 war Minsk eine saubere Stadt, frei von Ruinen, und das Nahrungsmittelangebot war imponierend: schwarzer Kaviar, roter Kaviar, zahlreiche Sorten Wurst und Käse. Sie und Ilja hatten nicht viel Geld, aber es reichte, und sie wohnten in der Nähe des Zentrums, das von deutschen Gefangenen hervorragend gebaut worden war, bevor sie in ihr Land entlassen worden waren. Sogar Iljas Mutter, die Archangelsk eigentlich nicht verlassen wollte, weil sie dort ihre schöne und billige Dreizimmerwohnung hatte, war beeindruckt, als sie auf Besuch kam. Nachdem sie ein paar Monate geblieben war, sagte sie: »Hier fühle ich mich wie im Himmel.« Zu dieser Zeit traf es sich, daß sie in eine Zweizimmerwohnung übersiedeln konnten. Und damit war für die folgenden Jahre aus dem Besuch ein Dauerzustand geworden. Tatjana, Walja und Ilja lebten zusammen in der kleinen Wohnung und teilten sich die Küche mit einem Nachbarn, der drei Kinder hatte und Staatsanwalt war. Sie kamen gut miteinander aus, und die Nachbarn waren sehr bekümmert, als sie auszogen. Sie sagten: »Wir werden nie wieder so nette Leute kennenlernen.« Das Klo war allerdings im Hof, und man mußte auch hinaus, wenn es unter Null oder noch kälter war, aber Walja fühlte sich damals sehr widerstandsfähig. Seit ihrer Kindheit war sie gewöhnt, ohne Schuhe herumzulaufen, aber Ilja, wenn er in der Nacht ebenfalls aufwachte, sagte: »Zieh Schuhe an.« Sie war auch als Kind im Schnee barfuß gegangen und sah eigentlich nicht ein, warum sie sich für die dreißig Meter zum Klo im Hof Schuhe anziehen sollte.

In dieser Periode, zwischen 1955 und 1960, fand Walja heraus, daß die Produktion, die Ilja überwachte, Gefangenenarbeit betraf. Er erzählte ihr nie etwas, aber befreundete Offiziere kamen zum Essen oder Trinken, und ihren Unterhaltungen entnahm sie, daß es um Planerfüllung ging, um gewissenhafte Arbeit und die Einhaltung der Termine. Doch als Mann und Frau sprachen sie nie darüber.

Walja konnte Geheimnisse für sich behalten. Wenn ihr aufgetragen wurde, über etwas den Mund zu halten, dann tat sie das auch. Einmal rief Ilja sie von einer Dienstreise an, kündigte ihr den Besuch eines Kollegen an und sagte ihr, sie solle ihm den Schlüssel zu seinem Tresor geben. Kurz darauf klopfte es, und ein Mann in Zivilkleidung kam herein und wollte den Schlüssel haben. Sie dachte sich: vielleicht hat jemand das Telefon abgehört? und sagte: »Können Sie mir Ihren Ausweis zeigen?« Erst danach händigte sie ihm den Schlüssel aus. Später sagte der Kollege zu Ilja: »Sie haben eine vortreffliche Frau! Sie hat meinen Ausweis verlangt!« Walja wußte nicht, welche Art von Geheimmaterial Ilja in seinem Tresor hatte, aber wenn sie einen Auftrag bekam, erledigte sie ihn ordnungsgemäß.

Walja war ein einziges Mal in Leningrad, als Marina elf oder zwölf war. Klawdija lebte dort mit ihrem Mann Alexander Medwedew und inzwischen drei Kindern in einem Zimmer. Als Walja, Ilja und Tatjana ankamen, war es schwierig, alle acht Leute in diesem kleinen Raum unterzubringen. Besonders belastend war, daß Alexander Medwedew auch noch eine Mutter hatte, die Klawdija nicht leiden konnte und es unmöglich fand, daß ihr Sohn mit einer Frau verheiratet war, die ein Kind von einem anderen Mann hatte. Medwedews Mutter war eine sehr intelligente Frau, aber niederträchtig und fett, eine Hexe. Marinas Situation hatte sich nun verändert, sie war nicht mehr das Mittelpünktchen der Familie.

Die Schwierigkeiten waren nicht zu übersehen. Klawdija hatte Rheumatismus in fortgeschrittenem Stadium, und Ilja sagte einmal zu Walja: »Man kann sehen, wie krank sie ist.« Außerdem hatte sich Alexanders Verhalten gegenüber Marina verändert, seit seine eigenen zwei Kinder von Klawdija größer geworden waren. Er bestrafte Marina nun häufig, und es wurde schlimmer, nachdem Klawdija vor Marinas sechzehntem Geburtstag gestorben war. Zwei Jahre später schrieb Marina an Walja und Ilja nach Minsk, daß es mit ihrem Stiefvater nicht mehr auszuhalten sei, und fragte an, ob sie bei ihnen leben könne.

Walja war über das Ersuchen nicht gerade entzückt. Sie war der Verwandtschaft nachgerade müde. Sie zeigte es zwar nicht, aber all die Jahre hatte immer jemand aus Iljas Familie mit ihnen gelebt. Tatjana war sogar bei ihnen gestorben. In den letzten zehn Monaten ihres Lebens hatte Walja sie so aufopfernd gepflegt, daß sie, bevor sie verschied, sagte: »Nur dank dir habe ich so lange gelebt, Walja.« Ilja war der Pater familias, und das war richtig so, abgesehen davon, daß er erst im Bett Zeit für seine Frau hatte.

Als Marina jedoch am Bahnhof ankam und nur einen Koffer mitbrachte, tat sie Walja leid. Das Mädchen schien so überglücklich, daß es nach Minsk kommen durfte. Marina war schüchtern und eine Zeitlang außerordentlich fügsam. Einfach eine reizende Achtzehnjährige. Ihre Lippen hatten eine natürliche frische Farbe, sie benutzte keinen Lippenstift. Sie war sehr attraktiv, obwohl sie es tunlichst vermied, zu lächeln – ein Vorderzahn stand etwas vor. Alles wäre gut gewesen, wenn Walja ihr Leben nicht schon wieder mit einer Verwandten hätte teilen müssen.

Was den Haushalt betraf, hatte Marina wenig Ahnung. Wenn Walja sie bat, etwas zu tun, versuchte sie es zwar, aber sie konnte nicht kochen. Sie wusch ihre Sachen zwar selber, aber nicht mit sichtbarem Erfolg. Als sie eine Stelle in einer Krankenhausapotheke bekam, eine Arbeit, für die sie in Leningrad ausgebildet worden war, war sie, wenn sie heimkam, gewöhnlich zu müde, also hatte sie eigentlich keine Pflichten im Haushalt. Sie konnte ins Kino gehen, zu Parties, ins Theater. Da Walja schließlich nicht arbeiten ging, war die Wohnung ihre Obliegenheit. Manchmal schrubbte Marina die Böden und manchmal wusch sie auch ab, und wenn sie allein aß, hinterließ sie Walja keine schmutzigen Teller. Und sie hatte ihren Job. In der Pharmazie wurden Leute benötigt, und Marina liebte ihren Beruf. Sie sagte Walja und Ilja: »Ich werde euch kurieren«, denn sie hatte Zugang zu Arzneimitteln.

Das einzige Problem, das Walja auf sich zukommen sah, waren die Rendezvous, obwohl Marina äußerst kritisch war. Wenn ein junger Mann etwas Verkehrtes sagte oder ihr ein billiges Geschenk machte, gab sie ihm den Laufpaß. Sie erzählte Walja, daß sie in Leningrad einen Mann nicht mehr sehen wollte, weil er ihr billige Bonbons gekauft hatte. Ein so wählerisches Gehabe war für jemanden in ihrer Lage allerdings ungewöhnlich. Mädchen wie Marina, die nur eine Berufsausbildung hatten, waren nicht so hoch im Kurs wie Mädchen, die Institute oder die Universität besucht hatten. Also suchte die Elite der jungen Männer üblicherweise keine feste Beziehung zu diesen Mädchen. Aber Marina kaprizierte sich auf gebildete Männer.

Walja sah sie nie mit einem durchschnittlichen Mann ausgehen. Sie hatte eine Menge Freunde, alles Studenten, ging mit Larissa, ihrer besten Freundin, auf deren Parties und gab ihr ganzes Geld für Kleider aus. Ilja und Walja waren schließlich zu großzügig, um von ihr Kostgeld zu verlangen. Nur, wenn Marina Geld fürs Theater oder Kino brauchte, nähte sie sich ihre Kleider selber.

Sie war sehr fleißig. Sie nähte und stickte gern und schnitt Waljas alte Pelzmäntel auseinander, um sich daraus Hüte zu machen. Sie las auch viel, vor allem Theodore Dreiser, der damals sehr populär war. Es gab zwar Hunderte von Büchern in der Wohnung, denn Ilja hatte die gesammelten Werke berühmter russischer Dichter gekauft, und Walja las Tschechow, Tolstoij und Dostojewskij, Turgenjew, Puschkin, Gogol und Lermontow. Marina jedoch zog Dreiser vor. Schriftsteller wie Tschechow hatte sie bereits in der Schule durchackern müssen.

Alles in allem war es in Ordnung, daß Marina bei ihnen lebte. Ilja störte sich nicht daran, daß Marina keinen Beitrag zum Lebensunterhalt leistete, denn sie war bei ihrer Ankunft so arm gewesen, daß sie nicht einmal Unterwäsche hatte, und ihr Gehalt war klein. Sie brauchte so viel – Schuhe, Strümpfe, völlig neue Kleidung -, und Walja bemitleidete sie für das schwere Schicksal, das sie gehabt hatte. Marina sagte ihr sogar, daß sie ihr von Herzen zugetan sei. Sie sagte, Walja sei die erste Frau, die sie nett behandle und ihr alle Freiheit lasse, und Walja ihrerseits liebte sie dafür und hatte Mitleid mit ihr.

Ilja war wesentlich strenger. Er wartete unruhig, bis Marina endlich von einer abendlichen Verabredung zurückkam. Nicht alles ging zwischen ihnen glatt, denn Marina war außerdem schnippisch. Es gab da allerdings einen guterzogenen jungen Mann, den Ilja mochte, einen Medizinstudenten namens Sascha, und Ilja lud ihn sogar ein, bei ihnen Kaffee zu trinken. Und natürlich gab es nicht allzu viele Reibungspunkte, denn Marina kam selten spät nach Hause, wenn Ilja da war. Ihre ausgedehnteren nächtlichen Streifzüge reservierte sie für die Zeiten, in denen er auf Dienstreise war. Sie wußte, daß sie auf das Verständis Waljas rechnen konnte. Sie hatte Walja erzählt, daß ihr Stiefvater sie ausgesperrt hatte, wenn sie zu spät kam, und daß sie auf dem Treppenabsatz hatte schlafen müssen. Walja hatte sehr geweint, als sie das hörte.

Sie fand es immer verwunderlich, daß Marina, als ihre Mutter gestorben war und ihr Stiefvater sie so schlecht behandelte, nicht schon früher eine ihrer Tanten oder Ilja gebeten hatte, sie aufzunehmen. »Warum blieb sie so lange in Leningrad – zwei weitere Jahre?« Denn Marina war geradezu neidisch, als sie schließlich kam. Sie sagte: »Was habt ihr doch hier für ein Paradies.« Walja begriff diese Bemerkung nicht, denn sie hatte niemanden, der ihr zur Hand ging. Wenn es wirklich so paradiesisch war, wie Marina es darstellte, dann nur, weil Walja so hart arbeitete, um diesen Zustand herzustellen.

Aber nochmals, es gab keine wirklichen Probleme mit Marina. Ihr Zimmer war immer aufgeräumt, und es gab auch keine Reibereien um die Toilette, die sich endlich in der Wohnung befand. Als Gegenleistung sagte Walja kein Wort, wenn Marina spät heimkam, denn sie verließ sich darauf, daß sie ein anständiges Mädchen war. Darum teilte Marina mit ihr ihre kleinen Geheimnisse. Walja wußte also Bescheid, welcher Freund in ihrer Gunst stand und welcher es sich mit ihr verscherzt hatte.

Aufgrund ihrer Stellung als Vertraute bedauerte Walja Sascha, als Marina ihn schlecht behandelte. Walja konnte es nicht mit ansehen, wenn Leute fertiggemacht wurden. Schließlich brachte Sascha jedesmal Blumen mit. Und wie Marina mit ihm Schlitten fuhr! Er war so in Marina verliebt, daß Ilja und Walja bereits begonnen hatten, ihn »Schwiegersöhnchen« zu nennen. Er tat Walja so leid, daß sie ihm eines Tages sagte, er müsse, wenn er Marina heiraten wolle, verstehen, daß sie in Leningrad eine sehr schwere Zeit gehabt habe. Sascha sagte: »Ich möchte darüber nichts hören.« Marina war gerade rechtzeitig heimgekommen, um noch einen Teil ihres Gesprächs mitzukriegen, zog Walja in die Küche, um ihr zu sagen, wie außer sich sie sei, und teilte dann Sascha mit: »Ich möchte Sie nie wiedersehen.«

Walja war sehr niedergeschlagen, aber was sollte sie tun? Marina hatte sich im Umgang mit ihrem Stiefvater daran gewöhnt, ihr eigener Herr zu sein. Es war Walja klar, daß keiner mehr wirklichen Einfluß auf sie ausüben konnte, denn sie hatte gravierende Entscheidungen ohne Mutter, ohne Vater treffen müssen. Walja wußte zum Beispiel, daß Marina rauchte. Ein Nachbar hatte sie in einem Restaurant rauchen sehen und es Walja weitererzählt. Es war ein glücklicher Zufall, daß Onkel Ilja auf Dienstreise war. Walja hatte gerade Zahnweh und sagte zu Marina: »Ich habe Tabletten genommen, aber sie helfen nicht. Es tut ziemlich weh. Gib mir eine Zigarette.« Marina war fassungslos. Sie sagte: »Ich habe keine.« Walja sagte: »Komm schon, lüg mich nicht an. Hol sie aus deiner Handtasche.« Marina sagte: »Schnüffelst du in meinen Sachen herum?« Walja beharrte: »Ich weiß, daß du rauchst, also gib mir eine gegen mein Zahnweh. Du weißt doch, Nikotin stillt den Schmerz.« Marina reichte ihr eine hübsche Schachtel mit langen, dünnen, sehr femininen Zigaretten. Walja nahm eine und sagte: »Hör besser damit auf. Sonst erzähle ich es Onkel Ilja.« Walja wußte natürlich, daß sie nicht aufhören wurde. Für Marina war Rauchen eine Attitüde, westlich, ein Hauch von Abenteuer. Wie die italienischen Filme. Marina war verrückt nach Fellini-Filmen. Diese Filme prägten auch ihre Vorstellungen. Einmal sagte sie Walja sogar, daß sie ihrer Meinung nach nicht zu Ilja passe: Offiziere würden immer gebildete Frauen heiraten. Walja erinnert sich noch immer daran, so tief war sie verwundet.

Walja war ihrem Gatten immer treu gewesen, aber Marina fand das unbegreiflich. Sie wollte Walja eine Affäre aufschwatzen. Sie drängte sie sogar. Da Walja mit Ilja kein Kind haben konnte, warum es dann nicht mit einem anderen versuchen? »Warum mußt du seinetwegen leiden?« Sie bot ihr sogar an, Schmiere zu stehen, falls Ilja überraschend nach Hause kommen sollte. »Du könntest erst deine Affäre haben und dann ein Baby.« Worauf Walja bemerkte: »Kann ich nicht. Wenn Ilja es herausfinden würde, würde er mich umbringen.« Natürlich war Ilja manchmal sehr streng mit Marina. Und Marina mochte das ganz und gar nicht. Niemand konnte sie brüskieren, ohne die Rechnung präsentiert zu bekommen. Einmal legten Walja und Marina Gurken ein und brauchten dafür Weichselblätter. Sie gingen zum Theater, vor dem ein Weichselbaum stand, und pflückten ein paar Blätter ab. Schon kam die Aufseherin des Parks angelaufen und begann zu keifen: »Was erlauben Sie sich? Wissen Sie nicht, warum wir das alles anpflanzen? Wissen Sie nicht, daß es zum Wohl aller Bürger geschieht? Und Sie kommen her und zerstören diese Schönheit!« Aber Marina gab ihr heraus: »Wissen Sie, was *wir* tun? Wir legen Gurken ein. Kommen Sie uns besuchen, dann bekommen Sie auch ein paar ab. Das ist vielleicht eine nützlichere Beschäftigung. Und wir tun hier schließlich nichts Unrechtes.« Wenn Marina nicht gewesen wäre, hätte Walja vielleicht Strafe zahlen müssen, aber Marina stand immer zu ihren Entscheidungen und war sicher, daß sie im Recht war.

An einem Abend im März 1961 war Ilja auf Geschäftsreise, und Marina ging zu einem Ball im Palast der Gewerkschaft. Sie kam sehr spät heim, weckte Walja auf und sagte: »Steh auf. Zeig, wie kultiviert du bist, denn ich habe einen Amerikaner mit nach Hause gebracht. Ich habe dir einen Amerikaner mitgebracht. Mach einen guten Kaffee.« Marina war völlig aufgedreht und sagte: »Ich hoffe, daß du dich gut benimmst.«

Natürlich erschrak Walja. Sie fröstelte beinahe in ihrem Bett. Wenn Marina zehn Jahre früher, zu Stalins Zeiten, mit einem Amerikaner durch diese Tür gekommen wäre, wären sie alle im Gefängnis gelandet. Aber 1961 hatten sich die Auffassungen doch sehr gewandelt – von Stalin zu Chruschtschow –, und Walja erinnert sich, daß sie doch nicht so durcheinander war und aufstand und Kaffee für den Amerikaner machte, der sehr nett und sehr sorgfältig gekleidet war. Sein Name war Alik, denn niemand – wie sie später erfuhr – sagte Lee, das klang wie Li, also ziemlich chinesisch. Es dauerte also etwas, bis sie herausbekam, daß sein voller Name Lee Harvey Oswald war.

2
Zierbengel

Sascha Piskalew, im Sommer 1958 siebzehn Jahre alt, schaffte die Aufnahmeprüfung in das Medizinische Institut von Minsk im ersten Anlauf nicht. Es war ein schwerer Schlag für ihn. Seit seiner Kindheit hatte Sascha davon geträumt, Arzt zu werden. Er war ein kränkliches Kind gewesen, also hatte er großen Respekt vor Menschen in Weiß und fand es wunderbar, wie sie ihn und andere Leute kurierten. Jeder, der Kranke gesund machen konnte, mußte etwas Besonderes sein. Als er seine Aufnahmeprüfung geschmissen hatte, bekam er einen Job im Laboratorium von Professor Bondarin und arbeitete dort als Assistent. Bondarin behandelte ihn gut. Obwohl Sascha sehr jung war, nannte ihn der hochgeachtete Professor immer beim Vornamen und beim Vatersnamen Nikolai, wobei er das gebräuchliche Sascha Nikolajewitsch zu einem vertraulichen, Saschas Jugend entsprechenden Sanitsch zusammenzog. 1960 gelang es Sascha, als Medizinstudent für die Abendkurse angenommen zu werden. Tagsüber arbeitete er nach wie vor bei Professor Bondarin.

Er freundete sich auch mit Konstantin Bondarin an, dem Neffen des Professors. Kostja hatte die Oberschule abgeschlossen, während Sascha Laborant war, und beide schafften gemeinsam die Aufnahmeprüfung für die Universität. Kostja hatte einen weiteren Freund namens Juri Mereschinski, den einzigen Sohn eines hochrangigen Wissenschaftlers. Sascha hatte kaum Zeit, mit diesen Söhnchen der privilegierten Klasse ihre Freizeit zu verbringen – er mußte Studium und Arbeit unter einen Hut bringen -, aber sie hatten gemeinsame Fächer und gingen manchmal danach zusammen aus.

In dieser Zeit begegnete er Marina. Sie war ein oder zwei Monate älter und wesentlich erfahrener. Er war fasziniert. Es dauerte nicht lange, bis er verrückt nach ihr war. Sie gingen ins Kino, er spielte Klavier für sie, sie hörten symphonische Musik. Tschaikowskij war ihr Favorit. Nach einem Monat gingen sie regelmäßig miteinander aus, und sie stellte ihn ihrem Onkel und ihrer Tante vor. Er wurde in ihre Dreizimmerwohnung in der Nähe der Oper eingeladen, und Walja fütterte ihn mit Gebäck und Tee. Sascha verehrte Marina sehr, aber sie sprachen nicht über Heirat. Ihre Verwandten begannen ihn *sjatok*, Zierbengel, zu nennen – ein wenig schmeichelhafter Ausdruck für einen Verliebten. Sie waren zwar nicht verlobt, aber es war damit zu rechnen. Und Sascha arbeitete und studierte eifrig, weil Marina in sein Leben getreten war. Er lebte von einer Verabredung zur anderen.

Sascha denkt heute, daß seine Studentenfreunde Juri und Kostja, die sich nach wie vor mit verschiedenen Freundinnen trafen, ihn auslachten, weil er die Beziehung so ernst nahm; sie verspotteten ihn manchmal und versuchten auch Marina aufzuziehen. Aber er wußte, daß sie bloß neidisch waren, weil er das hübscheste Mädchen hatte. Er glaubt allerdings nicht, daß sie den Scherz mit ihr allzu weit trieben, denn Marina hatte Haare auf den Zähnen, und wenn ihr jemand dumm kam, sagte sie: »Sie sind hier unerwünscht!« Er hatte auch nicht den Eindruck, daß sie ihm Marina ausspannen wollten. Es war ihm anzusehen, wie außerordentlich verliebt er war, und sie waren nur auf flüchtige Abenteuer aus. Deshalb gingen er und Marina auch selten mit ihnen aus. Vielleicht hatte er sogar ein wenig Angst, daß sie in die verkehrte Gesellschaft kommen könne. Wenn er sich mit Juri und Kostja traf, trank er, aber er betrank sich nicht und sprach nur ein wenig über Marina, aber nie in indezenter Weise. Was sie ihm erzählte, bewahrte er in seinem Herzen. Und weil ihm das Herz überging, wollte er einfach ihr Loblied singen.

Er hatte Marina auf einer der Studentenparties des Medizinischen Instituts kennengelernt, hatte sie einige Male zum Tanzen aufgefordert und sie dann gefragt, ob er sie nach Hause begleiten dürfe. Sie war eine vorzügliche Tänzerin, im Gegensatz zu ihm, aber mit ihr machte ihm das Tanzen viel mehr Spaß. Das empfand er als ungewöhnlich. Er war kein Freund von Bällen und hatte sich das Tanzen selber beigebracht. In den ersten Minuten kam er sich etwas linkisch vor, aber dann übernahm sie die Führung, und es war, als ob sie ihm mehr Leben einhauchte. Sie paßten gut zusammen. Er war eher klein, aber obwohl sie hohe Absätze trug, war er immer noch größer als sie.

Seit er Marina im Sommer 1960, als er neunzehn wurde, getroffen hatte, interessierte ihn kein anderes Mädchen mehr. Sie trafen sich einmal pro Woche, machten Spaziergänge und überlegten, ob sie das nächste Mal in die Oper, ins Theater, ins Konzert oder ins Ballett gehen wollten. »Der Nußknacker« war ihr Favorit. Sie teilten sich die Kosten. Das war für sie selbstverständlich, denn er studierte, und sie hatte Arbeit. Also kaufte er das eine Mal die Karten, und sie das nächste Mal. Er erinnert sich, daß die Karten damals einen oder anderthalb Rubel kosteten. Sie hätten auch auf die Galerie zu den anderen Studenten gehen können, wo die Sitze billiger waren, aber gewöhnlich nahmen sie Parkett. Das war teuer. Zwei Rubel war der Tageslohn eines durchschnittlichen Arbeiters.

Er war von ihrem Auftreten entzückt. Sie war anders als andere Mädchen. Auch ihre Manieren und die geschmackvolle Weise, in der sie sich kleidete, waren anders. Die Wohnung, in der sie mit ihrer Tante und ihrem Onkel lebte, hatte große Räume mit hohem Plafond und einen gediegenen Aufgang. Er erinnert sich, daß er sehr schüchtern war, als er das erste Mal zu Besuch kam, aber dann bat ihn Tante Walja in das Wohnzimmer, und es war einfach, sich mit ihr zu unterhalten. Sie war sehr umgänglich. Sie wirkte wie eine sehr einfache Person, aber der erste Eindruck trog, denn sie las sehr viel, und Sascha bekam den Eindruck, daß sie viel cleverer war, als sie nach außen zu erkennen gab.

Als er sich Marina schließlich erklärte, sagte sie: »Laß uns noch ein wenig warten.« Aber er wollte unbedingt heiraten. Er arbeitete in der Nacht als Krankenpfleger in der Notaufnahme und verdiente 150 Rubel im Monat, mehr als ein Arzt – deshalb konnte er sich mit Marina auch nicht jeden Abend verabreden; er arbeitete so hart, um ihr etwas bieten und später einen Hausstand gründen zu können. Walja sagte, daß sie bei ihr leben könnten, aber er wollte eine eigene Wohnung.

Gewöhnlich brachte er Marina nach einem Film oder einem Konzert nach Hause und blieb noch fünfzehn, zwanzig Minuten. Er erinnert sich, daß ihm Waljas Ehemann Ilja bei der ersten Begegnung einen Schrecken einjagte, dieser große, schlanke Oberst Prusakow mit seiner langen Nase. Aber sobald er zu sprechen begann, entpuppte er sich als freundlicher Mensch. Gleichwohl fühlte sich Sascha am Anfang sehr klein und etwas eingeschüchtert. Er wußte schließlich, wo der Oberst arbeitete, und Sascha hatte Angst vor der Staatssicherheit. Und dieser Onkel Ilja war so groß und hager. Vielleicht nahm er Saschas Beklommenheit wahr, denn er stellte kein Verhör mit ihm an, sondern redete warm und menschlich mit ihnen. Sascha hatte das Gefühl, daß sie Marina sehr gut behandelten. Wenn Sascha Marina abends abholte, sagte Walja: »Sascha, nicht später als elf Uhr.« Sie waren wie Vater und Mutter. In der Tat hatte Sascha zuerst geglaubt, daß sie ihre Eltern seien.

Ilja war nicht oft zu Hause, aber er war in der Wohnung immer präsent. Sascha hatte kaum eine Vorstellung von dem, womit Ilja beschäftigt war. Wie konnte ein junger Mann auch wissen, was in der Staatssicherheit vorging? Er wußte, daß es etwas war, vor dem man Angst haben mußte, und Ilja hatte eine hohe Position: an seinen Epauletten waren Sterne. Am Anfang fürchtete sich Sascha nicht nur vor Ilja, sondern fühlte sich als Folge auch von Marina ein wenig eingeschüchtert. Als er Ilja besser kennenlernte, war ihm auch vor Marina nicht mehr bang. Eigentlich wollte er nicht wissen, was Ilja tat – es war ihm egal. Aber einmal fragte er Marina doch, und sie sagte:»Es ist besser, nichts zu wissen.« In jenen Zeiten waren für jemanden wie ihn KGB und MWD ein und dasselbe: ein riesiges schwarzes Loch. Manchmal versuchte Marina, ihm etwas aus ihrer Vergangenheit zu erzählen, aber er unterbrach sie. Es interessierte ihn nicht. Dann fing ihre Tante damit an, aber er fand es unter seiner Würde, sich auf solche Themen einzulassen. Heute glaubt er, daß Tante Walja ihn informieren wollte, bevor es jemand anderer tat, was ihn viel mehr hätte verletzen können.

Er erinnert sich, daß er einmal in ihre Wohnung ging, weil Marina nicht zu einer Verabredung erschienen war, und Walja Tee machte und die Gelegenheit beim Schopf ergriff. Sie begann über Leningrad zu erzählen und über Marinas damalige Lebensumstände, und er sagte:»Ich will es nicht wissen. Was die Zukunft betrifft, möchte ich, daß sie meine Frau wird. Also bin ich an ihrer Vergangenheit nicht interessiert.« Dann kam Marina heim, und Walja sagte:»Ich habe Sascha von dir erzählt.« Und Marina, als ob sie so etwas erwartet hätte, verhielt sich Sascha gegenüber sehr kühl. Nach diesem Vorfall schien sie ihm aus dem Weg zu gehen. Er glaubte, daß sie Angst vor seiner Reaktion hatte. Er suchte sie in ihrer Apotheke auf, er rief zu Hause an, aber sie wich ihm aus. Sie liebte Blumen, seine Mutter hatte einen großen Garten, und er brachte ihr bis in den Herbst hinein Sträuße. Aber sie wollte ihn nicht sehen. Er wartete immer wieder vor der Apotheke, und endlich gelang es ihm, sie abzufangen, und sie war damit einverstanden, daß er sie heimbegleitete. Es war kalt, ein Winterabend, sie gingen in einen kleinen Park neben der Oper, und sie erzählte ihm, daß sie ein sehr schweres Leben gehabt habe, und sagte, daß sie ein Niemand sei und nichts tauge – »Ich bin nicht die, für die Sie mich halten. Ich bin kein Engel. Ich bin nicht gut genug für Sie.« Und dann sagte sie:»Sie müssen aus meinem Leben gehen.«

Er hatte den Eindruck, daß Marina sich vor ihm demütigen wollte, also wiederholte er:»Mich interessiert Ihre Vergangenheit nicht; mich interessiert nur unsere Gegenwart und unsere Zukunft.« Heute fragt er sich, ob sie ihn loswerden wollte, obwohl er nicht glaubt, daß sie sich mit jemandem traf, den er kannte. Als sie versuchte, ihm über Leningrad zu erzählen, wurde sie allerdings sehr emotional und begann zu weinen. Er blieb beharrlich:»Sie gehören zu mir und werden immer zu mir gehören. Ich will nicht wissen, was Sie erlebt haben. Jetzt sind Sie mein Leben, und wir werden unser ganzes Leben lang glücklich sein.« Sie beruhigte sich. Später an diesem Abend küßten sie sich, und sie sagte: »Ich verdiene Sie nicht. Ich bin schlecht.« – »Ich liebe Sie so, wie Sie sind«, sagte er.

Damit waren sie wieder zusammen. Die Glückseligkeit, die im Sommer 1960 begonnen hatte, dauerte für Sascha mit dieser einen Unterbrechung bis zum März 1961, als das Medizinische Institut im Palast der Gewerkschaft einen großen Studentenball veranstaltete. Er lud Marina natürlich ein. Kostja Bondarin war da und Juri Mereschinski, und soweit er sich erinnert, brachte Juri Alik, einen Amerikaner, mit. Als alle tanzten, forderte dieser Amerikaner, Alik, Marina auf. Danach tanzte Sascha wieder mit ihr, und da schon viele Männer Marina aufgefordert hatten, machte Sascha sich keine Gedanken. Sie tanzte eben auch mit anderen. Aber in den nächsten Wochen ging Marina auf Distanz. Wenn er anrief, sagte Walja, daß sie nicht zu Hause sei. Und wenn er in ihre Apotheke kam, versuchte sie wieder, ihm auszuweichen. Da wußte er, daß etwas nicht stimmte. Oder wie sie in Minsk zu sagen pflegen: »Eine schwarze Katze ist zwischen uns durchgelaufen.« Allzubald mußte er erkennen, daß seine Liebesgeschichte ihr tragisches Ende gefunden hatte. Sein Leben, seine Träume: alles vorbei. Sogar heute noch tut es weh.

Er macht eine sachte Handbewegung, als ob er die Schatten seines dreißig Jahre alten Grams verscheuchen wollte. »Es geht schon«, sagt er. »Wir trafen uns nicht mehr, und nach ein, zwei Monaten sagte jemand: ›Sascha, hast du gehört, daß Marina diesen Amerikaner heiraten wird?‹« Sie blieb in seinem Herzen. Wenn er in ihre Apotheke mußte, um Arzneimittel abzuholen, folgte er ihr mit seinen Augen, wenn sie vorbeiging. Er hatte keine Tränen, aber es war, als ob eine Katze in seiner Seele säße und ihre Krallen an seinem Inneren schärfte.

3

Weiße Nächte

Marina, inzwischen Anfang fünfzig, erinnert sich, daß ihre Großmutter Tatjana snobistisch war. Sie weiß nicht, aus welchem Stall sie kam, wahrscheinlich aus einem Bauerngeschlecht wie fast alle anderen, aber Großmutter pflegte die große Allüre. Wahrscheinlich hatte sie etwas höher als ihre bäuerliche Verwandtschaft geheiratet, ihr Mann war Kapitän zur See gewesen, und sie war eine starke Frau. Sie roch immer gut für sie, sauber und frisch. Sie war sehr viktorianisch, sehr kompromißlos. Marina erinnert sich viel lebhafter an sie als an ihre Mutter Klawdija, die sie ledig zur Welt brachte. Trotz ihrer Prinzipien verleugnete Tatjana Tochter und Enkelin nicht.

Sie lebten alle in Archangelsk. Marina fragt sich, ob die Stadt mit ihren Holzhäusern wirklich so hübsch war, wie sie sie in Erinnerung hat. Für ein Kind riechen selbst die Birken nach einem Regen besonders. Ein Kind ist dichter an der Erde, nimmt viel intensiver den Geruch von Blumen und Kräutern auf. Marina erinnert sich, daß sie in einem Park spielte, als sie ihren Stiefvater Alexander Medwedew kennenlernte. Er kam auf sie zu und sagte: »Hallo, ich bin dein Vater.« Sie erinnert sich, daß es 1945 kurz nach Kriegsende war, und wie glücklich damals alle waren.

Allerdings hatte sie nach diesem Krieg Alpträume. Und im Haushalt ihrer Großmutter ging es sehr streng zu. Als sie fünf war, wollte sie nicht allein aufs Klo gehen, denn Gott konnte alles sehen. »Es war mir peinlich. Wenn ich Pipi machte, und Gott sah es, dann war das nicht anständig.« Wenn Menschen fluchten, versuchte sie, ihre Ohren abzuschalten. Sie hätte es nie über ihre Lippen gebracht, schmutzige Wörter nachzuplappern. Sie brannten ihr in den Ohren.

Großmutter war religiös. Als Marina jung war, verkörperte Großmutter alles Gute, und alles draußen war Teufelswerk. Der Komsomol und die Kommunistische Partei – Abfall. Ihre Großmutter pflegte zu sagen: »Wenn ich eine Ikone in meinem Haus haben möchte, dann ist da eine Ikone. Sie können mich ruhig verhaften.« Mit Großmutter hatte sie immer die schönste Zeit. Sie erzählte ihr Märchen und veranschaulichte ihr deren Moral. Sie lehrte sie, nicht zu lügen. »Vielleicht hält mich das in Gang«, sagt Marina heute. »Nicht daß ich immer aufrichtig bin, aber ich fühle mich beim Lügen nicht wohl – Sie können mir so auf die Schliche kommen. Ich verrate mich sehr rasch.« Wenn Marina ihrer Großmutter nicht gehorchte, bekam sie einige Tage Hausarrest, und ihre Mutter wagte nicht, sich einzumischen. Marina erinnert sich nicht, wann sie erfuhr, daß ihr Stiefvater nicht ihr richtiger Vater sei, jedenfalls erfuhr sie es nicht von ihrer Mutter. Eine Freundin hatte gehorcht, als Klawdija mit ihrer Mutter darüber sprach. Als Marina nach Hause kam und Klawdija mit dem, was sie eben gehört hatte, konfrontierte, war die knappe Antwort: »Ich möchte nicht darüber sprechen. Später einmal.« Marina sagt: »Wir gehen davon aus, daß ein Kind erst ab einem bestimmten Alter begreifen kann, aber ich fühlte mich verletzt und rebellierte gegen meine Mutter. Ich bestrafte sie. Ich liebte sie, aber ich ließ sie vorsätzlich leiden. Ich testete, wie weit ich gehen konnte, um herauszufinden, ob sie mich liebte. Aber sie blieb dabei: ›Wenn du älter bist, werde ich dir alles erklären, aber jetzt bist du noch zu jung, um es zu erfahren.‹ Ich dachte, daß das, was sie getan hatte, schmuddelig, ja sogar schmutzig gewesen sei.« Nach dem Tod ihrer Mutter fand Marina einige Papiere. Nach Stalins Tod hatte es eine Amnestie für Gefangene gegeben, und Klawdija hatte über Marinas Vater Nachforschungen angestellt.

Marina hat nicht verdrängt, daß sie ihre Mutter sogar noch kurz vor ihrem Tod bestrafen wollte. Klawdija lag im Krankenhaus, und Marina überbrachte ihr grausame Nachrichten von Alexanders Mutter Jewdokija. Die Schwiegermutter konnte Klawdija nicht leiden. Einige Botschaften lauteten sogar, daß Alexander sich herumtrieb – was nicht stimmte. Seine Mutter log, aber das wußte Marina nicht. Sie dachte, daß Jewdokija Beweise habe. Aber sie war sich voll bewußt, daß es ihre Mutter kränken würde. Also sagte sie: »Es scheint, als ob Papa eine Frau trifft, die gesünder ist.« Ihre Mutter begann zu weinen und sagte dann: »Sei nicht traurig, Marina. Es dauert nicht mehr lange. Wir werden bald wissen, wer uns wirklich geliebt hat.« Das waren ihre Worte. »Zwischen Liebe und Haß«, sagt Marina, »ist ein schmaler Grat. Ich haßte meine Mutter nicht; ich wollte all ihre Liebe. Ich wollte sie nicht mit jemandem teilen. Sagen wir mal, ich war besitzergreifend. Jewdokija war unbarmherzig. Sie war schlecht genug, um zu wissen, was für eine gute Überbringerin ihrer herzlosen Worte ich war. Sie wissen, wie Teenager sind.«

Nach dem Tod ihrer Mutter hielt sich Marina nicht an die Hausregeln, die ihr Stiefvater über das Nachhausekommen aufstellte. Sie hatte das Gefühl, daß er eine neue Frau in der Wohnung wollte, und sie stand dabei im Weg. Sie weiß nicht, ob das stimmte, aber so empfand sie es damals. Wenn sie spät abends nach Hause kam, sperrte er sie aus. Andererseits trauerte er so sehr um ihre Mutter, daß er kein niederträchtiger Kerl sein konnte. Sie schätzt ihn inzwischen anders ein. »Heute mit zweiundfünfzig trete ich in die Fußstapfen meiner Mutter. Aber ihr Tod verfolgte mich. Das, was ich ihr im Krankenhaus gesagt hatte. Sie turtelte immer mit meinem Stiefvater herum, und ich war eifersüchtig.« Sie hatte so viele Intimitäten zwischen den beiden mitbekommen. Wenn die Matratzenfedern quietschten, vergrub sie ihren Kopf unter den Kissen. Sie konnte sich ihre Mutter nicht als Frau vorstellen, bevor sie selbst Kinder hatte. Bis dahin glaubte sie nicht, daß solche Bedürfnisse von Frauen erwartet wurden. Sie war ein Unschuldsengel. Wie konnte ihre Mutter derlei zulassen, wenn andere Personen im Zimmer waren, auch wenn das Zimmer dunkel war? Es war Marina nicht um ihrer selbst willen peinlich; es ging darum, daß auch Jewdokija hier schlief, und Marina denken mußte: »Was ist, falls sie es gehört hat?« Da sie alle in diesem einen Zimmer lebten, fand Marina es furchtbar und schämte sich für ihre Mutter. Wie die Hunde; sie konnten einfach nicht warten. Es passierte nicht sehr häufig, aber immerhin...

In späteren Jahren, als ihre Mutter krank war, bekam sie mit, wie Jewdokija zu ihrem Sohn sagte: »Warum hast du diese Frau heiraten müssen? Du hättest auch eine gesunde Frau haben können. Warum plagst du dich ab, um für die da zu sorgen?« Und immer mußte Marina daran denken, daß ihre Mutter, falls sie Alexander geheiratet hatte, um ihrem Kind einen Namen zu geben, wenig erfolgreich gewesen war. Sie hieß immer noch Marina Prusakowa. Alexander hatte sie nicht adoptiert. Das war ein weiterer Schlag.

Nach dem Tod ihrer Mutter hatte sie kein wirkliches Zuhause. Das hätte Freiheit bedeuten können, aber sie kam sich wie eine Sklavin vor. Es gab eine Freundin in der Nachbarschaft, Irina, die einen schlechten Ruf hatte. Aber Marina mochte sie trotzdem. Irina hatte eine ledige Tochter und arbeitete, um ihr Kind aufzuziehen. Irinas Freund hatte sie nicht heiraten wollen. Er sagte, er wisse nicht, ob das Kind wirklich von ihm sei. Dabei hatte Irina ihm ganz und gar ihr unschuldiges Herz geschenkt. Als sie das Mädchen gebar und der Mann feststellte, daß das Baby ihm wie aus dem Gesicht geschnitten war, änderte er seine Meinung und war bereit, sie zu heiraten. Aber Irina sagte: »Nein, danke. Nicht nach dem, was ich mitmachen mußte.« Wenn auch alle Marina den Rat gaben: »Halt dich fern von dieser Frau, sie taugt nichts«, trafen sie sich regelmäßig, nicht in der Nachbarschaft, sondern weiter weg. Irina zeigte ihr dabei eine andere Seite ihres Wesens: »Ich arbeite zwar von neun bis fünf, aber am Abend ziehe ich mich schick an und schlafe mit Männern. Es sind Ärzte und Anwälte, und sie bezahlen. Ich mache für die ganze Welt die Beine breit, denn auf diese Weise kann ich das Beste für meine Tochter bekommen.« Und Marina kam zu dem Schluß: »Was für eine hingebungsvolle Mutter.« Sie war damals fast siebzehn, und ihre eigene Mutter war vor einem Jahr gestorben.

Im April, zwei Monate vor dem Beginn der weißen Nächte, als um Mitternacht immer noch Dämmerung herrschte, kam ein Telegramm: ihre richtige Großmutter war in Minsk gestorben. Und Marina hatte nicht einmal das Geld, um eine Fahrkarte zu kaufen und zu ihrem Begräbnis zu fahren. Das brach ihr das Herz. Alles, was sie geliebt hatte, war mit Klawdija gegangen, und nun, nur ein Jahr später, erlebte sie denselben Verlust mit ihrer Großmutter. Sie dachte an Irina, die ihren Ruf zum Wohle ihrer Tochter opferte.

36

Einmal war sie mit Irina aus, und es wurde spät. Marina wußte, daß Alexander sie aussperren würde, wenn sie um elf noch nicht zu Hause war, aber Irina sagte: »Ich habe ein paar Burschen getroffen, die gerade aus Witebsk gekommen sind, eine Fußballmannschaft. Gehen wir doch auf ein Glas hin. Sie haben auch frisches Obst mitgebracht.« Marina sagte, daß sie nicht wisse, wo sie schlafen solle, und einer der Fußballer bekam das mit und meinte: »Wir haben ein Zimmer, machen Sie sich keine Sorgen, es geht alles in Ordnung.« Das schien ihr verlockender, als die ganze Nacht auf dem Treppenabsatz zu sitzen.

Aber sobald sie sich in diesem Schlafzimmer, das ganz für sie allein war, ausgekleidet und hingelegt hatte, öffnete sich die Tür, ein Kerl kam herein, völlig nackt, und warf sich auf sie. Sie kämpfte mit ihm, obwohl er Fußballer war, und schaffte es, aus dem Bett zu springen und sich zum offenen Fenster zurückzuziehen. Der Mond schien, sie stand zitternd vor diesem Fenster im dritten Stock und sagte: »Einen Schritt näher und ich springe.« In diesem Augenblick dachte sie wirklich, daß sie eher springen als sich diesem Mann unterwerfen würde. Es kann sein, daß sie schrie. Jedenfalls kamen andere Fußballspieler herein und schleppten ihn hinaus. Sie zitterte wie Espenlaub, aber die Männer sagten ihr: »Keine Bange, alles im Griff.«

An Abenden, an denen sie nur fünf oder zehn Minuten zu spät kam, ließ Alexander sie noch rein. Insgesamt verbrachte sie vielleicht zehn Nächte auf dem Treppenabsatz. Sie hoffte, daß keine Reinemachefrau sie sah; daß sie so schlecht behandelt wurde, hätte die Familie leicht ins Gerede bringen können. In solchen Nächten saß sie auf den Stufen; sie konnte nicht schlafen. Oder sie übernachtete bei Irina.

Es war ein träger Sommer, bis Irinas Mutter sie dumm anredete. Diese Frau betrieb ein Leihhaus, und da sie nicht arbeitete, hielt sich Marina dort manchmal den ganzen Tag auf. Junge Burschen kamen, verpfändeten etwas und flirteten mit ihr, und es kam vor, daß sie sich mit ihnen verabredete und in einem Restaurant ein Essen spendiert bekam. Und anschließend ging sie zu Irina und schlief bei ihr in ihrem Bett. Das dauerte – sie weiß es nicht – einen Monat? Zwei Wochen? Zwei Monate? Wie auch immer. Eines Tages nahm Irinas Mutter Marina zur Seite und sagte: »Mein Mann ist im Krieg gefallen, und ich saß da mit zwei Kindern. Ich habe arbeiten müssen, um sie zu ernähren. Ich habe nichts dagegen, Ihnen für kurze Zeit Obdach zu geben; ich weiß, daß Sie es zu Hause schwer haben. Aber es geht nicht so weiter, daß Sie hier essen und mich ausnutzen – suchen Sie sich Arbeit. Sie sind hier gern gesehen, aber nicht, um zu schmarotzen.« Marina wurde rot; es war die Wahrheit. Sie entschuldigte sich – und ging nie wieder hin.

Es war eine bittere Pille, aber diese Frau half ihr damit eine Menge. Denn Marina war kurz zuvor aus der Schule für Pharmazie geworfen worden, weil sie Kurse geschwänzt hatte. Außerdem fühlte sie sich krank. Sie nahm an, daß es Vitaminmangel oder etwas Ähnliches war. Sie hatte Gürtelrose. Sie hat immer noch Narben von den großen Furunkeln, die Kopf und Körper bedeckten. Sie mußte in eine Klinik gehen, in der Geschlechts- und andere ansteckende Krankheiten behandelt wurden. Sie stand in der Reihe an, um behandelt zu werden, und hörte die Leute flüstern: »So jung!« Sie dachten, daß sie eine Geschlechtskrankheit hätte. In Wirklichkeit bekam sie Bestrahlungen sowie Traubenzucker- und Vitaminspritzen. Sie war schrecklich unterernährt. Natürlich hatte sie keine Geschlechtskrankheit, aber es war peinlich, daß die Leute das dachten.

Ein gutes Jahr zuvor, bevor die eigentlichen Probleme mit ihrem Stiefvater begannen, hatte sie sich das erste Mal verliebt. Sie war sechzehn und in den Sommerferien auf Besuch in Minsk bei ihrem Onkel Ilja und seiner Frau Walja und lernte einen Jungen namens Wladimir Kruglow kennen. Da in Waljas Wohnung alle Fenster wegen der Hitze offenstanden, konnte Marina hören, daß Kruglow über ihnen Gitarre spielte. Marina hatte von Walja gehört, daß Wladimir, der in Leningrad an der Universität studierte, sich in Minsk einsam fühle. Er war älter als sie, aber da er immer Gitarre spielte, dachte Marina, daß er ihr Ständchen bringe. Sie verliebte sich.

Eines Abends hatten sie Kinokarten, und als sie aus dem Kino kamen, goß es in Strömen. Wladimir sagte: »Ein Freund von mir wohnt in der Nähe.« Sie gingen hin, trockneten sich ab, saßen beieinander, und das war das erste Mal, daß sie einen Kuß bekam. Das erste Mal in ihrem Leben. Sie begann zu weinen, sie war doch erst sechzehn. Wladimir Kruglow fragte: »Was ist das Problem?« Und sie sagte: »Wolodja, ich bin noch nie geküßt worden.« Er sagte: »Wenn ich das gewußt hätte, hätte ich es bleiben lassen. Wer konnte mit einer solchen Reaktion rechnen?« Aber sie war verliebt, also blieben sie noch eine Weile dort, obwohl sie zu Tode erschrocken war. Um fünf Uhr früh stand sie auf und machte einen kleinen Spaziergang. Kurz darauf beschloß sie, ihr Gesicht nie mehr zu waschen, denn es war ihr erster Kuß, und sie wollte ihn für immer bewahren.

Nach diesem Sommer, als sie nach Leningrad zurückkam, entwickelten sich die Dinge weniger erfreulich. Zu dieser Zeit, sie besuchte noch die Pharmazie-Schule, begann ihr Stiefvater sie zu isolieren. Bei Tisch wurde ihr der Abfall vorgesetzt. Sie bekam von ihrer Großmutter Tatjana etwas Geld, eine kleine Pension, die zwischen ihr und ihren Halbgeschwistern aufgeteilt wurde, aber nun war das Geld, wenn sie Hunger hatte und sich ein paar Tage selbst versorgte, im Nu aufgebraucht. Sie mußte andere Wege finden. Nach dem schlimmen Leningrader Winter ereignete sich eine Menge. Es folgten ein wunderbarer Frühling und ein wilder Sommer.

Sie erinnert sich an einen frühen Morgen, an dem sie und ihr Freund Eddie – ein Mann, der doppelt so alt wie sie war – von einer Bootsfahrt zurückkamen. Die Straßenkehrer waren noch an der Arbeit; die Sonne schien; alles funkelte. Sie und Eddie waren gut aufgelegt, denn es war die Zeit der weißen Nächte, und das Boot war hinaus in den Finnischen Meerbusen gefahren. Die ganze Nacht hatte es Musik gegeben, und sie hatten getanzt und ein bißchen geschmust. Als sie an einem Markt vorbeikamen, sagte Eddie: »Ich möchte Ihnen Blumen kaufen.« Er überreichte ihr einen Strauß, und sie hüpften über Pfützen. Die Stadt schien so fröhlich. Aber im nächsten Augenblick sah sie von weitem ihren Stiefvater und mußte in den nächsten Hauseingang flüchten. Sie teilte Eddie ihre Befürchtungen mit. Falls ihr Papa sie gesehen hatte, was würde er denken? Sicher nicht, daß alles ganz unschuldig war. Mit Eddie war es Spiel, sie herzten sich und knutschten, das war alles. Aber sie wurde schamrot bei der Vorstellung, was ihr Stiefvater denken könnte. Vielleicht hielt er sie für ein Straßenmädchen – die vielen Blumen, und am frühen Morgen mit einem Mann unterwegs.

Also schaute sie, daß sie so schnell wie möglich nach Hause kam, und versuchte einzuschlafen. Aber Alexander kam herein und sagte: »Noch immer im Bett? Steh auf!« Dann sagte er: »Scher dich aus dem Haus« und hieß sie eine Hure. Also hatte er sie doch gesehen. Er sagte: »Ich möchte dich hier nicht mehr sehen. Geh aus meinem Leben.« Sie sagte: »Du kannst mich nicht hinauswerfen.« Und er: »Du hast Verwandte in Minsk. Verschwinde.« Marina sagte: »Ich möchte nicht fort. Ich werde mich bei der Stadtmiliz beschweren, daß du grausam und roh bist und mich gegen meinen Willen auf die Straße setzen willst.« Er sagte: »Schön, geh du zur Miliz, und ich werde dir sagen, wer dein wirklicher Vater war.« Im gleichen Moment drehte er sich auf dem Absatz um und ging. Das war alles. Mehr bekam sie über ihren wirklichen Vater nicht heraus.

Sie traf sich weiterhin mit Eddie, der in einem Filmstudio in Leningrad arbeitete, Eddie Dshuganijan aus Georgien, braunhäutig und mit Schnurrbart. Sie mochte ihn. Sie sah ihn nicht jeden Tag, und sie hatte andere Freunde. Alles keine großen Geschichten. Sie war sehr wählerisch. Natürlich hatte sie auch ungehobelte Verehrer, die sie zum Essen ausführten, aber am Ende schaffte sie es, sie wieder loszuwerden – bisher jedenfalls. Sie fühlte sich glücklich bei diesen Mahlzeiten, sogar erregt. Es war, als ob sie das Essen gegen künftiges Ungemach aufrechnete. Erst aß man, und dann mußte man sich den Mann vom Leib halten – eine mühselige Methode, sich ein Essen zu verdienen. Aber sie war so hungrig, und schließlich war sie immer noch Jungfrau. Und träumte von einem Märchenprinzen, einem roten Teppich und Blumen. Aber der kam nicht. Es war immer ein Rabauke.

Eines Tages ging sie zu Eddies Wohnung, um ihm eine Nachricht zu hinterlassen. Als sie sich nach ihm erkundigte, sagte jemand: »Ist das der Mann mit einem kleinen Jungen?« Sie fand heraus, daß er verheiratet war und mit seiner Frau in Leningrad lebte. Sie hatte keine Ahnung, wie er sich zu Hause herausredete – vielleicht erzählte er seiner Frau, daß er einen Nachtdreh hatte. Vielleicht war er den Sommer über Strohwitwer, weil er Frau und Kind in eine Datscha geschickt hatte. Er spielte also mit ihr, und sie schrieb ihm einen bösen Brief, daß sie ihn nie mehr sehen wolle.

Nach dieser kalten Dusche fühlte sie sich selbstverständlich zu kaputt, um zu arbeiten. Es war die Zeit, in der sie regelmäßig mit Irina zusammen war, die sie eines Abends zu einer Doppelverabredung mit einem Kunden, einem Afghanen, mitnahm. Der Mann lockte Marina unter dem Vorwand auf sein Hotelzimmer, daß er sich nur rasch umziehen müsse und sie in der Zwischenzeit ein paar delikate Häppchen essen könne. Statt dessen vergewaltigte er sie. So verlor sie ihre Unschuld. Nachher sagte er: »Ich wußte nicht, daß du noch Jungfrau bist. Ich will mein Geld zurück.« Er hatte Irina also im voraus bezahlt. Nachdem der Afghane sie aus dem Zimmer geworfen hatte, sagte Irina: »Was stellst du dir eigentlich vor? Glaubst du, daß du ewig mit mir herumziehen und futtern kannst, ohne etwas dafür zu bieten?« Und dann hatte Irinas Mutter ihr dasselbe auf ihre Art mitgeteilt.

Sie hielt sich für ein gefallenes Mädchen. Andererseits hatte sie in diesem Sommer auch ein paar Jungen getroffen, die sie zu Picknicks einluden. Sie wanderten durch die Wälder außerhalb Leningrads, eine große Gruppe mit Musikern, und es gab Lagerfeuer. Sie sangen sich durch die weißen Nächte. Einige der Musiker mieteten Prostituierte, aber sie hielt sich an die netten, naiven Jungen. In einer Nacht gab es am einen Ende des Picknickplatzes sogar eine wilde Orgie, aber sie blieb sitzen und plauderte mit den anständigen Jungen, und am Morgen gingen alle schwimmen – ein bißchen Geküsse, mehr nicht. So verbrachte sie ein ganzes Wochenende, Samstag und Sonntag, und als sie heimkam, dachte sie an ihre Großmutter, und daß sie nun tot war, und daß sie Tatjana vor ihrem Tod nicht einmal geschrieben hatte, weil sie sich wegen ihres Lebenswandels so schuldig fühlte. Für das letzte Geld hatte sie sich nicht einmal bedankt. Selbst in einem Brief hatte sie Tatjana nicht mehr unter die Augen treten können. Sie hatte ihr gegenüber versagt. Es war entsetzlich. Sie kam sich vor wie eine Prostituierte,

40

weil sie sich von Männern zum Essen hatte einladen lassen. Nun hatte sie aus purer Dummheit ihre Unschuld an diesen Afghanen verloren und hatte keinen Job. Sie wollte keinen Job – sie wollte eine schöne Zeit. Und das war nicht etwas, was sie ihrer Großmutter hätte mitteilen wollen. Sie war ihrer Liebe nicht mehr wert gewesen. Und jetzt war Großmutter nicht mehr, und sie hatte nicht einmal zu ihrem Begräbnis fahren können. Sie schaute in den Spiegel und fragte sich: »Was ist bloß aus mir geworden?«

Als Irinas Mutter sie demütigte, weil sie nichts einbrachte, beschloß sie also, daß sie sich wieder aufrappeln mußte. Sie fand einen Job in einer Schulkantine. Sie wischte nach der Pause die Tische ab und kehrte den Boden. Eines Tages kamen ein paar Jungs, die noch nicht gegessen hatten, hereingestürmt, während sie beim Auffegen war. Sie gafften sie an – sie waren jünger als sie, Kinder noch, aber sie trugen schicke Uniformen, verwöhnte Söhnchen von Elite-Eltern – und sagten: »Hübsch, das Mädchen. Seht mal, sie hat einen Besen in der Hand.« Es hämmerte in ihren Schläfen. Diese Jungs machten sich über sie lustig. Sie war nicht dazu geboren, Fußböden zu kehren. Sie wechselte in eine andere Schule, und der dortige Leiter mochte sie, interessierte sich für sie und besorgte ihr einen Job in einer Apotheke. Und sie schrieb sich wieder in einen Abendkurs für Apotheker ein.

Sie konnte kaum mehr glauben, was ihr alles in einem einzigen Frühling und Sommer widerfahren war, aber nun war wieder Ruhe eingekehrt, und diesen letzten Winter in Leningrad, in dem sie arbeitete und wieder zur Schule ging, verkehrte sie oft mit einer Familie Tarussin und ihrem Sohn Oleg, der ein ganz außerordentlich liebenswürdiger junger Mensch war. Sie denkt, daß sie Oleg Tarussin eine gute Frau hätte sein können, mit der Einschränkung, daß sie seine Eltern mehr mochte als ihn. Natürlich mochte sie ihn auch, sehr sogar, aber sie war nicht verrückt nach ihm. Seine Eltern liebten sie. Sie war die Tochter, die sie nie gehabt hatten. Zum ersten Mal seit dem Tod ihrer Mutter fühlte sie sich wieder geliebt, und die Zeit verging, verglichen mit dem vergangenen Sommer, halbwegs friedlich.

Dennoch überlegte sie, als sie die Abschlußprüfung an der Pharmazie-Schule gemacht hatte, ob sie nicht nach Minsk gehen solle. Es war eine zu glatte Lösung, Oleg Tarussin zu heiraten, und sie konnte sich nicht vorstellen, weiter in Leningrad zu leben, wo die Erinnerungen wie scharfe Messer in die Seele schnitten. Außerdem traf sie sich trotz allem immer noch mit Eddie, und er sagte ihr ebenfalls, daß es besser für sie sei, die Stadt zu verlassen. Er meinte, daß sie sich zu leicht verliebe, und befürchtete, daß sie in ernsthafte Schwierigkeiten kommen könnte, wenn sie bliebe. Kurz darauf versuchte ein weiterer Fußballspieler, sie zu vergewaltigen, und sie kam erst um neun Uhr früh nach Hause. Sie borgte sich die zehn Rubel, die ihr noch zu einer Zugkarte fehlten, packte eine Tasche, und fuhr davon, um bei Walja und Ilja zu leben. Es war leider wahr – Leningrad war nicht die richtige Stadt für sie.

ZWEITER TEIL

OSWALD IN MOSKAU

1

Der sonderbare Tourist

Aus Oswalds Tagebuch (1):

16. Oktober 1959 Ankunft aus Helsinki per Zug; von Intourist-Vertreter abgeholt und im Auto ins Hotel Berlin gebracht. Trage mich als Student mit
fünftägigem De-Luxe-Touristen-Arrangement ein. Treffe meine Intourist-
Führerin Rimma Shirakova. (Ich erkläre ihr, daß ich um die russische
Staatsbürgerschaft nachsuchen möchte.)

Rimma spricht noch immer gerne Englisch. Es sei inzwischen eingerostet,
sagt sie uns, aber sie könne das Gespräch, wenn wir wollten, ganz in Englisch führen. Sie taucht gleich weit zurück in die Zeit, in das Jahr 1957, das
für die russischen Menschen ein wirklich aufregendes Jahr gewesen sei.
Nach gründlicher Vorbereitung hatte in diesem Jahr in Moskau ein Festival
stattgefunden, das dem Aufbau zwischenmenschlicher Beziehungen zwischen Ausländern und Moskauern dienen sollte. Dieses Ereignis hätte den
größten Einfluß auf den Kurswechsel in der Sowjetunion gehabt, erklärt sie
uns. Rimma war 1957 zwanzig und hatte als Studentin des Moskauer
Fremdsprachen-Instituts Gelegenheit gehabt, eine Menge neuer Leute kennenzulernen und mit Ausländern zu sprechen. Außerdem gab sie Kindern
Englischunterricht.
Freizügigkeit war in jenem Jahr also großgeschrieben. Die Kontakte zwischen jungen Ausländern und jungen Russen verliefen wunderbar. Das
sprach sich im Ausland herum, und deshalb wurde 1959 Intourist ins Leben gerufen, um all die Reisen und Visa zu organisieren. Intourist stellte
auch viele Führer ein, und so sei sie zu diesem Job gekommen.
Erst einmal mußten neue Kräfte Schulungskurse über bestimmte Wissens-
gebiete absolvieren. Rimma unterzog sich zum Beispiel einem Examen über
die Schatzkammer des Kreml. Das war im Juni 1959. Wer durchkam, bekam
im Juli einen Job. Die meisten waren Kommilitonen des Fremdsprachen-

Instituts. Im September sei den meisten, um es in gehobenem Englisch auszudrücken, der Laufpaß gegeben worden. Nur wer wie sie über exzellentes Wissen verfügte und es auch vermitteln konnte, habe eine feste Anstellung bekommen.

Im Herbst und Winter 1959 war wenig zu tun, aber im August hatte es noch eine große Messe gegeben. Rimma hatte siebzehn »Boys« zu betreuen gehabt. Sie hatten sich als »Boys« vorgestellt. Es waren die Gouverneure aus siebzehn amerikanischen Südstaaten gewesen, also siebzehn »Big Boys«, und alle hatten eine Kamera. Der russische Mensch war in jenen Tagen überzeugt, daß Amerikaner mit ihrer Kamera zusammengewachsen waren. Rimma sah damals gut aus, war schlank und hatte blondes Haar. Außer Englisch sprach sie auch Arabisch, und einmal betreute sie eine hohe Delegation der Vereinigten Arabischen Republik. Die Minister und andere Würdenträger waren mit ihr sehr zufrieden und spendeten ihr fortwährend Lob. Am Ende dieser Tour führte sie die Gruppe noch ins Bolschoi-Theater. Die Vorstellung war um 11 Uhr zu Ende, Zeit für Rimma, um nach Hause zu gehen. Und für die Araber ebenfalls! Doch unversehens erkundigten sie sich, was als nächstes dran sei. Sie war schockiert. »Was meinen Sie?« fragte sie. »Der Abend ist zu Ende. Sie gehen jetzt zu Bett.« Aber sie ließen nicht locker und machten Andeutungen über Nachtlokale mit Frauen. Das brachte ihnen einen Verweis ein: »Wie unanständig. Sie haben mir die Fotos Ihrer Frauen und Kinder gezeigt, Sie haben so wunderbare Frauen, und nun wollen Sie sich mit anderen Frauen herumtreiben – schämen Sie sich!« Wenn es auch hohe Würdenträger aus arabischen Ländern waren – sie schalt sie einfach aus: »Bei uns gibt es so etwas nicht. Was denken Sie eigentlich von meinem Land und mir?«

Am nächsten Morgen würdigte sie keiner eines Blickes, wünschte ihr nicht einmal einen Guten Morgen. Ihr Chef machte sie zur Schnecke. »Was haben Sie sich erdreistet? Wissen Sie nicht, mit welcher Kategorie von Menschen Sie es zu tun haben?« Was konnte sie darauf erwidern? Konnte sie es mit ihrer Würde vereinbaren, solche Dinge gutzuheißen? Sie war jung und blond und hätte wirklich gut aussehen können, wäre da nicht ein kleiner Auswuchs von der Größe eines Bleistift-Radiergummis an einer Nasenseite gewesen, etwas, was wir als Grützbeutel bezeichnen.

Zur täglichen Routine gehörte, daß sie sich jeden Morgen in der Intourist-Zentrale im »National« einfand. In diesem Hotel wurden den Führern die täglichen Listen der Touristen, die in Moskau eintrafen, ausgehändigt. Am 16. Oktober 1959 wurde Rimma einem Mann zugeteilt, dem sie fünf Tage lang Moskau zeigen sollte. Es erwartete sie eine Überraschung. Er war nicht nur in der De-Luxe-Klasse angekommen, er hatte die ganze Reise de Luxe gebucht. Nur reiche Leute wählten ein solches Arrangement. Die Allerreichsten! Wer konnte es sich schon leisten, als Einzelreisender fünf Tage de Luxe in Moskau zu verbringen? Also war sie auf einen Typ gefaßt, einen Gentleman wie die Gouverneure aus den siebzehn Südstaaten, die im übrigen nicht de Luxe, sondern nur Erste Klasse gebucht hatten. De Luxe bedeutete zwei Zimmer, eine veritable Suite. Natürlich mußte es sich um einen eindrucksvollen Mann mittleren Alters handeln. Um etwas *Besonderes*!

Als sie ihn jedoch an der angegebenen Stelle in der Halle des Hotel Berlin abholte, stand sie einem mageren jungen Mann mittlerer Größe gegenüber, der einen dunkelblauen, dreiviertellangen Übergangsmantel aus billigem Material und Militärstiefel mit dicken Sohlen trug. Gewöhnliche Stiefel. Nach ihrer Auffassung durfte jemand, der de Luxe reiste, nicht so aussehen, ganz gewiß nicht! Und dieser Bursche war blaß, sehr blaß. Sie hatte den Eindruck, daß er düster und nervös dreinschaute – jawohl, nervös, sehr nervös. Alles andere als gelassen.

Sie stellte sich vor und skizzierte das Tagesprogramm. Bei Intourist gab es Exkursionprogramme für Gruppen, aber in diesem Fall war sie allein mit diesem De-Luxe-Burschen, dem eine Extrawurst gebraten werden mußte. Also schlug sie ihm eine Sightseeing-Tour vor. Er sprach ruhig, aber fürs erste schien es ihr, als ob eine gläserne Wand zwischen ihnen wäre. Er schien kein einziges Wort Russisch zu verstehen, also legte ihm Rimma in ihrem gehobenen Englisch dar, daß er Karten für dieses oder jenes Theater haben könne, und ging eine Liste mit ihm durch, wo sie überall hinfahren könnten, aber er zeigte kein Interesse an Ausflügen. An diesem ersten Vormittag machten sie in einem Volvo mit Chauffeur eine Besichtigungsfahrt durch Moskau und hielten an verschiedenen Punkten, zuletzt auf dem Roten Platz. Eineinhalb Stunden lang hatte Rimma einen Monolog geführt. Er hatte sie nicht unterbrochen und auch keine Fragen gestellt. Was für ein sonderbarer De-Luxe-Tourist. Anschließend kehrten sie ins Hotel Berlin zurück, wo er sein Mittagessen allein einnahm. Rimma hatte vor, ihm am Nachmittag den Kreml zu zeigen. Er hatte zwar etwas Ungewöhnliches an sich, aber eigentlich war er nett. Er war höflich und begann allmählich aufzutauen.

Rimma war ein Einzelkind, eine geborene Moskauerin, worauf sie sehr stolz war. Ihre Mutter war hier geboren, schon ihr Großvater und wer weiß, wie viele Vorfahren. Also gehen wir wohl nicht fehl in der Annahme, daß sie sich darauf freute, diesem jungen Mann ihre Stadt zu zeigen. Vielleicht würden sie am nächsten Tag in die Tretjakow-Galerie gehen, und sie könnte ihm das große Erbe der russischen Malerei erklären. Aber an diesem ersten Nachmittag begann er, über sich zu sprechen. Aus dem Kreml-Besuch wurde nichts. Er wollte reden.

Natürlich gingen sie nicht in seine Suite. So etwas kam für sie nicht in Frage. Es war nicht gestattet. Also gingen sie spazieren. Es war ein warmer Herbsttag, sie setzten sich auf eine Bank, und er wiederholte: »Wenn es Ihnen nichts ausmacht, möchte ich nichts besichtigen.« Das war nicht gegen die Regeln; es war zulässig, wurde allerdings für keine übermäßig gute Idee gehalten. Wie auch immer, er erzählte ein wenig über sich, daß er aus Texas käme, bei der Navy gedient hätte und unbedingt die Sowjetunion habe kennenlernen wollen. Er hätte gelesen, daß das russische Volk ein gutes, nützliches und außerordentlich friedvolles Leben führe.

Rimma war in jener Zeit eine große Patriotin, eine leidenschaftliche sogar, wie sie uns versichert, und konnte ihm deshalb aus vollem Herzen zustimmen. »Selbstverständlich ist unser Land das beste«, sagte sie ihm, »und Sie hatten völlig recht, daß Sie hergekommen sind.« Sie hatte den Eindruck, daß sie einander näher kamen, denn sie war jemand, mit dem er Informationen austauschen konnte. Keine tiefschürfenden Philosophien, einfach nur Gedanken über das Leben. Sie war wirklich begeistert, daß er ihr Land liebte, aber sie hatte nicht erwartet, daß er solche Töne anschlagen würde. Er fing damit an, wie schrecklich doch der Krieg sei, weil dabei unschuldige Menschen getötet würden, und während er sprach, wurde er immer zutraulicher, und sie begriff, daß er ihr sein Herz ausschütten wollte.

Schließlich kam er damit heraus, daß er sich mit dem Gedanken trug, nicht in die Vereinigten Staaten zurückzukehren. Er sehe keinen Sinn darin, Diskussion überflüssig. Er wollte hierbleiben. Er gab Gründe an. Sie erschienen ihr plausibel. Er sagte, daß seine Mutter sich wieder verheiratet habe und sich nicht mehr für ihn interessiere. Keiner in Amerika sei an ihm interessiert. Und als er im Fernen Osten gedient habe, hätte er soviel Leiden, soviel Tod gesehen, und alles ginge auf das Konto der Vereinigten Staaten. Sein Land schüre ungerechte Kriege, an denen er sich nicht länger mitschuldig machen wolle. Er vermittelte ihr den Eindruck, daß er für sein Land den Kopf hatte hinhalten müssen – in schrecklichen Gefechten –, und er wirkte auf sie sympathisch und glaubwürdig. Sie konnte ihm nur recht geben. Es war gewiß sehr merkwürdig, daß es in Amerika auch solche Menschen gab, aber sie mußte ihm beipflichten, daß es keine ungerechten Kriege geben sollte – gewiß war es unnatürlich, Menschen zu töten. Er sagte abermals, daß er hierbleiben wolle. Dies sei aus seiner politischen Sicht das richtige Land für ihn.

Rimma war verdutzt. Eigentlich schockiert. Das war keine einfache Situation. Nichts, worauf sie vorbereitet war. Niemand hatte in den vorbereitenden Kursen jemals über eine solche Möglichkeit gesprochen. Also half sie ihm, einen Brief an den Obersten Sowjet zu schreiben, und sorgte dafür, daß er zugestellt wurde. Niemand hatte sie darum gebeten; es war ihr jugendlicher Drang, ihm zu helfen. Als sie allerdings anschließend die Geschichte ihrer Vorgesetzten berichtete, war die alles andere als glücklich: »Was haben Sie angestellt? Er ist als Tourist gekommen. Und er hat Tourist zu bleiben.« Rimma geriet etwas außer Fassung, denn sie fand, daß es sich ihre Vorgesetzte zu leicht machte. Typisch Bürokratie. Aber Rimma kannte ihre Leute. Die meisten Leute waren schwerfällig aus Prinzip. Sie wollten nichts überstürzen. Sie sagten sich: »Meine Arbeit ist kein Wolf, der sich in den Wald davonmacht, also warum soll ich mich beeilen?« Das saß ihnen in den Knochen. Aber Rimma war sich nichtsdestoweniger sicher, daß ihre Vorgesetzte sich mit jemandem auf höherer Ebene in Verbindung setzen würde, und daß die wohl wissen würden, was zu tun sei.

Ich erkläre ihr [Rimma], daß ich die russische Staatsbürgerschaft erwerben möchte. Sie ist platt, aber hilfsbereit. Sie stimmt sich mit ihrem Boß im Zentralbüro von Intourist ab und hilft mir dann, meinen Brief an den Obersten Sowjet zu verfassen, in dem ich die Staatsbürgerschaft beantrage.

2
Der Idiot

Alexander Simtschenko war Chef des OVIR, der Abteilung für Paß- und Visumangelegenheiten. Jahrzehnte später, immer noch einiger Brocken Englisch mächtig, erklärt er uns zum Fall Oswald: »Ich kann Ihnen versichern, daß der KGB auch bei Intourist die Puppen tanzen ließ. Wenn sie sich erkundigten: ›Was ist Ihr Eindruck über den Touristen Soundso?‹, konnte man nicht sagen: ›Ich habe keine Lust, mich darüber auszulassen.‹ Auch wenn man einen Touristen sympathisch fand, mußte man eine berufsmäßige Einschätzung abgeben. Um sich zu identifizieren, nannte ein KGB-Offizier bei einem Anruf seinen Vor- und Vaternamen, aber nicht seinen Familiennamen. Er sagte etwa: ›Hier ist Gennadij Petrowitsch. Wir möchten etwas über den Soundso erfahren.‹«
Alexander verstand natürlich. Schließlich war ihnen eingebleut worden, daß

die meisten Ausländer Spione seien. Er appelliert an unser Verständnis dafür, daß sich aus seiner Position gewisse Unabdingbarkeiten ergeben hätten. Aber er legte Wert auf die Feststellung, daß keine einzige Person, über die er Bericht erstattete, behaupten könne, daß er etwas Unkorrektes erzählt hätte. Er berichtete Gennadij Petrowitsch lediglich Wort für Wort, wie sich die Begegnung mit der betreffenden Person abgespielt hatte.

Alexander war damals Mitglied der Partei, aber nun konnte er endlich loswerden, daß er vor dem Beitritt große Angst gehabt hätte, obwohl er sich im klaren war, daß der Schritt für seine Zukunft absolut notwendig war. Seine Angst war begründet, denn sein Vater war im Ersten Weltkrieg zaristischer Offizier gewesen. Und obwohl er nach der Revolution nicht in die Weiße Armee eingetreten war, sondern sich mit seiner Familie aufs Land zurückgezogen hatte, war er 1930 trotzdem verhaftet worden. Obwohl er nach einer Zeit wieder entlassen wurde, saß die Angst in Alexander seither tief. Als ihm im vierten Jahr am Fremdsprachen-Institut sein Schulungsoffizier sagte: »Sie müssen Mitglied der Partei werden«, fragte Alexander seinen Vater, wie er die Formulare ausfüllen solle. Sein Vater sagte: »Als du 1925 geboren wurdest, war ich Bauer. Trag also bei meinem Beruf Bauer und nicht Offizier ein.« Gleichwohl wußte Alexander, daß er auf des Messers Schneide balancierte. Die stalinistische Ära lag erst wenige Jahre zurück. Doch es ging gut. Er wurde aufgenommen und belegte einen Doktorandenkurs an der philologischen Fakultät der Moskauer Universität. Nach dem Abschluß hatte er finanzielle Probleme, las über die Gründung von Intourist, bewarb sich als einer der ersten und wurde der dreizehnte Dolmetscher des Unternehmens. Im Oktober 1959 hatte er es zum Chef der USA-Kanada-Abteilung des OVIR gebracht und dreißig Leute unter sich.

Alexander hatte bereits einige Erfahrung mit Ausländern sammeln können, die auf Teufel komm raus Staatsbürger der Sowjetunion werden wollten. 99 Prozent hatten nicht alle Tassen im Schrank. Er erzählt uns von dem Anruf eines Milizionärs auf dem Roten Platz: »Da ist eine Amerikanerin, die vor dem Lenin-Mausoleum Flugblätter verteilt.« Alexander sagte: »Bringen Sie sie in mein Büro. Und vergessen Sie die Flugblätter nicht.« Darauf stand auf russisch: »Liebe Bürger der Sowjetunion: Helfen Sie mir, die russische Staatsbürgerschaft zu bekommen.« Alexander teilte ihr mit, daß sie sich mit ihrem Begehr an die Botschaft in Washington wenden müsse, und sie sagte: »Das habe ich ja, und dort wurde mir gesagt: ›Gehen Sie nach Rußland, und Intourist wird Ihnen weiterhelfen.‹« Also klärte Alexander sie auf, daß Intourist lediglich für Touristen zuständig sei, die sich auch wie

Touristen benehmen. Allen anderen wurde in schöner Regelmäßigkeit empfohlen, heimzukehren und es noch einmal bei der Botschaft der Sowjetunion in ihrem eigenen Land zu versuchen. Wenn sie sich trotzdem darauf versteiften, die Angelegenheit hier an Ort und Stelle geregelt zu bekommen, war seine Standardantwort: »Wenden Sie sich an das Präsidium des Obersten Kongresses«, das praktischerweise im Nebengebäude residierte. Also marschierten sie hin, irgend jemand nahm sie in Empfang und gab ihnen den exzellenten Rat: »Gehen Sie zurück zu Intourist.« Auch in der russischen Botschaft in Washington blieb es bei derselben Leier: »Buchen Sie als Tourist eine Reise nach Moskau. Intourist wird Ihnen weiterhelfen.«

Was solche Fälle betraf, hatte Alexander häufig Kontakt mit dem KGB. Trotzdem hatte er nie einen Offizier persönlich getroffen – da war immer nur die Stimme am Telefon. Falls Gennadij Petrowitsch nicht persönlich anrief, sagte die Stimme: »Ich kenne Sie nicht, aber Gennadij Petrowitsch hat mir geraten, anzurufen und mit Ihnen zu sprechen...« Also hörte er geduldig zu und versuchte, behilflich zu sein.

Den Namen Lee Harvey Oswald hörte er zum ersten Mal, als er einen Anruf bekam, daß ein junger Amerikaner russischer Staatsbürger werden wolle. Beim ersten Vornamen Lee dachte er: »Chinese, möglicherweise Chinese von Geburt«, aber Oswald? Nein, das konnte kein Chinese sein. Also war er nicht allzu überrascht, als dieser junge Mensch in sein Büro kam, eskortiert von zwei hübschen jungen Frauen von Intourist, Rimma und Rosa. Offensichtlich handelte es sich um einen Durchschnitts-Amerikaner.

Er war sehr nett, er lächelte, ein Mensch, der unbedingt einen guten Eindruck machen wollte, und den machte er auch, einen wirklich guten Eindruck. Er kam lächelnd herein, in einem kurzen schwarzen Parka und einem gestrickten Rollkragenpullover, ohne Kopfbedeckung. Dafür trug er eine silberne Kette mit eingraviertem Namen und einen Ring mit einem Stein. Offenbar ein ungewöhnlicher Fall. Für Alexander war das ein heißes Eisen, er sprach nur kurz mit ihm und forderte ihn dann in aller Höflichkeit auf, wieder zu gehen. Er fühlte sich ganz und gar nicht in der Stimmung, jemanden höheren Ortes anzurufen und um Hilfe zu bitten, denn die stereotype Antwort war: »Warum?«

Noch Jahre später hatte sich daran nichts geändert. Als der Präsident von McDonald's das erste Mal nach Moskau kam und ihm sagte, daß er gerne McDonald's-Restaurants in der gesamten Sowjetunion einführen wolle, rief Alexander die gastronomische Abteilung der Stadtverwaltung an und bekam den Anschiß: »Was? Was fällt Ihnen ein? Wollen Sie Ihren Posten loswerden? Warum schlagen sie *so etwas* vor?« Darum war Alexander in ungewöhnlichen Fällen wenig geneigt, irgend jemand anzurufen.

Er fragte Oswald immerhin, wie er zu seinem Vornamen Lee gekommen sei, und der junge Mann antwortete: »Vielleicht von der Seite meiner Großeltern. Vielleicht ist er irisch.« Worauf Alexander, dem unvermittelt einfiel, daß der Name Oswald vielleicht spanischen Ursprungs sein könnte, etwa Osvaldo, ihn fragte: »¿Habla español?« und Oswald sagte: »Nein, nein, nein, nein.« Er wolle in der Sowjetunion bleiben, weil er sich mit Alexanders Land geistesverwandt fühle; er habe Lenin, Stalin, russische Zeitungen und Zeitschriften usw. gelesen. Alexander unterstellte, daß sein Wissen ziemlich oberflächlich sei; möglicherweise hatte er einige Bücher gelesen, aber gewiß nichts Tiefgründiges. Also beschränkte er sich auf die Mitteilung: »Wir können hier wirklich nichts für Sie tun.«

Damals war es schwierig, die Aufenthaltsdauer zu verlängern; alles mußte im vorhinein von einem Reisebüro geregelt werden. Intourist konnte an Ort und Stelle das Arrangement nicht aufstocken. Alexander kannte eine Reihe von Fällen, in denen Reisende ein paar Tage anhängen wollten, aber keine weiteren Gutscheine für Essen, Unterkunft, Theater, Ballett, Besichtigungen oder Exkursionen kaufen konnten – es gab einfach keine Möglichkeit, im letzten Moment mit einem zuständigen Büro in Verbindung zu treten. Davon abgesehen wußte Alexander, daß, falls eine hohe Charge am Verbleib des Touristen Oswald interessiert wäre, dieser Beamte entsprechende Schritte unternommen hätte. Daß Lee Oswald routinemäßig zu ihm geschickt wurde, bedeutete, daß niemand interessiert war. Alexander ging davon aus, daß der KGB mehr über Oswald wisse als er, und daß dies nicht sein Job sei.

Trotzdem war der Fall höchst ungewöhnlich, und Oswald war sehr nett, sehr sympathisch mit seinem Lächeln, ruhig – jawohl, nett wie ein Teenager. Und er besaß keine Kopfbedeckung und trug sehr schäbige Kleidung. Also waren Alexander und die beiden Intourist-Mädels sich darüber einig, daß sie ihm wenigstens eine Mütze kaufen mußten. Er würde nicht akzeptiert werden, also mußte sich wenigstens jemand um ihn kümmern und dafür sorgen, daß ihm nicht kalt wurde. Alexander hatte auch den Eindruck, daß Oswald ein wenig schauspielerte, denn er gab sich immer wieder anders. Wie ein Muttersöhnchen, das daran gewöhnt war, daß seine Mutter alles für ihn ins erledigte.

Am nächsten Vormittag fragte Lee Rimma: »Glauben Sie, daß ich die Erlaubnis bekomme, hier zu bleiben?«, und Rimma sagte ihm, daß sie keine

Ahnung habe.»Aber was mich betrifft, werde ich alles tun, um Ihnen zu helfen.« Er war ihr ans Herz gewachsen, wie ein Verwandter. Sie hegte keine romantischen Gefühle für ihn, war allerdings nicht sicher, ob das nicht bei ihm mitspielte, weil er so sicher schien, daß sie sein Rettungsanker sei. Er war lieb und natürlich. Und vielleicht war sie damals in ihrem jugendlichen Alter auch noch koketter. Ein klein wenig. Aber verliebt war sie nicht in ihn: er war nicht ihr Typ. Küsse seien auf jeden Fall nicht ausgetauscht worden. Sie sei wie eine Schwester zu ihm gewesen, versichert sie uns. Er war in einer so schwierigen Situation; er brauchte jemanden. Und wen gab es außer ihr? Also gingen sie freundschaftlich miteinander um, sehr freundschaftlich, und sie war ebenfalls ziemlich beunruhigt. Sie hatte gehofft, daß die offizielle Reaktion schneller kommen würde. Daß mehr Interesse bestünde. Aber nichts geschah an diesem zweiten Tag.

Der nächste Tag war ein Sonntag, der dritte Tag seines Besuchs und sein Geburtstag, der 18. Oktober. Aus seinem Paß wußte sie, daß er zwanzig geworden war, aber er sah jünger aus. Sie schenkte ihm ein Buch, Dostojewskijs »Der Idiot«. Und sie besuchten Lenins Mausoleum auf dem Roten Platz. Keine besondere Reaktion seinerseits. Er wartete auf Nachricht, aber am Sonntag gab es keine Nachricht. Auch nicht am Montag. Nichts Neues.

Aber es mußten immer noch Berichte weitergegeben werden. Nachdem er ihr seinen Wunsch zu bleiben mitgeteilt hatte, erstattete sie jeden Nachmittag Rapport bei den zuständigen Leuten. Das schien ihr für sein Schicksal äußerst wichtig. Sie war überrascht, wie wenig Interesse an seinem Fall zu bestehen schien. Aus ihrer heutigen Sicht ist sie eher skeptisch, welchen Wert die Informationen eines jungen Mädchens ohne jede diesbezügliche Erfahrung überhaupt hatten. Auf jeden Fall war sie ehrlich. Aber es steht in den Sternen, was der KGB darüber dachte.

Am Sonntag und Montag deutete Lee an, daß er einiges wüßte. Er habe beim Militär Zugang zu einigen geheimen Informationen gehabt. Rimma ging zu ihrer Vorgesetzten und berichtete, daß Oswald nun bereit sei, interessantes Material anzubieten. Er wisse über Flugzeuge Bescheid; er habe etwas über Pläne erwähnt. Er würde gerne mit den Behörden sprechen. Ihre Vorgesetzte sagte: »Soso? Gehen Sie und machen Sie Ihre nächste Führung.« Rimma hatte das unbestimmte Gefühl, daß ihn bereits Leute vom Sicherheitsdienst ins Auge gefaßt hätten. Nicht um mit ihm zu sprechen – nur um ihn ein bißchen zu beschatten.

Am Dienstagabend wurde ihr allerdings mitgeteilt, daß sein Ansuchen abgelehnt worden sei. Eine so schlechte Nachricht konnte sie ihm nicht gleich überbringen. Sie wartete bis zum nächsten Vormittag, dem Tag, an dem sein Visum ablief. Er war geschockt. Zutiefst niedergeschlagen, aufs höchste erregt. Sie versuchte, ihn zu beruhigen, aber alles in ihm schien abgestorben. Er verbrachte den ganzen Vormittag in tiefer Depression mit ihr. Für den Nachmittag konnte sie ihn wenigstens zu einem Ausflug überreden.

Nachdem sie mittags ihre Hauptmahlzeit zu sich genommen hatte, wartete sie unten im Hotel auf ihn; normalerweise war er pünktlich – Punkt 9 Uhr war immer Punkt 9 Uhr für ihn; ebenso 2 Uhr nachmittags. An diesem Nachmittag warteten nun Auto und Chauffeur draußen, und es war sehr schwierig gewesen, ein Auto zu ergattern; man mußte es gewissenhaft vorher reservieren. Um halb drei war sie so beunruhigt, daß sie ohne Erlaubnis nach oben fuhr. Als sie aus dem Aufzug trat, sagte die Etagenaufsicht zu ihr: »Er muß noch auf seinem Zimmer sein, denn ich habe seinen Schlüssel nicht.« Rimma sagte: »Kommen Sie mit.« Sie klopften. Keine Reaktion. Der Schlüssel steckte von innen, und die Etagenaufsicht konnte deshalb mit ihrem Reserveschlüssel nicht aufschließen. Sie holten jemand vom Sicherheitsdienst zu Hilfe, und ein hoteleigener Schlosser kam ebenfalls. Doch auch der Schlosser hatte Schwierigkeiten. Schließlich warfen sich die Männer mit solcher Wucht gegen die Tür, daß sie beide ins Wohnzimmer fielen. Da war niemand. Darauf gingen die Männer ins Badezimmer. Rimma weiß nicht, wo sie ihn fanden, in der Badewanne oder auf den Fliesen; sie konnte es vom Flur aus nicht sehen und wollte es auch gar nicht. Die Männer kamen wieder heraus und sagten: »Rufen Sie einen Krankenwagen.« Rimma ging hinunter zum Telefon, und kurz darauf sagte ihr ein Polizist: »Er hat sich die Pulsadern aufgeschnitten – alte italienische Methode.« Rimma war natürlich erschrocken, aber gleichzeitig froh. Vom ethischen Standpunkt fand sie es gut, daß sie rechtzeitig gekommen war. Als sie ihn auf einer Tragbahre herausbrachten, sah sie, daß er angezogen war und seine Kleider trocken waren. Er lag bewußtlos auf der Bahre, und sie setzte sich im Krankenwagen neben ihn. Er sah so krank und mager aus. Seine Wangen waren eingefallen, sein Gesicht hatte einen bläulichen Ton. Er sah aus wie jemand, der im Sterben lag. Und falls er starb, würde das ihr Land in eine üble Situation bringen, könnte es zu bösen Verwicklungen zwischen den USA und der UdSSR kommen. Der Tod eines Touristen würde andere Touristen von einem Besuch abhalten. Und bei dem tiefen Mißtrauen zwischen den beiden großen Nationen könnten die Amerikaner womöglich denken, daß er von den sowjetischen Behörden gefoltert worden sei.

Die Fahrt dauerte etwas, denn sie waren ins Botkin-Krankenhaus eingewiesen worden, für Rimma eines der besten in ganz Moskau. Es war ein ganzes Stück vom Hotel Berlin entfernt, aber die Ärzte waren besonders gut, und es gab eine spezielle Abteilung für Diplomaten und andere Ausländer. Als sie ankamen, wurden sie allerdings in eine geschlossene Station für Russen gebracht. Psychiatrische Abteilung.

In der Aufnahme hatten sie ihn auf eine fahrbare Bahre gelegt und ihm eine Spritze gegeben. Nachdem er verarztet worden war, schlug er seine Augen auf und wußte erst nicht, wo er war. Sie sprach auf ihn ein, sagte: »Alles in Ordnung, wir sind in der richtigen Abteilung, machen Sie sich keine Sorgen«, und streichelte sein Haar. Sie war sehr behutsam. Er schaute sie an, aber er lächelte nicht. Er trug über dem linken Handgelenk einen Verband. Am rechten Arm war nichts zu sehen. Sie blieb bei ihm von der Einlieferung um vier Uhr nachmittags bis ungefähr zehn Uhr abends. Er bat sie, zu bleiben, also blieb sie. Sechs Stunden.

Er war in dem Zimmer zusammen mit Russen, und Rimma sagte ihnen, daß er ein netter Amerikaner sei, aber sie erwähnte nichts von seinem Selbstmordversuch. Sie sagte lediglich, daß sie bei Intourist arbeite, und daß er Amerikaner sei und krank – keine weiteren Details. Sie empfahl ihm, ruhig zu bleiben. Er fragte, ob sie wiederkommen werde, und sie nickte. Morgen früh. Ganz bestimmt.

21. Oktober, 6 Uhr abends Erhalte die Nachricht, daß ich heute abend um 8 Uhr das Land nach Ablauf meines Visums verlassen muß. Stehe unter Schock! Meine Träume! Ich ziehe mich in mein Zimmer zurück. Ich habe noch 100 Dollar. Ich habe zwei Jahre auf das Visum gewartet. Meine kühnsten Träume sind zunichte gemacht, durch einen kleinkarierten Beamten, oder weil meine Planung schlecht war. Ich habe mir zuviel vorgenommen!

7 Uhr abends Ich beschließe, Schluß zu machen. Tauche meine Hand in kaltes Wasser, um die Schmerzen zu betäuben. Schlitze dann mein linkes Handgelenk auf. Tauche dann Handgelenk in Badewanne mit heißem Wasser. Ich denke: Wenn Rimma um acht kommt und mich tot findet, wird es ein großer Schock sein. Irgendwo spielt eine Geige, während ich zusehe, wie mein Leben wegspült. Ich denke mir: Wie einfach ist sterben und: ein süßer Tod mit Geigenbegleitung. Um acht Uhr findet mich Rimma bewußtlos (das Badewasser ist prächtig rot gefärbt). Sie schreit auf (ich erinnere mich daran) und läuft weg, um Hilfe zu holen. Die Ambulanz kommt, ich werde ins Krankenhaus gebracht, wo mein Handgelenk mit fünf Stichen genäht wird. Die arme Rimma steht mir als Dolmetscherin zur Seite (mein Russisch ist immer noch sehr schlecht), bis tief in die Nacht. Ich sage ihr: »Gehen Sie

53

nach Hause.« Ich bin in schlechter Stimmung, aber sie bleibt. Sie ist mein »Freund«. Sie hat einen starken Willen. Erst in diesem Moment fällt mir auf, daß sie hübsch ist.

Die Moskauer Ärztin wollte nicht namentlich genannt werden, aber sie bestätigt uns gegenüber ohne Vorbehalt, daß sie im Botkin-Krankenhaus Dienst gehabt habe, als Oswald am 21. Oktober um vier Uhr nachmittags eingeliefert worden sei. Nicht abends. Um vier Uhr. Heute ist sie fast 70, sieht aber im Gegensatz zu den meisten Russinnen ihrer Generation viel jünger aus. Wie eine gut erhaltene Mittfünfzigerin, eine kleine, schwergewichtige Frau, aber in gewisser Weise stattlich, gleichmütig und selbstsicher. Sie wiederholt, daß sie kein Aufsehen um ihre Person möchte und daß sie sich an jenen Tag sehr wohl erinnert.

Es war keine ernste Verletzung, sagt sie. Nicht viel mehr als ein Kratzer. Der Schnitt befand sich auf seinem linken Unterarm, und er war sehr schnell wieder auf den Beinen. Er blieb nicht einmal einen Tag im Bett, nicht einmal einen einzigen Tag. Als sie zur Untersuchung kam, plauderte er lebhaft mit anderen auf der Station, in sehr schlechtem Russisch zwar, aber außerordentlich kommunikativ. Aufgrund seines guten Zustands hätte er nicht bleiben dürfen, wenn er Russe gewesen wäre. Ambulante Versorgung und ab nach Hause. Der Schnitt war kaum mehr als ein Kratzer; er hatte nicht einmal die Ader erreicht.

Was die psychiatrische Diagnose betreffe, habe sie einen Patienten üblicherweise über seinen familiären Hintergrund und andere Umstände befragt. Dann ging sie dem Motiv nach: Warum wollte er Selbstmord begehen? Und versuchte, seine Stimmung einzuschätzen: War er noch in Düsterkeit versunken oder wandte er sich wieder dem Leben zu? Die Menschen waren entweder dankbar, daß sie gerettet worden waren, oder ärgerlich. Es war wichtig, den Unterschied zu erkennen. Was ihn betraf, seien solche Fragen unnötig gewesen, denn er hatte keinen echten Versuch unternommen. Ganz eindeutig wollte er etwas demonstrieren. Wollte in Moskau bleiben. Er sagte sogar: »Ich habe Angst, zurückzugehen.« Aber er sagte nicht, warum.

Wir legen ihr den Bericht der Psychiaterin Dr. Michailowa aus der Aufnahme vor. Da steht, daß der Patient seinen Versuch bereut und nach Hause möchte. Sie nickt. Aber das war in der Aufnahme. Einige Stunden später wollte er nicht mehr zurück. Solche widersprüchlichen Reaktionen seien bei einer Einlieferung nicht ungewöhnlich.

Der Bericht eines weiteren Arztes besagt: »Hat den definitiven Wunsch, in der Sowjetunion zu bleiben. Keine psychosomatischen Störungen und ist nicht gefährlich.« Im Bericht der Aufnahme steht, daß der Schnitt drei Zentimeter lang war. Die Chirurgie erhöht auf fünf Zentimeter, für die vier Heftungen nötig waren. Jedenfalls herrscht Übereinstimmung, daß es sich nicht um einen tiefen Schnitt gehandelt habe.

Lee hatte Rimma nicht gebeten, ihm irgend etwas aus seinem Hotelzimmer zu bringen. Aber am nächsten Tag schaute sie sich darin um und entdeckte, daß er lediglich einen dunkelgrünen Pullover und zwei Hemden besaß. Vielleicht wusch er seine gebrauchte Kleidung jeden Abend. Schließlich war sein Haar immer gekämmt und sein einziges Paar Schuhe immer geputzt. Sie brachte ihm auch das Buch, das sie ihm zum Geburtstag gekauft hatte, »Der Idiot«. Vielleicht hatte sie damit für diesen Lee eine Vorhersage getroffen. Da sein Name so gar nicht russisch klang, nannte er sich nun auf ihren Vorschlag hin Alik.

Sie fand ihn in derselben Abteilung, sitzend, offenbar in Ordnung. Seine Zimmergenossen beruhigten sie sogleich: »Machen Sie sich keine Sorgen. Wir passen auf Alik auf; er ist ein guter Junge.« Und wieder verbrachte sie den ganzen Tag bei ihm und ging nicht ins Büro – alles würde auch ohne sie seinen Gang gehen. Sie war zufrieden; Alik war so froh, sie zu sehen, daß er sogar errötete. Sie nahm auch an, daß die Behörden nun ihre Meinung ändern und etwas unternehmen würden. Sie mußten einfach. Sie konnten ihn nicht sterben lassen.

Als Alexander die Neuigkeiten über Oswald erfuhr, regte er sich ebenfalls schrecklich auf. Gesetzt den Fall, daß dieser junge Mann das Gefühl hatte, nicht zurückkehren zu können, weil jemand in den Staaten hinter ihm her war etc., etc. – was war dann? Oswald hatte das zwar nicht ausgesprochen, aber ganz den Eindruck gemacht, daß er vor der Rückkehr Angst hätte.

Als Rimma am nächsten Tag wieder in der geschlossenen Abteilung ankam und durch die Tür gefragt wurde, wer draußen sei, sagte sie »svoia«, was »Nahestehende« oder »Verwandte« bedeuten kann. Im selben Moment wurde ihr bewußt, wie komisch das war. Eine schöne Familie hatte sie sich da angelacht, alle plemplem. Sie erklärte Alik, daß sie ihn nicht für verrückt halte, sondern für ganz normal, aber daß sie ihn hier testen und beobachten müßten. Was diese Untersuchungen betraf, hielt sie es für denkbar, daß einige Psychiater im Dienst des KGB standen. Sie schloß eine solche Möglichkeit keineswegs aus.

3
Rosa, Rimma und Richard Snyder

22. Oktober Ich bin mit Rimma allein, allein unter den Geisteskranken. Sie
macht mir Mut und schilt mich aus. Sie sagt, daß sie mich in eine andere Abteilung verlegen lassen will... (nicht für Verrückte), wo das Essen gut ist.
23. Oktober In eine normale Abteilung verlegt. (Gute Luft, gutes Essen.) Aber
die Krankenschwestern begegnen mir mißtrauisch. (Sie wissen Bescheid.)
23. Oktober, Nachmittag Besuch von Rosa Agafonowa vom Touristenbüro
des Hotels. Sie erkundigt sich nach meinem Befinden. Wunderbares, her-
vorragendes Englisch, sehr lebenslustig und freundlich. Sie macht mich
froh, daß ich noch am Leben bin.

Die 28jährige Rosa war nicht nur bildhübsch, sondern auch Chefdolmet-
scherin des Intourist-Büros im Hotel Berlin. Also begleitete sie nur noch selten Gruppen oder Einzelreisende. Sie war zuständig für Visa, Pässe, Zug-
fahrkarten, Theaterbilletts, Ausflüge und besondere Angelegenheiten. Ihr
Besuch bei Oswald fiel in die letzte Kategorie. Während die Hotelbelegschaft
von Intourist es peinlich vermied, über den Amerikaner zu sprechen, der
einen Selbstmordversuch unternommen hatte, forderte ihr Chef nach ein
paar Tagen: »Nehmen Sie eines unserer Autos, besorgen Sie in einem
Restaurant Obst, holen Sie Rimma ab und besuchen Sie Lee Oswald im Botkin-Krankenhaus.«
Rosa erinnert sich, daß er Krankenhauskleidung und einen Verband um seinen Unterarm trug, aber sie konnte sich nicht vorstellen, daß der Schnitt
sehr tief gegangen war, denn er sah gesund aus. Sie alberten ein wenig herum. Sie wollte die delikate Angelegenheit nicht berühren, also hielt sich die
Konversation im Allgemeinen. In ihrer Erinnerung dauerte der Besuch eine
halbe Stunde, dann ging sie mit Rimma wieder. Das Intourist-Auto hatte
draußen gewartet.

25. Oktober Krankenhaus-Alltag. Rimma besucht mich am Nachmittag.
26. Oktober: Nachmittag. Rimma schaut vorbei.
27. Oktober: Die Fäden werden vom Arzt mit »stumpfer« Schere entfernt.
Mittwoch, 28. Oktober Verlasse das Krankenhaus und fahre mit Rimma im
Intourist-Auto zum Hotel Berlin. Ziehe später ins Hotel Metropol um. Rimma teilte mir mit, daß das Büro für Paß- und Meldeangelegenheiten mit mir
über meine Zukunft sprechen will.

Später holt mich Rimma mit Auto ab und wir gehen in das Büro, wo vier Beamte auf mich warten (kenne keinen von ihnen). Sie fragen, wie es meinem Arm geht, ich sage o.k. Sie fragen: Wollen Sie in Ihre Heimat zurück? Ich sage nein, ich will die sowjetische Staatsbürgerschaft. Sie sagen, daß man sehen würde... Sie machen sich Notizen. »Welche Papiere haben Sie, um sich auszuweisen, wer und was Sie sind?« Ich gebe ihnen meine Entlassungspapiere vom Marine Corps. Sie sagen: »Warten Sie auf unseren Bescheid.« Ich frage: »Wie lange?« – »Es wird dauern.«

Später kommt Rimma, um mich zu kontrollieren. Ich fühle mich beleidigt und beleidige sie.

29. Oktober Hotel Metropol, Zimmer 214

Ich warte. Ich bin beunruhigt. Ich esse einmal und bleibe sonst am Telefon. Unruhe. Ich bleibe voll angezogen.

31. Oktober Mein Entschluß steht fest. Um 12 Uhr bekomme ich meinen Paß und spreche ein paar Minuten mit Rimma. Sie sagt: »Bleiben Sie auf Ihrem Zimmer und essen Sie ordentlich.« Ich erzähle ihr nicht, was ich vorhabe, denn ich weiß, daß sie damit nicht einverstanden wäre. Nachdem sie gegangen ist, warte ich ein paar Minuten und nehme dann ein Taxi. »Zur Amerikanischen Botschaft«, sage ich. Um halb eins komme ich bei der Amerikanischen Botschaft an, gehe hinein und sage der Empfangsdame: »Ich möchte den Konsul sprechen.« Sie deutet auf ein großes Buch und sagt: »Wenn Sie Tourist sind, tragen Sie sich bitte ein.« Ich lege meinen amerikanischen Paß auf den Schreibtisch. »Ich bin gekommen, um meine amerikanische Staatsbürgerschaft aufzugeben«, sage ich sachlich. Sie steht auf und geht in das Büro von Richard Snyder, derzeit amerikanischer Geschäftsträger in Moskau. Er fordert mich auf, Platz zu nehmen. Er tippt einen Brief zu Ende und fragt mich dann, was er für mich tun kann. Ich sage ihm, daß ich mich entschlossen habe, die sowjetische Staatsbürgerschaft anzunehmen, und deshalb meine amerikanische Staatsbürgerschaft rechtsgültig aufgeben möchte. Sein Sekretär McVickar (inzwischen amtierender Konsul) schaut von seinen Papieren auf.

Snyder notiert persönliche Daten, stellt Fragen. Snyder warnt mich, irgendwelche Schritte zu unternehmen, bevor die Russen mich akzeptieren, nennt mich einen Narren und sagt, daß die Ausfertigung der Papiere einige Zeit in Anspruch nehmen wird. (Mit anderen Worten, er weigert sich, meine Aufkündigung der US-Staatsbürgerschaft auf der Stelle zu unterschreiben.) Ich stelle fest: »Mein Entschluß steht. Von diesem Tag an betrachte ich mich nicht mehr als Bürger der USA.« Ich verbringe 40 Minuten in der Botschaft, bis Snyder schließlich sagt: »Falls Sie nicht den Wunsch haben, uns Ihre marxistischen Glaubenssätze auseinanderzusetzen, können Sie jetzt gehen.« – »Ich möchte die US-Staatsbürgerschaft aufgeben.« Er sagt so etwas wie: »Nicht heute.«

Ich verlasse die Botschaft, durch die Kraftprobe in gehobener Stimmung, und kehre in mein Hotel zurück. Ich spüre, daß ich meine Energie nicht umsonst eingesetzt habe. Ich bin sicher, daß die Russen mich nach diesem Treuebeweis akzeptieren werden.

Aus der Aussage vor der Warren-Kommission vom 9. Juni 1964:

Mr. Coleman: Warum haben Sie ihn damals keine eidesstattliche Erklärung unterschreiben lassen?

Mr. Snyder: Das erschien mir unverantwortlich. Im konsularischen Dienst gehen wir in solchen Fällen mit einer Art Verzögerungstaktik vor. Wenn ein Bürger unseres Landes seine Staatsangehörigkeit aufgeben will, lassen wir ihn nicht einfach einen Wisch unterschreiben. Schließlich ist das ein sehr ernster, eigentlich unwiderruflicher Schritt. Wir haben zumindest zu prüfen, ob der Betreffende weiß, was er tut. Wir erklären ihm erst einmal die Konsequenzen und zwingen ihn durch Hinhaltetaktik, noch einmal darüber nachzudenken. Nur um sicherzugehen – was immer auch diese Sicherheit wert sein mag –, daß der Mann nicht total durchgedreht ist. (2)

31. Oktober, zwei Uhr nachmittags Es klopft. Ein Reporter, ein gewißer Goldstene, möchte ein Interview. Ich bin wie vom Donner gerührt. »Wie haben Sie es herausbekommen?« – »Die Botschaft hat uns angerufen«, sagt er. Ich schicke ihn weg. Ich sitze da und mache mir klar, daß das eines ihrer Druckmittel ist – mein Vorgehen in den amerikanischen Zeitungen publik zu machen. Mit dem Ergebnis: »Einer, der sich wichtig machen will.«

Eine halbe Stunde später kommt eine Reporterin, Miss Mosby. Ich lehne ein Interview ab und beantworte nur rasch ein paar Fragen. Ich bin von dem Interesse überrascht. Ich nehme keine Telefongespräche an, ohne mich [erst einmal] zu erkundigen, von wem sie kommen. Ich bin ratlos über das Aufsehen.

Mr. Coleman: Mr. Snyder, können Sie der Kommission schildern, worum es im Petrulli-Fall ging?

Mr. Snyder: Gewiß, ich erinnere mich gut an den Fall. Mr. Petrulli war ein amerikanischer Bürger, der während seines Aufenthalts in Moskau die sowjetische Staatsbürgerschaft beantragte, und den ich über die Gründe befragte. Wie bereits dargelegt, gab ich nicht beim ersten Mal meinen Segen, aber als er nochmals erschien und darauf beharrte, bekam er, was er wollte. Der Fall fand seine abrupte Lösung, als die sowjetischen Behörden nach einigen Wochen der Überprüfung entschieden, daß er weder als Bürger noch als Einwohner der Sowjetunion erwünscht sei. Später fanden wir heraus, daß Mr. Petrulli wegen 100prozentiger Geistesschwäche aus der Army entlassen worden war. Eines Tages zitierte mich der Chef der Konsularabteilung des Sowjetischen Außenministeriums zu sich und teilte mir mit, daß Mr. Petrulli die Gültigkeitsdauer seines Visums überschritten habe: »Wir fordern Sie auf, geeignete Schritte zu unternehmen, damit er das Land sofort verläßt.« Ich sagte ihm, daß Mr. Petrulli auf Ehre und Gewissen nicht mehr amerikanischer Staatsbürger sei. Schließlich habe er unter meinen Augen seinen Verzicht unterzeichnet. Den Russen ließ das kalt: »Unser Standpunkt ist, daß er mit einem amerikanischen Paß eingereist ist. Also haben Sie dafür zu sorgen, daß er hier wieder verschwindet.« Schön, unser Außenministerium entschied also, daß Mr. Petrullis Aufkündigung aufgrund seines Geisteszustands null und nichtig sei, und wir schickten ihn heim. Als Mr. Oswald erschien, kam mir gleich der Petrulli-Fall in den Sinn. (3)

1. November Noch mehr Reporter. Drei Anrufe von Bruder und Mutter. Jetzt fühle ich mich schon leichter, nicht mehr so einsam.

Abgeordneter Ford: War Oswald mit dem Ergebnis des Gesprächs mit Ihnen zufrieden oder unzufrieden?
Mr. Snyder: Ich glaube, eher unzufrieden. Er hatte sich möglicherweise einen großen historischen Auftritt ausgemalt. Wahrscheinlich hatte er sich schon lange mit dem Gedanken getragen, und meine Weigerung stellte eine total unerwartete Hürde für ihn dar. (4)

4
Was Neues für mich?

Er wußte immer noch nicht, ob er in diesem Land bleiben könne. Sie überlegten noch. Rimma erschien seine Situation allmählich kritisch. Er hatte kein Geld. Im Hotel Metropol war er kein De-Luxe-Tourist mehr, aber das Zimmer war in Ordnung. Doch es wurde kalt. Noch nicht Winter, noch kein Schnee, aber es war draußen kalt. Keine Ausflüge, keine Besichtigungen, kein Geld für Essen, und wer würde für das Hotel aufkommen?

Sie ging zu Rosa, und beide berichteten Alexander über Oswalds dürftige Garderobe. Alexander genehmigte den Kauf einer soliden Pelzmütze in einer »GUM«-Filiale. Lee gefiel sie sehr, und er versuchte, Rimma und Rosa zu umarmen und zu küssen. Er war überglücklich und gerührt. Alexander seinerseits hatte keine Probleme mit diesem Kauf, denn er verfaßte ohne Zweifel darüber eine Meldung.

Vom japanischen US-Luftwaffenstützpunkt Tachikawa wurde am 9. November ein Telegramm an Lee Oswald, c/o Amerikanische Botschaft in Moskau aufgegeben. Absender war Sergeant John E. Pic: + bitte ueberleg dir noch mal was du tust + melde dich wenn moeglich + alles liebe + john (5)

John McVickar von der Amerikanischen Botschaft in Moskau verfaßte eine Aktennotiz für die Oswald-Akte.

9. November 1959

Ich fertigte eine maschinengeschriebene Abschrift des Telegramms von Pic (Oswalds Halbbruder) an und wollte sie Oswald heute im Hotel Metropol übergeben. Ich ging direkt zu seinem Zimmer (233) und klopfte mehrmals, aber niemand öffnete. Die Putzfrau sagte mir, daß er sein Zimmer nur verlasse, um aufs Klo zu gehen. Ich beschloß, die Nachricht nicht an der Rezeption abzugeben, sondern sie per Einschreiben zu schicken. Ich rief aus der Halle nochmals an, aber niemand hob ab.   McV(6)

2. bis 15. November Tage äußerster Einsamkeit. Ich empfange keine Reporter und nehme keine Anrufe an. Ich bleibe in meinem Zimmer. Ich werde von Ruhr gefoltert.

Im Metropol war es Rimma gestattet, auf sein Zimmer zu gehen. Sie hatte andere Direktiven bekommen, als handle es sich um einen neuen Fall. Sie war nun voll verantwortlich für ihn. Er war kein Tourist mehr. Sie nahmen die Sache ernst, und er ebenso. Warum war sein Problem noch nicht gelöst? Er war äußerst nervös. Er sagte ihr, daß sein ganzes Geld für das De-Luxe-Arrangement draufgegangen sei. Das hatte er mit voller Absicht getan. Als Einzelreisendem würde ihm mehr Aufmerksamkeit als in der Gruppe geschenkt werden, und auf diese Weise hatte er gehofft, seinen Plan zu verwirklichen.

60

Ihre Beziehung wurde zwangsläufig enger. Er versuchte sie zu küssen, aber das wollte sie nicht. Man konnte wegen so etwas seinen Job verlieren. Und das wäre die Sache nicht wert gewesen, ganz gewiß nicht. Sie hatte einen Freund, einen jungen Ingenieur, mit dem sie sich einmal pro Woche traf. Ein grundguter Bursche. Überdies verbot sich bei Aliks Lage jeder Leichtsinn. Das könnte böse Folgen haben. Also hielt sie sich als braves Mädchen an das Wort eines russischen Dichters: »Es ist besser zu sterben, als ohne Liebe zu küssen.« Sie tätschelte seine Hand. Das war genug. Ihre Art von Psychologie.

Davon abgesehen mußte sie in den Berichten an ihre Vorgesetzten immer sachlich bleiben. Wie hätte sie ihn da küssen können? Hätte sie das auch melden müssen? Sie gab durch, daß Alik in Ordnung sei und in den Schoß der Sowjetunion aufgenommen werden wolle; sie versuchte, einen guten Eindruck von ihm zu übermitteln, aber immer sachlich. Mal schrieb sie ihren Bericht täglich, mal als wöchentliche Zusammenfassung. Sie hatte den Auftrag, nur wirklich Meldenswertes durchzugeben. Es waren sehr schwierige Tage für sie.

Allerdings gibt sie unumwunden zu, daß sie ihren Job bei Intourist unerhört genoß, diesen abenteuerlichen und patriotischen Job, der ihr auch die Möglichkeit verschaffte, ihre Regierung und ihr Land zu beschützen. Sie war überzeugt, daß sie für ihr Land äußerst nützliche Arbeit verrichtete. Wenn sie also ihre Eindrücke über Oswald weitergab, dann, um die zuständigen Leute in die Lage zu versetzen, eine zivilisierte Entscheidung zu fällen. Der KGB war auf intelligente Berichte angewiesen. Sie mußten über so viel Hintergrundinformation wie möglich verfügen, um feststellen zu können, daß diese spezielle Person anders als andere war, und Alik war ganz ohne Zweifel anders. Zwar konnte sie sich nicht vorstellen, daß er ein Spion der CIA sei, aber sie war noch nie einem Spion begegnet. Also hatte sie ungeachtet ihrer persönlichen Eindrücke auf der Hut zu sein. Wenn sie heutzutage bei Intourist arbeiten würde, könnte sie ihn überprüfen, aber damals wurde sie einfach bloß gefragt: »Hat er in Ihrer Gegenwart andere Leute getroffen?« Sie wurde nie gefragt, ob sie ihn für aufrichtig hielt. Schade, denn dann hätte sie sagen können: er ist ganz offen und möchte bleiben. Aber ihre Meinung interessierte niemand. Und schließlich lag die endgültige Entscheidung nicht bei Intourist, sondern beim KGB. Davon abgesehen gab es da eine Lücke: sie wußte, was er zwischen neun und fünf machte, aber nicht, was er nach dem Abendessen trieb.

15. November Ich beschließe, ein Interview zu geben. Ich habe Miss Mosbys Visitenkarte und rufe sie also an. Sie kommt sofort. Ich erzähle meine Geschichte und gestatte, daß Fotos gemacht werden. Später wird die Geschichte verzerrt wiedergegeben, das heißt: bevor ich ihren Artikel gelesen und meinen Segen dazu gegeben habe. Gleichwohl fühle ich mich etwas besser wegen der Aufmerksamkeit, die mir bekundet wird.

16. November Ein russischer Beamter besucht mich und fragt mich, wie es mir geht. Teilte mir mit, daß ich in der UdSSR bleiben kann, bis irgendeine Lösung für meine Zukunft gefunden ist. Das ist für mich eine erfreuliche Nachricht.

Priscilla Johnson McMillan, die später das Buch »Marina and Lee« schrieb, traf Oswald am selben Tag, und auch ihr gab er ein Interview:
Ich war gerade von einem Besuch in den Vereinigten Staaten zurückgekommen und ging am 16. November zur konsularischen Abteilung der Amerikanischen Botschaft, um meine Post abzuholen – wie alle amerikanischen Journalisten. John McVickar begrüßte mich »daheim« mit den Worten: »Ach, übrigens, in Ihrem Hotel wohnt ein junger Amerikaner, der überlaufen möchte. Er weigert sich, mit uns zu sprechen, aber vielleicht redet er mit Ihnen, weil Sie eine Frau sind.«
Es stellte sich heraus, daß er recht hatte. Im Metropol ging ich eine Etage tiefer zu Oswalds Zimmer und klopfte, und der junge Mann öffnete. Zu meiner Überraschung willigte er sofort in das Interview ein und sagte, daß er abends zwischen acht und neun auf mein Zimmer kommen würde. Er erschien tatsächlich, in dunkelgrauem Anzug, weißem Hemd mit dunkler Krawatte und einer Art Pullunder aus dunklem Kaschmir. Er sah aus wie viele von diesen College-Studenten an der Ostküste in den fünfziger Jahren. Der einzige Unterschied war seine schleppende Südstaaten-Diktion. Er machte es sich in einem Sessel bequem, ich servierte ihm Tee von einem Stövchen, das ich auf dem Boden stehen hatte. Er redete ruhig, unaufgeregt und verriet nur durch eine Geste oder eine leichte Änderung des Tonfalls, daß ihm eine spezielle Aussage wichtig sei. Während unseres Gesprächs kam Lee immer wieder auf die – wie er es nannte – »ungesetzliche« Behandlung durch die Botschaft zurück. Sobald er sowjetischer Staatsbürger sei, würde er »seiner Regierung« – der sowjetischen – gestatten, die Rechnung dafür zu präsentieren.
Lees Tonfall blieb gleichmäßig, fast ausdruckslos, obwohl er mir durch und durch verbittert erschien. Er wirkte irgendwie nicht erwachsen. Am meisten beschäftigte mich seine Kindlichkeit. Er sah nicht älter aus als

siebzehn. Stolz wie ein Kind erzählte er mir von seinem einzigen Ausflug, den er in Moskau auf eigene Faust unternommen hatte. Er war vier Straßen weit in das »Detsky Mir«, das Kaufhaus für Kinder, gegangen und hatte sich eine Eistüte gekauft. Ich traute meinen Ohren nicht – da saß er vor mir, wollte für immer in diesem Land leben, und das Terrain, in das er sich bislang gewagt hatte, umfaßte nicht mehr als vier Blocks.

Ich war verblüfft, daß er so gar nicht neugierig war und nicht die geringste Lust auf Entdeckungen und Abenteuer hatte. Trotzdem respektierte ich ihn. Immerhin hatte ich es mit einem einsamen, verängstigten Jungen zu tun, der es mit der Bürokratie der zweitmächtigsten Nation der Welt aufnahm, und das völlig allein. »Ich bin überzeugt, daß es richtig ist, was ich tue«, sagte er. Und begründete seine Gesprächsbereitschaft mir gegenüber damit, daß er dem amerikanischen Volk »etwas zum Nachdenken« geben wolle. (7)

Die Tage kamen und gingen, und noch immer keine Entscheidung. Rimma verbrachte jeden Arbeitstag mit ihm. Sehr lange, schier unerträgliche Tage. Er war verstört, er wußte nicht, was er mit sich anfangen sollte, und sie versuchte nicht einmal, ihm ein wenig Russisch beizubringen, denn aus ihrer psychologischen Sicht war das nicht der richtige Zeitpunkt. Ihrer Meinung nach hielt er sich zuviel in seinem Zimmer auf und grübelte und grübelte. Sie wußte nicht einmal, ob er ihr Geschenk las – »Der Idiot«. Vielleicht hatte ihn der Titel irritiert, vielleicht hatte er ihn persönlich genommen. Und vielleicht war Dostojewskij ganz einfach zu schwierig für ihn. Er war an nichts anderem als seinem eigenen Schicksal interessiert. Sehr egozentrisch. Manchmal erzählte er immer noch, daß alle Menschen Brüder und Schwestern seien, und daß die Sowjetunion verheißungsvoller für unsere Welt sei als Amerika. Aber Rimma bekam immer mehr den Eindruck, daß er diese Gedanken gefaßt hätte, ohne sich allzuviel mit Fakten aufzuhalten. Es war alles sehr aufgesetzt. Nicht gewachsen. Ohne Tiefe.

Sie sagte ihm das natürlich nicht, denn es war zu einfach, seine Gefühle zu verletzen. Das beruhte übrigens auf Gegenseitigkeit. Sie wußte, daß er ihr gegenüber niemals ausfallend werden würde, weil er Angst vor einer Retourkutsche hatte. Daß sie ihm, falls er sich allzu unerfreulich benahm, sagen könnte: Weißt du, was du bist – ein Nobody.

»Was Neues für mich?« fragte er jedesmal. Immer dieselbe Frage. Und sie hatte den Eindruck, daß ihm die Frage auf der Zunge lag, ob sie ihn heiraten wolle. Aber er sprach es nicht aus. Vielleicht wußte er, daß sie ihm einen Korb geben würde. Gleichwohl machte er immer wieder Anspielungen, sagte, wie außerordentlich glücklich er sich in ihrer Gegenwart fühle. Jedesmal, wenn sie über ihn mündlich Bericht erstattete, wurde dieselbe Frage gestellt: »Was kann er, um sich sein Brot zu verdienen?« Leider konnte er nichts.

Da er völlig blank war, wurde Rimma schließlich mitgeteilt, daß er in ein kleineres Zimmer umziehen müsse. Es wurde ein bescheidenes Kämmerchen gefunden. Er rutschte seit seinem De-Luxe-Start immer tiefer. Was hieß, daß es nach oben ging. Höhere Etage, kleineres Zimmer. Rimma konnte nicht einmal mit ihm essen. Obwohl sie wegen ihrer hervorragenden Bewertung stolze 100 Rubel pro Monat verdiente, war ein Essen im Hotel zu teuer. Sie ging in billige Lokale. Als das Hotel fand, daß es sich seine Mahlzeiten nicht mehr leisten könne, gaben höhere Stellen die Anweisung: »Spezialessen.« Schlechtere Qualität.

Natürlich war er nicht immer trübsinnig. Manchmal war er richtig romantisch oder erzählte Witze, aber meistens mußte sie versuchen, ihn aufzuheitern. Dann sprach er davon, daß er, wenn ihm erlaubt würde, in ihrem Land zu bleiben, in Moskau leben wolle. Er schlief schlecht. Er dachte über seine Lage nach. Ständig. Und sein Russisch wurde auch nicht besser – nein, keineswegs.

> **17. November bis 30. Dezember** Ich habe mir zwei russische Sprachführer zum Selbstunterricht gekauft. Ich zwinge mich, jeden Tag acht Stunden zu studieren. Ich sitze in meinem Zimmer, lese und pauke Vokabeln. Alle Mahlzeiten nehme ich in meinem Zimmer ein. Rimma hat das arrangiert. Es ist draußen sehr kalt, so daß ich seit eineinhalb Monaten kaum auf die Straße gehe. Ich sehe niemand, spreche mit niemand, außer ab und zu mit Rimma, die wegen meines Falls das Ministerium anruft. Haben sie mich vergessen? Im Dezember habe ich im Hotel nicht bezahlt, aber Rimma hat ihnen gesagt, daß ich aus den USA eine große Summe erwarte. Ich habe noch 28 Dollar. Diesen Monat bin ich in die Paßabteilung bestellt worden, und drei neue Beamte stellten mir Fragen, die ich schon vor einem Monat beantwortet habe. Es scheint, daß sie überhaupt nichts über mich wissen.

Während all dieser Zeit hatte er keine Gesellschaft. Möglicherweise, räumt Rimma ein, empfing er am Abend Besuch, wenn sie nicht mehr da war. Manchmal erzählte er ihr, daß er mit irgendwelchen Russen gesprochen habe. Vielleicht war das auf seiner Etage. Wenn er flüssiger gewesen wäre, hätte er sich vielleicht etwas anders verhalten, aber er hatte keine warme Kleidung und kein Geld. Es schneite, er kannte Moskau nicht und er konnte nicht Russisch. Es blieb bei: »Wie wird dieses Wort ausgesprochen?« und »Wie heißt das auf russisch?«

Die meiste Zeit war er schlechter Stimmung. Und es war kompliziert, zu seinem Zimmer zu gelangen, das irgendwo unter dem Dach lag. Keine Zimmer für Hotelgäste. Nur Kammern für das russische Hotelpersonal. Er war da aus Sparsamkeitsgründen untergebracht, aber vielleicht auch zur Überwachung. »Das könnte ein Grund gewesen sein, ich schließe das nicht aus«, sagt Rimma. Sie weiß es nicht, weil die Mädchen bei Intourist nie darüber sprachen, ob ein Zimmer verwanzt sein könnte. Solche Gedanken ließen sie erst gar nicht aufkommen.

Endlich, Ende Dezember 1959, unmittelbar vor Silvester, wurde Rimma ins Hauptbüro von Intourist gerufen und informiert, daß Oswald nach Minsk geschickt würde. Als sie ihm die Nachricht überbrachte, war er so enttäuscht, daß er in Tränen ausbrach. Er wollte in Moskau leben und nicht in Minsk, aber gleichzeitig war er glücklich, daß er bleiben durfte, glücklich und erleichtert. Er strahlte und versuchte nicht, das zu kaschieren. Trotzdem blieb er bedrückt, daß er nach Minsk mußte. Er hatte keine Ahnung, wo das war. Er hatte nie davon gehört. Rimma sagte ihm, daß es eine gute Stadt sei, und log ihm damit nichts vor. Sie begleitete häufig Ausländer nach Minsk. Das neueste Hotel dort, das Hotel Minsk, gefiel ihr sehr. Die Menschen in Minsk, sagte sie ihm, seien viel besser als in vielen anderen Städten. Aber er war niedergeschlagen. Er wollte, daß sie ihn auf der Zugfahrt von Moskau nach Minsk, die die ganze Nacht dauerte, begleite, aber immerhin begriff er endlich, daß alles nicht so einfach war – viel ernster, als er es sich vorgestellt hatte. Aus Rimmas Sicht mußte er noch sehr kindlich gewesen sein, als er in Amerika den Plan faßte, um nach Rußland zu gehen, aber in der letzten Zeit schien es ihr, als sei er erwachsener geworden. Er habe sogar verstanden, daß Rimma, selbst wenn sie gewollt hätte, nicht ihren Job aufgeben und mit ihm gehen konnte. Er habe verstanden, daß das unmöglich war, daß sie einen sehr verantwortungsvollen Posten hatte.

> **31. Dezember** Den Silvesterabend verbringe ich mit Rosa Agafonowa im Hotel Berlin. Sie ist dafür abgestellt. Ich saß mit ihr bis nach Mitternacht zusammen. Sie schenkte mir einen kleinen Boratin-Clown.
>
> **5. Januar** Ich gehe zum Roten Kreuz in Moskau und bekomme die ungeheure Summe von 5000 Rubel!!! Später in Minsk werde ich in einer Fabrik 700 Rubel pro Monat verdienen. (8)
>
> **7. Januar** Ich verlasse Moskau im Zug Richtung Minsk, Weißrußland. Meine Hotelrechnung belief sich auf 2200 Rubel, die Zugkarte nach Minsk kostete

150 Rubel, also bleibt mir eine Menge Geld und Hoffnung. Ich habe meiner Mutter und meinen Brüdern Briefe geschrieben, in denen ich ihnen mitteilte: »Ich wünsche in Zukunft keinen Kontakt mehr mit euch. Ich beginne ein neues Leben und möchte nicht die geringste Verbindung zu früher.«

Rimma erinnert sich, daß es an dem Tag, als er nach Minsk fuhr, schneite, als sie sich von ihm verabschiedete. Er weinte, und sie weinte ebenfalls. Aber sie schrieb ihm nicht. Es wurde bei Intourist als selbstverständlich vorausgesetzt, daß die Mädchen mit den Touristen, die sie begleitet hatten, nicht in brieflichem Kontakt blieben, und sie konnte eine solche eiserne Regel nicht verletzen.

Abgeordneter Ford: Wie hätten Sie reagiert, wenn Sie gewußt hätten, daß Oswald nach Minsk geschickt wurde?
Mr. Snyder: Daß es ihm verdammt recht geschieht.
Abgeordneter Ford: Warum sagen Sie das?
Mr. Snyder: Sie waren noch nie in Minsk. Provinzstädte in der Sowjetunion sind im Vergleich zur Hauptstadt ein enormer Schritt abwärts. Und Moskau, das dürfen Sie mir glauben, ist, verglichen mit jedem bewohnten Fleck in Amerika, schon ein beachtlicher Abstieg. Aber der Unterschied zwischen Groß- und Kleinstadt und zwischen Kleinstadt und Dorf ist dort auch noch jeweils ein weiterer Schritt zurück in die Steinzeit. Für jemanden, der aus unserem Gesellschaftssystem kommt, stellt das Leben in Minsk oder jeder anderen Provinzstadt der UdSSR eine ziemlich miese Erfahrung dar.
Abgeordneter Ford: Waren Sie jemals in Minsk?
Mr. Snyder: Ein einziges Mal. Ich mußte auf meinen Anschlußzug warten und bin ungefähr eine Stunde in Minsk herumgelaufen. (9)

DRITTER TEIL

OSWALDS ARBEIT, OSWALDS FLAMME

1

Der Spürhund

Wie Igor Iwanowitsch Gusmin in seiner Jugend ausgesehen haben mochte, ließ sich 1993 nicht einmal mehr erahnen, denn seine Erscheinung unterstrich, was er war – ein pensionierter General des KGB, ein voluminöser alter Mann mit einem großflächigen roten Gesicht, das einem irischen Polizeichef in New York hätte gehören können, eindrucksvoll von der scharfgeschnittenen Nase aufwärts, mit hellblauen Augen, die vor Geradlinigkeit blitzten, aber korrupt vom Mund abwärts – schütterer Kinnbart und gedunsener Bullennacken.

Gusmin, Jahrgang 1922, hatte von 1946 bis 1977 für den KGB in Minsk gearbeitet. Ursprünglich von der Moskauer Zentrale abkommandiert, um »die Kader auf Vordermann zu bringen«, hatte er sich schließlich zum Chef der Abteilung Weißrußland hochgedient. Da er nicht lange nach der deutschen Besetzung nach Minsk gekommen war, konnte er uns berichten, daß ein Viertel der Bevölkerung der Republik umgekommen sei, im Kampf, in deutschen Konzentrationslagern oder »unter anderen Umständen«. Was das letztere bedeutete, konnten wir uns selbst zusammenreimen. Er schildert uns lediglich, wie schwierig sich der Wiederaufbau von Minsk gestaltet hätte. Es ging nicht nur um den physischen Zusammenbruch, sondern um eine Bevölkerung, die sich der Kollaboration schuldig gemacht hatte. Die gesamte Polizei, die örtlichen Truppenteile, die Stadtväter – alle Personen, die von den Deutschen eingesetzt worden waren – mußten selbstverständlich als Kollaborateure oder faschistische Spione gesehen werden. Sein Büro des Staatssicherheitsdienstes habe deshalb eine Säuberung durchgeführt, die man als Lahmlegung zum Zwecke des Wiederaufbaus bezeichnen könne. Viele hatten sich ihrer Verantwortung entzogen und waren in den Untergrund abgetaucht, was der Behörde die weitere Aufgabe stellte, die Gesellschaft von diesen Dunkelmännern zu befreien. Eine Heidenarbeit, mit der sie erst 1953 fertiggeworden seien.

Allerdings kann sich Igor Iwanowitsch an keinen Fall erinnern, der auch nur im entferntesten die Probleme aufgeworfen habe, die sich mit Oswalds Ankunft ergaben. Zwar waren ausländische Spione in Minsk eingeschleust worden, Agenten des britischen, amerikanischen oder deutschen Geheimdienstes – allein 1951 waren vier Amerikaner mit Fallschirmen in Weißrußland gelandet –, und der örtliche KGB hatte mit ihrer Enttarnung, Verhaftung und Aburteilung alle Hände voll zu tun gehabt. Aber der Fall Oswald war offensichtlich anders und außergewöhnlich.

Bevor Oswald im Januar 1960 zum ständigen Aufenthalt nach Minsk geschickt wurde, waren schon einige Berichte auf Igor Iwanowitschs Schreibtisch gelandet, so daß er auf dem laufenden war. Allerdings handelte es sich um ein schmales Dossier. Seine Aufgabe beschränkte sich darauf, herauszufinden, ob Lee Harvey Oswald war, was zu sein er vorgab. Also war das bedeutsamste Dokument jenes, in dem stand, daß auf höchster Ebene beschlossen worden war, Oswald nach seinem Selbstmordversuch die Aufenthaltsgenehmigung zu geben, selbst auf die Gefahr, daß dieser Versuch nur inszeniert war. Wie erwartet, befand sich dabei eine Anweisung der Moskauer Zentrale: Nachforschungen über die Person anstellen.

Gusmin hatte den geeigneten Spürhund zur täglichen Überwachung – Stepan Wassiljewitsch Gregoriew, einen intelligenten, effizienten Mann. Stepan war in Weißrußland geboren und kannte sich mit allen Sitten und Gebräuchen und anderen Eigenheiten aus. Noch ausschlaggebender war seine Professionalität. Er hatte Verhöre mit gefangenen deutschen und britischen Spionen geführt; er hatte sich als As im Aufspüren und Stellen von Verdächtigen erwiesen, die nach 1945 im Westen geblieben waren, später aus den verschiedensten Gründen wieder zurückgekehrt waren und auf Herz und Nieren geprüft werden mußten. Stepan sprach auch ein wenig Englisch, und wo es nicht reichte, konnte er bei der Übersetzung von Dokumenten Hilfestellung bekommen – etwa, was eventuelle Briefe aus Amerika betraf. Stepan war höheren Orts gut angeschrieben – als charakterfeste, kaltblütige Kraft, die über die Geduld verfügte, um die Dinge bis auf den Grund auszuloten – und wurde sofort akzeptiert. »Unsere Offiziere«, erklärt uns Igor, »kennen keine Dienststunden. Stepan konnte rund um die Uhr auf dem Posten sein, wenn es der Fall verlangte, nie launisch, ein guter Junge. Außerdem kannte ich ihn gut. Wir wohnten im selben Mietshaus, ich kannte seine Frau und seine Kinder, also wußte ich, daß auch mit den Familienverhältnissen alles bestens war.« Das Vorgehen war effektiv: Stepan hatte Igor Bericht zu erstatten, der seinerseits mit dem Chef der Gegenspionage in Weißrußland Kontakt aufnahm, worauf dieser Offizier die Meldung an die

Moskauer Zentrale durchgab. Die Überwachungskette hatte also nur drei Glieder bis zur Spitze in Moskau.

Igor Iwanowitsch erläutert uns, warum es im Fall Lee Harvey Oswald eine so hohe Aufmerksamkeit und Geheimhaltungsstufe gab. Eine vorhergehende Analyse in Minsk hatte gegensätzliche Hypothesen geliefert. Da mußte man zum Beispiel Oswalds Dienst in der Marine in Betracht ziehen. Die Leute von der Gegenspionage gingen fest davon aus, daß CIA und FBI ihre Kader auch aus Marines rekrutierten. Außerdem hatte Oswald der einen oder anderen Quelle in Moskau mitgeteilt, daß er Erfahrung mit Elektronik und Radar habe. Solche Kenntnisse waren im Nachrichtendienst gewiß nicht unerwünscht.

Die zweite Variante ging davon aus, daß er in der Tat prokommunistisch, daß er Marxist war. Allerdings enthüllte die nähere Überprüfung, daß er in der marxistisch-leninistischen Theorie alles andere als ein großes Licht war. Das erweckte beträchtliches Mißtrauen.

Zum dritten mußte man sich Gewißheit darüber verschaffen, daß die Amerikaner ihn nicht im Russischen gedrillt hatten, und er seine Kenntnisse lediglich verhehlte. Das war schwierig festzustellen, konnte aber anhand der Entwicklung seiner Sprachfertigkeit kontrolliert werden. Sein Russischlehrer mußte also in der Lage sein, zu entscheiden, ob Oswald von Lektion zu Lektion verdächtige Fortschritte machte, oder im entgegengesetzten Fall mit echten Schwierigkeiten zu kämpfen hatte. Das war zweifelsfrei eine Frage, die abgeklärt werden mußte.

Aber es gab noch eine vierte Möglichkeit. Vor kurzem hatte der KGB begonnen, die offiziellen Stellen anderer Länder auf den Schwierigkeitsgrad hin abzuklopfen, seine Agenten legal in diese Nation einzuschleusen. Igor mußte nun einen Gegenzug in Erwägung ziehen. Hatte ein amerikanischer Geheimdienst Lee Harvey Oswald geschickt, um den Toleranzgrad der offiziellen sowjetischen Stellen zu testen? War er ein Kuckucksei, das das Nest für weitere Infiltranten vorwärmen sollte?

Aber trotz all dieser Mutmaßungen mußte Oswald aus rein humanitären Gründen auch als potentieller Immigrant betrachtet werden. Es mußte also dafür gesorgt werden, ihm gute Bedingungen zu schaffen, so daß er vom Leben in der Sowjetunion nicht enttäuscht wurde. Um 1960 hatte Minsk einen Lebensstandard aufzuweisen, dessen sich die kommunistische Gesellschaft nicht zu schämen brauchte. Kleiner Nebeneffekt: es mußte eine Stadt sein, die so groß wie Minsk war, und wo auf der Straße genug Leben herrschte, um seine Überwachung einfacher zu gestalten.

Wir übertreiben also wohl nicht, wenn wir feststellen, daß die Observation aufs minuziöseste vorbereitet war. Sie hatten ein schwieriges Doppelproblem zu bewältigen: es durfte ihnen nicht das geringste verdächtige Moment in Oswalds Verhalten entgehen, und gleichzeitig durfte seine persönliche Freiheit nicht beschnitten werden. Sie waren zwar außerordentlich interessiert, mit ihm persönlich zu reden, aber angesichts ihres Operationsziels – war er ein Spion oder war er keiner? – mußten sie auf diese Möglichkeit verzichten. Direkter Kontakt würde die raffinierteren Methoden, ihm seine wahren Beweggründe zu entlocken, wie ein Kartenhaus zusammenstürzen lassen.

Stepan Wassiljewitsch Gregoriew bekam die Meldung über Oswalds Ankunft in Minsk zwei Tage, bevor der Mann auf der Bildfläche erschien. Die Informationen über seinen Dienst in der U.S. Army waren spärlich. Auch die Tatsache, daß er bei den Marines in Japan gedient hatte, schien Stepan nicht allzu wichtig. Offensichtlich hatten sie das in der Gegenspionage-Abteilung bereits überprüft und waren an weiteren Einzelheiten nicht interessiert. Ein anderer Aspekt war bedeutsamer. »Aus den Unterlagen der Ärzte, die ihn im Botkin-Krankenhaus behandelt hatten, wurde deutlich«, sagt uns Stepan, »daß Oswald bei seinem unbeugsamen Willen, in unserem Land zu bleiben, den Selbstmordversuch wiederholen könnte, falls er keine Aufenthaltserlaubnis in der UdSSR bekam.« Natürlich war es ebensogut möglich, daß Oswalds felsenfester Wunsch, zu bleiben, mit irgendeinem Spezialauftrag zu tun hatte – aber welchem? Er war mit siebzehn in die Navy eingetreten. Und unversehens hatte er einen unversöhnlichen Haß gegen das amerikanische System gefaßt. Außerordentlich verdächtig.
Stepan stimmte mit Igor völlig überein, Oswald über seinen Dienst bei der Navy nicht offiziell zu befragen. Bei ihrer Methode, eine Person zu beobachten und schließlich zu demaskieren, verbot es sich von selbst, irgendwelche Aktionen zu unternehmen, die das Zielobjekt mißtrauisch machen konnten. Unter diesen Voraussetzungen bereitete Stepan sich vor, seinen Fall mit aller Behutsamkeit anzugehen.

2
Aljoscha

Zu dieser Zeit war Stellina – den Vornamen hatte sie zu Ehren Stalins bekommen – Leiterin des Intourist-Büros im Hotel Minsk und hatte zwei Dolmetscherinnen unter sich. Sie hatte eine einjährige Tochter, und ihr Mann war Lehrer am Fremdsprachen-Institut in Minsk. Stellina selbst sprach Englisch, Deutsch sowie Weißrussisch und schließlich auch Tschechisch und Polnisch und sogar ein wenig Jiddisch. Sie war mit jüdischen Nachbarn aufgewachsen.

Intourist hatte erst seit 1959 eine Niederlassung in Minsk, seit das Hotel Minsk auf einen Wink Chruschtschows, der fand, daß in Minsk ein gutes Hotel fehlte, gebaut worden war. Vor der Eröffnung war sie mit zwei weiteren Offiziellen, dem Hoteldirektor und dem Minsker Staatssekretär für Tourismus, in Moskau auf ihre Aufgabe vorbereitet worden. Dazu gehörte, daß sie sich auch in ihrer freien Zeit auf Abruf zur Verfügung zu halten hatte, wenn Not am Mann war.

Ein Fall ist noch wie gestern in Erinnerung. Ein Pärchen war im Auto angekommen, ein Kanadier mit seiner ungarischen Freundin, einem Fotomodell, und natürlich wollten sie ein gemeinsames Zimmer. Der Hotelmanager bedauerte. Sie seien nicht verheiratet. Der Kanadier gab sich zufrieden, aber seine Freundin war außer sich. Als er seine Suite bekam und sie in ein Einzelzimmer mußte, ließ sie die Tür offen, schob das Bett sozusagen ins Schaufenster, riß sich die Kleider vom Leib, warf sich nackt auf die Bettdecke, zündete sich eine Zigarette an und begann markerschütternd zu kreischen. Intourist, erklärte uns Stellina, konnte sich keinen Skandal erlauben, also sei sie zu Hause alarmiert worden. Die Lage war ausgesprochen kritisch. Zu diesem Zeitpunkt hielten sich viele Finnen im Hotel auf, und diese Finnen tranken – im Klartext: sie soffen so viel, daß sie nicht die geringsten Hemmungen hatten und sogar nackt auf ihrem Korridor herumspazierten. Als Stellina eintraf, war die Situation bereits entsprechend eskaliert. Da lag die nackte Ungarin, und an ihr vorbei flanierten nackte Finnen. Stellina mußte schleunigst eingreifen. Aber das ungarische Fotomodell sagte:»Wer sind Sie denn überhaupt?« Stellina appellierte an sie:»Bitte, ziehen Sie Ihre Sachen an. Sie sind eine Frau. Sie können sich nicht so benehmen.« Die Ungarin antwortete:»*Bljat!*«, was in diesem Kontext»Hure« bedeutete. Stellina erinnert sich, daß sie auch noch als»russisches Stück Dreck« bezeichnet worden sei. Als Draufgabe verkündete das Luder auch noch:»Wagen Sie es nicht, meine Tür zu schließen. Wenn mein Freund mich nicht in seine Suite läßt, können diese Finnen mit mir ficken, alle zusammen.« Wie war einem solchen Problem beizukommen? Nicht einmal der Kanadier konnte seine Freundin zur Besinnung bringen. Also veranlaßte Stellina, daß das Pärchen das Hotel räumen mußte.

Mit Amerikanern war es anders. In dieser Zeit waren die Beziehungen zwischen den beiden Nationen kühl, trotzdem gab es heimliche Bewunderung. Stellina war als gute Gastgeberin ausgebildet worden, und außerdem hatte sie den »Großen Vaterländischen Krieg« in einem Waisenhaus verbracht und erinnerte sich noch gut, wieviel humanitäre Hilfe anschließend aus Amerika gekommen war – Nüsse, Zucker, Schokolade, Betten – richtige Betten! – und Kleidung. Also war Amerika für sie ein Land, das ihr Gutes getan hatte. Als Lee ankam, sei ihre Haltung ihm gegenüber dementsprechend aufrichtig gewesen, nicht formell oder bürokratisch, und Lee habe das genauso empfunden und gespürt, daß ihm von ihr keine Gefahr drohe. Überdies war er am 7. Januar in Minsk eingetroffen, und das war Stellinas Geburtstag. Ein Zusammentreffen unter günstigen Vorzeichen also – als ob an ihrem Geburtstag ein weißes Kätzchen zur Welt gekommen wäre.

Stepan sagt, daß niemand aus Moskau Lee Harvey Oswald begleitet habe. Er sei auf dem Minsker Bahnhof von zwei Frauen vom weißrussischen Roten Kreuz abgeholt worden, die ihn ins Hotel brachten. Stepan kannte nicht einmal die Namen dieser Frauen. Es sei auch kein Aufheben davon gemacht worden, daß er allein gereist war. Die Behörden befürchteten offenbar nicht, daß er aus dem Zug abhauen könnte. Warum sollte er auch, nachdem er auf Biegen und Brechen in der Sowjetunion bleiben wollte? Wenn man andererseits unterstellte, daß die Amerikaner ihn geschickt hatten, damit er in die Illegalität flüchten könne, wäre es das Dümmste gewesen, sich auf einer Zwischenstation aus dem Staub zu machen. Der Sicherheitsdienst hätte ihn in Null Komma nichts am Schlafittchen gehabt. Das mußte die CIA aus eigener bitterer Erfahrung wissen. Die Behörden erwischten auch Leute, die sich in der Nacht aus Flugzeugen vom Himmel fallen ließen. Als Oswald allerdings den Minsker Bahnsteig betrat, begann die Überwachung. In der ersten Minute.

> 8. Januar Ich treffe den Bürgermeister, der mich in Minsk willkommen heißt, mir »bald« eine kostenlose Wohnung verspricht und mich vor unkultivierten Personen warnt, die manchmal Ausländer beleidigen.

Aus dem KGB-Überwachungsprotokoll vom 9. Januar 1960 für die Zeit von 08:00 Uhr bis 23:00 Uhr:

Um 10.00 Uhr betrat Lee Harvey die Halle des Hotel Minsk, wandte sich an den Manager und besprach etwas mit ihm. Danach ging er hinauf in das Vestibül dritte Etage, setzte sich und begann ein Gespräch mit einer Dolmetscherin namens Tanja, die von einer anderen Hotelangestellten begleitet wurde. Nach einer Unterhaltung von etwa 40 Minuten kehrte Lee Harvey in sein Zimmer Nr. 453 zurück.

Um 11:40 Uhr verließ Lee Harvey das Hotel und eilte die Swerdlow Uliza bis zur Metzgerei hinunter. Drinnen ging er herum, betrachtete kurz die ausgestellten Waren, verließ den Laden wieder, ging die Kirow Uliza bis zur Kreuzung Bahnhofplatz, blieb stehen, betrachtete einen Schaukasten mit Fotografien der technischen Abteilung der Weißrussischen Eisenbahn, ging weiter zum Restaurant Raduga, blieb dort eine Minute stehen und ging dann zu einem Lebensmittelgeschäft in der Kirow Uliza. Als er den Laden betrat, schaute er sich nach den Leuten um, die nach ihm eintraten. Er ging im Laden herum, verließ ihn, ohne etwas gekauft zu haben, und ging geradeaus in eine Buchhandlung, durchstreifte die verschiedenen Abteilungen, ohne stehenzubleiben, verließ das Geschäft wieder und hastete weiter. Um 12:25 Uhr war er wieder im Hotel.

Um 16:40 verließ Lee Harvey sein Zimmer und ging hinunter ins Hotelrestaurant. Er setzte sich an einen freien Tisch und wartete auf die Kellnerin. (Im Restaurant keine Überwachung, da nur sehr wenig Gäste anwesend waren.)

Nach etwa 45 Minuten verließ er das Restaurant und ging hinauf in sein Zimmer. Bis 23:00 Uhr verließ er sein Zimmer nicht, und die Überwachung wurde bis zum nächsten Morgen aufgehoben.

10. Januar Ein Tag für mich. Ich wandere durch die Stadt. Sehr hübsch.

Aus dem KGB-Überwachungsprotokoll vom 10. Januar 1960 für die Zeit von 08:00 Uhr bis 24:00 Uhr:

Um 11.00 Uhr verließ Lee Harvey das Hotel Minsk und ging ins GUM. Dort begab er sich in die Elektroabteilung, erkundigte sich bei einem Verkäufer nach etwas, nahm Geld aus seiner Tasche und ging zu einer Kassiererin der Abteilung. Er bezahlte nichts, sondern steckte das Geld wieder ein, durchstreifte den ersten Stock und nahm die verschiedensten Artikel in Augenschein. Dann ging er zurück in die Elektroabteilung, bezahlte 2 Rubel und 25 Kopeken für einen Stecker, steckte ihn ein und ging in den zweiten Stock. Dort verbrachte er einige Zeit in der Konfektionsabteilung, schaute sich die Anzüge an und verließ dann das GUM – wieder sehr eilig. Um 11:25 Uhr war er wieder im Hotel.

Um 12:45 Uhr verließ er sein Hotelzimmer und ging in das Restaurant. Er setzte sich an einen freien Tisch und begann zu essen. (Keine Überwachung während der Mahlzeit, da keine weiteren Leute anwesend waren.) Um 13:35 Uhr verließ Lee Harvey das Restaurant und ging zurück auf sein Zimmer.

Um 18:10 verließ Lee Harvey sein Zimmer und ging in das Restaurant. Er setzte sich an einen freien Tisch, nahm sein Essen ein, verließ das Restaurant um 18:45 Uhr und fuhr mit dem Aufzug in den vierten Stock, wo er in sein Zimmer ging.

Bis 24:00 Uhr hat er sein Zimmer nicht verlassen, danach erfolgte keine Überwachung bis zum Morgen.

Da Stellina sehr klein war, kam ihr Oswald groß vor. Er schien ihr unglücklich, wie ein Vogel, der aus dem Nest gefallen war. Gewöhnlich waren Ausländer sehr gut angezogen, er lief immer in dem einen schäbigen Anzug herum. Sie hatten ihm ein Einzelzimmer in der Kategorie gegeben, die für Sowjetbürger vorgesehen war. Nichts Besonderes. Vielleicht, um ihn auf sein künftiges Leben hier einzustimmen. Es kam ihr so vor, daß Oswald ihr anvertraut worden sei, aber schließlich war sie eine stabile Person, und er hatte sie wirklich nötig. Er war absolut hilflos, sobald er einen Fuß vor das Hotel setzte. Da sie mütterliche Gefühle für ihn hegte, beschloß sie, ihn selbst in der Stadt herumzuführen.

Er war eine verlorene Seele. Man mußte ihm einen Rippenstoß versetzen, um ihn zu irgend etwas zu bewegen. Sie wohnte nur zwei Häuser vom Hotel, also war das zu bewerkstelligen. Sie wollte, daß er sich wohlfühle. Schon bald gab sie ihm den Namen Aljoscha, denn das war ein sehr angesehener Name. Es gab Denkmäler in der Form von Obelisken, die für die russischen Befreier Bulgariens errichtet worden waren, und die Bulgaren nannten diese Obelisken Aljoschas. Es gab sogar ein Lied darüber. Tatsächlich hatte Stellina dabei nicht an den anderen Aljoscha gedacht, an den frommen Christen aus »Die Brüder Karamasow«, und lachte, als wir sie daran erinnerten. Nein, ihr Aljoscha sei gewiß kein Heiliger gewesen, aber es habe sich eine Art familiäre Bindung zwischen ihnen entwickelt. Seit ihrer Schwangerschaft war Stella dick geblieben, und obwohl sie erst achtundzwanzig war, betrachtete er sie offenbar als eine nette verheiratete Frau mittleren Alters. Er schien außerdem überzeugt, daß alles, was er in dieser Stadt erreichen wollte, schnurstracks durch sie erledigt werden konnte. Doch obwohl er einige Dinge über sich erzählte, betrachtete sie ihn als einen verschlossenen, einen äußerst verschlossenen jungen Mann. Sie erinnert sich, daß sie ihm bereits am ersten oder zweiten Tag sagte:»Sie müssen Pläne machen. Wie stellen Sie sich Ihren Lebensunterhalt vor?« Er sagte, daß er gerne studieren würde und erkundigte sich, welche Universitäten und Institute es in Minsk gäbe. Am liebsten würde er sich auf die Geisteswissenschaften werfen, nichts Technisches oder dergleichen. Da sie Absolventin des Minsker Fremdsprachen-Instituts war, hatte sie Kontakte und schlug vor, daß er sich dort bewerben solle. Der Gedanke gefiel ihm sehr. Aber einige Tage später kam er an und sagte:»Ich habe einen Job in der Radiofabrik in der Roten Straße.« Krasnaja Uliza – er hatte den Straßennamen übersetzt.

11. Januar Ich besuche die Minsker Radiofabrik, wo ich arbeiten werde. Dort treffe ich den argentinischen Immigranten Alexander Ziger, der als polnischer Jude geboren wurde, 1938 nach Argentinien auswanderte und 1955 in seine polnische Heimat (die nun Teil von Weißrußland ist) zurückkehrte. Spricht Englisch mit amerikanischem Akzent. Er arbeitete in Argentinien für eine amerikanische Gesellschaft. Er ist der Chef der Abteilung, ein qualifizierter Ingenieur Ende vierzig, sehr sympathisch. Es scheint, daß er mir irgend etwas anvertrauen möchte.

Aus dem KGB-Journal:
13.01.60 Gemäß Anweisung N6 (12.01.60) wurde Oswald als Einsteller, Stufe 1, im Versuchslabor des Radiowerks Minsk eingestellt.

Aus dem KGB-Überwachungsprotokoll vom 13. Januar 1960 für die Zeit von 08:00 Uhr bis 24:00 Uhr:
Um 08:00 Uhr wurde ein Überwachungsposten am Ausgang des Radiowerks plaziert, wo Lee Harvey jetzt arbeitet.
Um 16:25 Uhr verließ Lee Harvey das Radiowerk und ging durch die Krasnaja und Zacharowa Uliza zur Bushaltestelle, wo er den Bus der Linie N2 bestieg. Ohne mit jemand zu sprechen, fuhr er bis zur Haltestelle Wolodarskowo, stieg aus dem Bus aus. Es war 17:00 Uhr, als Lee Harvey das Hotel betrat. Er ging geradewegs auf sein Zimmer.
Um 21:55 verließ Lee Harvey das Hotelzimmer und ging hinunter ins Restaurant, wo er sich an einen freien Tisch setzte, das Essen bei einer Kellnerin bestellte, das Essen einnahm und bezahlte. Um 22:25 war er wieder auf seinem Zimmer.

Er verließ sein Zimmer bis 24:00 Uhr nicht, und die Überwachung war bis zum nächsten Morgen beendet.

Laut Igor Iwanowitsch hatte der KGB keine direkten Schritte unternommen, was Oswalds Arbeits- und Lebensbereich betraf. Das oblag dem Ministerrat. Seine Behörde war nicht einmal konsultiert worden. Es war eine rein politische Angelegenheit. Denn wie sorgfältig Igors Leute auch vorgegangen wären, um ihn unterzubringen – ein winziges Indiz hätte Oswald aufmerksam machen und ihre Bemühungen zunichte machen können. Daß er allerdings als Monteurlehrling bei Gorisont (Horizont) untergebracht worden sei und dort Radio- und andere Kommunikationsapparaturen benutzen konnte, sei durchaus nicht gegen ihre Interessen gewesen. Falls er ein Spezialagent war, war es in einer solchen Fabrik möglich, herauszufinden, welche Fertigkeiten er auf diesem Gebiet unter anderen Bedingungen zu entwickeln in der Lage war. Zu diesem Zeitpunkt fiel die Gorisont-Fabrik nicht unter eine höhere Geheimhaltungsstufe, und erst recht nicht Oswalds Abteilung. Trotzdem arbeitete das Radiowerk von Zeit zu Zeit mit dem sowjetischen Geheimdienst zusammen, also bot sich die Chance, zu überwachen, ob Oswald versuchen würde, die Codes dieser Sonderkanäle zu knacken.

Es war ein großes Werk, 80.000 m², mit ausgedehnten Straßen hinter der Umzäunung, Hallen, zwei- bis dreistöckigen Fabrikgebäuden, die im Lauf der Jahre dazugekommen waren, einer Vielzahl also von Gebäuden, Zufahrtswegen, Lieferwagen, Lastwagen und Bürozeilen – nicht unähnlich einem altmodischen und ziemlich heruntergekommenen Filmstudio.

> 13. bis 16. Januar Ich arbeite als »Kontrolleur« in der Blechbearbeitung; verdiene 700 Rubel im Monat, sehr einfache Arbeit. Ich lerne schnell Russisch. Hier ist jeder sehr freundlich und zuvorkommend. Ich treffe viele russische Arbeiter in meinem Alter. Ganz unterschiedliche Charaktere. Alle wollen etwas über mich erfahren, schlagen sogar vor, eine Großversammlung einzuberufen, vor der ich sprechen kann. Ich lehne höflich ab.

3

Oswald an seinem Arbeitsplatz

Katja, damals Anfang zwanzig und seit sechs Jahren im Werk, war sehr
schüchtern und sprach nie mit Oswald. Sie beobachtete ihn nur. Als er das
erste Mal an ihrem Arbeitsplatz vorbeikam, fiel er ihr kaum auf. Ein junger
Bursche, der aussah wie ihre eigenen Leute, nichts Besonderes. Mit einer
Ausnahme. Dieser Amerikaner beklagte sich fortwährend, daß ihm kalt sei.
In ihrer Abteilung war es warm, aber draußen fand er es viel zu kalt. Wenn
er sprach, lachten die Leute über ihn. Sein Russisch war so schlecht, daß über
ihn gelacht wurde, nicht spöttisch, sondern gutmütig. Er versuchte Wörter
auszusprechen, und das ging schief. Und sie hatten wieder was zu lachen.
Stanislaw Schuschkewitsch hatte gerade sein technisches Studium beendet
und absolvierte im Februar bei Gorisont ein Praktikum, das für die Erlan-
gung des Doktorats vorgeschrieben war. In der Firmenleitung wußte man,
daß er gut Englisch konnte. Also kam zwei Tage nach Oswalds Anstellung
Genosse Libezin zu ihm, der Parteisekretär des Werks, ein großer Mann, sowohl was seine kommunistischen Tugenden betraf wie seine Körpergröße
und die Amtswürde, die er ausstrahlte, und gab ihm im Namen der Partei
den Auftrag, Oswald in der russischen Sprache zu unterrichten. Bis zu diesem Zeitpunkt hatten seine einzigen Begegnungen mit Amerikanern auf
wissenschaftlichen Kongressen und Symposien stattgefunden. Es war das
erste Mal, daß er nun mit einem in direkten Kontakt kommen würde, und
das schien ihm irgendwie amüsant.
Schuschkewitsch war nicht Parteimitglied, aber gut genug geschult, um zu
wissen, daß Amerikaner eine zwar geringe, aber konkrete Gefahr darstell-
ten. Man konnte ihnen versehentlich bestimmte wichtige Informationen
verraten. Andererseits war er von der Partei offiziell beauftragt worden, diesem Mann Russisch beizubringen, also konnte er mit einem Amerikaner
Kontakt haben, ohne persönliche Probleme befürchten zu müssen. Stanislaw fand es aufregend.
Eine weitere Vorsichtsmaßnahme stellte die Hinzuziehung eines zweiten
Russen dar, der des Englischen ebenfalls mächtig war. Die Partei wollte ganz
offensichtlich nicht, daß Schuschkewitsch und Oswald allein waren.
Schließlich war Schuschkewitsch ein Ingenieur, der eine Reihe von Erfin-
dungen gemacht hatte und bei Gorisont nur arbeitete, weil dies für seine
Promotion erforderlich war. Allerdings, sagt er uns, habe er sich nie Sorgen
gemacht, daß Oswald irgendwelche technischen Geheimnisse aus ihm her-

ausbringen könnte. Dafür sei er bei aller Bescheidenheit schon damals zu smart gewesen.

Als erstes fiel ihm auf, daß Oswald eine Soldatenpelzmütze, für die sich die meisten bedankt hätten, mit Wohlbehagen trug. Vielleicht hatte er ihr eine andere Form gegeben, auf jeden Fall sah er damit aus wie ein Herr. Libezin hatte Schuschkewitsch eingeschärft: »Keine Diskussion über seine Lebensumstände, bevor er hierherkam.« Also paukte Schuschkewitsch mit ihm Verben und versuchte ab und an, ihm Konversationsrussisch beizubringen. Oswald schien weder verschlossen noch mißtrauisch, er zeigte lediglich keine Dankbarkeit für den Unterricht. Schuschkewitsch scherte das wenig, denn er konnte ihn nicht ausstehen. In den alten Werten und Normen erzogen, war er der Auffassung, daß es nichts Schlimmeres als einen Verräter gebe. Ein Mann, der die eine Seite verraten hatte, würde auch die andere bedenkenlos verraten. Doch er hatte einen offiziellen Auftrag und hütete sich, Oswald seine private Meinung spüren zu lassen.

Oswald tat auch nichts, um Schuschkewitsch eines anderen zu belehren. Er zeigte keine Vorstellungskraft, kein Gefühl, nicht einmal ein Lächeln. Die Unterrichtsstunden schleppten sich ohne große Begeisterung hin, und Oswald fand Russisch schwierig. Immerhin kamen sie so weit, daß er folgen konnte, wenn Schuschkewitsch langsam sprach, den Zusammenhang mit Gesten unterstrich, Wörter auf Zettel schrieb und von Fall zu Fall das Wörterbuch zu Hilfe nahm. Schließlich fand Schuschkewitsch den Burschen nur noch ärgerlich. Oswald hatte einen guten Lohn, aber schien bei weitem nicht so hart zu arbeiten wie andere Leute, die weniger verdienten.

Schuschkewitsch erinnert sich, daß er einem seiner Gehilfen sagte: »Wir haben heute eine Menge Arbeit und müssen mehr Tempo machen. Gib das Zeug doch unserem Amerikaner. Der soll mithelfen.« Doch der Gehilfe antwortete: »Besser nicht. Er macht Murks.«

Das sei alles, woran er sich erinnern könne, sagt Stanislaw Schuschkewitsch, nun Vorsitzender des Obersten Sowjet in der Weißrussischen Republik, dem früheren Weißrußland.

Stellina hatte begonnen, ihm ein wenig Russisch beizubringen, wofür er ihr nicht eine Kopeke zahlte. Sie unterrichtete ihn während der Spaziergänge, die sie mit dem Kinderwagen zum großen Sportstadion einige Kilometer weiter machte. Er war vernarrt in Kinder und genoß es, mit ihrer Tochter zu spielen, aber er war ein sehr komplizierter, leicht zu beeinflussender Mensch. Manchmal zu Tränen gerührt, dann wieder verschlossen wie eine Auster. Obwohl sie nur sieben oder acht Jahre älter war als er, nannte er sie Ma.

Die ersten Arbeitstage kam er todmüde aus der Fabrik zurück, total am Boden zerstört. Er war sogar zu erschöpft, um hinauf auf sein Zimmer zu gehen, schaffte es gerade noch in ihr Büro, warf sich in ihren einzigen Sessel und sagte:»Ma, ich bin so fertig, daß ich nicht einmal mehr die Kraft habe, meinen Schlüssel zu holen und die Zimmertür zu öffnen.« Sie gab ihm zur Antwort:»Nun, Sie sind doch hierhergekommen, um mitzuhelfen, den Sozialismus aufzubauen, also was soll die Müdigkeit? Sie müssen stolz darauf sein.« Doch er stöhnte:»Erst muß ich etwas essen und mich ausruhen, dann kann ich vielleicht den Sozialismus aufbauen.« Er wies auf seine Schuhe, die armselig und abgetreten waren:»Und außerdem ist es draußen kalt. Ich friere in meinen Schuhen.« Ein anderes Mädchen von Intourist war zufällig im Raum, und er sagte zu ihr:»Darf ich Ihnen ein Geschenk machen? Diese Schuhe sind mein Geschenk an Sie, damit Sie wissen, was für abgetretene Schuhe Amerikaner tragen.« Doch das Mädchen entgegnete:»Auf solche Geschenke können wir verzichten. Wir haben unser Leben lang abgetragene Kleider an. Das ist nichts Neues für uns.«

Vom jüdischen Getto in Minsk ist eine kurze winklige Straße übriggeblieben, die sich einen Hügel hinunterschlängelt. Dort gibt es noch alte Holzhäuser, und am Ende liegt ein kleiner Park von vielleicht 50 m^2. In seiner Mitte ist eine große Senke. Hier wurden 1941 hundert Juden mit Maschinengewehren niedergemäht und Erde über die Toten und noch Lebenden geworfen. Die Leute sahen, wie sich die Erde noch bewegte, selbst als sie zu einer kleinen Erhöhung getürmt worden war. Nach dem Krieg waren die Leichen wieder ausgegraben worden.

Zu den Opfern hatten auch die Eltern von Max Prochortschik gehört, er selbst war von einem angeheirateten russischen Onkel aus dem Getto gerettet worden. Als ihm seine Verwandten später von den Greueln erzählen wollten, sagte er immer:»Ich möchte nichts darüber hören.« 1956 wurde er eingezogen und diente dreieinhalb Jahre als Infantrist in der Mongolei. Als er entlassen wurde, begann er bei Gorisont zu arbeiten. Er hatte beim Militär einige diesbezügliche Berufserfahrung sammeln können, also war ihm der Job in der Testabteilung nicht neu.

Zwei Tage nach seiner Anstellung hatte er eine Auseinandersetzung mit Oswald. Max erinnert sich, daß es Ende Januar war, als er noch niemanden kannte. Er hatte einen Arbeitsplatz zugewiesen bekommen und eine Aufgabe, die ihm vertraut war: Mit seiner Lochstanze kalibrierte er alles auf die korrekten Durchmesser. In der Mittagspause ging er nach draußen, um zu rauchen. Nun war es ungeschriebenes Gesetz unter den Arbeitern, daß man, wenn man an der Maschine eines anderen arbeiten wollte, warten mußte, bis der Betreffende wiederkam und seine Einwilligung gab. Doch als Max zurückkehrte, waren alle seine Einstellungen verändert und das Werkstück, an dem er gerade arbeitete, abmontiert. Es war seine erste Arbeit, und er wollte seinem Vorarbeiter beweisen, wie geschickt er war. Ein Mann, der neben ihm arbeitete, deutete auf Oswald: »Der war's.« Oswald stand mit dem Rücken zu Max. Max berührte ihn an der Schulter und sagte: »Was haben Sie da gemacht?« Der Bursche begann in einer nicht-russischen Sprache zu sprechen, und Max blieb die Spucke weg. Er verstand nicht, was los war. Dann drehte sich der Bursche um und versuchte, Max zur Seite zu schieben – er stieß ihn nicht, schob ihn nur weg, aber sein Ausdruck war zornig. Vielleicht hatte er auch nicht seinen besten Tag. Er machte eine Bewegung wie »Hau ab!«, und das machte Max noch wütender. Er packte den Kerl am Revers, nahm ihn sich sozusagen »zur Brust« und stieß ihn gegen eine Säule. Sogleich wurden sie umringt und voneinander getrennt. Der Parteisekretär Libezin kam brüllend herbeigeeilt und nahm Max mit hinauf zum Abteilungsleiter. Libezin erklärte ihm, daß der Bursche, den er sich zur Brust genommen habe, aus Amerika sei.

Dann wurde Oswald hereingebracht, sie wurden miteinander bekannt gemacht, und Max wurde aufgefordert, sich zu entschuldigen. Sie sagten es in höflichem Ton, aber bestimmt: »Er ist neu hier; er kennt unsere Regeln nicht, also entschuldigen Sie sich. Sie haben angefangen.« Max wollte nicht. Währenddessen saß dieser Bursche da, als ob ihn das alles nicht interessiere, als ob er nichts verstünde. Max sagte: »Schön, ich entschuldige mich, aber ich werde ihm nicht die Hand geben. Das wird seine Zeit brauchen.« Er war sehr aufgebracht. Sie sagten ihm: »Sie sitzen beide im selben Boot. Er ist Amerikaner, Sie sind Russe, beide sind Sie Werktätige.« Doch Max sah das anders. »Er hat mir ein Unrecht angetan und er sollte dafür bezahlen.« Wenn Oswald Russisch gesprochen hätte, hätten sie sich vielleicht aussprechen können. Aber so fühlte sich Max von seinen Vorgesetzen in die Ecke gedrängt. Also entschloß er sich für einen Kompromiß, stand auf, legte eine Hand auf die Brust und beugte den Kopf – nicht den Oberkörper, nur den Kopf. Weil Oswald seine Sprache nicht verstand, dachte er, daß Max sich entschuldigt hätte. Er sagte nichts und ging mit Libezin weg. Das war alles, was Max mit Oswald für längere Zeit zu schaffen hatte.

Stellina wußte, daß in ihrer Position allzu privater Kontakt mit Ausländern nicht gern gesehen wurde. Also bat sie Tanja, eine andere Dolmetscherin, mit Oswald auszugehen. Tanja sprach Englisch, und Stellina schlug vor, daß

Aljoscha Tanja ins Kino einladen solle. Allerdings stellte sich das als schwierig heraus. Obwohl Tanja unkompliziert und nett war – kein Mädchen aus der »Intelligenzija«, das über Oswald die Nase gerümpft hätte; sie lebte bei ihrer Mutter, die Hausmeisterin war –, verliefen die ersten Verabredungen alles andere als glatt. Aljoscha lud Tanja in ein Kino ein, aber es gab zwei in demselben großen Forum, er wartete vor dem einen und sie vor dem anderen. Am nächsten Tag beschwerte er sich bei Stellina: »Ma, mit welchen Mädchen bringen Sie mich zusammen? Sie hat mich versetzt.« Tanja ihrerseits sagte: »Er ist nicht erschienen.« Am Tag darauf beschlossen sie dennoch, sich im »Sommer-Theater« zu treffen. Aber auch dieses Mal stellte sich heraus, daß es in Minsk zwei Kinos mit diesem Namen gab, allerdings an entgegengesetzten Enden der Stadt. Also passierte das gleiche. Er kochte: »Ma, hält sie mich zum Narren?« Das Problem wurde schließlich gelöst, und sie begannen miteinander auszugehen. Ein paar Wochen später kam er zu Stellina: »Ma, was habe ich mir da eingehandelt? Ich versuchte, sie zu küssen, und sie sagte: ›Kein Geküsse. Erst wird geheiratet und dann geküßt.‹«

Aus dem KGB-Überwachungsprotokoll vom 30. Januar 1960 für die Zeit von 07:00 Uhr bis 23:00 Uhr:
Um 07:30 verließ Lee Harvey das Hotel, ging zur Haltestelle Wolodarskowo, bestieg den Bus Linie N1 und fuhr bis zum Pobedy Ploschtschad, ohne mit jemand zu sprechen, stieg aus und ging durch die Zacharowa und Krasnaja Uliza zu seiner Arbeitsstelle. Um 07:45 Uhr war er an seinem Arbeitsplatz.
Um 14:05 verließ Lee Harvey das Gorisont-Werk und ging rasch zum Pobedy Ploschtschad, bestieg den ankommenden Bus N2, kaufte einen Fahrschein und fuhr bis Wolodarskowo, ohne mit irgend jemand zu sprechen, stieg aus dem Bus und war um 14:20 Uhr im Hotel Minsk.
Um 17:55 Uhr ging Lee Harvey zum Friseur in der Halle, ließ sich das Haar schneiden und ging zurück auf sein Zimmer.
Er hat das Zimmer bis 23:00 nicht verlassen. Die Überwachung wurde zu diesem Zeitpunkt bis zum nächsten Morgen unterbrochen.

Stellina erinnert sich, daß Aljoscha nach einigen Wochen einen Freund gefunden zu haben schien, einen Medizinstudenten namens Titovez, der ausgezeichnet Englisch sprach und ihn oft vom Hotel abholte. Also begann Aljoscha sich etwas wohler zu fühlen. Er war nicht mehr, wie in der ersten Zeit, ein Schemen. Zwei oder drei Wochen später sah Stellina Aljoscha einmal mit einem anderen Freund, einem hübschen blonden Jungen namens Pawel Golowatschew. In Minsk war er für viele, einschließlich Stellina, kein Unbekannter, denn sein Vater war ein berühmter Luftwaffengeneral. Nun hatte er sich mit Aljoscha angefreundet.

Natürlich bestand generell großes Interesse an Aljoscha, weil er Amerikaner war, ein echter Amerikaner, und außerdem ledig. Junge Frauen kamen sogar ins Hotel und erkundigten sich: Wie können wir diesen jungen Mann kennenlernen?

4
Der Sohn des zweifachen Sowjethelden

»Natürlich wurden Fehler gemacht«, räumt Igor ein. »Manchmal haben wir unsere Aktionen nicht rechtzeitig gestartet, und einige von Oswalds Aktionen wurden nicht verhindert; offenbar ist kein System perfekt.« Ein frühes Beispiel dafür – Igor wird es nicht vergessen – ist, daß Stepan nichts unternahm, um Oswald gegenüber einem 18jährigen abzuschirmen, der ebenfalls im Radiowerk arbeitete und ausgerechnet der einzige Sohn eines Luftwaffengenerals war, eines zweifachen Helden der Sowjetunion. Seinem Sohn Pawel allerdings wurde ein Hang zum »Dissidententum« nachgesagt, und er war in kleine Schwarzmarktschiebereien verwickelt. Man hatte also Bedenken, was ein gewiefter Agent mit dem jungen Golowatschew anstellen könnte – ihn möglicherweise sogar zur westlichen Denkungsart verführen. Der Chefideologe Libezin war zwischen den Arbeitsplätzen hindurchgegangen und hatte gefragt: »Spricht hier irgend jemand ein bißchen Englisch?« Es ergab sich, daß Pawel der einzige war. Er wollte es eigentlich nicht zugeben, aber er nickte. Libezin führte ihn zu Oswalds Arbeitsplatz, und da schüttelten sie einander erst einmal die Hände. Pawel hatte Englisch von der fünften bis zur zehnten Klasse gelernt, und das war natürlich nicht allzu viel. Sein erster Eindruck war, daß Oswald wie ein Außerirdischer aussah, den es in dieses Werk verschlagen hatte. »Schön«, sagte er sich, »wenn es nicht Luzifer ist, dann ist es ein Mensch. Das werden wir schon noch herausfinden, aber wenigstens ist er nicht abstoßend.«

Davon abgesehen hatte Chruschtschow in dieser Periode eine Kampagne für Frieden und Freundschaft gestartet. Die Gesellschaft öffnete sich. Man mußte den Besonderheiten der Zeit Rechnung tragen. Also stand Pawel am nächsten Tag mit seinem Taschenwörterbuch da, und Lee Oswald neben ihm mit dem seinen. Weil er damals nicht ahnen konnte, daß ihre Bekanntschaft eines Tages von Bedeutung sein könnte, machte er sich keine Aufzeichnungen. Und dann, gibt er uns zu verstehen, habe er die verdammte Geschichte viele Jahre verdrängt. Er erinnere sich also nur noch schwach und er wolle auch nichts erfinden. Er könne eine Geschichte zusammenfabulieren, wie er und Lee Oswald Mädchen aufrissen, aber das sei nicht der Fall gewesen.

Hauptsächlich führte er Oswald in der Abteilung herum und half ihm, sich mit anderen von der Belegschaft zu verständigen, wenn eine Arbeit erklärt werden mußte. Anfangs war sein englischer Wortschatz allerdings minimal. Pawel mußte etwa das Wort »fallend« erklären, indem er eine Streichholzschachtel nahm und sie fallen ließ. Auf diese Weise brachte er Lee das Lied »Fallende Blätter« bei.

Ein paar Arbeiter waren Oswald feindlich gesinnt, aber nur einige wenige. Da war Viktor, ein *shlob* (Rüpel), mittelgroß, bärenstark. Viktor pflegte zu sagen: »Diese amerikanischen Imperialisten – wenn ich ein Maschinengewehr hätte, würde ich sie niedermachen.« Ein richtiger *shlob*. Viktor hatte ein klares Feindbild und einmal suchte er Streit mit Lee. Die Schlägerei wurde sofort abgebrochen, aber in Pawels Erinnerung war Lee keine Kämpfernatur. Vielleicht waren solche Eigenschaften in ihm verborgen, aber er hatte nichts in den Knochen. Selbstverständlich hätte sich Pawel dazwischengeworfen, wenn der Kampf eskaliert wäre. Das war das mindeste, was er tun konnte. Daß er Oswald nicht als »Freund« betrachtete, hing lediglich damit zusammen, daß dieser Begriff im Russischen so heilig ist, daß man für einen Freund nicht nur das letzte Hemd hergibt, sondern sogar für ihn zu sterben bereit ist. Wenn man es so betrachtet, hat man klarerweise nicht viele Freunde. Man muß froh sein, wenn man überhaupt einen findet. Alle anderen sind »Kameraden«. In diesem Sinn war Lee sein Kamerad. Vielleicht etwas mehr, aber noch immer kein Freund.

Pawel hatte den Job bei Gorisont annehmen müssen, um bei entsprechender Bewährung weiterstudieren zu können. Er war aus dem Komsomol, der kommunistischen Jugendorganisation, gefeuert worden, und das Zeugnis seiner letzten Schule, mit dem er von Moskau nach Minsk fuhr, war so schauerlich, daß er sich glücklich preisen konnte, wenn er damit in einem Gefängnis unterkam. Das war mit ein Grund, warum er Lee lange Zeit fast nur während der Arbeit sah und nicht mit ihm irgendwo herumhing. Da der Abstand zwischen ihren beiden Arbeitsplätzen nicht mehr als fünf Meter betrug, und sie jeden Tag in der Arbeitszeit miteinander reden konnten, bestand auch kein großes Bedürfnis, sich anschließend noch zu treffen. Falls

Oswald am Abend ausging, dann ging er seiner eigenen Wege – ein Kater, der allein über die Dächer strich.

Eines Abends in diesem Winter, knapp zwei Wochen, nachdem er Lee kennengelernt hatte, wurde Pawel auf dem Weg von der Arbeit vor seinem Hauseingang von einem Fremden gestellt, der seinen KGB-Ausweis zeigte. Pawel sagte: »Können wir in meine Wohnung gehen? Es ist Winter.« Der Unbekannte sagte: »Sprechen wir hier.« Doch es war wirklich zu kalt. Pawel war halb erfroren. Schließlich konnte er den Mann doch überreden, hinaufzukommen.

Sie unterhielten sich in Pawels Zimmer. Sein Besucher nahm fünf Fotos heraus und begann sofort zu fragen: »Kennen Sie diesen Kerl?« So ging es mit jedem Foto weiter, und Pawel sagte: »Nein. Ich kenne keinen davon. Was sind das für Männer?« Er bekam zur Antwort: »Es sind Staatsverbrecher.« Wobei ihn sein Besucher so fixierte, als ob er sie möglicherweise sehr wohl kenne. Pawel sagte: »Ich möchte Ihre Zeit nicht verschwenden. Ich habe diese Männer in meinem Leben nicht gesehen. Es ist seltsam, daß Sie mir solche Fragen stellen.«

Darauf holte der Mann eine Fotografie von Oswald heraus und sagte: »Sie haben nämlich mit diesem Amerikaner so unkompliziert Freundschaft geschlossen, und wir möchten Sie darauf hinweisen, daß Ihr Mutterland Sie nun ersucht, uns einige Informationen zu geben, damit wir herausfinden, was für ein Mensch er ist. Wir brauchen Ihre Hilfe.« Pawel war alles andere als ein Patriot, aber er war sich im klaren, daß er mit ihnen zusammenarbeiten mußte. Es war ein Diktat. Leuten, die viel älter waren als er, brach der Angstschweiß aus, wenn ihnen ein KGB-Ausweis gezeigt wurde. Es ging nicht darum, daß Pawel sich seinem Mutterland in irgendeiner Weise verpflichtet fühlte; er war achtzehn und zu Tode erschrocken. Und das, meint er, sei ein überzeugender Ersatz für mangelndes Pflichtgefühl gewesen: zu Tode erschrocken zu sein.

Pawel schaute während des Gesprächs nicht auf die Uhr, aber es dürfte eine Stunde gedauert haben. Eine Menge Fragen folgten. Der KGB-Mann kreiste ihn langsam ein, bevor er das Hauptthema anschnitt. »Oswald ist aus einem anderen Land, einem feindlichen Land.« Deutlicher konnte er nicht mehr werden. Er mußte etwa doppelt so alt wie Pawel sein, klein, stämmig, mit stechendem Blick – ein Weißrusse, der keine Gefühle und Emotionen zeigte, nur ein gepflegter Mann mit glattem runden Gesicht, einer langen, dünnen, spitzen Nase und kleinen dunklen Augen, so scharf wie seine Nase. Von dieser Nase würde er von nun an abhängig sein. Sie schien alles Ungenaue, was Pawel sagte, zu erschnüffeln. Der Mann drohte ihm nicht, stellte nur

84

fest: »Von Zeit zu Zeit möchte ich mich mit Ihnen treffen. Mein Name ist Stepan Wassiljewitsch.«

Igor bemerkt dazu: »Jetzt können wir es ja zugeben – Oswald wurde ständig beschattet, und bestimmte Leute waren abgestellt, um mit ihm zu arbeiten und sich mit ihm anzufreunden. Unsere spezielle Aufmerksamkeit war darauf gerichtet, festzustellen, ob er direkten Kontakt mit anderen Agenten suchte. Wir wollten herausfinden, ob es irgendwelche Anzeichen für ein vorbereitetes Treffen gab.«

Im Überwachungsschema des KGB war an alles gedacht. So galt es, unter anderem, herauszufinden, ob er über Mittel für Geheimschrift verfügte. Igor Iwanowitsch hielt sich persönlich bereit, Oswalds Briefe, falls er welche verschicken sollte, darauf zu untersuchen, ob sich zwischen den Zeilen mit unsichtbarer Tinte geschriebene Mitteilungen befänden. Später, als Oswald ein Radio kaufte, wurde das Gerät untersucht, und sie hielten sozusagen ständig ihre Antennen ausgefahren für den Fall, daß sich herausstellen sollte, daß er in der Lage war, über irgendwelche geheimen Codes zu kommunizieren.

In den ersten zwei Monaten ergaben sich keine Verdachtsmomente, aber falls Oswald ein amerikanischer Geheimagent war, würde er sicher nichts übers Knie brechen. Manchmal, setzt uns Igor auseinander, machte auch ein Mann, der kein Agent sei, verdächtige Dinge. Das geschehe sogar häufig. Doch alles Gestochere lieferte bei Oswald nicht einmal unbegründete Verdachtsmomente. Vielmehr bekamen sie allmählich das Gefühl, daß er ziemlich faul sei – und äußerst genügsam. Er trank nicht, er rauchte nicht, und schlug auch bei seinen Theater- und Kinobesuchen nicht über die Stränge. Und das, obwohl er nach der neuen Währung im Monat 70 Rubel verdiente und denselben Betrag vom Roten Kreuz zugeschossen bekam. Diese 140 Rubel waren ein gutes Einkommen. Stepan zum Beispiel verdiente nur 80 neue Rubel und kam damit gut über die Runden. Oswald hatte nicht einmal ein Telefon in seiner Wohnung, und dem KGB kam nie zu Ohren, daß er eines beantragt hatte. Wenn er anrufen wollte, ging er zu einem Münzfernsprecher auf der Straße. Es wäre natürlich günstiger gewesen, wenn er sein eigenes Telefon gehabt hätte. Aber sie konnten ihm schließlich keines hinstellen.

KGB-Protokoll vom 18. Februar 1960

Aus persönlichen Beobachtungen und Gesprächen konnte »L« [Libezin] kein verdächtiges Verhalten Oswalds erkennen. Er war nicht besonders an seiner Arbeit interessiert und machte häufig Bemerkungen wie: »Warum soll ich dieses Blech mit dieser Säge absägen? Ich will kein Ingenieur werden. Mein Traum ist, Fremdsprachen nicht nur zu lernen, sondern zu beherrschen.« (Er ließ sich nicht darüber aus, welche im besonderen.) In Gesprächen ist er reserviert und beantwortet Fragen knapp und arrogant. Laut »L« haben er und Oswald einmal eine Rede Eisenhowers in der »Prawda« gelesen. Eisenhower hat darin versucht, die technische Rückständigkeit der Sowjetunion gegenüber den Vereinigten Staaten zu unterstreichen. Oswald bemerkte, daß Eisenhower lüge, wenn er behaupte, die UdSSR sei auf technischem Gebiet nicht so weit wie die USA.

Oswald spricht fast nie über das Alltagsleben in seinem Land, oder wie er hierher gekommen ist. Während der Mittagspause wechselt er ein paar Worte mit den jungen Kollegen und Kolleginnen und vergleicht das Leben in der UdSSR mit dem in den USA. Auch bei diesen Gelegenheiten äußert er sich durchwegs positiv über die Lage der Arbeiter in der UdSSR.

Aus anderen Berichten formte sich immer deutlicher das Bild, daß Oswald bei der Arbeit ein Blindgänger war. Igor konnte ihnen entnehmen, daß er kein Interesse zeigte, und daß sein Benehmen und seine Einstellung zu Beschwerden anderer Arbeiter führten. Da weder Igor noch Stepan mit diesem Bild eines Leichtgewichts glücklich waren, dachten sie darüber nach, ob mit seiner Psyche auch alles in Ordnung sei. Natürlich konnte das Ganze auch eine bewußte Irreführung sein. Also begannen sie ein weiteres Mal, konträre Hypothesen auszuarbeiten: entweder war Oswald Teil eines ausländischen Komplotts, oder er war es nicht, sondern lediglich nicht ganz richtig im Oberstübchen. Sie begannen, Situationen zu konstruieren, in denen Lee Harvey Oswald, falls er ein Spion war, sich entlarven würde. Da galt es zum Beispiel, als der Kontakt mit Pawel Golowatschev zustande gekommen war, zu erforschen, ob der Amerikaner Pawel als Sprungbrett benutzte, um an seinen Vater heranzukommen, der als General Geheimnisträger auf höchster Ebene war.

»Schauen Sie«, sagt Pawel seinen Interviewern dreißig Jahre später, »wir haben Klassenkampf und Klassenhaß, aber es gibt auch ganz gewöhnlichen Neid. Menschen sind neidisch.« Immer hatte er zu hören bekommen: »Ich hätte Ihren Vater haben sollen – dann wäre ich Napoleon geworden. Ich hätte die Erde auf den Kopf stellen können, wenn ich so einen Vater gehabt hätte!« Schon in der Schule, wenn alle gemeinsam einen Streich ausgeheckt hatten, wurde Pawel die Schuld in die Schuhe geschoben.

Der Übervater macht ihm immer noch zu schaffen. Ein liebevoller Vater, gewiß, doch mit despotischen Zügen. Ein soldatischer Mann, der auf Pünktlichkeit und Zucht bestand, während Pawel sich selbst als geborenen Demokraten sieht. Im Zweiten Weltkrieg war der Vater Kampfflieger gewesen und hatte eine Cobra geflogen. Den ersten goldenen Stern als Held der Sowjetunion erhielt ein Pilot, sobald er fünfzehn deutsche Flugzeuge abgeschossen hatte. Für den zweiten mußte man eine besondere Leistung erbringen. Pawels Vater war in 3.500 Meter Höhe in ein Luftgefecht verwickelt, als ihm die Munition ausging. Gleichwohl gelang es ihm, den Gegner auszuschalten, indem er mit seinem Propeller dessen Leitwerk in Stücke hackte. Trotz der Beschädigungen brachte er seine eigene Kiste sicher auf den Boden. Und wurde damit zweifacher Held der Sowjetunion – eine Ehre, die nur drei weißrussische Soldaten mit ihm teilten.

Pawel hatte nie herausgefunden, ob sein Vater nach dem Krieg und der Erfüllung seiner vaterländischen Pflicht von der Partei enttäuscht oder stolz auf sie war. Es wurde nicht darüber gesprochen, und schließlich gab es nur die eine Partei, und die konnte man nicht verlassen. Oder man ließ alles hinter sich und begab sich auf Himmelfahrt. Der Vater legte Wert darauf, daß Pawel in den Komsomol eintrat. Man lebte mit Wölfen, also mußte man wie ein Wolf heulen. Die Haltung seiner Eltern war: Denk dir deinen Teil, aber sprich nicht darüber.

Zum unausgesprochenen Verdruß seines Vaters hatte sich Pawel nicht für eine militärische Karriere interessiert. 1956, während des Aufstands in Ungarn, hatte das Fernsehen Aufnahmen gezeigt, wie russische Soldaten von Ungarn massakriert wurden. Zwei Jahre später wohnte die Familie nach einem der zahllosen berufsbedingten Umzüge in Moskau auf derselben Etage mit einem anderen General, dessen Sohn in Ungarn dabeigewesen war. Der junge Offizier erzählte Pawel, wie er in seinem Panzer von der aufgebrachten Menge eingekreist worden war, sich zurückziehen mußte und später menschliche Eingeweide an den Ketten fand. Als er nach Moskau zurückgekommen war, hatte er die Farbe einer weißen Taube. Er war kein enger Freund, aber er gab Pawels Leben eine andere Richtung.

Als Pawel nach Minsk kam, bewohnte er eines der hohen Zimmer in der Wohnung, die seinem Vater ehrenhalber zur Verfügung gestellt worden war. Die Adresse war angemessen: Pobedy Ploschtschad – Platz des Sieges. Er interessierte sich für Radiotechnik, also entsprach die Arbeit im Gorisont-Werk am ehesten seinen Neigungen. Er fand die Fabrik nur etwas primitiv. Wirkliches Wissen konnte man sich nur an einer höheren technischen Lehranstalt erwerben. Und obwohl ein qualifizierter Arbeiter einen höheren

Lohn hatte als ein »Studierter« (was Pawel als typische Unstimmigkeit des Sowjetsystems empfand), konnte Weiterbildung zumindest den Horizont erweitern.

Pawel hatte den französischen Film »Lohn der Angst« gesehen, in dem ein Ingenieur tief im Innern von Südamerika eine Sprengung für einen Dammbau vornehmen muß. Doch niemand aus dem Kaff hilft ihm, die Dynamitstäbe in den Felsen anzubringen, weil sie Angst vor dem Zorn der Geister haben. Er ist allein auf sich angewiesen. So ein Ingenieur wollte Pawel werden, keiner, der am Zeichenbrett seine Pläne auszirkelt. Deshalb arbeitete er hart. Drei Semester mußte er nicht nur in der Fabrik arbeiten, sondern auch viermal in der Woche einen Abendkurs am Polytechnischen Institut besuchen. Gelegenheit für Sex gab es nur in den Sommermonaten. Dann wurden er und seine Altersgenossen zur Landarbeit geschickt und standen nicht unter elterlicher Aufsicht. Sex, merkt Pawel an, habe nicht auf dem Rücksitz eines amerikanischen Schlittens stattgefunden, sondern irgendwo draußen beim Pilzesammeln. Damals habe er noch goldenes Haar gehabt und ein prächtiges Zimmer ganz für sich allein, aber Mädchen habe er kaum getroffen, zumal nicht im Winter, in einer kalten Nacht wie jener, in der sein KGB-Mann Stepan auf ihn gewartet habe.

Es war ein wildes Land, und man konnte nie wissen, wie die Eltern reagierten. Peter der Große hatte einmal einen Bauern und einen Bären aneinandergekettet und in einen Tümpel geworfen. Alle standen herum und lachten. Pawel war versucht, seinem Vater von dem KGB-Besucher zu erzählen, ließ es aber bleiben. Pawels Vater konnte so impulsiv sein wie Peter der Große.

16. März Ich bekomme eine Einzimmerwohnung mit Küche und Bad in der Nähe der Fabrik mit prachtvoller Aussicht über den Fluß, praktisch geschenkt, 6 Rubel im Monat. Das ist der Traum jedes Russen.

Stellina fand die Zuweisung der Wohnung höchst außergewöhnlich. Das Werk hatte wie jeder Industriebetrieb eine lange Warteliste, die Kriegsveteranen, Invaliden, Familien mit vielen Kindern umfaßte, und in der auch die Anzahl der Jahre berücksichtigt war, die jemand bereits im Betrieb war. Wie hatte er an die Spitze der Liste gelangen können?

Nachdem er umgezogen war, hörte Stellina kaum noch von ihm. Genauer – nichts mehr bis zum April 1961. Da tauchte Aljoscha überraschend auf und sagte: »Ma, ich heirate.« Und sie: »Wie soll das gehen? Sie sprechen nicht gut genug Russisch. Was ist das für eine Beziehung? Spricht die Per-

son Englisch?« Aljoscha lächelte und sagte: »Zwei Sätze: ›Mach das Licht
aus.‹ Und ›Bitte küß mich.‹«

Igor schwört, daß der KGB dabei seine Hand nicht im Spiel hatte. Natürlich
war es nicht einfach, eine Wohnung zu finden, aber da dieser Amerikaner
um politisches Asyl nachgesucht hatte, wurde ganz oben beschlossen, ihm
gute Bedingungen zu verschaffen. Also wieder eine rein humanitäre Entscheidung. »Es ging darum, ihm die Chance zu bieten, sich in unserem sozialistischen System zurechtzufinden. Wir wollten nicht nur in negativen
Kategorien denken, sondern ihm helfen, den richtigen Weg einzuschlagen.«
Seine Arbeitsscheu war allerdings ein Problem. »Arbeit ist für uns fundamental, und mangelnde Begeisterung dafür konnte die Glaubwürdigkeit er-
schüttern, daß er sich wirklich für unser Land interessierte.«

Während seiner Zeit im Hotel lud Oswald Pawel niemals zu sich ein. Der
denkwürdigste persönliche Kontakt in dieser frühen Zeit ergab sich, als Pawel und ein paar andere junge Männer ihm Mitte März beim Einrichten seines Apartments halfen. Pawel war nicht besonders überrascht, daß Lee eine
solche Wohnung bekommen hatte. Pure »Oberweltkriminalität«. Pawel war
es egal. Er lebte unter wesentlich besseren Umständen. Oswalds Küche war
winzig, das Zimmer nicht einmal 15 m² groß. Es paßte nicht viel mehr als
ein Bett hinein. Ein Fabrikbett. Auch der Tisch und die Stühle stammten daher. Dafür zahlte er allerdings nur einen symbolischen Preis. Und hatte einen kleinen Balkon mit einer der schönsten Aussichten, die es in Minsk gab.
Drei Stockwerke tiefer auf der anderen Seite der Kalinin Uliza war ein
begrünter Uferstreifen, an dem der Swislotsch entlangströmte, ein mäan-
dernder Fluß, so anmutig und ruhig, daß er, wenn nicht einen Park als Hintergrund, so doch zumindest einige Schwäne verdient hätte. Von außen sah
das Mietshaus elegant, fast majestätisch aus. Hohe Säulen rahmten die Bal-
kone ein, und es lag, wie Pawels Wohnung, im besten Viertel. Bloß innen
schaute es nach nichts aus.

5

Tango in Minsk

1960 war Albina eine große schlanke Blondine mit einem üppigen jungen Busen und deshalb für viele attraktiv. Sie arbeitete in der Minsker Hauptpost und war so in Kontakt mit Alexander Ziger und seiner Frau gekommen. »Don Alejandro« erhielt regelmäßig Päckchen aus Argentinien, und Albina war ihnen bei der Erledigung der Zollformalitäten und anderer bürokratischer Prozeduren behilflich. Offenbar erledigte sie das besonders gut, denn die Zigers luden sie für einen Sonntag zu sich ein. Doch Albina ging nicht hin. Sie hatte nicht genug Geld, um ein entsprechendes Geschenk mitzubringen. In Rußland war das üblich, wenn man einen Besuch macht, und es war ihr peinlich, etwas Billiges zu kaufen. Also blieb sie zu Hause.

Daraufhin wurde sie von Zigers Tochter Anita, als sie das nächste Mal ins Postamt kam, ins Kino eingeladen. Sie schauten sich zusammen einen deutschen Film an, und Albina fühlte sich unbehaglich, denn Anita war viel besser angezogen als sie. Obwohl etwas vierschrötig, trug sie hohe Absätze und Hosen, war eine fröhliche Person, immer zu Späßen aufgelegt, und bewegte sich als geborene Argentinierin, als ob sie Tango tanzen könnte – was in der Tat der Fall war. Nach der Vorstellung lud sie Albina in die elterliche Wohnung ein, diesmal informell.

Die Zweizimmerwohnung war anders als russische Wohnungen eingerichtet. »Lateinamerikanisch«, erzählt uns Albina. »Ein großes Bett. Sie hatten es aus Südamerika mitgebracht, denn in Rußland werden solche Betten nicht hergestellt. Ein wirklich tolles Bett.« Damals herrschte noch Mangel an allem, und die Zigers waren praktische Leute. Auch die Matratze hatten sie aus Argentinien mitgebracht, mit einem glänzenden Bezug, in den Rosen und andere Blumen eingewebt waren. Sie strickten auch Pullover und verkauften sie an russische Bekannte. Sie waren mit riesigen Koffern aus echtem Leder angekommen, die sie auseinandernahmen und die Lederstücke an Schuster verkauften. Don Alejandro war ein findiger Mann.

Es gab auch ein braunes Piano, auf dem Anita alles spielte – die Mondscheinsonate, die Barcarole, Vivaldi, Tschaikowskij und viele lateinamerikanische Melodien, einschließlich Tango. Die Zigers besaßen auch eine Radio-Grammophon-Kombination. Für Albina war das alles neu – Musik, Schallplatten, Lebensstil, Temperament und jede Menge Spaß. Sie entdeckte, daß auch in ihr ein anderer Mensch steckte, ein Wesen, das auf die Welt draußen

90

neugierig war, und sie dachte, wie schön es wäre, zu reisen und andere Leute kennenzulernen.

Die Zigers hatten Freunde, die ebenfalls Immigranten aus Argentinien waren, und auf Parties schwelgten sie immer wieder in Erinnerungen an elegante Geschäfte in Buenos Aires und die wunderschönen Flanierstraßen. Das Heimweh war groß. Anita besuchte eine Musikschule in Minsk und brachte Freunde von dort mit, so daß es auf den Familienfesten immer Musik und außerordentlich interessante Leute gab. Einer von ihnen war Lee Harvey Oswald, den alle Alik nannten. Er arbeitete mit Don Alejandro im Radio-Werk, und Albina fand mehr und mehr Gefallen an ihm. Er war alleinstehend, er war jung, und seit März hatte er eine hübsche Wohnung. Als er sie ihr zeigte, war sie etwas verstört, denn von so etwas konnte sie selbst nicht einmal träumen. Er war also in vielerlei Hinsicht verwöhnt, und das schien ihr der Grund, warum er mit seinem Job unzufrieden war. Unversehens sagte er: »Alle Mädchen mögen mich. Wenn ich über den Hof gehe, sitzen sie herum und rufen: ›Alik, Alik.‹«

Albina rückt nicht damit heraus, ob es schwieriger gewesen sei, bei ihm Nein zu sagen als bei anderen Männern, aber sie räumt ein, daß er es schlecht vertrug, abgewiesen zu werden. Er habe mit den Fingern geschnippt und gesagt: »Dammit!« Auf englisch. »Dammit!« Das Wort war ihr bekannt. Er schien weniger zornig als fassungslos. Er stieß sie an und sagte: »Dumme Gans, du bringst dich um dein Glück.«

Vielleicht war es so, denn natürlich verlor sie ihn bald. Und nicht einmal an Frauen. Es kam ihr vor, als ob sie ihn an einen Mann verloren habe. Nicht aufgrund einer Affäre, sondern weil dieser Mann ihm andere Parties und einen anderen Bekanntenkreis bieten konnte. Oder vielleicht auch nur, weil er ausgezeichnet Englisch sprach. Es war ihr Freund Erich Titovez – wenn es denn ein Freund war. Sie kannte Erich seit seinem fünfzehnten Lebensjahr, und manchmal hatten sie in der Schule dieselbe Bank gedrückt. Sie hatte Erich immer für etwas merkwürdig gehalten, und manche Mitschüler bezeichneten ihn als *manerny* – als manierierten Fatzke. Er war nicht beliebt, weil er immer zeigen wollte, daß er etwas Besseres sei. Daß er sich für Englisch interessierte, war gewiß nicht verkehrt, denn die halbe Welt sprach es, und zu einer guten Bildung gehörte mindestens eine Fremdsprache. Aber Titovez ließ immer heraushängen, daß er nicht durchschnittlich sei, und war ein rechter Eigenbrötler. Er war nicht hinter Mädchen her, beschäftigte sich meistens mit seinen Hobbies, spielte Schach und hörte Musik. Zur fraglichen Zeit studierte er Medizin, und eines Tages lief er ihr über den Weg, als sie mit Anita und anderen argentinischen Freunden unterwegs war.

Er begrüßte sie: »Wie geht's, was treibst du so, und wer sind diese Leute?«
Er war so scheißfreundlich, weil er hörte, daß diese Leute eine Fremdsprache sprachen. Er konnte zwar nicht Spanisch, aber er erkannte es am Klang.
Und plötzlich sagte er: »Und wer ist der? Das ist doch ein Amerikaner?
Kannst du uns nicht bekanntmachen?« Sie fragte: »Warum?« – »Du weißt
doch, wie wichtig es für mich ist, mein Englisch anzuwenden. Ich gehe zwar
zu meinem Englischlehrer, um mir über bestimmte Probleme klar zu werden, aber es paßt ihm nicht immer.« – »Tut mir leid«, sagte sie, »aber ich
muß mich erst erkundigen, ob er an dieser Bekanntschaft interessiert ist.
Und das geht nicht so vor allen diesen Leuten.« Worauf sich die fidele und
immer aufgeschlossene Anita einmischte: »Wer ist dieser junge Mann?«
Albina klärte sie auf, und Anita meinte: »Schön, laden Sie ihn zu einer Party ein. Wir werden tanzen und uns unterhalten.« Die Zigers waren absolut
bedenkenlos, was ihren Umgang betraf. Vielleicht war das der Grund, warum sie später solche Schwierigkeiten hatten, ihre Ausreisevisa zurück nach
Argentinien zu bekommen. Sie sagten immer, was sie dachten. Und manchmal sprachen sie schlecht über das Leben in der Sowjetunion.
Jedenfalls bedauert Albina, in deren Leben die Zigers in jenen Jahren Glanz
brachten, unschuldige Ursache für Oswalds Kontakt mit Erich Titovez gewesen zu sein. Alik war ebenfalls oft bei den Zigers gewesen und hatte viel
Zeit mit ihr verbracht, aber nun hatte Erich ihn in seinen Fängen und brachte ihn woandershin. Ein Jahr später machte er Alik schließlich mit seiner späteren Frau bekannt, und damit war Albinas Liebe für immer abgeschrieben.

1. Mai Dieser Tag ist mein erster freier Tag. Alle Fabriken etc. geschlossen. Eindrucksvolle Militärparade. Alle Arbeiter marschierten an der Ehrentribüne
vorbei, schwenkten Fahnen und Bilder von Mr. Ch. etc. Ich folgte der amerikanischen Gepflogenheit und beging den freien Tag, indem ich erst am
Morgen ins Bett ging. Am Abend besuche ich eine Party, die die Ziger-Töch-
ter gegeben haben. Etwa 40 Leute waren da, viele Argentinier. Wir tanzen,
spielen herum und trinken bis zum Ende der Party um 2 Uhr nachts. Elea-
nora Ziger, die ältere Tochter, 26 Jahre, vor kurzem geschieden, eine talen-
tierte Sängerin. Anita Ziger, 20, sehr aufgekratzt, weniger attraktiv, aber wir
sind gute Kumpel. Ihr Freund Alfred ist ein ungarischer Bursche, still, nachdenklich, das pure Gegenteil von Anita. Ziger gab mir den Rat, in die USA
zurückzugehen. Es war die erste oppositionelle Stimme, die ich hörte. Ich
respektiere Ziger, er hat sich in der Welt umgesehen. Er erzählt viel und berichtet mir viele Dinge über die Sowjetunion, die ich nicht weiß. Ich kann
nicht leugnen, daß ich tief in meinem Inneren unsicher werde!

6
Verliebt in Ella

Pawel fiel auf, daß Lee und ein Mädchen namens Ella Germann im Gorisont-Werk immer häufiger zusammen waren. Lee hielt sich häufig an ihrem Arbeitsplatz auf, und oft saßen sie in der Kantine beim Mittagessen zusammen. Lee sprach nie über seine Beziehung zu Ella, denn er war, was seine Gefühle betraf, überhaupt zugeknöpft. Er hätte nie damit renommiert, daß er mit einer Frau im Bett gewesen war. Da gab es eine im Werk, Magda, ausladend wie ein Schlachtroß. Sie war leicht zu haben. Manche meinten, ihr Mann habe sie soweit gebracht. Die Männer in der Spätschicht stritten sich sogar, wer diesmal an der Reihe war. Sie wog 120 Kilo und wurde »Unser Pferd, Unser Kühlraum« genannt. Pawel glaubt nicht, daß Lee irgend etwas mit Magda anstellte, aber vor Ella lag er schließlich auch nicht auf den Knien. Trotzdem fällt es allmählich auf, wenn zwei Menschen fünfmal in der Woche zusammenstecken. Pawel fand Ella damals auf ihre Art nicht uninteressant, aber sie war Jüdin. Pawel legt Wert auf die Feststellung, daß er kein Antisemit ist, sondern daß sie ganz einfach nicht sein Typ war.

Extraseite (nicht ins laufende Tagebuch aufgenommen) (1)
Juni Ella Germann – eine jüdische Schönheit mit seidigem schwarzen Haar und schönen dunklen Augen, schneeweißer Haut, bezauberndem Lächeln und gutem, aber schwer berechenbarem Charakter. Ihr einziger Fehler war, daß sie mit 24 noch Jungfrau war – ganz auf ihren eigenen Wunsch. Ich begegnete ihr, als sie in meiner Fabrik zu arbeiten begann. Sie fiel mir auf, und möglicherweise verliebte ich mich auf den ersten Blick in sie.

Mit fünfundfünfzig hat Ella eine sanfte Stimme und ist sehr sorgfältig in der Wahl ihrer Worte. Sie trägt ihr dunkles, allmählich ergrauendes Haar als Hochfrisur und hat ein feingeschnittenes Adlergesicht.
Sie habe sich erst sehr spät mit jungen Männern verabredet, sagt sie, bei ihrem ersten Rendezvous sei sie bereits neunzehn gewesen. Geprägt vom Schicksal ihrer etwas geheimnisvollen Mutter, die trotz hervorragender Anlagen nicht die erhoffte Karriere als Sängerin oder Schauspielerin gemacht hatte und nach früher Witwenschaft ihr weiteres Leben auf den »Traumprinzen« wartete, war sie lange scheu geblieben. Sie fand es nicht weiter schlimm, im Gegenteil. Sie schätzte Freundinnen, die weiter waren als sie und ihr ihre Geheimnisse anvertrauten, denn auf diese

Weise lernte sie etwas über das Leben, ohne sich selbst die Finger zu verbrennen.

Da ihre Mutter für sie damals trotz aller Rückschläge immer noch ein Tempel der Vollendung war, wollte sie erst auch Schauspielerin werden. Schließlich entschied sie sich aber für ein Universitätsstudium. Doch sie schaffte das Aufnahme-Examen nicht. In den meisten Fächern schnitt sie glänzend ab, doch die Noten für Weißrussisch waren nicht ausreichend. Nach Stalins Tod konnte sich endlich der nationale Protektionismus ausbreiten. Es gab eine Liste, wer zum Studium aufgenommen wurde. Wenn man nicht auf dieser Liste stand, wurden Fehler in die abgelieferten Arbeiten eingefügt, um die Noten zu drücken. Einmal nahm sie an einem literarischen Vortragswettbewerb teil, und einer der Juroren plazierte sie an erster Stelle, doch dann wurde sie – wie sie später erfuhr – abgelehnt, weil sie nicht Weißrussin war, nicht zum »nationalen Kader« gehörte. Deshalb konnte sie Minsk nicht im nationalen Finale vertreten. Judesein war gleichbedeutend mit der Zugehörigkeit zu einem anderen Volk. Es war gleichgültig, ob man jüdischer Kommunist war oder jüdisch-orthodox – Juden konnten Weißrußland nicht repräsentieren. Das machte sie nicht zuversichtlicher.

Sie mußte sich um Arbeit umschauen und wurde im Gorisont-Werk als Lehrling angenommen. In der Fabrik hing es davon ab, wer dein Chef war. Wenn man unter jemandem arbeiten mußte, der Juden haßte, konnte es Probleme geben, aber das bedeutete nicht, daß alle antisemitisch waren. Mit einem netten Chef konnte die Arbeit sehr angenehm sein, und sie hatte Glück. Inzwischen brachte der weißrussische Erziehungsminister ein neues Gesetz heraus. Wer zwei Jahre in einer Fabrik gearbeitet hatte, wurde oben auf die Liste gesetzt. Also konnte Ella nicht nur endlich auf die Universität, sondern bekam auch ein Stipendium, so daß sie nicht mehr arbeiten mußte. Wiederum zwei Jahre später bekam sie bei einem Examen eine schlechte Benotung und verlor ihr Stipendium. Sie mußte Abendkurse belegen und ihren Job bei Gorisont wieder aufnehmen. Sie freuten sich alle, als sie zurückkam. Sie war wegen ihrer Teilnahme an Amateurkonzerten sehr geschätzt, und ein Personalleiter versetzte sie deshalb in eine gute Abteilung, in der Radioapparate zusammengebaut wurden.

Sie erinnert sich, daß sie bereits am ersten Vormittag mit Lee bekannt gemacht wurde. Die ganze Woche ließ er in den Mittagspausen nicht den Blick von ihr. Sie wußte, daß er sich gefreut hätte, wenn sie ihn um einen Gefallen gebeten hätte, obwohl viele Mädchen gerne seine Freundin gewesen wären. Er brauchte nur zwischen den Arbeitsplätzen durchzulaufen, und sie kreischten: »Hallo, Alik!«, als ob er etwas Besonderes wäre. Zufällig hatte sie für ihren Abendkurs einen englischen Text bis zu einem bestimmten Datum zu übersetzen. Die Bitte, ihr dabei zu helfen, war also nicht bloßer Vorwand. Obwohl sie das nicht in günstigem Licht erscheinen lasse, sagt sie, habe sie Männer manchmal benutzt, um Kleinigkeiten für sie zu erledigen. Da hatte es etwa einen Ingenieur gegeben, den sie nicht übermäßig anziehend fand, aber sie hatte keine Begabung für das Zeichnen von Schaltplänen, also bat sie ihn, ihr zu helfen, obwohl eine Verabredung für sie nicht in Frage kam.

Gegenüber Lee hingegen hatte sie keine negativen Gefühle. Und warum sollte sie den Amerikaner, da er sie doch offenbar attraktiv fand, nicht bitten, ihr bei der Übersetzung zu helfen? In der Tat lächelte er erfreut, und sie verabredeten sich für den Nachmittag in einem kleineren Arbeitsraum – in der Annahme, daß sie dort ungestört wären. Allerdings hielten sich dort noch ein paar Arbeiter auf, und Lee und sie setzten sich an einen kleinen Tisch, auf dem aus einem Radio Musik dudelte.

Lee breitete ihre Seiten auf dem Tisch aus und stellte das Radio ab, ohne zu fragen, ob es den anderen recht sei. Doch Max Prochortschik war ebenfalls mit einer Arbeit beschäftigt und wurde ungehalten. Er stand auf und stellte das Radio wieder an. Lee schaltete es aus; Max schaltete es ein. Lee schaltete es aus und sagte: »Russisches Schwein!« Worauf Max abmarschierte.

Ella war das sehr peinlich. Aber schließlich ging es um Konzentration, und jeder wohlerzogene Mensch hätte wie Lee gehandelt. In diesem Moment stand sie völlig auf seiner Seite. Andererseits schien er ihr kein allzugroßes Licht. Sein Russisch war dürftig, und er nahm alles von der lächerlichen Seite. Er lachte sich scheckig, also lachten sie sich beide scheckig, vielleicht zu scheckig. Als sie ihn allerdings näher kennenlernte, fand sie es interessant, mit ihm über sein Land zu sprechen.

Über kurz oder lang begann er, sie ins Kino einzuladen. Sie gingen oft spazieren und setzten sich im Park auf eine Bank. Er neckte sie immer wieder: »Ich bin eine gute Partie, müssen Sie wissen. Ich habe eine Wohnung.« Solche Stelldicheins mit einem Amerikaner waren ungewöhnlich. Doch er war in Ordnung. Er war nicht aufdringlich wie manche anderen Männer. Ein solches Verhalten war die stillschweigende Übereinkunft, daß sie miteinander ausgingen. Und außerdem hatte er keine finanziellen Probleme. Er deutete sogar an, daß er über Beziehungen zu hohen Tieren verfüge. Er hatte sogar Scharapow, den Vorsitzenden des Stadtrats, kennengelernt. »Wenn wir etwas für unsere Zukunft brauchen«, sagte er, »kann ich zum Bürgermeister gehen. Wir können alles kriegen, was wir brauchen.« Also schien er ihr ein selbstsicherer, fröhlicher Mensch zu sein. Er hatte ausgesprochenen Sinn für Humor, und sie lachten nach wie vor sehr viel. Damals nannten Freunde sie *chachatuschka*, eine »leichtlebige Person«. Sie und Lee hatten keine schwierigen oder tiefschürfenden Unterhaltungen, sie gingen wie normale junge Leute miteinander um. Sie hänselte ihn ebenfalls gerne, nicht böswillig, sondern um ihn ein wenig herauszufordern. Während der ganzen Zeit verabredeten sie sich zweimal pro Woche, aber in der Kantine trafen sie sich jeden Tag und hatten meistens einen Tisch für sich allein. Die anderen respektierten ihre Zweisamkeit und versuchten nicht, sich an ihrem Tisch niederzulassen.

Sie hatte nie das Bedürfnis, in größerem Kreis mit ihm auszugehen. Sie war gerne mit ihm allein und hatte immer solche Beziehungen mit Männern gehabt. Deshalb wußte sie kaum etwas über seine Freunde, und mit wem er sich sonst traf. Einmal im Theater kam ein gewisser Erich Titovez auf Lee zu und begann sich mit ihm zu unterhalten. Er würdigte sie keines Blickes. Es war, als ob sie Teil der Einrichtung sei. Während sie wie bestellt und nicht abgeholt daneben stand, hatte sie Gelegenheit, festzustellen, daß Erich in den Zwanzigern war, blond, gut gebaut und attraktiv. Hohe Backenknochen. Er sah aus wie ein amerikanischer Dressman aus einem Magazin, und Lee wirkte neben ihm wie ein Russe, der versuchte, zu verstehen, was Erich sagte. Erich sprach ein Englisch, wie man es in der Schule zu hören bekam – kultiviert, fast schon affektiert. Und Lee redete lässig.

Erich war beeindruckend. Er war der erste junge Russe, der ihr unterkam, der Englisch sprechen konnte, ohne am Fremdsprachen-Institut zu studieren. Als sie darüber später eine Bemerkung fallen ließ, sagte Lee: »Ich wünschte, ich könnte so Russisch wie Erich Englisch.« Trotzdem fühlte sie sich zu Lees Freund nicht hingezogen. Das war auch schwer möglich, wenn man wie Luft behandelt wurde. Lee sprach auch nie über ihn. Es lag auf der Hand, daß es in Lees Leben verschiedene Abteilungen gab. Also war es schwierig, ihm blind zu vertrauen.

Über ihr Jüdischsein wurde nur ein einziges Mal gesprochen. Das war, als Lee klar wurde, daß sie nicht so einfach im Hafen der Ehe landen wollte. Es ging in den ganzen Monaten nicht um ein eindeutiges Ja oder Nein, aber einmal sagte er: »Ich weiß, daß Sie Jüdin sind, und die Leute mögen Juden nicht, aber was mich betrifft, ist es mir egal.« Vor Lee hatten ihr schon ein paar andere Männer auf die eine oder andere Weise einen Antrag gemacht, aber sie hatte sich nie entschließen können. Lee war also nicht der erste auf diesem Gebiet, und außerdem war er in sie verliebt, aber sie nicht in ihn. Besser gesagt, sie fand es richtig, ihn auf ihre Art zu mögen, zumal sie den

Eindruck hatte, daß er sich insgeheim hier sehr einsam fühlte. Also brachte sie genügend Mitleid auf, um zu spüren, daß er noch einsamer sein würde, wenn sie ihm den Laufpaß gab. Deshalb verabredete sie sich weiter mit ihm. Aber die Zuneigung reichte für eine Heirat nicht aus.

Lee sagte Ella einmal, daß sie mehr über ihn wisse als irgendein anderer Mensch in seinem Leben. Also war sie sprachlos, als sie Jahre später erfuhr, daß seine Mutter immer noch lebte – er hatte ihr gesagt, daß sie tot sei. Er hatte auch gesagt, daß er nie nach Amerika zurückkehren wolle.

Gleich zu Anfang ihrer Rendezvous war er einmal sehr aufgeregt. Das war, als die Meldung Minsk erreichte, daß eine amerikanische U-2 über sowjetischem Territorium abgeschossen und der Pilot Francis Gary Powers gefangengenommen worden sei. Lee fragte: »Ella, was glauben Sie? Kann mir das schaden, weil ich Amerikaner bin?« Sie sagte, er müsse das nicht persönlich nehmen, denn »keiner kann sagen, daß Sie dafür verantwortlich sind«. Sie versuchte, ihn zu beruhigen, und redete liebevoll auf ihn ein. Sie war sich über die Konsequenzen nicht ganz sicher, aber sie wollte ihm beistehen. Sie waren einander näher als je zuvor.

Lee erzählte Ella, daß er während seines Aufenthalts in Moskau viel mehr Angst vor den Amerikanern als vor den Russen gehabt habe. Er behauptete sogar, daß die sowjetischen Behörden ihn nach Minsk geschickt hätten, weil er hier in Sicherheit sei: »Hier in Minsk bin ich unsichtbar. Aber als ich nach Moskau kam, war ich auf dem Präsentierteller.« Die Amerikaner seien hinter ihm hergewesen und hätten ihn umlegen wollen. Sie glaubten offenbar, daß er als Gegenleistung für die sowjetische Staatsbürgerschaft möglicherweise einige Geheiminformationen preisgegeben habe. »Wenn ich nach Amerika zurückgehe, werden sie mich töten.« Es machte ihn noch interessanter, aber sie nahm ihm die Geschichte nicht ab. So bedeutend war er auch wieder nicht. Sie erinnert sich, daß einmal ein junges Mädchen auf der Straße auf sie zugerannt kam und rief: »Ich bin gerade überfallen worden, sie haben meine Tasche, bitte helfen Sie mir!« Nun, die meisten sowjetischen Männer wären losgespurtet, um den Dieb zu packen, aber Lee tröstete das Mädchen lediglich, und Ella konstatierte: »Ich denke, daß wir wahrscheinlich die Tasche nicht wiederbekommen werden – solche Diebe warten nicht endlos.« Lee drängte sogar darauf, in eine andere Straße auszuweichen. Also schlugen sie einen Haken, und alles war in Ordung, abgesehen davon, daß das Mädchen die Geschichte tragisch nahm. Schließlich hatte sie auch noch ihren Geldbeutel eingebüßt.

Als Ella später darüber nachdachte, hielt sie es für wahrscheinlich, daß er eher ein bißchen feige sei. Oder vielleicht war es wirklich so, daß die Amerikaner in Moskau hinter ihm her gewesen waren? Und daß er befürchtete, daß ihn auch hier jemand provozieren wolle, und sich deshalb rausgehalten hatte? Er sprach nie über Politik. Einmal ging sie soweit, ihn zu fragen, wieviele Menschen in Amerika Krieg wollten, und er antwortete: »Amerikaner wissen nicht wirklich, was Krieg ist, denn es gab keine Kämpfe auf ihrem Territorium.« »Ich weiß, was Krieg ist«, sagte sie, »und ich habe nichts dafür übrig.« Er sagte bloß: »Ja, ja, Sie haben recht. Ich weiß, wie Sie gelitten haben.«

Ansonsten schwatzten sie über dies und das. Aber es gab auch Sommerabende, an denen sie einfach auf einer Bank saßen und die Stille genossen, als ob er ein Russe wäre. Sie hatte den Eindruck, daß er auf alles sehr einfühlsam reagierte, aber dennoch in Reserve blieb. Die acht Monate, in denen sie sich regelmäßig trafen, waren zu kurz, um sein Wesen wirklich zu ergründen. Er gab nie viel von sich preis. Er war immer ausgeglichen, herzlich, lächelnd, nett, ohne Stimmungsumschwünge. Nur zweimal gab es Streit. Natürlich war sie auch ein vergnügtes Huhn. Sie bekam sogar gesagt: »Du lachst zu schnell. Wenn ich nur mit dem Finger wackle, fängst du schon an zu lachen. So einfach ist das mit dir.«

Das kommt ihr auch so vor, als sie sein Tagebuch mehr als dreißig Jahre später liest. Sie kann nicht glauben, wie verdreht sein Zeitgefühl war. Er hatte ihre Treffen nach dem Sommer 1960 datiert, während sie sich bereits im Mai 1960 gut kannten, als die amerikanische U-2 abgeschossen worden war und sie über Francis Gary Powers sprachen. Wie wenig hatte sie über Lee gewußt, und wie wenig hatte er offensichtlich über sie gewußt.

Aus dem KGB-Überwachungsprotokoll vom Samstag, 2. Juli 1960, für die Zeit von 12:00 Uhr bis 24:00 Uhr:

Um 14:30 verließ Lee Harvey seinen Arbeitsplatz und ging zum Mittagessen in ein Automaten-Café auf dem Pobedy Ploschtschad. Er nahm sein Essen ein und war um 15:00 in seiner Wohnung.

Um 16:00 verließ er das Mietshaus, stieg an der Haltestelle Pobedy Ploschtschad in den Bus N1 ein und fuhr bis zum Zentralnaja Ploschtschad, ohne eine Fahrkarte zu lösen. Er stieg an der hinteren Tür aus und ging zum Zeitungsladen N1 in der ul. Karla Marksa.

Dort kaufte er eine Zeitung und ging zum Lebensmittelladen N13 am Stalin-Prospekt. Er kaufte nichts, verließ den Laden und ging ins GUM. Betrachtete die Waren in der Kunststoffabteilung, verließ das Kaufhaus, ohne etwas gekauft zu haben, ging in einen Blumenladen, dann in eine Bäckerei und dann ins Café Wesna. Verließ das Café nach 5 Minuten, nahm den Bus N1 Richtung ul. Komsomolskaja, stieg am Pobedy Ploscht-schad aus und war um 16:50 wieder zu Hause.

Um 20:20 verließ Lee Harvey sein Haus und ging rasch zur Oper. Dort lief er in der Nähe des Haupteingangs hin und her. Nach 10 Minuten ging er zur Zentralnaja Ploschtschad und traf sich in der Zentral-Allee mit einer unbekannten Frau, die wir als »Dora« bezeichnen. Sie gaben sich zur Begrüßung die Hand und begannen eine Unterhaltung. Nach etwa 3 Minuten trennten sie sich ohne Verabschiedung. »Dora« ging zum Mietshaus N22 Ecke Ljawkowa-Nabereshnaja, während Lee Harvey auf dem Platz zurückblieb. Nach 20 Minuten kam »Dora« zurück, sagte ihm etwas, und beide gingen händchenhaltend zum Zirkus-Theater. Sie betrachteten die Fotos im Schaukasten und schlenderten dann etwa 35 Minuten über den Stalin-Prospekt, wobei sie sich unterhielten.

Um 21:45 gingen Lee Harvey und »Dora« ins Zirkus-Theater. Lee Harvey zeigte die Eintrittskarten vor, sie nahmen in Reihe 10 Platz und schauten sich den amerikanischen Spielfilm »Lili« an. Nach dem Ende des Films um 23:45 gingen sie langsam zum Haus N22 Ecke Ljawkowa-Nabereshnaja, blieben dort stehen, unterhielten sich etwa 15 Minuten und trennten sich dann. »Dora« ging in ihr Haus (sie wird identifiziert werden), während Lee Harvey nach Hause ging und dort um etwa 24:00 ankam. Die Überwachung wurde hier bis zum nächsten Morgen unterbrochen.

Sie kamen dahinter, daß »Dora« Ella war.

Juni, Juli Sommermonate von grüner Schönheit, Föhrenwälder, sehr tief. Ich genieße viele Sonntage in der Umgebung von Minsk mit den Zigers, die ein Auto Marke »Moskwitsch« haben...

Später in diesem Sommer fuhr Pawel einmal mit Oswald Boot. Lee war gern auf dem Wasser, aber was Rudern betraf, gehörte er offenbar zu jenen Amerikanern, die nichts dagegen hatten, wenn jemand anderer das besorgte. Pawel zum Beispiel.

Die Verfasser konnten sich ein Dienstprotokoll verschaffen, das Tanja von Intourist Minsk am 8. Juli 1960 vorlegte:
Aufgrund ihrer Begegnungen hat Informantin eine gute Beziehung zu Lee Harvey aufgebaut. Er sieht Informantin als jemand, mit dem er seine Freizeit auf angenehme Weise verbringen kann. Er hat kein Interesse an der

Lebensgeschichte von Informantin gezeigt, nur nach ihrem Alter gefragt. Lee Harvey ist mit seiner Wohnung, und dem, was sie an Annehmlichkeiten bietet, recht zufrieden. Sie ist noch etwas karg eingerichtet, aber für einen Junggesellen vollkommen ausreichend. Während sie in der Wohnung von Lee Harvey war, fragte er sie angelegentlich: »Warum interessieren Sie sich nicht für meine Eindrücke von der Sowjetunion?« Informantin antwortete: »Sie werden mich schon noch daran teilhaben lassen…« Was Lee Harvey auf der Stelle tat und eine enthusiastische Schilderung seiner Eindrücke vom Leben in der UdSSR begann. Informantin fielen zwei Paar neue Stiefel auf. Sie fragte überrascht: »Wozu brauchen Sie Stiefel?« Er sagte: »Ich liebe alles Russische; ich möchte aussehen wie ein Russe.«

Während sie sich über seine Bekannten unterhielten, zeigte er Informantin mehrere Fotos, auf denen er zusammen mit Freunden, einem argentinischen Ehepaar, abgebildet war. Außerdem erzählte er ihr von einem weiteren Freund, einem Russen, der ebenfalls Ingenieur sei und im Radiowerk arbeite. Informantin hat den Eindruck, daß Lee Harveys allgemeine Entwicklung und sein Interessenbereich ziemlich begrenzt sind. Er weiß wenig über Kunst, Musik, Malerei, ganz zu schweigen von der Marxistisch-Leninistischen Theorie. Er möchte sich am Fremdsprachen-Institut einschreiben und beabsichtigt, zusätzlich zu Englisch im Nebenfach Deutsch zu studieren.

Auffallend an Lee Harveys Verhalten ist das Bemühen, Mädchen, vor allem blonde, mit Englischkenntnissen kennenzulernen, sowie eine gewisse Pfennigfuchserei, die an Geiz grenzt. Er bringt es beispielsweise fertig, sich mit einem Mädchen zu verabreden, aber anschließend allein ins Restaurant zu gehen, weil es billiger ist. Er hat sich oft mit Informantin verabredet, weil er sie an ihrem Arbeitsplatz aufsuchen oder sie anrufen kann. Informantin neigt zu der Annahme, daß Lee Harveys Werben um sie neuerdings etwas abgekühlt ist, da seiner Forderung »nach einem Kuß, der ihm nach sechs Monaten Rendezvous zustehe«, nicht nachgekommen wurde. Er gab vor, verletzt oder gekränkt zu sein und besuchte danach Informantin weniger häufig.

In diesem Sommer gab es in Oswalds Wohnung kleine Fortschritte. Er besorgte sich einen billigen Plattenschrank und kaufte einen Plattenspieler. Als er herausfand, daß Pawel etwas von Kurzwellenradios verstand, bat er ihn, ihm eines zu bauen. Mit den üblichen Geräten konnte man nur sowjetische Nachrichten empfangen. Pawel sagte ihm, daß das nicht gut aussehen würde – alle Teile würden bloßliegen –, also stürzte sich Oswald in Unkosten und kaufte sich ein Kurzwellenradio, schmuck wie eine Damenhandtasche. Es hatte nur zwei Frequenzen, aber auf Mittelwelle, 257 m, konnte man die »Stimme Amerikas« empfangen. Da die Sendungen in englischer Sprache waren, hatte man sich nicht die Mühe gemacht, die Frequenz zu stören. Was Oswalds mögliche Tätigkeit als Spion betrifft, hält Pawel im nachhinein wenig von dieser Theorie. Abgesehen davon, daß Lee nicht in der Lage war, einen Film in eine simple sowjetische Kamera einzulegen, und bei dem Versuch, ein Radio mit Batterien zu bestücken, sogar ein paar Drähte abriß, konnte er auch sein Kurzwellenradio nicht so einstellen, daß die Stimme Amerikas klarer zu hören war. Pawel besorgte die Feinabstimmung mit einem Taschenmesser. Falls Oswald also James Bond gewesen wäre, hätte er im Interesse der Unterminierung der Sowjetunion solchen Kleinkram gewiß selbst beherrscht.

Gleichwohl führte der KGB über seine Aktivitäten weiterhin minuziös Protokoll. Höchst auffällig war, daß Oswald zwischen dem 4. und dem 9. September 1960 fünfmal ins Kino ging. Es waren fast durchwegs Kriegsfilme. Einen sah er sich sogar zweimal an – »Babette zieht in den Krieg« mit Brigitte Bardot. Bereits im August hatte er sich eine einläufige Schrotflinte gekauft. Aber erst am 10. September – aufgeladen mit Bildern, wie man zu unterstellen geneigt wäre, in denen er sich selbst als Filmkriegsheld sah – ging er erstmals mit einem Jagdverein auf Pirsch.

(Inzwischen hatte sich Stepan für sein Überwachungsteam einen neuen Codenamen für Oswald ausgedacht – *Lichoi*. Das klang entfernt an Lee Harvey an, bedeutete aber »tapfer« oder »forsch«. Typischer KGB-Humor. Doch Lee Eisenherz schien nichts anderes zu tun, als zur Arbeit zu gehen, herumzuspazieren oder einzukaufen.)

Aus dem KGB-Überwachungsprotokoll vom 10. September 1960 für die Zeit von 13:00 Uhr bis 15:20 Uhr:
Lichoi verließ seinen Arbeitsplatz um 14:30 und ging rasch nach Hause. Um 14:55 verließ er seine Wohnung. Er trug ein Jagdgewehr im Futteral und eine halb mit Lebensmitteln gefüllte Tüte und ging zurück zum Eingang des Radiowerks.
Dort traf sich Lichoi mit einer Gruppe von 7 Männern, von denen einige ebenfalls Gewehre trugen, und begann mit ihnen zu sprechen.
Nach etwa 15 Minuten stiegen Lichoi und andere Männer in das geparkte Auto Nr. BO 18-89 und verließen um 15:20 die Stadt über die ul. Storoshevskaja und den Dawginawski Trakt.

Nach Rücksprache mit der Abteilungsleitung wird die Überwachung von Lichoi bis zum 17. September 1960 eingestellt.

Im Gorisont-Werk gab es verschiedene Freizeitvereine für Basketball, Fußball, Volleyball – und am Sonntag gingen einige zum Jagen. Leonid Stepanowitsch Tsagiko, Dreher von Beruf, hatte sich um 1955 für die Jagd zu interessieren begonnen. Jedes Jahr nach dem 15. August war die Jagd auf Federwild freigegeben, im September auf Wildenten, Rebhühner und Wasserhühner. Anfang Oktober begann die Fuchsjagd. Wölfe waren das ganze Jahr zum Abschuß frei, für Schwarzwild brauchte man eine Spezialgenehmigung, weil dieses Vergügen zu den Privilegien der Nomenklatura gehörte. Inzwischen zählte Tsagikos Jagdklub rund 50 Mitglieder. Ein Vorsitzender kassierte die Beiträge und kümmerte sich um die Abschußerlaubnis für Elche. Manchmal fiel dabei sogar ein Keiler ab, doch das war teuer – 150 Rubel. Aber letztlich war nicht die Strecke entscheidend, sondern daß sie sich in der Natur aufhalten konnten.

Tsagiko hatte Lee Oswald bereits an seinem ersten Tag in der Versuchsabteilung kennengelernt. Er erinnert sich, daß es fast wie eine Feier war. Jeder eilte herbei, um mit diesem Amerikaner sofort Bekanntschaft zu machen. Und er weiß auch noch, daß Oswald in den Pausen oft seine Füße auf einen Tisch legte, und ihn einmal einer fragte: »Warum sitzen Sie so?« Worauf er antwortete: »Ich streike. Ich streike einfach.« Es war unmißverständlich ein Witz. Worauf sie sich die Meinung bildeten, daß Amerikaner eben ihre Füße auf den Tisch zu legen pflegten. Was ja durchaus zutreffend ist. Als Oswald einen Metallarbeiter fragte, ob sie ihn mal mitnehmen würden, sagte der: »Na klar!«

Sie nahmen nicht viel zu essen mit und keinen Wodka oder anderen Schnaps, denn etwas wollten sie doch als Beute mit nach Hause bringen. Sie gingen viel zu Fuß, durchquerten Kolchosen, Felder, Dörfer und spärlich bewaldete Gebiete. An diesem Tag jagten sie Kaninchen. Es lag noch kein Schnee, also mußten sie die Tiere aufstöbern. Sie bildeten eine Linie, Oswald ging neben Tsagiko, der Schlußmann des einen Flügels war, und hielt sein Gewehr schräg unter dem Arm. Plötzlich schoß ein Kaninchen direkt vor Oswald hoch, er schrie »Aooaoh!« und schoß in die Luft. Tsagiko holte tief Luft: »Oswald, wollen Sie mich erschießen?« Oswald sagte: »Ihr Kaninchen hat mich erschreckt.« Später bekam er noch einmal eines vor den Lauf und traf abermals nicht.

Die Tatsache, daß er ein schlechter Schütze war und sein Radio nicht einstellen konnte, hielt Igor und Stepan in Alarmbereitschaft. Wie konnte ein ehemaliger Marine mit einer Einstufung als Scharfschütze – jawohl, der KGB verfügte über Informationen, daß er im Marine Corps kein schlechter Schütze gewesen war – seine Ziele so verfehlen? Bereits als die Behörden informiert worden waren, daß sich Oswald ein Jagdgewehr gekauft und damit die Möglichkeit hatte, sich als Mitglied einer Jagdgesellschaft in der Nähe militärischer Anlagen herumzutreiben, waren sie hellhörig geworden. Jägern war es verboten, gesperrte Gebiete zu betreten, ja selbst in die Nähe der Zäune zu kommen. Aber wenn Oswald ein Spion war, verfügte er möglicherweise über eine Sonderausrüstung, mit der er Nuklearanlagen oder Militärsender orten konnte – mit der geeigneten Technik konnte man viel herausbekommen.

Die Meldungen, die eintrudelten, bereiteten ihnen Kopfzerbrechen. Wenn sie nur die leiseste Ahnung gehabt hätten, daß er später beschuldigt werden würde, ein großes Verbrechen begangen zu haben – eines der größten überhaupt! –, hätten sie seine Schießkünste etwas sorgfältiger untersucht. Da sich aber diese Unklarheit nahtlos in die anderen einfügte, unternahmen sie nichts, um herauszufinden, ob er ein Meisterschütze war, der sich lediglich verstellte, oder ob ihm an jenem Tag nur das Pulver naß geworden war.

August, September Je besser mein Russisch wird, desto mehr wird mir bewußt, in welcher Gesellschaftsform ich lebe. Massengymnastik, Zwang zu Versammlungen nach der Arbeit, politische Schulungskurse. Zwang, Vorträge anzuhören, und die Verpflichtung für die gesamte Belegschaft (außer mir) am Sonntag in einer Staatskolchose Kartoffeln zu klauben. »Vaterländische Pflicht«, die Ernte einzubringen. Meinung der Arbeiter (nicht ausgesprochen), daß sie es gestrichen voll haben. Sie scheinen nicht besonders begeistert über irgendeine dieser »kollektiven« Pflichten, was nicht verwunderlich ist…

Oktober Der Einbruch des Herbstes, meine Furcht vor einem neuen russischen Winter, gemildert durch die wundervollen goldenen und roten Herbstfarben in Weißrußland. Pflaumen, Pfirsiche, Aprikosen und Kirschen im Überfluß in diesen letzten Herbstwochen. Ich habe eine gesunde braune Farbe und bin mit frischem Obst vollgestopft, das zu anderen Zeiten des Jahres nicht zu bekommen ist.

18. Oktober An meinem einundzwanzigsten Geburtstag habe ich Tanja, Pawel, Ella und ein paar andere zu mir eingeladen. Ella ist eine sehr attraktive russische Jüdin, mit der ich mich seit kurzem treffe. Sie arbeitet eben-

falls in der Radiofabrik. Tanja und Ella sind eifersüchtig aufeinander. Das wärmt mir die Seele. Beide sind zum ersten Mal in meiner Wohnung. Ella und Pawel schenken mir Aschenbecher (ich rauche nicht). Das gibt ein Gelächter.

Nachdem sie sich ein halbes Jahr kannten, lud Lee Ella in der Tat in seine Wohnung ein. Auch Pawel war mit einem Mädchen da – Tanja von Intourist. Er verschwand für kurze Zeit und kam dann mit einem anderen Mädchen namens Inna Tachina zurück. Er sagte: »Tanzen Sie, Lee! Schauen Sie, wen ich Ihnen mitgebracht habe. Inna!«
Ella war schockiert. Im Werk hatte sich Lee all die Monate immer nur mit ihr verabredet. Sie wußte nicht, daß er sich auch mit anderen Frauen traf. Sie hatte nichts dagegen, doch Innas Auftritt zeigte überdeutlich, daß es bei ihr um etwas anderes ging. Das verletzte Ella. Seit einigen Wochen machte Lee Anspielungen, daß ihre Beziehung sich ernsthaft entwickle, aber was trieb er dann mit diesem Mädchen?
Sie begannen zu streiten. Ella war sehr erregt, sehr wütend, und als sie ging, mußte Lee ihr nachlaufen. Sie sagte: »Hören Sie zu, wenn Sie sich ein paar nette Stunden mit Inna machen wollen, dann bin ich fehl am Platz. Zu Hause hätte ich es gemütlicher gehabt.« Er versuchte sie zu beschwichtigen: »Pawel hat Inna mitgebracht. Ich war doch den ganzen Abend mit Ihnen zusammen. Sehen Sie, jetzt lasse ich auch noch meine Gäste allein und begleite Sie zur Nachtschicht. Das ist doch Beweis genug, daß Sie der wichtigste Mensch für mich sind.«
Später zog Ella ihn oft mit Inna auf: »Es gibt also eine andere Frau in Ihrem Leben?« Und er gab zur Antwort: »Verstehst du nicht, daß du meine wahre Liebe bist? Sie ist bloß zum Abreagieren.« Ellas Haltung war: »Schön, der junge Mann hat gewisse körperliche Bedürfnisse. Und wenn ich dafür nicht zur Verfügung stehe, muß er sich woanders abreagieren. Das ist normal.« Sie hatte nie jemanden so geliebt, daß sie ihn mit Haut und Haaren besitzen wollte, einschließlich einer körperlichen Beziehung. Das war für sie nicht so wichtig wie wirkliche Liebe.
Andererseits hatte Pawel Inna Tachina angeschleppt, und Ella mochte Pawel eigentlich nicht. Es hatte da bei Gorisont einen Vorfall gegeben, und seither hatte Pawel einen schlechten Ruf. Es war in einem anderen Teil der Fabrik gewesen, wo die Radioapparate eingestellt wurden. Mitunter war ein Gerät dabei, das sehr schwer zu justieren war. Es hatte keinen guten Empfang, und manchmal blieb es ganz tot. Diese Montagsproduktionen wurden »Särge« genannt, und es dauerte elend lang, bis man sie hinkriegte. Da Gehalt und

Zulage von der abgelieferten Stückzahl abhingen, konnten sie das Ergebnis enorm drücken.

Eines Abends stellte ein Mädchen fest, daß ein Gerät an ihrem Arbeitsplatz, das sie vor Arbeitsschluß schon fast zum Funktionieren gebracht hatte, nun wieder ganz tot war. Pawel aber hatte in der Zwischenzeit eine stattliche Anzahl fertig justierter Radios abgeliefert. Sie verdächtigten ihn also, daß er in der Tagschicht sein Werkstück, einen kompletten »Sarg«, gegen ihres ausgetauscht hatte. Mit einem Mann hätte er sich das nicht erlauben können, Männer waren präziser. Männer erinnerten sich, womit sie am Abend vorher beschäftigt gewesen waren. Aber Mädchen waren mit dem Kopf nicht so bei der Arbeit. Man konnte sie leichter täuschen, fand auch Ella. Jedenfalls wurde eine böse Sache daraus. Es gab eine große Versammlung, in der Pawels Verhalten zur Debatte stand. Auch sein Vater, der General, war dabei und rief mit Tränen in den Augen aus: »Bitte, verzeihen Sie ihm. Bitte, Genossen, ruinieren Sie nicht sein Leben. Er wird es nie mehr wieder tun.«

Natürlich empfand Ella danach für Pawel nicht mehr allzu große Wertschätzung. Wenn er eine große Familie gehabt hätte und wirklich arm gewesen wäre, hätte sie es noch verstehen können – was tat man nicht alles, um die Kinder großzubringen. Aber Pawel schädigte arme Mädchen, die viel weniger als er verdienten. Also war er in ihren Augen nicht anständig, und nun war er auch noch mit Inna angekommen und hatte gesagt: »Da ist ein Mädchen für Sie, Lee.« Ella hatte auch das unbestimmte Gefühl, daß Pawel sie nicht akzeptierte, weil sie Jüdin war. Sie hatte gehört, daß in den militärischen Kreisen – der Welt, aus der er kam – mehr Antisemitismus herrschte als in der Zivilbevölkerung.

Der November ist schon sehr winterlich. Ein wachsendes Gefühl der Einsamkeit überkommt mich. Trotz meiner Eroberung von Inna Tachina (2), eines Mädchens aus Riga, das am Konservatorium in Minsk Musik studiert. Nach einer Affäre, die ein paar Wochen dauert, trennen wir uns.
Extraseite (nicht in das laufende Tagebuch aufgenommen)
Inna Tachina... Ich traf sie 1960 bei den Zigers, ihre Familie (die sie nach Minsk geschickt hat) ist offenbar wohlhabend. Inna liebt modische Kleider und Schuhe und Unterwäsche von guter Qualität. Im Oktober 1960 beginnen wir, intim zu werden, und haben am 21. Oktober schließlich Verkehr. Sie war Jungfrau und sehr interessant. Wir trafen uns zu diesem Zweck vier- oder fünfmal bis zum 4. November 1960. Dann kehrte sie nach dem Abschluß am Konservatorium nach Riga zurück.

7

Im Studentenwohnheim

»Obwohl Oswalds Russischkenntnisse etwas besser wurden, mußten wir ihn mit Leuten zusammenbringen, die persönliche Gespräche mit ihm auf englisch führen konnten«, erzählt uns Igor. »Wie soll man eine verdächtige Person durchleuchten, wenn man ihre Sprache nicht beherrscht? Es wurden also Leute angeworben, die sich mit ihm in seiner Muttersprache unterhalten konnten.« Dabei faßten sie natürlich die Studentinnen vom Minsker Fremdsprachen-Institut ins Auge – eine Aktion, über die die Gegenspionage ständig auf dem laufenden gehalten wurde. Titovez erwies sich als äußerst hilfreich beim Knüpfen der Kontakte mit diesen Mädchen. Und nicht nur das. Er machte auch Tonbandaufnahmen mit Oswald, wenn sie allein waren. Unter dem Vorwand, daß er Oswalds englischen Akzent studieren wolle, gab er ihm Texte von Shakespeare und Hemingway zu lesen. Und unter dem Vorwand, seine eigene Sprachfertigkeit üben zu wollen, veranstaltete er mit Oswald Scheininterviews. In einem Interview spielte Oswald bizarrerweise einen Mörder.

Tonbandabschrift:
T: Würden Sie uns etwas über Ihren letzten Mord erzählen?
O: Tja, das war ein junges Mädchen unter einer Brücke. Sie trug einen Laib Brot, und ich habe ihr die Kehle von einem Ohr zum anderen aufgeschlitzt.
T: Warum?
O: Ganz einfach – ich wollte das Brot.
T: Aha. (Pause) Und welcher Mord, glauben Sie, wird Sie unsterblich machen?
O: Die acht Männer in der Bowery. Sie lungerten auf dem Gehsteig herum, und mir gefiel ihre Fresse nicht, drum hab ich sie einfach alle mit einem Maschinengewehr umgemäht. Das hat vielleicht Schlagzeilen gebracht! (Gelächter)

Igor möchte nicht ausschließen, daß die Bänder in englischer Sprache daraufhin überprüft wurden, ob Oswalds Südstaatenakzent auch wirklich echt sei. Ebenso wurden die russischen Bänder auf die Möglichkeit abgehört, daß er vielleicht über bessere Sprachkenntnisse verfüge, als er vorgab.
Stepan fügt dem hinzu: »Es ist wichtig, die Information aus einer be-

stimmten Quelle gegenzuchecken. Wir versuchten immer, die Überwachung mit Berichten von Informanten zu kombinieren, um zu kontrollieren, ob wir unseren menschlichen Quellen Glauben schenken konnten. Allerdings ist es riskant, eine Situation künstlich herzustellen. Der Verdächtige könnte aus Zufall oder aus Neugierde aufmerksam werden. Alles mußte so natürlich wie möglich zustandekommen.«

> 15. November Im November mache ich Bekanntschaft mit vier Mädchen, die im Zimmer 212 des Studentenwohnheims des Fremdsprachen-Instituts untergebracht sind. Nell ist sehr interessant, ebenso Tomka, Tomis und Alla. Gewöhnlich gehe ich in das Wohnheim mit einem Freund, der sehr gut Englisch spricht. Erich Titovez studiert im vierten Jahr Medizin. Ein sehr gescheiter Mensch. Wir sitzen zu sechst im Wohnheim und sprechen stundenlang Englisch.

Wie es sich für Pawel darstellte, waren manche Mädchen am Fremdsprachen-Institut in sexueller Hinsicht möglicherweise verfügbarer. Sie waren psychologisch anders gelagert. Sie beschäftigten sich mit anderen Sprachen, mußten sich ein wenig in eine andere Kultur eindenken und waren deshalb neugieriger. Diese Frauen waren im allgemeinen zwangloser – sie rauchten, tranken und beschäftigten sich mit Literatur. Erich Maria Remarque war hoch im Kurs, und Hemingway hatte in »Fiesta« über die Freizügigkeit der Frauen vor der Ehe geschrieben. Vielleicht wollten sie sich ein solches Image anschminken. Zumindest einige von ihnen.

Inna Pasenko, nicht zu verwechseln mit Oswalds Freundin Inna Tachina, absolvierte ihr erstes Jahr am Fremdsprachen-Institut und war auf Englisch versessen. Wo immer jemand es sprach, stellte sie sich daneben und lauschte. (Sie war ebenso wild auf Schwimmen und zu jener Zeit weißrussische Meisterin in Freistil und Butterfly.) Eines Samstags ging sie mit ihrer Freundin Galja in die Philharmonie, und während der ersten Konzertpause hörten sie, wie sich zwei Männer auf englisch unterhielten. Der eine hatte dunkle Haare und trug ein graues Jackett, der andere war ganz in Schwarz. Der erste war, wie sich später herausstellte, Oswald, der zweite Titovez. Inna ging auf sie zu und sagte: »Entschuldigen Sie – ich weiß nicht, ob ich mich irre: Sie sind ein Russe, der Englisch spricht, und Sie sind ein richtiger Engländer oder vielleicht Amerikaner?« Titovez sagte: »Wir sind beide Engländer.« Und Oswald sagte: »Nein, nein, nein, glauben Sie ihm nicht.« Es war offensichtlich, daß er nicht zu diesem »Wir« gehören wollte. Er hatte seine eigene Identität. Inna sagte: »Lügen Sie mich nicht an!«, aber Erich sagte: »Nein, nein, wir sind beide…« Doch sie hörte seinen Akzent heraus, denn Phonetik war ihr Lieblingsfach. Später machte sie sogar ihren Doktor in englischer Phonetik.

Sie begannen ein Gespräch, und Inna sagte: »Können wir uns nicht nach dem Konzert treffen?« Sie gingen also anschließend von der Philharmonie zum Pobedy Ploschtschad, bis kurz vor dem Fremdsprachen-Institut. Sie gab ihnen ihre Telefonnummer, und Erich sagte: »Wir werden Sie bestimmt anrufen und besuchen kommen.« Sie und Galja waren ganz aufgeregt, daß sie eine halbe Stunde Englisch gesprochen hatten. Galja wohnte im Studentenheim, aber Inna lebte bei ihren Eltern, in demselben Apartment, das sie mit ihrer Mutter und ihrer ganzen Familie noch heute bewohnt.

Am nächsten Tag, einem Sonntag, rief Erich an und fragte, ob sie vorbeischauen könnten. Inna sorgte dafür, daß Galja auch dabei war. Die Geschichte hatte nur einen Haken. Innas Vater war ein hoher Parteibonze und Oberst. Ein sehr patriotischer Mann. Er hätte keinen Ausländer in seinem Haus geduldet. Bereits Radiohören war verdächtig. Aber zum Glück war er an diesem Nachmittag nicht zu Hause.

Zur Einführung begrüßte Lee ihre Mutter mit »*Sdrawstwyj* – ›Sei gesund!‹« statt der Höflichkeitsform »*Sdrawstwyjte* – ›Seien Sie gesund!‹«. Die Mutter zog sie in die Küche: »Wo treibst du solche ungehobelten Burschen auf, die nicht einmal wissen, wie man Erwachsene anspricht?« Inna sagte: »Mutter, er ist kein Russe; er ist Amerikaner.« Ihre Mutter wurde blaß: »Schaff ihn weg, denn dein Vater wird bald zurückkommen.« Doch Inna sagte: »Mama, das wird nicht gehen. Aber wir werden leise sein. Wir werden unser Wörterbuch durchgehen und ein wenig Musik hören.« Ihre Mutter sagte: »Also gut, aber nur kurz, bevor der Vater nach Hause kommt.«

Sie hörten also Musik, tranken Tee und unterhielten sich lebhaft. Inna erinnert sich, daß sie ihn fragte, wieso er hierher gekommen sei, und er geantwortet habe, daß er sich für Minsk entschieden hätte, weil es eine so hübsche Stadt sei. Seine erste Wahl sei Leningrad gewesen, aber dann habe er sich anders entschieden. »Hier ist es ruhiger, das Klima ist besser. Ich habe auf Minsk bestanden.« Als sie ihn fragten, wo er wohne, sagte er: »Ebenfalls hinter den Pobedy Ploschtschad«, und fügte hinzu: »Warum besuchen Sie mich nicht? Ich habe eine Menge englischer Bücher.« Inna und Galja waren Feuer und Flamme und schafften es, die Besucher noch vor der Rückkehr des Vaters hinauszulotsen.

Lee wollte, daß Inna ihn allein besuche, aber ihre Erziehung verbot ihr solche Eskapaden. Er mußte sich also damit abfinden, daß sie Galja mitbringen würde, und ein paar Tage später gingen sie zu ihm.

Inna erinnert sich, daß sie kurz vor Einbruch der Abenddämmerung losmarschierten, und daß sie ganz aufgeregt war: »Gleich komme ich in eine Wohnung, die voll mit englischen Büchern ist.« Das war auch der Hauptgrund gewesen, warum sie sich darauf eingelassen hatte, denn ansonsten machte er ihr keinen besonderen Eindruck. Sie erwartete, Hemingway und Faulkner in seinem Bücherregal zu finden oder irgend etwas Verbotenes, ein Wissen, das sonst zwischen Buchdeckeln nicht so einfach aufzuspüren war. Aber sie erinnert sich ebenso deutlich an die kleine Küche und das kleine Zimmer zur Linken. Und in diesem zweiten Raum gab es – man konnte es kaum ein Regal nennen – ein paar Holzbretter. Auf dem untersten lagen ein paar Zeitungen, das nächste war leer, und auf dem obersten standen Karl Marx und Lenin, beide auf englisch. Das war alles. Das Bett füllte das Zimmer beinahe aus, ein eisernes Militärbett mit einer grauweiß gestreiften Decke. Bevor sie noch länger herumstanden, setzten sich die Mädchen lieber auf das Bett, und er bereitete Tee zu. Es war kein schlechter Tee, auch das weiß sie noch, und er stellte ihn auf einen kleinen Schemel vor das Bett. Nach einer Weile deutete sie auf Marx und Lenin und fragte: »Lesen Sie das?« Und er sagte: »Ich finde es wirklich interessant, Sie nicht?« Sie sagte: »Das haben wir alles auf russisch durchgearbeitet – warum sollten wir es auf englisch lesen?« Und er: »Also, ich lese es zum ersten Mal und finde es sehr interessant.«

Er war ordentlich. Sie erinnert sich, daß kein Durcheinander herrschte. Er trug graue Hosen und ein gestreiftes Hemd mit blauer Krawatte und war richtig stolz auf seine Wohnung, für die er, wie er beiläufig bemerkte, nur sieben Rubel bezahlte. Sie war natürlich weniger beeindruckt, denn ihre Familie lebte in einer großen eleganten Wohnung mit drei Zimmern für vier Leute.

Trotz allem zog sie Gewinn aus diesem Besuch. Zum ersten Mal in ihrem Leben war sie bei einem richtigen Amerikaner gewesen, und die Unterschiede zwischen amerikanischem Englisch und britischem Englisch fand sie einfach faszinierend. Dieser Amerikaner wiederum richtete seine Aufmerksamkeit ganz auf sie. Das mußte selbst Galja zugeben, wenn auch viel, viel später. Inna allerdings hatte kein wirkliches Interesse an diesem Mann. Sie war fasziniert, aber nicht zu ihm hingezogen. Als er zu jammern begann, wie einsam er sei und nichts mit sich anfangen könne, schlug sie ihm vor: »Dann treffen wir uns doch wieder einmal bei mir zu Hause.« Aber er sagte: »Ihr Vater ist zu rigoros« und fügte noch hinzu: »Nein, nie mehr bei Ih-

nen zu Hause.« Dann wandte er sich an Galja: »Ich würde gerne Ihr Fremdsprachen-Institut kennenlernen.« Das freute Inna, denn so konnte sie sich
ebenfalls im Englischen üben.

Da gab es allerdings wiederum das Problem, wie man ihn in Galjas Stu-
dentenwohnheim schmuggeln konnte, ohne den Eindruck zu erwecken,
daß sie eine Beute heimschleppte. Damals mußte man seinen Ausweis vor-
zeigen, und das galt sogar für Studentinnen, die nicht im Wohnheim lebten. Kein einfacher Fall. Mädchen, die am Fremdsprachen-Institut studier-
ten, wurden wie junge Damen in einer Klosterschule behandelt. Besonders
wichtig war ihre ideologische Schulung. Schließlich wurden sie mit westli-
cher Literatur und westlichen Filmen gefüttert und hatten die Erlaubnis,
sich ausländische Rundfunksendungen anzuhören. Doch Galja ließ es darauf ankommen. Sie sagte dem Portier, daß Oswald ein Verwandter sei. Hätte
man sie erwischt, wäre sie eine Zeitlang ihr monatliches Stipendium los-
gewesen. Aber es ging glatt, und von da an war es fast Routine.

Inna ruft ein Bild in sich ab: Oswald mit sechs Mädchen um einen Tisch,
Mittelpunkt der Aufmerksamkeit. Er schlug ihr braun gebundenes »Miller's
English Dictionary« auf, pickte wahllos ein Wort heraus, irgendeine bot eine
Übersetzung an, und das Mädchen, das jeweils neben ihm saß, überprüfte
die Richtigkeit. Dabei gab es viel zu lachen. Er hatte einen gewissen Südstaatenakzent, und ein Mädchen korrigierte zum Ergötzen der anderen sogar seine Aussprache.

Den ganzen nächsten Monat kam er oft zu Besuch, und manchmal wollten
sie ihn wieder lossein, aber er blieb. Einige Mädchen hatten Angst, daß sie
erwischt würden, und hielten die Tür verschlossen. Und sie machten keinen
Lärm. Sie lachten nicht laut, es war eher ein Kichern. Sie hatte den Eindruck,
daß er froh war, akzeptiert zu werden. Und daß er auch deshalb so oft vorbeischaute, um von Erich loszukommen. Er wollte wohl seinen eigenen
Freundeskreis aufbauen.

Dennoch fühlte er sich nicht wirklich wohl, obwohl er im Mittelpunkt
stand. Es war eine bestimmte Art von Interesse. Die Mädchen sagten: »Oh,
wir haben *ihn* drei Tage nicht gesehen«, und Inna wußte, wen sie meinten.
Sie wollten nicht nur seinen Namen nicht erwähnen, sondern sträubten sich
auch, mit ihm allein zu sein – was, wenn jemand meldete, daß er ein
Mädchen allein mit einem Ausländer angetroffen hätte? Das war ihr erster
Gedanke. Nicht, daß er jemand war, vor dem man sich hätte in acht nehmen müssen – wenn überhaupt, dann war er Frauen gegenüber schüchtern.
Die einzige wirklich Abenteuerlustige war Nellja Korbinka, die Inna nicht
besonders gut kannte.

Sehr bald, wie Inna es sieht, wurden die Mädchen des Instituts des Umgangs mit Oswald müde. Als Mann war er nicht interessant, und ansonsten hatte man sich ausgeplaudert. Er erzählte über seine Familie und machte Witze, aber ziemlich mäßige. Es gab nur noch wenig Gesprächsstoff. Er erzählte Inna, wieviel Ehrerbietung er für seine Mutter habe, doch Inna hegt den Verdacht, daß er das nur sagte, weil sie selbst soviel Achtung vor ihren Eltern hatte. Nach kurzer Zeit war er aus dem Blickfeld verschwunden. Es fiel kaum auf. Einige Mädchen spöttelten, daß er nur ins Institut gekommen sei, weil sich niemand sonst mit ihm verabreden wollte.

Extraseite (nicht ins laufende Tagebuch aufgenommen)
Nellja Korbinka. (3) Groß, fast 1 Meter 80, 68 Kilo, gut proportioniert, große stehende Brüste, breite und einladende, aber wohlgeformte Hüften, aus einem Dorf an der polnischen Grenze, aus einem rein russischen Bauerngeschlecht. Sanft, freundlich, feminin und verständnisvoll, leidenschaftlich, gleichzeitig eigensinnig. Sie verband die besten weiblichen Eigenschaften mit dem weiten russischen Herzen. Ich lernte sie durch Tomka, eine ihrer Zimmergenossinnen, kennen. Nell und Tomka wohnten mit drei anderen Mädchen in einem Zimmer im Wohnheim des Fremdsprachen-Instituts in Minsk hinter dem Platz des Sieges. Ich zog sie erst ernsthaft in Betracht, nachdem sich die Wege von Inna Tachina und mir getrennt hatten. (4)

8
Neujahr mit Ella

Jedesmal, wenn Lee über ihre gemeinsame Zukunft sprechen wollte, versuchte Ella, dem Thema auszuweichen. Denn das hätte den Eindruck erwecken können, daß sie an einer Ehe mit ihm interessiert sei. Ihr Mangel an Interesse regte ihn wahrscheinlich auf, aber er wurde nicht aggressiv. Er begann nur, mehr Druck dahinter zu setzen. Er fragte: »Möchten Sie wissen, warum ich hierher gekommen bin?«, aber sie hielt sich mit Fragen zurück. Sie hegte die Befürchtung, daß er annehmen könnte, sie sei jemand, der ihn aushorchen wolle. Es hatte auch mit ihrer Erziehung zu tun: Frauen stellten keine Fragen, das gehörte sich nicht. Also begann er von sich aus, sich mitzuteilen. Und wurde drängender.
Es lief immer nach dem gleichen Schema ab. Erst alberten sie herum, aber dann wollte er über ernstere Themen diskutieren. Zum Beispiel, daß er

nicht in Minsk bleiben wolle. Die Stadt sei zu provinziell für ihn. Er hatte in New Orleans gelebt – das war eine Großstadt. Er bat sie, einen Traum mit ihm zu teilen: »Vielleicht gehe ich in ein anderes sozialistisches Land. Vielleicht in die Tschechoslowakei. Wollen wir in Prag leben?«

Er hatte seinen Stolz. Er wollte von Ella nicht abgewiesen werden. Deshalb fragte er sie nie direkt, sondern erkundigte sich etwa: »Wie sind hier die Bräuche? In Amerika haben wir einen Verlobungsring aus Silber, der dann gegen einen goldenen Ring ausgetauscht wird. Aber wie ist es hier?« Vielleicht erwartete er, daß sie fragte: »Warum interessiert es Sie, wie Ehen in Rußland geschlossen werden?«, aber er sagte nie direkt: »Ich möchte, daß du meine Frau wirst.«

Einmal zeigte er ihr seine Aufenthaltserlaubnis und sagte: »Ich muß bald eine Entscheidung treffen. Sie können sie beeinflussen. Wenn Sie in Prag leben möchten, werde ich die russische Staatsbürgerschaft nicht annehmen. Aber wenn Sie hierbleiben wollen, müssen Sie es nur sagen, und ich nehme sie an – alles hängt nur von Ihnen ab.« Im Dezember teilte er ihr mit, daß die Aufenthaltserlaubnis bis zum 4. Januar 1961 befristet sei, daß also nur noch ein paar Wochen blieben. Er müsse sich entscheiden, was er mit seinem Leben anfangen wolle, bevor das neue Jahr vier Tage alt sei. Das verstand sie nun gar nicht: warum war er hierhergekommen, und warum wollte er schon wieder weg? Er klärte sie auf: »Das können Sie nicht verstehen. In unserem Land reisen wir und ziehen um, wohin wir wollen – das verstehen Sie nicht.« Aber sie traute ihm nicht über den Weg. Außerdem war er nicht wirklich ihr Typ. Sie zog Männer mit breiteren Schultern vor.

Aus dem KGB-Überwachungsprotokoll vom 23. Dezember 1960 für die Zeit von 08:00 Uhr bis 24:00 Uhr:

Um 11:30 verließ Lichoi sein Haus, ging zur Haltestelle Pobedy Ploschtschad, nahm den Bus N5, stieg an der Haltestelle Komsomolskaja aus und betrat das GUM. In der Kurzwarenabteilung kaufte er Sicherheitsrasierklingen, probierte eine Mütze in der Hutabteilung an, kaufte sie aber nicht und ging in die Imbißabteilung. Dort nahm er ein Glas Kaffee und Kuchen zu sich und verließ das Kaufhaus in Richtung Hauptpostamt. Auf dem Weg dorthin betrat er mehrere Läden für Industriegüter, ging, am Hauptpostamt angekommen, zum Sojuspetschat-Kiosk, sah sich die Zeitungen an, ohne eine zu kaufen, und nahm dann den Bus bis zum Zentralnaja Ploschtschad. Dort stieg er in den Bus N1 um, fuhr bis zum Pobjedy Ploschtschad, stieg aus, betrat das Automaten-Café, aß zu Mittag, verließ das Café und war um 12:45 wieder zu Hause…

Um 20:45 verließ Objekt seine Wohnung und ging Richtung Osten zum Haus Nr. 22, Wohnung 2, Ecke Ljawkowako-Nabereshnaja. Nach 10 Minuten verließ er das Haus mit Kontakt »Dora«. Sie wanderten langsam, vertieft in ein Gespräch, die Uferpromenade des Swislotsch entlang und erreichten um 21:15 die Wohnung von Objekt.

Um 23:10 verließen Lichoi und »Dora« seine Wohnung und wanderten, abermals in ein Gespräch vertieft, die Uferpromenade des Swislotsch entlang. Dabei ergriff Lichoi immer wieder die Hand von »Dora« und umarmte sie. Um 23:40 erreichten sie Haus Nr. 22 Ecke Ljawkowa-Nabereshnaja, wo sie sich verabschiedeten und trennten. »Dora« ging in besagtes Haus, und Lichoi kam um 23:55 heim, worauf die Überwachung bis zum nächsten Morgen unterbrochen wurde.

Wenn er sie küßte, war es nicht unangenehm – es war hübsch. Aber weil Ella nicht in ihn verliebt war, war sie nicht erregt. Aber er erschreckte sie auch nicht in seiner Eigenschaft als Mann, er blieb immer zärtlich. In dieser Hinsicht war er wirklich perfekt. Trotzdem konnte sie in all den Monaten – von Mai bis Januar –, in denen sie mit ihm ging, kein Vertrauen zu ihm fassen. Aus verschiedenen Richtungen hörte sie, daß er ein amerikanischer Spion sei. Und dachte: Vielleicht will er mich heiraten, um in diesem Land bleiben zu können. Er behauptet zwar, daß er mich liebt, aber er liebt mich überhaupt nicht.

Sie beschäftigte sich nie mit dem Gedanken: Vielleicht gehe ich nach Prag, und es wird funktionieren. Und wenn es nicht klappt, lassen wir uns scheiden. Für Ella war Heirat eine Entscheidung auf Lebenszeit. Man liebte einen Menschen und vertraute ihm. Wenn nicht, wie konnte man da in eine fremde Welt gehen?

Schließlich begann er zu drängen: »Du mußt dich entschließen, ob du mich heiraten willst«, und als sie um Bedenkzeit bat: »Nein, ich muß meine Entscheidung bis zum 4. Januar treffen.« Das machte sie noch mißtrauischer. Sie sagte: »Ich habe Sie auch gern, aber ich brauche Zeit, darüber nachzudenken.« Sie war nicht der Mensch, andere, die nett zu ihr waren, vor den Kopf zu stoßen.

Einen anderen Streit hatten sie zum Jahreswechsel. Er hatte sie für den Abend zu einer Party eingeladen, und sie hatte dafür eine andere Einladung abgesagt. Im allerletzten Moment sagte er, daß die Fete nicht steigen würde, und nun konnten sie nirgendwo mehr hin. Es gibt dafür den rüden Ausdruck *rasbitowo karyta* – »vor geborstenem Trog stehen«. Ella wurde sehr wütend, daß er sie um den angemessenen Rahmen gebracht hatte: »Sie lassen mich schön sitzen.« In diesem Ton hatte sie noch nie mit ihm gesprochen, außer vielleicht, was Inna Tachina betraf. Damals hatte er einen kühlen Kopf bewahrt, aber nun geriet er auch in Rage. Schließlich sagte er: »Sie spielen Katz und Maus mit mir. Sie sind eine fabelhafte Schauspielerin!« Das hieß, daß ihre Empfindungen nicht aufrichtig seien. Sie trennten sich unversöhnt.

Da Ella zu keiner anderen Party mehr konnte, begann sie ihrer Mutter zu helfen. Ein paar Familienmitglieder kamen traditionell zu einer kleinen Neujahrsfeier. Also hielten sie Hausputz und kochten und legten sich um acht Uhr abends ein wenig hin, um die Nacht durchmachen zu können. Die ersten Gäste wurden für 23 Uhr erwartet, aber kurz nach 21 Uhr hörte sie die Türklingel. Schlaftrunken öffnete sie die Tür. Draußen stand Lee. Er trug die Pelzmütze, die sie schrecklich fand, aber auf die er sehr stolz war, und hatte die Hände hinter dem Rücken. Er sagte: »Sehen Sie, Ella, Weihnachten ist eines unserer gemütvollsten Feste in Amerika, und Ihr Neujahr ist wie unser Weihnachten. Deshalb bin ich zu Ihnen gekommen. Das ist ein Tag, an dem ich mich sehr einsam fühle, und deshalb bin ich hergekommen.« Er fügte hinzu: »In Amerika ist es üblich, Geschenke mitzubringen«, und überreichte ihr eine große Schachtel Pralinen, die mit einer kleinen Zuckerfigur dekoriert war. Sie nahm das Geschenk entgegen und sagte: »Warten Sie einen Augenblick. Ich möchte es nur weglegen.« Sie ging zu ihrer Mutter: »Mein Freund aus Amerika hat mir das mitgebracht. Können wir ihn einladen?« Ihre Mutter sagte: »Aber ja. Natürlich!« Also überbrachte Ella ihm die Botschaft: »Würde es Ihnen etwas ausmachen, einen Abend mit meiner Familie zu verbringen?« Er war glücklich darüber.

Gegen 23 Uhr fand er sich wieder ein, diesmal in seinem grauen Anzug mit Krawatte. Er sah wirklich ordentlich aus. Bald darauf kamen die Brüder ihrer Mutter mit ihren Frauen. Sie hatten alle in der russischen Marine gedient und brachten ihre Gitarren mit. Sie waren eine musikalische Familie. Nicht alle hatten schöne Stimmen, aber im Chor reichte es. Sie sangen viele Lieder. Ihre Onkel führten auf der Treppe draußen einen Tanz auf, einen westlichen Tanz, der in der russischen Marine sehr populär war, die Stufen rauf und runter, schwierige Schritte, die sie aber sehr gut beherrschten. Und ihre Mutter tanzte zu Zigeunerliedern. Es war eine lebendige Atmosphäre. Lee und Ella schauten nur zu. Sie war viel zu gehemmt, um sich zu Hause zu produzieren, denn die anderen waren so gut.

Stunden später, bevor Lee ging, schilderte er ihr seine Eindrücke. Wie sehr er diese Atmosphäre liebte, wie sehr es ihm gefiel, daß alle aßen und tranken und tanzten, und daß es um Mitternacht Sekt gegeben habe. Sie küßten einander nicht, das war nicht russischer Brauch. Doch nach Mitternacht gingen sie bis in die frühen Morgenstunden immer wieder hinaus, bewarfen einander mit Schneebällen, tollten ein wenig herum und gingen dann wieder hinein, um weiter zu essen. Alle waren betrunken – Ella hatte Lee Oswald noch nie so betrunken erlebt wie in dieser Nacht. Freunde schauten vorbei, sie stellte ihn ihren Freunden und Angehörigen vor. Dann saßen sie alle am Familientisch und brachten Toasts auf das alte Jahr aus – »Leb wohl, altes Jahr, du verläßt uns.« Jeder unterhielt sich mit ihm, und er wurde wie ein Russe behandelt, der sich zu der Familie gesellt hatte. Ihre Verwandten waren etwas neugierig, was seine Person betraf, aber ließen es nicht merken, und ihre Mutter machte auch kein Aufheben. Ihre Einstellung war: wenn Ella sich mit einem Mann trifft, bedeutet das nicht, daß sie ihn heiraten wird.

1. Januar Die Neujahrsnacht habe ich im Heim von Ella Germann verbracht. Ich glaube, daß ich sie liebe. Sie hat meine kaum merklichen Annäherungsversuche zurückgewiesen; wir trinken und essen in Gegenwart ihrer Familie in einer sehr gastfreundlichen Atmosphäre. Später komme ich betrunken und glücklich nach Hause. Auf der Brücke über den Fluß beschließe ich, Ella einen Antrag zu machen.

Am nächsten Tag sagte ihre Mutter, die sich bisher noch nie in ihr Privatleben eingemischt hatte: »Ella, es ist deine Sache – du mußt deine eigene Wahl treffen. Ich möchte dir nur eines sagen: 1939 konnte man verhaftet werden, bloß aufgrund der Tatsache, daß man in Polen geboren war.« Das waren die Worte ihrer Mutter. Sie gaben ihr zu denken.

2. Januar Nach einem vergnüglichen Spaziergang Hand in Hand zum Kino an der Ecke kommen wir heim. An der Haustür erkläre ich mich. Sie zögert, lehnt dann ab. Meine Liebe ist echt, aber sie empfindet keine für mich. Ihre Begründung, außer dem Mangel an Zuneigung – ich sei Amerikaner und könnte eines Tages verhaftet werden, so wie nach der polnischen Intervention in den zwanziger Jahren alle gebürtigen Polen in der Sowjetunion einfach verhaftet wurden. »Sie müssen die Weltlage in Betracht ziehen, es spricht zuviel gegen Sie, und Sie wissen es nicht einmal.« Ich bin betäubt. Sie kichert über meine Unbeholfenheit und läßt mich stehen. (Ich bin zu betäubt, um zu denken!) Ich werde mir klar, daß sie es nie ernst mit mir meinte, sondern mich nur ausbeutete, weil ich Amerikaner bin, und weil sie

mit mir andere Mädchen neidisch machen konnte, die mich für anders als russische Männer halten. Ich fühle mich elend.

An dem Abend, als sie ihre letzte Unterhaltung darüber hatten, ob er die sowjetische Staatsbürgerschaft beantragen solle oder nicht, sagte sie schließlich: »Alik, vielleicht verschwenden Sie Ihre Zeit mit mir. Zu diesem Zeitpunkt kann ich in eine Heirat nicht einwilligen. Nehmen Sie die sowjetische Staatsbürgerschaft also nicht an. Vielleicht sollten wir überhaupt Schluß machen, denn es könnte sein, daß die Probleme größer werden.« Er antwortete gewandt: »Ich begreife, daß ich mit dem Trinken aufhören soll. Aber der Wein schmeckt mir, und ich möchte dieses Vergnügen noch eine Zeit genießen.«
Das war gleichwohl, soweit sie sich erinnert, ihre letzte Begegnung. Ella erklärte sich damit einverstanden, ihn noch einmal zu sehen. Aber er tauchte nicht auf. Und danach war sie im Werk nur noch Luft für ihn.

Igor sagt uns, daß sein Dienst diese Geschichte durchaus vom menschlichen Aspekt her betrachtet hätte. »Er ging nicht irgendwohin und schlug alles in Stücke, weil er abgewiesen worden war – er schien nicht einmal einen Groll zu hegen. Sicher war er eine Zeitlang durcheinander, aber das manifestierte sich nicht in seinem Verhalten. Er schmiß die Arbeit nicht hin, ließ sich auch nicht krankschreiben; er begann auch nicht, sich zu betrinken – nichts.« Wenn er in diesem Zustand einige riskante Aufträge ausgeführt hätte – etwa, jemandem eine Botschaft für jemanden anderen aufzutragen –, wäre die Gegenspionage hellhörig geworden. Aber nichts dergleichen.

Am 11. Januar, nach dem Bruch mit Alik und als bereits alle Bescheid wußten, flog Ella zehn Tage auf Urlaub nach Leningrad. Im Gorisont-Werk brodelte die Gerüchteküche – sie sei nach der Trennung nach Leningrad gegangen, um eine Abtreibung vornehmen zu lassen. Als ob ich die nicht genauso gut in Minsk haben könnte! dachte Ella. Ammenmärchen! Trotzdem waren alle überzeugt, daß sie Sex gehabt haben mußten. Kein Amerikaner, erklärten sie ihr, würde so lange ohne das mit einem Mädchen gehen. Diese Männer hätten in Amerika Bordelle und wären immer auf Sex aus. Also hatte Ella nach dem Ende der Beziehung ihren schlechten Ruf weg. Eigentlich aberwitzig, denn er war immer darauf bedacht gewesen, sie nicht mit allzu heftiger körperlicher Annäherung zu verletzen. Er war feinfühlig – jawohl, wiederholt sie, er war feinfühlig.

3. Januar Ich bin todunglücklich wegen Ella. Ich liebe sie, aber was kann ich tun? Es ist die Furcht, die überall in der Sowjetunion herrscht.

4. Januar Ein Jahr, nachdem ich die Aufenthaltserlaubnis erhalten habe, werde ich in das Paß-Büro bestellt und gefragt, ob ich die (russische) Staatsbürgerschaft haben möchte. Ich lehne ab, sage, daß ich nur die Aufenthaltserlaubnis verlängert haben möchte. Sie sind einverstanden, und ich bekomme meinen Stempel bis zum 4. Januar 1962.

Extraseite (nicht in das laufende Tagebuch aufgenommen)

Nellja scheint auf den ersten Blick nicht wert, daß man ihr Aufmerksamkeit schenkt, denn sie ist sehr schlicht und schreckeinflößend groß, aber ich spürte sofort, daß sie gütig ist, und daß ihre Leidenschaftlichkeit im rechten Verhältnis zu ihrer Größe steht, eine Mutmaßung, die nur nach gründlichen Untersuchungen erhärtet werden konnte. Nach einer lockeren Liaison, die sich bis in den Januar und sogar Februar hinzog, blieben wir befreundet, allerdings nicht mehr auf intimer Ebene. Nachdem ich im Mai 1961 geheiratet hatte, sahen wir uns nicht mehr.

Diese Extraseite und die über Inna Tachina sind unsere einzigen konkreten Beweise über Oswalds Sexualleben in Minsk, bevor er am 17. März 1961 Marina begegnet. Was die ersten 14 Monate seines Aufenthalts in Minsk betrifft, scheinen Inna Tachina und Nellja die einzigen Frauen gewesen zu sein, mit denen er ins Bett ging.

Ob er in dieser Periode jemals etwas mit Männern hatte, ist ein Thema, über das zu diskutieren der KGB nur auf indirektem Wege bereit war. Und selbst da gab es in den Auskünften von Stepan und Igor erhebliche Widersprüche, was allerdings nicht verwunderlich ist, da wir den einen in Minsk befragten und den anderen in Moskau, und außerdem mehr als dreißig Jahre vergangen waren.

Als wir ihn auf Oswalds mögliche Bisexualität ansprechen, sagt Igor Iwanowitsch, daß Lee nicht ganz sauber war, daß er keine Gelegenheit, die sich ihm geboten habe, ausgelassen hätte. Er habe sexuelle Kontakte gehabt, wann immer er sie finden konnte, das sei allerdings nicht häufig vorgekommen.

Stepan hingegen sagt geradeheraus, daß Oswald keine Abartigkeiten zeigte. Bevor er Marina heiratete, hatten sie beobachtet, daß er sich »manchmal mit einem Mädchen traf und sie mit nach Hause nahm und weiß der Himmel was mit ihr anstellte«. Manchmal habe er sie auch nur zur nächsten Bushaltestelle gebracht. In dieser Hinsicht habe er ein normales, alltägliches Leben geführt, zumindest was ihre sowjetischen Standards betraf. Wenn er mit vielen Mädchen Umgang pflegte, verfügte er offenbar über das nötige Etwas – er war ein Mann. Sonst hätten ihn die Mädchen abgewiesen. »Davon abgesehen offenbart sich ein Homosexueller in seinem Benehmen«, klärt uns Stepan auf, »in seinen Interessen, in seiner Stimme. Normalerweise hat ein Homosexueller keine Stimme, sondern ein Stimmchen mit weiblichem Einschlag und ist an Frauen nur pro forma interessiert. Aber seine Augen beginnen zu leuchten, wenn er einen Mann sieht, besonders einen – entschuldigen Sie den Ausdruck – mit einem großen Arsch. Er sucht ständig öffentliche Toiletten auf, und häufig treiben sie es dort auch. Ein Homosexueller zeigt also bestimmte konstante, deutliche Züge, aufgrund derer man ihn sich sofort greifen kann, aber an Oswald beobachteten wir solche Züge nicht. Sie dürfen mir glauben, daß ich die ganze Zeit auch diese Möglichkeit in Betracht zog, denn vor Oswald hatte ich einen Fall, in den ein Homosexueller verwickelt war, also wußte ich, woher der Wind weht.«

VIERTER TEIL

MARINAS FREUNDE, MARINAS VEREHRER

1

Nachbarn

Ilja hatte einen Offizierskollegen im MWD, Michail Kusmitsch, einen Arzt, der auf derselben Etage wohnte. Mischa Kusmitsch barst als junger Mann vor Energie. Er war noch nicht zwanzig, als er als Militärarzt im »Großen Vaterländischen Krieg« an die Westfront geschickt wurde. Später wurde er Professor und Akademiemitglied – ein bißchen von allem, sagt er. Da er sehr laut mit uns spricht, zieht ihn seine Frau Ludmilla, ebenfalls Ärztin, auf charmante Weise auf. Die rundgesichtige, gutaussehende blonde Dame meint begütigend: »Er ist immer so lebhaft. Er glaubt, daß Sie, wenn er seine Stimme hebt, in der Lage sind, Russisch zu verstehen.«

Vor mehr als vierzig Jahren, als Mischa in Minsk im Alter von neunundzwanzig Jahren bereits Facharzt für Röntgenologie war, wurde er aufgefordert, um zwei Uhr früh in das Büro des stellvertretenden Gesundheitsministers zu kommen. Da Stalin nachts nicht schlief, hatten alle staatlichen Stellen ebenfalls zu arbeiten und die Schließungszeiten darauf abzustimmen, wann er ins Bett ging. Es war also nicht ungewöhnlich, zu einer solchen Uhrzeit auf ein Amt bestellt zu werden. Mischa hatte keine Ahnung, worum es ging, aber immerhin begann das Gespräch mit der Standardeinleitung: »Es besteht die Auffassung, daß…« Es wurde nie deutlich, wer dieser Auffassung war – vielleicht der Minister selbst. Immer begann der jeweilige hohe Funktionär das Gespräch mit: »Es besteht die Auffassung…« Als ob das ganze Land vollinhaltlich hinter dieser Auffassung stünde. In seinem Fall war die Auffassung wie folgt: »Wir möchten Sie zum Leiter der medizinischen Abteilung im Weißrussischen Ministerium für Innere Angelegenheiten ernennen.« Mischa sollte also ins MWD.
Soweit ihm bekannt war, war er viel zu jung für einen solchen Posten. Da war jemand mit größerer Erfahrung erforderlich. Also versuchte Mischa dem stellvertretenden Minister beizubringen, daß er diesen Posten nicht

wollte; er war Arzt und wollte Arzt bleiben. Er wollte nicht Chef werden. Der stellvertretende Minister sagte: »Sie bekommen eine Wohnung.« Mischa sagte: »Ich brauche keine Wohnung. Meine Frau und ich haben ein 15 m² großes Zimmer im Zentrum.« Aber der Funktionär war vorausblickend: »Sie sind ein junges Paar. Sie werden Kinder bekommen.« Und so ging es 40 Minuten hin und her. Schließlich war der stellvertretende Minister geschafft und sagte zum Leiter der Personalabteilung, der neben ihm saß: »Überprüfen Sie, wer für diesen Posten zur Verfügung steht. Falls es jemanden in Weißrußland gibt, der dafür besser geeignet ist als Dr. Kusmitsch, dann geben Sie ihm den Posten. Wenn nicht, behelligen Sie mich nicht. Dann wird Dr. Kusmitsch berufen.« Damit war das Gespräch zu Ende. Mischa nahm den Personalchef zur Seite und sagte: »Bitte versuchen Sie, jemanden zu finden.« Doch er bekam zur Antwort: »Ich habe bereits alle meine Listen durchgesehen; ich denke nicht dran, das nochmals zu tun. Es ist für mich einfacher, Ihre Ernennungspapiere auszustellen.« Also wurde Mischa in das MWD abkommandiert und arbeitete seit 1953 mit Ilja Prusakow zusammen.

Mischa ist in der Lage, uns Klarheit über Prusakows Aufgabenbereich zu verschaffen. Ilja war der Chef der Abteilung, die die Möbelherstellung in den Straflagern betreute. Das heißt, es mußte dafür gesorgt werden, daß rechtzeitig Material angeliefert wurde, und das war immer wieder ein Balanceakt. Das Holz kam aus einem Teil Rußlands, Papier aus einem anderen, und er mußte die Lieferung all dieser Materialien so miteinander terminieren, daß die Gefangenen jeden Tag mit Farbe, Holz und Leim ans Werk konnten. All das zu koordinieren, war eine echte Leistung.

Da Mischa und Ilja im MWD den gleichen Rang innehatten, war es nicht ungewöhnlich, daß sie auch auf derselben Etage wohnten. Aber Ilja war nicht nur ein Nachbar, er war auch ein Freund. Mischa findet, daß er etwas Besonderes war. Wie soll er es ausdrücken? Er war eben anders als andere. Man konnte ihn achten. Ilja redete nie zuviel, kannte seinen Wert und hatte Würde. Mischa meint, daß Ilja stolz auf seinen Posten war und nichts schleifen ließ, eben ein Offizier vom Scheitel bis zur Sohle. In seiner Armeelaufbahn hatte er viele Orden bekommen, nicht für Wohlverhalten, sondern echte Nahkampf-Auszeichnungen, den Lenin-Orden und einen der höchsten, den Roten Stern. Er war sogar wegen seiner Teilnahme an einem Großangriff für den Titel »Held der Sowjetunion« vorgeschlagen worden. Und bei seinem Begräbnis 1989 wurde die rote Fahne seiner Einheit auf einem Kissen hinter dem Sarg getragen. Das war sowjetische Sitte, um einem hochdekorierten Kämpfer die letzte Ehre zu erweisen. Ilja allerdings hatte sich die Orden nie an die Jacke geheftet. Und er hatte sich nie gescheut, Beschlüsse seiner Vorgesetzten anzufechten, wenn er der Meinung war, daß sie nicht auf angemessenen Prinzipien beruhten.

Es gab natürlich nicht den geringsten Zweifel, wer der Herr im Haus war. Als sie an einem heißen Sommertag nach dem Dienst nach Hause gingen, sagte Mischa zu Ilja: »Kaufen wir eine Wassermelone.« Iljas Reaktion war: »Walja wird sie schon kaufen.« Da Walja nicht arbeitete, dachte er nicht daran, eine Wassermelone nach Hause zu schleppen. Es gab Seiten an seinem Freund, aus denen Mischa nicht recht schlau wurde. In ihrem Ministerium waren die meisten Chefs einfache Leute. Nachdem sie hochdekoriert aus dem »Großen Vaterländischen Krieg« zurückgekommen waren, waren sie in hohe Positionen gehievt worden. Und Ilja war nicht nur gebildet, er hatte auch ein Kupferschild, auf dem eingraviert war: INGENIEUR PRUSA-KOW. Vor der Revolution hatten viele ihre Titel auf das Türschild gesetzt, aber nun wurde ein solcher Hinweis mißfällig aufgenommen. Sie spotteten hinter seinem Rücken über ihn, und irgendwann spürte er die allgemeine Animosität und entfernte das Schild wieder von seiner Tür.

Da sie auf derselben Etage wohnten, sah Ludmilla, Mischas Frau, Walja häufig und bekam mit, daß ihre Nachbarin kein einfaches Leben hatte. Sie mußte nicht nur für Ilja sorgen, sondern auch für seine Schwester Ljuba und seine Mutter, die beide bei ihnen lebten, und diese Verwandten benahmen sich etwas überheblich. Walja war zwar nicht der Mensch, der sich bei den Nachbarn beklagte, aber da Ludmillas Wohnung das einzige Refugium war, in dem sie ihr Herz ausschütten konnte, bekam Ludmilla einiges mit.

Am meisten kränkte Walja, daß sie wie eine *domrabotniza*, wie ein Dienstmädchen, behandelt wurde. Meistens war Ilja nicht zärtlich zu ihr, und es war deutlich, daß Walja unter diesem Mangel an Wärme litt. Jahre später änderte sich das. Als seine Mutter gestorben und Marina aus dem Haus war, kam Ilja zum Bewußtsein, wieviel älter als Walja er war; in den letzten zehn Jahren seines Lebens wurde er sehr krank, und sie kamen einander wesentlich näher. Es wurde ihm endlich klar, wie wichtig diese Frau für ihn war und wie sie ihn umsorgte und auch nicht die weitesten Wege scheute, um genau das richtige Essen für ihn zu beschaffen.

Wie auch immer, in all diesen früheren Jahren gab sich Walja die allergrößte Mühe, um auf Trab zu bleiben; sie wirkte sogar sicher und voller Selbstvertrauen; sie hatte zumindest die Sicherheit, daß ihre Familie nicht auseinanderfallen würde. Sie hatte nie Angst, daß Ilja sie wegen einer anderen verlassen könnte.

Damals, in den frühen fünfziger Jahren, gab es noch kein Fernsehen, und die beiden Familien versammelten sich am Abend gewöhnlich um einen runden Tisch, und Mischa las aus Büchern vor. Großmutter Tatjana war oft dabei. Sie trug meist dunkle Kleider und war immer korrekt angezogen, eine sehr religiöse Frau, die regelmäßig in die Kirche ging und in ihrem Zimmer eine Ikone hatte. Ilja war zwar Parteimitglied, aber er machte keine Einwände, denn die Ikone war ihre Privatangelegenheit.

Tatjana hatte eine tiefe spirituelle Beziehung zu einem jungen Priester unterhalten und ihn sogar, als sie im Sterben lag, ins Haus rufen lassen. Und ihr Begräbnis fand in ihrer Kirche nach dem alten Ritus statt. Walja hatte alles organisiert. Auch Ludmilla und Mischa kamen und hatten keine Bedenken, die Kirche zu betreten. Iljas Freunde aus dem Ministerium für Innere Angelegenheiten waren ebenfalls anwesend – alle, außer den obersten Chefs. Es mußten dreißig Menschen gewesen sein. Niemand weinte oder zeigte irgendwelche Gefühle. Vielleicht, weil sie es einfach nicht glauben konnten, daß sie in der Kirche waren. Die an sich unerwünschte Zeremonie hatte für niemanden Folgen, aber Ludmilla kann sich an niemanden anderen erinnern, der auf diese Weise begraben wurde.

Nach Tatjanas Tod übernahm Walja langsam, aber endgültig das Ruder. Iljas Feste waren gelungene Feste mit vorzüglichem Essen, das Walja zubereitet hatte; eigentlich war sie die Gastgeberin. Auch die Gäste waren nett, aber einmal gestand Walja, daß sie ein wenig neidisch auf Ludmillas Parties sei. Es gelinge ihr nie, so illustre Gäste wie Ludmilla einzuladen, wie zum Beispiel den Weißrussischen Minister für Kultur. Mehr oder weniger hatte sie immer die gleichen Gäste; und Walja trug jedes Mal ihr einziges bestes Kleid – allenfalls mit einer neuen Blume verziert. Doch das Leben verlief glatt und gleichmäßig, bis sich Marina 1959 auf Dauer bei ihnen einnistete. Und mit ihr kamen neue Probleme.

2
Larissa

Ludmillas vierzehn Jahre jüngere Schwester Larissa ist nun eine reizende, wenn auch etwas üppige Frau. Sie ist sehr förmlich, aber ihr häufiges Lächeln verweist noch auf die wonnigen Zeiten, die sie ihrer Aussage nach als junges Mädchen erlebte. Sie war aus Platzgründen – ihre Mutter lebte mit Schwester und Schwager in einem Raum von neun Quadratmetern – zu Larissa und Mischa geschickt worden, die sie beide anbetete.

Damals wollte sie unbedingt Ärztin werden. Sie wollte es ihrer Schwester gleichtun. Sie war gut in der Schule, aber in der neunten Klasse fand sie heraus, daß sie kein Blut sehen konnte. Also hätte sie nie einen Seziersaal oder ein Leichenhaus betreten können. Nach dieser Erfahrung machte sie auch um das Medizinische Institut einen großen Bogen. Denn in diesem Gebäude gab es Leichen.

Als Heranwachsende hatte sie viele Verabredungen mit Jungen und den einen und anderen Schwarm, aber eigentlich gehörten sie alle zu derselben Gruppe, und ein Junge, Mischa Smolski (nicht zu verwechseln mit Ludmillas Ehemann Mischa Kusmitsch), war die Seele dieser Gruppe – ein weißer Rabe. Mischa interessierte sich für westliche Kultur. Alles, was er trug, war elegant, aber niemals auffallend. Es war eine besondere Gruppe, die ihre Zeit sehr stilvoll verbrachte. Es wurde viel getanzt, und daraus entstand sogar ein Tanzensemble – »Mintschanka – die Minskerin«. Sie reisten mit diesem Ensemble auch in andere Republiken. Larissa war damals schlank, sehr schlank sogar, wie sie betont.

Marina kannte sie schon lange. Genau gesagt seit 1954, als Marina als dreizehnjähriges Schulmädchen von Leningrad nach Minsk gekommen war, um ihre Großmutter zu besuchen, gerade, als Walja und Ilja gegenüber eingezogen waren. Larissa bewunderte Marina. Sie war als Dreizehnjährige so hübsch und apart. Und außerordentlich aufgeweckt. Man schaute sie an und war schon verkauft. Also wurden sie Freundinnen. Damals war Stickerei in Mode, und sie beschäftigten sich viel mit Sticken und gingen spazieren oder ins Kino. Als Marina nach Leningrad zu ihrer Mutter und ihrem Stiefvater zurückfuhr, fiel Larissa das Abschiednehmen sehr schwer.

Drei Jahre später, im Sommer 1957, kam Marina wieder zu Besuch. Sie war erfahrener geworden, reifer. Larissa war immer noch verträumt, aber Marina, nunmehr sechzehn, konnte inzwischen zwei und zwei zusammenzählen. Ihre Mutter war tot, und Larissa konnte in Marinas Augen lesen, daß die Ereignisse ihre Spuren hinterlassen hatten.

1959 kam Marina schließlich endgültig nach Minsk, um bei Walja und Ilja zu leben. Da war sie wieder, auf derselben Etage, und beide Mädchen begeisterten sich nun für Oper und versäumten nie eine Premiere. »Unser Lebensstandard war in jener Zeit anders«, erläutert Larissa. »Wir lebten nicht wie die Hunde. Man konnte geräucherten Lachs kaufen und alle anderen Sorten Fisch, und in den Konfektionsgeschäften hatte man Auswahl. Es gab exklusive importierte Schuhe, entzückende Kleider, und das handwerkliche

Können war auf der Höhe. Was allerdings die sexuelle Aufklärung betraf – absolute Fehlanzeige. Eltern sprachen mit dir nie darüber, und in der Schule herrschte ebenfalls das große Schweigen – Gott behüte!« Obwohl Ludmilla Ärztin war, klärte sie Larissa nicht weiter auf, als daß es bei heranwachsenden Mädchen zu körperlichen Veränderungen komme. Sexualleben war tabu. In guter alter Tradition wurden Mädchen in dem Glauben erzogen, daß Ehe nicht Lust, sondern Sicherheit bedeute. Sie bekamen äußerst romantische Vorstellungen auf den Weg: »Verlieb dich in einen Mann, küß ihn, aber du wirst nie wissen, was sich wirklich abspielt – und dann kommt ein Kind.« – «So war das eben«, sagt Larissa.
Marina wußte mehr, aber schließlich kam sie aus Leningrad. In Leningrad wußten schon die Kinder mehr als anderswo die Erwachsenen. Trotzdem redeten auch sie miteinander nicht über Sex. Wenn sie über einen Freund sprachen, dann nur, ob er gut küssen konnte. Oder über sein Benehmen – brachte er Blumen mit, stand er auf, wenn du in ein Zimmer kamst? Wenn nicht, ließ ihn Larissa links liegen, auch wenn er noch so gut aussah. Sie glaubt, daß einer der Gründe, warum sich Marina zu Mischa Smolskis Gruppe hingezogen fühlte, das gute Benehmen dieser jungen Männer war. Da sie aus Leningrad kam, war sie hochgestochener als ihre Kolleginnen in der Apotheke, und deshalb fand sie möglicherweise den Umgang mit Larissa und ihren Freunden interessanter. Dennoch konzentrierte sich ihr gemeinsames Interesse nicht nur auf die geistigen Werte eines Mannes, sondern auch auf die Frage: Trug er hübsche weiße Hemden? Waren seine Schuhe blankpoliert?
Am Neujahrsabend ging Larissa mit Marina zu Mischa Smolskis Datscha, um das neue Jahr zu begrüßen, die ganze lange Krischowka Uliza bis vor die Stadt. Als sie ankamen, sagte Marina: »Burschen, bitte keine schmutzigen Witze! Sie ist ein sehr anständiges Mädchen.« Marina behandelte sie, als ob sie als einzige eine klare, kühle Quelle sei, jedenfalls kommt es Larissa in der Rückerinnerung so vor. Mischa hatte in der Datscha seiner Familie alles nett hergerichtet – einen kleinen Weihnachtsbaum und ein Büfett. Die Späße dieser gebildeten und wohlerzogenen jungen Leute waren witzig, und es wurden russische und westliche Schallplatten gespielt. Da sie alle gute Tänzer waren, wurde Foxtrott, Tango und Walzer getanzt und sogar Charleston. Sie waren sechs Mädchen und etwas mehr Jungs, und jeder tanzte mit jedem. Es gab keine Pärchen an diesem Abend, Larissa kam es eher wie ein Kollektiv vor. Sie übernachteten auch dort – in allen Ehren natürlich, getrennt nach Geschlecht.
Larissa erinnert sich, daß Walja sich für Marina verantwortlich fühlte und auf keinen Fall wollte, daß sie in die falsche Gesellschaft käme. Wenn also

124

Marina ausgehen wollte, fragte Tante Walja immer: »Kommt Ljalja mit?«
Denn wenn Larissa dabei war, konnte sie beruhigt sein. Larissa versucht ihre damalige Einstellung auf folgenden Nenner zu bringen: Sie hatte noch
keine Erfahrung mit Männern und auch nicht das Bedürfnis danach; für sie
war Sittlichkeit ausschlaggebend und der Rest schrecklich; es galt, ohne
Falsch in den Ehestand zu treten, als Jungfrau.

3

Marinas Verehrer

Was die Gegenwart betreffe, sagt der einst so elegante Mischa Smolski, der
nun mit schlechten Zähnen geplagt ist, bekenne er sich mit großer Überzeugung zu seiner Minderheit in Weißrußland, den sogenannten Litaui-
schen Tataren. Smolskis Stammbaum, den er mit Hingabe erforscht, geht
zurück bis ins 15. Jahrhundert – ein sehr, sehr altes Geschlecht. Seine Großeltern waren Adlige und hatten ihr eigenes Wappen.
Er selbst allerdings war wie andere Sowjetmenschen erzogen worden, was
hieß, gehorsam zu sein und nicht viel zu fragen. Also verbrachten er und seine Freunde ihre Zeit mit dem Studium der Mädchen; es war in den späten
fünfziger und in den sechziger Jahren sehr gefährlich, über Politik zu diskutieren. Als sie zwanzig waren, beschränkte sich ihre Unterhaltung darauf, wo
sie etwas trinken und mit wem sie sich verabreden könnten. Sein Vater war
Konstrukteur und finanziell gut gestellt. Also hatte Mischa immer Geld für
gute Kleidung. In seiner Jugend war er flachsblond, sein slawisches Blut war
feurig, und er würde sagen, daß diese späten fünfziger und frühen sechziger
Jahre die Periode waren, in der er jeden liebte und jeder ihn liebte.
Er war mit Marina durch seinen gitarrespielenden Freund Waldimir
Kruglow bekannt gemacht worden, in der Zeit, als Marina ein wenig in
Kruglow verliebt war. Einmal fuhren sie sogar zusammen nach Leningrad
– Marina, Kruglow und er. Sie kehrte nach den Sommerferien in das Heim
ihres Stiefvaters zurück, und Sascha steht nicht an, zu sagen, daß er persönlich von Leningrad überwältigt war: »Können Sie sich das vorstellen?
Man geht und geht, und überall sind Gebäude, Gebäude, Gebäude – man
ist in einem steinernen Wald gefangen. Dann geht man durch einen Bogen
und plötzlich sieht man diesen Platz, einen unvorstellbaren Platz – er ist so
groß, daß man es nach so vielen engen Straßen nicht fassen kann. Die Leute, die das erbauten, waren bedeutend.«

Er würde nicht sagen, daß Marina in jenen Jahren umschwärmt war. Sie war gewiß attraktiv, und einige junge Männer fühlten sich von ihr angezogen, aber das hieß nicht, daß sie einen ganzen Schwanz von Verehrern hinter sich herzog. Das Eindrucksvollste an ihr war, daß sie aus Leningrad kam. Damals war Minsk ein Witz. Mischa ging mit ihr ins Kino, und sie unternahmen Bootsfahrten, auf denen sie tanzen und Bach, Prokofjew und Elvis Presley hören konnten. Mischa trug enge Hosen und Schuhe mit hohen Absätzen – vielleicht als Zeichen des Protests. Und er war Jazzfan – Armstrong, Sidney Bechet, Goodman, Bing Crosby, Frank Sinatra.

Er möchte nicht behaupten, daß seine Gruppe die Moral besonders hochhielt. Aber er und Marina waren mächtig befreundet und tratschten nicht über den anderen; da standen sie einfach drüber. Eine wirklich schöne, amüsante Freundschaft. Trotzdem dachte er, daß sie wegen der schwierigen Beziehung zu ihrem Stiefvater in Leningrad ein sehr unglücklicher Mensch war.

Ein schlanker, gepflegter Mann mit einer gebrochenen Boxernase. Er ist in Topform, und man würde ihn eher für einen Trainer als für einen Arzt halten. Aber da sitzt er in seinem Büro im Krankenhaus, etwas auf der Hut – Dr. Konstantin Bondarin. Wir haben ihn aufgesucht, um Auskünfte über die Neujahrsparty 1961 einzuholen, die in der Wohnung stattfand, in der Bondarin 17jährig mit seiner Großmutter lebte (es war der Abend, den Lee Oswald in Ellas Heim verbrachte). Sascha war auf dieser Party ebenfalls anwesend und hatte Marina mitgebracht. Kostjas Großmutter war gerade im Krankenhaus, und so hatte sich die Gelegenheit, das Neue Jahr im kleinen Kreis zu feiern, von selbst ergeben. Sie waren zu acht – Sascha, Marina, Anatoli Schpanko, ein befreundeter Medizinstudent, mit seinem Mädchen, ein Mädchen, das für Konstantin vorgesehen war, und ein weiteres Pärchen, an deren Namen er sich nicht mehr erinnern kann, aber es waren jedenfalls Freunde von Anatoli Schpanko. Sie spielten Schallplatten, hauptsächlich Elvis Presley. Es wurde viel getanzt und getrunken, und um zwei Uhr früh verschwanden Kostja und Marina in einem Schlafzimmer. Bevor es zu ersten Scharmützeln kam, begann Sascha bereits gegen die Tür zu hämmern. Konstantin blieb nichts anderes übrig, als hinauszugehen und ihn zu beschwichtigen. Er hätte massiv werden können – er boxte gerne –, aber Sascha war für ihn kein Gegner. Allerdings war Marina durch diese Unterbrechung nicht mehr in Stimmung. Sie verabredeten sich deshalb für den kommenden Abend an einer Brücke neben dem Bahnhof.

Sascha übernachtete in der Wohnung, wachte mit einem Kater auf, und das

Gespräch kam auf Marina. Sie sei eine wundervolle Frau, sagte Sascha, und er sei ihr zärtlich ergeben, aber Kostja merkte natürlich, daß Sascha ein unbehagliches Gefühl hatte, was die letzte Nacht und ihr Alleinsein mit Kostja betraf. Sascha machte sogar den Ansatz, zu fragen, was vorgefallen war, aber Kostja sagte: »Nichts. Du hast zuviel getrunken und dir einen Haufen Zeug eingebildet.«

Am Abend nahm er eine Flasche Sekt mit, traf Marina an der Brücke und nahm sie in die Wohnung eines Freundes mit. Seine eigene konnte er nicht benutzen, denn Anatoli Schpanko, der ein Zimmer mit ihm teilte, war da noch immer mit seinen Gästen, also wich er in die Wohnung dieses Freundes aus. Das einzige, was der Freund zu wissen bekam, war, daß er die Absteige für drei Stunden benötigte.

Es war nicht zu übersehen, daß Marina sich auf das Rendezvous eingestellt hatte. Es begann bereits mit zärtlichen Küssen, als er sie um sieben Uhr abends am Bahnhof abholte. In der Wohnung des Freundes spielten sie Platten und tranken Sekt. Seit er letzte Nacht mit ihr getanzt hatte, wußte er, daß es keine Hürden gab. Auch er war startbereit, aber das bedeutete natürlich nicht, daß man von der Tür gleich ins Bett hüpfte. Russische Frauen taten das nicht. Sie brauchten psychologische Vorbereitung. Also reden sie erst einmal über alles und nichts – unverfängliches Geplauder. Er kann sich zwar an nichts Konkretes erinnern, aber er machte ihr die Cour. Er beweihräucherte sie und verglich sie mit ansehnlichen Vertreterinnen ihres Geschlechts. Soweit er sich entsinnt, versuchte er nicht, über ihr Privatleben zu sprechen. Nur Sascha wurde flüchtig gestreift, und sie sagte, daß sie nicht viel für ihn empfinde; gleichwohl wollte sie ihm keinen genauen Einblick geben. Er konnte feststellen, daß sie sich doch bis zu einem bestimmten Punkt für Sascha interessierte, und sei es auch nur als Heiratskandidat. Seine Vermutung bestätigte sich, als sie begann, sich mit Anatoli Schpanko zu treffen, und möglicherweise auch mit Juri Mereschinski. Damals, so scheint es Kostja, strebte sie eine Heirat an.

Es kam Kostja nicht in den Sinn, daß er sich in Marina verlieben könne. Und sicher nicht Hals über Kopf. Das konnte sich nur aus einer langfristigen Beziehung entwickeln. Und dann war da noch eine andere Sache: sie war Saschas Freundin. Also wußte er gar nicht, wie oft er sich mit ihr verabreden könne. Sei's drum – er nahm sich an diesem Abend sehr viel Zeit, um sie zu verführen. Vielleicht eine Stunde und zwanzig Minuten, oder sogar länger. Sie wußten beide, wie es ablaufen würde, also hetzten sie sich nicht; er achtete nicht auf die Zeit. Er wußte, daß es zum guten Ende kommen würde. Kostja war erst siebzehn und leicht befangen. Er konnte spüren, daß sie eine

Frau mit Erfahrung war, also wußte er nicht, ob sie mit ihm zufrieden sein würde, und deshalb war ihm doch etwas bange zumute. Heute, dreißig Jahre später, kann er darüber lachen. »Ein sehr junger Mann, der überreizt und unsicher ist, ist wie ein Karnickel. Das könnte eine Frau durchaus übelnehmen.« Sie versuchte, ihn zu beruhigen, es würde alles in Ordnung gehen, und er brauche nicht so nervös zu sein. Vielleicht dauerte deshalb das Vorspiel so lange. Er hatte sie eigentlich sofort vernaschen wollen, aber sein Mangel an Selbstvertrauen stand ihm im Weg. Der Sekt half, seine Ängste zu mildern. Schließlich dämpften sie die Beleuchtung. Sie erwartete von ihm, daß er sie auszog, und das geschah sehr schnell. Im Nu lag ihre Kleidung auf dem Boden verstreut. Und er zog sich nicht minder flink aus.
Warum hat ein Mann Sex mit vielen verschiedenen Frauen, wenn er nicht neue Erfahrungen sammeln will? Da Konstantin sehr wenig Erfahrung hatte, gab ihm Marina eine Menge mit auf den Weg, was die Extravaganz ihres Verhaltens und ihrer Mimik im Bett betraf. Er schaffte noch eine zweite Nummer, und diesmal brauchte er keine Hilfestellung. Sie machte keinen Oralsex, aber sie war scharf darauf, geküßt zu werden, und eine junge Frau mit so zarter Haut zu küssen, bringt einen auf Touren. Und während er ihren Körper küßte, überall küßte, geriet sie selbst in Ekstase. So war sie überschwenglich – oder er dachte es zumindest. Er war bereits mit ein paar Frauen im Bett gewesen, aber das war sein erstes wirklich erregendes Erlebnis, das erste Mal mit einer jungen Frau. Die anderen waren viel älter als er gewesen. Er war höchst erstaunt, wie sehr sie in Erregung geriet, als er sie überall küßte.
Trotzdem schien ihr während der ganzen Angelegenheit bewußt zu bleiben, daß er noch ein grüner Junge war. Sie war nicht ganz glücklich mit ihm. Trotz ihres Gefühlüberschwangs, während sie es trieben, wurde er das Gefühl nicht los (und es bestätigte sich anschließend), daß er sie bei weitem nicht so befriedigte, wie sie vorgab. Am Ende war sie weiter von ihm entfernt als am Anfang. Damals hatte er nicht den blassesten Schimmer, daß Frauen einen Orgasmus haben könnten. Sie war nicht prüde und zog sich vor ihm wieder an. Nun hätte er nur allzu gerne ihre Beziehung fortgesetzt, aber als er versuchte, sie zu liebkosen, sagte sie: »Nein, nein, nein – nicht schon wieder.« Er begriff, daß ihr irgend etwas gegen den Strich ging, und daß es mit ihnen nicht weitergehen würde. Die Hast, in der sie sich nach Hause aufmachte, sprach Bände, und sie erlaubte ihm nur, sie bis zu der Brücke zu begleiten, an der sie sich am frühen Abend dieses ersten Januar getroffen hatten.

»Meine Geschichte wird Sie langweilen«, sagt Juri Mereschinski. »Uninteressant.«

Er ist ein immer noch ansehnlicher Mann von ungefähr fünfzig, den man in seiner Jugend vielleicht für einen Filmstar hätte halten können. Jetzt ist er von seiner Sucht verwüstet, und seine Schultern sind schlaff. Für das Gespräch ist er einige hundert Kilometer aus einem Krankenhaus angereist und hat bereits den ganzen Tag getrunken. Am Abend trinkt er immer noch mit dem rauhen Stolz des Russen, der seine Bravour daran mißt, wie viele Ellen Wodka er mit dem steigenden Pegel starker Gefühle kombinieren kann.

Er spricht Russisch mit ein paar englischen Brocken und erzählt seine Biographie hochfahrend, aggressiv und schonungslos. »Meine Geschichte ist sehr langweilig. Ich wohnte mit meinen Eltern im Haus der Wissenschaftler in der Nähe des Minsker Bahnhofs. Ich sage Ihnen, eigentlich sollte der Titel lauten: ›Geschichte der Kinder der Crème der Gesellschaft‹. Mein Vater war ein bedeutender Wissenschaftler, er ging in die Annalen unserer sowjetischen Forschung ein. Meine Mutter ebenfalls – ›Verdiente Wissenschaftlerin der Weißrussischen Republik‹. Als Gagarin mit dem Sputnik in den Weltraum geschossen worden war, wurde meine Mutter interviewt, mein Vater wurde interviewt, und *ich* wurde interviewt.

Meine Lebensgeschichte ist ganz schön lang. Als ich klein war, spielte ich in einer Wohnung Fußball. Es war die Wohnung des Ersten Sekretärs der Kommunistischen Partei von Weißrußland, man konnte dort Fußball spielen, weil die Zimmer so groß waren. Meine Mutter war Mitglied einer Regierungsdelegation, die Chruschtschow auf seinem Besuch bei den Vereinten Nationen begleitete. Ich für mein Teil hörte gern Elvis Presley. Egal, ob Rock oder Jazz, Hauptsache, es kam aus dem Westen.

Ich war damals Student am Medizinischen Institut, und es war üblich, daß Prominente nach einer Auslandsreise einen Vortrag hielten. Meine Mutter sprach also im Palast der Gewerkschaft und zeigte dazu Dias. Es war ein großer Saal, vielleicht 500 Leute, und auf einmal sprach mich jemand an – Lee Oswald. Er stellte sich als Alik Oswald vor, sagte, daß er aus Amerika käme, und begann Englisch zu sprechen. Damals war mein Englisch gut.«

Nach dem Vortrag von Juris Mutter gingen sie hinauf in einen Ballsaal, wo getanzt wurde, und Alik warf ein Auge auf Marina. »Sie war eine sehr attraktive, beeindruckende Person, ultimativ. Sie – wie soll ich das beschreiben? – zog Menschen an. Sie war lebendig, keine graue Maus. Sie war – wir gebrauchen das Wort *effektnaja* –, sie übte eine magische Anziehungskraft aus. An diesem Abend sah sie besser aus denn je. Ich kannte sie schon vor-

129

her. Ich kannte sie nachher. Aber niemals sah sie so hinreißend aus wie an diesem Abend. Sie war einfach überirdisch, wie von Gott gesandt.«

Interviewer: Trug sie Lippenstift?
Juri Mereschinski: Sie trug immer Lippenstift.
I: Immer?
JM: Ja.
I: Das ist interessant, denn wir haben gehört, daß sie niemals Lippenstift benutzte.
JM: Sie war sehr attraktiv. Ultimativ.
I: Wie lange kannten Sie sie damals bereits?
JM: Was macht das schon aus – einen Tag, zwei Tage, ein Jahr – ich kannte sie lange genug, um sie zu kennen. Sie war eine Frau, kein Mädchen. Keine junge Frau, innerlich war sie älter. Der Sex mit ihr hing uns zum Hals heraus.
I: Wir? Würden Sie das bitte präzisieren.
JM: Ich kümmere mich nicht um andere Leute. Ich kann nur über mich sprechen. Ich war nie mit ihr im Bett. Aber ich konnte es mit ihr auch auf irgendeiner Treppe treiben.
I: Sie sagen also, Sie konnten mit ihr machen, was Sie wollten?
JM: Aber sicher.
I: Und Ihre Freunde auch?
JM: Klar.
I: Wirklich?
JM: Aber sicher.
I: Ich frage deshalb, weil sie ihrer Biographin Priscilla Johnson McMillan erzählt hat, daß sie als Jungfrau in die Ehe ging.
JM: Wie ich Ihnen schon sagte, nahm es Marina nicht so genau.
I: Ich wollte nur sicher sein, daß ich mich nicht verhört habe.
JM: Sie mußte Leningrad innerhalb von 24 Stunden wegen Prostitution mit einem Ausländer verlassen, und sie kam nach Minsk.
I: Wegen Prostitution? Buchstäblich?
JM: Mit einem Ausländer. Dann kam sie nach Minsk. Denn sie hatte einen Onkel hier. Sie hatte Glück.
I: Saß sie so tief in der Bredouille?
JM: Bei uns heißt das 101 Kilometer – was bedeutet, daß man sehr weit weggeschickt wird. Von Leningrad.
I: Das ist eine Angelegenheit, die wir gerne klären würden.
JM: Das System hat sich inzwischen geändert.

130

I: Wer hat Ihnen erzählt, daß sie in Leningrad Prostituierte war?

JM: Sie fragen mich da etwas sehr Persönliches.

I: Dann stelle ich die Frage anders.

JM: Nein, nein, die Frage war schon richtig. Sie kam hier zusammen mit vier anderen Leuten an, die alle aus Leningrad ausgewiesen worden waren. Sie war in einer Gruppe mit zwei jungen Männern und zwei Frauen. Und ihr Onkel arbeitete im Ministerium für Innere Angelegenheiten, deshalb hatte sie das Privileg, nach Minsk zu kommen und nicht auf die 101 Kilometer geschickt zu werden. 101 Kilometer bedeutete, im Wald Bäume zu fällen.

I: Ein Arbeitslager?

JM: Eine Arbeit für Prostituierte und Arbeitsscheue. Solche Leute jagte man aus den großen Städten und ließ sie arbeiten, sehr harte Arbeit. Damals konnte man sehr schnell jeder Art von Prostitution bezichtigt werden. Sie war regelmäßig im Hotel Leningrad gesehen worden, und sie mußte sofort die Stadt verlassen, wegen der Ausländer. Man hatte sie mit Ausländern gesehen, und sie mußte verschwinden.

Einer ihrer Freunde war ebenfalls nach Minsk abgeschoben worden. Er war größer und breiter als ich. Er hatte den Spitznamen *Gon-don-tschik*, Kondomtschik, von den Kondomen, großen Kondomen. Er kaufte sie billig ein – vier Kopeken pro Stück – und er kaufte Kleiderbürsten. Er steckte die Borsten durch die Kondome und stülpte ein weiteres Kondom über die kratzige Angelegenheit. Diese Dinger verkaufte er dann für viel Geld an Prostituierte, es war ein Riesengeschäft. Sie nannten ihn Kondomtschik, weil er die Frauen glücklich machte, jawohl. Damals gab es sogar Kondome mit Schnurrbart. Er war sehr beliebt bei den Frauen.

Allerdings, sagt Juri, gab es da ein Problem – er und seine Gruppe, möchte er meinen, hatten genug von Marina. Sie wußten nicht, wie sie sie wieder loswerden konnten. Sie hatte sexuell was drauf, aber wenn eine Frau dauernd die Beine breit macht, kriegt man es manchmal über. Ihr Ruf war ihr völlig egal.

Wie, fragen wir, konnte sie ihren schlechten Ruf kaschieren? Wie deichselte sie das, nachdem sie Lee bei diesem Tanzvergnügen getroffen hatte?

Juri: »Also, in diesem Raum hier sind drei Männer, klar? Dann kommt eine Frau dazu. Dann ein vierter Mann, der sich für diese Frau interessiert. Zu diesem Burschen sagen Sie doch nicht: ›Hören Sie mal, ich habe sie x-mal in den verschiedensten Stellungen durchgefickt.‹ So etwas erzählt man doch nicht weiter. Sascha war der einzige, der nichts mit ihr hatte. Sascha wollte sie heiraten. Er war über beide Ohren in sie verliebt. Jeder hat sie gefickt, nur Sascha nicht.« Marina, erzählt er uns, hatte in ihrer Apotheke Zugang zu Getreidealkohol. Er möchte nicht prahlen, aber er würde von sich sagen, daß er als Mann alle Frauen befriedigt habe, und daß Marina ihm aus ihrer Apotheke Alkohol flaschenweise gebracht habe – große Flaschen.

Was Lee betrifft, sagt Juri, daß er das erklären müsse. »Wir sind *ein* Team, und wir sind zu zehnt, und wir haben ein, zwei, drei, zehn Weiber, und sie sind alle prachtvoll. Sie sind immer zwischen uns und geilen uns auf. Und jeder in unserem Team fickt diese Weiber. Um ein Uhr ist der eine dran, dann der nächste – jeder weiß das. Es ist kein Geheimnis. Und wir haben diese Weiber so satt. Wir haben die Schnauze gestrichen voll.«

Warum also hatte Lee ernsthafte Absichten?

Juri antwortet: »Jede Frau hat ihre eigene Rosine.«

Kostja Bondarin erzählte Anatoli Schpanko über seine Erfahrung mit Marina. Er weiß nicht, wann sie und Anatoli sich das erste Mal trafen, aber es war höchstens ein paar Wochen später. Danach machte Kostja sie mit Juri Merschinski bekannt. Er weiß, das Juri behauptet, es mit ihr getrieben zu haben, aber er hat da seine Zweifel. Tatsache ist, daß Anatoli Schpanko mit ihr intim war. Das weiß Kostja bestimmt. Tolja war sehr seriös und redete im Gegensatz zu Juri nie über seine Affären. Juri war schließlich im gleichen Alter wie Kostja, und unter Siebzehnjährigen war es nicht ungewöhnlich, zu prahlen: »Mann, habe ich mörderisch gefickt«, aber in diesem Fall glaubte Kostja ihm nicht. Tolja und Marina waren so ineinander verschossen, daß er sich nicht vorstellen kann, daß sie Jurka dazwischengelassen hätte.

 Später erfuhr auch Kostja, daß Marina aus Leningrad zwangsweise ausgewiesen worden war, weil sie angeblich Beziehungen zu einem Georgier hatte, ein unerfreulicher Zwischenfall in einem Hotel. Er weiß nicht, ob er es von Sascha oder Juri erfuhr, aber er erinnert sich gut an diese Geschichte. Das ging damals hauruck – wenn dich die Behörden einmal auf dem Kieker hatten, blieben dir 24 Stunden, um dein Bündel zu schnüren. Natürlich hatte Marinas Onkel ihr in seiner Position geholfen, die Angelegenheit zu vertuschen. Zumindest munkelte man das. Allerdings, räumt Kostja ein, wäre es sehr gut möglich, daß alles enorm aufgebauscht wurde.

Anatoli Schpanko ist ein großer, schwerfälliger Mann mit groben Gesichtszügen, der von der Verantwortlichkeit seiner Arbeit benommen zu sein scheint – oder nur in Gedanken verloren? Er ist Arzt im Süden von Weißrußland in der Nähe der ukrainischen Grenze und betreut Opfer von Tschernobyl – verstrahlte Wolken waren nach der Katastrophe über die Grenze getrieben. Darum, oder aus anderen Gründen, trinkt er um zehn

Uhr morgens und singt uns mit mit tiefer, fast tonloser Stimme russische Lieder vor, während über sein Gesicht ein gedankenverlorenes Lächeln huscht.

Seine erste Erinnerung an Marina ist, daß sie eine sehr, sehr angenehme Frau war. Jawohl, das sei sie gewesen. Er legt Wert auf die Feststellung, daß sie ihn nie beleidigte, und er sie auch nicht. Er pflege Frauen mit großem Respekt zu begegnen, doch wenn eine Vertreterin des weiblichen Geschlechts unhöflich sei – und manche seien ausgesprochen unhöflich –, dann lasse er sie stehen und nehme keine Notiz mehr von ihr. Er würde sagen, daß er gütige Frauen und anständige Mädchen schätze.

Er habe sein Studium sehr ernst genommen – extrem ernst sogar – und kaum je eine Krawatte getragen. Damals lebte er in einem kleinen Zimmer, und er könne es uns schwarz auf weiß geben, daß er sich pro Woche höchstens zwei Stunden Spazierengehen genehmigte. Die übrige Freizeit verbrachte er über seinen Büchern. In jenen Jahren war es einfach, ein Zimmer zu mieten – nicht eine Wohnung, aber viele Familien vermieteten einen Raum. Er wohnte bei einem Ehepaar ohne Kinder. In seinem zweiten Studienjahr zog er in ein Privathaus in der Nähe des Medizinischen Instituts – Konstantins Haus, genauer gesagt –, und er teilte sich seine Zeit freizügiger ein. Er verbrachte mehr Zeit mit anderen.

Er hatte nicht nur mit einem Mädchen Verabredungen, sondern mit vielen. In jener Zeit waren die Frauen nicht bourgeois – wenn man mit einem Mädchen ausging, sagte sie nicht: »Du darfst mit keiner anderen ins Kino gehen.« Seine Beziehungen zu Frauen seien jedoch immer individuell gewesen. Es habe kein Schema gegeben, in dem Sinn, daß er immer die gleiche Sorte Mann gewesen sei. Bei der einen, mit der er ins Kino ging, galt – keine Küsse; ein anderer Film mit einer anderen – große Schmuserei. Er war für alles zu haben, vom Liebesspiel bis zum Äußersten; er war nicht festgelegt.

Am Medizinischen Institut gab es mehr Mädchen als Männer, also hatten die männlichen Studenten eine große Auswahl, und es war guter Brauch, die Ehefrau aus dem Institutsangebot zu wählen. Allerdings war es praktisch ausgeschlossen, daß man als Student Sex hatte und mit jemandem zusammenlebte. Speziell für ihn. Er war Offizier im Komsomol und hatte 500 Jugendliche unter sich. Es gab keinen Stalinkult mehr, aber gewiß einen Kult um den Komsomol. Wer eine führende Position innehatte, war begünstigt. Nach dem Abschluß wurden Studenten meist in erbärmliche Städte weit hinten in der Sowjetunion geschickt, aber die höheren Ränge im Komsomol konnten es sich aussuchen. Man wurde sogar gefragt: »Wo möchten Sie

133

hin?« Als die Reihe an ihn kam, habe er allerdings gesagt: »Wo wird ein Arzt gebraucht?«

Was nun die Frauen betraf, konnte man endlos angeprangert werden, wenn man mit einer offen zusammenlebte. Also machte man es heimlich. Wer wollte schon bei einem Komsomol-Treffen wegen unanständigem Sexualverhalten im Mittelpunkt der Kritik stehen? Die biologischen Bedürfnisse mußten befriedigt werden, aber eben unter der Hand. Niemand durfte wissen, mit wem man sich zu diesem Zweck traf.

Was Marina angehe, sei sie eines der ersten Mädchen gewesen, mit denen er sich verabredet habe. Das erste Studienjahr war für ihn so hart, daß er 1959 kaum Rendezvous hatte. Aber im nächsten Jahr sei Marina eine der ersten gewesen, jawohl. Er könne ihr nichts Schlechtes nachsagen: sie war einfach ein schlichtes Mädchen, sehr schlicht, gewöhnlich eben. Und er habe sie wie eine Frau behandelt. Er wüßte nicht, daß es zwischen ihnen Probleme gegeben hätte.

In ihrem Buch »Marina and Lee« schmückt Priscilla Johnson McMillan diesen dürren Bericht aus Marinas Sicht aus:

Sie willigte ein, Sascha an Neujahr zu begleiten, nahm sich aber vor, keine Aufforderung abzulehnen. An diesem Abend befand sie sich in den Armen von Anatoli Schpanko, einem schlaksigen Burschen mit ungebändigtem dunkelblonden Haar und einem breiten, gewinnenden Lächeln. Tolja, wie sie ihn bald zärtlich nannte, war ein 26jähriger Medizinstudent, der bereits seinen Dienst in der Armee geleistet hatte. Er war witzig, behandelte Marina aber respektvoll. Bereits nach ihrem ersten Kuß – sie standen in einem schwach beleuchteten Hof, Schnee wirbelte um sie herum, und eine Laterne schepperte im Durchgang – war sie verrückt nach ihm. »Er war etwas Besonderes«, erinnert sich Marina. »In allem, was er tat, war er ehrlich.«

Es gab da allerdings einen Haken. Obwohl sie sich zu ihm hingezogen fühlte, fand sie ihn nicht gutaussehend. Auch wie er sich kleidete, gefiel ihr nicht. Er paßte einfach nicht in das Bild, das sie sich von sich geschaffen hatte – eines Mädchens, das sich nur mit attraktiven Männern abgab. Da sie nicht wollte, daß ihre Freundinnen sie auslachten oder gar auf sie herabsahen, lotste sie Anatoli bei ihren Treffen durch verschwiegene Seitenstraßen, als ob sie eine heimliche Affäre hätten. Aber sie vergaß alle Berechnung, wenn er sie küßte. Seine Küsse machten sie schwindlig. Schließlich machte er ihr einen Heiratsantrag, aber es gab Hinderungsgründe. Er mußte noch zwei, drei Jahre studieren; er hatte kein Geld und – noch entscheidender – keine Wohnung. Marina bat Walja und Ilja um Rat. »Alles, was recht ist«, sagte Ilja, »erst soll er sein Studium abschließen. Dann kann er wieder über das Heiraten sprechen.« (1)

Anatoli erinnert sich an den Kuß im schwach beleuchteten Hof, aber es sei kein Schnee gefallen. Der lag bereits. Und es war auch nichts Besonderes – wie immer, nichts Außergewöhnliches. Als wir ihm sagen, wie lebhaft Marina seine Küsse im Gedächtnis behalten habe, lacht er trocken: »Es hat ihr wohl gefallen, nehme ich an.« Und fügt hinzu: »Ich versuche, ehrlich zu sein. Ich möchte nichts zusammenphantasieren. Tut mir leid, daß ich Ihnen nicht mehr bieten kann.« Was ihre Kritik an seiner Kleidung betrifft, sagt er: »Kleidung hat mich nie interessiert.« Er ist der Meinung, das eine Frau die Seele eines Mannes lieben sollte, nicht die äußere Verpackung. »Es heißt zwar: Kleider machen Leute, aber beim Abschied zählen nur noch die inneren Werte.«
Nochmals – er habe nie etwas Negatives über Marina gehört, auch nichts über irgendwelche Histörchen in Leningrad. »Das hätte sich auch keiner getraut. Mit so etwas kann man mir nicht kommen. Ich hätte gesagt: ›Du willst über die und die Person herziehen? Dann bring sie her und sag es in ihrer Gegenwart, aber nicht hinter ihrem Rücken.‹ Das war mein Prinzip.«
Außerdem hätten sie nie Sex miteinander gehabt. Er würde sagen, daß das Bedürfnis wohl nicht groß genug war. Er kann sich auch nicht erinnern, ihr einen Antrag gemacht zu haben, aber falls doch, entspreche die Begründung für ihre Ablehnung nicht ganz der Wahrheit. Er hatte eine Tante in Minsk, die ein Haus mit etwas Grund besaß. Auf diesem Gründstück befand sich ein leerstehendes Häuschen, in dem er – falls er wirklich Heiratsabsichten hegte – mit seiner Frau hätte wohnen können. Allerdings hätte er nie eine Freundin dorthin gebracht, das hätte er seiner Tante nie zugemutet. Es wäre ein Affront gewesen.
Er hält es für unwahrscheinlich, daß ihm Marina eines Abends im März 1961 bei einer längst vergessenen Tanzveranstaltung sagte, er solle um 10 Uhr vor dem Palast der Gewerkschaft auf sie warten. Was für einen Sinn hätte das gemacht? Er habe nie mehr als fünf Minuten auf ein Mädchen gewartet. Vielleicht hätte er noch fünf Minuten draufgegeben, aber gewiß nicht mehr. Damals waren so viele Mädchen in ihn verliebt. Das habe nichts mit Selbstgefälligkeit zu tun. Das Medizinische Institut in Minsk war eben eine sehr angesehene, privilegierte Hochschule, also rissen sich die Frauen um die Studenten.
Er wundert sich noch mehr, als er erfährt, daß sie sich laut Marina sogar

heftig stritten, daß er gesagt habe: »Wir müssen miteinander sprechen!« und Marina ihn abfahren ließ: »Du siehst doch, daß es jetzt nicht geht. Verschwinde!« Er kann sich nicht entsinnen, daß Marina jemals so respektlos mit ihm gesprochen hätte. Aber es sei durchaus möglich, daß sie wegen eines anderen Mannes aus seinem Leben gegangen sei. Er könne dazu nur sagen: »Wie schön für sie. Sie hat den Richtigen gefunden. Sie hat nicht auf mich gewartet und einen anderen gefunden. Alles bestens.«

Er ist allerdings verblüfft, daß eine so unbedeutende Liebschaft auf so großes Interesse stößt. Es macht ihm nachgerade Angst, daß Leute aus Amerika gekommen sind, um ihn über ein Mädchen auszufragen, das ihn nicht geheiratet hat. Als wir versuchen, ihm die Gründe zu erklären, fragt er sofort zurück: »Ihr Mann soll jemanden getötet haben? Bitte sagen Sie mir, wen, denn das beunruhigt mich sehr.« Wir versichern ihm, daß dies alles mit seinem gegenwärtigen Leben nicht das geringste zu tun habe, und daß wir es ihm nachher erzählen würden. Wenn es ihm recht sei, würden wir jetzt allerdings gerne mit dem Interview fortfahren.

Wir rufen ihm ins Gedächtnis, daß er Marina angerufen und um ein Treffen gebeten habe, aber daß sie sagte, sie hätte nun eine ernsthafte Beziehung. Er erinnert sich, daß sie in der Tat noch ein letztes Mal miteinander sprachen, aber da seien sie sich auf der Straße begegnet, und Marina habe ihm gesagt, daß sie möglicherweise nach Amerika gehe. Er habe im Spaß gesagt: »Komm schon, nimm mich mit.« Er erklärt uns: »Das ist meine Art von Humor. Wie ich gebaut bin, kann ich sagen: ›Schön, du hast ein feines Leben. Nimm mich mit.‹«

Sascha sagt: »Ich bewundere sie immer noch. Wie Sie sicher merken, habe ich große Hochachtung vor Frauen, und mein Prinzip ist, daß man eine Frau streicheln und nicht gegen den Strich bürsten sollte. Und daß es echte Liebe sein muß.« Trotzdem – wie denkt er jetzt über die ganze Geschichte? »Für sie war ich eben ein grüner Junge. Ich glaube, daß ihr Leben wesentlich glücklicher als in Amerika verlaufen wäre, wenn sie genug Geduld gehabt hätte, auf mich zu warten. Denn alle Hingabe, die ich für sie hatte, widme ich nun meiner Familie. Ich könnte mir vorstellen, daß sie in ihrem tiefsten Inneren ein sehr unglücklicher Mensch ist. Aber wenn Sie sie sehen, grüßen Sie sie bitte ganz herzlich von Sascha und sagen Sie ihr, daß ich ihr nichts nachtrage, obwohl ich durch ein tiefes Tal gegangen bin.«

Er bedankt sich sogar, daß wir ihn aufgesucht haben. Das habe etwas Unterhaltung in sein provinzielles Leben gebracht.

FÜNFTER TEIL

WERBUNG UND HOCHZEIT

1

Alik

17. März Ich ging mit Erich zu einem Ball der Gewerkschaft, öde, aber in der letzten Stunde wurde ich einem Mädchen mit französischer Frisur, rotem Kleid und weißen Schuhen vorgestellt. Ich tanze mit ihr und frage, ob ich sie nach Hause begleiten darf. Ich darf, zusammen mit fünf anderen Verehrern... Wir mögen uns auf Anhieb. Sie gibt mir ihre Telefonnummer und fährt schließlich mit einem Freund, den sie länger kennt, mit dem Taxi nach Hause. Ich gehe zu Fuß heim.

Mr. Rankin: Wo lernten Sie ihn kennen?
Marina Oswald: (1) Im Palast der Gewerkschaft. Dort finden manchmal Versammlungen statt, oder er wird an Institute für Veranstaltungen vermietet. Ich bin mit Freunden vom Medizinischen Institut hingegangen, und einer hat mich mit Lee bekanntgemacht.
Mr. Rankin: Wer war das?
Marina Oswald: Juri Mereschinski.
Mr. Rankin: Wußten Sie, daß Lee Oswald Amerikaner war, und hat Sie das beeinflußt?
Marina Oswald: Dadurch war er natürlich interessanter. Wer von uns kannte schon einen Amerikaner? (2)

Aus einer Vita, die Marina für das FBI zusammenstellte:
Anatoli war ziemlich häßlich (er sah ein bißchen Mel Ferrer ähnlich). Ich schämte mich, mich mit ihm in der Öffentlichkeit zu zeigen – ich war ein dummes Gänschen. Ich fürchtete, meine Freundinnen würden sich über mich lustig machen. Deshalb telefonierten wir stundenlang miteinander, und es war äußerst interessant, sich mit ihm zu unterhalten. Er liebte seine Mutter sehr und sprach mit großer Zärtlichkeit über sie. Das gefiel mir. Ich hatte keine Mutter mehr, und es hatte etwas Anrührendes, wie dieser

kräftige, erwachsene Mann sich seiner Mutter gegenüber wie ein unschuldiges kleines Kind verhielt. Nicht jeder ist so geradeheraus. Anatoli wollte mich heiraten, aber ich lehnte ab, denn er studierte noch, und so jung wie ich war, schienen mir fünf Jahre zu lang.

Eines Tages lud mich Sascha zu einer Veranstaltung des Medizinischen Instituts ein, und ich wußte, daß Anatoli auch dort sein würde. Da können Sie sehen, was für ein frivoles Mädchen ich war! Sascha nahm mir das Versprechen ab, mit ihm hinzugehen. Anatoli drohte mir, daß er mich nicht mehr sehen wolle, wenn ich mit Sascha käme, und daß es mit unserer Freundschaft dann aus wäre. Aber ich dachte, ich könne das irgendwie deichseln, ohne es mir mit dem einen oder dem anderen zu verderben.

Aus irgendeinem Grund mußte ich länger arbeiten und kam erst ziemlich spät heim. Dann dauerte es zwei Stunden, bis ich mich zurechtgemacht hatte. Ich saß ewig vor dem Spiegel und wurde völlig mißmutig. Alles war mir egal, und schließlich zog ich ein gewöhnliches Hauskleid an. Mein Onkel lachte mich aus: »Und dafür sitzt du stundenlang vor dem Spiegel?« Plötzlich zog mich etwas gegen meinen Willen zu diesem Fest. Das meine ich ganz im Ernst – irgendein ungewöhnliches Gefühl überkam mich, aber ich achtete nicht weiter darauf. Zu meiner Verwunderung hatte Sascha auf mich gewartet. Er stand ohne Mantel in der Kälte. Er war alle zehn Minuten nach draußen gelaufen, in der Hoffnung, daß ich vielleicht doch noch kommen würde. Beim Tanzen hielt ich nach Anatoli Ausschau, mußte aber leider erfahren, daß er gegangen war, als er mich mit Sascha sah – ich war ziemlich verstört.

Sascha war mit Freunden vom Institut gekommen. Einer machte mich mit Lee bekannt, den er Alik nannte. Lee forderte mich zum Tanzen auf, und wegen seines Akzents dachte ich zuerst, er sei aus dem Baltikum. Erst ein paar Stunden später erfuhr ich, daß Lee Amerikaner war. Ich mochte Lee sofort. Er war sehr höflich und zuvorkommend, und ich spürte, daß er mich auch mochte. Als wir dann verheiratet waren, sagte er mir, daß ich ihm sofort aufgefallen sei. Sie müssen nicht glauben, daß ich mich für etwas Besonderes halte – aber ich war eben erst aus der Kälte gekommen und sah frisch aus, während die anderen Mädchen schon erschöpft waren – außerdem trug ich mein Lieblingskleid aus rotem chinesischem Brokat (es wurde Lees Lieblingskleid) und hatte mich à la Brigitte Bardot frisiert. An diesem Abend mochte ich mich sogar selbst. Es klingt vielleicht prahlerisch, aber ich schreibe nur nieder, was ich empfand.

Später gingen wir alle zu Juri, dessen Mutter in den Vereinigten Staaten

138

gewesen war. Ich erinnere mich, daß sie und Alik eine kleine Auseinandersetzung hatten, denn Alik sprach positiv und engagiert über seine Heimat. Es gefiel mir sehr, daß er versuchte, sein Land von der besten Seite zu zeigen. Als ich ihn später nach seiner Einstellung zu Amerika fragte, sagte er, daß ihm Amerika zwar gefiele, aber nicht alles; zum Beispiel die Arbeitslosigkeit, die Diskrimierung, daß eine Ausbildung schwierig und teuer sei und die Arztkosten hoch. Aber er war stolz darauf, daß die Wohnungen in Amerika schöner sind und vor allem nicht so überbelegt, und daß es für Leute mit Geld alles zu kaufen gibt. Er sagte auch, daß es in Amerika mehr Demokratie gebe, und daß jeder seine Meinung sagen dürfe, ob in der Presse, im Radio oder im Fernsehen.

An diesem Abend begleiteten mich Sascha und Alik nach Hause. Als wir kurz allein waren, fragte mich Lee, wann und wo er mich wiedersehen könne. Ich versprach nichts Bestimmtes und sagte, daß wir uns vielleicht wieder dort treffen würden, wo wir uns kennengelernt hatten. Eine Woche später ging ich mit einer Freundin wieder zum Tanzen – und Lee war dort. An diesem Abend stellte ich ihn meiner Tante vor. Meiner Tante gefiel seine Bescheidenheit und Höflichkeit, auch daß er sehr ordentlich war. Sie zog mich damit auf, daß mir in meiner Sammlung nur noch ein Amerikaner gefehlt habe. (3)

In den Monaten, bevor sie Alik traf und mehrere Liebeleien gleichzeitig hatte, war sie manchmal verzagt gewesen. Trotzdem war sie sich ihrer Macht über Männer bewußt. Es war einfach, sich zu verlieben, denn sie sehnte sich nach Liebe. Sie war verliebt in die Liebe. Mit achtzehn übernehmen die Hormone das Denken. Der eine Mann zieht dich an, weil er weiß, wie er dir die Tür aufhalten muß, der andere, weil er dich so tief verehrt. Der Mann ihrer Träume sollte romantisch veranlagt sein, gut für sie sorgen, er sollte klug und freundlich sein und sie lieben. Aber da war Anatoli, der ihr mit einem einzigen Kuß den Kopf verdreht hatte. Es gab eben keinen, der für alle Bedürfnisse gut war.

Sie wollte mit uns nicht über ihre einschlägigen Erfahrungen sprechen. Katharina die Große habe Unmengen von Liebhabern gehabt, und niemand habe sich darüber aufgeregt. Das hieße allerdings nicht, daß Marina es ihr gleichtun wollte – das meine sie damit nicht. Sie wolle nur nicht über Sex sprechen. Jeder schnüffle herum, um den anderen in den Dreck zu ziehen. Sie habe nichts getan, dessen sie sich hätte schämen müssen, nichts wirklich Unrechtes, aber als sie nach Minsk kam, hatte sie das Gefühl, daß sie vielleicht ein paar gute Tips brauchen könnte. Denn so erfahren war sie wiederum auch nicht. Vielleicht sahen die Männer in ihr etwas, was sie nicht war.

Sie sprach darüber mit ihrem Freund Mischa Smolski, der ihr nie zu nahe getreten war. Sie waren nur gute Freunde. Er sagte: »Was willst du? Ich rühr dich nicht an. Du bist nicht Anita Ekberg.« Er steckte ihr auch: »Marina, ein Typ erzählt überall herum, daß du mit ihm schläfst. Ist das wahr?« Sie antwortete ihm: »Mischa, was soll ich machen, wenn ich doch nichts zu verbergen habe? Soll ich jedem in der Stadt sagen, daß der Bursche lügt?« Mischa sagte: »Ich kann ihm keins auf die Mütze geben, weil es mich nicht betrifft« – er meinte damit, daß sie nicht sein Mädchen war –, »aber ich kann ihm sagen, daß er Quark redet.«

Sie wußte nicht, warum Juri Mereschinski – falls er es war – diese Lügen über sie verbreitete. Vielleicht, weil er ständig betrunken war, oder weil sie ihn abgewiesen hatte? Sie fühlte sich vor der ganzen Welt erniedrigt. Ihr Ruf war zu einem häßlichen, muffigen Lumpen verkommen, den zu tragen sie verurteilt war. Da war zum Beispiel Lee Harvey Oswald. Dieser Alik hatte versucht, mit ihr intim zu werden, als sie ihn zum zweiten Mal im Palast der Gewerkschaft traf. An diesem Abend nahm sie ihn, da Ilja verreist war, mit nach Hause, um ihn Walja vorzustellen.

Er hatte von ihr verlangt, ihm ein Bett zu richten. Er wollte bei ihnen übernachten, weil angeblich kein Bus mehr fuhr. Er nahm offenbar an, daß sie ein Flittchen sei. Sie schickte ihn heim. Sie sagte, er solle zu Fuß gehen. Aber sie zürnte ihm nicht wirklich. Schließlich hatte sie an jenem ersten Abend, als sie das rote Kleid trug, darauf bestanden, daß sie alle in eine Bar gingen, um Champagner zu trinken. Vielleicht dachte Lee, sie bräuchte den Alkohol. Aber sie hatte eigentlich nur Anatoli treffen und ihm klarmachen wollen, daß er mit ihr zu reden habe, ob sie nun mit Sascha ausging oder nicht. Aber er ignorierte sie, genau wie er es angekündigt hatte. Also gingen sie wieder zurück in den Palast der Gewerkschaft, und sie tanzte den ganzen Abend mit Lee. Er war ein Charmeur. »In Amerika tanzt man so«, sagte er und zog sie näher an sich. Dann ließ er sie wieder los. Das war seine Art der Kontaktaufnahme, nicht mit Grapschen, sondern Schritt um Schritt. Dabei grübelte sie die ganze Zeit: Wie mache ich Anatoli klar, daß er mich nicht wie den letzten Dreck beiseite schieben kann? Gleichzeitig tat ihr Sascha leid. Er war das Opfer ihrer Schachzüge. Wenigstens fühlte sie sich dadurch, daß Anatoli sie wie Luft behandelte, von ihrer Leidenschaft für ihn befreit, zumindest für diesen Abend.

Sie flirtete auf Teufel komm raus, auch mit Lee. Natürlich mußte er sie für ein Flittchen gehalten haben. Vielleicht erwartete er dehalb viel mehr, als er

140

bekam, als sie ihn eine Woche später nach Hause zu Walja mitnahm. Er sagte sogar: »Sie haben so viele Verehrer, ich dachte, Sie wären so eine, eine …« Und dann hatte sie auch noch das rote Kleid getragen. Vielleicht war sie doch zu auffallend.

Jetzt in der Rückschau nach so vielen Jahren räumt sie ein, daß Lee sie neugierig gemacht hatte. Er hatte mehr Tiefgang. Wäre er ein *rabotnik*, nur ein weiterer stumpfsinniger Arbeiter gewesen, hätte sie sich niemals mit ihm verabredet. Sie legt Wert auf die Feststellung, daß sie große Achtung vor Arbeitern hat: »Aber man läßt sich nicht mit einem Rabotnik ein. Worüber soll man mit solchen Männern sprechen? Sie betatschen dich in aller Öffentlichkeit, sie haben nur eins im Kopf. Also hält man sie sich vom Leib. Fabrikarbeiter, nein danke. Man muß sich immer nach oben orientieren, auch wenn man selbst ein Niemand ist.« Sie wollte auf keinen Fall zurückstecken. Auch Lee arbeitete in einer Fabrik, aber er schaute hinter die Dinge. Bestimmt war es nicht sein Interesse an Politik, das sie beeindruckte, denn ihre Großmutter hatte ihr über Politik mit auf den Weg gegeben: »Laß die Finger davon, dann stinkst du nicht.«

Nachdem sie ihn zu Fuß nach Hause geschickt hatte, verabredete er sich mit ihr am nächsten Tag für den kommenden Samstag. Aber schon nach ein paar Tagen sagte Tante Walja: »Rate, wer angerufen hat. Dein Amerikaner.« Er war krank und lag in einer Klinik weit draußen am anderen Ende von Minsk. Marina war nicht besonders bekümmert. Als er anrief, war sie gerade mit Anatoli unterwegs. Sie mochte Lee, aber er war kein ernsthafter Kandidat, nur Zeitvertreib für einen Abend. Immerhin war seine Ohrenentzündung so schlimm, daß er ins Krankenhaus mußte. Wie er ihr später erzählte, litt er seit seiner Kindheit an Ohrenentzündungen und hatte sich als Junge sogar einer Operation unterziehen müssen.

Walja sagte: »Warum besuchst du ihn nicht? Er hat hier keine Familie, und wir feiern unser Osterfest. Ich weiß bestimmt, daß sie drüben in Amerika auch Ostern feiern.« Sie gab ihr einen Teller mit Kuchenstücken: »Zeig ihm, daß Russen Herz haben.« Als sie nach langer Straßenbahnfahrt endlich im Krankenhaus ankam, war er glücklich, sie zu sehen. Er hatte nicht mit ihrem Besuch gerechnet. Wie wenig er doch von ihr gehalten haben mußte. Er freute sich riesig über die Dosenaprikosen – sein Lieblingsdessert! Sie mußte einen sechsten Sinn gehabt haben.

Es war trotzdem ziemlich trist. Er sah krank aus und sein Lächeln war fahl. Körperlich sagte er ihr überhaupt nicht zu. Als er ihr später einen Kuß abschmeichelte, gewann sie dem nichts ab. Da war ein innerer Widerstand, eine Art Signal, hier auf der Stelle Schluß zu machen. Sie fragte sich: Möchte ich wirklich, daß es weitergeht? Sie hatte sich darüber keine Gedanken gemacht, aber dieser erste Kuß war vielsagend. Wollte sie ihn näher kennenlernen? Vielleicht nicht. Trotzdem blieb sie neugierig. Und er war so sanft. Sein Kuß war mehr als ein flüchtiges Dankeschön für den Besuch – sie spürte sein Verlangen nach mehr. Und er roch nicht wie ein Russe, er roch nicht einmal nach Krankenhaus. Seine Haut hatte einen eigenartigen Geruch, der alle darüberliegenden Gerüche durchdrang. Sein Kuß löste diese negativen Gefühle in ihr aus. Er roch nicht nach Luft und Sonne. Er verlor diesen Körpergeruch nie, aber später gewöhnte sie sich daran. Wenn man einen Mann liebt, gewöhnt man sich an alles.

Die Situation war höchst merkwürdig. Sie besuchte ihn täglich nach der Arbeit. Für sie galten keine Besuchszeiten, denn sie trug ihren weißen Kittel aus der Apotheke. Damals konnte von Liebe noch keine Rede sein, aber er tat ihr leid, denn er war so allein. Das war ihr vertraut. Auch wenn für viele Menschen Einsamkeit ihr täglicher Begleiter ist, ist sie gewiß nicht dein bester Freund. Und Walja tat er ebenfalls so leid.

Noch im Krankenhaus sagte er, daß er sich mit ihr verloben wolle, und daß sie nicht mehr mit anderen Männern ausgehen solle. »Ich versprach es ihm, aber ich meinte es nicht ernst.« Sie liebte Lee nicht – noch nicht, sie hatte lediglich Mitleid mit ihm. Andererseits war er Amerikaner. Und wenn sich ein Amerikaner mit dir verloben wollte, konntest du nicht ablehnen, jedenfalls nicht gleich.

Am Tag seiner Entlassung aus dem Krankenhaus lud Walja ihn zum Essen ein – Ilja sollte ihn kennenlernen. Es gefiel Marina, wie er sich ihrem Onkel gegenüber benahm. Sehr gesetzt. Er sagte, daß er für immer in Rußland bleiben wolle. Er habe die Absicht, hart zu arbeiten. Ilja sagte, wenn dem so sei, würde er ihm gerne behilflich sein. Marina spürte, daß auch Walja dachte, sie könnten ihn unter ihre Fittiche nehmen. Alik hatte niemand in Minsk, und bei ihnen wäre er gut aufgehoben. Er hatte Walja völlig um den Finger gewickelt. Nach dem Essen küßte er sie zärtlich auf ihre gute Wange und sagte: »Ich danke Ihnen. Das Essen war großartig.« Das war es wirklich gewesen, aber er sagte es so nett.

Nach dem Essen sagte Ilja: »Passen Sie mir gut auf das Mädchen auf. Sie hat eine Menge Flausen im Kopf.« War das nicht schrecklich? Sie war eine ernsthafte Person. Sie hatte nichts gegen Flausen – schließlich wollte sie ihren Spaß haben –, aber sie war immer verantwortungsbewußt und prüfte regelmäßig ihr Gewissen. Sie sagte nie: »Schwamm drüber!« – niemals. Vielleicht wechselte sie aus Iljas Sicht zu oft ihre Freunde. Sie hätte Ilja natürlich sagen können: »Ich bin noch auf der Suche. Ich lerne jemand kennen,

142

und es stellt sich heraus, daß er ein Trottel ist. Er lädt mich zum Essen ein und erwartet, daß ich bezahle. Oder er räuspert sich ständig, weil er Opernsänger ist.« Sie hatte tatsächlich einen Opernsänger kennengelernt und war einmal mit ihm ausgegangen. »Er trug einen schönen Kaschmirmantel mit passendem Schal.« Sie gingen in ein Restaurant, das er ausgewählt hatte, und sie dachte, daß er nun seine Kultiviertheit zeigen würde. Aber nach dem Essen sagte er: »Ich habe meine Brieftasche vergessen. Bezahlen Sie die Rechnung, Sie bekommen dafür Opernkarten für meine Vorstellung.« Es stellte sich heraus, daß er der Soldat Nr. 29 hinten im Chor war – ein echter Enrico Caruso! Natürlich mußte sie ihn schnellstens wieder loswerden.

Nein, über die Zeit vor ihrer Hochzeit mit Alik wolle sie nicht sprechen. Da habe sich nichts Besonderes ereignet. Jede Werbung gleiche der anderen: zeig dich von der besten Seite. Und das Problem sei, daß man einen Menschen erst 24 Stunden nach der Hochzeit kennenlerne.

Damals jedoch sprach sie gern mit anderen über Alik. Ihre Freundinnen, vor allem Larissa, bestärkten sie. Mit einem Amerikaner als Freund hätte sie den anderen Mädchen einiges voraus. Außerdem hatte er eine Wohnung. Als Alik sie für den nächsten Abend zu sich einlud, nahm Marina Sascha, Juri und Larissa als Anstandswauwaus mit. Larissa schwärmte danach in den höchsten Tönen von ihm. Er hatte ja so gute Manieren!

2
Erste Terraingewinne

Sascha erinnert sich an den Abend in Aliks Wohnung. Der Amerikaner lebte in einem stattlichen Gebäude, aber seine Wohnung war nicht besonders anheimelnd. Sie war das, was man *kasjono* nennt, was so viel bedeutet wie Schema F, ohne Atmosphäre.

Alik sprach gut Russisch. Er hatte natürlich einen Akzent und seine Aussprache war schlimm, aber er konnte sich unterhalten. Er legte Tschaikowskijs Erste Symphonie auf und erzählte dazu seine Lebensgeschichte. Er war bei den Amerikanischen Streitkräften gewesen und hatte in Asien gedient, verabscheute den Krieg und wollte nicht Teil der Vernichtungsmaschinerie sein. Darum hatte er beschlossen, für immer in die Sowjetunion zu gehen, und von Moskau hatte man ihn nach Minsk geschickt. Jetzt arbeitete er im Radiowerk Gorisont »als Ingenieur«. Sie tranken eine Flasche russischen

Sekt. Sascha mochte ihn, obwohl er sehr kühl, sehr beherrscht war und kaum Emotionen zeigte. Oswald rauchte nicht, aber Sascha schien es, als ob er gerne den Rauch von anderen inhalierte. Seine Wohnung war allerdings sehr dürftig, »Sekundärrohstoff«, wie man dergleichen Eisenschrott bezeichnete. Der Tisch war *ueobtjortyj*, nicht ordentlich abgewischt. Die Stühle waren bescheiden, das Bücherregel bestand aus ein paar Brettern. Oswald besaß jedoch viele Langspielplatten, ausschließlich klassische Musik. Ungefähr um zehn Uhr brachen sie auf, weil sie früh aufstehen mußten.

An dieser Stelle wünscht Sascha, daß wir unser Tonbandgerät abstellen. Dann erzählt er folgende Geschichte: Als er zu Hause ankam, wartete ein Auto auf ihn, das ihn zu einer KGB-Dienststelle brachte. Dort spielte man ihm ein Tonband mit den Gesprächen vor, die gerade bei Lee geführt worden waren. Sie erklärten ihm nicht, warum sie Oswald abhörten, und waren auch sonst nicht mitteilsam. Sie sagten ihm lediglich, daß er ihnen jederzeit zur Verfügung zu stehen habe. Das alles fand in einem Kellerraum des KGB-Gebäudes statt. Hin war er mit dem Auto gebracht worden, zurück aber durfte er zu Fuß gehen, immerhin einige Kilometer. Als er nach Hause kam, schalt ihn seine Mutter aus, daß er sich mit einer Sorte Freunde herumtreibe, die eine Klasse zu hoch für ihn seien, Angehörige der Intelligenzija: »Du stammst von einfachen Bauern ab. Du solltest nicht mit solchen Leuten verkehren. Du bringst dich damit in Schwierigkeiten.«

Sascha sagt uns, daß er, nachdem er mit Marina wegen Lee Schluß gemacht hatte, auch den Verkehr mit Juri und Kostja Bondarin abgebrochen habe. Allerdings, weil er annahm, daß sie ebenfalls vom KGB rekrutiert worden seien. Plötzlich schien es, als ob keiner mehr den anderen kennen wollte, um nichts über ihn berichten zu müssen. Sie hatten gleichsam eine neue Sprache gemeinsam, die aus Nichtreden bestand.

Igor wie Stepan halten sich, was diese Affäre betrifft, ziemlich bedeckt. Ein kleiner Anfangsverdacht und danach – als die Romanze zwischen Lee und Marina so rasch zur Eheschließung führte – ein mulmiges Gefühl. Igor gibt zu, daß er sich Vorwürfe machte, die zarten Triebe der Liebe nicht im Keim erstickt zu haben. Auf die Frage, wie derartige Maßnahmen hätten aussehen können, gibt Igor eine sehr vorsichtige Antwort. Es habe da Mädchen gegeben, sehr, sehr hübsche Mädchen, die in der einen oder anderen Phase von der Behörde ins Spiel hätten gebracht werden können. Vielleicht hätte eine von ihnen Oswald auf andere Ideen gebracht. Sie hätten auch für Marina einen Köder auslegen können, einen gutaussehenden, für solche Missionen qualifizierten Mann. Das sei jedoch unterlassen worden. Es wäre auch ziemlich viel Aufwand gewesen. Dadurch war Lee und Marina Spielraum gelassen worden. Und dann kam aus heiterem Himmel die Hochzeit, und damit ergaben sich noch mehr Probleme. War Marina ein Leck, durch das Oswald Informationen abzapfen konnte? Das war über ihren Onkel, Oberstleutnant Prusakow vom MWD, denkbar. Um solchen Folgen vorzubeugen, mußte der Draht zu Ilja Prusakow kurzgeschlossen werden. Während dieser Zeit gab es also jede Menge Aufregung, und es war nicht verwunderlich, daß sowohl Stepan als auch Igor nicht besonders gut schliefen.

Fast drei Jahre später schilderte Marina diese Anfangszeit mit Lee so:
Lee hatte eine Menge klassische Platten, die er gerne auflegte, wenn wir allein waren. Er mochte kein Remmidemmi, er war lieber mit mir allein. Ich erinnere mich an einen dieser Abende, als es zum Tee Gebäck und Küsse gab. Dies alles (bitte entschuldigen Sie meine jugendliche Indezenz) mundete wirklich sehr. Nie wieder trank ich solchen Tee und aß solches Gebäck, wenn Sie verstehen, was ich meine. Lee wollte, daß wir heirateten und für immer hier blieben. Er hatte eine süße kleine Wohnung mit eigenem Eingang – völlig ausreichend für zwei, zumal für ein junges Paar. Ich sagte ihm, daß ich seine Frau werden wolle (ich hatte mich schon in ihn verliebt), aber daß wir noch ein paar Monate warten sollten, da eine so plötzliche Hochzeit aus der Sicht unserer Freunde doch ein bißchen peinlich wirke. Aber Lee wollte höchstens bis zum 1. Mai warten und pflanzte zur Feier meiner Einwilligung Blumen auf dem Balkon. (4)

18. bis 31. März Wir gehen spazieren. Ich spreche ein wenig über mich. Sie erzählt eine Menge über sich. Ihr Name ist Marina N. Prusakowa.
1. bis 30. April Wir gehen fest miteinander, und ich komme zu dem Schluß, daß ich sie haben muß. Sie hält mich hin, deshalb mache ich ihr am 15. April einen Antrag. Sie willigt ein.

Dreißig Jahre später bestätigt sie uns, daß sie nach Lees Entlassung aus dem Krankenhaus mit ihm angebändelt habe. Aber sie sah ihn nicht jeden Abend. Sie traf sich immer noch mit Anatoli. Erst als sie Lees Heiratsantrag annahm, war auch mit Anatoli Schluß. Es lag nicht nur daran, daß Lee nett und höflich war. Sie fand Menschen, die sauber waren, sehr anziehend. Sie mochte Menschen, die oft badeten und saubere Gedanken hatten. Und sie gibt freimütig zu: sie steht auf gestärkte Wäsche. Lees Hemden waren gestärkt, und das verband sie mit ihrem eigenen Gefühl von Freiheit: sie konnte jederzeit hinausspazieren und ihn nie wieder sehen. Dachte sie zumindest. Also traf sie sich weiter mit Anatoli. Obwohl es nicht zur äußersten Konsequenz kam. »Sehen Sie«, sagt sie uns, »in Rußland haben Sie in erster Linie nicht so oft Gelegenheit, sich mit jemand... zu paaren. Es war Winter, als ich Anatoli kennenlernte. Also blieb es meistens beim Küssen. Und er küßte hervorragend. Belassen wir es dabei.« Sie sei nie auf Sex versessen gewesen. Sie war eher sinnlich. Sie brauchte nicht den Kelch bis zur Neige auszukosten, brauchte keine Klimax. »Es war das Vorspiel, das mich interessierte.« Aber mit Anatoli wäre sie zum allerersten Mal gerne weitergegangen. Nur habe es sich nicht ergeben.

Andererseits wollte Lee unbedingt mit ihr schlafen. Manchmal ging sie mit ihm in seine Wohnung, und die Situation geriet fast außer Kontrolle. Einmal warf er sie hinaus und sagte: »Okay, bleib oder verschwinde!« Sie verschwand. Aber Lee wurde nie grob. Was ihr an Lee und auch an Anatoli gefiel, waren das Vorspiel und die Gespräche. Es ging nicht um das Körperliche – grapsch, Kuß und ab ins Bett. Man redete, und der Körper wurde nachgiebiger. »Ich glaube, daß es das war, was mir mit Lee vor unserer Hochzeit am besten gefiel. Wie er das Terrain Schritt für Schritt eroberte.« Er mag wohl sanft gewesen sein, aber wenn es zur Sache kam, konnte er ganz schön aggressiv werden. »Warum, glaubst du wohl, haben wir geheiratet?« pflegte er zu fragen. Kopfschüttelnd sagt sie uns: »Unser teurer Präsident Ford erzählte jedem, daß Lee impotent war, aber das stimmt einfach nicht... Solche Leute werden Präsident. Tut mir leid, aber vor Mr. Ford habe ich nicht den geringsten Respekt.«

Aus dem FBI-Protokoll einer Befragung Marina Oswalds am 1. Dezember 1963:

MARINA gab an, daß ihr Onkel und ihre Tante nichts gegen OSWALD einzuwenden hatten und eigentlich froh darüber waren, daß sie die Zahl ihrer Freunde auf quasi einen reduziert hatte. Sie hatten wenig Bedenken und sagten, es sei ihre eigene Entscheidung. Das Standesamt erteilte innerhalb von sieben Tagen die Heiratserlaubnis, und danach mußten sie nur noch drei Tage warten, um die erforderliche zehntägige Frist einzuhalten. Der Standesbeamte beglaubigte ihre Eheschließung am 30. April 1961. Onkel und Tante gaben einen Empfang für ihre Freunde.

Sie gab an, daß keine offizielle Stelle an sie herangetreten sei, und daß die einzigen Dokumente, die über die Eheschließung ausgefertigt wurden, das Aufgebot und die standesamtliche Eintragung zehn Tage später waren. (5)

Aus Marinas Erzählung: Es war einer der glücklichsten Tage meines Lebens. Ich glaube, auch Alik war außerordentlich glücklich über die Heiratsgenehmigung. Er wurde erst am Hochzeitstag ruhiger, davor lief er ständig zum SAGS [Standesamt], um sich zu erkundigen, ob wir die Genehmigung kriegen würden. Erst nach der Hochzeit konnte er wirklich glauben, daß unser Wunsch in Erfüllung gegangen war. Ich weiß noch, daß mir Lee an unserem Hochzeitstag einen Strauß frühe Narzissen kaufte. Wir fuhren mit unseren Freunden zum SAGS. Wir gingen zu Fuß zurück, die Sonne schien, es war ein warmer Sonntag, und alles war wunderschön. (6)

3

Die Hochzeitsnacht

Etwa ein Jahr nach Lees Umzug aus dem Hotel Minsk in seine Wohnung erfuhr Stellina, daß er geheiratet hatte. Ein Stubenmädchen erzählte es ihr: »Wissen Sie es schon? Dieser Amerikaner hat ein russisches Mädchen geheiratet. Eine von uns.« Aber sie sagte auch: »Eine ›Frau, die sich anbietet‹. Ein Straßenmädchen aus Leningrad.« Dieses Gerücht hatte sich in Minsk verbreitet. Stellina fiel ein, daß er ihr erzählt hatte, dieses Mädchen beherrsche nur zwei englische Sätze: »Mach das Licht aus und küß mich.« Eine junge Frau, die auf sich hielt, würde so etwas nie gesagt haben. Und anständige junge Frauen, wenn sie denn etwas Englisch sprachen, verfügten über ein größeres Vokabular. Russische Mädchen, sagt uns Stellina, wurden dazu erzogen, niemals die Initiative bei einem Mann zu ergreifen. Sexualität war Freundschaft und Verantwortung, Teil einer umfassenden Partnerschaft. Viele Frauen wußten nicht einmal etwas über den weiblichen Orgasmus. Wozu auch? »Mach das Licht aus und küß mich.« Unerhört! Mit dieser jungen Frau wollte sie nichts zu tun haben.

Während der Zeit, in der Juri Mereschinski häufiger mit Lee zusammenkam, stellte Konstantin Bondarin fest, daß ihm nach jedem Zusammensein, bei dem auch Lee anwesend war, auf dem Heimweg ein Mann folgte. Er brach deshalb jeden Kontakt mit dem Amerikaner ab. Genau aus demselben Grund nahm Kostja nicht an Marinas Hochzeitsfeier teil. »Ich sprach mit Juri darüber. Ich sagte zu Juri: ›Wir werden abgegrast.‹« Er gebrauchte dafür das Wort *pasut*, das bedeutete, daß man unter Observierung stand. Du warst das Schaf, und der Schäfer hatte dich im Auge.

Kostja behauptet, daß Marina ein Ziel verfolgte, und daß Lee Opfer Nummer eins war. Ein Opfer aber dient als Mittel zum Zweck. Daß Marina geheiratet werden wollte, war für jeden Mann, der mit ihr zu tun hatte, offensichtlich. Die geeignetste Beute wäre allerdings Tolja Schpanko gewesen.

Inessa lernte Marina irgendwann 1960 kennen, wahrscheinlich in einem Café. Sie war damals bereits technische Zeichnerin. Ihr Vater arbeitete als Ingenieur im Weißrussischen Bauministerium, und die Familie hatte einen Freundeskreis, der auf hohem intellektuellem Niveau stand. Obwohl zwei Jahre zu kurz seien, um Freundschaft zu schließen, sagt Inessa, habe sie sich doch zu Marina hingezogen gefühlt. Sie sei wie eine Schwester gewesen. Sie besuchten sich gegenseitig, gingen zusammen einkaufen, und manchmal wurde Marina zum Abendessen eingeladen. Bei diesen regelmäßigen Zusammenkünften in Inessas Elternhaus wurde immer über Kunst diskutiert, sogar über Politik, und Marina tat ihr Bestes, um mitzuhalten. Daß sie sich dennoch deplaziert fühlte, machte sie Inessa noch vertrauter. Und aus dieser Vertrautheit heraus begann Marina ihr Dinge anzuvertrauen, die sie »die düsteren Geheimnisse in ihrem Leben« nennen würde. Sie erzählte jedenfalls Geschichten, auf die Inessa nicht näher eingehen möchte. Sie kann uns jedoch sagen, daß es »ein Schrei aus tiefster Seele war – ein ganz und gar schreckliches Erlebnis«.
Jedenfalls bekam Inessa den Eindruck, daß Marina mit schmutzigen Dingen in Berührung gekommen war, die jedoch ihre Seele nicht befleckt hatten. »Ich glaube, man kann äußerlich schmutzig sein, und dennoch im Inneren ehrlich und anständig bleiben. Nein, so habe ich es falsch ausgedrückt. Wie soll ich es sagen? Marina bedeutete mir eben viel. Sie beichtete; sie litt dabei, glauben Sie mir. Ich will mich nicht aufspielen, aber ich hatte das Gefühl, daß sie mich brauchte. Sie tastete sich allmählich an das, was sie quälte, heran. Sie schüttete mir ihr ganzes Herz aus, bevor sie heiratete. Sie fühlte sich völlig allein, als ob niemand ein Stück Brot von ihr nehmen wollte.«
Marina machte sich große Sorgen, daß Lee in der Hochzeitsnacht herausfinden könnte, daß sie bereits eine Vergangenheit hatte. Aber, sagte sie Inessa, sie wüßte schon eine Methode, wie sie Lee täuschen könne. Ein etwas peinliches Thema, denn es ging um körperliche und medizinische Details. Aber anschließend sagte ihr Marina, daß alles geklappt habe und Lee überzeugt sei, eine Jungfrau geheiratet zu haben. »Natürlich war ich schockiert, aber ich habe sie nicht verurteilt.« Inessa war die Geschichte noch immer ein Rätsel, aber Marina meinte, daß sie nicht umsonst in einer Apotheke ar-

beite, und daß es Mittel gäbe, die da unten alles zusammenzögen. Wenn der Bräutigam die Ehe vollzog, hatte man also Schmerzen, ohne groß schauspielern zu müssen. Blutspuren waren nicht unbedingt erforderlich, denn die Prozedur war unangenehm genug, um jeden frischgebackenen Ehemann zu überzeugen. »Das hat mir Marina jedenfalls erzählt«, sagt Inessa. Und daß es eine erfolgreiche Brautnacht gewesen sei, nicht weil er im Bett ein solcher Hauptheld war, sondern weil es Marina gelungen war, ihm die Jungfrau vorzuspielen.

Interviewer: Eine Person sagte, als wir nachfragten: Sie haben recht, sie war in der Hochzeitsnacht keine Jungfrau mehr. Sie hatte Angst, daß Lee es herausfinden würde, und besorgte sich etwas aus der Apotheke. Auf diese Weise beschützte sie ihre Ehe.
Marina: Okay. Es stimmt. Und wenn schon? Sie sind also so pervers, daß Sie jemanden fünf Tage ausquetschen, um ihn zum Reden zu bringen... Ich meine, reicht es noch nicht?
I: Ich erzähle Ihnen lediglich, was sich im Lauf unserer Interviews ergab. Pawel erzählte uns, daß Lee im Radiowerk aufgezogen wurde, und daß die Kollegen fragten: »Nun, war Ihre Frau noch Jungfrau? Wieviel Blut war auf dem Laken?« Wir konnten allerdings nicht herausfinden, was Lees Antwort war.
M: Ich weiß es nicht.
I: Niemand scheint sich daran zu erinnern. Also wissen wir nicht, ob es das war, was ihn umtrieb. Und es wäre doch von Bedeutung, zu wissen, ob er deshalb bei jeder Meinungsverschiedenheit und jedem Streit mit Ihnen...
M: Ihr Riecher ist so gut wie meiner.
I: Wir sind nicht an den sexuellen Vorgängen an sich interessiert, sondern daran, was er über Ihre Vergangenheit wußte. Wie stark hat es ihn beschäftigt? Ihre Freundin sagte, Sie hätten sich große Sorgen gemacht. Sie sagte es mit großem Engagement. Daß Sie es taten, um Ihre Ehe zu beschützen.
M: Zumindest habe ich die Sache ernst genommen.
I: Darum geht es. Das hat uns geholfen, Ihre Beweggründe zu verstehen.
M: Ich wollte eine Familie. Es war mir verdammt ernst.
I: Da ist noch etwas, das ich loswerden möchte, damit wir nicht das Gefühl haben, daß wir Katz und Maus spielen. Inessa erzählte uns in demselben Gespräch mit großem Verständnis und großer Zuneigung Ihnen gegenüber, daß Sie nach Leningrad mit einer schweren Bürde leben mußten. Wie bedrückend Ihr Leben in Leningrad und mit Ihrem Stiefvater war, und daß Sie ein Leben führen mußten, auf das Sie nicht stolz sein konnten.
M: Ich habe es mir nicht ausgesucht.

I: Inessa erzählte, wie sehr es Sie belastet hat, daß Sie in Leningrad einiges über sich ergehen lassen mußten, um etwas zu essen zu haben und einen Platz zum Schlafen zu finden…

M: Ich wurde kein einziges Mal in meinem Leben bezahlt.

I: Das stelle ich nicht in Zweifel.

M: Ich sehnte mich nach Liebe, geriet an die Falschen, und manchmal mußte ich dafür bezahlen. Es trifft zu, daß ich von einem Ausländer vergewaltigt wurde.

I: Wie bitte?

M: Ich meine damit, daß ich in ein Zimmer gelockt wurde. Er verschloß die Tür. Und Sie wissen ja, daß es diese *deshurnajas* gibt, die die Etagen überwachen und die Schlüssel der Gäste aufbewahren, die ausgegangen sind. Ich konnte nicht um Hilfe rufen. Was hätte diese Frau von mir gedacht? Also wehrte ich mich, bis dieser Mann mich schließlich gegen sich preßte. Wissen Sie, was er danach sagte: »Wenn ich gewußt hätte, daß du noch Jungfrau bist, hätte ich die Finger von dir gelassen.« …Lee hat mich nicht gefragt, aber in der Hochzeitsnacht spielte ich ihm die Jungfrau vor. Ich war in Panik und sagte mir: was mache ich in dieser Nacht? Es ging schließlich um eine saubere Zukunft, und ich stand Todesängste aus. Aber Lee hat mich nie gefragt.

I: Er hat Sie nicht gefragt, ob Sie noch Jungfrau waren?

M: Er hat mir dafür gedankt. Also dachte ich: O mein Gott, ich bin noch einmal davongekommen… nun bin ich wieder heilig.

I: Kann ich verstehen.

M: Mein ganzes Leben wollte ich nur heilig sein… Und dann kam Lee aus der Fabrik und erzählte mir, wie die Männer dort schwadronierten. Er lachte und meinte, es sei barbarisch und schrecklich. Ich sagte: »Sprich nicht über uns. Ich möchte nicht, daß über mich geredet wird.« Jetzt fällt mir ein, daß wir einmal Streit hatten, und er etwas wie »Schon recht, kleine Jungfrau« murmelte. Ich sagte: »Jawohl, das bin ich. Beweise mir das Gegenteil.« Darauf ließ er das Thema fallen.

> 3. April Nach einer siebentägigen Verzögerung auf dem Standesamt wegen meines ungewöhnlichen Passes dürfen wir uns als Mann und Frau einschreiben. Zwei von Marinas Freundinnen fungieren als Brautjungfern. Die Hochzeit findet in der Wohnung statt. Es gibt ein Essen für rund zwanzig Freunde und Nachbarn, die uns Glück wünschen – trotz meiner Herkunft, die für Russen eigentlich beunruhigend ist, da Ausländer in der Sowjetunion sehr selten sind, sogar als Touristen. Nach einem Abend mit Essen und

Trinken, und nachdem Onkel Wooser eine Rauferei anfing und es einen Kurzschluß wegen Überlastung der elektrischen Leitungen gab, verabschieden wir uns und gehen fünfzehn Minuten zu unserem Heim. Wir hatten es nicht weit. Um Mitternacht waren wir zu Hause.

4
Flitterwochen

Aus Marinas heutiger Sicht war der Hauptgrund für die Heirat, daß sie zu jemand gehören und eine Familie haben wollte. Die Ehe war etwas Heiliges und wurde für das ganze Leben geschlossen. Darum wollte sie ihre Ehe um jeden Preis im Stand der Reinheit beginnen. Die russische Tradition gebot, daß ein Mann eine Jungfrau heimführte. Wie die Amerikaner darüber dachten, war ihr nicht klar. Amerikaner waren neu für sie. Vielleicht legten sie nicht soviel Wert darauf. Sie kann nur wiederholen: Lee machte sich gern über die barbarischen Sitten auf dem Land lustig. Blutige Laken aus dem Fenster zu hängen!

Als vierzehnjähriges Mädchen in Leningrad träumte sie oft von einem Märchenprinzen, der sie zum Altar führte. Alles war weiß und rein. Darum war sie, als sie – wie kann sie es ausdrücken? – mit der harten Wirklichkeit konfrontiert wurde, nicht darauf vorbereitet. Vielleicht, räumt sie ein, gehe es jedem jungen Mädchen so.

Als die Ehe auf dem Standesamt mit einem Stempel in ihren Pässen besiegelt wurde, sah sie zufällig Aliks Geburtsdatum. Es war 1939. Er hatte sie also belogen, als er ihr sagte, er sei vierundzwanzig. Er war erst einundzwanzig. Sie sagte: »Wenn ich das gewußt hätte, hätte ich dich nicht geheiratet.« Es war nicht ernst gemeint, aber er gestand ihr, daß er sich Sorgen gemacht habe, ob sie ihn für voll nehmen würde. Schließlich habe sie gesagt, daß Sascha erst zwanzig sei, und daß sie nicht daran denke, ein Kind zu heiraten.

Zur Hochzeitsfeier hatte Walja ein Festmahl aufgetischt: Krabbensalat, Salami, schwarzen und roten Kaviar, Pastete. Das Prunkstück war ein gefüllter Fisch: er war mit seinem eigenen Fleisch gefüllt, die Haut blieb unversehrt, so daß er wie zuvor aussah. Aber keine einzige Gräte! Man konnte ihn in Scheiben schneiden. Walja hatte sich solche Mühe gegeben.

Marina hatte ihre Tante gebeten, von der russischen Tradition abzusehen, »*Gor'ko, gor'ko*« zu rufen. Aber als sie beim Essen saßen, tat plötzlich jemand so, als hätte er zu viel Pfeffer erwischt, und alle riefen: »*Gor'ko*« – was »bitter« bedeutet –, und Marina wurde rot. Die Sitte verlangte, daß sie nun jedesmal, wenn einer »*Gor'ko*« rief, Lee abküssen mußte. Später tanzte sie mit allen, und Erich Titovez, Pawel und Alik sangen »Chattanooga Choo-Choo«. Am nächsten Morgen kam Walja in ihre Wohnung spaziert, warf einen Teller auf den Boden, daß der Krach Tote aufgeweckt hätte, und sagte zu Alik, der hochschreckte: »Russische Sitte.«

Bei der Hochzeitsfeier war es Marina sehr peinlich gewesen, daß Tante Musjas Ehemann Wanja sich hatte vollaufen lassen. (Lee führt ihn als Wooser!) Wie üblich vertrug er keinen Schnaps. Ein typischer Wanja! Er krähte wie ein Gockel und krakeelte sich die Seele aus dem Leib. Marina war sehr ungehalten: »Ich dachte, daß mein neuer Ehemann sich nun fragen würde: ›In welche Familie habe ich da hineingeheiratet?‹ Es war sehr unerfreulich.«

Als sie in der Nacht in seine Wohnung zurückkamen, hatten Walja und Larissa das ganze Bett mit Blumen umgeben. Ihr Nachthemd lag auf dem Kopfkissen. Flitterwochen gab es nicht. Sie verbrachten lediglich zwei Tage im Bett, um sich aneinander zu gewöhnen – was solle sie uns erzählen? Sie waren neu füreinander. Sie konnten nicht alles zerpflücken. Ein wenig reden, den anderen ein wenig beobachten – Stück für Stück kam man einander näher. Wenn man romantische Bücher lese, bekomme man Appetit auf mehr. Aber Sex habe nichts mit Liebesromanen zu tun, eher mit schmutziger Wäsche.

Etwas fiel ihr auf: Lee war überhaupt nicht verschämt. Er lief nackt in der Wohnung herum, als ob nichts dabei wäre. Sie fand es merkwürdig, daß sich ein Mann so selbstverständlich ohne Kleidung bewegte, sagte aber nichts. Für Minsker Verhältnisse jedenfalls konnte er für einen Exibitionisten durchgehen. Diese amerikanische Gewohnheit war eben neu für sie. Lee genierte sich nicht einmal, die Tür offen zu lassen, wenn er aufs Klo ging. Das war ungewöhnlich. Marina versuchte, herauszufinden, was er von ihr erwartete. Bald kam sie drauf, daß die Burschen in Lees Fabrik ständig über Sex redeten. Es war ihr Zentralthema. Darum hatte sie sich auch nie mit Fabrikarbeitern verabreden wollen – wegen dieser Mentalität. Als Lee sich über die Sprüche seiner Kollegen wieder einmal lustig machte, sagte sie: »Erzähl ihnen keine Bettgeschichten über uns. Wage es nicht.«

Nicht nur, daß Alik sein erstes sexuelles Erlebnis mit einem japanischen Mädchen gehabt hatte, er sagte auch, daß er nie mit einer Amerikanerin geschlafen habe. Nur mit Japanerinnen und Russinnen. Marina grübelte, ob ihm etwas fehlte. Vielleicht hätte er erst Erfahrungen mit Frauen aus seiner Heimat sammeln sollen? Nein, Marina hatte in den ersten Tagen ihrer Ehe keine Vorstellung von dem, was auf sie zukommen würde. Sie lebte in einer Art Euphorie. Endlich verheiratet! Und dann auch noch mit einem Amerikaner. Sie hatte diese dumme kleine Wohnung, von der sie immer geträumt hatte. Gott meinte es endlich gut mit ihr. Vor ein oder zwei Jahren war sie mit Larissa an diesem Haus vorbeigegangen. Es sah von außen so schön aus, mit seinen Balkonen zwischen den hohen weißen Säulen. »Das hätte ich gerne«, hatte sie zu Larissa gesagt, »kennst du jemand, der hier wohnt?« Larissa hatte bedauert.

6. Mai 1961 Ertappte uns dabei, wie wir über unsere Zukunft nachdachten. Trotz der Tatsache, daß ich Marina geheiratet habe, um Ella zu verletzen, entdeckte ich zu meiner Verwunderung, daß ich in Marina verliebt bin.

Etwa eine Woche nach der Hochzeit sagte Tante Walja: »Zeig mir deine verwöhnten, manikürten Händchen.« Aber Marina konnte nur ihre Putzfrauenhände vorweisen. Ihre Fingernägel waren beim Schrubben der Balkonmauer und des Fußbodens abgebrochen. In diesem Augenblick sagte sie zu sich: »Ist es das, was ich als Ehefrau zu erwarten habe? Abgebrochene Fingernägel? Mein Gott!«
Aber die ersten Tage, die einzigen, die sie freibekommen hatten, verbrachten sie im Bett und standen erst am späten Nachmittag auf. Da sie keine Hochzeitsreise machen konnten, sollte es wenigstens eine sexuelle Entdeckungsreise werden. Marina glaubte, daß sie nun die Freiheit habe, all das zu tun, worauf sie Appetit hatte. Sie hatte ein Feuerwerk erwartet, und als es ausblieb, hoffte sie auf später. Aber es ereignete sich nicht. Das wäre nicht weiter schlimm gewesen. Aber da sie nicht wußte, ob das bißchen, das sie empfand, bereits alles war, was ihr vom Schicksal bestimmt war, wurde alles im Bett zum Problem. Sie fand keinen Weg, es zu ändern, und Lee war immer schrecklich emsig. Später, wenn sie müde oder schlechtgelaunt war, versuchte sie nicht, ihn abzuwimmeln, sondern sagte geradeheraus: »Nein, ich möchte nicht mit dir schlafen, denn ich fühle mich nur wieder einmal benutzt. Wozu? Mag sein, daß du etwas davon hast, mir bringt es nichts.« Auch wenn er sich dadurch in seiner Ehre verletzt fühlte, versuchte er, Verständnis aufzubringen. »Komm, sei nicht so, du weißt doch, daß ich dich liebe«, sagte er dann und spielte den kleinen Jungen. Und manchmal gab sie dann nach.
Sie glaubt, daß er auf Sex versessen war, aber sie haßt es, darüber zu sprechen. »Niemand fragt Jacqueline Kennedy, wie Jack Kennedy im Bett war.« Und nun solle sie über die intimsten Dinge sprechen, etwa, wie es sich an-

fühlte, wenn er in sie eingedrungen war. Sex an sich sei nicht schmutzig, es sei denn, daß man andere Leute zuschauen lasse – dann werde er erniedrigend. Doch ungeachtet aller Probleme und aller Fragerei – sie könne nur sagen, daß sie nie auf den Gedanken kam, Lee könnte homosexuelle Neigungen haben. Vielleicht schwulte er irgendwo anders herum, aber nicht in ihrem Umkreis.

Es sei wahr, daß Lee gern vor dem Spiegel stand und sich bewunderte. »Er war völlig ungeniert. Er war ein Narziß. Er war nicht groß, aber gut proportioniert. Und er hatte wundervolle Beine. Er wußte, daß sie mir gefielen, und oft kokettierte er damit: ›Findest du nicht auch, daß meine Beine einfach Klasse sind?‹ Er wollte bewundert werden. Das waren unsere privaten Spielchen, aber die haben andere ja auch.« Sie kann nur wieder und wieder sagen: er stand wirklich auf Frauen.

Als wir ihr erzählen, daß Lee monatelang mit Ella ging, ohne sie zu verführen oder gar zu nötigen, fragt Marina, ob es Ella möglicherweise peinlich sei, darüber zu sprechen. »Wissen Sie, ich fühle mich heute reiner als damals – verstehen Sie, was ich damit sagen möchte?« Und nach kurzem Nachdenken: »Vielleicht mochte er sie so, daß er sie nicht drängte, weil sie ihn nicht genug begehrte.«

Lee erzählte ihr allerdings mit großer Bewunderung über die schöne Japanerin, die seine erste Liebe gewesen war. Marina hatte also an der Vorstellung zu knabbern, daß er sich noch immer nach dieser lieblichen fernöstlichen Blüte sehnte. Es machte sie eifersüchtig. Eine herrliche Frau spukte in seinem Kopf herum. Wollte er ihr etwas durch die Blume sagen? Sollte sie sich über unübliche sexuelle Praktiken informieren? Sie wollte mithalten können, wenn Lee davon schwärmte, was dieses japanische Mädchen, diese unbekannte Schöne, alles mit ihm angestellt hatte.

5

Frisch verheiratet

Für Walja war Marina nun kein Mädchen mehr, sondern eine *dama*. Wenn man sich in der russischen Gesellschaft eine Position erobert hat, ist man eine *dama*. Kurz nach der Hochzeit sagte Marina zu Walja: »Mein Mann mag in der Fabrik arbeiten, aber er macht sich nicht schmutzig. Er kommt von seinem Job nach Hause, als ob, er ein Ingenieur wäre.«

Walja wollte, daß die Wohnung ebenso sauber aussah wie Lee, und kam deshalb oft helfen. Einmal putzte sie sogar den Balkon. Das war eine harte, schmutzige und langwierige Arbeit. Sie hatte bereits drei Stunden geschuftet, als Alik aus der Fabrik zum Mittagessen heimkam. Marina hatte gekocht und setzte ihm das Essen vor, forderte aber Walja nicht auf, ebenfalls Platz zu nehmen. Später sagte sie zu Marina: »Ich bin weder hungrig noch arm. Aber es ist üblich, jemandem, der für dich putzt, etwas anzubieten. Aber es gibt eben Leute, die sich hinsetzen und essen und einen zuschauen lassen. Schon gut.« Marina mußte es Alik erzählt haben, denn seither scharwenzelte er jedesmal, wenn Walja kam, um sie herum: »Walja, möchten Sie dies? Oder vielleicht das?« Vielleicht hatten sie an jenem Tag schnell mal ein Stündchen für sich allein haben wollen, aber trotzdem wollte Walja, die immerhin den Balkon geputzt hatte, nicht wie ein Dienstbote behandelt werden.

Aus Marinas Erzählung: Im Mai hatten wir unsere Flitterwochen. Natürlich mußten wir beide arbeiten, aber die Abende und Sonntage gehörten nur uns. Wir aßen in Restaurants, erstens, weil ich keine Zeit zum Kochen hatte, und zweitens, weil ich kaum kochen konnte.
Wir liebten beide klassische Musik. Wir hatten viele Tschaikowskij-Platten, er war Lees Lieblingskomponist, aber auch Grieg, Liszt, Rimskij-Korssakow, Schumann. Lees Lieblingsoper war »Pique Dame«. Es gab davon eine wunderschöne russische Verfilmung. Lee sah sie sich vier- oder fünfmal an, und ich saß zu Hause und wurde sogar auf diese Oper eifersüchtig. Nach der Arbeit legte er sofort die Platte auf und spielte sie mehrmals hintereinander. Außerdem gingen wir oft in die Oper, ins Theater, in die Konservatoriums-Konzerte oder in den Zirkus. Viele unserer Freunde beneideten uns um unser Leben. Lee wollte unbedingt ein Kind und war ganz betrübt, als es nach den Flitterwochen noch keine Anzeichen einer Schwangerschaft gab. (7)

Sie erwarteten von ihr, daß sie sofort schwanger würde. Nach dem ersten Monat waren Lee und Walja gleichermaßen enttäuscht. Walja sagte sogar: »Wir hofften so sehr, daß du ein Kind bekommst. Aber vielleicht bist du so unfruchtbar wie dein Onkel.« Und das nach einem Monat! Lee wünschte sich einen Jungen. Er wollte ihn David nennen. Ihr Sohn, versprach er Marina, würde eines Tages Präsident der Vereinigten Staaten werden. Wenn Marina aufs Klo ging, zumindest, wenn die Periode fällig war, ließ er es nicht zu, daß sie die Tür schloß. Er wollte sichergehen, daß die Periode auch wirklich eingesetzt habe. Als sie ihn fragte, warum er ihr nicht vertraue, sagte er: »Du arbeitest schließlich in einem Krankenhaus. Wenn du kein Kind willst, kannst du eine Abtreibung vornehmen lassen. Also möchte ich im Bilde sein.« Sie wollte selbst ein Kind und fand ihn albern, aber sie nahm es mit Humor. Sie sagte: »Dann lassen wir die Tür eben offen. Ich wünsche mir genauso sehnlich wie du ein Kind. Ich werde keine Dummheiten machen.« Es war keine große Affäre. Er baute sich nicht auf und sagte: »Ich möchte, daß du vor mir Pipi machst.« Es war dezenter. Außerdem war Frühling, sie war in der Stimmung: Ich werde ein Baby bekommen und endlich eine Familie haben, und sie wollte, daß sie jung und glücklich blieben – bis ans Ende ihres Lebens.

Mai Die Übertragung meiner vollen Liebe von Ella auf Marina war sehr schmerzhaft, zumal ich Ella fast jeden Tag in der Fabrik sah. Aber im Lauf der Wochen richtete ich meine Gefühle mehr und mehr auf meine Frau aus… Sie ist vom allerersten Anfang völlig in mich vernarrt – Bootsfahrten auf dem Minsker See, Spaziergänge im Park, Abende zu Hause oder bei Tante Walja markieren den Mai.

In den ersten Wochen ihrer Ehe holte Lee sie von der Apotheke ab, und wenn es dunkel wurde, ging er auf den Balkon und hielt mit seinem Feldstecher nach fernen Zielen Ausschau. Danach spülte er das Frühstücksgeschirr, und an den Tagen, an denen es heißes Wasser gab, wusch er die Wäsche. Wenn Marina von der Kalinin Uliza die Stufen zum Hauseingang hinaufstieg, konnte sie ihn aus dem vierten Stock die »Wolgaschiffer« singen hören. Er wäre keine Stimme für den Chor gewesen, aber er sang mit Inbrunst. Eine angenehme Stimme. Und er wusch seine Arbeitskleidung selbst. Er wollte nicht, daß sie mit seinen schmutzigen Sachen in Berührung kam.

Eines Tages nagelte er ein Möbelstück zusammen und schlug sich mit dem Hammer auf den Finger. Sie wußte, wie weh das tat, und – kaum zu glauben – der Schmerz ging ihr durch und durch. Sie spürte, wie ihre Seelen einander in diesem Schmerz berührten. Natürlich wollte er verhätschelt werden. Er benahm sich wie ein kleiner Junge, als sie ihm den Finger verband. Schon bald fand sie heraus, daß ihm seine Arbeit nicht gefiel. Er behauptete, daß er wegen seiner Privilegien abgelehnt würde. Aber sie wußte nicht, ob es der Wahrheit entsprach. Lee spielte mit Menschen. Das merkte sie bald. Vielleicht spielte er sogar mit ihr.

Ein paar Wochen nach ihrer Heirat kamen Briefe aus Amerika, und in einem war ein Foto von Marguerite Oswald, in weißer Krankenschwesterntracht, auf einem Stuhl sitzend. »Das ist meine Mutter«, sagte er Marina und betrachtete das Bild genauer: »Sie hat zugenommen. Ich habe sie nicht so unförmig in Erinnerung.« Einfach so. Marina sagte: »Du hast mir doch erzählt, daß deine Mutter tot ist.« Er sagte: »Ich möchte nicht über meine Mutter sprechen.« Sie kam damit nicht zurecht. Er hatte ihr erzählt, daß er Waise sei. Nun dachte sie für sich: »Ich Törin! Da glaubte ich, daß es ein Zeichen sei, und daß Gott mir eine Waise geschickt habe, wie ich selbst eine bin.«

Aus Marinas Erzählung: Mitte Juni machten wir einen Ausflug an den Minsker See. Wir lagen in der Sonne und schwammen. Es war ein wunderschöner Tag, und Lee sagte, er sei sicher, daß wir ein Baby bekommen würden. Ich glaubte es nicht, aber eine Woche später aßen wir in einem Café, und ich wurde ohnmächtig. Das war wohl das erste Anzeichen. Es war eine große Freude für uns und meine Tante. Doch die Ärzte sagten mir, daß ich das Baby möglicherweise verlieren würde, weil mein Blut rhesusnegativ sei. Lee war äußerst bestürzt, aber es stellte sich heraus, daß er ebenfalls Rhesus-Faktor negativ hatte. Da nur ein kleiner Prozentsatz der Menschen rhesusnegativ ist, war dies ein äußerst seltenes Zusammentreffen – und das machte uns sehr glücklich. (8)

Gute Vorzeichen sind wichtig. Sie lassen einen vieles in Kauf nehmen. Man könnte also den Rhesus-Faktor negativ als positiv entscheidend ansehen. Vielleicht hatte Gott Lee doch für ein bestimmtes Mädchen in Leningrad auserwählt.

Juni Nicht anders als der Mai, außer, daß wir uns immer näher kommen und ich kaum noch an Ella denke…

6
Zurück nach Amerika

Als sie schwanger geworden war, zeigte ihr Lee eines Abends das Buch von Dr. Spock. Sie wußte nicht, ob er es bereits besessen oder seine Mutter gebeten hatte, es ihm zu schicken. Jeden Tag übersetzte er ihr Passagen daraus, bis er ihr – dank Dr. Spock – erklären konnte, wie ihr gemeinsamer Embryo sich entwickeln würde. Er war sehr stolz darauf. Er spielte Doktor mit ihr und kam ihr näher. Sogar sein Russisch wurde besser. Er machte Fortschritte. Er hatte eine Angewohnheit, die ihr gefiel. Er konnte immer alles wegschieben. Niemand konnte ihn drausbringen, wenn er las. Seine Orthographie war schrecklich, aber das war verzeihlich. Denn Russisch ist eine schwere Sprache, und auch viele Russen können nicht korrekt schreiben. Er hatte auch keine Ahnung von Grammatik. Aber was das Sprechen betraf, gab er sich Mühe. Er verhaspelte sich nur selten. Sein Wortschatz war begrenzt, doch seine Aussprache war gut.

Aber jetzt war sie schwanger – »eine völlig andere Sprache«. Manchmal war Lee ihr fremd. Und mit jeder Woche der Schwangerschaft verstärkte sich dieses Gefühl. Vielleicht war das normal. »Du liebst mich noch genauso«, beruhigte er sie, »nur die Hormone sind aus dem Gleichgewicht geraten.« Aber sie empfand einen gewissen Widerwillen gegen ihn. Jetzt, da sie ihn besser kannte, wurde ihr klar, daß er geizig war. Sie wollte die Wohnung verschönern, aber er machte ihr einen Strich durch die Rechnung. »Wir haben alles, was wir brauchen«, sagte er. Gewiß, aber sie wollte es etwas femininer haben, und er verwaltete ihr gemeinsames Geld. Das gefiel ihr nicht. Sie lieferte ihren gesamten Verdienst ab und hatte nicht einmal ein Nadelgeld. Er saß auf allem drauf.

Bevor sie heirateten, hatte sie gedacht, daß sie sie selbst bleiben könne. Es wäre ihr nie in den Sinn gekommen, daß er ihr vorschreiben würde, was sie zu tun habe. Was hatte sie schon viel gewußt? Nun wurde sie borstig, wenn er den Herrn herauskehrte. Während er sie umwarb, hatte sie die Oberhand gehabt. Nun waren die Rollen vertauscht. Trotzdem gab es noch genug Stunden, in denen er sie angenehm überraschte. Sie hörten sich im Radio die Stunde klassische Musik an und machten ein Ratespiel daraus, welcher Komponist gespielt wurde. Meistens behielt er recht. Das imponierte ihr. Er konnte unterscheiden, ob ein Stück von Bach, Chopin oder Wagner war. Er brachte ihr auch Gin-Rommé bei. Ihre Großmutter hatte in Archangelsk keine Spielkarten im Haus geduldet – das war des Teufels Zeitvertreib. Also hatte sich Marina nie dafür interessiert, aber nun spielte sie mit Lee Gin-Rommé, und er schlug sie meistens. Er liebte es, zu gewinnen: »Siehst du, ich habe schon wieder gewonnen!« – das war wichtig für ihn. Für sie nicht. Einer mußte schließlich verlieren.

Manchmal bekam sie einen flüchtigen Blick in sein Wesen. Dann verschanzte er sich wieder hinter seinem Schutzschild. Es war ihm unangenehm, sich eine Blöße zu geben. Nur in intimen Momenten konnte er so sein, wie er war, der kleine Junge, der Aufmerksamkeit heischte. Dann gab er wieder vor, nichts und niemand zu brauchen. »Er kapselte sich ab«, sagt Marina, »und spielte seine Spielchen mit den Leuten. Er behandelte sie nicht wie Menschen.«

Eines Morgens – jeder hatte an diesem Tag seine Stimme für irgendein Prä-

158

sidium abzugeben –, klopften Wahlhelfer um sieben Uhr an ihre Tür. Lee schickte sie weg – es sei noch zu früh. Als sie wiederkamen, wollte Lee ihnen immer noch nicht öffnen. Er schrie wieder durch die Tür: »Das ist ein freies Land.« Er hielt ihnen Vorträge, während sie draußen warteten. Sie kann sich nicht erinnern, ob sie wählen ging, aber Lee belehrte sie beharrlich, daß in der sowjetischen Verfassung nichts darüber stünde, daß man zum Wählen geschleppt werden dürfe. An diesem Tag mußte sie bereits in aller Frühe eine politische Lektion über sich ergehen lassen. Natürlich wußte sie nichts über diese dämliche sowjetische Verfassung. Das heißt, sie war bei der Prüfung eben noch durchgerutscht, aber nun konnte sie sich nicht mehr an das Geringste erinnern. Also fühlte er sich bemüßigt, sie über ihr eigenes System zu belehren, und warf ihr vor, daß sie und ihre Landsleute nicht in der Lage seien, von ihren Bürgerrechten Gebrauch zu machen.

Er legte auch Wert darauf, daß sie zu Hause war, wenn er heimkam. Wenn sie nur zehn Minuten nach ihm kam, wurde er wütend. »Wo warst du? Warum kommst du so spät?« Heute glaubt sie, daß damals seine Kontrolle über sie begann. Lees Arbeitszeiten in der Fabrik waren immer gleich, und ihre auch, aber manchmal blieb sie vor einem Geschäft stehen, wie konnte man also wissen, wer als erster zu Hause sein würde?

Als Schwangere war sie sehr geruchsempfindlich. Die Wände in der Wohnung rochen muffig, sogar der Balkon schien zu stinken, wenn sie die Tür öffnete. Von überallher wehte ihr Essensgeruch in die Nase. Auch zu essen widerstrebte ihr. Und dann war da Lee. Selbst wenn man ihn ausgekocht hätte, hätte er seinen speziellen Körpergeruch nie verloren. Also begann sie, als er im zweiten Monat ihrer Schwangerschaft nicht mehr so nett war, Streit zu suchen. Und sie begann zu zweifeln – hatte sie einen Fehler gemacht? Vielleicht liebte sie diesen Mann gar nicht.

Bald erfuhr sie, daß Lee nicht nur eine Mutter, sondern auch einen Bruder mit Frau und Kindern hatte. Plötzlich hatte er eine Familie – und bekam immer mehr Post. Da sie nicht Englisch lesen konnte, wußte sie nicht, worüber es in diesen Briefen ging, aber an einem Sonntagmorgen wurde alles klar. Lee wachte auf und sagte: »Wenn ich die Chance hätte, nach Amerika zurückzukehren, würdest du dann mitkommen?« »Du machst wohl Witze«, sagte sie. Er erwiderte: »Nein, es gibt da eine Möglichkeit. Ich weiß es noch nicht sicher, aber würdest du mit mir gehen?« Das gab ihr das Gefühl, daß er sie aufrichtig liebte, und sie sagte: »Ich weiß nicht, ich habe Angst davor.« Und nach tiefem Atemholen: »Gut. Ich gehe mit.«

159

So kurz war das Gespräch natürlich nicht – vielleicht zog es sich über eine Stunde oder drei Tage hin –, aber schließlich willigte sie ein. Er sagte: »Ich habe in der amerikanischen Botschaft demonstrativ meinen Paß zurückgelassen. Vielleicht darf ich nicht mehr zurück. Es könnte Komplikationen geben. Ich werde eine Menge Briefe schreiben müssen. Und meine Mutter wird mir helfen. Kommst du wirklich mit?« Als er ihr Versprechen hatte, sagte er: »Ich möchte nicht, daß du Tante Walja oder irgendwelchen anderen Verwandten etwas erzählst. Und niemandem in der Arbeit. Noch nicht. Vielleicht klappt es nicht.«

Marina glaubte nicht, daß es dazu kommen würde. Selbst, als sie bereits ihre eigenen Anträge ausfüllte, glaubte sie es nicht. In ihrem Traum, einen Ausländer zu heiraten, war nicht vorgesehen gewesen, daß sie ihr Land verlassen würde. Sie hatte nur einen Mann finden wollen, der eine Wohnung hatte. Sie hatte sich nicht mit einem Eckchen bei anderen abfinden wollen. Das war das Größte an einer Ehe: die eigene Wohnung. Daß es ein Ausländer war, der sie umwarb und heiratete, war eine Zugabe gewesen, die ihr schmeichelte und ein Abenteuer war. Manchmal hatte sie sich ausgemalt, wie schön es wäre, ein paar Jahre in der Tschechoslowakei oder in der DDR zu leben und zu arbeiten. Sich einen chicen Mantel zu kaufen, hübsch auszusehen. Mit einem Amerikaner als Ehemann konnte sie ihren Kolleginnen immerhin sagen: »Schaut, wen ich mir eingefangen habe. Ihr habt bloß euren russischen Niemand.« Und wenn sie ihr entgegneten: »Ist er denn nicht bloß ein Arbeiter?«, pflegte sie zu bemerken: »Das tut nichts zur Sache. Er ist immerhin Ausländer. Sein Name ist Oswald, nicht Wanja.«

Aber nun wurde es brenzlig. Nach Amerika gehen! Um so gewagter, als sie es nicht ihren Verwandten erzählen durfte und auch in der Arbeit dichthalten mußte. Im Juli sagte ihr Alik, daß er vielleicht illegal nach Moskau fahren müsse, um die Amerikanische Botschaft aufzusuchen. Sie befürchtete, daß der KGB sie abholen würde – vielleicht sogar von ihrem Arbeitsplatz? Sie wußte nicht, wie die Gebräuche des KGB waren.

Was sie ebenfalls nicht wußte, war, daß ihr Mann bereits den halben Winter mit amerikanischen Beamten in Moskau in Korrespondenz gestanden hatte. Bereits einen Monat, bevor sie sich kennenlernten, also Anfang Februar 1961, hatte er an die Botschaft geschrieben und die Rückgabe seines Passes verlangt, den er Ende Oktober 1959 auf Richard Snyders Schreibtisch zurückgelassen hatte. Snyder hatte Oswald in seinem Antwortbrief vorgeschlagen, nach Moskau zu kommen, um die Angelegenheit zu besprechen.

Sie waren seit dieser Zeit in Verbindung geblieben. Oswald belog seine Frau im Laufe ihrer Ehejahre noch sehr oft, aber niemals hinterging er sie so ungeheuerlich wie damals, als er Marina, Walja und Ilja vor der Hochzeit verschwiegen hatte, daß er in seinem Herzen bereits auf dem Rückweg nach Amerika war.

SECHSTER TEIL

EINES LANGEN TAGES REISE IN DIE HEIMAT

1

Bemerkungen des Autors

Bis hierher waren fast alle Personen, die mit Oswald in Berührung kamen, Russen. Doch in dem Maße, in dem sich der Schwerpunkt seines Interesses von sowjetischen Freunden, Freundinnen und Arbeitskollegen auf die amerikanischen Regierungsbehörden verlagert, nimmt auch die Bürokratie der USA und der UdSSR seine Aufmerksamkeit stärker in Anspruch.

Lassen wir uns darauf ein. Dieses Buch beruht schließlich auf der beschränkten Entschleierung, die uns verschiedene Blickwinkel liefern können. Wir untersuchen faktisch ein *Objekt* (um den KGB-Ausdruck für eine Person unter Beobachtung zu gebrauchen), das durch die Facetten eines Kaleidoskops purzelt – in der Hoffnung, auf diese Weise besser in Oswalds Psychologie eindringen zu können.

Die Vielzahl der Deutungen, die ihn einzukreisen versuchten, haben ihn uns eher entrückt – in einer Serie gegensätzlicher Szenarien, angefangen von Mark Lane, der den Fall aufnehmen, bis zu Gerald Posner, der die Akte eiligst schließen wollte. Es wäre vergebliche Liebesmühe, mit einer Liste jener Heerscharen auch nur zu beginnen, die der Kunst des investigativen Journalismus frönen und Oswald in ihre jeweilige Verschwörungstheorie einpaßten.

Vielleicht wäre es eine glücklichere Wahl, zu fragen: Was für ein Mensch war Oswald? Können wir Anteilnahme für seine Nöte aufbringen, oder werden auch wir zu dem Schluß kommen, daß er ein Auswurf der Irrtümer des Universums, ein Monster war?

Was das betrifft, soll hier nicht verschwiegen werden, daß wir uns im Bestreben, zum Kern seines menschlichen Bestehens vorzudringen, gewisse Freiheiten genommen haben. So wie man ein Dia einfärbt, um bestimmte Merkmale deutlicher hervorzuheben, wurden Oswalds Briefe und Aufzeichnungen in Orthographie und Interpunktion korrigiert. Oswald war buchstabenblind, und seine Orthographie ist bisweilen so miserabel, daß der Mensch dahinter sich nicht offenbart, sondern verbirgt – in seinen ärgsten Briefen erscheint er stupide und ungebildet. Wenn wir aber in Betracht ziehen, daß er erst Anfang zwanzig war, ist es trotzdem nicht völlig abwegig, ihn als jungen Intellektuellen zu bezeichnen. Daß er als solcher – auch mit korrigierter Orthographie – keinen überragenden geistigen Horizont hatte, ist wohl offensichtlich, aber da wir in dieser Hinsicht Vorteil gelten lassen wollen, um die Vorgänge in seinem Hirn besser zu diagnostizieren, müssen wir auch einräumen, wie ungeheuer verstümmelnd Dyslexie sich bei einem Menschen auswirkt, der sonst einen guten polemischen Stil hätte entwickeln können. Es ist eine ebenso existentielle Verkrüppelung wie arthritische Finger für einen Geiger.

Wir werden dennoch den Rest des Buches nötig haben, um zu entscheiden, ob eine solche Methode der Annäherung – das Wesen des Mannes zu ergründen, bevor wir unsere Schlüsse über den Plan ziehen – hilfreich ist, herauszufinden, wie und warum Kennedy erschossen wurde. Bis dahin werden wir immer wieder fragen, wer dahintersteckte, und welche Verschwörung am Werk war. Es will uns praktisch nicht in den Kopf, daß ein einzelner kleiner Mann einen Giganten inmitten seiner Limousinen, seiner Eskorten, des Getümmels und der Sicherheitsbeamten fällte. Wenn eine solche Null den Führer der mächtigsten Nation der Welt auslöschte, dann treiben wir in einer Welt, die aus den Fugen ist, und leben in einem absurden Universum. Also grenzt sich die Frage gewissermaßen selbst ein: falls wir uns entscheiden sollten, daß Oswald Kennedy eigenhändig getötet hat, müssen wir uns zumindest darüber Klarheit verschaffen, ob er ein Attentäter mit einer Vision war oder bloß ein Killer. Wir müssen Oswald nicht nur aus den verschiedensten Perspektiven – erst den russischen und nun bald den amerikanischen – unter die Lupe nehmen, sondern auch versuchen, ihn durch die bürokratische Brille zu betrachten. Viel zu oft vielleicht, aber mehr steht uns eben nicht zur Verfügung. Geben wir jedoch zu, daß es für unser Gemeinwesen zu allen Zeiten einen Unterschied macht, ob eine Mordtat aus dumpfem Trieb begangen wird, oder ob sie ein Racheschrei ist, der sich aus einer verzerrten Seele ringt, die sich in ihrem subjektiven Gefühl von Ungerechtigkeit umnachtet hat.

Damit sind wir zumindest bei der philosophischen Crux unserer Untersuchung angekommen: es würde bedeuten, daß der plötzliche Tod eines über alle Möglichkeiten gebietenden Mannes wie John Fitzgerald Kennedy erträglicher ist, wenn wir seinen Mörder eher als tragisch denn als absurd begreifen. Denn die Absurdität zehrt an unserer Spezies. Der sich häufende Kot des postmodernen Medien-Ausstoßes (in dem alles allem anderen gleichgemacht wird) liefert uns genügend Begründung für eine solche Behauptung.

163

2
Korrespondenz

Am 13. Februar 1961 erhielt die Amerikanische Botschaft einen Brief von Lee Harvey Oswald, dessen Inhalt sowohl das State Departement (US-Außenministerium) wie den KGB aufgeschreckt haben muß. Aufgegeben in Minsk am 5. Februar, war er acht Tage unterwegs gewesen, bis er Richard Snyder in Moskau erreichte. Obwohl es alles andere als unwahrscheinlich ist, daß Igor und Stepan eine solche Mitteilung ihres hochgeschätzten Überläufers nicht abfingen, waren sie nicht bereit, uns Auskunft über ihre Reaktion zu geben. Dennoch liegt – gemessen an den Mitteilungen, die sie über ihre Behandlung des Falles bereits gemacht hatten – der Schluß nahe, daß sie beschlossen, die weitere Entwicklung abzuwarten.

Hier also Oswalds Brief:
Dear Sirs,
ich bitte Sie, meine Anfrage über die Rückgabe meines amerikanischen Passes in Erwägung zu ziehen.
Ich habe den Wunsch, in die Vereinigten Staaten zurückzukehren, vorausgesetzt, wir können uns darüber einigen, daß alle gerichtlichen Verfahren gegen mich eingestellt werden. Wenn sich das arrangieren läßt, hätte ich die Möglichkeit, die russischen Behörden zu bitten, mich ausreisen zu lassen. Ich gehe davon aus, daß sie mir, wenn ich ihnen meinen amerikanischen Paß vorweisen könnte, ein Ausreise-Visum bewilligen würden.
Ich wurde zu keinem Zeitpunkt unter Druck gesetzt, die russische Staatsbürgerschaft anzunehmen. Ich lebe hier mit einer vorläufigen Aufenthaltserlaubnis für Ausländer.
Ich kann Minsk nicht ohne Genehmigung verlassen, deshalb schreibe ich diesen Brief, statt persönlich vorzusprechen.
Da ich mich nun wieder auf meine Verantwortung besinne, die ich gegenüber Amerika habe, hoffe ich, daß Sie sich an die Ihre erinnern, alle Schritte zu unternehmen, um mir behilflich zu sein, da ich schließlich amerikanischer Staatsbürger bin.

Hochachtungsvoll
Lee Harvey Oswald (1)

Die Amerikanische Botschaft in Moskau ließ die Angelegenheit bis zum

28. Februar ruhen und erbat dann – per Luftpost – Anweisungen des Außenministeriums:

... eine Einladung durch die Botschaft könnte seine Reise nach Moskau erleichtern. Im äußersten Fall könnte ihm die Botschaft seinen Paß auch per Post zurückschicken, falls das Ministerium keine Einwände hat, und vorausgesetzt, daß sich die Botschaft Sicherheit darüber verschaffen kann, daß Oswald nichts begangen hat, was den Verlust der Staatsbürgerschaft zur Folge hätte. Gleichwohl ist es fraglich, ob ihm das bei der Beantragung eines Ausreisevisums aus der Sowjetunion weiterhilft.

Die Botschaft bittet außerdem um Auskünfte, ob Oswald aus irgendwelchen Gründen Gegenstand einer Strafverfolgung ist, falls er wieder unter die Gerichtsbarkeit der Vereinigten Staaten fällt, und, falls ja, ob Einwände dagegen bestehen, ihm dies mitzuteilen.

i.A. Edward L. Freers
Minister Counselor (2)

Am selben Tag schrieb Richard Snyder einen Antwortbrief an Oswald:

Dear Mr. Oswald,

wir bestätigen den Erhalt Ihres Schreibens, in dem Sie den Wunsch ausdrücken, wieder in die Vereinigten Staaten zurückzukehren.

Da das Problem Ihres gegenwärtigen Status, was Ihre amerikanische Staatsbürgerschaft betrifft, nur auf Basis eines persönlichen Gesprächs geklärt werden kann, schlagen wir Ihr Erscheinen in der Botschaft zu einem Ihnen passenden Termin vor. Die Bürozeiten der Konsularabteilung sind von 9 bis 18 Uhr... (3)

Es ist nicht uninteressant, an dieser Stelle einen Schlagabtausch zwischen Gerald Ford von der Warren Commission und Richard Snyder einzufügen:

Abgeordneter Ford: Mit Ihrer Antwort ließen Sie sich 15 Tage Zeit.

Mr. Snyder: Sie müssen bedenken, daß in meinen Augen, in meiner Eigenschaft als verantwortlicher Beamter vor Ort, Mr. Oswald keinen Anspruch auf vorrangige Behandlung durch die Botschaft hatte. Und obwohl man als Konsularbeamter versucht, immer so wertneutral wie nur möglich zu sein, läßt sich das in der Praxis nicht immer so handhaben. Mr. Oswald hatte jedenfalls keinen Anspruch auf außergewöhnliche Behandlung meinerseits. (4)

Oswald seinerseits schien es auch nicht eilig zu haben. Erst am 12. März, also nur fünf Tage, bevor er Marina auf dem Ball im Palast der Gewerkschaft begegnete, beantwortete er Snyders Brief vom 28. Februar. Der Tenor seines Schreibens läßt darauf schließen, das er davon ausgeht, daß der KGB mitliest. Er wählt eine Ausdrucksweise, die unter den gegebenen Umständen so unverfänglich wie möglich ist:

Dear Sirs,

in Bezugnahme auf Ihr Schreiben von dato halte ich es für ungelegen, lediglich für ein Gespräch nach Moskau zu kommen.

In meinem letzten Schreiben habe ich doch wohl dargelegt, daß ich Minsk nicht ohne Genehmigung verlassen kann. Soviel ich weiß, besteht auch in den Vereinigten Staaten ein Gesetz, betreffend den Reiseverkehr ortsansäßiger Ausländer aus sozialistischen Ländern zwischen den einzelnen Städten.

Ich glaube nicht, daß es für mich angemessen wäre, eine Reiseerlaubnis für den Besuch der Amerikanischen Botschaft in Moskau zu beantragen. In jedem Fall wäre es bis zur Bewilligung einer solchen Erlaubnis ein langwieriges Verfahren, und ich glaube, daß die örtlichen Behörden hier zögern, ein solches Verfahren überhaupt einzuleiten.

Ich habe nicht die Absicht, meine Stellung hier zu mißbrauchen, und ich bin sicher, daß Sie das von mir auch nicht erwarten.

Ich sehe keinen Grund, warum vorläufige Erkundigungen nicht in Form eines Fragebogens an mich geschickt werden können. Ich bin mir im klaren, daß persönliche Gespräche die Arbeit für die Mitarbeiter der Botschaft zweifelsohne einfacher machen als schriftlicher Verkehr, doch müssen in manchen Fällen andere Wege gefunden werden.

Hochachtungsvoll
Lee Oswald (5)

Interpretiert man den letzten Absatz von Oswalds Brief als zynisch, so war Snyders Anwort vom 24. März nichtsdestoweniger trocken:

Dear Mr. Oswald,

wie bereits in unserem vorigen Schreiben erwähnt, läßt sich eine definitive Entscheidung über Ihren derzeitigen Status bezüglich der amerikanischen Staatsbürgerschaft nur auf Basis eines persönlichen Gesprächs fällen.

Wir schlagen Ihnen vor, uns von Ihrer Absicht, die Amerikanische Botschaft zu besuchen, im voraus zu informieren, damit wir Ihnen unverzüglich einen Termin geben können. Sie können jedoch auch jederzeit während der normalen Bürostunden vorbeikommen. Wahrscheinlich möchten Sie dieses Schreiben den Behörden in Minsk in Zusammen-

hang mit einem Antrag für eine Reisegenehmigung nach Moskau vorlegen... (6)

3
Bürokratische Auslotung

Nun hat das State Department den Schwarzen Peter. Welchen Status genau
hat Oswald? Wenn er seine Staatsbürgerschaft nicht aufgegeben hat, unter welchen Bedingungen soll ihm sein Paß zurückgegeben werden? Kann er
per Post nach Minsk geschickt werden? Ein heikles Problem. Das Dokument
könnte abgefangen und durch ein gefälschtes ersetzt werden. Natürlich sind
die KGB-Labors genauso gut ausgerüstet wie die der CIA oder des FBI.
Jedenfalls erteilt das State Department der Amerikanischen Botschaft in
Moskau am 27. März die folgende Weisung:
... wenn Sie völlig überzeugt sind, daß Oswald sich in keiner Weise selbst
ausgebürgert hat, sind Sie autorisiert, seinen US-Paß dahingehend zu ändern, daß er für eine direkte Rückkehr in die Vereinigten Staaten gültig
ist, und die Zustellung per Post unter Einhaltung geeigneter Sicherheits-
maßnahmen zu veranlassen.
Das Ministerium hat nicht die Möglichkeit, Mr. Oswald zu informieren,
ob er nach seiner angestrebten Rückkehr in die Vereinigten Staaten der
Strafverfolgung für evtl. Verletzungen der Gesetze der Vereinigten Staaten
oder eines ihrer Bundesstaaten unterliegt. (7)

Vier Tage später sieht sich die Bürokratie, die »nicht die Möglichkeit hat,
Mr. Oswald zu informieren«, einem zwingenden Grund gegenüber, warum
seine Rückkehr in die Vereinigten Staaten genehmigt werden sollte. Ein Beamter des Ministeriums namens Hickey schickt einem anderen Beamten
namens White eine vertrauliche interne Aktennotiz:
... wir stehen auf dem Standpunkt, daß jedwedes Risiko einer postali-
schen Übersendung des Passes durch die sich den Vereinigten Staaten bie-
tende Chance ausgeglichen würde, Informationen von Mr. Oswald hinsichtlich seiner Aktivitäten in der Sowjetunion zu erhalten. Zum Wohle
der Vereinigten Staaten und falls der Besitz eines Passes für den Erhalt eines Ausreisevisums hilfreich ist, sollten wir alles in unserer Macht Stehende tun, um ihm seine Rückkehr in die Vereinigten Staaten zu erleichtern. (8)

Das wird das hauptsächliche Leitmotiv in der kommenden Korrespondenz. Da sich jede Seite unter gewaltigen ideologischen Mißverständnissen über die andere eingegraben hatte, schmachteten beide Lager nach jedem Zipfelchen Wissen über die Lebensbedingungen im alltäglichen Leben ihres Gegners. Das State Department verfügt schließlich über einen voluminösen Ordner mit Einsprüchen, Präzedenzfällen, Schlupflöchern, Anweisungen, Verzichtserklärungen und Sanktionen, aber darunter läuft immer das Grundthema: Oswald ist nützlich. Die Einsichten, die man sich von ihm über das sowjetische Leben erhofft, sind ein Faktor, der bedeutsam genug ist, um ihm über nicht wenige bürokratische Hürden und Sperren zu helfen. Doch in der Zwischenzeit – welche Hürden, welche Sperren!

Ein Brief von Oswald, lediglich mit »Mai 1961« datiert, erreicht die Botschaft am 25. Mai. Falls er länger als einen Monat für seine Antwort an Snyder brauchte, haben wir zu berücksichtigen, daß diese Periode vor allem der erste Monat seiner Ehe mit Marina war.

Dear Sirs,
ich nehme Bezug auf Ihr Schreiben vom 24. März. Ich begreife die Gründe für die Notwendigkeit eines persönlichen Gesprächs in der Botschaft. Jedoch möchte ich betonen, daß ich nicht nur das Recht einfordere, in die Vereinigten Staaten zurückzukehren, sondern auch die Garantie, daß ich nicht, und zwar unter keinen Umständen, für irgendeine diesen Fall betreffende Handlung verfolgt werde. Ich habe das bereits in meinem ersten Brief deutlich gemacht, worauf von seiten der Botschaft auf diesen Punkt nicht einmal andeutungsweise eingegangen wurde. Falls Sie nicht der aufrichtigen Überzeugung sind, daß dieser Bedingung nachgekommen werden kann, sehe ich keinen Anlaß, diese Korrespondenz fortzusetzen. Statt dessen werde ich mich bemühen, meine Verwandten in den Vereinigten Staaten dazu zu veranlassen, Schritte in Washington zu unternehmen.
Die Reise nach Moskau müßte ich auf mein eigenes Risiko unternehmen, und ich denke nicht daran, mich in eine unangenehme Situation zu bringen, solange ich nicht der Auffassung bin, daß es den Einsatz lohnt. Außerdem habe ich mich nach meinem letzten Brief verheiratet.
Meine Frau ist Russin, geboren in Leningrad, sie ist Waise und durchaus bereit, die Sowjetunion mit mir zu verlassen und in den Vereinigten Staaten zu leben.
Ich werde ohne meine Frau nicht von hier weggehen, also müßten auch Dispositionen getroffen werden, daß sie das Land gleichzeitig mit mir verlassen kann…

Aufgrund dieser zusätzlichen Komplikation schlage ich vor, daß Sie sich erst kundig machen, bevor Sie mir weitere Ratschläge geben.

Ich glaube, daß ich mich deutlich ausgedrückt habe. Ich erwarte dasselbe von Ihnen in Ihrem nächsten Brief.

Hochachtungsvoll
Lee Harvey Oswald (9)

Wir wissen nichts Genaues über die Reaktion des State Department auf diese »zusätzliche Komplikation«, aber wir dürfen annehmen, daß ihnen Oswalds Vorhandensein nachdrücklich gegenwärtig ist. Er zieht die Schicksalsschraube an.

4

Zurück nach Moskau

Aufgrund der schleppenden Korrespondenz mit Snyder und nachdem sein Paß auch nicht per Post eingetroffen ist, wird Oswald allmählich klar, daß er das Risiko einer nicht genehmigten Reise nach Moskau auf sich nehmen muß. Ein ziemliches Wagnis.

In einem Fragebogen, den J. Lee Rankin von der Warren Commission im Mai 1964 an Abram Chayes vom State Department schickte, wird die Situation im Nachhinein bewertet:

FRAGE 1: Aus Ihren Akten geht hervor, daß Lee Harvey Oswald der Meinung war, er könne nicht von Minsk nach Moskau reisen, ohne dafür die Genehmigung der sowjetischen Behörden in Minsk einzuholen. Haben Sie irgendwelche Informationen oder Erfahrungen hinsichtlich der Durchführbarkeit einer solchen Reise für sowjetische Bürger oder Personen mit dem Status von Oswald?

ANTWORT: In diesem Bereich kann man nicht generalisieren. Wir wissen aus Befragungen früherer Einwohner der Sowjetunion, die seitens der sowjetischen Behörden als »staatenlos« galten, daß sie die Stadt, in der sie wohnten, nicht ohne Genehmigung der Polizei verlassen durften. Zur Beantragung einer solchen Genehmigung mußten sie einen Fragebogen ausfüllen, in den der Grund für die Reise, die Aufenthaltsdauer, Anschriften der zu besuchenden Personen etc. einzutragen waren.

Ungeachtet dieser Vorschriften wissen wir von zumindest einer »staatenlosen Person«, die häufig ohne Genehmigung der Behörden reiste und angab, daß die Bahnhofspolizei gewöhnlich Stichproben bei jedem zehnten Reisenden vornahm, aber daß solche Kontrollen leicht zu umgehen waren. Diese Person gab weiterhin an, daß Leute, die bei einer Verletzung der Meldevorschriften erwischt wurden, von der Polizei in ihre Stadt zurückgebracht und zu einer kurzen Gefängnisstrafe sowie zu einer Geldbuße verurteilt wurden. Im Wiederholungsfall wurde das Strafmaß verschärft. (10)

Für Oswald jedenfalls ist es eine Art russisches Roulett. Während des Beginns von Marinas Schwangerschaft im Juni und in den frühen Sommer hinein lebt er in der ständigen Unruhe, daß er das Wagnis dieser Reise unternehmen muß. Es kann weder seine Stimmung verbessern, noch sein Selbstvertrauen stärken, daß der Mann, mit dem er es in der Botschaft zu tun haben wird, ausgerechnet Richard Snyder ist.

Juli Ich beschließe, meine zwei Wochen Urlaub zu nehmen und nach Moskau zur Amerikanischen Botschaft zu fahren (ohne polizeiliche Genehmigung), in der Erwartung, daß ich meinen amerikanischen Paß zurückbekomme und Abmachungen über die Einreise meiner Frau in die USA treffen kann.

Schon früher, im Winter 1960/61, hatte Oswald mit anderen Fabrikarbeitern an einer Busreise nach Moskau teilnehmen wollen, war aber stillschweigend übergangen worden. Das heißt, seine Kollegen fuhren ab, ohne ihn über ihre Pläne zu informieren. »Wir waren damals der Auffassung«, sagt Igor, »daß er nicht in diese Gruppe aus dem Gorisont-Radiowerk paßte.« Igor kann noch heute seine Bedenken aufzählen. Was hatte Oswald in Moskau vor? Vielleicht gab es dort einen sicheren Ort, an dem er Ausrüstung oder Anweisungen entgegennehmen oder etwas durchfunken konnte. Vielleicht wollte er auch etwas in einem toten Briefkasten hinterlegen. Da der Minsker KGB sich die Kosten einer eigenen Überwachung in Moskau kaum leisten konnte, und die Moskauer Zentrale vermutlich ebenfalls nicht an einer Belastung ihres Budgets interessiert war, hatte der Minsker KGB beschlossen, seine Teilnahme an diesem Ausflug zu blockieren.
Als Oswald allerdings während seines Urlaubs im Juli 1961 nach Moskau zur Amerikanischen Botschaft reiste, hatte man keine Bedenken. Schließlich, erklärt uns Igor, wußten sie inzwischen, daß es ihm hier nicht gefiel, also gab es aus politischer Sicht keine Gründe, ihn zu halten. Trotz der fabelhaften Bedingungen, die ihm die sowjetischen Behörden geschaffen hatten, hatte er die sowjetische Staatsbürgerschaft nicht annehmen wollen.

170

Dann also ab mit ihm nach Amerika. Da seine Absichten und sein Ziel aus seiner Korrespondenz sattsam bekannt waren, schritt der KGB gegen seine illegale Reise nach Moskau nicht ein. Wie sich herausstellte, wurde er trotzdem in Moskau überwacht, aber er unternahm nichts, was Verdacht hätte erregen können, sagt uns Igor.

8. Juli Ich nehme in Minsk das Flugzeug um 11 Uhr 20. Zwei Stunden und zwanzig Minuten später, nach einem tränenreichen und besorgten Abschied von meiner Frau, komme ich in Moskau an... Vom Flugplatz fahre ich bei starkem Verkehr ins Zentrum. Erst um 3 Uhr nachmittags komme ich vor der Botschaft an. Es ist Samstag – was, wenn sie geschlossen ist? Als ich eintrete, finde ich die Büros leer, aber es gelingt mir, Snyder telefonisch zu kontaktieren (das gesamte Botschaftspersonal wohnt im selben Gebäude). Er kommt herunter, um mich zu begrüßen und schüttelt mir die Hand. Nach einem Gespräch rät er mir, am Montag als allererstes wiederzukommen.

5

Französischer Champagner

Marina erzählt uns, daß Lee solche Angst hatte, bei seinem Versuch, nach Moskau zu reisen, verhaftet zu werden, daß er unaufhörlich seine Situation analysierte. Er notierte auch die kleinste Kleinigkeit, um alle möglichen Punkte zu erfassen.

Als er im Juli seinen endgültigen Entschluß gefaßt hatte, wußte er noch immer nicht, ob er die Amerikanische Botschaft überhaupt betreten könne, ohne von der russischen Miliz angehalten zu werden. Später fragte sie sich, vor wem er sich mehr fürchtete – vor den Russen, daß sie ihn nicht ausreisen lassen, oder vor den Amerikanern, daß sie ihn einsperren würden, weil er Geheimnisse verraten hatte. Marina hatte ebenfalls Angst, daß er ohne Reisegenehmigung erwischt würde. Trotzdem konnte ihn nichts aufhalten. Er sagte ihr: »Noch einen Winter in Rußland, und ich gehe drauf.«

So viel geschah zugleich. Am selben Tag, dem 8. Juli, an dem er nach Moskau abreiste, erhielt sie in der Apotheke einen Anruf. Eine Stimme sagte: »Marina, hier ist Leonja. Was machen Sie heute?« Eine Stimme aus der Vergangenheit. Leonid Gelfant war ein eleganter dreiundzwanzigjähriger Architekt, den sie am Neujahrsabend 1960 kennengelernt hatte, auf jenem ominösen Fest in Mischa Smolskis Datscha, auf dem sie sich erst mit Anatoli Schpanko im Hof geküßt und dann mit Konstantin Bondarin in einem Zimmer eingeschlossen hatte. Mit Leonid hatte sie sich im Lauf des nächsten halben Jahres vielleicht sechsmal getroffen, wobei es lediglich zum Austausch von Zärtlichkeiten gekommen war.

Sie fragte: »Warum rufen Sie mich an? Sie wissen doch, daß ich verheiratet bin.« Er sagte: »Weil Samstag ist, dachte ich mir, ich rufe mal an.« Sie sagte: »Zufällig ist mein Mann verreist. Und ich habe nichts vor. Ich gehe nach der Arbeit heim, dusche und mache es mir gemütlich.« Er fragte: »Wollen Sie mit mir zu Abend essen? Ich habe französischen Champagner.« Er fügte noch hinzu, daß er zur Zeit die schöne Wohnung eines Freundes zur Verfügung habe, und daß es doch ganz reizend wäre, sich in einer so angenehmen Umgebung wiederzusehen.

Sie machte sich zurecht, und sie sahen sich einen Film an. Dann gingen sie in die Wohnung seines Freundes. Sie hatte beschlossen, die Probe aufs Exempel zu machen. Vielleicht liebte sie Lee gar nicht. Vielleicht war einer der Gründe, Leonid Gelfand zu treffen, ihre Angst vor Amerika. Vielleicht fragte sie sich, ob dieser alte Freund eine Lösung wäre. Sie mochte Leonid, er war Jude und hatte hervorragende Manieren. Vielleicht war seine Liebe so stark, daß sie sich von Lee scheiden lassen könnte. Doch der Abend endete damit, daß sie dem Mann sagen mußte, für eine Heirat sei er noch nicht reif genug. Sie fühlte sich schmutzig. Erniedrigt. Sie rannte den ganzen Weg heim. Wie, fragte sie sich immer wieder, konnte ich Lee nur betrügen? Als sie endlich in ihrer Wohnung war, mußte sie sich beinahe übergeben. Da kniete sie nun vor der Kloschüssel. Auch heute erinnert sie sich nur ungern an diesen Tag, »obwohl Zeit, diese bittere Medizin, die beste Medizin ist«, wie sie uns sagt.

Leonid Gelfant arbeitet nun 33 Jahre als Architekt. Sein Minsker Büro bekommt von überallher Aufträge. Er stammt aus einer gebildeten Familie mit sehr engen Banden, und als er Marina kennenlernte, die aus einer völlig anderen Welt kam, war es eine angenehme Überraschung, aber nichts, in dem er eine Zukunft sah. Ein Neujahrsabenteuer eben. Er bekennt freimütig, daß er sich an jenem fraglichen letzten Abend herzlich wenig Gedanken darüber machte, daß sie inzwischen verheiratet war. Viel wichtiger schien ihm, daß sie bei dieser Gelegenheit sehr reizend war, warm und zärtlich. Aber es wurde sicher nicht über eine Fortsetzung der Beziehung gesprochen. Er war schließlich an einer festen Beziehung mit ihr nicht interessiert, und deshalb habe er auch keine persönlichen Fragen gestellt und auch nicht erfahren, daß sie schwanger war. Als sie wehmütig wurde – ganz und gar nicht untypisch für sie –, war sie eben seine alte Marina. Leonid hatte nicht den Eindruck, daß sie irgend etwas bereute.

Als wir ihm ihre Bemerkung beim Abschied ins Gedächtnis rufen, sagt er, daß er in der Tat noch ein grüner Junge gewesen sei, und daß Marina ihm in diesem Anfangsstadium seines sexuellen Lebens eine große Hilfe war. Er habe nie etwas übers Knie gebrochen. Er war mit einer Frau sogar einmal in den Kaukasus gefahren, ohne daß es zu Weiterungen gekommen sei. Er sei immer sehr romantisch geblieben und habe auf seine Prinzessin gewartet, die ihm sowohl intellektuell wie emotional genügen konnte, auf die Richtige eben. Deshalb hätte Marina in seinem Leben keinen Platz gehabt.

6
Reisekrankheit

Per Kurierpost Nur für den Dienstgebrauch
Depesche des Auswärtigen Dienstes 11. Juli 1961
VON: Amerikanische Botschaft, Moskau, Abt. 29
AN: State Department, Washington
BETRIFFT: Staatsbürgerschaft und Pässe: Lee Harvey Oswald

Lee Harvey OSWALD erschien auf eigene Initiative in Zusammenhang mit seinem Wunsch, gemeinsam mit seiner Ehefrau in die Vereinigten Staaten zurückzukehren, am 8. Juli in der Botschaft.

Oswald wurde ausführlich über seine Aktivitäten seit seiner Einreise in die Sowjetunion befragt. Es ergaben sich keine Hinweise auf Handlungen seinerseits, die einen Verlust der amerikanischen Staatsbürgerschaft bewirken würden. Er legte den inländischen sowjetischen »Staatenlosen«-Paß Nr. 311479 als Anscheinbeweis vor, daß er bei den sowjetischen Behörden nicht als sowjetischer Staatsbürger geführt wird. Oswald erklärte, daß er entgegen dem Wortlaut seiner Erklärung, die er der Botschaft am 31. Oktober 1959 übergab, in Wirklichkeit niemals um die sowjetische Staatsbürgerschaft nachgesucht habe.

Oswald erklärte, daß er seit seiner Ankunft in der Sowjetunion niemals aufgefordert worden sei, irgendwelche Aussagen in Funk oder Presse zu machen oder vor Publikum zu sprechen, und daß er zu keiner Zeit verwertbare Aussagen bezüglich seiner ursprünglichen Absicht, sich in der Sowjetunion niederzulassen, gemacht habe. Zu seiner Feststellung vor dem Beamten, der ihn am 31. Oktober 1959 befragte, daß er bereit sei, der Sowjetunion alle Informationen zugänglich zu machen, über die er aufgrund seiner Zugehörigkeit zum Marine Corps und seiner Tätigkeit in der Radarüberwachung verfüge, erklärte Oswald, daß er von den sowjetischen Behörden niemals einer Befragung über sein Leben oder seine Erfahrungen vor seiner Ankunft in der Sowjetunion unterzogen worden sei, und daß er den sowjetischen Organen niemals solche Informationen weitergegeben habe. Er sagte, daß er bezweifle, ob er solche Informationen trotz seiner Erklärung in der Botschaft überhaupt weitergegeben hätte.

Oswald ließ erkennen, daß er im Falle seiner Rückkehr in die Vereinigten Staaten befürchte, wegen seines Aufenthaltes in der Sowjetunion für längere Zeit ins Gefängnis zu müssen. Oswald wurde inoffiziell mitgeteilt, daß die Botschaft beim derzeitigen Kenntnisstand keinen Grund dafür sehe, warum er zu einer so harten Strafe verurteilt werden sollte, wie er sie sich offensichtlich ausrechne. Allerdings wurde ihm ausdrücklich gesagt, daß ihm die Botschaft dies nicht mit absoluter Sicherheit zusagen könne. Oswald sagte, daß er das verstehe. Er habe sich nur vergewissern wollen, daß eine Rückkehr in die Vereinigten Staaten nicht mit einer mehrjährigen Gefängnisstrafe verbunden sei. Er habe, bevor er sich an die sowjetischen Behörden wendete, »erst an diesem Ende Gewißheit haben wollen«.

Oswald hat am 30. April 1961 Marina Nikolajewna Prusakowa geheiratet, eine Zahntechnikerin. Er versucht, seine Frau in den nächsten Tagen nach Moskau kommen zu lassen, damit sie wegen eines Visums in der Botschaft vorsprechen kann.

Oswald beabsichtigt, unmittelbar nach seiner Rückkunft nach Minsk ein Ausreisevisum zu beantragen. Zu diesem Zweck erhielt er seinen amerikanischen Paß zurück, der dahingehend geändert wurde, daß er nur für die direkte Rückkehr in die Vereinigten Staaten gültig ist. Man war der Meinung, daß Oswald bei den zuständigen sowjetischen Behörden keinen Erfolg haben würde, wenn er nicht seinen amerikanischen Paß vorweisen könne.

Zwanzig Monate Erfahrung mit den Realitäten des Lebens in der Sowjetunion haben in Oswald offensichtlich einen Reifungsprozeß ausgelöst. Er gab freimütig zu, daß er seine Lektion auf sehr harte Weise gelernt habe und daß er sich über die Sowjetunion keine Illusionen mehr mache, sondern die Vereinigten Staaten und die Bedeutung der Freiheit in neuem Licht sehe. Es scheint, als ob er viel von seiner Arroganz und Prahlerei eingebüßt habe, die bei seinem ersten Besuch der Botschaft für ihn charakteristisch waren. (11)

9. Juli Erhalte meinen Paß, benachrichtige Marina, daß sie nach Moskau kommen soll.

14. Juli Ich und Marina kehren nach Minsk zurück.

15. Juli Als Marina zur Arbeit geht, ist sie bestürzt, daß jeder über ihren Besuch in der Amerikanischen Botschaft Bescheid weiß. Sie wurden an ihrem Arbeitsplatz von Offiziellen aus Moskau angerufen. Ihre Chefs berufen eine Sitzung ein und versuchen, sie massiv einzuschüchtern, die erste von vielen Indoktrinationen.

AN: Amerikanische Botschaft, Moskau

15. Juli 1961

Dear Sirs,

wie abgemacht, schreibe ich Ihnen, um Sie über das Verfahren und den Fortschritt betreffend unsere Visa zu informieren.

Wir sind an das örtliche *OVIR*-Büro herangetreten, und die Ergebnisse sind nicht entmutigend. Es ist jedoch auf meine Frau an ihrem Arbeitsplatz auf ungewöhnliche und brutale Weise Druck ausgeübt worden. Während wir noch in Moskau waren, sind die Obleute an ihrem Arbeitsplatz benachrichtigt worden, daß sie und ich die Botschaft wegen Visa aufgesucht haben. Dann folgte die übliche »Feind des Volkes«-Versammlung, in der sie in ihrer Abwesenheit verurteilt wurde, und ihren Arbeitskolleginnen untersagt wurde, mit ihr zu sprechen. Diese Taktiken sind jedoch ziemlich nutzlos, und meine Frau hielt sich gut, ohne in Schwierigkeiten zu kommen.

Wir betreiben das Verfahren weiter, und ich werde Sie regelmäßig auf dem laufenden halten.

Hochachtungsvoll
Lee H. Oswald (12)

AUS DEN KGB-NIEDERSCHRIFTEN
OBJEKT: OLH-2658
ZEITRAUM: 17. Juli 1961
[In diesen Niederschriften erscheint OLH (Oswald, Lee Harvey) als LHO. Marina wird nur als EHEFRAU bezeichnet. Stepan hat diejenigen Teile unterstrichen, die er für relevant hielt, während die kursiv wiedergegebenen Kommentare, die wie szenische Anweisungen wirken, durch den

KGB-Observanten in die Niederschrift eingefügt wurden. Dieser verdienstvolle Mensch machte seine (oder ihre) Beobachtungen durch ein Guckloch in einem angemieteten Raum neben der Wohnung der Oswalds.]

LHO: Ich weiß nicht, was du tun sollst. Mach, was du willst. Wenn du willst, kannst du mit mir kommen.

EHEFRAU: Ich möchte nicht mit.

LHO: Warum nicht?

EHEFRAU: Ich habe einfach Angst.

LHO: Natürlich hast du Angst.

EHEFRAU: Ich kenne Amerika nicht, nur Rußland. Du kannst zu deinen Leuten zurück, ich weiß nicht, wie es dort sein wird. Wo findest du Arbeit?

LHO: Ich werde alles, was ich nur will, finden. Ich werde alles tun. Das ist meine Aufgabe.

EHEFRAU: Wie wird man mich dort behandeln?

(Radio übertönt Unterhaltung; unmöglich zu verstehen)

AUS DEN KGB-NIEDERSCHRIFTEN
OBJEKT: OLH-2658
ZEITRAUM: 19. Juli 1961

EHEFRAU: Alles, was du kannst, ist mich quälen…

(LHO geht hinaus, schreit etwas aus der Küche)

EHEFRAU: Such dir doch ein Mädchen, das kochen kann. Ich muß arbeiten, ich habe keine Zeit, für dich Koteletts zu machen. Du magst keine Suppe, keine *Kascha*, nur das Feinste darf es sein, also bitte!

LHO: Ich kann auch im Restaurant essen.

EHEFRAU: Geh zum Teufel. Wann läßt du mich endlich zufrieden? Das werde ich wohl nie erleben.

LHO: Aber du kannst wirklich überhaupt nichts.

EHEFRAU: Laß mich in Ruhe.

Einmal traf Marina zufällig Mischa Smolski auf der Straße, der sie fragte, wie sie denn so mit ihrem Mann zurechtkäme. Sie antwortete: »Es ist sehr schwierig.« Mischa sagte: »Wenn es so schwierig ist, warum haben Sie es dann so eilig gehabt?« Sie sagte: »Er ist kein schlechter Mensch, aber mit dem Essen ist er sehr heikel.« Die Läden waren damals gut assortiert, aber was aßen die Leute in Minsk schon? Kartoffeln, Schweinebauch, eingelegte Gurken oder Sauerkraut, Rindfleisch, Hammel, Truthahn, Gans. Sie konnte nicht die Nahrungsmittel kaufen, die er verlangte. Alik sagte zum Beispiel: »Ich möchte Mais.« Aber weit und breit wurde nur Futtermais angebaut. Also sagte sie zu Mischa Smolski: »Lassen Sie es mich so ausdrücken: wir haben kulturelle Probleme.«

AUS DEN KGB-NIEDERSCHRIFTEN
OBJEKT: OLH-2658
ZEITRAUM:: 21. Juli 1961
LHO: Also, warum weinst du? *(Pause)* Ich hab dir doch gesagt, daß Weinen nichts nützt. *(Ehefrau weint)* Ich habe doch nie behauptet, daß ich ein besonders guter Mensch bin. *(Ehefrau weint, und LHO beruhigt sie)*
EHEFRAU: *(unter Tränen)* Warum habe ich geheiratet? Du hast mich reingelegt.
LHO: Du solltest nicht weinen. Du weißt ja nicht einmal, warum.
EHEFRAU: *(unter Tränen)* Meine Freunde erkennen mich nicht wieder.
LHO: Na und? Ich habe auch abgenommen.
EHEFRAU: *(weint)* Warum habe ich geheiratet?
LHO: Was erwartest du von mir? Ist es mein Fehler, daß du viel arbeiten mußt? Schau, du kochst nie, andere Frauen schon. Und ich sage nichts. Ich schreie dich nicht an. Du tust nie etwas, du willst auch die Wäsche nicht machen. Was machst du eigentlich? Du erzählst nur ständig, wie müde du in der Arbeit bist.
EHEFRAU: Ich kann mich nicht richtig ausruhen.
LHO: Schön, was kann ich da tun?
(Pause)
EHEFRAU: Alles war so schön, aber seit kurzem ist alles schlimm geworden, nichts ist richtig. Einem Mann wie dir kann man nichts recht machen.
(Sie schweigen)
Später am selben Abend
LHO: Was ist los? Das ist ja lächerlich!
EHEFRAU: Ich möchte schlafen, laß mich in Ruhe! Du bist so grob! Ich bin müde, ich schwöre dir, ich bin müde.
LHO: Und wovon bist du so müde? Du hast überhaupt nichts getan. Du hast nichts gekocht.
EHEFRAU: Die Cafeteria ist gut genug.
LHO: Und wer wäscht meine Hemden und Socken?
EHEFRAU: Alles ist gewaschen, schau doch nach. Du wirst weggehen und dann mutterseelenallein und unglücklich sein, du wirst schon sehen, wenn du mich verläßt. Also bleib mir vom Leib. Was willst du überhaupt

von mir? Um Himmels willen, quäl mich nicht. Schon bald wirst du mich nicht mehr haben, und das ist es dann gewesen.
(Pause)

EHEFRAU: Jetzt lachst du noch, aber später wirst du weinen. *(Pause)* Ich mag jetzt nicht. Ich bin müde.

LHO: Wovon bist du schon müde?

EHEFRAU: Hör auf, Sachen rumzuwerfen.

LHO: Was soll ich tun? *(äfft Ehefrau nach)* »Ich mag nicht!« Was willst du hören? Wir werden sowieso noch vier oder fünf Monate hier sein.

EHEFRAU: Ich werde hier sein. Laß das Baby in Ruhe.

LHO: Bist du verrückt!? *(brüllt)* Du solltest dich schämen! Ein Kind ohne Vater! Schäm dich. *(lacht)* Immerhin bist du noch meine Frau, du kommst mit! Und wenn ich gehe, schicke ich dir eine Einladung.

EHEFRAU: Du wirst allein gehen.

LHO: Schäm dich, du glaubst ja selbst nicht, was du da sagst.

EHEFRAU: Ich verspreche nichts. Wenn ich bleibe, dann war's das eben.

LHO: Du bist meine Frau, du gehst mit.

EHEFRAU: Nein.

LHO: Warum nicht?

EHEFRAU: Ich weiß, warum.

LHO: Also, dann sag's mir. Du weißt es ja nicht einmal selbst. Na bitte. Weißt du, wie viele Ausländer hier leben?

EHEFRAU: Man wird mich dort nicht akzeptieren, und man wird keine geeigneten Voraussetzungen für mich schaffen, sie werden es nicht tun. Die Amerikanische Botschaft wird sich nicht um mich kümmern.

LHO: Warum glaubst du das? Ich habe ihnen schließlich geschrieben, daß ich mich verpflichte. [Anmerkung am linken Rand: »Offensichtlich hat er sich verpflichtet, für alles zu sorgen, was sie in den Vereinigten Staaten braucht.«] Du weißt, daß du meine Frau bist und daß du mit mir kommen wirst. Als ich hierher kam, hatte ich es auch schwer.

EHEFRAU: Das ist etwas ganz anderes.

LHO: Aber ich habe mich verpflichtet! Ich werde alles tun.
(Pause)

EHEFRAU: Du kannst mich nicht überzeugen.
(Pause)

LHO: Du bist bloß stur.

EHEFRAU: Und du schreist fortwährend. *(Radio übertönt Gespräch)*

Als Inessa Marina besuchte, schien Lee Oswald nicht ausgesprochen unfreundlich, aber doch äußerst mißtrauisch zu sein. Sie wechselten ein paar Worte, dann setzte er sich auf einen Stuhl und versenkte sich in Comic-Hefte, die ihm sein Bruder aus Amerika geschickt hatte, während Inessa mit Marina schwatzte.

Nach ein paar weiteren Besuchen begann Aliks Mißtrauen zu schwinden. Es dauerte nicht lange, und Inessa aß mit ihnen in der Küche. Es gefiel ihr eigentlich, daß er sie nicht gleich mit offenen Armen empfangen, sondern erst einmal abgewartet hatte. Sie glaubt, daß sie ihm vielleicht nicht über den Weg getraut hätte, wenn er von Anfang an zu freundlich gewesen wäre. Sie schätzte ihn sogar als Marinas Mann. Er erledigte alle Männerarbeit im Hause, ohne extra dazu aufgefordert werden zu müssen. Etwas, was man von russischen Männern nur sehr selten behaupten kann.

Weniger gefiel ihr, daß er damit herausplatzte, was ihm an der Sowjetunion gefiel, und was nicht – lauthals, ohne seine Stimme zu dämpfen. Und da waren auch noch andere Kleinigkeiten. Sie würde nicht sagen, daß sie völlig mit ihm einverstanden war, obwohl es sich nur um Kleinigkeiten handelte. Er führte sich auf, wenn das Essen nicht rechtzeitig fertig war, und ihrer Meinung nach entsprach Marina nicht seinen amerikanischen Normen einer guten Hausfrau. Wenn sie sich stritten, kamen sie Inessa wie Kinder vor, eines bockiger als das andere. Sie mochte sie beide und fühlte sich in ihrer Gesellschaft wohl, und in ihrer Gegenwart – vielleicht hatte sie bloß Glück gehabt – habe es auch keine wirklich großen Auseinandersetzungen gegeben. Sie erinnert sich, daß Marina gereizt wurde, wenn Alik seine amerikanischen Comics las und laut zu lachen begann. Andererseits fand ihn Marina zu pedantisch und sagte Inessa, daß sie mit seinen Ansichten nicht einverstanden sei.

Er hatte auch schlechte Angewohnheiten. Wie ein Arbeiter oder ein grober Söldner. Er verpestete die Luft ständig mit Winden. Das war schockierend, zumal es ihm so selbstverständlich war, wie Wasser zu trinken.

Dennoch fand Inessa, daß Alik ruhiger war als Marina. Abgesehen von diesen Winden war er sehr organisiert. Er wollte alles perfekt haben, und Marina beschwerte sich regelmäßig über diesen Charakterzug. Alles in allem würde Inessa nicht sagen, daß Marina tiefe Gefühle für ihn hegte. Sie glaubt, daß Alik sie mehr liebte.

AUS DEN KGB-NIEDERSCHRIFTEN
OBJEKT: OLH-2658
ZEITRAUM: 24. Juli 1961
21:20

EHEFRAU: Alik! Schau, ich hab vergessen, die Bettwäsche zu bügeln – da drüben liegt noch ein Laken. Alik! Fühl mal, wie warm meine Ohren sind. *(sie albern herum; sie lachen)*
LHO: Nicht schlecht, was sie da singen.
EHEFRAU: Ein Festival ist im Gange. Jeder fährt nach Moskau, und die Leute dürfen sagen, was sie wollen. Früher durfte man nichts sagen: nicht auf der Straße, nicht in der Straßenbahn, nicht im Bus. Als Stalin noch lebte, war in jeder Wohnung ein Mikrofon, und du konntest nichts sagen. Heute ist das anders.
LHO: Ist ja gut, Schwester.

AUS DEN KGB-NIEDERSCHRIFTEN
OBJEKT: OLH-2658
ZEITRAUM: 26. Juli 1961
LHO: Aha, es fand also eine Versammlung statt?
EHEFRAU: Jawohl, eine Versammlung.
LHO: Wo?
EHEFRAU: In unserer Klinik.
(Pause)
Verstehst du, sie wären zufrieden gewesen, wenn ich gesagt hätte, daß ich nicht weggehen, mein Vaterland nicht verlassen werde. Sag ihnen nie die Wahrheit. Eigentlich hätte ich gar nichts sagen sollen. Ich hätte sagen sollen, daß ich nicht weiß, was ich tun soll.
LHO: Und was haben sie gesagt?
EHEFRAU: Sie sagten, ich sei unverschämt. Also habe ich gesagt, ich bräuchte kein gutes Zeugnis, es sei mir egal. Ich würde im schlimmsten Fall auch mit einem schlechten Zeugnis gehen. Ich sagte, so eine Verbrecherin sei ich nun auch wieder nicht. Ich sagte ihnen, daß ich die Mädchen aus der Apotheke sehr gern mag, daß ich eine gute Freundin bin und alles für sie tun würde, denn es sind einfache, gute Mädchen. *(Pause)* Ich war ganz ehrlich: wenn ihr mich nicht mögt, mag ich euch auch nicht, mir egal.
LHO: Und du… *(beendet Satz nicht)*
EHEFRAU: Sie werden mich wohl hinauswerfen. Sie sagten: Menschen wie Sie gehören nicht in den Komsomol, die gehören ausgeschlossen. Ich sagte, auch gut, ist mir recht. Sie fragten mich zehntausendmal, warum möchten Sie nicht zum Komsomol gehören? Ganz einfach, sage ich, es gefällt mir nicht, es ist langweilig. Und warum haben Sie das nicht schon früher gesagt? Weil ich nicht wollte, daß die Leute von mir glauben, ich

wäre anders… Ich habe eine Menge Sachen gesagt, die ich besser für mich behalten hätte, aber ich konnte mich nicht zurückhalten. Sie fragten, was halten Sie vom Komsomol? Nun ja, sage ich, der Komsomol ist eben der Komsomol. *(Pause)* Eigentlich bin ich ein antisowjetisches Element. Machen wir es ihnen leichter.

(Pause)

Und dann, stell dir vor, fragt er mich, in welcher Beziehung ich zu dem Mann stehe, mit dem ich in Moskau war. Und jemand anderes sagt, das ist ihr Ehemann.

LHO: *(lacht)*

EHEFRAU: Und wer ist Ihr Ehemann, was für ein Mensch ist er? Ich sage, da fragen Sie besser im MWD nach. Warum im MWD, wenn wir Sie fragen können? Und ich sage, weil ich es Ihnen vielleicht nicht sage.

LHO: Sie wissen, das Entscheidende ist, daß ich weg will.

EHEFRAU: Er hat Sehnsucht nach seiner Heimat, sage ich, jeder Mensch hat Heimweh. Aber haben Sie nicht versucht, ihn zum Bleiben zu überreden? Nein, sage ich. Außerdem, sage ich, rechne ich nicht damit, daß es dort besser sein wird, und ich suche auch nichts Besseres. Ich gehe nur mit meinem Mann. Vielleicht wird es dort schlechter sein, sage ich, ich weiß es nicht, ich war noch nie dort, Sie waren auch noch nicht dort, wie können wir uns eine Meinung bilden?

(Pause)

Ich sagte, ich würde meinen Mann nicht verlassen. Er sei ein guter Mensch, und ich sei mit ihm zufrieden… er bedeute mir mehr als ihre Meinung… Ich habe mich sehr unhöflich benommen, sehr unhöflich. Ich sagte, was machen Sie mit den Leuten, die mir ein gutes Zeugnis ausgestellt haben? Sie zur Rechenschaft ziehen, sie anbrüllen? Bitte, drangsalieren Sie sie nicht, bestrafen Sie lieber mich.

»Wir respektieren Sie, wir lieben Sie«, sagten sie. »Sie werden dort keine Freunde wie uns finden.« Und ich sage: »Solche Freunde brauche ich nicht. Ich sehe ja, wieviel Ihnen an mir liegt.«

LHO: Mach dir keine Sorgen, alles wird gut gehen.

(Pause)

EHEFRAU: <u>Das Wichtigste ist jetzt, fortzugehen.</u>

LHO: Ich weiß – wir werden fortgehen, wir wollen keinen Wirbel.

(Pause)

EHEFRAU: Such nicht nach der Wahrheit, du wirst sowieso nicht dahinterkommen. Das hat mir meine Mutter beigebracht.

LHO: Alles wird gut.

EHEFRAU: Glaubst du?
(Pause)
EHEFRAU: Warum bin ich traurig? Mein Mann wirft mich nicht hinaus.
LHO: Ich liebe dich.
EHEFRAU: Das sagst du jetzt, aber später wirst du sagen, daß du mich nicht liebst.
LHO: Dein Mann liebt dich…

Marinas Arbeitskollegin Sonja war selbstverständlich Mitglied des Komsomol. Das ging praktisch automatisch, nach der Formel: du wirst geboren, gehst in die Schule, wirst Pionier und dann ein Komsomol. Wie jeder andere auch. Laut Sonja war es trotzdem keine große Geschichte, aus dem Komsomol ausgeschlossen zu werden. Man konnte es verschmerzen. Wenn Marina ihre Meinung geändert hätte und in der Sowjetunion geblieben wäre, wäre das kein Schandfleck in ihrem Leben gewesen. Anders, als aus der Kommunistischen Partei ausgeschlossen zu werden – das war folgenschwer. Aber im Komsomol – junge Menschen. Jeder dachte, daß man sich vielleicht einen kleinen Ausrutscher erlaubt habe. Sonja glaubt, daß Marinas Hauptproblem darin bestand, ob ihre Entscheidung für Amerika richtig oder falsch sei. Der Komsomol war nicht so wichtig. Immerhin gab es die Regel, daß die Mitgliedschaft erlosch, wenn man ins Ausland ging. Diese Organisation wollte keine Mitglieder in einem anderen Land. Das hätte zu internationalen Verwicklungen führen können.

AUS DEN KGB-NIEDERSCHRIFTEN
OBJEKT: OLH-2658
ZEITRAUM: 29. Juli 1961
(LHO küßt sie)
LHO: Komm her, leg dich zu mir.
(Stille)
19:40
EHEFRAU: Mein Gott, sind deine Hosen verknittert!
LHO: Es ist ja auch schon eine Weile her, seit du sie gebügelt hast.
EHEFRAU: Vor vier Tagen.
LHO: Vor einer Woche.
EHEFRAU: Na und? Du könntest sie eine Woche tragen, aber du liegst damit herum.
LHO: Reg dich nicht auf.
EHEFRAU: Du bist so schlecht. *(kreischt)* Es ist was Wahres dran, daß Män-

ner vor dreißig kein Hirn haben. *(lacht)* Ei! *(Gelächter)* Was hast du gemacht?
(sie gehen zu Bett)
LHO: Faß mich nicht an, verdammt noch mal.
EHEFRAU: Nein, verdammt du noch mal. Gleich werde ich ein bestimmtes Teil abschneiden. Oj, Mama.
(sie lachen)
(sie sprechen über die Schwangerschaft; Ehefrau erzählt vom Gespräch mit ihrem Arzt)
EHEFRAU: Wenn sich das Baby zum ersten Mal bewegt, habe ich genau die Hälfte hinter mir. Plus minus ein oder zwei Tage. Warum habe ich ständig das Gefühl, daß alles riecht – meine Kleider, das Kopfkissen, die Bettdecke? Ich sehe so schrecklich aus. Alle Frauen sehen in den letzten Monaten schrecklich aus. Und wenn ich sterbe, wer rettet mich? Ich habe ein schmales Becken.
LHO: Ich.
EHEFRAU: Die Ärzte können also nicht helfen, aber du.
LHO: Jetzt benimm dich wie eine Dame. Du bist eine Dame. Ab dem ersten Tag warst du eine Dame. Gute Nacht. Das war's für heute wieder.
(sie sind still)
23:00

Marina wandte sich an Tamara Alexandrowna, die Vertrauensperson in der Apotheke, die alles über das Privatleben jedes Mädchens wußte, und fragte sie: »Tamara, würden Sie mit Ihrem Ehemann nach Amerika gehen oder nicht?« Das Thema wurde mit den anderen Mädchen diskutiert. Viele von ihnen waren frischverheiratet – also bekam Marina Ratschläge wie: »Ich kenne meinen Mann, und mit ihm würde ich nach Amerika gehen. Aber kennen Sie Ihren Mann gut genug, um ihm zu folgen? Da sitzt Ihr Problem.« Daß sie aus dem Komsomol ausgeschlossen worden war, hielt dagegen niemand in Atem. Der einzige Grund, warum sie alle der Organisation angehörten, war, daß es nicht möglich war, ihr nicht anzugehören.

Walja war die einzige Verwandte, sagt Inessa, die Marina besuchte, seit sie damit herausgekommen war, daß sie versuche, mit Lee nach Amerika zu gehen. Keine von Iljas Schwestern ließ sich blicken, und Ilja auch nicht. Nur Walja. Auch in der Arbeit hatte sie Probleme, erinnert sich Inessa. Nachdem der Komsomol sie von ihrem Entschluß nicht hatte abbringen können, wurde verbreitet, daß Lee vielleicht ein amerikanischer Spion sei, und daß ihre

Kolleginnen auf der Hut sein sollten. Vielleicht hatte die schwere Zeit in Leningrad ihren Stempel hinterlassen, jedenfalls stand sie ihre Frau und ließ sich von niemand in ihrer Selbstachtung schmälern. Immerhin gelang es dem Komsomol, ihre Beförderung zu hintertreiben, und das war sozusagen der Tropfen, der das Faß überlaufen ließ. Inessa glaubt, daß sie, wenn sie in Marinas Situation gewesen wäre, auch nicht länger in Rußland hätte bleiben wollen. Das System war nicht fair zu ihr gewesen.

7
Belauschte intime Momente

Pawel wurde das Gefühl nicht los, daß in Marinas Gesicht ein ähnlicher Ausdruck lag wie in dem von Erich Titovez – Berechnung. Aber er muß zugeben, daß er nicht auf Marina eingestellt war. Er hatte sie erst bei der Hochzeit kennengelernt und fand sie am Anfang nicht sonderlich sympathisch.

Vielleicht habe er sie ingesamt zwanzigmal gesehen. Er betrachtete sie als Frau eines Freundes, nicht mehr. Was sie als Frau darstellte, interessierte ihn nicht. Er hatte keine Aversion gegen sie, er betrachtete sie lediglich als Laken für das Bett seines Freundes. Diesen Ausdruck hatte er bei Gorisont gelernt. Die Fabrik – vielleicht, weil so viele Juden dort arbeiteten – galt als die humorigste in ganz Minsk. Traktor- und Militärfabriken konnten da nicht mithalten, aber schließlich wurden Juden dort als Arbeitskräfte nicht angenommen.

Pawel erlebte nie, daß Lee wirklich böse auf Marina wurde, aber er konnte es nicht ausstehen, wenn seine junge Frau sich eine Zigarette anzündete. Also hielt Pawel, wenn er mit Marina auf dem Balkon saß, eine für sie in der Hand. So sah es aus, als ob er rauchte, und nicht sie. Er würde sagen, daß sie so leicht und zart wie ein Jogi inhalierte.

Bald nach der Hochzeit von Lee und Marina fuhr Pawel auf Besuch zu seinen Eltern in Chabarowsk, und Stepan traf sich vorher mit ihm. »Erzählen Sie Oswald«, sagte Stepan, »daß Ihr Vater als Luftwaffengeneral mit hohen Funktionen betraut ist. Und achten Sie drauf, ob er Interesse zeigt.« Als sich Stepan das nächste Mal nach Oswalds Reaktion erkundigte, sagte Pawel: »Er hat überhaupt nicht reagiert.« Oswald hatte in der Tat Pawels Bemerkung ignoriert, aber Marina hatte gesagt: »Warum erzählen Sie ihm das?« Offenbar war ihr klar geworden, daß hier ein Spiel gespielt wurde, und daß Pawel darin ein Rädchen war. Er wußte nicht, ob sie schnell von Begriff war, oder ob sie die Mitteilung über seinen Vater interessanter als Lee fand.

Trotzdem, sagt uns Pawel, sei er nie aktiver Informant der Organe gewesen. Er habe nie einen schriftlichen Bericht abgeliefert, nichts unterzeichnet und habe sich bei den diesbezüglichen Gesprächen auf das Minimum beschränkt. Er habe Lee sogar den Rat gegeben, sich nicht mit *jedem x-beliebigen* einzulassen, und hinzugefügt: »Ich mache Sie darauf aufmerksam, aber *andere* Leute werden das vielleicht nicht tun.« Er habe sich nicht erlauben können, deutlicher zu werden.

Während dieser ganzen Zeit, ein Jahr oder länger, mußte sich Pawel mit Stepan treffen, gewöhnlich auf der Straße oder in einem Park. Heute denkt er, daß es vielleicht besser gewesen wäre, wenn er sich seinem Vater offenbart hätte, denn er mußte damit rechnen, daß der KGB früher oder später auch an seinen Vater herantreten würde. Er konnte förmlich hören, wie ein unterer Dienstgrad des KGB, ein Leutnant oder Hauptmann, die Frage stellte: »Nun also, Genosse General, was denken Sie über Ihren Sohn?« Pawel hatte nicht den geringsten Patriotismus; er fühlte sich nur schmutzig. Das war der Grund, warum er Oswald warnte. Er wußte, daß da eine andere Informationsquelle sein mußte, näher und zuverlässiger, die der KGB auf Oswald angesetzt hatte, und daß diese andere Quelle Lee gewiß keinen Wink geben würde.

Wir konnten nicht herausfinden, wann genau Oswalds Wohnung zum ersten Mal abgehört wurde. Die frühesten Abschriften, die wir vom KGB bekamen, datieren von Mitte Juli, also nachdem Oswald von seiner Reise zur Amerikanischen Botschaft zurückgekommen war. Trotzdem bleibt die Frage offen: War die Wohnung bereits Anfang März 1960, also vor seinem Einzug, verwanzt worden oder zu einem anderen Zeitpunkt vor Juli 1961? Es besteht auch die Möglichkeit, daß der örtliche KGB, da die mit dem Verwanzen verbundene tägliche Arbeit aufs Budget drückte und außerdem menschliche »Wanzen« zur Verfügung standen, die Apparatur erst in den vier Tagen installierte, in denen Oswald und seine Frau in Moskau waren.

In seinen Gesprächen mit uns sagte Igor, daß es nach Lichois Heirat für sie entscheidend gewesen sei, alles über Marinas Charakter herauszufinden. War sie der Typ, um ihrem Onkel Geheimnisse zu entlocken und sie an Oswald weiterzugeben?

Um eine Wanze zu installieren, mieteten die Organe häufig ein Zimmer in einer Wohnung über oder neben dem Verdächtigen. Das war nicht allzu schwer, da Leute mit einer größeren Wohnung immer Zimmer vermieteten. Im Fall Oswald wurden die Gespräche erst von einem Zimmer über seiner Wohnung abgehört, und später wurde die Ausrüstung in ein Zimmer nebenan transferiert. Wenn die Organe in der Lage gewesen wären, die ganze Wohnung über seiner anzumieten, hätten sie auch Toilette, Küche und Balkon kontrollieren können. Aber diese Möglichkeit war nicht gegeben. Auch die visuelle Überwachung war 1961 kein Problem mehr. Ein winziges Loch mit 1/10 mm Durchmesser wurde durch die Wand gebohrt und ein Spezialobjektiv durchgeführt – eine frühe und äußerst praktische Anwendung der Faseroptik. Damals war das ihre »großartigste Waffe«, denn daraus ließ sich eine Menge Information gewinnen.

Zum Beispiel erfuhren Igor und Stepan auf diese Weise, daß Marina von Lee eine geringe Meinung hatte. Dennoch, ihre Beziehung war interessant. Sie hatten geheiratet, und nun erwarteten sie ein Kind. War der Grund Liebe, oder wollte Oswald eine bessere Tarnung? Das war die Frage, über die die Gegenspionage zu entscheiden hatte. Wenn sich Oswald als Folge seiner Heimkehr urplötzlich von seiner Familie getrennt hätte und allein nach Amerika gegangen wäre, hätte das die Organe wachsam gemacht. Hatte er seine Aufgabe erfüllt und suchte nun das Weite? Aber nein – dieser Mann wollte, daß seine Frau mit ihm ging. Damit entfielen viele Verdachtsgründe. Das Studium von Oswalds Ehealltag reduzierte Igors und Stepans Sorgen erheblich.

AUS DEN KGB-NIEDERSCHRIFTEN
ZEITRAUM: 26. Juli 1961
21:50 *(LHO geht in die Küche; kommt zurück)*
22:10 *(sie gehen zu Bett)*
22:15 *(intime Unterhaltung)*
22:30 *(Ruhe; sie schlafen)*
23:00 *(Überwachung endet)*

Wir fragten Stepan, ob es der Diskretion des KGB zu danken gewesen sei, daß die Observation um 23 Uhr abgebrochen wurde, da die Leute um diese Uhrzeit gewöhnlich zu Bett gingen. Er erwiderte, daß diese Art Maßnahme rund um die Uhr oder nur für ein paar Stunden durchgeführt werden konnte. Es hing jeweils von der Zweckmäßigkeit ab.

Es habe auch keinen Verhaltenskodex hinsichtlich des Aufnehmens intimer Situationen gegeben. Üblicherweise stellte ein KGB-Stenograf fest, daß eine solche Handlung stattgefunden habe, lieferte darüber aber keine Details.

Es stehe außer Frage, daß jeder Überwacher die Hauptverantwortung für solche Entscheidungen selbst trug. Es hing davon ab, was er herausfinden wollte. Was ihn selbst beträfe, habe er es vorgezogen, dergleichen zu vermeiden. »Aber nehmen wir an, daß ich von der CIA oder vom FBI bin und versuche, einen sowjetischen Ingenieur anzuwerben. Natürlich müßte ich nach kompromittierendem Material Ausschau halten, in erster Linie und vor allem, was Sexuelles betrifft. Wenn ich einen solchen Fall zu analysieren hätte, würde ich die Order ausgeben: ›Halten Sie alles so genau wie möglich fest. Alle sexuellen Vorgänge. Machen Sie Fotos. Und so weiter.‹ Alles hängt davon ab, welches Ziel man verfolgt.«

In Lee Harvey Oswalds Fall seien sexuelle Details nicht erforderlich gewesen. »Falls er und Marina etwas von Interesse sagten, schrieb unser Horchposten mit, aber wenn Oswald und Marina miteinander Verkehr hatten, notierte er nur ›intime, zärtliche Momente‹.« Um die Wahrheit zu sagen, schmeckten Stepan solche privaten Stories nicht. Warum die Vorgesetzten, die das lesen mußten, vor den Kopf stoßen? Wenn allerdings das Subjekt beim Verkehr über interessante Themen zu sprechen begann, sei das natürlich vermerkt worden. Stepan kann sich jedoch nicht erinnern, daß im Fall Oswald bei diesen Gelegenheiten etwas Bemerkenswertes notiert worden sei.

Alik und Marina waren sicher, daß sie observiert wurden. »Na klar«, sagt Marina, als sie wieder daran denkt. »Wir waren wie die Kinder. Nichts und niemand konnte uns aufhalten. Ich war seine Verbündete in diesem Labyrinth. Einfach aus Prinzip.« Einmal, als in der Wohnung alle Lichter aus waren, inspizierten sie den Stromzähler mit einer Taschenlampe. Der Zähler tickte weiter. Lee sagte: »Sie überwachen die Wohnung.« Vielleicht spielte er nur ein Spiel mit ihr, bauschte die Sache auf. Aber wenn sie über etwas sprechen wollten, gingen sie auf den Balkon und stellten das Radio an. Vor allem, um die Personen nicht zu gefährden, über die sie sprachen – Pawel, die Zigers, Walja, Ilja, wen auch immer. Trotzdem wurde ihr Leben dadurch nicht dominiert. Wenn sie mit Lee reden wollte, gingen sie nicht immer auf den Balkon. Denn sie hatten wirklich nichts zu verbergen. Das Schrecklichste, so würde man annehmen, war der Gedanke, daß sie auch im Bett bespitzelt wurden. Trotzdem, auch wenn es albern klinge, habe sie das nicht bekümmert – komisch, oder? Aber wenn sie etwas über ihre bevorstehende Reise nach Amerika besprachen, gingen sie auf den Balkon. Vielleicht verdrängte sie auch nur alles, was diesen »Intimbereich« betraf, aber soweit sie sich erinnert, war es ihr völlig gleichgültig, ob jemand zuhörte. Vielleicht, weil sie in den Monaten ihrer Schwangerschaft nicht so häufig Verkehr hatten.

Pawel wußte, daß Lees Wohnung verwanzt war. Er kann nicht genau sagen, wieso er es wußte; vielleicht war es Intuition, geschärft durch Erfahrung. Stepan wußte immerhin bestimmte Dinge über Lee, die er nur auf diese Weise erfahren haben konnte, und Hinweise auf dieses Wissen kamen zutage, wenn er sich mit Pawel traf, um ihm Anweisungen für künftige Fragen zu geben. Oswalds Wohnung mußte also verwanzt sein.

Nicht auf dem Balkon allerdings. Pawel rechnete sich aus, daß es ziemlich schwierig sein dürfte, auf dem nackten Beton ein Mikrophon zu verbergen. Dazu kam der Verkehrslärm, Wind und Empfangsstörung durch Vögel. Als Leser von Kriminalromanen hätte man annehmen können, daß die Organe über eine Technologie verfügten, die es ermöglichte, ein Mini-Mikrophon in einem Hemdknopf zu verstecken, aber das war äußerst aufwendig. Gleichwohl waren sie immer präsent. So kam es ihm wenigstens vor. Wenn er mit Lee sprach, verbot sich Pawel jede Neugier. Er wollte keinerlei Information bekommen, die er hätte ausplaudern müssen, um seinem Vaterland zu Diensten zu sein.

8
Bodenkosmetik

In seinen Gesprächen mit uns legt Stepan immer den Nachdruck auf die effizienteren Aspekte der Aktivitäten des Geheimdiensts. Mit Fehlschlägen hält er sich nicht auf. Welche Handicaps eine brauchbare Mitschrift unmöglich machen konnten, wird von ihm nicht erörtert. Studiert man jedoch die Protokolle des KGB, kann man kaum zu dem Ergebnis kommen, daß wir uns im Stadium fortgeschrittener Technologie befinden. Wie von ihrem Horchposten oft angemerkt, war die Tonqualität erbärmlich, und gewöhnlich war auch noch Oswalds Radio an. Oft mußte er die Geräuschkulisse überschreien, um sich Marina vernehmlich zu machen. Da es Sommer war, hielten sie sich häufig auf dem Balkon auf, und von dort war nichts zu hören, dafür aber sehr oft das Geräusch von laufendem Wasser aus der Küche. Fügen wir noch hinzu, daß der KGB-Lauscher im Nebenraum von unprofessioneller Müdigkeit heimgesucht wurde und zuweilen begreiflicherweise sogar eindöste, dann bleibt unter dem Strich die Studie eines jungen Ehepaars, das sich so heftig und – soweit wir es erkennen können – so sinnlos streitet, daß man am liebsten einen Einakter daraus machen würde: »Die Neuvermählten.«

INTERVIEWER: Gab es jemals Streit wegen des Schrubbens der Böden?
MARINA: Nein.
I: Hat er sich jemals über die Böden beklagt?
M: Ich kann mich nicht erinnern, ich glaube nicht.
I: Haben Sie jemals über den Hausputz gestritten?
M: Wir haben wahrscheinlich sogar darüber gestritten, ob die Katzen das Dach verkratzen.

AUS DEN KGB-NIEDERSCHRIFTEN
OBJEKT: OLH-2658
ZEITRAUM: 3. Aug. 1961
18:24 *(sie betreten den Raum)*
EHEFRAU: *(schreit)* Ich bin für alles zu müde! Was ist mit dir? Kannst du nicht schrubben? Ich nehme an, ich soll die Böden jeden Tag schrubben?
LHO: Ja, schrubb die Böden jeden Tag!
EHEFRAU: Du tust überhaupt nichts und erwartest von mir, daß ich den ganzen Tag saubermache. Ein anständiger Mann würde mithelfen. Weißt du noch, wie du gesagt hast: Ich werde dir helfen. Einmal hast du gewaschen, und davon redest du noch ewig. Ich wasche unsere Sachen ständig, und es zählt nicht.
LHO: Du mußt etwas zu essen machen.
EHEFRAU: *(schreit)* Ich kann nicht. Ich werde nicht kochen.
LHO: Du könntest Koteletts braten, das Teewasser aufsetzen. Schließlich habe ich alles, aber auch alles selbst eingekauft.
EHEFRAU: Ich will nicht.
LHO: Du hast überhaupt nichts getan.
EHEFRAU: Und was hast du für mich getan?
LHO: Ruhe!
EHEFRAU: <u>Ich denke nicht daran, mit dir zu leben.</u>
LHO: Gott sei Dank!
EHEFRAU: Schau dich doch an! Ein adretter Mann! Du bist zwanzigmal schmutziger als ich. Schau nur dein Kopfkissen an! Kaum schläfst du einmal drauf, ist es schon speckig.
LHO: Du tust nie irgend etwas!
EHEFRAU: Das stimmt. Ich labe mich an meiner Gesundheit.

LHO: Du tust überhaupt nichts.

EHEFRAU: Hast du diese Wohnung schon jemals in Ordnung gebracht, nur ein einziges Mal? Ich schon x-mal. Wenn du es einmal tun würdest, würdest du tagelang darüber reden.

EHEFRAU: Dieses Haus muß täglich geputzt werden. In der Küche ist es schmutzig, überall Schmutz. Was soll das? Du schläfst bis zehn, und dann ruhst du dich aus. Dabei könntest du in dieser Zeit saubermachen.

EHEFRAU: Ich brauche meinen Schlaf. Und wenn es dir nicht paßt, dann kannst du ja in dein Amerika abhauen.

LHO: *(beruhigend)* Bitte, besten Dank.

EHEFRAU: Immer hast du etwas auszusetzen; nichts ist dir gut genug, alles taugt nichts.

LHO: Du bist lächerlich. Faul und roh.

EHEFRAU: Ich wünschte, du wärst einen Tag an meiner Stelle. *(Nach einer Weile beginnt sie zu weinen)*

LHO: Nun, wo liegt das Problem?

EHEFRAU: Hau ab! Ich bin nicht deine Haushälterin. Sorg für anständige Bedingungen.

LHO: Hör auf zu weinen. Ich sage doch nur, daß du überhaupt nichts tun willst.

EHEFRAU: So? Ich habe also nie die Böden geschrubbt?

LHO: Du bist keine gute Hausfrau, nein, keine gute Hausfrau.

EHEFRAU: Du hättest eben eine gute heiraten sollen.

(sie schweigen)

EHEFRAU: Wenn es dir nicht paßt, dann geh in dein Amerika.

LHO: Ich habe dir lang und breit erklärt, daß du nichts tust.

EHEFRAU: Ich schrubbe täglich die Böden.

LHO: Es ist schmutzig.

EHEFRAU: Was du für schmutzig hältst, ist für mich sauber. Ich habe die Böden gestern geschrubbt, und jetzt trampelst du mit deinen Schuhen rum.

LHO: Der Schmutz und der Staub kommen daher, weil du die Balkontüren offen läßt.

EHEFRAU: *(schreit)* Sie waren gestern den ganzen Tag zu. Du hast ja keine Ahnung.

LHO: Schrei nicht.

EHEFRAU: Fällt dir nicht auf, daß ich jeden Morgen Staub wische?

LHO: Aber unseren Tisch machst du nicht sauber.

EHEFRAU: Klar, ich mache ihn dreckig. Ich wische ihn zweimal ab, und du nicht einmal.

LHO: Beruhige dich wieder.

EHEFRAU: Sag einfach: »Marina, das muß gemacht werden.« Schrei mich nicht an, das tut weh. Alka, haßt du mich, wenn du mich so anschreist?

LHO: Ja.

EHEFRAU: Ja?

LHO: Ja.

EHEFRAU: Warum hast du Angst vor Menschen? Was hat dir Angst gemacht?

LHO: *(schreit wütend)* Sei still, sei still! Du stehst da und plapperst.

EHEFRAU: Du hast vor jedem Angst!

LHO: Halt den Mund!

EHEFRAU: Hast du Angst, daß sie dir alles stehlen, alle Reichtümer, die du aufgehäuft hast? *(lachend)* In solchen Momenten möchtest du mich am liebsten umbringen. Du mußt eine starke Selbstbeherrschung haben.

LHO: Wie wär's mit Kartoffeln?

EHEFRAU: Sie sind noch nicht fertig, was kann ich da tun?

22:37 *(sie gehen in die Küche)*

22:40 *(Ehefrau veranlaßt LHO, sich die Füße zu waschen)*

23:00 *(Stille; keine Unterhaltung)*

Für Juri Mereschinski war es schmerzlich, diese Ehe mit anzusehen. Alik hatte eine anständige Wohnung, durchaus annehmbar, wenn man Junggeselle war. Er kannte die Wohnung vorher und nachher. Vor der Heirat war sie heiter, danach grau. Er erinnert sich an Marina, vornübergebeugt beim Bodenschrubben. Wie ein Krebs. Der Arsch höher als die Schultern, wie ein Krebs.

Juri ist betrunken, aber er hat seine Trunkenheit unter Kontrolle. Er wird weitertrinken und uns alles erzählen, was er weiß. Als wir mit ihm über Lees und Marinas Hochzeit sprechen wollen, sagt er: »Keiner, der Marina gefickt hatte, war zur Hochzeit eingeladen. Wenn Alik gewußt hätte, wie sie es getrieben hatte, hätte er sie nie geheiratet. Aber wie in jeder Familie ist der Mann der Kopf, und die Frau der Hals – der Hals dreht den Kopf in der Richtung, die ihm genehm ist.« Er, Juri, könne jedenfalls sagen, daß er Marina gefickt habe.

Vor der Heirat?

Vor der Heirat, nach der Heirat. Keine Frage. Das wisse jeder. Beim Sex habe es mit Marina kein Problem gegeben. Sie hatten – wie solle er es ausdrücken? – keine Vorurteile: sie waren nicht prüde. Versuchten, einander zufriedenzustellen – nichts weiter. An seine Gespräche mit Marina kann er sich nicht erinnern. »Wir redeten Blödsinn. Sie war glücklich mit mir. Wieso hätte sie mich sonst besucht? Sie war nicht an einer Beziehung interessiert, nur an Sex.«

Wie Alik im Bett war, weiß er nicht. Das könne nur von einer Frau beschrieben werden. Aber von außen gesehen, sei Alik nie aggressiv gewesen. Juri gibt uns Beispiele. Einmal, als Alik noch Junggeselle war, packte ihn jemand am Hemd. Mitten auf der Straße. Juri kam ihm zu Hilfe. Alik konnte sich nicht verteidigen. Konnte nicht einmal einen Treffer landen. Juri mußte ihn oft verteidigen. Auf der Straße kamen Leute auf sie zu und sagten: »Alik, kaufen Sie mir eine Flasche, stellen Sie uns etwas auf den Tisch.« Sie wußten, daß Alik Geld hatte, und zu jener Zeit konnte man Alkohol bis Mitternacht kaufen. Also wurde er angebettelt. Alik sagte weder ja noch nein. Aber Juri gab für ihn die Antwort und schlug den unverschämten Kerl ins Gesicht. Damals, könne er sagen, sei er ein guter Kämpfer gewesen. Stärker als heute. Weil er jung war. Stark, aber das tue nichts zur Sache. Wenn man kein Hirn habe, mache es nichts aus, wie stark man sei – dann könne man sich als Krüppel betrachten. Er aber hatte Hirn und er war stark. Und hinter ihm standen seine Mutter und sein Vater. KGB und MWD waren weit weg. Niemand konnte ihm damals Angst machen. Er konnte jeden ins Gesicht schlagen. Aber Alik konnte es sich nicht leisten. Andere Situation für Alik!

Seine Eltern seien natürlich gegen seine Freundschaft mit Lee gewesen. Sie sagten: »Er ist Ausländer. Wir würden es lieber sehen, wenn du dich nicht mit ihm triffst.« Sie sagten, es könnte ihren Karrieren schaden. Und sie machten sich auch Sorgen um Juris Zukunft. Seine Mutter mochte mit Chruschtschow befreundet sein, trotzdem betrachtete sie sich nicht als unangreifbar. Juri war anderer Meinung. Seine Eltern machten sich zwar eine Menge Sorgen, aber sie standen so hoch, daß sie de facto unangreifbar waren. Sein Benehmen konnte zwar ihm schaden, aber nicht ihnen.

Nach Aliks Heirat war der Unterschied in seinem Verhalten wie Himmel und Erde. Nach der Heirat war Oswald *zabityj*, was bedeutet, daß man zu Brei geschlagen worden ist. *Zabityj*. Und dann Marina mitten in der neuen Wohnung beim Bodenschrubben, mit dem Arsch in der Höhe wie das letzte Bauernweib. So hat Juri sie nach der Heirat in Erinnerung. Wie sie sich zu Alik dreht und sagt: »Verschwinde, du störst mich beim Schrubben.«

Aber, fragen wir Juri, was hielt sie zusammen, wenn sie sich so verändert hatten? »Wer«, fragt Juri zurück, »hielt wen fest? Danach müssen Sie sich fragen. Die Antwort ist, daß diese Beziehung hielt, weil sie nach Amerika wollte. Was für eine Ehe! Sie hatten ein einziges Klappbett. Wer kann schon in einem Klappbett ficken? Kein Familienleben in den vier Wänden. Keine Liebe. Es hängt alles von der Frau ab. Wenn sie gewollt hätte, hätte sie nicht ein solches Bett gehabt. Sie hätte für ein anderes gesorgt. Bei solchen Sachen muß man sich auf die Ehefrau verlassen. Wie ich schon sagte: vor der Heirat war die Wohnung heiter, danach grau. Was gibt es sonst noch zu sagen?«

Aus den KGB-Niederschriften
Objekt: OLH-2658
Zeitraum: 11. August 1961
LHO: Wenn du mich nicht liebst, wie kannst du dann mit mir leben? Ich gebe dir jede Möglichkeit. Was willst du eigentlich? Einmal sagst du, daß du mit mir gehen willst, und im nächsten Moment möchtest du hierbleiben.
Ehefrau: Manchmal habe ich einfach Angst, mit dir zu gehen. Ich möchte dir nicht beweisen müssen, daß hier alles großartig und dort alles schlecht ist. Aber, auch wenn ich hier nichts habe und nie etwas haben werde, ist es doch meine Heimat.
LHO: Hier wirst du nie etwas haben, aber drüben, da hast du deinen Mann und alles, was du willst.
Ehefrau: Was werde ich dort tun? Ich werde die ganze Zeit zu Hause hocken.
LHO: Aber du wirst mit mir dort leben. Du wirst alles haben.
Ehefrau: Ich brauche keine materiellen Vorteile. Geld interessiert mich nicht. Es ist nicht wichtig. Am wichtigsten ist, wie du mich behandelst.
LHO: Dann ist ja alles in Ordnung.
Ehefrau: Ich habe keine Garantie, daß du mich dort nicht sitzen läßt. Was mache ich dann?
LHO: Wenn du mich nicht liebst, dann geh nicht mit.
Ehefrau: Nein, ich habe Angst, daß du mich sitzen läßt. Du gehst schließlich doch, so oder so.
LHO: Was, ich gehe?!
Ehefrau: Siehst du, du schreist jetzt schon, wie wird das erst später?
LHO: Was hast du hier schon? Ein Zimmer. Ist das vielleicht viel? Ein Zimmer, und nicht einmal das gehört uns.
Ehefrau: Wir leben hier, also gehört es uns.
LHO: Du meinst, es gehört mir? Ich habe nicht das Gefühl, daß es meins ist, nicht im geringsten.
(Pause)

193

EHEFRAU: Du quälst mich.

LHO: Ich hasse es, wenn du so bist wie jetzt. Ich sage etwas, du sagst das Gegenteil.

(Pause)

EHEFRAU: Schlaf in Frieden.

LHO: Wie kann ich in Frieden schlafen, wenn ich nicht weiß, was du denkst? Bei dir hängt alles von deiner Stimmung ab. Wir müssen uns ein für allemal so oder so entscheiden.

EHEFRAU: Idiot, du verstehst überhaupt nichts. *(macht ihn nach)* Besitz, Besitz.

LHO: Du verstehst dieses Eigentumsprinzip nicht. Du weißt selbst nicht, was du willst. Ich möchte dort leben, weil der Lebensstandard hoch ist.

EHEFRAU: Hast du geglaubt, du bräuchtest nur zu kommen und könntest hier so einfach leben, ohne zu arbeiten? Warum hast du nicht studiert? Du hättest studieren können, du bist nur zu faul dazu.

LHO: Du begreifst überhaupt nichts. Die Menschen verlassen dieses Land zu Millionen. Die Leute hier sind Barbaren.

EHEFRAU: Du siehst uns durch einen Zerrspiegel.

LHO: Was für einen Zerrspiegel? Das stimmt nicht.

EHEFRAU: Ich, zum Beispiel, sage nichts Schlechtes über Amerika. Das ist nicht anständig. Man muß ein rechtes Schwein sein, um schlechte Dinge über ein Land zu sagen, das man nicht kennt. Und das tue ich nicht.

LHO: Mag sein, aber dort wirst du mit deinem Mann leben. Der dortige Lebensstandard ist hoch.

EHEFRAU: Du kommst nicht auf den Trichter. Es ist nicht meine Heimat. Ich werde nie mehr Russisch hören.

LHO: Wenn du mitgehen willst, geh mit. Wenn nicht, dann bleib.

EHEFRAU: Ich fürchte, ich werde nicht gehen. Selbst jetzt, wenn Erich herüberkommt und ihr Englisch sprecht, halte ich es nicht aus.

LHO: Du redest wie eine alte Dorfvettel.

EHEFRAU: Wir werden uns wohl nie verstehen.

LHO: Wenn du mitgehen willst, wirst du schon mitgehen!

EHEFRAU: Schrei nicht.

LHO: Du zwingst mich zum Schreien. Ich will nicht grob zu dir sein. Du benimmst dich unanständig und böse.

EHEFRAU: Nein, du!

LHO: Nein, ich war anständig und gut, als ich dich traf. Aber in dir steckt viel Unanständigkeit.

EHEFRAU: Das sehe ich nicht so. Ich habe Sascha nicht einmal geküßt. Nie-

194

mand hat mich jemals unanständig genannt. Ich habe mich nicht wie andere Mädchen benommen. Ich hatte keine Mutter, die mir den rechten Weg gewiesen hätte. Einmal in der Woche war ich richtig schlimm.

LHO: Ich verstehe.

EHEFRAU: Man muß sich nur in allen Dingen mäßigen. Hätte ich das bloß gewußt!

LHO: Im letzten Monat hast du dich total verändert. Keine Zärtlichkeit, nichts. Wenn du nicht schwanger wärst… *(beendet den Satz nicht)* Ich kann dich nicht vor anderen Leuten anschreien, aber du sagst alles mögliche über mich, wenn andere dabei sind. Und du erfindest Märchen, daß ich weggehen und dich verlassen werde, und daß alles mein Fehler ist. <u>Und trotzdem möchte ich dich bei mir haben.</u> Ich begreife, daß du so bist, wie du bist, und daß du dich nicht ändern kannst. *(Pause)* Warum tust du so, als hätte man dir etwas angetan? Das traurigste Mädchen der Welt! Du redest Unsinn.

EHEFRAU: Geh zum Teufel!

LHO: Ach, du hast keinen Respekt vor mir.

EHEFRAU: Alik, wir haben schon genug gestritten. Und jetzt fängst du schon wieder an.

LHO: Du warst früher nicht so.

EHEFRAU: Du auch nicht.

23:35 *(Ruhe; sie schlafen)*

Marina ist überzeugt, daß Alik Tanta Walja wirklich gern hatte und wußte, wie hart es für sie und Ilja sein würde, wenn sie nach Amerika gingen, aber er hatte ihr gesagt: »Erzähl nichts deinen Verwandten. Noch nicht.« Natürlich fand es ihr Onkel heraus. Die Organe hatten ihn aufgrund seiner Stellung informiert. Beim Abendessen sagte er zu Walja: »Was bedeutet das, daß sie Rußland verlassen wollen?« In seinem Büro hatte er einen Anruf erhalten: »Raten Sie mal! Ihre Nichte macht sich auf den Weg nach Amerika.« Was für ein Schlag ins Gesicht für ihn! Marina hatte sich freundlichen Menschen gegenüber immer dankbar verhalten, und nun war sie in eine Lage versetzt worden, in der sie ihre Familie anlügen mußte. Das war unsauber. Sie hatte sie aufrichtig bedauert.

Manchmal denkt Marina darüber nach, ob Lee vielleicht darauf spekulierte, daß es für die amerikanischen Behörden schwieriger wäre, ihn einzusperren, wenn er mit Frau und Kind ankam. Vielleicht hatte ihm seine Mutter den Rat gegeben, seine Russin mitzubringen. Da seine Mutter ihm auf englisch schrieb, wie hätte Marina es herausfinden können? Sie entschuldigt sich gegenüber den Amerikanern, aber eigentlich mag sie ihre Sprache nicht. Sie sei für sie viel weniger schön als ihr Russisch.

9
Pique Dame

15. Juli bis 20. August Wir wissen jetzt, welche Formulare und Bescheinigungen für die Beantragung eines Visums nötig sind – rund zwanzig Stück: Geburtsurkunden, Fotos, eidesstattliche Erklärungen etc. Am 20. August reichen wir die Papiere ein. Sie sagen, daß es dreieinhalb Monate dauern wird, bevor wir erfahren, ob sie uns ausreisen lassen oder nicht. In der Zwischenzeit hat Marina vier Sitzungen an ihrem Arbeitsplatz hinter sich, die von ihren Chefs unter der Leitung eines »Jemand« am Telefon abgehalten wurden. Auch die Zentralstelle der Kommunistischen Jugendorganisation [Komsomol] zitierte sie zu sich, und sie mußte sich eineinhalb Stunden mit ihnen auseinandersetzen. Die Absicht (ausgesprochen) ist, ihr die Auswanderung nach Amerika auszureden. Nettoeffekt: sie wird noch halsstarriger, was ihren Ausreisewunsch betrifft. Marina ist schwanger: wir hoffen einzig, daß die Visa schnell da sind.

21. August bis 21. September Wie erwartet, fahre ich immer wieder in das Büro für Pässe und Visa sowie in das Minsker Außenministerium und das Minsker Innenministerium, die alle bei der Gewährung der Visa mitzureden haben…

Am 10. September schreibt er einen Brief an seinen älteren Bruder Robert, mit dem er seit seinem Entschluß, nach Amerika zurückzukehren, korrespondiert.

Dear Robert,
offenbar war ich in meinem letzten Brief zu optimistisch…
Die Russen halten mich auf und machen Schwierigkeiten wegen der Visa, also bleibt nichts anderes übrig, als abzuwarten. Für einen gewöhnlichen Russen ist es völlig unmöglich, die UdSSR zu verlassen, nur, weil er den Wunsch hat. Ich und meine Frau haben jedoch dazu die Möglichkeit aufgrund der Tatsache, daß ich immer noch amerikanischer Staatsbürger bin und einen amerikanischen Paß besitze…
Robert Lee hört sich am Telefon an, als ob er sich zu einem prima Jungen entwickelt, und Cathy muß nun vier sein. Es scheint mir unglaublich. Ich

erinnere mich, daß Mutter mich anrief, um mir zu sagen, daß sie geboren worden sei. Es muß der 21. oder 22. August gewesen sein. Meine Einheit machte sich gerade bereit, nach Japan zu gehen. Eine Menge hat sich seither verändert!!
Schreib mir weiter.

Dein Bruder
Lee
Anbei einige Ansichten von Minsk. (13)

AN: Amerikanische Botschaft
Moskau, UdSSR
4. Oktober 1961
Dear Sirs,
ich ersuche hiermit die Geschäftsstelle der Amerikanischen Botschaft und den Botschafter der Vereinigten Staaten, Mr. Thompson, auf meinen Fall betreffend meinen Antrag an die sowjetischen Behörden für ein Ausreisevisum einzuwirken.
Der Antrag wurde am 20. Juli 1961 gestellt, und obwohl seither drei Monate verstrichen sind, habe ich diese Visa noch nicht erhalten...
Ich glaube, daß dies eine offizielle Anfrage rechtfertigt, adressiert an das Ministerium für »Innere Angelegenheiten, Stalinprospekt 15, Minsk«, und die Geschäftsstelle des »Referats für Anmeldung und Paßangelegenheiten«, Uliza Moskowa, Oberst Petrakow, Direktor.
Ich glaube, daß eine offizielle Anfrage doppelt wichtig ist, da systematische und gezielte Versuche gemacht wurden, meine Frau so einzuschüchtern, daß sie ihren Antrag für ein Visum wieder zurückzieht. Ich habe die Botschaft in bezug auf diese Zwischenfälle mit den örtlichen Autoritäten betreffend meine Frau bereits benachrichtigt. Diese Zwischenfälle hatten zur Folge, daß meine Frau ins Krankenhaus mußte... am 22. September 1961 wegen ernstlicher Erschöpfungszustände...
Ich bin der Ansicht, daß die Regierung der Vereinigten Staaten und die Amerikanische Botschaft kraft Gesetz und in ihrem eigenen Interesse sich in meinem Namen dieses Falles annehmen sollte.

Mit ergebenen Grüßen
Lee H. Oswald (14)

Er hat den Riecher, wie sich eine Bürokratie gegen die andere ausspielen läßt. Da er sichergehen kann, daß sein Brief an die Amerikanische Botschaft erst von den »örtlichen Autoritäten« gelesen wird, räumt er ihnen die Möglichkeit ein, über die Konsequenzen einer Beschwerde des State Department nachzudenken. Natürlich läßt er sich auf einen Nervenkrieg ein, und es liegt auf der Hand, daß Marina die erste ist, die darunter zu leiden hat. Während ihres dreiwöchigen Urlaubs entschließt sie sich deshalb eiligst, ihre Tante in Charkow zu besuchen.

14. Oktober
Liebe Marina,
ich habe mich über Deinen Brief, den ich heute erhielt, sehr gefreut. Ich war auch froh, zu erfahren, daß es Dir bei Tante Polina gutgeht.
Ich hoffe, Daß Du dich ordentlich anziehst, denn es ist hier schon sehr kalt.
Während du in Charkow bist, bin ich hier natürlich sehr allein, aber ich sehe Erich häufig und gehe auch ins Kino…
Das Wetter hier ist kalt, und es weht ein kalter Wind.
Ich esse nach der Arbeit im Automatenrestaurant oder in der Werkkantine.
Für jetzt genug! Schreib bitte! (Ich habe am Dienstag auch Dein Telegramm erhalten.)

Ich küsse dich,
Alik (15)

Sein Brief vom 14. Oktober mag nicht so kalt sein wie das Wetter, aber er ist zweifellos lauwarm. Am 18. Oktober schaut er sich seine Lieblingsoper »Pique Dame« an, und Puschkin und Tschaikowskij schaffen es, seine Liebesgefühle wieder zu wecken. Er notiert sogar einige russische Fragmente einer Arie. In der Übersetzung, die die Warren-Kommission anbietet, steigern sich die Worte in explosive Ausbrüche:*
»Ich liebe Euch fürs ganze Leben, / mein Herz gehört nur Euch allein, / und alles würde ich drum geben, / könnt' Eures auch mein eigen sein. / Doch kann ich niemals eine Gunst erzwingen, / die Ihr mir nicht von selbst gewährt, / und ohne jemals in Euch zu dringen, / tu alles ich, was Ihr begehrt, / ja, alles leg' ich Euch zu Füßen! / Ich wollte Euch nicht nur Gemahl sein, / Euch schützend stets zur Seite stehn: / Als Freund wollt'

---

* Es handelt sich um die Arie des Fürsten Jeletzki aus dem 2. Akt. Für die deutsche Ausgabe wurde statt der ungereimten Fassung der Warren-Kommission die gängige (und der angesprochenen Emphase adäquatere) deutsche Bühnenübersetzung von Wolf Ebermann und Manfred Koerth unter Mitarbeit von Horst Seeger gewählt. (A.d.Ü.)

ich für Euch nur dasein, / durch Freud und Leid gemeinsam gehn... /
Doch es war Täuschung, ach, ich fühl's mit Grauen, / und ich erlag ihr all-
zugern; / wie wenig schenkt Ihr mir Vertrauen, / wie fremd Ihr seid und
mir so fern! / Ach, wie bedrückt mich diese Ferne, / bin Euch mit ganzer
Seele nah. / Mich quält der Kummer Eures Herzens, / die Tränen, die ich
bei Euch sah. / [...] Ich bitte Euch: vertraut mir doch!« (16)

18. Oktober 1961
Liebe Marina,
heute erhielt ich Deine Geschenke. Tausend Dank. Sie sind sehr, sehr
schön, und ich werde diesen Tag immer im Gedächtnis behalten.
Wie steht's, kommst Du bald zurück? Ich werde froh sein, wenn ich Dich
wiedersehe – ich werde Dich so sehr liebhaben!!
Also nochmals danke für die Geschenke. Du hast die Platten und Bücher
und Fotos mit soviel Liebe ausgesucht, und ich werde sie immer behalten.

Bis bald,
Dein Mann
Alik (17)

Larissa glaubt, daß von allen Leuten, die Alik kannte, sie wahrscheinlich den
besten Kontakt mit ihm hatte. In der Tat bat Marina sie, bevor sie zu ihrer
Tante nach Charkow fuhr, gelegentlich vorbeizuschauen und ein wenig auf
Alik aufzupassen.
Sie erinnert sich auch, daß Marina immer gesagt hatte, sie würde entweder
einen Juden oder einen Ausländer heiraten. Man konnte die Vergangenheit
nicht auslöschen, aber vielleicht waren die Probleme einer solchen Vergangenheit weniger gravierend, wenn man mit einem Ausländer verheiratet
war. Was immer auch geschehen war, sie war Marina sehr zugetan, so sehr,
daß es schwierig sei, es auszudrücken. Marina war so lieb, so verständnisvoll, und sie hatte außerordentliche Literaturkenntnis. In ihrer Jugend hatten sie gemeinsam so viele Bücher gelesen; Marina interessierte sich auf li-
terarischem Gebiet für alles. Larissa konnte auch verstehen, warum Marina
sich zu Juden hingezogen fühlte und einen heiraten wollte. Sie hatte gesehen, daß unter den Juden eine Frau immer respektiert wurde. Wenn man in
einigen wenigen russischen Familien eine solche erfreuliche Behandlung
der Frauen erleben konnte, dann nur in den höchsten Kreisen der Intelligenzija, wie etwa zwischen ihrer Schwester Ludmilla und Mischa. »Heute«,
sagt Larissa, »hat sich das Niveau von Kultur und Bildung in unserer Ar-
beiterklasse vielleicht etwas gehoben, aber Marina lebte hier vor beinahe

30 Jahren. Und es ist denkbar, daß ihr Kontakt mit Ausländern ihr eine neue Perspektive gab, wie Frauen behandelt werden sollten.«

Als Larissa Alik zum ersten Mal begegnete, rätselte sie trotzdem, warum Marina ihn ausgesucht hatte. Er schien etwas farblos. Als sie ihn jedoch näher kennenlernte, stellte sie fest, daß er seine Persönlichkeit dem jeweiligen Gegenüber anpaßte. Wenn man gebildet war, spürte er das sofort; mit Arbeitern ging er schlichter um.

Natürlich war Lee ein rätselhafter Mensch. Einmal fragte Larissa Marina im Spaß: »Ist er ein amerikanischer Spion?«, und Marina lächelte bloß. Als Marina in Charkow war, kam es vor, daß Larissa klingelte und Lee nicht aufmachte. Sie wußte, daß er zu Hause war, denn von der Straße hatte sie hinter den Fenstern Licht gesehen. Nach langem Klingeln kam er schließlich doch an die Tür und fragte, wer draußen sei. Erst als Larissa sich identifizierte, öffnete er. Sie machte ihre Witze darüber. »Haben Sie etwas in der Wohnung zu verbergen? Funken Sie?« Er lächelte.

Sie mochte ihn wirklich ganz gern, aber er war merkwürdig. Wenn Marina und er am Abend Gesellschaft hatten, pflegte er um zehn Uhr zu sagen: »Ich bin müde, ich möchte ins Bett.« Das war in Minsk kein akzeptables Benehmen. Er stand auf, die anderen ebenfalls, und dann sagte er: »Larissa, würden Sie noch ein wenig bleiben?« Nachdem alle gegangen waren, führten sie und Marina ihre Unterhaltung weiter. Irgendwann sagte er: »Und jetzt bringen wir Sie nach Hause.« Er und Marina zogen ihre Mäntel an und begleiteten Larissa. Allerdings muß sie sagen, daß er in Gesellschaft immer Respekt für Marina zeigte; er war ergeben. Falls Lee Marina wegen des Hausputzes bekrittelte, habe sie das nie mitgekriegt. Außerdem war die Wohnung sauber. Alles war sauber. Marina lief die ganze Zeit mit einem Putzlappen herum. Sie war eine außerordentliche Mutter und eine wundervolle Ehefrau. Lee wollte, daß sie zum Geschirrspülen eine Bürste und keinen Lappen benutze, aber das war ihre einzige Meinungsverschiedenheit.

Larissa glaubt, daß er eifersüchtig war, weil Marina so attraktiv, lebendig und interessant war. Natürlich sei er besitzergreifend gewesen. Er habe sich sogar aufgeregt, wenn Marina allein spazierenging.

22. Oktober 1961
Mein liebstes Mädchen,
   heute habe ich Deine Karte erhalten; ich danke Dir, Liebste, ich habe es nur nicht gern, wenn Du schreibst, Du hättest das Gefühl, daß Du mich verlieren könntest. Du wirst mich nie verlieren, und dabei bleibt es!

Heute erhielt ich auch einen Brief von meiner Mutter. Sie schickte mir ein paar Bücher. Sie schreibt auch, daß Du Englisch lernen solltest.
Ich habe ihr zurückgeschrieben und ihr mitgeteilt, daß Du keine Lust hast... Ich schicke Dir Grüße von ihr.
Du weißt noch nicht, wann Du zurückkommen wirst. Bitte teile es mir so früh wie möglich mit. Das Wetter hier ist kalt und regnerisch.
Was unsere Angelegenheit betrifft, bin ich wieder hingegangen, aber sie sagen: »Noch keine Antwort.«
Aber das geht schon in Ordnung. Du wirst bald zu Hause sein. Es wird so gut sein, wieder mit Dir zusammen zu sein. Ich freue mich, daß das Baby so lebhaft ist; das ist gut.

Also auf bald, schreib,

Dein Mann

Alik (18)

In Charkow mußte Marina unaufhörlich an Walja und Ilja denken. Sie hatten versucht, sie umzustimmen. Sie wollten nicht, daß sie nach Amerika gehe. Walja sagte ihr sogar, daß es für Ilja sehr schlecht wäre. Marina glaubte jedoch nicht, daß dem so sei. Die Zeiten änderten sich, und sie war nur Iljas Nichte. Jetzt unter Nikita Chruschtschow glaubten die jungen Leute an die Freiheit: es war nicht 1945, es war nicht wie unter Stalin. Sie würden Ilja nicht belangen, bloß weil seine Nichte nach Amerika gegangen war. Natürlich konnte es sein, daß er nicht befördert würde. Walja hatte ihr gesagt, daß Ilja sein ganzes Leben rechtschaffen gearbeitet habe – bis er pensioniert würde. Vielleicht würde ihm nun sogar die Pension verweigert. Walja sagte: »Gott behüte, aber was ist, wenn sie uns nach Sibirien schicken?« Iljas Schwester Tanta Ljuba war auch in Sorge. Schließlich arbeitete sie im MWD als Buchhalterin. Ihr Job war vielleicht ebenfalls gefährdet. Trotzdem haderte Walja nie mit Marina – sie spielte nur mit offenen Karten. »Du mußt dir darüber im klaren sein«, sagte sie, »daß du unser Leben in Händen hältst. Vielleicht ist es ein *kapris*, nach Amerika zu gehen.« Marina ging nach solchen Gesprächen mit einer schweren Bürde nach Hause. Sie war nicht unfreundlich oder undankbar, aber sie fand, daß sie eine schwere Entscheidung auf ihre Schultern legten. Sie kam zu dem Schluß, daß es kein *kapris* war. Sie war nicht kapriziös.
Jetzt allerdings, als sie in Charkow darüber nachdachte, ließ sie es darauf ankommen. Walja und Ilja sollte es gutgehen. Sie hatte nicht die Absicht, ihre Familie zu zerstören. Auch Tante Polina in Charkow riet ihr ab, nach Amerika zu gehen. Polina sagte: »Bleib in Rußland, zum Besten von uns allen.«

Als Marina mit Polinas Sohn spazierenging, waren ihre Bewegungen so schwankend, daß er besorgt war, sie würde stürzen. Er war ein entzückender Junge, und er mochte sie. Er sagte: »Marina, hör nicht auf meine Mutter. Tu das, was dir dein Herz sagt.«

Nach diesen drei Wochen in Charkow ging sie wieder in die Arbeit, aber die Dinge entwickelten sich zum Schlechteren.

2. November Marina kommt strahlend zurück, mit einigen Gläsern Eingemachtem, die mir ihre Tante aus Charkow schickt.

SIEBTER TEIL

VATER, MUTTER, KIND

1

Grausam, aber weise

In den letzten Monaten von Marinas Schwangerschaft wurde Lee sorgsam.
Dr. Spocks Buch riet: Kein ehelicher Verkehr ab einem bestimmten Monat
– sie kann sich nicht mehr erinnern, ab welchem. Und Lee hielt zärtlich
Wache über das ungeborene Baby; er maß ihren Bauch und streichelte ihn.
Lange Zeit war ihr nichts anzusehen. Nur ein kleines Bäuchlein. Einmal
fragte er: »Bist du sicher, daß du schwanger bist?« Er befürchtete, daß ihr
Baby zu mickrig sein könnte. Aber er war aufgeregt, als er zum ersten Mal
seinen Herzschlag hörte – ein schöner stiller Moment. Er legte immer wieder sein Ohr an ihren Bauch und horchte.
Sie würde sagen, daß es im Lauf ihrer Ehe mit dem Sex nach und nach besser wurde. Nur eines hätte sie nie mit sich geschehen lassen – »Wie nennt
man das? Wenn Leute Füße küssen – Fetischismus?« Sie hatte nie davon
gehört, bis sie darüber las. Sie hätte das nie gestattet, aber Lee war in einer
solchen Hinsicht nicht pervers. Er war nett. Wenn ihre Füße in den letzten
Monaten der Schwangerschaft geschwollen waren, massierte er sie. Und später, nachdem June geboren war, äußerte er sich sehr liebenswürdig über ein
paar Schwangerschaftsstreifen, die übriggeblieben waren. Er schaute das Baby an und sagte: »Deine Mama hat das alles für dich getan«, und dann streichelte und küßte er die Schwangerschaftsstreifen. Sie waren allerdings nicht
schlimm und auch nicht besonders groß.
Als der Winter kam, saß er abends in ihrer kleinen Wohnung und schrieb
in sein Notizbuch. Seit es feststand, daß sie nach Amerika gingen, hatte er
ein Tagebuch begonnen, und einige Nächte schrieb er so viel, daß sie ihn
schließlich fragte, ob er ein Spion sei. Bis dahin hatte sie versucht, seine
Heimlichtuerei zu respektieren. Sie war nicht der Meinung, daß die Ehe eine Einrichtung sei, um einander zu ersticken. Jeder mußte seine eigene
Sphäre behalten. Aber sie war neugierig. Also fragte sie ihn, was er denn da
schriebe, und er sagte, es seien seine Erinnerungen an das Leben in Ruß-

land. Sie sagte: »Bist du sicher, daß du kein Spion bist?« Er antwortete: »Und wenn ich einer wäre?« Er starrte sie mit großen Augen an: »Was würdest du tun, wenn ich einer wäre?« Das machte sie unsicher. Sie begann, darüber nachzudenken. Als er sah, wie bekümmert sie dreinschaute, sagte er: »Sorg dich nicht. Ich habe Spaß gemacht. Ich bin kein Spion.« Also vertraute sie ihm wieder. Trotzdem gab es da einen Grund, warum er ein Spion sein konnte. Wer konnte die Sowjetunion schon lieben? Sie nicht. Sie hegte nicht die geringste Bewunderung. Ja, sie rauchte sogar Belomor-Zigaretten. Ihr privater Protest. Der Belomor-Kanal [Weißmeer-Ostsee-Kanal], erklärt sie uns, sei von politischen Gefangenen gebaut worden, deren Gebeine unter den Böschungen des Kanals begraben lagen, und später, als eine Zigarettenmarke den Namen Belomor bekam, hätten die Leute es als Symbol betrachtet, als Memento für all die Gebeine, die während der Stalin-Ära verscharrt worden waren. »Eine große ökonomische Leistung – mit Gerippen als Fundament. In unserem System hatte man zwischen den Zeilen zu lesen. Die Leute wußten, was geschah, auch wenn sie nicht darüber sprechen konnten. Wir fühlten uns mit den Menschen, die am Belomor-Kanal ihr Leben gelassen hatten, solidarisch. Auch heute ist das nicht anders. Wenn man eine Schachtel kauft, sagt man: ›Danke, Bruder. Sie sind gestorben. Ich bin mit Ihnen.‹ Die Russen lachen, wenn sie eine Belomor rauchen. Sie sagen: ›O Gott, alles was in Rußland gebaut worden ist, geht auf die Knochen.‹«
Lee schrieb weiter an seinem Tagebuch. Manchmal fragte er sie, was ein russisches Wort bedeute. Es war nicht so, daß er viele Seiten fertigbrachte. Soweit sie sich erinnert, war es ein schmales Notizbuch, und manchmal schrieb er zweimal in der Woche, manchmal drei Tage hintereinander. Über den Zeitraum vieler Monate brachte er es auf maximal fünfzig Seiten.
In der Arbeit fühlte sie sich als Ausgestoßene. Wenn sie einen Raum betrat, verstummten die anderen, als ob sie gerade über sie gesprochen hätten. Sie wurde auch nicht mehr aufgefordert, mit ihnen zum Mittagessen zu gehen.

1. November 1961
Dear Sirs,
… was meinen Antrag und den meiner Frau für Ausreisevisa betrifft, wurden uns noch immer keine Visa bewilligt, und ich habe auf unseren Antrag noch immer keine Antwort erhalten, obwohl ich wiederholt bei den Behörden in Minsk vorgesprochen habe… Man wirft meiner Frau aufgrund ihres Antrags weiterhin Prügel zwischen die Beine.
Ich werde künftig die Botschaft über unsere Fortschritte auf dem laufenden halten… (1)

Auch in den Briefen an seinen Bruder versetzt er dem KGB Nadelstiche:

1. November 1961
Dear Robert,
… wir haben heute im Radio gehört, daß die gegenwärtige russische Regierung beschlossen hat, Stalins Leichnam aus dem Mausoleum am Roten Platz zu entfernen. Das ist hier eine Sensation und kommt mir sehr komisch vor… Wenn ich Radio höre, oder einem der Politischen Kommissare, die wir hier haben, zuhöre, muß ich immer an George Orwells Buch »1984« denken, in dem »doublethink« ebenfalls die herrschende Lebensform ist.
Jedenfalls ist hier alles sehr interessant, die Leute sind im allgemeinen schlicht und nett…
Soweit also die Neuigkeiten aus Minsk.

Dein Bruder Lee (2)

November – Dezember Allmählich macht uns die Verzögerung ärgerlich. Marina wird schwankend, was ihre Auswanderung in die USA betrifft. Wir streiten noch immer, und deshalb ist die Situation nicht allzu rosig, zumal der harte russische Winter vor der Tür steht.

Sie hatte keinen Russen heiraten wollen, denn in 99 von 100 Ehen galt es als Faustregel, daß die Frau irgendwann einmal Prügel bezog – mit der flachen Hand oder mit den Fäusten, egal. Plötzlich merkte sie, daß der Ausländer, mit dem sie verheiratet war, begann, sie körperlich zu beherrschen.
Russische Frauen pflegen zu sagen: »Der Mann darf nach den Flitterwochen nicht dominieren. Alles, was du dir am Anfang gefallen läßt, wirst du später büßen.« Also steckten sie und Lee gleich zu Beginn ihr Terrain ab. Sie beschimpften sich und schlugen mit den Türen. Aber es kam der Tag, an dem er sie schlug. Sie hätte vor Scham vergehen wollen. Sie verließ Lee und lief zu ihrer Tante. Heute weiß sie nicht mehr, worum es bei dem Streit ging, aber sie dachte: Das werde ich nicht hinnehmen. Lee hatte sie mit der flachen Hand auf die Wange geschlagen, sie lief weg und klopfte an Waljas Tür – es war spät abends. Ihre Tante fragte: »Wer ist da?«, und als Marina fragte: »Kann ich hereinkommen?«, fragte Walja: »Bist du allein?« Dann hörte Marina ihren Onkel Ilja sagen: »Sag Marina, sie soll heimgehen.« Ihre Tante setzte sich durch und ließ Marina ein. Ihr Onkel sagte zu ihr: »Das ist das erste und letzte Mal, daß du nach einem Streit mit deinem Ehemann hierher kommst. Kommt zu zweit, sobald ihr alles geklärt habt, aber komm nie

mehr allein. Wenn du verheiratet sein willst, lös deine Probleme selbst. Glaub nicht, daß du jedesmal hierher kommen kannst, wenn etwas schiefgegangen ist.« Damals hielt ihn Marina für kaltherzig, aber heute würde sie sagen, daß er recht hatte. Ilja verhielt sich grausam, aber weise.

Als sie am nächsten Tag nach Hause kam, sagte Lee, daß so etwas nie wieder passieren würde, und wie sehr es ihm leid täte. Doch sie konnte nicht vergessen, wie weiß er vor seinem Wutausbruch geworden war, und daß seine Augen sie ausdruckslos wie von weit weg angestarrt hatten.

In Minsk schlug er sie nur drei- oder viermal. Das war es also nicht, was sie in Rußland als demütigend empfand. Sondern, daß der KGB alles, was sich zwischen ihnen abspielte, belauschte, und daß auch später in Amerika das FBI in ihr Schlafzimmer eindrang. Und nun solle sie also ihr Leben vor uns nochmals sezieren. Für wen sei das von Nutzen? Warum solle sie sich vor irgend jemandem rechtfertigen? Sie wolle nicht davon sprechen, wie Alik sie geschlagen habe. Das werfe kein gutes Licht auf ihn. Wie könne er sich von einem Verbrechen reinwaschen, das er ihrer Meinung nach nicht begangen habe, wenn die Leute bloß im Kopf hätten, wie er auf sie einprügelte?

Aus dem KGB-Protokoll

Während des Gesprächs am 20. November 1961 stellte Herr I.V. Prusakow klar, daß er in jüngster Zeit zweimal mit seiner Nichte Marina und deren Ehemann L. H. Oswald gesprochen habe…

In seiner Eigenschaft als Verwandter von Oswalds Frau äußerte Prusakow die Meinung, daß sich Oswalds Entschluß, nach Amerika zurückzukehren, als Fehler erweisen könnte. Prusakow gab ihm zu bedenken, daß es internationale Verwicklungen geben könnte, daß er möglicherweise wieder zur amerikanischen Armee eingezogen würde, über die Schwierigkeiten, in Amerika einen Arbeitsplatz zu finden, und daß sogar die Möglichkeit einer Verhaftung bestünde. Oswald erklärte Prusakow, daß er kaum mit einer Einberufung rechne, da er seinen Militärdienst bereits abgeleistet habe, und daß er sich – was eine mögliche Verhaftung betreffe – nicht vorstellen könne, daß das Personal der Botschaft ihn anlüge. Trotzdem versprach Oswald, all diese eventuellen Nachteile einer Rückkehr nach Amerika sorgsam abzuwägen.

Wie Prusakow weiter berichtete, habe er auch versucht, seine Nichte Marina zu überzeugen, daß es ungünstig sei, nach Amerika zu gehen. Einen ähnlichen Versuch einer Beeinflussung habe auch ihre Tante Polina, die in Charkow lebt, unternommen. Prusakow hat das Gefühl, daß Marina aufgrund dieser Gespräche eher abgeneigt ist, nach Amerika zu gehen. Allerdings sei sie wegen ihrer Zukunft sehr besorgt, da sie ein Kind von Oswald erwartet.

Prusakow versprach, weiter zu versuchen, Oswald und seine Frau zu einer Meinungsänderung betreffend ihre amerikanischen Pläne zu bewegen. Prusakow konnte sich an nichts Verdächtiges in Oswalds Verhalten erinnern.

23. November

Dear Mother,

heute haben wir Dein großartiges Geschenk erhalten. Ich war überrascht, wie gut Du meinen Geschmack, was Farbe und Stoff betrifft, erraten hast. Hier ist es schon kalt, also wird Deine Wollstola sehr nützlich sein.

Es tut gut zu spüren, daß Du mir gegenüber sogar noch aufmerksamer bist als gegenüber Lee. Ich werde Dein Geschenk immer als Zeichen unserer Freundschaft in Ehren halten.

Ich hoffe, Du machst Dir wegen uns keine allzu großen Sorgen.

Auch wenn ich Dich noch nie gesehen habe (außer auf einem Foto), empfinde ich schon jetzt eine große Zuneigung zu Dir.

Ich hoffe, es geht Dir gut, und danke Dir nochmals für das wunderschöne Geschenk.

Marina

(Ich habe es für sie geschrieben, aber es sind ihre eigenen Worte. – Lee) (3)

2

Die Angst vor der Bombe

Das vom KGB geführte Journal besagt, daß sich Oswald am 6. Dezember 1961 »an den Amerikanischen Senator John Tower um Hilfe für seine Rückkehr in die USA wandte«. Die folgende Übersetzung basiert auf der russischen Übersetzung von Oswalds Schreiben.

AUS DER POSTÜBERWACHUNG DES KGB

Senator John G. Tower	Lee Oswald
Washington, D.C.	Minsk
Senatsgebäude	Kalinin Uliza 4–24

Dear Senator Tower,

mein Name ist Oswald. Als ich in die Sowjetunion kam, legte ich Dokumente vor, wonach ich Bürger der Vereinigten Staaten bin und mich vorübergehend in der Sowjetunion aufhalte. Die Amerikanische Botschaft in Moskau ist mit meinem Fall vertraut.

Seit 1960 versuche ich erfolglos, ein Ausreisevisum für die USA zu erhalten, aber die sowjetischen Behörden lehnen es ab, mich und meine Frau ausreisen zu lassen.

Ich bin Bürger der Vereinigten Staaten (Paß Nr. N1733242, 1959) und bitte Sie um Ihre Hilfe, da mich die sowjetischen Behörden gegen meinen Willen festhalten.

Hochachtungsvoll,
Lee Oswald

Vielleicht war für die Weißrussische KGB-Gegenspionage die Zeit gekommen, sich eines Subjekts zu entledigen, dem es gelingen könnte, internationale Verwicklungen zu verursachen, und das sich außerdem nur ungenügend an seinem Arbeitsplatz engagierte. Dies geht zumindest aus einem Bericht vom 11. Dezember 1961 hervor, den der Werksdirektor und der Leiter der Personalabteilung an die Milizabteilung der Stadt Minsk schickten.

Lee Harvey Oswald wurde am 13. Januar 1960 als Einsteller in der Versuchswerkstatt dieses Werks aufgenommen.

Während seiner Beschäftigung als Einsteller war seine Leistung unbefriedigend. Er zeigt keinerlei Initiative, seine Fähigkeiten zu verbessern.

Der Bürger Lee Harvey Oswald reagiert überempfindlich auf Anregungen des Werkmeisters und verrichtet seine Arbeit nicht mit der gebotenen Sorgfalt. Der Bürger L. H. Oswald beteiligt sich nicht am geselligen Leben unseres Betriebs und sondert sich stark ab. (4)

Oswald legte immer häufiger die Füße auf einen Stuhl. Seine Kollegen sagten: »Alik, was treibst du? Du kommst her und schläfst. Es ist noch Vormittag.« Er pflegte zu antworten: »Ich habe schon eine Menge geleistet. Deshalb schlafe ich jetzt.« Nach und nach verloren die Leute ihr Interesse an ihm. Ein- oder zweimal, nachdem er ins Büro gerufen worden war, um eine Rüge entgegenzunehmen, kam er zurück an seinen Arbeitsplatz und sagte: »Ich werde meine Memoiren schreiben – ›Wie ich die Sowjetunion in Erinnerung habe‹.« Niemand reagierte. Alle dachten bloß: Was kann er schreiben, wenn er nicht einmal anständig sprechen kann? Es war am besten, Abstand zu ihm zu halten. Wer wußte schon, was in seinem Kopf vorging?

14. Dezember 1961
Dear Robert,
heute erhielt ich Deinen Brief vom 29. November.
Laß mich Dir zuallererst versichern, daß ich keinen Brief mit »gewissen« Fragen erhalten habe. Es ist durchaus denkbar, daß sie ihn vernichtet haben...
Ich hoffe, daß Du unser Päckchen rechtzeitig zu Weihnachten erhältst. Marina hat an den Servietten für Vada zwei Wochen gearbeitet...
Die Hausdächer sind mit Schnee bedeckt, aber die Föhren heben sich grün ab. Der Fluß neben unserem Mietshaus ist zugefroren. Wir haben aus unseren Fenstern im dritten Stock eine wunderbare Aussicht.
Das wär's wieder einmal. Marina schickt liebe Grüße. Schreib bald.

Lee (5)

Nachdem Marina zahllose Formulare für ihre Ausreise nach Amerika ausgefüllt hatte und eine endlose Zeit von August bis Dezember vergangen war, erhielt sie schließlich an ihrem Arbeitsplatz einen Anruf. Sie solle in das Regierungsgebäude in der Lenina ul. kommen, in dem das MWD und der KGB residierten.
Sie betrat das Gebäude von einer Seitenstraße aus und ging in das Untergeschoß. In dem Raum hielt sich nur ein Mann auf; er »hatte graues Haar und strahlte Autorität aus«. Er war groß, aber sie kann sich nicht mehr an sein Gesicht erinnern. Sie weiß auch nicht mehr, ob er sie mit Marina oder Frau Oswald ansprach. Er sagte: »Es ist meine Aufgabe, mit Ihnen Ihre Unterlagen zu besprechen. Sie beantragen die Ausreise in die Vereinigten Staaten.« Sie sagte, das sei korrekt. Er sagte: »Sie haben nichts zu befürchten. Das ist kein Verhör. Ich möchte nur herausfinden, aus welchen Gründen Sie dieses Land verlassen wollen. Lassen Sie mich einige Fragen stellen. Seien Sie versichert, daß Sie weder verhaftet, noch irgendwie zur Rechenschaft gezogen werden. Es ist lediglich die übliche Verfahrensweise.« Dann fragte er: »Gibt es politische Gründe? Haben Sie etwas gegen dieses Land? Sind Sie mit irgend etwas nicht einverstanden?«
Sie antwortete: »Nein. Der Grund ist, daß ich mit einem Amerikaner verheiratet bin. Er will in seine Heimat zurückkehren, und ich bin seine Frau. Das ist der einzige Grund.«
Er sagte: »Sehen Sie irgendeine Möglichkeit, wie ich Sie umstimmen kann?

Durch einen solchen Schritt gefährden Sie nämlich den Ruf Ihrer Kollegen und Ihrer Verwandten.«

Sie ging darauf ein. »Mein Onkel hat nichts damit zu tun. Er war nicht mit meiner Heirat einverstanden. Er gab seine Einwilligung nur, weil ihm mein Mann versicherte, daß er nicht mehr nach Amerika zurückkehren könne. Also konnte mein Onkel gar nicht auf den Gedanken kommen, daß ich die Sowjetunion jemals verlassen würde. Jetzt hat mein Mann die Möglichkeit, zurückzukehren. Aber ich gehe nicht aus irgendwelchen politischen Gründen.«

Er ging das Thema unter jedem nur möglichen Blickwinkel durch. Dann klappte er seine umfangreiche Akte zu und sagte: »Wenn Sie so denken, dann müssen Sie wohl so handeln.«

Als er sie zur Tür begleitete, sagte er – und sie weiß genau, daß er sie beim Vornamen nannte – : »Ich spreche mit Ihnen jetzt außerdienstlich, Marina. Sehen Sie sich mein Haar an – ich haben den Krieg mitgemacht. Sie sind jung, Sie könnten meine Enkelin sein. Ich spreche mit Ihnen von Mensch zu Mensch. Wie können Sie sicher sein, daß nicht hier die besten Bedingungen für Sie herrschen? Sie sind im Begriff, einen gravierenden Schritt zu tun. Wenn Ihre Ehe scheitert, wird der Weg zurück nicht leicht sein. Sie werden ganz auf sich gestellt sein. Denken Sie auf dem Heimweg darüber nach. Nehmen Sie meine Worte als die eines besorgten Großvaters, aber die Entscheidung müssen Sie treffen.«

Sie dachte darüber nach. Auf dem Heimweg dachte sie an nichts anderes. Er war gütig gewesen und hatte darauf verzichtet, sie einzuschüchtern. Er hatte zu ihr wie ein Mensch gesprochen. Als sie Lee das Gespräch Wort für Wort erzählte, sagte er: »Ich glaube nicht, daß wir noch Probleme haben werden. Die Ampel steht auf Grün.« Es war ein langer Weg gewesen. Als Lee sich ihr erklärt hatte, hatte sie nicht geglaubt, daß ihre Eheschließung genehmigt würde. So viel war in so kurzer Zeit geschehen.

25. Dezember Weihnachtstag, Dienstag Marina ist in das Büro für Pässe und Visa bestellt worden. Es wurde ihr gesagt, daß uns die sowjetischen Ausreisevisa bewilligt worden seien… Es ist großartig (denke ich)! Neujahr verbringen wir bei den Zigers – eine Dinnerparty um Mitternacht mit sechs weiteren Gästen.

Mittlerweile hatten Igor und Stepan Oswald einzuschätzen gelernt. Er war eine Person, die man emotionell nennen konnte. Das hatte sich in den Streitereien zwischen ihm und seiner Frau herausgestellt, obwohl der Streit meistens nur von kurzer Dauer war. Andererseits war Oswald niemals öffentlich gewalttätig geworden. Marina ihrerseits war aus dem Komsomol ausgeschlossen worden, weil sie als Ballast betrachtet wurde. Sie war widerwillig eingetreten, ohne persönliches Interesse, und hatte sich an den organisatorischen Aufgaben nicht beteiligt.

Auch Oswalds Jagdausflüge hatten sich als harmlos erwiesen. Er war ein erbärmlicher Jäger, der nie Beute machte. Er hatte – laut ihren Quellen – niemals versucht, sich von der Gruppe abzusetzen oder sich im Wald an Industrieterrain heranzupirschen. Er hatte nicht einmal eine Kamera mitgenommen.

Also kamen die Staatsorgane zu dem Schluß, daß von ihrer Seite keine Einwände gegen Oswalds Rückkehr nach Amerika bestünden. Damit würden sie sich einen Mühlstein vom Hals schaffen. Schließlich konnte Oswald einen zweiten Selbstmordversuch unternehmen. Und diesmal könnte er Erfolg haben. Das wäre Propaganda der häßlichsten Art.

Sie hatten allerdings ein Schreckbild. Ein höllisches Schreckbild. Ihrem Überwacher war bei der optischen Bespitzelung durch das Loch in der Wand eine verdächtige Aktivität aufgefallen. Stellte Oswald eine Bombe her? Es sah so aus, als ob er Schießpulver und Metallsplitter in eine kleine Büchse füllte. Das sei für sie ein Nachtmahr gewesen: denn im Januar würde Chruschtschow Minsk besuchen!

Wir fragen, ob Oswalds Wohnung während seiner und Marinas Abwesenheit durchsucht worden sei, aber Stepan hält sich bedeckt. Er sagt lediglich, daß sich Oswalds Apparat als eine Art Spielzeug entpuppt habe. Vielleicht ein Feuerwerkskörper? Er zuckt die Achseln. Es sei nichts gewesen; Unsinn. Oswald warf das Spielzeug ein, zwei Tage später weg. Sie hatten es in der Mülltonne untersuchen können. Dann verkaufte Oswald vor Chruschtschows Besuch auch noch sein Gewehr für 18 Rubel, in demselben Laden, in dem er es gekauft hatte. Allerdings versetzte er den Überwachern einen Schrecken, als er mit dem Gewehr in der Hand in den Bus stieg; aber dann stellten sie fest, daß er lediglich auf dem Weg war, die Waffe zu verkaufen. Viel Lärm um nichts.

Damals im Juli, als Oswald seine Botschaft in Moskau besuchte, hatte der Fall noch anders gelegen. Wenn er sich nämlich entschieden hätte, seine Repatriierung nicht weiter zu verfolgen, hätten sie annehmen müssen, daß dies nur ein Vorwand gewesen sei, um sich in der Botschaft Instruktionen abzuholen. Als Oswald jedoch seinen Antrag auf ein Ausreisevisum stellte, mußte Stepan nicht lange überlegen. Die Akte kannte er wie die fünf Finger seiner Hand; man konnte ihn um drei Uhr nachts aufwecken und eine

x-beliebige Frage stellen – Stepan war in der Lage, sie im Schlaf zu beantworten. Also sei seine Antwort positiv gewesen. Keine Einwände. Lichoi war
ein negativer Faktor geworden – keine kommunistischen Prinzipien, keine
Lust zu arbeiten oder zu studieren. Eine Zeitlang hatten sie gedacht, daß er
sich erst anpassen müsse. Sie hatten sogar Nachsicht geübt. Aber nun nicht
mehr. Ab mit ihm nach Hause. Weg mit Schaden.

Natürlich, sagt Stepan, sei der KGB nicht die Behörde gewesen, die die formelle Ausreiseerlaubnis erteilen konnte. Sie konnten ihre Unbedenklich-
keitserklärung lediglich an OVIR schicken, eine Abteilung des MWD, die ihr
eigenes Visa-Protokoll hatte. OVIR schickte die Papiere nach Moskau. Dort
mußte die endgültige Entscheidung gefällt werden. Deshalb hatte die Prozedur Monate gedauert.

Es wird noch ab und zu weitere Straßenüberwachung geben und periodi-
sche Niederschriften der Streitereien zwischen Oswald und Marina, aber
Stepan wird nicht mehr häufig in unserer Erzählung auftauchen, bis November 1963, als sich in Dallas ein unglaubliches Geschehen ereignet und
Stepan in die Moskauer Zentrale zitiert wird. Das wird ein unvergeßlicher
Tag in seinem Leben sein. Bis dahin wird er andere Fälle bearbeiten. Bevor
wir allerdings vorläufigen Abschied von ihm nehmen, ist es vielleicht interessant, seinen täglichen Lebensumständen einige Aufmerksamkeit zu widmen. Er führte schließlich eine eingeschränkte Existenz von jener Art, die
Flaubert wahrscheinlich zu einer Schilderung gereizt hätte.

3
Ein guter Junge und braver Ehemann

Stepans Eltern waren arme Bauern, die in einer kleinen Kolchose im
weißrussischen Distrikt Gomel arbeiteten. Stepan kam mit sieben in die
Schule und war von Anfang an ein ausgezeichneter Schüler.

Da er seine Lehrer verehrte, begann er bereits in frühem Alter davon zu träumen, selbst Lehrer zu werden. Er war sehr gut in Mathematik und außerordentlich fleißig. Oft kam er vor Unterrichtsbeginn in die Schule, und Mitschüler, die ihre Hausaufgaben nicht geschafft hatten, stürzten sich auf ihn.

Seine Träume setzten sich auch im Jünglingsalter fort. Er fand, daß seine
Lehrer zu den reputierlichsten Leuten gehörten, die er kannte; sie behandelten die Schüler gut – zumindest die, die bei der Sache waren. Das beein-

flußte seinen Entschluß. Nach dem Abschluß der Oberschule wollte er an das Pädagogische Institut in Minsk gehen. Dort konnte er allerdings ohne die finanzielle Unterstützung seiner Eltern nicht leben, und das Geld dafür hatten sie nicht. Also mußte er sich an diesem Institut ein Fach aussuchen, das ihm ein ausreichendes Stipendium verschaffte, um seinen Lebensunterhalt fern von zu Hause bestreiten zu können. Deshalb entschied er sich für Journalistik. Doch dann brach der Krieg aus.

Er war siebzehn. In Weißrußland wurden die Jahrgänge 1923 und 1924 noch nicht einberufen. Statt dessen wurden sie mit kleinkalibrigen Gewehren ausgerüstet, für den Fall, daß deutsche Fallschirmjäger versuchen sollten, in ihrem Gebiet abzuspringen, und dafür eingesetzt, das Vieh auf die östliche Seite des Sosch zu schaffen, wo es Gras und Feuchtgebiete in Fülle gab. In diesen Marschen lebten sie und lernten, Kühe zu melken. Stepan erinnert sich noch an seinen ersten Deutschen, einen Piloten in einer Maschine direkt über ihnen, und daß sie sich verstecken mußten, weil die Deutschen in diesen ersten Kriegstagen nicht nur Jagd auf Soldaten machten, sondern auch auf Zivilisten und sogar das Vieh beschossen. Stepan erinnert sich, wie Geschosse in den Boden einschlugen und explodierten. Die Erde spritzte ihnen um die Ohren. Damals lernte er zum ersten Mal den Schrecken des Krieges kennen.

Sein Vater wurde gleich zu Anfang einberufen und mußte sofort los. Sie hörten nichts mehr, bis Stepans Mutter einen Brief von ihm aus einem sowjetischen Lazarett bekam. Er war MG-Schütze gewesen und schwer verwundet worden. Ein Arm war zerschmettert. Er kam erst heim, nachdem Weißrußland befreit worden war. Und er blieb zu Hause, bis er 1960 starb.

Als klar wurde, daß die Deutschen das gesamte Gebiet besetzen würden, bekam Stepan die Erlaubnis, die Marsch zu verlassen und in sein Dorf zurückzukehren, wo er wie die anderen bis zur Befreiung im November 1943 in Not und Bedrängnis lebte. Bald darauf wurde er eingezogen. Der Krieg war auf dem Höhepunkt, und es war keine Zeit für eine Grundausbildung. Er wurde auch für ein Maschinengewehr eingeteilt, als Nummer eins in einer Vierermannschaft, und in einer ungeheizten Scheune in der Bedienung unterwiesen. Danach schickten sie ihn sofort an die Front. Wenn man im Einsatz war und ein Geräusch hörte, betätigte man den Abzug. Man wußte nicht, ob man einen Deutschen erledigt hatte oder nicht. Man wartete. Dann hörte man ein zischendes Geräusch, und eine Granate kam angeflogen – würde sie über deinem Kopf explodieren? Sobald man wußte, daß sie über jemand anderem krepieren würde, fühlte man sich besser. So sei das an seiner Verteidigungslinie gewesen.

Er wurde verwundet, verbrachte drei Monate in einem Lazarett, ging dann abermals an die Front, erlebte einige Schlachten und bekam erst Anfang 1947 seinen Abschied. Nach der Rückkehr in das Dorf seiner Eltern mußte er sich natürlich nach einer Beschäftigung umsehen. Er las, daß das Zentralamt für Statistik in Minsk Kurse veranstaltete. Er legte die nötigen Dokumente vor und wurde in den Kurs aufgenommen. Seine Mathematik-Kenntnisse halfen ihm.

Da ihm immer noch der Lehrerberuf vorschwebte, wollte er nicht Statistiker werden, aber daran war wenig zu ändern, und bald bekam er auch seine erste Anstellung. Er wurde Bezirksinspektor für zentrale Statistik in der Gomel-Region. Im Blitztempo war er wegen Personalknappheit in der Führungstrias, keine schlechte Position. Dennoch war es offen gesagt kein Job, den er sein Leben lang behalten wollte. Wie auch immer – zwei Jahre, nachdem er die Stellung angetreten hatte, wurde er in das Zentralbüro der Staatssicherheit gerufen, wo ein Ressortleiter ihm das offizielle Angebot machte, für sie zu arbeiten. Er antwortete, daß er nicht wisse, ob er dafür qualifiziert sei. Die Antwort war: »Sie müssen nicht glauben, daß wir Sie gleich einstellen. Wir schicken Sie erst zu Schulungskursen.« Das war 1949, und er wurde auf eine Schule in Weißrußland geschickt.

Bis zu diesem Zeitpunkt hatte Stepan Wassiljewitsch Gregoriew nur eine höchst nebulöse Vorstellung von den Aktivitäten der Staatssicherheit gehabt. Im Lauf des Unterrichts, der auf der Analyse bereits dokumentierter KGB-Fälle fußte, fing er Feuer. »Eine Welt jenseits der Welt tat sich auf«, wie er es ausdrückt. Manches ließ sich mit höheren mathematischen Lehrsätzen vergleichen. Er ließ sich mit großem Eifer auf dieses Studium ein und dachte nicht mehr daran, daß er eigentlich Lehrer hatte werden wollen. Dafür vertiefte er sich die folgenden zwei Jahre auch in das kleinste bißchen Instruktion, das ihm für die praktische Arbeit von Nutzen sein konnte. Er hatte große Achtung vor den meisten seiner Lehrer. Danach bekam er Gelegenheit, alles, was er aufgesaugt hatte, in der Praxis zu erproben. Als er mit dem Fall Oswald beauftragt wurde, arbeitete er bereits zehn Jahre bei der Staatssicherheit und hatte eine mustergültige Personalakte über seine Leistungen als Rechercheur.

Auf die Frage, wie er sich selbst analysieren würde, sagt er, daß er ein bescheidener Mensch sei, der nie versucht habe, andere zu übertrumpfen, daß er jedoch von Natur aus fleißig und konzentriert sei und dazu neige, Dinge zu analysieren. Das könne er von sich ohne Einschränkung behaupten. Beim KGB war er dafür bekannt, daß er sich an einen Fall heftete, sobald er ihn übernommen hatte. Er traf nie überhastete Entscheidungen; er dachte die Gegebenheiten durch und versuchte, Schlußfolgerungen auf konkreten Fakten und nicht auf Spekulationen basieren zu lassen. Außerdem trank und rauchte er nicht. Er sei – er sagt es mit einem Lächeln – »moralisch zuverlässig«. Dann lacht er. »Ich war nie besonders an Mädchen interessiert. Mein Hauptinteresse galt meiner Arbeit.«

Er heiratete 1953. Er und seine Frau haben zwei Kinder, eine Tochter und einen Sohn. Sein Sohn, erwähnt er, sei nicht in die Fußstapfen des Vaters getreten. Falls er es wäre, würde es nicht zulässig sein, uns das zu erzählen, aber da dem nicht so sei, mache es nichts aus. Seine Frau arbeitete die ganzen Jahre ebenfalls, als Handarbeitslehrerin im Zentralkomitee des Komsomol. Während man nicht jeden, und gerade nicht irgendwelche Mädchen, mit denen man ausging, wissen lassen konnte, daß man bei der Spionage arbeitete, lag der Fall, als er seine Frau heiratete, anders. Ihr konnte er es erzählen, weil der Mitarbeiter im KGB, der ihn ihr vorstellte, zufällig aus demselben Dorf wie sie stammte. In einer solchen Situation war das Geheimnis schwerlich zu bewahren. Außerdem hatte er auch nicht die Absicht. 1953 arbeiteten sie manchmal bis zwei Uhr morgens. Was würde eine Ehefrau, die über seine Beschäftigung nicht Bescheid wußte, wohl gedacht haben, wenn er so spät nach Hause kam? Allerdings wisse seine Frau bis zum heutigen Tag nicht mehr, als daß er beim KGB arbeite. Er sei ein Mensch, der Geheimnisse für sich behalten könne.

Auf die Frage, wie sein durchschnittlicher Arbeitstag ausgesehen habe, sagt er, daß er im Winter gewöhnlich früh aufstand, eine Gewohnheit, die er seit seiner Kindheit hatte – niemals später als sieben Uhr; er rasierte und wusch sich, aß sein Frühstück und ging in sein Büro. Da er knapp drei Kilometer von der Minsker KGB-Zentrale entfernt wohnte, nahm er eine ruhige Straße zum Gorkij-Park, ging einen Hügel hinauf und über die Janka-Kupala zum Lenin-Prospekt. Meistens ging er auch zu Fuß nach Hause. Das war seine Methode, um fit zu bleiben. Er kam um halb neun statt um neun ins Büro und breitete alle nötigen Unterlagen aus, um die Arbeit für den Tag zu organisieren.

Stepans Büro im zweiten Stock war in diesen Jahren durch ihn selbst und einen anderen Offizier besetzt. Jeder hatte seinen eigenen Schreibtisch und seinen eigenen Tresor. Ein normaler Arbeitstag begann mit dem Studium von Dokumenten; natürlich gab es Termine, Besprechungen mit den Vorgesetzten und manchmal Stabsbesprechungen, aber das geschah nur, wenn es wirklich notwendig war, denn es lenkte nur ab. Es wurde als effektiver erachtet, daß Stepan mit seinem Chef unter vier Augen sprach oder – besser noch – ein Problem selbst löste. Man konnte nicht alles in einer Stabsbesprechung auf den Tisch legen, das hätte den Sicherheitsvorschriften widersprochen. Daß er sein Büro mit einem anderen teilte, brachte jedoch keine besonderen Probleme mit sich. Wenn man klar Schiff machte, war eine gemeinsame Benutzung nicht schwierig. Sobald Stepan ein Dokument nicht mehr brauchte, legte er es in seinen Tresor. Es hat ihn auch nie interessiert, woran sein Kollege gerade arbeitete. So war die Ordensregel. Es war nicht gestattet, Fragen zu stellen, und das war nichts, worüber man sich verletzt oder gekränkt fühlen mußte. Jeder hatte seinen eigenen Tresor; jeder war für das verantwortlich, womit er betraut war.

Kurz vor dem Abschluß seiner Arbeit am Fall Oswald wurde er befördert. Das sei normal gewesen, sagt er. Während seiner ganzen Dienstzeit habe er nie einen Grad übersprungen, und jede Beförderung habe er sich durch ehrliche harte Arbeit verdient: Unteroffizier des Geheimdiensts; Offizier des Geheimdiensts; schließlich Stellvertretender Ressortleiter. Zu diesem Zeitpunkt bekam er sein eigenes Büro, und die Leute kamen nun zu ihm, damit er das eine oder andere Problem für sie löste. Trotzdem – sein Freund, der gleichzeitig mit ihm angefangen hatte und auf derselben Ebene arbeitete, avancierte zum Major, was der adäquate Rang für einen Stellvertretenden Ressortleiter war. Stepan jedoch war nicht befördert worden. Sechs Monate verstrichen. Es war ihm nicht angenehm, auf sich aufmerksam zu machen, aber schließlich fand er, daß es an der Zeit sei. Halb im Spaß sagte er zu seinem Freund, daß er in seiner Arbeit vielleicht doch nicht so tüchtig sei, und sein Freund sagte: »Stepan Wassiljewitsch, ich möchte meine Zeit nicht mit Erörterungen verschwenden. Sie sind nicht zum Major befördert worden – also finden Sie heraus, warum. Sie haben nichts falsch gemacht.« Er ging in die Personalabteilung und erkundigte sich höflich, und sein Chef entschuldigte sich in aller Form. Sie hatten es vergessen. Bürokraten. Natürlich konnte niemand seinen Dienstgrad erkennen, denn sie trugen keine Uniformen.

Das große Fenster in seinem Büro ging auf den Hof, und das war sehr in seinem Sinn. Was ihn betraf, drang zu viel Lärm durch die Fenster an der Front zum Lenin-Prospekt. In der einen Minute heulte ein Auto auf, in der nächsten brüllte jemand durch die Gegend, ein Milizionär setzte seine Trillerpfeife an – es trieb einen zum Wahnsinn. Er hatte es lieber ruhig.

Was die Mittagspause betreffe, könne er sich kurz fassen. An einem normalen Arbeitstag aßen sie gewöhnlich drinnen. Damals hatten sie für seine Begriffe ein fabelhaftes Restaurant. Es gab auch Lauben im Hof des KGB. Viele, die in der Nähe wohnten, gingen zum Mittagessen nach Hause, aber die, die einen weiteren Weg hatten, aßen in diesem Restaurant, in dem es Beefsteak, Kotelett, Sahne mit 20% Fettanteil für den Tee und verschiedene Salate gab. Nach dem Essen gingen einige in der verbleibenden halben Stunde zum Einkaufen. Oder setzten sich in den Hof. Damals konnte man sich unter einem schattenspendenden Baum entspannen. Um zwei Uhr ging es zurück an die Arbeit.

Es gab keinen bestimmten Ablauf. Es war nicht so, daß man eine Sache vor dem Mittagessen erledigte, und danach eine andere. Es gab keine festgesetzten Parameter. Man konnte bis zehn, zwölf Uhr abends im Dienst sein oder zur normalen Zeit Schluß machen, die Dinge konnten in jeder beliebigen Reihenfolge zu jeder Zeit auf einen zukommen, so daß jeder Arbeitstag gefühlsmäßig anders verlief. Es war selten eintönig. Es stellte sich immer die Frage, welche Angelegenheiten zuerst zu lösen waren. Sein Vorgesetzter konnte zum Beispiel Anweisungen geben, aber nachdem Stepan eine Weile darüber nachgedacht hatte, kam er trotzdem zu einem anderen Schluß. Also ging er wieder zurück und stimmte sich ab, um den Instruktionen seines Gebieters nicht zuwider zu handeln.

Es war ein schöpferischer Prozeß. Ein Fall konnte in einem Monat gelöst werden oder ein Jahr in Anspruch nehmen – manchmal sogar Jahre. Man war nicht darauf aus, innerhalb einer vorgegebenen Frist Ergebnisse zu erhalten – so spielte sich das nicht ab. Gewöhnlich tauchten unvorhergesehene Umstände auf. Wer, zum Beispiel, hätte Oswalds Eheschließung mit Marina voraussehen können? Manchmal konnte eine Aufgabe auch nicht gelöst werden, gleichgültig, wieviel Mühe man sich gab.

Als wir ihn fragen, ob zur Ablenkung während der Arbeit auch Schachspielen gehört habe, sagt er: »Schach, Dame oder Domino war nicht angemessen – nur für Faulenzer. Anders war es, wenn man rauchen wollte, um ein wenig Dampf abzulassen – es gab einen Raum für Leute, die ihre Dosis Nikotin brauchten.« Aber zu dieser Kategorie habe er nicht gehört. Wann immer er sich müde fühlte – obwohl er im allgemeinen vor Energie und Gesundheit strotzte –, besuchte er einen Kollegen nebenan. Sie unterhielten sich zehn oder fünfzehn Minuten und gingen dann wieder an ihre Schreibtische. Und wenn ihm nach dem Mittagessen noch etwas Zeit blieb, habe er ganz gern Schach gespielt, obwohl er sich kaum als starken Spieler bezeichnen würde, höchstens als drittklassig. Es machte ihm einfach Vergnügen. Im Sommer spielte er in der Mittagspause Volleyball. Obwohl er nicht groß war, war er ein guter Verteidiger, und seine Spezialität waren *hook shots*. Er habe sich auf diese Weise entspannt.

KGB-Mitarbeiter hingen nach ihrer Arbeit oft noch herum. Manche blieben, um Schach zu spielen, und rechtfertigten die Verspätung gegenüber ihren Frauen damit, daß es ihre Arbeit verlangt hätte. Aber er belog seine Frau fast nie. Und er zog es auch nie lange hinaus; er mißbrauchte seine häuslichen Privilegien nicht. Spielte eine Partie, alberte noch ein wenig, wusch sich und ging nach Hause. Normalerweise, wenn sie wußte, daß er spät kommen würde, richtete es seine Frau so ein, daß das Essen bei seiner Ankunft fertig war. In der Tat aß sie auch selbst nicht vorher, auch wenn er manchmal sehr spät heimkam. Bis heute hat sie diese Gepflogenheit beibehalten. Wenn er nach Hause kommt und fragt: »Warum hast du nicht gegessen?«, sagt sie: »Ich habe auf dich gewartet.« – »Warum hast du so lange gewartet?« Ihre Antwort: »Ich mag nicht alleine essen.«

Natürlich freute er sich jedesmal auf das, was seine Frau gekocht hatte. Er kam heim und aß mit Genuß. Alles war in Ordnung, und er wurde den Tagesstreß los. Ihr häusliches Leben gestaltete sich etwas leichter, weil seine Frau ebenfalls arbeitete. Also brachten sie ihre Kinder für fünf Tage in der Woche in einem 24-Stunden-Kindergarten unter. Sie sahen sie nur am Wochenende. Montags nahmen sie sie auf dem Weg zur Arbeit mit. Es wartete bereits ein Bus, der die Kinder des KGB-Personals in einen Außenbezirk von Minsk brachte, in diesen hübschen Kindergarten, der in einer Datscha untergebracht war, die einem ehemaligen Minister gehört hatte. Obwohl es die Haushaltsführung außerordentlich erleichterte, möchte er allerdings nicht behaupten, daß es die besten Bedingungen für die Erziehung der Kinder waren. Immerhin war es ein strenger Kindergarten, und seine Kinder wurden keine verwöhnten Bälger – es hatte in dieser Hinsicht also auch seine Vorteile.

Zur Unterhaltung ging er ins Theater oder ins Kino. Er schätzte den Russischen Nationalchor und interessierte sich für die meisten Sportveranstaltungen. Er war ein großer Hockey-Fan und schaute sich oft Fußballspiele an, aber Boxkämpfe konnte er nicht ausstehen – das war ein Schlag ins Gesicht für ihn. Er las gerne Bücher, solange sein Sehvermögen noch ausreichte. Zeitschriften und die tägliche Zeitung sowieso – das gehörte zu seiner Arbeit. Er schaute sich viele Filme an, wie »Donkosaken« oder »Schweinehirt und Schäfer« – er mochte Vorfilme, aber nichts Aufregendes; das griff sein Nervensystem an und verstörte ihn. Seine größte Leidenschaft aber war Angeln. Noch heute, sagt er, ist er ein passionierter Petrusjünger: ob es nun Seen sind, Flüsse oder irgendein Wasser, im Winter wie im Sommer, bei jedem Wind und Wetter.

Als wir ihn ersuchen, sich kritisch zu betrachten, geht er auf die rein menschlichen Aspekte ein: »Ich glaube, daß ich mit meinen Kindern wirklich zu streng war. Ich bestrafte sie häufig, und ich denke, daß manche Kinder doch mehr Zärtlichkeit brauchen. Gegenüber manchen Leuten bin ich zu ungeduldig. Wenn Leute sprechen, schätze ich es, wenn sie Klartext reden. Vernünftig und kurz. Manche Leute möchten sich gefühlsbetonter äußern, und ich war nicht geduldig. Wenn jemand anfängt, Blabla zu reden, unterbreche ich ihn und lenke das Gespräch auf den zentralen Punkt. Aber man sollte mehr Geduld haben. Nicht alle sind so wie ich. Außerdem konzentrierte ich mich so auf meine Arbeit, daß ich nicht immer den Kalender im Kopf hatte. Ich übersah den Geburtstag eines Kollegen. Den Geburtstag meiner Frau habe ich allerdings nie vergessen. Schon aus Herzensbildung sollte man um eine angenehme Atmosphäre bemüht sein, für die eigene Frau, für die Menschen, die um einen sind, die Mitarbeiter, die Familie.« Als wir ihn ein letztes Mal nach seiner Meinung über den Fall Oswald fragen, sagt er, es habe sich herausgestellt, daß es ein »simpler Fall – ein Fall für Anfänger« gewesen sei, da es sich nicht um eine extrem intelligente Person gehandelt habe. Außerdem sei der finanzielle Aufwand gering gewesen. Oswald habe keinen großen Freundeskreis gehabt und sei in seinem Verhalten nicht unberechenbar gewesen. Er habe nicht in der einen Woche drei Freunde gehabt und in der nächsten zwanzig um sich versammelt, so daß sie ihr Budget hätten aufstocken müssen, um umgehend zwanzig Leute statt der drei zu überwachen. Nein, dieser Fall sei unkompliziert gewesen, weil sich keine Varianten ergaben, keine Schwankungen, und im Endeffekt habe nichts stattgefunden, das ernsthaft eine Reihe neuer Fragen aufgeworfen hätte.

4
Jahreswechsel

AUS DEN KGB-NIEDERSCHRIFTEN
OBJEKT: OLH-2727
ZEITRAUM: 31. Dez. 61
LHO: In dem Kleid siehst du nicht gut aus.
EHEFRAU: Warum nicht?
LHO: Zu weit ausgeschnitten.
EHEFRAU: Gar nicht wahr. Es ist hübsch.
LHO: Es ist unmöglich.
EHEFRAU: Meine Schuhe schon eher, sie passen überhaupt nicht zu diesem Kleid.

LHO: Du kannst dich einfach nicht anziehen, ich schwör's dir!

EHEFRAU: Kauf mir andere Schuhe.

LHO: Die Schuhe sind doch sehr schön.

EHEFRAU: Das stimmt, aber nicht für den Winter. Sie sind weiß. Es gibt Winterschuhe und Sommerschuhe.

(LHO geht kurz in die Küche und kommt gleich wieder zurück)

LHO: Ziehst du eine Jacke an?

EHEFRAU: Welche Jacke? Ich besitze keine Jacken. Glaubst du, es macht den Zigers was aus, wenn das Kleid anstößig ausschaut?

LHO: Natürlich.

EHEFRAU: Es ist ein ganz einfaches Kleid.

LHO: Nein, es ist nicht korrekt.

EHEFRAU: Also, das hier kann ich wirklich nicht anziehen, es hat lauter Löcher... Ich weiß nicht, was ich anziehen soll.

LHO: Ganz egal, du wirst immer wunderbar aussehen.

EHEFRAU: Du weißt doch, daß keiner auf mich Wert legt.

LHO: Herrgott, und was ist mit Oswald? *(küßt sie)* Jeder, der uns sieht, wird sagen: was für ein schönes Paar!

EHEFRAU: Sehr schön! *(lacht)* Wenn das so ist, gehe ich in Rock und Pulli. Dann wirst du dich mit mir schämen müssen. *(Pause)* Wenn ich nur könnte, würde ich mich besser anziehen als du, besser als ihr Amerikaner. *(sie lachen)*

EHEFRAU: Mit diesen Schuhen hättest du mich sicher nicht zum Tanzen geholt, als wir uns das erste Mal trafen.

(sie lachen)

So viel war in dem einen Jahr geschehen. Ob sie sich wohl auf der Party der Zigers bei der Begrüßung des neuen Jahres an ihren vergangenen Neujahrsabend erinnern werden? Lee hatte ihn mit Ella und ihrer Familie verbracht; Marina war mit Sascha zusammen gewesen, dann mit Konstantin, und dazwischen noch mit ein paar anderen.

2. Januar

Dear Mother,

also ich bin ziemlich zuversichtlich, daß wir unsere Visa Mitte Februar bekommen werden, was bedeutet, daß wir am 1. März plus minus einen Monat in den USA ankommen werden.

Ich möchte Dich bitten, etwas Wichtiges für uns zu erledigen. Nimm mit dem Roten Kreuz in Vernon Kontakt auf und ersuch sie, sich mit einer

Organisation namens »International Rescue Committee« in Verbindung zu setzen, oder irgendeiner anderen Organisation, die Leute, die aus dem Ausland zurückkehren, bei der Übersiedlung unterstützt. Es gibt einen Haufen solcher Organisationen.

Wir brauchen 800 Dollar für zwei Flugtickets von Moskau nach New York und von N. Y. nach Texas... Du kannst dem Roten Kreuz sagen, daß wir nun beide Ausreisevisa aus der Sowjetunion erhalten haben...

Wir brauchen nun nur noch das Geld für die Tickets.

Bitte sie, mit der Amerikanischen Botschaft, Moskau, Kontakt aufzunehmen, wenn sie Informationen haben wollen... Ich möchte, daß Du versuchst, das Geld bei einer Organisation locker zu machen, und nicht, es auf eigene Faust zusammenzukriegen.

Du darfst natürlich kein Darlehen akzeptieren, sondern nur ein Geschenk, und schick nicht Dein eigenes Geld...

Wir haben Deine Weihnachtskarte mit den Fotos bekommen. Sie sind sehr gut; sie haben uns beiden sehr gut gefallen.

Schreib bald,
in Liebe, Lee (6)

Als sie den Brief einige Wochen später erhielt, wurde Marguerite Oswald sofort aktiv und hatte noch alle Details im Kopf, als sie der Warren-Kommission zwei Jahre später über das Ereignis berichtete.

Marguerite Oswald: Ich ging also in Vernon zum Roten Kreuz, setzte die junge Frau ins Bild und zeigte ihr den Brief und das Dokument. Sie sagte: »Was macht Ihr Sohn in Rußland?« Ich sagte: »Ich weiß es nicht.« – »Sie sind seine Mutter und wissen nicht, was er in Rußland macht?« Ich sagte: »Junge Frau, ich sagte, daß ich nicht weiß, was er in Rußland macht.« – »Schön, ich finde, daß jeder, der nach Rußland geht, keine Hilfe für seine Rückkehr braucht und besser dort bleiben sollte.« Also sagte ich: »Ich bin nicht an Ihrer persönlichen Meinung interessiert. Ich brauche Hilfe. Würden Sie also bitte Fühlung aufnehmen und mir die Adresse des International Rescue Committee geben, so daß ich weiter versuchen kann, Geld für die Rückkehr meines Sohnes aufzutreiben?« Sie hatte keine Adresse.

Nun war diese junge Frau sehr, sehr von oben herab. Sie wollte niemandem helfen, der nach Rußland gegangen war. Ich rief sie zu Hause an und sagte ihr, daß ich die Adresse des International Rescue Committee vom State Department bekommen hätte, und ob sie wohl so freundlich wäre,

ins Büro zu kommen und diesen Brief für mich zu schreiben. Sie sagte:
»Nun, Mrs. Oswald, ich habe keinen Schlüssel.« Und das am Samstagvormittag, und obwohl sie in einem Amt tätig ist. Ich sagte: »Wollen Sie
mir erzählen, daß Sie beim Roten Kreuz eine führende Position haben,
aber keinen Schlüssel?« – »So ist es.« – »Also, junge Frau, Sie haben mich
vier Tage gekostet, und mir gefällt Ihre Einstellung nicht. Ich ersuche Sie
darum mit allem Nachdruck, sich in Ihr Büro zu bemühen und diese Sache für mich auf den Postweg zu bringen. Es ist von großer Bedeutung.«
Schließlich kam sie widerwillig und nach großer Überredungskunst. Sie
schrieb den Brief an das International Rescue Committee und händigte
ihn mir aus, und ich gab den Brief auf – ich selbst gab den Brief auf. (7)

5
Brieffreunde

4. Januar Ich wurde in das [sowjetische] Paßamt bestellt, da mein inländi-
scher Paß heute abläuft. Da ich nun einen amerikanischen Paß in meinem
Besitz habe, bekomme ich einen völlig neuen inländischen Paß, einen »Paß
für Ausländer«. Er ist bis zum 5. Juli 1962 gültig.

Sie sind so sicher, daß sie in ein paar Wochen wegkönnen. Er wird seinen
neuen Paß bekommen, sie hat ihr Ausreisevisum; seine Mutter wird irgendeine amerikanische Wohltätigkeitsorganisation abschöpfen. Vielleicht
können sie sich sogar vor der Geburt des Babys auf die Reise machen. Wenn
man gegen eine Mauer anrennt, und die Mauer sich zu bewegen beginnt, ist
es nur natürlich, daß man optimistisch ist.
Schocks warten auf sie. Bürokratische Fallgruben. Fragen über sein Überlaufen beginnen in Aktennotizen zwischen den einzelnen Referaten zu zir-
kulieren. Das Justizministerium wird besorgt: werden sie ersucht, einem
amerikanischen Kommunisten und seiner sowjetischen Ehefrau unter die
Arme zu greifen? Und wer garantiert für den Lebensunterhalt Marinas?
Zwischen Januar und Anfang Februar 1962 hat die Post Hochbetrieb. Oswald schickt vor Ende des Monats drei Briefe an die Botschaft in Moskau
und zwei an das International Rescue Committee. In den folgenden zwei
Monaten schreibt er sieben Briefe an seine Mutter und vier an Robert Oswald; im gleichen Zeitraum erhält er sechs von der Amerikanischen Botschaft. In Washington werden im State Department Aktennotizen über ihn

aus den vergangenen zwei Jahren hin und her geschickt, mehr als zehn, die 1959 und Anfang 1960 abgefaßt wurden, und zwanzig oder mehr aus dem vergangenen Jahr. Die Meinungen im State Department, ob man Oswald bei seiner Repatriierung behilflich sein sollte, entwickeln sich in verschiedener Richtung. Es läßt sich nicht sagen, daß er durch die Arroganz, die er in seinen Briefen an den Tag legt, den amerikanischen Behörden ans Herz wächst, aber wer würde zu behaupten wagen, daß seine Taktik nicht Wirkung zeigt?

5. Januar 1962
Dear Sirs,
wie ich die Botschaft bereits informiert habe, sind die [sowjetischen] Ausreisevisa für mich und meine Frau bereits bewilligt worden. Ich kann meines jederzeit erhalten, aber es gilt nur 45 Tage. Da ich und meine Frau die UdSSR gemeinsam verlassen wollen, werde ich den Abruf meines Visums so lange verschieben, bis der Papierkrieg des Außenministeriums der UdSSR und der Amerikanischen Botschaft über meine Frau abgeschlossen ist…
Ich würde gerne eine Abmachung über ein Darlehen der Botschaft oder einer Organisation für unsere Flugtickets treffen. Bitte prüfen Sie das und benachrichtigen Sie mich.

Ihr ergebener
Lee H. Oswald (8)

Samuel G. Wise, inzwischen Richard Snyders Nachfolger, antwortet Oswald am 15. Januar 1962:
Dear Mr. Oswald,
Ihr Antrag, den Visumstatus Ihrer Ehefrau zu klassifizieren, ist von der Einwanderungs- und Einbürgerungsbehörde noch nicht genehmigt worden. Des weiteren liegt der gesetzlich geforderte Nachweis, wonach Ihre Ehefrau in den Vereinigten Staaten nicht der Fürsorge zur Last fallen wird, der Botschaft bisher noch nicht vor. Eine diesbezügliche Möglichkeit wäre, daß Ihre Mutter oder ein anderer enger Verwandter in den Vereinigten Staaten ein Affidavit hinterlegt, wonach er sich für den Unterhalt Ihrer Ehefrau verbürgt.
In Anbetracht dieser Umstände möchten Sie vielleicht Ihre Pläne betreffend Ihre Abreise überdenken, bis Mrs. Oswalds Papiere vollständig sind, insbesondere, da es sich als schwierig erweisen dürfte, den geforderten Nachweis der finanziellen Unterstützung beizubringen, während Sie sich noch in der UdSSR aufhalten. Bitte geben Sie uns diesbezüglich Bescheid.

Die Anfrage hinsichtlich eines Darlehens zur teilweisen Deckung Ihrer Reisekosten in die Vereinigten Staaten kann anläßlich Ihres Besuchs in der Botschaft erörtert werden. (9)

Oswald muß klar sein, daß seine Bitte um Gewährung eines Darlehens durch das State Department die Abwicklung verzögern wird. Falls das State Department allerdings bereit ist, ihm Geld zu leihen, ist anzunehmen, daß man von dieser Seite nicht mit einer strafrechtlichen Verfolgung seiner Person rechnet.

16. Januar 1962
Dear Sirs,
in betreff Ihres erhellenden Briefes vom 5. Januar. Ich hoffe, daß Sie mich darüber unterrichten, ob irgendwelche weiteren Dokumente benötigt werden, und nicht bis zur letzten Minute warten.
Sie regen an, daß ich wegen der benötigten Papiere allein in die Vereinigten Staaten gehen soll.
Ich werde ganz gewiß nicht in Betracht ziehen, alleine in die USA zu gehen, aus welchen Gründen auch immer, zumal es so aussieht, als ob mein Paß bei meiner Ankunft in den Vereinigten Staaten eingezogen würde.
Ich würde es vorziehen, daß alle nötigen Unterlagen in oder durch die Botschaft in Moskau komplettiert werden.
Wie der Botschaft sattsam bekannt ist, machten wir keine leichte Zeit durch, um von den sowjetischen Behörden unsere Ausreisevisa zu bekommen. Ich möchte nicht, daß die ganze Prozedur sich wiederholt, nur weil dies oder das von welcher Seite auch immer fehlt. Ich bin sicher, daß Sie verstehen, was ich meine.
Außerdem wird unser Kind im März geboren werden, und obwohl das russische Procedere in diesem Fall darin besteht, Geburtsdatum, Geschlecht und Geburtsort im Reisepaß meiner Frau einzutragen (eine Angelegenheit von vier Tagen in Moskau), würde ich gerne wissen, was Sie in diesem Fall für erforderlich halten.

Hochachtungsvoll
Lee H. Oswald (10)

Es ist denkbar, daß wir hier auf Oswalds profunde Angst vor der Rückkehr nach Amerika stoßen. Um jedoch seinem sturen Beharren Rechnung zu tragen, mit Marina und keinesfalls ohne sie zurückzugehen, wollen wir ihn mit mehr als einem Motiv ausstatten. Die Seite in ihm, die seine Situation ge-

224

nau kalkuliert, dürfte sich wohl ausgerechnet haben, daß es sicherer sei, nicht allein zurückzukehren. Seine Frau und das Neugeborene sind gleichsam das Faustpfand, das ihm in Amerika Sympathien einbringt.

Das muß allerdings nicht seine einzige Überlegung gewesen sein. Auch wenn er und Marina ihre Schwierigkeiten haben, wird ihm bei dem Gedanken, ohne sie leben zu müssen, noch elender. Und er hat Anlaß, besorgt zu sein, ob sie ihn genug liebt, um ihm zu folgen, wenn er weit vom Schuß ist. In jedem Fall ist er nicht bereit, ohne sie wegzugehen.

Joseph B. Norbury, ebenfalls Konsul in der Botschaft, antwortet am 24. Januar:

Dear Mr. Oswald,

...bezüglich Ihres Visumsantrags für Ihre Ehefrau versuchen wir, eine baldige Entscheidung der Einwanderungs- und Einbürgerungsbehörde herbeizuführen. ... Seien Sie versichert, daß diese Angelegenheit vollständig ausgelotet wird. In der Zwischenzeit kann ich Ihnen nicht dringend genug empfehlen, von einem nahen Verwandten in den Vereinigten Staaten ein Affidavit bezüglich des Unterhalts beizubringen, um zu gewährleisten, daß Ihre Ehefrau mit Ihnen ausreisen kann. (11)

Das State Department schickt am 26. Januar eine weitere Aktennotiz an die Botschaft:

Antrag, Überprüfung und Heiratsurkunde von Mr. Oswald wurden am 6. Oktober 1961 an das Bezirksbüro Dallas der Einwanderungs- und Einbürgerungsbehörde weitergeleitet. Bisher ist noch keine Antwort eingegangen. ... Da diese Untersuchungen noch nicht abgeschlossen sind, kann weder eine Genehmigung des Antrags noch der Verzicht auf die Sanktionen gemäß Artikel 243(g) zugesichert werden... (12)

Wir haben nun einen neuen bürokratischen Terminus, mit dem wir uns herumschlagen müssen: *Verzicht auf die 243(g)-Sanktionen.* Das ist der Hauptgrund für weitere vier Monate Verzögerung. Die Sanktion 234(g) ist Einwanderern aus der Sowjetunion auf den Leib geschneidert, und falls nicht auf sie verzichtet wird, müssen die Oswalds sich von der UdSSR in ein Land wie etwa Belgien begeben, in dem diese Sanktionen nicht greifen. Erst dort kann Marina ein Visum für die Vereinigten Staaten beantragen. Das kann eine Woche oder einen Monat dauern, und die Oswalds haben kein Geld; das State Department sieht deswegen höhere Kosten auf sich zukommen und noch mehr Schwierigkeiten mit Oswald. Deshalb wird ihm nicht

225

mitgeteilt, daß der Verzicht auf die 243(g)-Sanktion nicht nur nicht bewilligt wurde, sondern möglicherweise überhaupt nicht stattfindet. Das State Department hat keinen juristischen Zugriff auf die Einwanderungs- und Einbürgerungsbehörde, die eine Abteilung des Justizministeriums ist. Die Beamten beider Ministerien müssen deshalb miteinander feilschen, was sich über Monate hinzieht. Oswald wird über dieses Problem in Unkenntnis gelassen. Trotzdem scheint er instinktiv zu spüren, daß etwas ganz und gar nicht in Ordnung ist.

23. Januar 1962
Dear Mother,
tu mir bitte einen großen Gefallen, geh in das nächste Büro der »Einwanderungs- und Einbürgerungsämter« und reich ein »Affidavit« auf den Namen meiner Frau ein, denn der Nachweis, daß jemand für ihre Unterstützung bürgt, ist ein technisches Problem, was die Erlaubnis betrifft, daß Marina in die USA einreisen darf, und muß in den USA erbracht werden. Du füllst einfach ein Formular aus (die Gebühr dafür beträgt vielleicht ein paar Dollar), und das ist alles.
Bitte tu es gleich, denn das ist das Dokument, auf das sie in Moskau eigentlich noch warten.

Danke
In Liebe, Lee (13)

Darauf bittet er Robert, für ihn auf Kundschaft zu gehen:
30. Januar 1962
Dear Robert,
Du hast mir einmal mitgeteilt, daß Du herumgefragt hast, ob die amerikanische Regierung irgendwelche Anklagen gegen mich hat. Du sagtest damals, nein. Vielleicht solltest Du Dich ein weiteres Mal erkundigen. Es wäre möglich, daß die Regierung, da sie nun weiß, daß ich zurückkomme, irgend etwas in petto hat.

Dein Bruder Lee (14)

Am 31. Januar schreibt Joseph Norbury erneut an Oswald:
Obwohl die Botschaft alles in ihren Kräften Stehende unternimmt, um den Visumsantrag Ihrer Ehefrau möglichst rasch zu erledigen, scheint die Ausstellung des Visums zu einem Zeitpunkt, der eine Ausreise vor der Geburt Ihres Kindes erlaubt, äußerst unwahrscheinlich. Die meisten Fluggesellschaften lehnen die Beförderung von Passagieren im neunten Mo-

nat der Schwangerschaft ab. Es wäre deshalb ratsam, die Geburt hier abzuwarten und erst dann in die Vereinigten Staaten auszureisen. (15)

Eine Woche später wird der Verzicht auf Sanktionen von J.W. Holland vom Travel Control Central Office in San Antonio abgelehnt.
In der Zwischenzeit versucht sich Marguerite in der Kunst, Geld locker zu machen, kreativ zu sein und wird ebenfalls abschlägig beschieden.

1. Februar 1962
Dear Mrs. Oswald,
betreffend Ihre Andeutung, daß Sie die Geschichte Ihres Sohnes, verbunden mit einem Hilfsaufruf, publik machen wollen, ist das State Department, obwohl es sich außerstande sieht, Ihnen in diesem Fall einen Rat zu geben, nicht der Meinung, daß dies für die Lösung seines Problems hilfreich wäre.

Mit vorzüglicher Hochachtung,
George H. Haselton,
Chief, Protection and Representation Division (16)

1. Februar 1962
Dear Mother,
ich weiß nicht, ob es ein besonders guter Gedanke ist, die Geschichte an die Zeitungen zu geben. Vielleicht solltest Du sie noch zurückhalten. Ich sage Dir dann, wann...
Begreif bitte, daß die Angelegenheit unserer Einreise in die USA, obwohl Du uns mit bestimmten kleinen Schritten helfen kannst, relativ einfach ist. Mach es bitte nicht komplizierter, als es ist...

Lee (17)

Im State Department kommt man zu dem Entschluß, daß es nur eine Möglichkeit gibt, sich von seinem penetrantesten Antragsteller zu befreien. Am 6. Februar schreibt Norbury aus der Botschaft deshalb an Oswald:
Wir sind bereit, Ihren Antrag auf ein Darlehen zu genehmigen. Der Empfänger eines derartigen Darlehens verpflichtet sich jedoch, das State Department ständig über seinen Wohnsitz in den Vereinigten Staaten zu informieren, bis er seine Verbindlichkeiten vollständig getilgt hat. Nach seiner Repatriierung erhält der Darlehensnehmer so lange keinen Paß, der ihn zu Reisen ins Ausland berechtigt, bis er der Regierung das Darlehen zurückerstattet hat. (18)

Dear Mother,

also es dauert nicht mehr lange, bis das Baby zur Welt kommt, und wir uns sehen...

Schick mir bitte Ausschnitte oder Artikel aus den Fort-Worth-Zeitungen über die Zeit von November 1959. Ich möchte wissen, was man damals über mich geschrieben hat, so daß ich vorgewarnt bin. Wenn Du selbst keine Auschnitte besitzt, kannst Du sie Dir jederzeit in ihrem Archiv oder in der Bibliothek besorgen.

Liebe Grüße von uns beiden,

Lee (19)

6

Familienzuwachs

15. Februar, im Morgengrauen Marina weckt mich. Es ist soweit. Um 9 Uhr kommen wir im Krankenhaus an. Ich lasse sie in der Obhut der Krankenschwestern zurück und fahre zur Arbeit. Um 10 Uhr bringt Marina ein Mädchen zur Welt.

Im letzten Monat der Schwangerschaft taten ihr manchmal der Körper oder die Beine weh, und Alik massierte sie und sagte: »Mein armes, armes Mädchen. Du tust dir weh, nur um unserem Baby das Leben zu schenken.« (20) In solchen Augenblicken glaubte sie, daß Alik sie wirklich liebe.

Sie hatte immer wieder befürchtet, daß sie das Kind verlieren würde, denn die Ohnmachtsanfälle wollten nicht aufhören. Aber, schmales Becken hin, schmales Becken her, die Geburt verlief schnell; sie hatte Glück. Selbst diejenigen Mädchen in der Apotheke, die seit der Amerika-Geschichte nichts mehr mit ihr zu tun haben wollten, standen ihr bei, sobald es um die Schwangerschaft ging. Sie bestanden darauf, daß sie das Baby im »Dritten Krankenhaus« entbinden müsse, und als Marina sagte: »Damit bin ich nicht einverstanden«, beschworen sie sie: »Marina, genau hier in unserer eigenen Klinik bist du am allerbesten aufgehoben.« Sie waren so um sie bemüht, daß sie schließlich einwilligte.

Am Abend zuvor hatten sie und Alik Freunde besucht und viel Spaß gehabt. Dann, vor Einbruch der Morgendämmerung, war es soweit. Marina wachte um sechs Uhr auf und sagte Lee, daß sie nun gehen müßten. Lee war völlig in Panik, und es war spaßig, ihm bei seinem Leiden zuzusehen. Er führte sich auf, als ob er die Wöchnerin wäre, und trieb beharrlich zur Eile. Da am Einsetzen der Wehen nichts Schlimmes war, wollte sie eigentlich noch gar nicht weg – Lee mußte sie ziemlich drängen.

Schließlich gingen sie um neun Uhr aus dem Haus, konnten kein Taxi auftreiben und mußten sich in einen überfüllten Bus quetschen. Sie hatte Lee noch nie so nervös erlebt. Auf dem Schnee rutschten sie bei jedem Schritt, aber schließlich kamen sie wohlbehalten in der Klinik an. Lee mußte sofort in die Arbeit. Er hätte ohnehin nicht bei ihr bleiben dürfen. In Rußland war es Regel, daß Frauen bis zu zehn Tage nach der Geburt in der Klinik bleiben mußten. Es dauerte sogar drei Tage, bis man die Schwestern überreden konnte, einen aus dem Bett zu lassen, und während der ganzen Zeit war nur das Krankenhauspersonal um das Baby – keine Verwandten oder Freunde, keine Ansteckungsgefahr von draußen! Nicht einmal der Vater hatte Zutritt zur Entbindungsstation. Er konnte lediglich an der Krankenhauspforte Geschenke für seine Lieben abgeben.

June wurde am 15. Februar 1962 kurz vor zehn Uhr geboren, und Alik war gerade in der Arbeit eingetroffen, als Marinas Freundinnen in der Apotheke im Gorisont-Werk anriefen. Als er an seinen Arbeitsplatz kam, gratulierten ihm seine Kollegen zu einer Tochter. Und dabei hatte er sich doch so einen Sohn gewünscht. Am Abend gab er einen Brief für sie ab.

15. Februar 1962
Liebe Marina,
Du und ich waren nicht auf ein Mädchen eingestellt, aber ich freue mich trotzdem sehr. Du bist ein tapferer Kerl! Wie hast Du das so schnell zuwege gebracht? Du bist ein tapferer Kerl! Und dabei bleibe ich!
Wenn Du etwas brauchst, laß mich Deine Wünsche wissen; Du und ich stehen June Marina Oswald zur Verfügung.

Alik (21)

Ihr Brief wartete bereits auf ihn:

Lieber Aleck!
Jetzt bist Du also Vater. Mir ist es fast lieber, daß wir ein Mädchen haben. Die Entbindung verlief problemlos und sehr schnell. June kam um 10 Uhr zur Welt. Ich bin nur an vier kleinen äußeren Rissen genäht worden. Ich habe nicht erwartet, daß alles so schnell geht. Tante Walja wird Dich wahrscheinlich heute abend besuchen. Sie war bereits hier. Heute brauchst Du

mir nichts mitzubringen, morgen nur Kefir und etwas Süßes. Pralinen darf ich nicht mehr essen. Den Rest weißt Du schon.

Ich küsse Dich,
Marina (22)

Schriebe gingen hin und her. Manchmal nur auf ein Stück Papier gekritzelt. Er durfte nur bis zur Pforte, und sie war oben im zweiten Stock.

Liebe,
wie geht es Dir? Es gibt keinen Kefir. Was brauchst Du? Hast Du das Baby schon gestillt? Wer hat Dich heute angerufen?

Ich liebe Dich,
Alik (23)

Sie entdeckte, daß es sie verlangte, ihn zu sehen. Sehr sogar. Es glückte, indem sie sich in die Apotheke im Erdgeschoß schlich. Sie brach die Gebote der Klinik. Noch eine Sünde auf ihrer Seele. Zu komisch.
Lee sagte, er sei sehr froh, eine Tochter zu haben, als ob er nie von einem Sohn geträumt hätte. Er fand sogar, daß ein Mädchen als erstes Kind vielleicht besser für die Mutter sei, aber das nächste sollte, müßte dann schon ein Sohn sein.

18. Februar 1962
Liebe Marina,
Tante Walja und Onkel Ilja haben mich heute vormittag besucht. Tante Walja wird Dich morgen um zwei Uhr nachmittags besuchen. Ich habe ihr gesagt, was besorgt werden muß. Erich und ich waren gestern bis Mitternacht bei den Zigers.
Was brauchst Du? Kannst Du ein bißchen spazierengehen? Ist June immer noch rot? Wenn Tante Walja morgen kommt, gib ihr die Fotos.

Dein Mann Alik
P.S. Ich werde morgen nicht kommen. Geht das in Ordnung? (24)

Marina war verärgert. Sie schrieb zurück: »Du willst mich nicht einmal abends besuchen.« Spät am nächsten Abend schlich er sich aus der Apotheke dann doch zu ihr nach oben. Er hatte eine Begabung, sich lautlos zu bewegen. Aber sie fühlte sich vernachlässigt. Sie weiß noch, daß er Erich während dieser Woche oft traf. Jetzt, dreißig Jahre später, weiß sie kaum noch, wer Erich war.

20. 2. 62
Hallo Pappi!
Aleck, ich hätte nie gedacht, daß es so schwer ist, ein Baby zu stillen. June frißt mich fast auf. Und die Milch schießt immer vor der Stillzeit ein und sollte abgepumpt werden. Es tut so weh, daß ich besser mehrere Kinder bekommen hätte. Lieber Aleck, kauf eine *Milchpumpe*, sofort, *noch heute*, und schick sie mir.
Aleck, ich sehe inzwischen so scheußlich aus, daß Du mich nicht wiedererkennen würdest. Das kommt davon, weil ich mir ständig Sorgen mache, daß June nicht trinkt. Außerdem lassen sie mich nicht genug schlafen – nur von zwei bis fünf Uhr früh. Ich weiß gar nicht, was ich zu Hause machen werde. Aleck, ich brauche dringend 1 Rubel 20 Kopeken. Ich kann schließlich nicht ohne Büstenhalter herumlaufen. Eine Frau hier hat zwei mitgebracht bekommen und mir einen verkauft, und ich muß ihr das Geld geben. Es ist nicht wegen der Eitelkeit, sondern damit die Milch nicht stockt. Ihr alle denkt nicht einmal daran, mir das zu bringen, was ich brauche. Ihr erkundigt euch bloß, ob ich was brauche… Egal, genug davon, Schluß für heute.
gez. Marina (25)

21. Februar 1962
Liebe Marina,
heute haben wir ein sehr hübsches Geschenk für June aus der Fabrik bekommen; ich weiß, daß es Dir gefallen wird.
Sie haben gekauft: eine Sommerdecke, 6 dünne Windeln, 4 warme Windeln, 2 Hemdchen, 3 schön mollige Hemdchen, 4 sehr hübsche Strampelanzüge und zwei Spielsachen (zusammen 27 Rubel)…
Wie geht's mit dem Stillen?
Wahrscheinlich werde ich morgen nicht kommen. Geht das in Ordnung?
Ich liebe Dich,
Alik (26)

23. Februar Marina verläßt das Krankenhaus. Ich sehe June zum ersten Mal.

An der Pforte des Krankenhauses wurde Marina von Verwandten und Freunden empfangen. Es war ein richtiger Auflauf. Es war kalt draußen, und sie und Alik hatten schreckliche Angst, daß June sich beim ersten Atemzug in der kalten Luft etwas zuziehen könnte. Als sie in der Wohnung angekommen waren, ließ er die Leute nicht ins Zimmer zu June, bevor die Kälte aus ihren Kleidern gewichen war; bis dahin mußten sie sich in der Küche aufhalten. Lee war so aufgeregt, daß er hin und her rannte, nicht sprechen und nicht einmal Atem holen konnte; er war mehr gefährdet als ihr Baby in der kalten Luft.

An diesem ersten Abend nach ihrer Rückkehr aus dem Krankenhaus gab Walja eine Party zu ihrem Geburtstag, und Marina schickte Lee zum Gratulieren hin, aber er kam nicht so bald zurück, wie er ihr versprochen hatte. Marina wartete. Das Baby schrie, und sie traute sich nicht, die Windeln zu wechseln. Im Krankenhaus war das kein Problem gewesen, denn dort übte man an einer Puppe, aber vor ihr lag nun ihr lebendiges Kind, und sie hatte Todesangst, daß sie etwas falsch machen könnte. Sie brach in Tränen aus, das Baby schrie, und ihr Mann war nicht zu Hause. In ihrer Verzweiflung lief sie zu einer Nachbarin, die selbst Kinder hatte, und bat sie um Hilfe – und alles kam in Ordnung. Ihre Nachbarin zeigte ihr, wie man ein Kind auf gute alte russische Art wickelte. Es war ihr gezeigt worden, aber jetzt begriff sie es endlich.

Spät am Abend kam Lee betrunken nach Hause. Sie hatte ihn noch nie so betrunken erlebt. Er war laut, er sang und er wollte tanzen. Er sagte: »Ich mußte auf unser Baby trinken, auf Tante Walja und auf Marina.« Er hatte den ganzen Weg nach Hause gesungen. Er sagte: »Nun habe ich meine zwei Mädchen.« Ihr armer Amerikaner war nicht an russischen Wodka gewöhnt. Sein Anblick war schrecklich komisch. Er sagte eine Menge dummes Zeug zu ihr und June. Er schwor auf seine Liebe und bei seiner Liebe und war außer sich vor Glück, überhaupt nicht flegelhaft – sehr manierlich, eigentlich schaute er wie ein Schaf drein. Nach kurzer Zeit sucht er das Bett auf direktem Wege auf; er fiel hinein.

Es war zwar Waljas Geburtstag, aber Ilja hatte andere Gründe, sich an diesen Tag zu erinnern. Stepan hatte eine Unterredung mit ihm gehabt und schrieb darüber eine Aktennotiz, die er mit dem Stempel STRENG GEHEIM versah:

Traf den MWD-Agenten »P« bei einer Zusammenkunft am 23. 2. 62. Er sagte, daß er in jüngster Zeit zweimal mit seiner Nichte Marina über ihre bevorstehende Abreise aus der Sowjetunion in die USA gesprochen habe. »P« erklärte Marina die Notwendigkeit, sich auf würdige Weise zu benehmen und sich an keiner antisowjetischen Propaganda oder anderen feindlichen, gegen die Sowjetunion gerichteten Aktionen zu beteiligen, um »P« und anderen in der Sowjetunion lebenden Verwandten keine

Schwierigkeiten zu bereiten. Marina versprach »P«, in den USA nichts zu unternehmen, was »P« oder andere Verwandte kompromittieren könnte. »P« wird in diesem Sinn weiter edukativ einwirken und auch ein Gespräch mit »Lichoi« (27) führen, sich bei der Ankunft in den USA jedweder verleumderischen Kommentare über die UdSSR zu enthalten.

»P« erklärte, daß er Marina im Zusammenhang mit seiner Besorgtheit über ihr Wohlergehen gefragt habe, ob ihr an L. H. Oswalds Verhalten etwas Verdächtiges aufgefallen sei, oder Handlungen, die ihn als zweifelhafte Person erscheinen lassen könnten. Marina erklärte »P«, daß ihr nichts derartiges aufgefallen sei.

Bei ihren Zusammenkünften fragte »P« Marina auch, ob sie nicht befürchte, daß Oswald als Überläufer von den amerikanischen Behörden unterdrückt würde. Marina weiß von Oswald, daß das in den USA kein Verbrechen ist, das eine Gefängnisstrafe nach sich zieht, und daß aller Wahrscheinlichkeit nach und gemäß den amerikanischen Gesetzen keine Grundlage vorhanden ist, Oswald nach seiner Rückkehr in die USA dafür zur Verantwortung zu ziehen.

Es wäre denkbar, daß bei einem solchen Treffen zwischen einem Oberst des MWD und einem KGB-Hauptmann eine gewisse interdisziplinäre Spannung herrschte. Eine Zeitlang war Mischa Kusmitsch, Iljas Nachbar, in Minsk Chefarzt für beide Behörden gewesen. Patienten aus dem KGB und dem MWD saßen nebeneinander im Wartezimmer, bis sie an die Reihe kamen. Als jedoch ein Oberst des MWD hereinkam und gegenüber Mischas Assistentin als großer Chef auftrat, führte sie ihn sofort weiter. Er war schließlich Oberst und in Uniform. Die Burschen vom KGB waren sehr unauffällig. Sie trugen keine Uniformen. Also war ihr Rang nicht ersichtlich. Auch wenn sie gut angezogen und sogar elegant waren, mußten sie warten, bis sie drankamen. Der KGB regte sich über diesen Vorfall auf, konnte aber nichts dagegen unternehmen. Sie waren zu geheimnistuerisch, um auch nur anzudeuten, wer unter ihren Leuten einen höheren Rang innehatte. Der KGB war allerdings so unglücklich mit der Situation, daß sie schließlich ihre eigene Poliklinik und sogar ihr eigenes Krankenhaus einrichteten, um nicht weiter solchen Verdrießlichkeiten ausgesetzt zu sein.

Es gab auch noch andere Differenzen. Der KGB war für die Überwachung zuständig, und das MWD ebenso; aber der Stil des letzteren war primitiver. Im MWD pflegten sie zu sagen: »Wenn du stark genug bist, brauchst du kein Hirn.«

Natürlich arbeiteten sie zusammen, wenn ein Fall die innere Sicherheit betraf. Aber mit ein wenig Scharfblick konnte man sofort erkennen, wer von der einen Organisation kam und wer von der anderen, denn die Leute des KGB hatten bessere Manieren und waren gebildeter. Mischa meint, daß er Fachmann genug sei, um zu behaupten, daß viele, die glaubten, vom KGB behelligt worden zu sein, in Wirklichkeit vom MWD beordert worden waren. Da beide im selben Gebäude am Lenin-Prospekt untergebracht waren, konnte man nicht wissen, von welcher Behörde man vorgeladen wurde – in diesen großen gelben Bau mit den hohen weißen Säulen an der Vorderfront und den kleinen Eingangstüren.

7
»Du hast Mikroben im Mund«

28. Februar Ich mache mich auf, um das Baby (wie vom Gesetz vorgeschrieben) registrieren zu lassen. Ich möchte, daß ihr Name June Marina Oswald ist. Aber diese Bürokraten sagen, daß ihr zweiter Vorname wie mein erster zu lauten hat. Eine russische Sitte, die vom Gesetz auch noch unterstützt wird. Ich weigere mich, sie als »June Lee« eintragen zu lassen. Sie versprechen, daß sie im Rathaus anrufen und den Fall klären lassen werden, da ich einen amerikanischen Paß habe.

Sein nächster Eintrag ist am *29.* Februar, obwohl 1962 kein Schaltjahr ist:

29. Februar Es wird mir mitgeteilt, daß keiner weiß, wie es eigentlich wirklich zu handhaben sei, aber daß jeder der Meinung sei: »Also, es wird ›po-russki‹ gemacht [auf die russische Art]«. Name: June Lee.

Als Walja zu Besuch kam, bügelte Marina Windeln. Da sie zu troçken waren, nahm sie etwas Wasser in ihren Mund und sprühte es über die Wäsche. Alik sagte: »Was machst du da? Du hast Mikroben im Mund.« Das bedeutete für Walja, daß er das Kind umsorgte. Er nahm sogar einen Teller, goß Wasser hinein und zeigte Marina, wie sie mit ihren Fingern die Windel leicht benetzen könne. Marinas Familie mochte vielleicht einen weltläufigen Eindruck machen, aber Walja wußte es inzwischen besser – bäuerlicher Stamm. Reicher bäuerlicher Stamm. Tatjana zum Beispiel hatte keinen Unterricht genossen – sie konnte kaum lesen –, aber gleichwohl hatte sie sich weltläufig gegeben.

Dann kam ein Tag Anfang Frühling, an dem Alik nach einem fürchterlichen Streit in Waljas Wohnung zu Marina sagte:»Von mir aus bleib in Rußland, aber laß mich wenigstens mein Kind mitnehmen.«Worauf Marina June an sich riß und sagte:»Du hast nicht das Recht, einer Mutter ihr Kind wegzunehmen.«Walja rannte zwischen beiden hin und her und sagte Marina, daß Alik weiß wie ein Gespenst am Fenster stünde. Also versöhnten sie sich wieder. Walja war die Friedensstifterin.»Schau nur, was du ihm angetan hast«, wiederholte sie immer wieder.

Nach seiner Heirat hatte Stellina nichts mehr von Aljoscha gehört. Kein Kontakt. Nach der Geburt seines Kindes bekam sie allerdings ernstliche Probleme, denn er rief wieder an. Er sagte:»Hören Sie, Marina kann nicht kochen; sie macht nicht sauber.«Er sagte:»Sie, Stellina, haben ein Kind bekommen und sind trotzdem zur Arbeit gegangen. Aber ich komme nach Hause und bringe Geld heim, und unsere Wäsche ist nicht gewaschen, die Wohnung ist schmutzig, das Baby brüllt, und sie hat mir nichts zu essen gemacht…«
Stellina sagte ihm, daß das in der Tat merkwürdig sei. Sie müssen mit ihr sprechen, habe sie ihm gesagt. Sie müssen es ihr erklären! Auch wenn eine Frau ein Baby hat, muß sie arbeiten. Eine Frau muß kochen und sauber machen. Der Mann müsse ihr natürlich helfen, aber hauptsächlich ist es ihre Aufgabe.
Nach dieser Unterhaltung war für eine Weile Funkstille, aber dann rief er wieder an und sagte:»Ma, diese Situation ist unerträglich. Sie läßt unser Kind verkommen. Ich gehe hungrig zur Arbeit. Ich komme hungrig heim. Wir streiten uns ständig.«Er begann zu weinen.
Manchmal traf er Stellina am Abend. Sie leitete einen Abendkurs für Arbeiter, und auf dem Weg dahin, mitten im Gespräch, habe er angefangen zu weinen, jawohl. Dann fing er an zu erzählen, daß seine Frau darauf dringe, nach Amerika zu gehen. Daß sie sage, er habe keine Chance, mehr in der Fabrik zu verdienen, und daß sie deshalb schließlich weggehen müßten.
Es kann also keiner behaupten, daß er nicht in der Lage war, verschiedenen Leuten höchst unterschiedliche Versionen zu unterbreiten. Wir können sicher sein, daß das State Department ihn gewiß in anderem Licht als Stellina sah.

Am 9. März schrieb Joseph Norbury, Konsul der Amerikanischen Botschaft, an Oswald, um ihm mitzuteilen, daß die Botschaft nunmehr autorisiert sei, ihm 500 Dollar vorzuschießen,»um die Reisekosten für ihn und seine Familie zu einem amerikanischen Einlaufhafen« zu decken:

Selbstverständlich wird von Ihnen erwartet, daß Sie die kostengünstigste Reisemöglichkeit wählen, und außerdem bitten wir Sie, einen Schuldschein zu unterschreiben, sobald Sie das Geld erhalten.

Wir haben die Genehmigung für den Visumsantrag für Ihre Frau immer noch nicht erhalten, sobald sie jedoch erteilt ist, können Sie Ihren Paß bei OVIR für Ihr Ausreisevisum vorlegen. (28)

Warum hatte die Amerikanische Botschaft in Moskau die Genehmigungsbestätigung für Marinas Visum immer noch nicht erhalten? Gab es ein ungelöstes Problem? Lee sagte Marina: »Wenn sie dir die Einreise nach Amerika verweigern, werde ich in Rußland bleiben. Ich werde nicht allein gehen.« In diesem Augenblick wäre sie ihm sogar auf den Mond gefolgt, wenn er sie darum gebeten hätte. Sie hatte das Gefühl, daß sie eine wirkliche Familie waren. In der Ehe brachen wieder gute Zeiten an.

Wenn Lee aus der Arbeit nach Hause kam, hatte er wieder sein nettes Lächeln, egal, wie schlimm der Tag gewesen war. Später erzählte er dann über den Ärger in der Arbeit, aber sobald er die Tür öffnete, sagte er erst: »Pappi ist zu Hause« oder »Hier bin ich«. Kündigte sich an wie ein Schauspieler, der die Bühne betritt. Und sie freute sich richtig darauf. »Mädels, Pappi ist da, alles ist in Butter. *Dewotschki, ja doma.* Meine kleinen Mädchen, ich bin zu Hause.«

Als erstes zog er seine schmutzigen Sachen aus, duschte und zog was Sauberes an. Sie hatten allerdings nur dreimal in der Woche heißes Wasser, also duschte er an den übrigen Tagen nicht, sondern wusch sich nur. Sie mußte nicht Wasser für ihn aufsetzen. Lee half ihr auch bei der Wäsche und spülte manchmal das Geschirr.

Die Sanktion war noch immer in Kraft. Die beiden nächsten Schriftstücke sprechen für sich. Das erste stammt vom amerikanischen Konsul Joseph Norbury in Moskau und ist an das State Department in Washington gerichtet:

15. März 1962
Erbitte dringend Entscheidung über Verzicht auf 243(g) hinsichtlich Marina OSWALD. Ehemann ruft häufig in der Botschaft an und fragt schriftlich nach Grund für Verzögerung. Hielten Erörterung 243(g) für unklug, solange Verzicht noch möglich, empfinden es aber als zunehmend mißlich, Oswald vertrösten zu müssen. (29)

Das zweite kommt von Robert Owen aus dem Büro für sowjetische Angelegenheiten (SOV); der Adressat ist John Grump, der für den Oswald-Fall zuständige Beamte in der Visumsabteilung (VO) des State Department. Dies ist möglicherweise die Aktennotiz, der innerhalb der gesamten Akte die größte Bedeutung zukommt:

16. März 1962
VO: Mr. John E. Grump
SOV: Robert I. Owen
SOV (30) ist der Meinung, daß es im Interesse der USA liegt, Lee Harvey Oswald und seine Familie so bald wie möglich aus der Sowjetunion herauszuholen und auf den Weg in dieses Land zu bringen. Sollten wir es unmöglich machen, daß seine Frau und sein Kind ihn begleiten, ist Oswald mit seinem instabilen Charakter und völlig unberechenbaren Verhalten durchaus imstande, sich zu weigern, die UdSSR zu verlassen, oder später zu versuchen, zurückzukehren.
Eine derartige Maßnahme unsererseits würde außerdem der sowjetischen Regierung Argumente liefern, daß die Regierung der Vereinigten Staaten, obwohl von sowjetischer Seite ein Ausreisevisum vorlag, durch die Weigerung, Mrs. Oswald ein Visum zu bewilligen, eine Familie auseinandergerissen habe. Außerdem wäre ein Umweg über ein Drittland mit zusätzlichen Kosten für die Vereinigten Staaten verbunden.
SOV empfiehlt, daß INS dringend die Entscheidung bezüglich des 243(g)-Verzichts hinsichtlich Mrs. Oswald überprüft, was sich evtl. durch die Erwägung beschleunigen ließe, daß Oswald sein Darlehen aufbraucht, während er auf den Beschluß warten muß. (31)

Marina war sich immer noch nicht sicher, ob sie ihre Heimat verlassen wollte. Sie suchte Rat. Einige der Mädchen aus der Apotheke versuchten, sie umzustimmen. Sie sagte dann: »Was soll ich tun? Ich habe ein Baby, und das braucht seinen Vater.« Sie aber erwiderten, daß sie in ein fremdes Land kommen würde, mit einem Mann, der wohl selbst noch Halt suche. Erst will er hier leben, heiratet und schwängert sie – und plötzlich fällt ihm ein, daß er Heimweh nach Amerika hat. Ganz schön unausgegoren. Es könne schon sein, daß das Kind seinen Vater brauche, aber er verpflanze die Mutter in ein neues Land, ohne zu wissen, ob sie mit der Situation überhaupt fertig würde. Schließlich wüchsen die Menschen hier ganz anders auf. Er nehme seine Frau einfach mit, ohne nur einen Gedanken darüber zu verlieren, ob sie zurechtkommen werde.

8

Bedenken

Als würde er nicht schon genug Menschen in Atem halten, stand Lee außerdem noch in brieflichem Kontakt mit einem Brigadegeneral des Marine Corps.

7. März 1962
Dear Mr. Oswald,
die Durchsicht Ihrer Akte im hiesigen Hauptquartier erbrachte zuverlässige Informationen, wonach Sie Ihre amerikanische Staatsbürgerschaft mit der Absicht, Bürger der Union der Sozialistischen Sowjetrepubliken zu werden, aufgegeben haben. Der Commander, Marine Air Reserve Training, informierte Sie ordnungsgemäß über Ihr Recht, persönlich vor dem Prüfungsausschuß zu erscheinen. Da Sie jedoch darauf nicht reagierten, trat der Ausschuß am 8. August 1960 zusammen und verabschiedete eine Empfehlung, Sie als unerwünschte Person aus der Marine Corps Reserve zu entfernen.

> Hochachtungsvoll,
> R. McC. Tompkins,
> Brigadier General U.S. Marine Corps (32)

Man kann den Druck spüren, den Oswalds Hand auf jedes Wort ausübt, um seiner Antwort vom 22. März die nötige Emphase zu verleihen:

Dear Sir,
als Erwiderung auf Ihre Eröffnung betreffend den Beschluß über meine Entfernung als *unerwünschte Person* und Ihre Mitteilung, wie *er* zustandekam:
Ich möchte in direktem Widerspruch zu Ihrer Auskunft darauf hinweisen, daß ich niemals irgendwelche Schritte bezüglich des Verzichts auf meine amerikanische Staatsbürgerschaft unternommen habe. Sowie darauf, daß das Außenministerium der Vereinigten Staaten keine Beschuldigungen oder Beschwerden *welcher Art auch immer* gegen mich hat.
Für die Bestätigung dieser Tatsache verweise ich Sie an die Botschaft der Vereinigten Staaten, Moskau, oder das US-Außenministerium, Washington DC.
Ich war auch keineswegs über den Beschluß des Offiziersausschusses vom

8. August 1960 unterrichtet. Ich wurde darüber durch meine Mutter im Dezember 1961 benachrichtigt.

Mein Gesuch an den Marineminister, seine Verweisung auf Sie und Ihr Brief an mich sagten nicht das Geringste über eine *Untersuchung*, auf die ich gerade besonderen Wert gelegt hätte.

Sie erwähnen »zuverlässige Informationen« als Grundlage für die Entfernung als *unerwünschte Person*. Ich habe keinen *Zweifel*, daß es Spekulationen der Zeitungen waren, die Ihre »zuverlässigen Informationen« bildeten.

Nach den herrschenden amerikanischen Gesetzen über den Gebrauch von Pässen und das Verhalten im Ausland ist es mein völliges Recht, mich in *jedem* Land meiner *Wahl* aufzuhalten. Deshalb haben Sie kein *gesetzliches*, ja nicht einmal moralisches Recht, meine *ehrenhafte* Entlassung in eine *unehrenhafte* umzukehren.

Sie dürfen diesen Brief als Ersuchen um eine totale *Überprüfung* meines Falles im Licht dieser Fakten betrachten, da ich zu dem Zeitpunkt, an dem Sie diesen Brief *erhalten*, mit meiner Familie bereits in die USA zurückgekehrt und darauf vorbereitet sein werde, persönlich zu angemessener Zeit und an einem angemessenen Ort in meiner Nähe vor einem Offiziersausschuß zu erscheinen. (33)

Am 27. März erfolgt der letzte Eintrag in sein Tagebuch:

> **Ich erhalte ein Schreiben von einem Mr. Phillips (Arbeitgeber meiner Mutter), der sich verbürgt, im Notfall meine Frau zu unterstützen.**

27. März 1962
Dear Mother,
wir werden spätestens im März in den Staaten sein. Die Botschaft hat sich einverstanden erklärt, mir 500 Dollar für die Reise zu borgen, und außerdem akzeptierten sie mein eigenes Affidavit für Marina, so daß Deines nicht mehr nötig ist. Laß jedoch Deinen Geschäftsfreund seine Bürgschaft nicht annullieren; *sie könnte uns eines Tages von Nutzen sein.* Du sagst es: mein Ausflug hierher würde eine gute Story über mich ergeben. Ich habe bereits eine ganze Weile darüber nachgedacht. *Und in der Tat habe ich bereits 50 Seiten mit handschriftlichen Notizen über das Thema fertig.*

In Liebe,
Lee (34)

239

28. März
Dear Mother,
Du fragst, ob ich bei Dir oder bei Robert in Fort Worth leben möchte. Ich
glaube weder noch, aber ich werde Euch beide besuchen. In jedem Fall
möchte ich meine eigenen vier Wände... (35)

12. April 1962
Dear Robert,
es sieht so aus, daß wir das Land im April oder Mai verlassen; nur die amerikanische Seite hält uns noch auf. Die Gesandtschaft ist so langsam, wie
die Russen es waren...
Nachdem der Winter nun vorbei ist, möchte ich am liebsten erst Anfang
Herbst weg, denn Frühling und Sommer sind hier wunderbar.

Dein Bruder
Lee (36)

Sollte er seine Entfernung als unerwünschte Person im Kopf haben und all
die Probleme, die dadurch bei der Arbeitssuche entstehen könnten? Vielleicht wartet Amerika auf ihn wie ein wütender Verwandter, dessen Augen
vor Erregung glühen.

9
»Seine Impertinenz ist grenzenlos«

Zwischen dem 16. März und dem 4. Mai hat sich, was das Problem des Verzichts betrifft, nichts getan.

TELEGRAMMEINGANG STATE DEPARTMENT
4. Mai 1962
AUS: Moskau
AN: Außenminister
Baldigste Entscheidung hinsichtlich nochmaliger Prüfung 243(g) Oswald
erforderlich. Hielten Erörterung 243(g) für unklug, solange Verzicht noch
im Bereich der Möglichkeit, empfinden es aber als zunehmend unerquicklich, Oswald vertrösten zu müssen.

Thompson (37)

Ob Oswald auch nur ahnt, wie viele Menschen, die er ablehnt und die ihn ihrerseits verabscheuenswert finden, sich bereits mit seinem Fall auseinandersetzen müssen? Aus Moskau werden sogar Telegramme im Namen von Botschafter Thompson abgeschickt.

Aus einem Schreiben vom 8. Mai von Joseph Norbury an Robert I. Owen im Büro für sowjetische Angelegenheiten des State Department:

Dear Bob,
...Sie werden ebenfalls unser Telegramm vom 4. Mai, den OSWALD-Fall betreffend, zur Kenntnis genommen haben. Wenn der Verzicht auf den 243(g) nicht bald gewährt wird, bleibt uns wohl nichts anderes übrig, als die Oswalds herzubestellen und nach Belgien zu schicken. Sie dürfen nicht glauben, daß wir vor Mitgefühl mit Oswald zerfließen. Seine Impertinenz ist grenzenlos. In seinem letzten Brief verlangte er vom State Department in unverschämter Weise, die Bemühungen einzustellen, das Reisegeld von seinen Verwandten in den USA einzutreiben. Bei den letzten zwei oder drei Anrufen aus Minsk mußte ich mir mit der schlechten Ausrede behelfen, es gäbe da noch ein ungelöstes »Problem«, wodurch sich der Fall seiner Frau noch verzögere... (38)

Monatelang hat das State Department beim Justizministerium den Verzicht auf die Sanktion durchzusetzen versucht, jetzt endlich gibt die Einwanderungs- und Einbürgerungsbehörde in einem Schreiben vom 9. Mai an Michael Cieplinski im Büro für Sicherheit und Konsularangelegenheiten des State Department ihren orthodoxen Standpunkt auf:

Dear Mr. Cieplinski,
...In Ihrem Schreiben führen Sie außerdem an, daß ein Verzicht auf die Sanktionen im Falle von Mrs. Oswald im Interesse der Vereinigten Staaten liegt.
In Anbetracht der überzeugenden Darstellung in Ihrem Schreiben vom 27. März 1962 teilen wir Ihnen hiermit mit, daß die Sanktionen gemäß Artikel 243(g) des Einwanderungs- und Nationalitätsgesetzes hiermit für Mrs. Oswald aufgehoben sind.
                            Mit vorzüglicher Hochachtung,
                    Robert H. Robinson, Deputy Assoc. Commissioner
                                              Travel Control (39)

Auf das auszugsweise Zitat des entscheidenden Absatzes im Schreiben von Michael Cieplinski vom 27. März dürfen wir nicht verzichten:

…wenn die Botschaft Mrs. Oswald kein Visum ausstellt, kann die sowjetische Regierung für sich in Anspruch nehmen, daß sie alles in ihrer Macht Stehende getan hat, die Trennung der Familie zu verhindern, indem sie Mrs. Oswald die gewünschte Ausreisegenehmigung erteilt hat, daß aber diese [amerikanische] Regierung ihr ein Visum verweigert und sie somit daran gehindert hat, Mann und Kind zu begleiten… (40)

Am 10. Mai ist es endlich so weit, daß Joseph B. Norbury Oswald die frohe Botschaft übermitteln kann:

Dear Mr. Oswald,
es freut mich, Ihnen mitteilen zu können, daß die Botschaft nunmehr die abschließenden Maßnahmen bezüglich des beantragten Visums Ihrer Frau treffen kann. Sie und Ihre Frau werden deshalb gebeten, zu einem Ihnen passenden Termin in der Botschaft vorzusprechen…
Der Botschaft liegen zwei Ausfertigungen der Geburtsurkunde Ihrer Frau und eine Ausfertigung ihrer Heiratsurkunde vor. Sie braucht also nur noch eine weitere Ausfertigung der Heiratsurkunde, drei Paßfotos, ein Röntgenbild, eine serologische Analyse und eine Bescheinigung der Pockenimpfung mitzubringen.
Wie Ihnen bereits mitgeteilt wurde, sind außerdem drei Paßfotos Ihrer Tochter sowie eine Ausfertigung ihrer Geburtsurkunde für den Konsularischen Geburtsreport und den Eintrag in Ihrem Paß nötig…
Teilen Sie bitte der Botschaft mit, wann wir Sie erwarten dürfen. (41)

10
Der lange Abschied

Es ist vielleicht noch in Erinnerung, daß Max Prochortschik der Mensch war, der mit Oswald zusammenrückte, als die Einstellungen an seiner Punzmaschine verändert waren. Das war Anfang Januar 1960 gewesen, als sie beide eben bei Gorisont zu arbeiten begonnen hatten. Später begann sich Max für Ella zu interessieren. Es umgab sie eine Art von Geheimnis, sie hatte diesen Amerikaner so genau gekannt. Max und ein anderer Bursche namens

Arkadi gingen mit ihr zu dritt aus, bis sie sich schließlich für Max entschied. Bald darauf machte er ihr einen Antrag, und Ellas Mutter sagte: »Es sei so. Nehmen Sie sie zur Frau.« Sie heirateten am 4. Mai 1962 im kleinen Kreis. Fünfzehn Monate waren vergangen, seit sie sich mit Lee nicht mehr traf, und während der ganzen Zeit hatte Lee kein einziges Mal mit ihr gesprochen. Er tat sogar so, als ob er sie nicht kenne. Doch eines Tages Ende Mai kam er urplötzlich an ihren Arbeitsplatz, als sich Ella gerade nach Hause aufmachte, um mit ihrem frischgebackenen Ehemann zu Mittag zu essen. Lee kam herein, ging schnurstracks auf sie zu und sagte: »Können wir uns heute sehen? Da ist etwas, worüber ich mit Ihnen sprechen möchte.«

Ella verlor den Kopf. Wenn sie etwas länger verheiratet gewesen wäre, hätte sie vielleicht ja gesagt, aber sie lebte mit Max erst seit ein paar Wochen, und er hing so an ihr, daß er ihr überallhin nachlief und jeden Schritt kontrollierte. Also dachte sie, daß sie es besser bleibenlassen sollte, zumal nach dem Vorfall zwischen den beiden vor zwei Jahren. Sie schüttelte den Kopf und sagte: »Ich bin frischverheiratet«, und Lee sagte: »Mit jemandem, den ich kenne?« Sie schaute ihn an und sagte: »Ja.« Er drehte sich auf dem Absatz um und ging durch dieselbe Tür hinaus, durch die er hereingekommen war. Einige Tage später erzählte ihr jemand, daß er nach Amerika zurückgekehrt sei. Tja, wenn sie das gewußt hätte...

AUS DEN KGB-NIEDERSCHRIFTEN
OBJEKT: OLH-2938
ZEITRAUM: 19. Mai 1962
LHO: Was fällt dir eigentlich ein? Du warst drei Stunden von deinem Arbeitsplatz verschwunden.
(Baby schreit)
EHEFRAU: <u>Du Idiot! Mit dir gehe ich nirgends hin.</u> Du kannst dein Kind nehmen und abhauen. Da, nimm sie und verschwinde.
LHO: Halt den Mund. Kümmer dich um dein Kind.
(Baby schreit)
EHEFRAU: Laß mich in Ruhe. Mach was du willst, ich gehe nicht mit dir. Du denkst gar nicht dran, mir jemals zu helfen. Los, still doch du das Baby. Auch wenn du mich umbringst, ich habe keine Milch. Ich werde mich hierhersetzen und zuschauen. <u>Du machst doch dieses Theater bis zwei Uhr früh.</u> Ich verschwinde aus der Arbeit nicht irgendwohin – eigentlich müßte ich in der Klinik schlafen. Diese Ärzte scheinen Wert darauf zu legen, mir zu zeigen, daß sie nicht auf mich gewartet haben.

(weint)
Was, ich soll aus der Klinik heimrennen?
LHO: Genau.
(sie gehen in die Küche)
12:50 Uhr *(sie kommen ins Zimmer zurück)*
EHEFRAU: *(schluchzend)* <u>Geh mir aus den Augen, du Hund! Du Schuft!</u> Du brauchst mich gar nicht so anzustarren – vor dir hab ich schon lange keine Angst mehr. <u>Geh zum Teufel, du Bastard!</u>
LHO: Du bist heute aber wieder liebenswürdig.
(LHO verläßt die Wohnung)
(Stille)

Dieser Dialog fand am frühen Nachmittag statt. Am Abend desselben Tages ist Pawel zu Besuch sowie ein weiterer Mann und eine Frau. Aufgrund der Art der Unterhaltung kann es nur das Ehepaar Ziger sein, also erscheinen sie hier mit ihren Namen und nicht – wie in der Akte – als »Nicht identifizierter Mann 3« und »Nicht identifizierte Frau 2«. Nachdem wir uns bereits soviel Freiheit mit unserer KGB-Niederschrift herausgenommen haben, ändern wir auch noch »Ehefrau« in Marina, und »LHO« kann als Lee auftreten.

21:30
MRS. ZIGER: Wir haben geklopft und geklopft!
MARINA: Wir waren auf dem Balkon; wir haben nichts gehört.
MRS. ZIGER: Wo ist Ihre Tochter? Hoffen wir, daß sie gesund bleibt. Sie hat die Augen ihrer Mutter – so groß.
LEE: Sie hat Augen, Mund und Nase von der Mutter. Sie hat alles von ihrer Mutter und nichts von mir.
MRS. ZIGER: Das nächste Mal kriegen Sie einen Sohn.
LEE: Wir haben schon alle Papiere zusammen. <u>Wahrscheinlich werden wir Dienstag abreisen</u>…
MRS. ZIGER: Wie reisen Sie? Per Schiff oder per Flugzeug?
LEE: Von Moskau entweder mit dem Zug oder mit dem Flugzeug. Es hängt davon ab, welche Art Visa wir bekommen…
(sie reden alle durcheinander; kein Wort zu verstehen)
MRS. ZIGER: Wenn sie aufwächst, wird sie nicht einmal wissen, wo sie geboren ist. Vielleicht wird June manchmal zu Besuch kommen.
MR. ZIGER: Auf Besuch kommen ist etwas anderes. Sie sollte bloß nicht hierherkommen, um hier zu leben.

LEE: Hast du Tee gemacht?

MRS. ZIGER: Machen Sie sich keine Mühe, wir fühlen uns wohl.

LEE: Gibt's überhaupt Gläser?

MARINA: Wir haben zwei Gläser. Und meine kleine Tasse. Er hat bereits alles eingepackt.

LEE: Unsere gesamten Reichtümer. Das Zimmer ist leer.

MRS. ZIGER: Natürlich sind Sie glücklich?

LEE: Wir sind glücklich.

MRS. ZIGER: Und Sie, Marinotschka?

MARINA: Ich bin natürlich etwas weniger glücklich...

MRS. ZIGER: Das Baby wird blondes Haar bekommen; sie wird sehr hübsch werden.

LEE: Sie wird ein gutes Leben haben; sie wird alles haben...

(sie sprechen alle gleichzeitig; schwierig, etwas zu verstehen)

(Pawel kommt, und alle drei Männer gehen in die Küche)

MRS. ZIGER: Marinotschka, <u>Sie wissen gar nicht, wie sehr ich Sie beneide</u>, Sie sind so gesund.

MARINA: Ich werde mit meiner Tochter in Amerika ankommen. Ich weiß nicht. Vielleicht wird es schwierig sein, vielleicht wird er keine Arbeit finden.

MRS. ZIGER: Wieso wird er keine Arbeit finden?... Sie werden sich etablieren, alles wird wundervoll sein, Sie werden sich alles leisten können und Sie werden Freiheit haben.

MARINA: Wir werden Geld und Freiheit haben.

MRS. ZIGER: Gott, wie ich es hasse, in dieser Stadt zu leben. Sie haben nicht viel Wäsche. Haben Sie einen Schrank? Gott, und wir haben soviel alten Kram! Was haben wir nicht alles mitgebracht! Was haben wir nicht alles weggegeben! Unseren Küchenschrank, unser Bett, unseren Ankleidespiegel, echte Eiche, gigantisch. Und Geschirr! Wir haben alles verkauft.

MARINA: Mußten Sie nicht auch klein anfangen?

MRS. ZIGER: Aber ja, ich erinnere mich daran wie heute. Er war einundzwanzig, und ich war vierundzwanzig; ich war älter als er.

MARINA: Sie schauen jünger aus...

MRS. ZIGER: Wie sind Sie mit Geld gestellt?

MARINA: Wir haben gespart... Wir sind beide so.

MRS. ZIGER: Und wieviel kostet es?

MARINA: Ein Ticket kostet 440 neue Rubel. Und das mal zwei.

MRS. ZIGER: Hat Ihnen Ihre Tante nicht ein wenig unter die Arme gegriffen?

MARINA: Nein.

MRS. ZIGER: Danken Sie Gott, daß Sie weggehen. Es war Schicksal, daß Sie Ihrem geliebten Amerikaner begegnet sind…

MARINA: Ich kann Ihnen nur sagen, daß er mir eine echte Hilfe ist.

MRS. ZIGER: Das Wichtigste ist, daß er sich nicht mit anderen Weibern herumtreibt.

MARINA: Wer weiß, vielleicht werde ich nicht für alle Zeiten gut für ihn sein. Ich würde nicht sagen, daß ich wirklich etwas tauge.

MRS. ZIGER: Sie sind eine gute Seele.

MARINA: Erst war er unglücklich, daß es ein Mädchen und kein Junge war, aber jetzt macht es ihm nichts aus.

MRS. ZIGER: Aber ganz und gar nicht, er wird sie lieben.

MARINA: Er liebt sie jetzt schon.

(sie sprechen über das Baby und darüber, daß manche Ehemänner schlecht sind, trinken oder ihre Frauen übel behandeln)

MRS. ZIGER: Vielleicht möchten Sie manchmal auf Besuch hierher kommen.

MARINA: Es ist einfacher, dort zu leben. Er wird mehr Geld als hier verdienen. Was kann er hier schon tun? Man schuftet und schuftet und verdient einen Pappenstiel.

MRS. ZIGER: … Es ist wirklich erstaunlich, daß Ihre Tante Ihnen nicht hilft – sie hätte Ihnen wenigstens ein Geschenk kaufen können.

MARINA: Wem erzählen Sie das? Sie hat nicht einmal Windeln für June gekauft. Sie sind nur zu zweit, und er verdient Tausende. Sie hätten wenigstens etwas kaufen können. Ich verlange keine teuren Geschenke, aber vielleicht ein Mützchen für 40 Kopeken. Die Mädchen in der Apotheke, die haben geholfen – die eine brachte Windeln, die andere etwas anderes. Jede Kleinigkeit hilft.

MRS. ZIGER: Haben Sie sich von Ihrer Tante schon verabschiedet?

MARINA: Noch nicht.

MRS. ZIGER: Wann haben Sie es ihr gesagt?

MARINA: Ich nehme an, daß sie meinen Brief vorgestern bekommen hat… mit der Mitteilung, daß ich weggehe. »Bist du verrückt! Willst du wirklich weggehen?«

MRS. ZIGER: Ich folge meinem Gatten. Wo immer die Nadel hingeht, folgt der Faden…

(sie unterhalten sich darüber, was Marina für die Reise anziehen wird; sie sprechen über die Einrichtung: wieviel sie über den Daumen dafür bekommen werden; dann sprechen sie über das Baby)

MARINA: Alik, komm herein; sie schläft.

22:40 *(Lee, Pawel und Mr. Ziger kommen aus der Küche)*
MRS. ZIGER: Nun, Alik, werden Sie uns vermissen?
LEE: Natürlich werden wir Sie vermissen.
(alle schreien durcheinander; ich kann nicht verstehen, was; Pawel macht Fotos)
(sie sprechen alle gleichzeitig; ich kann nichts verstehen)
MRS. ZIGER: Sie müssen mir versprechen, daß Sie dem Baby Russisch beibringen.
LEE: Ich verspreche es.
MRS. ZIGER: Es ist gut, Russisch zu können; es kann nicht schaden. Ist es nicht schön, daß Sie sich verständlich machen können?
(die Männer sprechen über das Radio; die Frauen sprechen über ihre Probleme; ich kann nicht das Geringste verstehen)
PAWEL: <u>Der Zoll wird nicht kontrollieren.</u>
MARINA: Sie kontrollieren jedenfalls nicht alles – sie machen nur Stichproben.
MRS. ZIGER: <u>Als wir in Odessa ankamen</u>, war es wie in einem riesigen Warenhaus; jeder hatte 7 oder 8 Schrankkoffer mitgebracht. Wir kamen mit einem Klavier an, einem Sportwagen, vier riesigen Schrankkoffern, die aus den Nähten platzten – jeder hatte eine halbe Waggonladung mitgebracht. Und die ukrainischen Frauen sagten: »Schaut nur, was sie alles mitgebracht haben. Und sie behaupten, daß die Menschen dort vor Hunger sterben.« Meine Töchter trugen noch dazu hohe Absätze: »Schaut euch nur diese Absätze an!« Wir waren zutiefst deprimiert, wie Sie sich vorstellen können… Es hat sich so viel in den letzten fünf Jahren geändert!
PAWEL: Zum Schlechteren?
MRS. ZIGER: Zum Besseren. Wir wollen es zumindest hoffen. Ich bin des Lebens und Leidens in einem Land wie Rußland müde, dem größten und reichsten Land.
PAWEL: Wenn wir es genau analysieren, ist die Anzahl der Bomben in jedem Land gar nicht so erschreckend. Wenn genügend Bomben vorhanden sind, wird keiner einen Krieg anfangen.
MR. ZIGER: Oder sie müßten verrückt sein.
PAWEL: Es heißt, daß wir aufrüsten, weil die Amerikaner Krieg wollen. Die Amerikaner hatten ihre Bombe vor uns; warum haben sie damals nicht angegriffen? Sie wollen keinen Krieg. Niemand will Krieg.
MR. ZIGER: Ich weiß nicht, ob es Krieg geben wird oder nicht.
PAWEL: Auf Dauer kann es nicht zwei Systeme geben.

MR. ZIGER: Wenn der Marxismus wirklich recht hat, dann ist der Kapitalismus drauf und dran, den Geist aufzugeben, also wird es nur ein System geben. Wenn er nicht recht hat, dann wird dem Kommunismus kein langes Leben beschieden sein. Im übrigen hat sich der Kommunismus doch sehr gewandelt, wenn Sie ihn mit dem Kommunismus vergleichen, wie er von Marx und Engels definiert wurde.
(Ruhe; nichts zu hören)
MRS. ZIGER: Auf Wiedersehen.
MR. ZIGER: Wir werden uns noch sehen, bevor Sie abreisen.
23:10 *(die Zigers verlassen die Wohnung)*

Da gibt es etwas, das Marina noch niemandem erzählt hat. Es schien nicht wichtig. Doch bevor sie Rußland verließen, habe er sie auf den Balkon gezogen und gesagt, sie solle versuchen – also, bevor sie den Job in der Apotheke aufgab, sagte er: Versuch, Narkotika zu kriegen und bring sie nach Hause. Als sie ihm erklärte, daß sie an so etwas nicht legal herankönne – man mußte für alles, was entnommen wurde, unterschreiben –, sagte er: »Kannst du sie nicht stehlen?« Das wollte sie nicht. Das konnte und wollte sie nicht.
Bis zum heutigen Tag weiß sie nicht, warum er Narkotika wollte. Er sagte nicht Morphium oder Amphetamine, nur »Narkotika«. Er war nicht drogenabhängig; ja, er konnte nicht einmal viel Alkohol vertragen. Vielleicht wollte er die Drogen in Minsk verkaufen, um mit mehr Geld nach Amerika zu kommen. Aber sie verstand das nicht. Er hatte sogar eine Heidenangst, seine Aufzeichnungen aus dem Land zu schmuggeln. Er zermarterte sich lange den Kopf, wo er diese geheimnisvollen Seiten verstecken könne. Immer wieder fing er auf dem Balkon damit an.

AUS DEN KGB-NIEDERSCHRIFTEN
OBJEKT: OLH-2983
ZEITRAUM: 20. Mai 1962
LEE: Du sagst überhaupt nichts. Du antwortest nur auf ihre Fragen, hältst aber sonst den Mund. Verstanden?
MARINA: Wenn es Probleme gibt, mußt du damit fertig werden.
LEE: So ist es. Ich bin dafür verantwortlich. Du sitzt einfach da und bist still. In der Botschaft sagst du: Nein, ich bin nicht Mitglied der Gewerkschaft. Ich war niemals Mitglied irgendeiner sowjetischen Organisation.
MARINA: Dafür wird man also in Amerika bestraft? <u>Warum sollte ich in ein solches Land gehen wollen?</u>

LEE: Sag einfach diesen Satz.

MARINA: Ich bin noch nicht einmal weg, und schon gibt's Ärger. Warte nur, bis wir in Amerika sind – so, Sie sind Russin! Sie sind Mitglied einer Gewerkschaft!

LEE: Halt den Mund, Du hast Scheiße im Hirn.

MARINA: Ich bin eine sowjetische Frau und brauche mich vor nichts zu fürchten. Wenn ich Mitglied der Gewerkschaft bin, bin ich eben Mitglied und werde dazu stehen!

LEE: Idiotin!

MARINA: Ich habe nichts zu befürchten.

LEE: <u>Dummkopf!</u> Du sagst einfach, daß du Apothekerin bist.

MARINA: Ich denke gar nicht dran, in ein Land zu gehen, wo man für jedes falsche Wort gleich ins Gefängnis kommt.

LEE: *(lacht wie ein Verrückter)*

MARINA: Du selbstgefälliges Arschloch. Du wirst platzen wie eine Seifenblase.

LEE: Du bist schon längst zerplatzt.

MARINA: Anständige Menschen verbergen nichts, du bist ein Betrüger. Ständig lügst du, du betrügst jeden.

10:05 *(Lee verläßt die Wohnung)*

Endlich, ein Jahr nach dem Entschluß, die UdSSR zu verlassen, haben sie alle Formalitäten erledigt, ihr Hab und Gut verkauft oder verpackt. Die letzten eineinhalb Tage in Minsk verbringen sie in Pawels Wohnung.

Dear Robert,

das ist der letzte Brief, den Du von uns aus der Sowjetunion bekommst. Falls Du etwas über unsere Ankunft erfährst, oder die Zeitungen finden es heraus (was ich nicht hoffe), ersuche ich Dich, keine wie auch immer gearteten Kommentare über mich abzugeben. Überhaupt keine!! Ich weiß, was Du über mich erzählt hast, als ich die USA verließ, da Mutter mir einige Zeitungsausschnitte geschickt hat, und ich begreife, daß Dich der Schock über die Neuigkeit all diese Dinge sagen ließ. Trotzdem erinnere ich Dich einfach noch einmal, keinerlei Erklärungen oder Kommentare abzugeben, wenn die Zeitungen vor unserer Ankunft in die USA an Dich herantreten sollten.

Ich hoffe, Dich bald zu sehen. Liebe Grüße an die Familie.

Dein Bruder Lee (42)

Die Freunde brachten zum Abschied Blumen mit, und Marina wurde sich bewußt, daß sie Mütterchen Rußland verließ und alle ihre Freunde und Verwandten zurückließ. Irgendwie war es wie ein Begräbnis. Bei einem Begräbnis sah man einen Menschen schließlich auch zum letzten Mal. Also dachte sie: Ich gehe weg, und meine Verwandten könnten genausogut tot sein. Sie hatte ihnen so übel mitgespielt. Sie erwartete nicht, daß Walja und Ilja kommen würden, und sie kamen auch nicht. Nur ein paar Freunde.

Als der Zug aus dem Bahnhof fuhr, begannen die Zigers und Pawel zu winken und all die anderen, die sich zum Abschiednehmen eingefunden hatten (außer Erich – er war nicht gekommen), und nun waren sie auf dem Weg nach Moskau.

Sie blieben zehn Tage in Moskau, Zeit genug, um die letzten Papiere abzuholen und die letzten Fragebogen auszufüllen. Dann reisten sie wieder mit dem Zug ab, der sie noch einmal, mitten in der Nacht, durch Minsk führte. Und in der Tat, diesmal, in der frühen Morgenstunde, sah Marina im Dunkel des Bahnsteigs, wo kein Licht mehr hinreichte, ihre Tante an ihren Onkel geschmiegt. Und sie sagte zu sich: Sie hat ihn doch so weit gebracht. Dann tauchte der Zug wieder in die Nacht Richtung Polen. Doch das kam erst später. Während sie noch in Moskau waren, besuchten Lee, Marina und das Baby June einen Abend Marinas Freunde Juri und Galina Beljankin.

Am nächsten Tag begleitete Galina Marina in die Amerikanische Botschaft. »Um ehrlich zu sein«, erzählt uns Juri Beljankin, »standen mir die Haare zu Berge, als Galina mir erzählte, wo sie gewesen war. Ich arbeitete schließlich in einer ideologisch ausgerichteten Dienststelle, dem Staatsfernsehen. Nicht, daß ich wirklich Angst gehabt hätte – der Eiserne Vorhang hatte bereits einen Riß bekommen –, aber das war etwas, das mir bei meiner Beförderung nicht allzu nützlich war.«

Allerdings saß Galina, als sie einmal drinnen war, sowieso nur im Besucherfoyer und schaute sich amerikanische Magazine an. Was Lee und Marina betraf, gab es wieder einmal einen kleinen Zwischenfall. Jack Matlack, der Botschaftsoffizier, der Marina wegen ihres Visums befragte, sagte Oswald, der sich höchst gebieterisch neben ihr in Positur gesetzt hatte, daß Antragsteller für Visa nur allein vorgelassen würden. Oswald protestierte. Seine Frau könne nicht Englisch. Matlack versicherte dem Ehemann, daß er über genug Russischkenntnisse verfüge. Oswald rührte sich nicht von der Stelle. Matlack nahm ein paar Papiere von seinem Schreibtisch, die andere Fälle betrafen, und begann sie durchzusehen. Nach fünf Minuten fragte Oswald, wann Marinas Befragung weiterginge, und bekam zu hören: sobald er den Raum verlassen habe. Worauf Oswald hinausstolzierte. Matlack fand es eindrucksvoll, wie verschieden das Paar war. Marina war bescheiden und hausbacken, eine junge sowjetische Frau aus der Provinz, die in das Büro einer auswärtigen Regierung geschneit war, während Oswald genauso ein Pfau zu sein schien wie der junge Napoleon. Als Matlack begann, Marina zu befragen, kam er schnell dahinter, daß sie log, als sie ihre Mitgliedschaft im Komsomol glatt abstritt. Matlack hielt das für äußerst unwahrscheinlich und schrieb in seinen Bericht, daß die Antragstellerin seiner Meinung nach nicht glaubwürdig sei, aber da die Mitgliedschaft im Komsomol kein Grund war, ein Visum zu verweigern, sah er zur gegebenen Zeit, nachdem die Befragung abgeschlossen war, keinen Grund, es nicht auszustellen.

Rufen wir uns den vom KGB abgehörten Dialog der Oswalds vom 20. Mai ins Gedächtnis:

MARINA: Und wenn du mich umbringst! Ich werde mich nicht so verhalten wie du.
LEE: Du bist einfach lächerlich!
MARINA: Völlig sinnlos, mit mir darüber zu streiten.
LEE: Sei still, dumme Gans! Du sagst überhaupt nichts. Du antwortest nur auf ihre Fragen, hältst aber sonst den Mund. Verstanden?
MARINA: Wenn es Probleme gibt, mußt du damit fertig werden.
LEE: So ist es. Ich bin dafür verantwortlich. Du sitzt einfach da und bist still. In der Botschaft sagst du: Nein, ich bin nicht Mitglied der Gewerkschaft. Ich war niemals Mitglied irgendeiner sowjetischen Organisation.
MARINA: ... Wenn ich Mitglied der Gewerkschaft bin, bin ich eben Mitglied und werde dazu stehen!
LEE: Idiotin!

Wie sich herausstellt, führen beide Wege nach Rom. Sie hat recht; er hat recht. Jede Methode funktioniert. Immer wieder diese leidenschaftlichen Auseinandersetzungen über Dinge, über die man sich eigentlich nicht zu streiten brauchte!

Am letzten Abend vor ihrer Abreise aus Moskau waren sie zum Abendessen in der Wohnung von Juris Mutter, und Alik wiegte June, bis Juris Mutter sagte: »Kommen Sie, setzen Sie sich zu den anderen.« – »Nein, nein, Sofia

Leontiewna«, sagte Lee, »ich möchte mein Baby lieber im Arm halten.«
Worauf sie erwiderte: »Ich habe bereits drei Babies gewiegt; stellen Sie
sich nicht an.» Also lieferte er June aus, aber er war sehr besorgt. Juri
meint: »Er war eine Art männliche Mutter – das heißt: Mann und Mutter
zugleich.«

Juri erzählt uns auch, daß es von jenem Abend keine Fotos gebe, denn die
sowjetischen Filmleute hatten damals einen törichten Tick. Sobald sie begannen, Filme zu drehen, warfen sie ihre Fotokameras weg. Es war ihr
Standpunkt. Sie waren große Filmschaffende, und wünschten nicht, der Arbeit mit Fotokameras verdächtigt zu werden. Erst später, als er begann, Do-
kumentarfilme über Leute wie Schostakowitsch zu drehen, habe er begriffen, wie großartig sich Fotos in einem Film einsetzen ließen.

Galina erinnert sich, daß Marina vor ihrem Besuch der Amerikanischen
Botschaft schrecklich nervös war. Galina hatte Äpfel mitgenommen, damit
sie auf dem Weg was zu essen hatten. Vor den Toren der Botschaft standen
unter einem großen Bogen zwei baumlange russische Milizionäre aufge-
pflanzt. Galinas Papiertüte mit dem Obst begann sich aufzulösen, und die-
se Milizionäre halfen ihr wahrhaftig beim Aufsammeln der Äpfel. Irgendwie spazierte sie in diesem Durcheinander, obwohl sie keine Papiere zum
Betreten der Amerikanischen Botschaft hatte, mit Lee und Marina hinein.
Es war kein geplantes Ablenkungsmanöver gewesen, aber nun war sie drin.
Galina war die einzige, die sie zum Zug brachte. Die Oswalds fuhren am
Nachmittag ab, und Galina erinnert sich noch gut an den Abschied. Sie und
Marina begannen zu weinen; sie weinten herzzerreißend; denn erst jetzt
wurde ihnen bewußt, daß sie sich für immer trennten. Marina hatte einen
einfachen kleinen Ring mit einer schimmernden Imitationsperle am Finger
– sie besaß keinen echten Schmuck –, aber sie steckte ihn Galina an und sagte: »Ich habe nichts, was ich dir schenken könnte, aber du mußt wenigstens
diesen Ring haben.« Leider verlor ihn Galina ein paar Jahre später.

Aus Amerika schrieb ihnen Marina einen Brief. Galina beantwortete ihn
nicht. Juri sagt heute: »Ich will ehrlich sein, ich habe es ihr verboten. Marina erkundigte sich in ihrem Brief, was sie uns schicken solle, und ich
hatte Angst, zu antworten. Ich arbeitete nach wie vor beim Staatsfernsehen.«

Sie verließen Moskau am 30. Mai 1962 mit dem Zug und fuhren durch
Polen, Deutschland und die Niederlande. In Rotterdam schifften sie sich auf
dem SS *Maasdam* ein und kamen am 13. Juni 1962 in New York an. (43)

Auf Seite 31 des FBI-Berichtes über die Untersuchungen im Zusammenhang mit der Ermordung Präsident Kennedys lesen wir:

Am 31. Mai 1962 wurde die Überwachung von Oswald durch das FBI eingerichtet, so daß das FBI durch die Einwanderungsbehörde von seiner Rückkehr sofort unterrichtet werden konnte. Der Zweck dieser Überwachung war, festzustellen, ob Oswald von einem sowjetischen Geheimdienst angeworben worden war. (44)

ACHTER TEIL

IM VORZIMMER DER GESCHICHTE

1
Das Salz der scharfen Denkungsart

Auf dem Schiff macht sich Oswald Aufzeichnungen. Dank dem Service der Holland-Amerika-Linie stehen ihm alle Schreibmaterialien gratis zur Verfügung, und in Erwartung seiner ersten Pressekonferenz in Amerika formuliert er die Antworten vor. Er spielt mit den Möglichkeiten. Soll er geradeheraus und dadurch unvergeßlich sein? Oder soll er diplomatisch, heuchlerisch und klug sein? Er ist ein fähiger Mensch, und die Hohe Schule der Politik ist, die Manipulatoren zu manipulieren. Er stellt acht Fragen auf, und alle Antworten bis auf die fünfte, die in eine detaillierte Auslegung eines alten Rundfunkinterviews in Moskau mündet, sind es wert, wiedergegeben zu werden. Mit Ausnahme der Frage 6 enthält die linke Spalte seine aufrichtigen Antworten, und die rechte repräsentiert Oswalds Ansicht über gangbare Öffentlichkeitsarbeit.

Frage 1 *Warum gingen Sie in die Sowjetunion?*

Ich ging zum Zeichen des Protestes gegen die auswärtige Politik der Vereinigten Staaten, als Bannerträger der Unzufriedenheit und des Abscheus vor den irregeleiteten Schlußfolgerungen der amerikanischen Regierung und des amerikanischen Volkes.

Ich hielt mich als Bürger der USA (als Tourist) in einem anderen Land auf, was mein absolutes Recht ist. Ich ging hin, um Land und Leute kennenzulernen, und zu sehen, wie das System funktioniert.

254

Frage 2a *Und was ist mit diesen Briefen?*

Ich verfertigte verschiedene Briefe, in denen ich der Amerikanischen Botschaft meine oben erwähnte Meinung zum Ausdruck brachte, nachdem ich im Oktober 1959 hingegangen war, um meine amerikanische Staatsbürgerschaft auf rechtsgültigem Wege zu beenden, und da ich an meinem gesetzlichen Recht gehindert wurde.

Ich habe keine Briefe geschrieben, in denen ich die USA verhöhnte! In meiner Korrespondenz mit der US-Botschaft habe ich keine antiamerikanischen Aussagen gemacht. Meine Kritik galt höchstens der Politik im allgemeinen, nie unserer Regierung.

Frage 2b Haben Sie in der Sowjetunion irgendwelche Erklärungen gegen die USA abgegeben?

Ja.

Nein.

Frage 3 *Haben Sie bei der Wohnsitznahme und der Annahme von Arbeit in der UdSSR irgendwelche Gesetze gebrochen?*

Jawohl, indem ich der UdSSR den Treueeid leistete.

Nach dem amerikanischen Gesetz verliert eine Person den Schutz der Vereinigten Staaten, wenn sie in einem auswärtigen Staat ihr Wahlrecht ausübt oder den Militärdienst absolviert oder den Treueeid auf diesen Staat leistet. Ich habe nichts dergleichen getan.

Frage 4 *Ist nicht alle Arbeit in der UdSSR als Arbeit für den Staat anzusehen?*

Natürlich, und in dieser Hinsicht habe ich ebenfalls die Gesetze der USA gebrochen, indem ich Arbeit in einem auswärtigen Staat annahm.

Nein. Technisch gesprochen verrichten nur Fabriken, die direkt für den Staat arbeiten, wie etwa militärische Fabriken, staatliche Arbeit. Die anderen Fabriken gehören den Arbeitern, die in ihnen arbeiten.

Frage 6 *Warum blieben Sie so lange in der UdSSR, wenn Sie sich nur umsehen wollten?*

Ich hatte meinen Wohnsitz in der UdSSR vom 16. Oktober 1959 bis zum Frühjahr 1962, also zweieinhalb Jahre. Ich blieb so lange, weil ich ein ziemlich angenehmes Leben hatte. Ich hatte viel Geld, eine mietfreie Wohnung, haufenweise Mädchen etc. Warum hätte ich das alles aufgeben sollen?

Ich lebte ruhig in der UdSSR, bis ich im Februar 1961 an die Botschaft schrieb und darlegte, daß ich wieder zurückgehen möchte. (Meinen Paß hatte ich aus Sicherheitsgründen in der Botschaft zurückgelassen.) Ich wurde aus diesem Grund nach Moskau gebeten, wo mir die Botschaft sofort meinen Paß zurückgab und mich beriet, wie ich von den Russen ein Ausreisevisum für mich und meine russische Frau bekommen könne. Dieser lange und mühsame Prozeß dauerte Monate, von Juli 1961 bis Mai 1962...
Deshalb war ich so lange dort, nicht auf meinen eigenen Wunsch. (1)

Frage 7a *Sind Sie Kommunist?*

Ja, absolut.
Obwohl ich die UdSSR und das sozialistische System hasse, bin ich nach wie vor überzeugt, daß der Marxismus unter anderen Umständen funktionieren kann.

Nein, natürlich nicht.

Frage 7b *Haben Sie Umgang mit Kommunisten?*

Nicht in den USA.

Ich bin außerhalb der Sowjetunion niemals einem Kommunisten begegnet – aber dort ließ es sich nicht vermeiden.

Frage 8 *Was sind die hauptsächlichen Unterschiede zwischen der UdSSR und den USA?*

Keine, außer daß in den USA der Lebensstandard etwas höher ist; was die Freiheiten betrifft, gibt es kaum einen Unterschied; die ärztliche Versorgung und das Erziehungssystem sind in der UdSSR besser als in den USA.

Redefreiheit, Reisefreiheit, öffentliche Opposition gegen unpopuläre politische Maßnahmen, die Freiheit, an Gott zu glauben.

REPORTER: Wir danken Ihnen, Sir, Sie sind ein *wahrer* Patriot! (2)

Weiter geht die Fahrt mit dem SS *Maasdam* nach Amerika. Wir können nicht sicher sein, ob ein früher Entwurf seiner politischen Ansichten ebenfalls in den zehn Tagen auf dem Dampfer verfaßt wurde. Das Glaubensbekenntnis ist auf dem Briefpapier der Holland-Amerika-Linie geschrieben, aber das könnte er auch mitgenommen haben. Dennoch wäre die Überfahrt in die Heimat der passende Zeitraum für eine solche Leistung gewesen. Er hat Marx und Lenin studiert, die Vorstellung, daß große politische Führer ihre unsterblichen Traktate häufig im Exil, im Gefängnis oder – in diesem Fall – im Salon der Touristenklasse eines billigen Dampfers verfassen, ist ihm nicht fremd. Auf diese Weise, so möchte man unterstellen, bereitet er sich auf Amerika vor. Er kehrt mit der Essenz einer politischen Philosophie zurück, für alle, die Ohren haben, um zu hören. Wenn auch sein Lebensziel, eine bedeutende Rolle in der Sowjetunion zu spielen, kein durchschlagender Erfolg war, hat ihn das möglicherweise dafür ausgerüstet, mit einem noch tieferen Glauben an seine apokalyptische Aufgabe nach Amerika zurückzukehren: er wird die Beschaffenheit beider Gesellschaftsformen veredeln.

… Für einen Menschen, der beide Systeme und ihre amtlichen Anhängsel kennt, kann es zwischen den Systemen in ihrer heutigen Form und diesem Menschen keinen gemeinsamen Nenner geben.
Er muß sich im Gegensatz zu ihren fundamentalen Grundlagen und ihren Repräsentanten befinden…
Echte Demokratie kann nur auf lokaler Ebene verwirklicht werden. Solange die zentralistischen, staatlichen, administrativen, politischen und kontrollierenden Regelungen fortbestehen, kann es keine wirkliche Demokra-

tie geben, die sich nur als lose Konföderation von Gemeinwesen auf nationaler Ebene denken ließe, ohne wie immer auch geartete zentralistische staatliche Lenkung.

In gleichberechtigter Aufteilung, mit entsprechender Absicherung gegen den Verbund von Gemeinwesen, ist Demokratie machbar – nicht im zentralistischen Staatswesen, das Amtsgewalt überträgt, sondern in zahlreichen gleichberechtigten Gemeinwesen, die Demokratie auf lokaler Ebene in die Praxis umsetzen und entwickeln…

Es ist meine Absicht, eine solche Alternative aufzuzeigen… notwendig ist dafür eine erfahrene und konstruktive Gruppe von Leuten, die den Frieden wollen und gleichzeitig unerschütterlich dem Wiederaufleben jener Mächte entgegentreten, die Millionen von Menschen in einem Dutzend Kriege in Tod und Verwüstung führten und nun, zu eben diesem Zeitpunkt, die Welt in beispiellose Gefahr bringen…

Aber wie viele von Ihnen haben versucht, die Wahrheit hinter den Attrappen des Kalten Krieges zu ergründen?

Ich habe unter beiden Systemen gelebt. Ich habe die Antworten *gesucht*, und obwohl nichts leichter wäre, als mich in dem Glauben zu wiegen, daß das eine System besser sei als das andere, weiß ich, daß das nicht der Fall ist. (3)

Er kommt also nach Amerika mit einer geistigen Grundlage für künftige Aktivitäten zurück. Er plant, eine politische Bewegung zu errichten, die den hehrsten und höchsten Prinzipien folgt.

2
Heimkehr

Abgeordneter Ford: Hat er Sie nach seiner Rückkehr jemals um Hilfe oder Unterstützung bei der Rückzahlung des von der Regierung geliehenen Geldes gebeten?

Robert Oswald: Bei seiner Ankunft in New York City, ich glaube, das war am 13. Juni 1962, erhielt meine Frau vom Special Services Welfare Center in New York City einen Anruf, in dem ihr mitgeteilt wurde, daß Lee und seine Familie bei ihnen eingetroffen seien und Geld für die Heimreise nach Fort Worth, Texas, bräuchten. Die Dame am Telefon betonte, daß sie nicht weiterhelfen könnten, und daß, falls jemand aus der Familie dazu bereit wäre, er dies rasch tun solle. Meine Frau konnte nichts anderes sagen, als daß wir natürlich dazu bereit wären, und das war auch in meinem Sinne. Sie rief mich im Büro an, und ich überwies das Geld telegrafisch an das Sozialhilfebüro in New York, z.Hd. Lee Harvey Oswald.

Abgeordneter Ford: Und mit diesem Geld gelangten Marina und Lee nach Fort Worth?

Robert Oswald: Das ist richtig, Sir.

Abgeordneter Ford: Hat Lee Ihnen das Geld jemals zurückgezahlt?

Robert Oswald: Jawohl, Sir, das hat er. Die Flugtickets kosteten etwas über 100 Dollar, und natürlich waren wir am Flughafen Love Field von Dallas, um sie in Empfang zu nehmen. Am nächsten Tag bestand er darauf, mir den Rest von den 200 Dollar zurückzugeben, obwohl ich das nicht wollte, und versprach, mir den Rest zurückzuzahlen, sobald er könnte, und ich sagte, er solle sich darüber keine Sorgen machen und sich Zeit damit lassen; er gab mir dann wöchentlich 10 bis 20 Dollar von seinem Lohn. (4)

Aus Marinas Erzählung: Ich erinnere mich an einen kurzen Zwischenaufenthalt in Atlanta. Wir schnappten ein wenig frische Luft, und die Leute schauten uns schief an. Kein Wunder, so wie wir angezogen waren! Und June sah eben wie ein russisches Baby aus. In Rußland werden auch die Arme und Beine der Kinder mit Windeln umwickelt, so daß sie eine gewisse Ähnlichkeit mit einer kleinen ägyptischen Mumie haben. Jetzt sehe ich mich mit anderen Augen und denke, daß wir schon einen komischen Anblick boten.

In Dallas wurden wir von Robert und seiner Familie empfangen. Ich schämte mich wegen unseres heruntergekommenen Aussehens. Wir waren beide sehr müde und hätten ja auch gar nichts Besseres anziehen können. Ganz zu schweigen von meiner Frisur. Ich fürchte, Robert schämte sich seiner neuen Verwandten nicht weniger. Aber sie sind nette Leute und sagten nichts; ganz im Gegenteil, sie halfen mir, mich an das neue Land zu gewöhnen. Sie nahmen mich und den Rest der Familie so zartfühlend auf, daß ich gleich einen sehr guten Eindruck von den Amerikanern bekam, auch wenn ich mich ganz und gar fehl am Platze fühlte. (5)

Abgeordneter Boggs: War die Beziehung zwischen Ihnen und Ihrer Frau und Mrs. Oswald erfreulich?

Robert Oswald: Jawohl, Sir. Ich würde sie als sehr erfreulich bezeichnen. Meine Frau und ich waren ganz versessen auf die Chance, wenn ich so sagen darf, jemandem wie Marina Dinge zu zeigen, die sie nie zuvor gesehen hatte. (6)

Aus Marinas Erzählung: Ich weiß noch, daß Robert mir vorschlug, statt eines Kleides Shorts zu tragen, da es in Texas im Sommer sehr heiß ist. Das war revolutionär für mich. Bis dahin hatte ich nur in Filmen gesehen, wie amerikanische Mädchen einfach so in Shorts herumlaufen...
Robert zeigte mir die amerikanischen Geschäfte, und ich war begeistert, wie einfach alles war, und daß es so viel gab, wovon ich bisher nur geträumt hatte. Die Neonreklame überall gefiel mir sofort. Wahrscheinlich sind die Amerikaner so daran gewöhnt, daß sie gar nicht darauf achten. Aber für mich waren sie etwas Besonders – diese fröhlichen bunten Lichter in den Schaufenstern erfüllten mich mit Lebensfreude. (7)

Mr. Jenner: Fiel Ihnen, seit Sie ihn 1959 zum letztenmal gesehen hatten, irgendeine Veränderung seiner äußeren Erscheinung und seines Verhaltens auf, und wenn ja, welche?
Robert Oswald: Rein äußerlich gesehen hatte er ziemlich viel Haare verloren, und in den ersten paar Tagen nach seiner Rückkehr am 14. Juni 1962 schien er mir reichlich angespannt und ängstlich.
Mr. Jenner: Machte er irgendwelche Bemerkungen, als Sie ihn in Love Field abholten, und sind Sie mit ihm zusammen zu Ihrem Haus gefahren?
Robert Oswald: Ja, wir waren mit meinem Privatwagen da, meine Frau und meine Kinder hatten mich begleitet. Er schien mir, na ja, enttäuscht, als er keine Zeitungsreporter sah. Er machte darüber eine Bemerkung, ich glaube, in der Art von »Was, keine Fotografen und so?« Ich sagte: »Nein, ich konnte es geheimhalten.«
Mr. Jenner: Und wo fiel diese Bemerkung?
Robert Oswald: In Love Field, in der Ankunftshalle.
Mr. Jenner: Wenn Sie sich sein verändertes Aussehen ins Gedächtnis rufen und auch die Ereignisse seit seiner Ankunft in Love Field bis heute, haben Sie sich irgendwann eine Meinung darüber gebildet, daß Ihr Bruder in Rußland möglicherweise irgendeiner Form der Behandlung unterzogen worden sein könnte, die seinen Verstand in Mitleidenschaft zog?
Robert Oswald: Jawohl, Sir. Nach Lees Tod am 24. November habe ich mir eine diesbezügliche Meinung gebildet.
Mr. Jenner: Und wie lautet die?
Robert Oswald: Vielleicht hat man ihn in Rußland einer Form von Schockbehandlung oder etwas in der Art unterzogen. (8)

Gehen wir von der brüderlichen zur mütterlichen Sicht über:

Marguerite Oswald: Ich hatte einen Fall in Cromwell, Texas. Ich mußte eine sehr ältliche Frau versorgen, deren Tochter in Fort Worth, Texas, lebte. Also konnte ich nicht weg, um Lee zu treffen. Sein Bruder Robert holte ihn ab und brachte ihn zu sich nach Hause. Etwa eine Woche später – ich konnte es kaum mehr aushalten – nahm ich drei Tage frei und fuhr nach Fort Worth, um endlich Lee und Marina zu sehen. Marina ist eine Schönheit. Und ich sagte zu Lee:»Marina sieht überhaupt nicht russisch aus. Sie ist eine Schönheit.« Er sagte:»Natürlich nicht. Darum habe ich sie auch geheiratet, weil sie wie eine Amerikanerin aussieht.« Ich fragte ihn, wo er sie kennengelernt habe, und er sagte, bei einer gesellschaftlichen, einer öffentlichen Veranstaltung. Ich sagte:»Laß dir erzählen, Lee, daß ich im Begriff bin« – und ich machte bereits Anstalten – »ein Buch über dein sogenanntes Überlaufen zu schreiben.« Er sagte:»Mutter, du wirst kein Buch schreiben.« Ich sagte:»Lee, schreib mir nicht vor, was ich tun soll. Es hat nichts mit dir und Marina zu tun. Es ist mein Leben, und was daraus geworden ist, nachdem du übergelaufen bist.« Er sagte:»Mutter, ich sage dir noch einmal, daß du dieses Buch nicht schreiben wirst. Es könnte sein, daß sie sie und ihre Verwandten umbringen.« Während meines Aufenthalts in Roberts Haus begab sich Lee sofort auf Arbeitssuche. Er tat mir sehr leid, denn ich dachte, daß er sich erst ein oder zwei Wochen ausruhen sollte. Aber ich möchte Sie darüber in Kenntnis setzen, daß er sich unverzüglich wegen Arbeit umsah.

Und zur gleichen Zeit wandte er sich an die vereidigte Stenografin und erklärte ihr, daß er an einem Buch schreibe. Ich selbst gab ihm die 10 Dollar, die er ihr bezahlte. (9)

Mrs. Bates: Ich glaube, es war ungefähr 10 oder 11 Uhr vormittags, am 18. Juni 1962. Er kam einfach herein und sagte:»Zuerst möchte ich wissen, was Sie verlangen, damit ich weiß, ob ich mir das leisten kann.« Ich sagte ihm also, entweder zweieinhalb Dollar pro Stunde oder einen Dollar pro Seite. Er zog ein großes Kuvert heraus, Sie wissen schon, diese großen Dinger, und sagte, daß es sich um Notizen handle, die er aus Rußland herausgeschmuggelt habe. Ich war ganz verdutzt und fragte:»Sind Sie in Rußland gewesen?« Er sagte:»Ja, ich bin grade erst zurückgekommen.« Und daß er diese Notizen unter seiner Kleidung auf der bloßen Haut herausgeschmuggelt habe. Er wollte, daß sie von einer professionellen Schreibkraft abgetippt würden. Er sagte:»Manche Teile sind auf einer kleinen Reiseschreibmaschine getippt, manche mit Füller oder Bleistift geschrieben.« Er sagte:»Ich muß mich neben Sie setzen und Ihnen helfen, denn einiges ist auf russisch geschrieben.« Wir kamen also überein, daß ich es machen würde – aber ich hatte die Aufzeichnungen noch nicht zu Gesicht gekriegt.

Mr. Jenner: Hatten Sie sich über das Honorar geeinigt?

Mrs. Bates: Nun, ich bin sofort auf 2 Dollar die Stunde heruntergegangen. Ich wollte den Auftrag unbedingt haben.

Mr. Jenner: Warum?

Mrs. Bates: Also wenn jemand aus Rußland kommt und Aufzeichnungen dabei hat, dann interessiert mich das schon. Als ich ihn das erste Mal sah, hielt ich ihn eher für einen High-School-Bubi, er wirkte auf mich wie ein Teenager.

Mr. Jenner: Bitte versuchen Sie, sich möglichst genau an alles zu erinnern, was damals gesprochen wurde.

Mrs. Bates: : Ich fragte ihn, wie er es angestellt habe, nach Rußland zu gehen. Ich sagte: »Das war bestimmt nicht einfach. Wie haben Sie das bewerkstelligt? Warum wollten Sie dorthin?« Er war nicht sehr mitteilsam. Man mußte ihm alles aus der Nase ziehen. Er sagte, daß ihm das State Department schließlich die Genehmigung gegeben habe, hinüberzugehen, aber daß sie keine Verantwortung übernähmen, falls er in Schwierigkeiten geraten sollte. Also war er gegangen, mehr bekam ich nicht aus ihm heraus.
Und dann machten wir uns an die Arbeit, und er öffnete dieses große Paket und nahm seine Notizen heraus. Wie ich schon sagte, sie standen auf Papierfetzen, manche waren so klein [spreizt Daumen und Zeigefinger], manche waren große Blätter, manche waren maschinegeschrieben, manche handschriftlich mit Füller oder Bleistift. Und er sagte, er habe immer, wenn er konnte, geschrieben. Und daß es um die Lebens- und Arbeitsbedingungen in Rußland ginge.

Mr. Jenner: Sagte er, in welchem Zeitraum er die Aufzeichnungen machte?

Mrs. Bates: Sie entstanden alle in Rußland. Und er hat sie herausgeschmuggelt. Und er sagte, daß er und seine Frau Todesängste ausgestanden hätten, bis sie über der Grenze waren.

Mr. Jenner: Hat er angedeutet, daß Marina von diesen Notizen wußte?

Mrs. Bates: Gesagt hat er es nicht. Er hat seine Frau in den drei Tagen, die er bei mir war, nur ein- oder zweimal erwähnt.

Mr. Jenner: Verbrachte er im wesentlichen den ganzen Tag bei Ihnen?

Mrs. Bates: Nein, nur insgesamt acht Stunden in den drei Tagen. Ich brauchte acht Stunden zum Tippen von zehn Seiten, einzeilig.

Mr. Jenner: Als Jurist würde ich sagen, daß Sie einige Probleme hatten, die Aufzeichnungen zu entziffern.

Mrs. Bates: Eine Menge war nur gekritzelt. Und er hatte das Geräusch der Schreibmaschine dämpfen müssen, damit die Leute nicht merkten, was er tat. Er sagte, seine Frau habe aufgepaßt. Ich muß Ihnen sagen, diese Notizen waren faszinierend. »Rußland von innen gesehen« – so hießen sie.

Mr. Jenner: Haben Sie die gesamten Aufzeichnungen abgetippt?

Mrs. Bates: Nein, nicht einmal ein Drittel.

Mr. Jenner: Und wie kam das?

Mrs. Bates: Am 20. kam er und war – äh – recht nervös. An den anderen beiden Tagen hatte er sich an meinen Schreibtisch gesetzt, und – äh – wenn ich etwas klären mußte, dann habe ich eben gefragt. Aber an diesem Tag lief er hin und her, schaute mir über die Schulter und fragte, wie weit ich schon sei – schließlich war die zehnte Seite fertig. Er sagte: »Sie haben jetzt acht Stunden gearbeitet und zehn Seiten geschrieben. Ich habe zehn Dollar und keinen Cent mehr. Ich kann Sie nicht weiterarbeiten lassen.« Da habe ich ihm angeboten, den Rest umsonst abzuschreiben, oder daß er mich bezahlen könne, wenn er das Geld habe. Er sagte: »Nein, so läuft das bei mir nicht. Hier sind zehn Dollar.« Er zog einen Zehn-Dollar-Schein aus der Tasche und ging.

Mr. Jenner: Blieben die Aufzeichnungen über Nacht bei Ihnen oder nahm er sie jeden Tag mit?

Mrs. Bates: Und ob er sie mitnahm! Er ließ nie etwas zurück. Und er ging nie aus meinem Büro weg, ohne alles, was ich geschrieben hatte, einzusammeln, sogar das Kohlepapier.

Mr. Jenner: Sogar das Kohlepapier?

Mrs. Bates: Ja, auch das. Er hatte die totesten Augen, die ich jemals gesehen habe.(10)

Begann er Pauline Bates und ihrem Interesse zu mißtrauen? Wenn er sich verfolgt fühlte, wurde er in diesem Gefühl in der folgenden Woche nur noch bestärkt, als ihn das FBI vorlud.

Aus einem FBI-Bericht:
Klassifizierung: Innere Sicherheit – Rußland
Refererenz: Bericht des Special Agent JOHN W. FAIN, Dallas, Texas, 6.7.62
… OSWALD gab an, daß von sowjetischer Seite zu keiner Zeit der Versuch unternommen worden sei, ihn einer »Gehirnwäsche« zu unterziehen. OSWALD gab an, daß er den Sowjets zu keinem Zeitpunkt irgendwelche Informationen gegeben hätte, die auf für die Vereinigten Staaten nachteilige Weise hätten benutzt werden können. Er gab an, daß die Sowjets von

ihm niemals eine solche Information erwartet hätten. OSWALD bestritt, daß er zu irgendeinem Zeitpunkt während seines Aufenthalts in Rußland angeboten habe, den Sowjets irgendwelche Informationen preiszugeben, die er als Radarüberwacher bei den U.S. Marines gewonnen hatte.

...OSWALD gab an, daß er sich für den Fall, daß der sowjetische Geheimdienst unter verdächtigen Umständen oder auf andere Weise an ihn herantreten sollte, sofort mit dem FBI in Verbindung setzen werde. Er gab an, daß er nicht für die Russen oder das russische System einstehe. OSWALD lehnte allerdings eine Antwort auf die Frage ab, was der Hauptgrund für seine Reise gewesen sei. Unwirsch gab er an, er wolle »die Vergangenheit nicht noch einmal erleben«.

Während des größten Teils des Gespräches stellte OSWALD eine ungeduldige und arrogante Haltung zur Schau. OSWALD gab schließlich an, daß ihn die sowjetischen Behörden bei seiner Ankunft gefragt hätten, warum er nach Rußland gekommen sei. OSWALD gab an, daß er ihnen gesagt habe: »Ich bin gekommen, weil ich es wollte.« OSWALD fügte hinzu, daß er nach Rußland gegangen sei, um »das Land kennenzulernen«.

OSWALD wies darauf hin, daß Berichte, die in regelmäßigen Abständen in den Zeitungen erschienen, höchst übertrieben und unwahr seien. Er gab an, daß die Zeitungsberichte ihn als jemanden geschildert hätten, der die Vereinigten Staaten verabscheue, und daß ihn das für die Russen attraktiv gemacht hätte. OSWALD gab an, daß er aufgrund solcher Zeitungsberichte von den Sowjets eine bessere Behandlung erfahren hätte, als sie ihm sonst zugestanden worden wäre. (11)

Als Robert Oswald 1964 vor der Warren-Kommission erschien, stellte ihm auch Allen Dulles, der frühere Direktor der CIA, einige Fragen.

Mr. Dulles: Woher wußten Sie, daß Lee vom FBI befragt worden war?
Robert Oswald: Weil sie bei mir zu Hause angerufen hatten und Lee in ihr Büro nach Fort Worth bestellten.
Mr. Dulles: Hat er Ihnen irgend etwas über dieses Gespräch erzählt? Irgendwelche Einzelheiten?
Robert Oswald: Ein winziges Detail, Sir.
Mr. Jenner: Und das war?
Robert Oswald: Als ich an diesem Nachmittag von der Arbeit heimkam, fragte ich ihn, wie es gelaufen sei. Er sagte: »Wunderbar.« Er sagte, daß sie ihn am Schluß gefragt hätten, ob er ein Agent der US-Regierung sei oder nicht. Seine Antwort war: »Wissen Sie das nicht?« (12)

3

Ein Besuch bei den Staatsorganen

Marina erzählte es niemandem, aber Dallas und Fort Worth waren enttäuschend. Sie war von Texas nicht beeindruckt. Sie hatte erwartet, daß es so sein würde wie in dem Film »Oklahoma!«, den sie in Minsk gesehen hatte, und in dem es von Cowboys und Wildem Westen nur so wimmelte. Aber hier konnte sie nichts davon wiederfinden. Die Wohngegend war nicht schlecht, immerhin wurde das Gras gemäht, und obwohl das Haus armselig war, bot es einer Familie genügend Platz – aber Dallas und Fort Worth gefielen ihr überhaupt nicht. Es gab keine Harmonie, keine architektonische Perspektive. Hochhäuser standen neben drei kleinen Hütten, dann wieder ein unbebautes Grundstück. Nichts Schönes oder Altes. Sie wußte nicht, ob die Stadt schon im Sterben oder erst in den Geburtswehen lag. Nein, es gefiel ihr nicht. Das einzig Schöne war der Duft der Mimosenbäume.
Sie schrieb ihren Kolleginnen in der Apotheke und erinnerte sie daran, wie schwierig Russisch für Alik gewesen sei, und wie er immer alles falsch ausgesprochen habe. Jetzt stecke sie in seiner Haut und spreche alles verkehrt aus. Am Ende des Briefes schrieb sie: »Erinnern Sie sich an Marina. Lassen Sie sie nicht in der Vergessenheit verschwinden.«

Wie Stepan uns im Herbst 1992 mitteilt, war Lichois Akte im Sommer 1962 eigentlich abgeschlossen worden. Es hatte sich nicht der geringste Ansatz ergeben, daß er ein Geheimagent sein könnte. Natürlich bestand immer noch die Möglichkeit, daß er eingeschleust worden war, um die Lebensumstände in der UdSSR aufs engste zu studieren, und daß solche Informationen nun von amerikanischen Spezialisten ausgewertet werden könnten. Dagegen konnte man wenig tun.
Sie hätten ihre überseeischen Agenten im Ersten Direktorium ersuchen können, Oswald nach seiner Rückkehr zu überwachen, aber das wäre schwierig und kostspielig gewesen. Außerdem kamen keine Russen, die in Fort Worth lebten, als potentielle Quelle in Frage. Dort drüben gingen KGB-Offiziere der russischen Gemeinschaft und amerikanischen Kommunisten oder Sympathisanten aus dem Weg. Wenn ein KGB-Agent, der illegal in Amerika arbeitete, einen amerikanischen Kommunisten auf sich zukommen sah, drehte er sich um und ging in die andere Richtung. Er hätte den Teufel getan, sich in den Dunstkreis des FBI zu verirren.
Andererseits sei Lichois Akte nie eine Archivleiche geworden. Sie wuchs wei-

265

ter, auch wenn das Material nun aus anderen Kanälen kam, aus Presseberichten, Radio oder Fernsehen. Außerdem wurde die Post zwischen ihm und Bürgern der Sowjetunion kontrolliert. In diesem Zusammenhang dürfte Pawels Brief nach Amerika vom 15. September 1962, zwei Monate nach Oswalds Rückkehr, den Organen erhebliches Kopfzerbrechen gemacht haben. Er war in einer Form geschrieben, die durchaus ein ausgekochter Code sein konnte, ein System spezieller Anspielungen, die nur von Agenten verstanden werden konnten, die eng zusammenarbeiteten.

15. September 1962
Hallo, Lee und Marina,
ich habe Euren Brief vorgefunden, als ich heute von der Arbeit zurückkam. Ich beantworte ihn postwendend, da ich vor Freude überfließe…
Der Vorfall mit den Krokodilen, über den Ihr berichtet, muß richtig Spaß gemacht haben; gefällt mir sehr. Klingt irgendwie wie eine Anekdote; so ein unerwartetes Ereignis. Marina, erzähl mir bloß nicht, daß Du nicht imstande bist, den Plattenspieler zu richten; wir reden nicht über Reparatur, sondern über Umstellen. Es ist wirklich schlimm, daß es auf der Welt für die wichtigsten Dinge keine einheitlichen Standards gibt. In Europa haben wir Wechselstrom mit 50 Hz, in Amerika mit 60 Hz. Das Einfachste wäre, einen kleinen Motor zu kaufen, der in Konstruktion und Größe den unseren ähnelt, und ihn in den Kasten einzubauen.
Es könnte sein, daß die Umdrehungen trotzdem nicht übereinstimmen, dann mußt Du die Durchmesser der Antriebsrollen einander angleichen. Entfern zunächst das kleine Messingrad von der Motorwelle. Dadurch verlangsamt sich die Umdrehung des Plattentellers. Ich erinnere mich nicht mehr genau an die Marke Deines Plattenspielers, aber falls es das Standardmodell ist, müßte der Motor so konstruiert sein.
Übrigens, Marina: Die Grundidee von Pogodins Stück »Ein Mann mit einem Gewehr« ist in dem Satz enthalten: »Nun müssen wir uns vor einem Mann mit einem Gewehr nicht mehr fürchten.« Das, wie wir Ärzte sagen, ist die Quintessenz… Leb wohl, ich warte auf Eure Briefe.
Pawel (13)

Im Herbst 1962 kam Pawels Mutter nach Minsk auf Besuch und teilte ihm mit, die Organe hätten darauf bestanden, daß sie ihn in ihre Dienststelle bringe. Sie hätten auch verlangt, daß sie beide jeden Brief mitbringen sollten, den er von Oswald erhalten habe. Pawel verstand nicht, warum. Er war sicher, daß der KGB Kopien hatte. Trotzdem nahm er die zwei Briefe mit, die er bereits aus Amerika erhalten hatte. Es war wirklich merkwürdig. Der Offizier schaute groß und sagte: »Warum haben Sie sie mitgebracht? Wir brauchen sie nicht. Wir haben die Genfer Konvention über freien Briefverkehr unterzeichnet, und wir brauchen nichts davon.« Dann händigte der Offizier ihm die Briefe wieder aus. Vielleicht war es ein Manöver gewesen, um zu überprüfen, ob ihnen vielleicht einer durch die Finger geschlüpft war. Er hatte keine Ahnung, wie oft sein Vater bereits zu einem Gespräch mit den Organen herangezogen worden war, aber er hielt sich mit seiner Mutter zum ersten Mal in diesem Gebäude auf. Auf dem Hinweg sagte sie ihm: »Du wirst unsere ganze Familie ruinieren.« Sie war seine Mutter, und er wollte nicht mit ihr streiten, also hörte er einfach zu, als sie ihm sagte, wie schlimm er alles für seinen Vater, seine Mutter und sogar seine Schwester gemacht habe.

AUS EINEM KGB-BERICHT
13.10.62
…GOLOTWATSCHEWS Mutter sagte mir, daß sie und ihr Gatte über das Verhalten ihres Sohnes empört seien, und daß sie sich über seine Handlungen große Sorgen machten. GOLOTWATSCHEWS Mutter entschloß sich sogar, nach Minsk zu kommen, um nach dem Rechten zu sehen…
Was die Erwähnung von »Doktor Schiwago« in einem seiner Briefe an OSWALD, die GOLOTWATSCHEW mitgebracht hatte, betraf, fragte ich, ob er dieses Buch von OSWALD erhalten habe, und GOLOTWATSCHEW beantwortete die Frage negativ.
Auf die Frage, warum er sich für »Doktor Schiwago« interessiert habe, erklärte GOLOTWATSCHEW, daß er sich aus reiner Neugier mit dem Buch habe vertraut machen wollen, um sich selbst eine Meinung zu bilden. Es wurde GOLOTWATSCHEW auseinandergesetzt, daß bedeutende sowjetische Literaturkritiker, Schriftsteller und andere Leute, die sich mit Pasternaks Buch beschäftigten, zu dem Urteil gekommen seien, daß es die sowjetische Wirklichkeit verunglimpfe und keinen literarischen Wert besitze. Deshalb stelle GOLOTWATSCHEWS Beschäftigung mit dem Buch »Doktor Schiwago« keine Bereicherung seines Wissens dar, sondern verleite ihn im Gegenteil zu falschen Ansichten über bestimmte Fragen. Frau GOLOTWATSCHEW kritisierte aufs Schärfste GOLOTWATSCHEWS Wunsch, »Doktor Schiwago« zu lesen und bemerkte, daß kein anständiger Mensch seine Zeit mit so einem Buch verschwende.
Im weiteren Verlauf meines Gesprächs mit GOLOTWATSCHEW erinnerte ich ihn an unsere früheren Treffen, bei denen ihm angemessene Vorschläge

im Hinblick auf sein Verhalten gegenüber Oswald gegeben worden seien, und wies auf GOLOTWATSCHEWS Mangel an Disziplin hin, der sich gezeigt habe, als er zu einem Gespräch mit einem unserer Mitarbeiter nicht erschienen sei. Entrüstet über die Gleichgültigkeit, die er gegenüber dem Ersuchen dieses Mitarbeiters an den Tag gelegt hatte, richtete GOLOTWAT-SCHEWS Mutter folgende Worte an ihren Sohn: »Ist das die Art, wie sich sowjetische Patrioten verhalten? Du hättest von selbst kommen und ihnen über deine Freundschaft mit dem Amerikaner erzählen müssen.« GO-LOTWATSCHEW zeigte sich einsichtig und bat wegen seiner unbedachten Handlungen um Entschuldigung.

Nach GOLOTWATSCHEWS Weggang drückte seine Mutter, die mit mir die Sorge über die Zukunft ihres Sohnes teilt, ihr Bedauern darüber aus, daß er über vier Jahre von seinen Eltern getrennt und deshalb in unerwünschte Gesellschaft gekommen sei. Sie drückte den Wunsch aus, daß sich Vertreter der Organe von Zeit zu Zeit mit ihrem Sohn treffen sollten, was ihrer Meinung nach einen positiven erzieherischen Effekt auf ihn haben würde. Ich erklärte GOLOTWATSCHEWS Mutter, daß dies nicht nötig sei, und drückte meine Gewißheit aus, daß sie selbst in der Lage seien, ihren Sohn in der richtigen Richtung zu beeinflussen, so daß er sich seiner Eltern würdig erweise und sich aktiv am Aufbau des Kommunismus in unserem Lande beteiligen könne.

Stepan Wassiljewitsch Gregoriew

Stepan sah Pawel erst wieder in der Zeit unmittelbar nach Kennedys Ermordung.

Was dieses Ereignis betrifft – und Stepan kann das Datum 22. November 1963 abrufen, als ob es in seine Netzhaut geätzt wäre –, weiß er noch, daß bei der Meldung, daß Präsident Kennedy erschossen worden sei und Lee Harvey Oswald der Hauptverdächtige, sein erster Gedanke war: Es ist unmöglich! Dieser unscheinbare Mensch, der nicht den geringsten Verdacht bei uns erregte. Er begeht dieses Verbrechen? Es kann nicht sein! Es kann nicht sein!

In der Logik unserer Erzählung sind wir gerade am Ende des ersten Bandes angelangt. Es liegt auf der Hand, daß alles, was wir über Oswald in Rußland herausgefunden haben, nicht ausreicht, um unsere grundlegende Frage zu beantworten. Dafür müssen wir seinen Abenteuern in Amerika nachgehen. Die Veränderungen in Oswalds Leben sind bereits enorm und abrupt gewesen, und nun müssen wir ihn bei seinen künftigen Erlebnissen in Fort

Worth, Dallas, New Orleans, Mexico City, Dealey Plaza und dem Stadtgefängnis von Dallas begleiten. Da wir von Rußland nach Amerika mit einem Minimum an Zeremoniell übergewechselt sind und nur einen kurzen Abstecher zurück gemacht haben, können wir vielleicht auf befriedigendere Weise Abschied nehmen, indem wir die Reaktionen einiger von Oswalds russischen Freunden und Bekannten rekonstruieren, als sie mit der Nachricht über Kennedys Ermordung konfrontiert wurden.

NEUNTER TEIL

SCHOCK

1
Vorhölle

Katja erinnert sich an den Schock. Für jeden bei Gorisont. Sie konnte nicht glauben, daß es geschehen war. Er war doch bloß ein Bürschchen mit einer laufenden Nase. Wenn es kalt war, hatte er eine Triefnase. Und plötzlich sollte er diesen amerikanischen Präsidenten umgebracht haben? Andere Männer in der Fabrik waren stärker als er, viel stärker. Er war ein Handtuch.

Bei Gorisont sprachen die Leute ein wenig darüber, aber es war etwas, das sich weit weg ereignet hatte, und nach ein paar Tagen kamen Vertreter der Organe und sagten ihnen, daß es das Beste sei, nicht über Oswald zu sprechen. Ihn zu vergessen. Ihn am besten zu vergessen. Zum Besten von allen.

Als Juri und Galina Beljankin in Moskau hörten, daß ein Mann namens Lee Harvey Oswald im Verdacht stehe, Kennedy getötet zu haben, dämmerte ihnen nichts. Sie kannten ihn nicht unter dem Namen Lee. Erst einige Tage später, als Juri unten die »Iswestja« aus dem Briefkasten holte und das Foto sah, auf dem Jack Ruby Oswald erschoß, fiel der Groschen. Er rannte hinauf und sagte zu seiner Mutter und Galina: »Ich befürchte, das ist unser Bekannter.« Er erinnerte sich noch ganz genau, daß seine Mutter aufschrie: »Alik, Alik, Alik.«

»Durch einen merkwürdigen Winkelzug des Schicksals«, erinnert er sich, »mußte ich an jenem Abend Mikojans Abreise zu Kennedys Begräbnis filmen.« Als sie vom Wnukowo-Flughafen zurückfuhren, sagte sein Arbeitskollege und Freund: »Das war dein letzter Dreh. Jetzt werden dich die Organe schnappen.«

Zu jener Zeit stand Juris Name auf einer speziellen Sicherheitsliste. Nur wenige Kameraleute hatten die Genehmigung, bei Paraden oder anderen Anlässen auf dem Roten Platz Persönlichkeiten wie Chruschtschow zu filmen. Juri ist überzeugt, daß niemand in Rußland glaubt, daß Kennedy ohne die

270

Mitwirkung von Sicherheitsdiensten getötet worden sein könnte – das sei ausgeschlossen.

Nach dem Mord kassierte Stellinas Mutter auch das letzte Foto, das Lee gemacht hatte, und riß sie alle in Stücke. Es war eine grauenvolle Zeit für Stellina, ein Alptraum. Sie konnte es nicht glauben. Sie schluchzte. Ihr Mann sagte: »Da hast du es. Du hättest nicht bei Intourist anfangen sollen. Nun muß unsere ganze Familie dafür bezahlen.«
Tatsächlich trat niemand an sie heran. In den ganzen dreißig Jahren forderte sie niemals jemand auf, über Lee Harvey Oswald zu sprechen, weder offiziell noch inoffiziell. Aber damals, im Dezember 1963, waren sie und ihre Familie von einer unendlichen Angst gelähmt, daß etwas Schreckliches geschehen würde, daß sie sich in einer grauenhaften internationalen Affäre verstrickt hätten. Sie hielten sich nicht mehr lange genug in Minsk auf, um Gerüchte und Tratsch über Oswald aufzuschnappen. »Wir haben einen russischen Ausdruck«, sagt Stellina. »Wenn wir völlig überrumpelt sind, ›setzen wir uns kurz hin‹. Als meine Mutter und ich die Nachricht im Radio hörten, saßen wir auf unseren Sesseln. Wir bewegten uns nicht. Ich kann mich noch an diese ungeheure Angst erinnern. Dann kamen weitere Informationen, daß amerikanische Zeugen in Unglücksfälle verwickelt waren, und daß ihnen schlimme Dinge widerfahren seien. Also lebte meine Familie lange Zeit in dieser großen Angst.«
Obwohl es für Stellina nicht leicht war, Minsk zu verlassen – sie hatte ihr ganzes Leben hier verbracht, sogar während der deutschen Besetzung –, befürchtete sie, daß mit Fingern auf sie gezeigt würde. Erst 1977, nachdem sie ihren Mann begraben hatte, kehrte sie wieder nach Minsk zurück. Sie dachte: Vielleicht ist nach vierzehn Jahren endlich Ruhe. Außerdem hatte sich 1976 ihre Tochter an der Universität Minsk eingeschrieben. In der ganzen Zeit dazwischen hatten sie in Witebsk gelebt, wo sie als Lehrerin arbeitete. Während all der Jahre hatte sie versucht, nicht daran zu denken und sich vor allem nicht die Frage zu stellen: Könnte mein Aljoscha Kennedy getötet haben?
Sie hat eine Antwort: »Ich sah seine Ziele. Er war an Frauen interessiert, er wollte, daß ihm alles in den Schoß fiel, er wollte keine Zeit investieren oder sich abrackern. Zum Beispiel wollte er nicht studieren. Ich ging sogar ins Fremdsprachen-Institut, verhandelte mit dem Direktor und machte einige Anstrengungen, um ihm zu helfen, aber er war nie wirklich ernsthaft, er wollte bloß Aufmerksamkeit. Die Tschechen sagen, daß alles seine guten Seiten hat – sogar ein Autounfall, weil man dann wenigstens in der Zeitung

steht. Es ist besser, daß schlecht über einen gesprochen wird, als gar nicht. Ich glaube sogar, daß er sich, falls er den Auftrag, Präsident Kennedy zu töten, bekommen haben sollte, nicht mit dem Gedanken aufhielt, was es für die Welt, sein eigenes Leben und die Zukunft seiner Familie bedeuten würde – er sagte sich wohl nur: Gut, ich werde Kennedy töten und die verdiente Aufmerksamkeit bekommen.«

Albina ist der Meinung, daß die Zigers möglicherweise keine allzu günstige Rolle in Aliks Leben spielten. Er bekam dort immer Negatives über Rußland zu hören. Sie glaubt, daß das Alik beeinflußt habe, obwohl er eine Wohnung hatte, kostenlose ärztliche Versorgung, Privilegien und was nicht noch alles. Wenn es da nicht diese Zigers gegeben hätte, wäre er vielleicht gar nicht auf die Idee gekommen, ihr Land zu verlassen. Vielleicht wäre er geblieben.

Pawel ärgerte sich, als die Warren-Kommission Lee als geistig Behinderten hinstellte. Er ärgerte sich maßlos. Es gefiel ihm überhaupt nicht, daß jemand, der nicht auf den Kopf gefallen war, der ganzen Welt als einer mit Dachschaden präsentiert wurde.

Nachdem Lee von Ruby ermordet worden war, gab Pawel einen Brief an Marina auf, in dem er ihr kondolierte. Am nächsten Morgen stand der KGB vor der Tür. Das war am 26. November 1963. Sie nahmen ihn im Bus ins Büro mit. Er war kein so bedeutender Verbrecher, daß sie seinetwegen ein Auto geschickt hätten. Er erinnert sich, daß er eine blaue chinesische Jacke trug, ein Halstuch und eine Kappe, und daß die beiden Männer, die ihn abholten, normale Straßenkleidung anhatten, aber die Leute vom KGB trugen ihre Uniformen nur bei Paraden oder im Sarg.

Sie betraten das Gebäude durch einen Seiteneingang, eine baufällige Treppe hinauf in den ersten Stock, und von hier aus konnte er durch das Fenster einen Bücherladen sehen. Er wußte nicht, ob er jemals wieder hinaus auf die Straße kommen würde. Das war der düsterste Augenblick in seinem Leben. Sein Brief an Marina hatte ihr sein Mitgefühl ausgedrückt; nun war er ein Verbrecher. Erst später wurde ihm klar, daß er mit einem solchen Schreiben die Organe wirklich in Schrecken versetzt hatte. Ein solcher Brief konnte die internationalen Beziehungen beeinflussen: jemandem in Rußland tat die Witwe des Mannes leid, der Kennedy ermordet hatte.

Er durfte sich auf einen Stuhl setzen. Sie waren sehr höflich; sie schlugen ihn nicht. Sie waren schließlich beim KGB. Sie sagten ihm: »In unserem Land können nur Volksvertreter Beileidsbriefe verschicken. Sie sind kein Volksvertreter. Sie haben nicht das Recht, Ihr Beileid auszudrücken. Das ist das eine. Sie haben Ihr politisches Fingerspitzengefühl verloren. Sie sind politisch kurzsichtig geworden. Wenn Sie nicht wollen, daß Ihnen die Gesetze unseres Landes auf den Rücken geschrieben werden, wenn Sie noch ein Stück Himmel sehen wollen, dann hören Sie damit auf, solche Dummheiten zu machen.«

Sie gingen mit ihm zum Postamt, und er mußte ein Formular ausfüllen, daß er seinen Brief wieder zurückhaben wolle. Also erhielt Marina nie seine letzten Zeilen an sie. Natürlich hatte der KGB den Brief längst, aber sie brauchten Pawel für die ordungsgemäße Abwicklung, um zu beweisen, daß sie die Genfer Konvention buchstabengetreu befolgten.

Eines Tages klopfte Sascha an die Tür von Iljas und Waljas Wohnung. Niemand öffnete. Er schaute ein weiteres und noch ein drittes Mal vorbei, und diesmal machte ein Nachbar an der anderen Seite des Gangs die Tür auf und sagte: »Sie wohnen nicht mehr hier. Sie sind weggezogen.« Der Nachbar sagte, daß niemand wisse, wo sie hingezogen seien.

Ilja litt maßlos unter der Ermordung. Bis zu seinem Ende. Alles, was geschehen war, hatte ihm den Boden unter den Füßen weggezogen. Er litt maßlos, denn sein Beruf war sein Leben, und nun war alles in Gefahr, und seine Lage zehrte an seiner Gesundheit. Er wurde nicht gefeuert, aber niemals mehr befördert. Ilja sagte nicht viel über die Ermordung, außer, daß sie organisiert gewesen sei. Einmal sagte er das. Und daß sie Alik benutzt hätten, weil er in der Sowjetunion gewesen sei.

Damals hatten er und Walja eine Dreizimmerwohnung. Drei Zimmer für nur zwei Leute. Kurz nach Kennedys Ermordung begann es – alle begannen, sie dafür zu tadeln, daß sie zu luxuriös wohnten. Es war nicht wahr. Es war einfach eine nette Wohnung mit unzähligen Büchern. In einer Zeitung erschien sogar ein Artikel, daß Ilja Mitglied der Kommunistischen Partei sei und einen privilegierteren Lebensstil führe als andere Leute. »Mein Mann war sehr rechtschaffen«, sagt Walja. »Als dieser Mann vom ›Weißrussischen Stern‹, einer Militärzeitung, zu uns kam und dann diesen Artikel schrieb – ›Schauen Sie sich diese zwei Leute an, sie leben in einer Luxuswohnung‹ – beschloß Ilja, auszuziehen. Einige Nachbarn sagten: ›Wozu die Eile? Warten Sie. Es wird wieder anders.‹ Aber Ilja sagte: ›Nein, ich möchte nicht, daß mein Name auf diese Weise mißbraucht wird; ich möchte diese Schande nicht auf mich nehmen.‹ Also zogen wir in eine Zweizimmerwohnung um.« Andererseits, sagt Walja, bekamen fünf Leute ihre alte Dreizimmerwohnung. Also sei es möglicherweise fair gewesen.

273

Auch Konstantin Bondarin wurde nach dem Attentat beim KGB vorgeladen, und er ist ziemlich sicher, daß es seinen Freunden nicht anders ging. Sie gingen danach alle ihrer Wege und hatten nie mehr etwas miteinander zu tun. Es war zwar zehn Jahre nach der Stalin-Ära, aber Kontakt mit den Staatsorganen erzeugte Angst. Man konnte irgendwohin verschwinden und nie mehr zurückkommen.

Als Kostja also das Gebäude betrat, hatte er weiche Knie. Aber es stellte sich heraus, daß die Befragung nur kurz war: Welche Art von Beziehung er zu Alik gehabt, und ob er mit Alik und Marina in Briefwechsel gestanden hätte? Beides konnte er negativ beantworten. Der Mann, der ihn befragte, setzte sich an einen Schreibtisch, und Kostja stand. Es war noch ein anderer Mann anwesend, ebenfalls in Zivilkleidung, aber Kostja konnte nicht feststellen, ob er Notizen machte – er wagte es nicht, in seine Richtung zu schauen. Der Mann, der ihn verhörte, wollte wissen, ob Kostja Fotos von Alik und Marina in Besitz habe. Er hatte ein paar besessen, sie aber inzwischen verbrannt.

Da Juri, Kostja und Sascha sicher gewesen waren, daß Alik und Marina nach ihrem Entschluß, nach Amerika zu gehen, offiziell überwacht würden, hatten sie jeden Verkehr mit ihnen abgebrochen. Nicht so Erich. Er blieb Oswalds Freund. Wäre es denkbar, fragen wir Kostja, daß Titovez irgendeine spezielle Beziehung zu Oswald hatte? Kostja gibt darauf zur Antwort, daß Erich es geschafft habe, alles, was er in jenem Zeitraum geschrieben habe, zu bewahren – während die Tagebücher und diesbezüglichen Papiere aller anderen beschlagnahmt oder in aller Eile vernichtet worden waren. Kostja war deshalb überrascht, als Erich sagte: »Ihr habt alle das Weite gesucht. Ihr habt euch wie ein Haufen Feiglinge versteckt und alles über Bord geworfen.« Kostja fragt sich allerdings, warum Erich so couragiert war. Man könne nur vermuten, warum er in der Lage gewesen sei, alle seine Papiere zu behalten. Jedenfalls findet Kostja, daß Erich nach dem Attentat wie ein Apfelbaum hätte geschüttelt werden müssen. Trotzdem kam er davon; es wurde ihm kein Härchen gekrümmt, obwohl er am engsten mit Alik befreundet gewesen war.

Um seine heutige Meinung über Oswald gebeten, sagt Igor Iwanowitsch: »Lee war Abschaum, sozusagen von der Wiege auf verdorben. Nicht seriös. Labil. Wahrscheinlich war mit seinem Verstand etwas nicht in Ordnung.« Wir fragen ihn: »Nach dem Attentat haben Sie sich vermutlich schlecht gefühlt?« Er antwortet: »Schlecht? Grauenvoll. Das war der schlimmste Augenblick in meinem Leben.«

Auf die Frage, ob der KGB nach der Ermordung den einen oder anderen seiner Hauptinformanten befragt habe, gerät Igor Ivanowitsch plötzlich in Erregung. Er macht den Eindruck, als ob er in Tränen ausbrechen möchte. Er gibt keine Antwort auf unsere Frage. Statt dessen schreit er auf: »Jeder gibt mir die Schuld! Als ob ich gewußt hätte, daß er schießen würde.« Nach ein, zwei Minuten fügt er hinzu: »Wir hatten keine Hinweise. Es gab keinen einzigen Menschen in Minsk, der gesagt hätte: ›Jawohl, das ist der Grund, warum Oswald nach Amerika ging und all diese Unannehmlichkeiten verursachte.‹«

Er und Stepan versuchten, herauszufinden, wo sie versagt haben könnten. Die Angst saß tief: »Und was ist, wenn die Vorbereitungen für seine Tat in Minsk begonnen haben?« Sie zogen alles in Erwägung. Igor sagt allerdings: »Um ganz offen zu sein, die öffentliche Meinung in Amerika kümmerte uns wenig. Wir machten uns Sorgen, was Moskau sagen würde, sobald sie unsere Akte in Händen hielten. Würden sie der Meinung sein, daß wir unsere Arbeit gut oder schlecht getan hatten? Das beunruhigte uns.«

Nachdem Stepan Wassiljewitsch die Meldung im Radio gehört und im ersten Augenblick gedacht hatte: Es ist unmöglich!, begann er, genauer zu überlegen. Als weitere Nachrichten von den verschiedenen Stationen hereinkamen, kam er zu dem Schluß, daß Oswald es nicht allein getan haben könnte. Oswald war in die Geschichte irgendwie hineingerissen worden. Denn nur ein einziger Tatbestand wurde ausgeschlachtet – daß Oswald in der Sowjetunion gewesen war. Eine bequeme Tarnung für gewisse Leute! »Ihre Massenmedien starteten eine Verleumdungskampagne gegen unsere Sowjetunion. Meine Meinung ist, daß alles mit der heißen Nadel genäht war. Um ihre Spuren in diesem Verbrechen zu verwischen.«

Am späten Abend des 22. November forderte die Moskauer Zentrale die Akte an. Stepan mußte sie nur aus dem Regal nehmen und den Empfang bestätigen. Er benutzte einen grauen Postsack, und die Akte war nicht umfangreich genug, um ihn zu füllen. Am 23. November flog Stepan nach Moskau, begleitet von einem anderen KGB-Mann, der bewaffnet war. Es war kein regulärer Flug, weil Moskau die Akte sofort haben wollte, aber es hatte zwei freie Plätze in einer Militärmaschine gegeben.

Als wir ihn fragten, ob er nervös war, sagt er: »Ich denke nicht. Ich hatte keine Schuldgefühle. Ich war rein wie ein Kristall. Wovor sollte ich Angst haben? Ich war viel mehr besorgt, ob wir vom Ljubertsi-Flughafen abgeholt würden, denn wie sollte ich mit öffentlichen Verkehrsmitteln nach Moskau kommen?« Er hätte sich nicht zu sorgen brauchen. Offizielle empfingen ihn, stellten sich vor, zeigten ihre Ausweise, und dann fuhren sie ab. Es war ein bewölkter Tag, aber kein Regen, kein Schnee. Grau.

Als sie in die Lubjanka hineinfuhren, wurden sie von höheren Chargen in Empfang genommen. Stepan kannte diese hohen Offiziere nicht persönlich, es war sein erster Besuch in der Moskauer Zentrale und ihrem labyrinthischen Gebäude, der Lubjanka. Er mußte sich immer dicht an den halten, der vorausging, durch endlose enge Gänge. Ein schmaler roter Teppich zog sich über die ganze Länge jedes dieser Gänge. Später kam er auf Dienstreisen noch oft in die Lubjanka, so daß er sich allmählich in einigen dieser Gänge zurechtfand, aber ganz, sagt er, habe er nie durchgeblickt. Man konnte sich immer wieder verlaufen und den Weg nach draußen nicht alleine finden. Von außen war es ein großzügiger Bau aus gelbem Stein, aber innen war alles merkwürdig verwinkelt. In Minsk hatten sie große Korridore, und man konnte freier atmen.

Als er endlich in das zuständige Büro geführt wurde, warteten bereits verschiedene Leute in einem relativ großen Raum auf ihn, aber der Tisch, an dem sie saßen, war völlig leer.

Die erste Frage war: »Haben Sie versucht, Oswald anzuwerben?« Er sagte: »Sie können mich einen Kopf kürzer machen, aber wir haben es nicht nur nicht versucht, wir kamen nicht einmal auf einen solchen Gedanken. Lesen Sie diese Dokumente. Daraus wird deutlich, in welcher Richtung wir vorgegangen sind. Immer in Übereinstimmung mit Ihren Anweisungen.« Er beobachtete sie und stellte fest, daß sie praktisch aufatmeten. Er zweifelte keinen Augenblick daran, daß sie ihm glaubten, denn die Dokumente waren eindeutig. Und eine solche Akte konnte nicht gefälscht werden.

Später, als die Verleumdungen über die Sowjetunion nicht aufhören wollten, hoffte er, daß Nikita Sergejewitsch Chruschtschow die Akte der amerikanischen Regierung übergeben würde. Alle amerikanischen Gerüchte wären dann wie eine Seifenblase zerplatzt. Aber es geschah leider nicht.

Sie betrieben keine weiteren Analysen. Die Akte lag in Moskau, sie hatten kein Material. Und davon ganz abgesehen – was hätten sie noch analysieren können? Als die Akte etwa 27 Jahre später aus Moskau zurückkam, war nichts aus ihr entfernt worden, und es fanden sich auch keine Anmerkungen; soweit er sich erinnert, war alles noch vorhanden, von ihm bestätigt und abgezeichnet.

Als wir ihn fragen, warum Igor Iwanowitsch so heftig reagierte und sagte: »Jeder gibt mir die Schuld!«, zuckt Stepan die Achseln und sagt, daß Igor eben sensibler sei als er.

2
Der erniedrigendste Augenblick ihres Lebens

Wie anders sollten wir den russischen Teil des Buches abschließen, als mit dem Versuch, Marinas seelische Verfassung nach der Ermordung Präsident Kennedys zu ergründen?

Sie sagt, der Weg vom Polizeiauto zum Polizeirevier, nachdem man ihr mitgeteilt hatte, daß Lee verhaftet worden sei, sei die demütigendste Erfahrung ihres Lebens gewesen. Ein Polizist half ihr aus dem Wagen, und sie mußte gehen – sie weiß nicht, wie weit, es schien ein Weg ins Endlose. Vielleicht waren es auch nur ein paar Schritte, sie erinnert sich nicht. Aber diese Schande – es war der erniedrigendste und demütigendste Augenblick ihres Lebens. Nur dieser Weg vom Auto zum Gebäude. Reporter schrien durcheinander, und sie konnte keines ihrer Worte verstehen. Wenn sich nur die Erde aufgetan hätte, um sie zu verschlingen. Sie glaubte sogar, daß Lee dieses Verbrechen begangen hatte, denn sie glaubte den amerikanischen Behörden. Sie glaubte ihnen blind. Sie hatten ihn verhaftet, also was gab es für eine andere Möglichkeit? Sie kam aus Rußland. Wenn einen in Rußland der schwarze Wagen holt (der *woron*, die »schwarze Krähe«), dann ist man schuldig. Automatisch schuldig. Der *woron* steht vor der Tür! Sie ging durch einen dunklen Tunnel, aus dessen Wänden eine Horde von Reportern quoll. Es war ganz und gar unwirklich. Sie war Teil dieses Alptraums. In der Hauptrolle! Sie spielte eine Nachtwandlerin.

Plötzlich schrie jemand auf russisch: »Mrs. Oswald, hat Ihr Mann den Präsidenten Amerikas ermordet?« Diese russische Stimme brachte sie in die Wirklichkeit zurück. Das war ihre Rettung. Sie hatte das Gefühl, daß sie ihr sonst für alle Ewigkeit abhanden gekommen wäre. Sie war allein und preisgegeben – die Frau eines Meuchelmörders, der den Präsidenten getötet hatte.

ZWEITER BAND

OSWALD IN AMERIKA

ERSTER TEIL

FRÜHE JAHRE, MILITÄRZEIT

1

Wie ich Platzanweiser wurde

Ein Anstoß, dieses Buch zu schreiben, war ein Angebot des Weißrussischen KGB, uns Einblick in ihre Akten über Oswald zu geben. Obwohl sich herausstellte, daß das Material weniger umfassend als erhofft war, war es doch einem Sechser im Lotto vergleichbar, da es einem Autor die Möglichkeit bot, in einen umfassenden und bislang unveröffentlichten Teil von Oswalds Leben einzudringen. Überdies ermutigte das Ende des Kalten Krieges Oswalds russische und weißrussische Bezugspersonen, die Mauer des Schweigens, die von Stalin errichtet und von Breschnew renoviert worden war, zu durchbrechen. Wir waren darum in der Lage, Gespräche zu führen, die uns ein einleuchtendes Bild von Alik und Marina und ihren Freunden, ihrem gesamten Umfeld in Moskau und Minsk gaben.

Dann meldete sich ein alter Hunger wieder – das Bedürfnis nach einer Lösung der unaufhörlichen Frage: War es Oswald, der Präsident Kennedy tötete? Und wenn ja, war er allein oder Teil einer Verschwörung? Die einzige Antwort, die uns der Aufenthalt in Minsk verschaffte, war, daß wir bis jetzt noch keine Antwort geben konnten – viel zu vieles in Oswalds Leben in Amerika mußte noch erforscht werden. Außerdem wußte niemand in Minsk auch nur das Geringste über seine Vergangenheit.

Natürlich war unsere Aufgabe in Rußland nicht gewesen, nach einer solchen Antwort zu suchen. Wir haben es schließlich mit dem größten geheimnisumwitterten Bergmassiv des 20. Jahrhunderts zu tun, eine Metapher, die wir zum ersten Mal verwendeten, als wir an KGB-Offiziere mit der Bitte um Interviews herantraten. Warum sind Sie hier? fragten sie anfangs, was erwarten Sie in unserem Land zu finden? Wir konnten lediglich antworten, daß wir gewiß nicht nach einem rauchenden Colt suchten; nein, es war vielmehr unser Ziel, diese Periode in Oswalds Leben so abzustecken, daß wir an den Schründen dieses Geheimnisses unser Basislager errichten konnten. Je deutlicher das Bild war, das wir uns von Oswalds Leben in Rußland – gesehen durch russische Augen – machten, desto mehr konnten wir zu künftigen Versuchen, den Gipfel zu erreichen, beisteuern. Unser Abenteuer konnte also von wirklichem Nutzen sein. Oswald war immer auf ein Prokrustesbett gelegt worden, um in die Dimensionen eines Komplotts gestreckt zu werden; er war als alles geschildert worden, vom Prügelknaben bis zum CIA- oder KGB-Agenten. Unsere Fähigkeit, in solchen Szenarios nicht abzusaufen, ließ sich möglicherweise dadurch verbessern, daß wir Oswald ein wenig näher kennenlernten; wir würden dann zumindest Verschwörungstheorien ausschalten, in die er nicht paßte. Bevor wir einen Mörder verstehen können – wenn er denn einer ist –, müssen wir sein Motiv entdecken. Aber um das Motiv zu finden, tun wir gut daran, uns mit dem Mann bekannt zu machen. In Oswalds Fall konnte das keine einfache Aufgabe sein. Wie viele junge Männer sind so ängstlich und dreist wie Lee Harvey Oswald?

Die Metapher eines Basislagers, erst als Erklärung für unsere Anwesenheit bei jenen KGB-Offizieren benutzt, die uns nicht in dem vagen Verdacht hatten, daß wir Exemplare eines neuen exotischen Abenteuers der CIA seien, erwies sich auch für uns als hilfreich, erst als Redefigur, später als Gleichnis, das Wirklichkeit wurde. Wenige, die ein Basislager errichten, haben nicht den Ehrgeiz, den Gipfel zu stürmen.

Das Buch über Oswalds Aufenthalt in Minsk ist abgeschlossen, aber die Fragen bleiben offen. Bei der sorgfältigen Lektüre der ersten zwölf Bände des Parlamentarischen Untersuchungsausschusses für politisch motivierte Attentate (HSCA) und der kompletten sechsundzwanzig Bände der Hearings und Beweisstücke der Warren-Kommission begannen unsere eigenen Interpretationen sich durchzusetzen; noch besser, als Oswald kennenzulernen, wäre möglicherweise, zu versuchen, ihn zu *begreifen*. Einen Mann zu kennen, bedeutet schließlich nicht mehr, als seine nächsten Schritte vorherzusagen, auch wenn man keinen Anhaltspunkt hat, warum er es tut; einen Menschen zu begreifen, bedeutet jedoch, die Beweggründe für sein Handeln zu verstehen. Der anmaßende Gedanke erhob sich, daß wir Oswald verstünden. Daher dieser zweite Band. Auch wenn er aus dem ersten erwuchs, wird er nichtsdestoweniger einen anderen Tonfall haben. »Oswald in Minsk mit Marina« beruht auf der Aufrichtigkeit der Interviews, und da offenbarte sich ein ebenso einleuchtendes wie überraschendes Phänomen – die Erinnerungen der meisten unserer Gesprächspartner waren klar und deutlich, obwohl inzwischen dreißig Jahre vergangen waren. Nach dem Attentat waren sie vom KGB vergattert worden, nicht über Oswald und Marina zu sprechen, und sie hatten sich eisern daran gehalten. Ihre Erinnerung war also oft unversehrt; sie war nicht der Verwitterung durch die Zeit ausgesetzt, sondern hermetisch versiegelt gewesen.

In Amerika hingegen waren die Schlüsselzeugen ausgequetscht worden, hatten umschichtig die Aussagen der anderen gelesen sowie die endlose Flut der Zeitungsartikel über das Ereignis, sie hatten das Attentat mit Freunden diskutiert und waren im Fernsehen als Zeugen ausgeklügelter Rekonstruktionen aufgetreten, die ihren eigenen Befund bestätigten oder auch das pure Gegenteil. Wenn wir also nach so langer Zeit Hunderte solcher übersättigten Zeugen befragt hätten, hätte das Resultate gezeigt, die alles andere als glaubwürdig gewesen wären. Wie hätte ein Zeuge noch zwischen dem unterschieden können, was er damals erlebt hatte, und dem, was inzwischen Folie seiner oder ihrer unbedeutenden persönlichen Legende war? Die Spanne dreier Dezennien, die in Minsk ein Aktivposten war, wäre in Amerika ein Klotz am Bein gewesen.

Wir kamen zögerlich zu dem Schluß, daß die Hearings der Warren-Kommission von 1964 die beste Möglichkeit boten, Oswalds Charakter zu studieren. Diesen Punkt müssen wir näher erläutern. Die Hearings sind eine Hilfsquelle, wenn es gilt, unseren Protagonisten zu begreifen, auch wenn sie kaum oder überhaupt nicht hilfreich sind, wenn es darum geht, ob er Teil einer Verschörung war oder nicht. Es muß freilich auch gesagt werden, daß diese sechsundzwanzig Bände das vielgeschmähte und vielverkannte Ergebnis einer ungeheuren Arbeit sind, von einem Umfang, der sich mit der »Encyclopaedia Britannica« vergleichen ließe (falls die Britannica sich einem einzigen Thema gewidmet hätte). Andererseits sind die Hearings und Beweisstücke – und das ist der Grund, warum die Kommission so der Verachtung anheim gefallen ist – auch ein einzigartig behutsamer, sich mühsam vortastender, selbst schlapper Versuch artiger Erkundigungen, bei denen versäumt wird, tausend vielversprechende Fährten zu verfolgen.

Das hieße jedoch, die eingestandene Absicht der Warren-Kommission, was ihre eigentliche Leistung betraf, zu verkennen. Es war eine so nüchterne Untersuchung, so freundlich frei vom Funken des Forscherdrangs, daß die Redlichkeit der Motive der Kommissionsmitglieder lange in Frage gestellt wurde. Denn falls die sieben erhabenen Herren, die den Vorsitz führten, nicht bewußt versuchten, jede Möglichkeit außer der einen zu verschleiern – daß Oswald ein gestörter und einsamer Killer war –, müssen wir das Gegenteil unterstellen: diese überaus kultivierten Richter, Juristen und hohen Regierungsmitglieder hatten keine Ahnung, wie eine Untersuchung dieser Art zu führen sei. Als Ermittlung erinnert die Arbeit der Warren-Kommission an einen toten Wal, der an einem Strand vor sich hin rottet.

Dennoch muß man die Arbeit nicht auf diese Weise betrachten. Für zwei Generationen von Amerikanern sind die sechsundzwanzig Bände der Warren-Kommission eine Art talmudischer Text geworden, der Kommentar und weitere Erläuterung heischt. Für die Inspiration der Romanciers und Historiker, die in den nächsten hundert Jahren darüber schreiben werden, werden die sechsundzwanzig Bände auch eine Goldmine vergleichbar dem Vatikanischen Index sein, kaum brauchbar, um ein Geheimnis zu lösen – so wenigem ist bis auf den Grund nachgegangen worden! –, aber zweifellos des Schweißes der Edelsten wert in ihren Kurzgeschichten, historischen Vignetten und dem riesigen Aufgebot an Darstellern nebst der methodischen Darstellung bürokratischer Befragungen und Berichte, die immerhin den Versuch unternehmen, eine Schneise durch die Wildnis zu schlagen, die Oswalds Motive einschließt.

Statten wir also den sechsundzwanzig Bänden der Warren-Kommission den schuldigen Dank ab. Dem Werk kann selten für seinen Scharfsinn applaudiert werden, aber welch eine Schatztruhe ist es, was das amerikanische Leben in der Mitte unseres Jahrhunderts betrifft, welch eine Würde läßt es über die Arbeitsmethoden der herrschenden Kreise durchschimmern, die hin- und hergerissen waren zwischen dem Wunsch, die Antwort auf eines der gravierenden Ereignisse gleichzeitig zu enthüllen und zu verbergen.

Vielleicht aus diesem Grund liefern die Hearings in ihren besten Momenten flüchtige Einsichten in Oswald, die durch Häufung an Wert gewinnen. Wenn man diese Staatsschwarten wie ein Goldwäscher durchsiebt, ist es überraschend, zu entdecken, wieviel im Schlamm aufblitzt. Es ließe sich sogar Karriere als minimalistischer Schriftsteller (zweiter Garnitur) machen, wenn man viele der Aussagen für zwei- bis dreiseitige Erzählungen ausschlachten würde.

Darüber hinaus scheint der Versuch, die vollen vierundzwanzig Jahre von Lee Harvey Oswalds Leben in den Griff zu bekommen, zu glücken. Immerhin ein Gewinn! Was ursprünglich das strohtrockene Material der Hearings der Warren-Kommission war, gewinnt durch unser Wissen um Oswalds Verhalten in Minsk an Leben. Wir kennen ihn so gut, daß wir in der Lage sind, bestimmte Szenen und Situationen in Amerika, die bislang bedeutungslos erschienen, neu zu bewerten. Er ist von einem Schlagzeilen-Namen zu einem Mann geworden, der mit seiner Frau auf ziemlich dieselbe Art streitet, wie man nur mit seiner Ehefrau streiten kann. Er ist uns näher. Die Situation ist nun nicht viel anders, als wenn man auf einer Party einen alten Bekannten in der anderen Ecke des Zimmers erblickt. An seinem Gesichtsausdruck können wir uns zusammenreimen, was seine Gefühle sind. Wenn

283

wir Oswald durch unsere amerikanischen Quellen folgen, ist er nicht mehr die Chiffre Oswald, sondern im Gegenteil Oswald aus Minsk, der Bursche, den wir ein wenig kennengelernt haben. Und wie interessant ist es, in der neuen Umgebung wieder etwas über ihn zu erfahren. Viele der Mitschriften sind nun aufschlußreich geworden, denn wir haben durch sie eine genauere Vorstellung, wenn wir beobachten. In der Tat gibt es in diesem zweiten Band eine ganze Reihe Kapitel, in denen dem Autor lediglich abverlangt wird, als literarischer Platzanweiser zu fungieren, der dafür angestellt ist, jede Niederschrift zur richtigen Stelle auf der entsprechenden Seite zu geleiten.

Das dürfte sich kaum als Eingrenzung seiner Aufgabe erweisen. Der zweite Band ist, wie angekündigt, auch voll von Spekulation. Wie anders könnte man sich mit dem Hauptdarsteller befassen? Immerhin war Oswald Geheimagent. Darüber gibt es keinen Zweifel. Die einzige unerledigte Frage ist, ob er für einen Geheimdienst arbeitete, der größer war als die Machtzentren in den verborgenen Windungen seines Gehirns. Zumindest können wir sicher sein, daß er die Welt ausspionierte, um sich selbst darüber Bericht zu erstatten. Denn nach seinem eigenen Maß gemessen, ist er eines der Fürstentümer des Universums. Wir können uns die Größenverhältnisse von Oswalds Psychologie besser vorstellen, wenn wir uns darauf einlassen, das menschliche Ego mit der Architektur zu vergleichen. Die meisten Egos entsprechen einer Bauernkate, einem Wohnwagen oder einer Ranch, und nur wenige entsprechen so besonderen und gewaltigen Gebäuden wie dem Mont-Saint-Michel, dem Pentagon oder dem World Trade Center. Es hilft uns, Oswald zu verstehen, wenn wir seine Selbstgewißheit (und nicht weniger die seiner Mutter) im Ego-Königreich von Herrschaftshäusern, Palästen und vollendet häßlichen Hochhäusern ansiedeln. Um Oswald näherzukommen, müssen wir uns ebenso häufig mit Metaphern wie mit Fakten behelfen.

Lassen Sie mich noch zur Sprache bringen, daß ein Geheimnis von so ungeheuren Dimensionen wie der Fall Oswald während des Schreibens seine eigene Form zwischen Belletristik und Sachbuch finden wird. Technisch gesehen paßt dieses Buch in die letztere Kategorie – es ist ganz ohne Zweifel keine Belletristik. Der Autor tat sein Bestes, keine eigenen Dialoge zu verfertigen und seinen realen Charakteren keine vermuteten Motive unterzuschieben, es sei denn, er etikettierte sie sorgfältig als Spekulationen. Dennoch ist es eine besondere Art Sachbuch, da es nicht nur Interviews, Dokumente, Zeitungsartikel, Geheimdienstakten, aufgenommene Gespräche und Briefe benutzt, sondern wie gesagt auch Spekulationen. Die Grübeleien des Autors sind Bestandteil des strategischen Instrumentariums. Natürlich sind Spekulationen oft ein unschätzbares Hilfsmittel für den Romancier. Das Ergebnis kann also als eine besondere Spezies Sachbuch betrachtet und in der Rubrik *mystery* eingereiht werden. Einfach deshalb, weil alle Untersuchungsverfahren zur Verfügung stehen müssen, wenn man durch eine Wolke steuert – zumal, wenn es Zweifel an der Genauigkeit der Navigationsinstrumente gibt, die in diesem Falle die Fakten sind. Da unsere Fakten sich oft genug einnebeln werden, lassen Sie uns wenigstens zu folgender Übereinkunft kommen – daß wir, Autor und Leser, uns zusammentun, um ein Geheimnis zu ergründen, unser größtes amerikanisches Mysterium, und uns unter dieser Voraussetzung in die Exzerpte, Abschriften und Spekulationen des zweiten Bandes begeben. Wenn wir nichts anderes erreichen, können wir immerhin darauf zählen, daß wir bessere Einsicht in den Zustand unserer politischen Existenz in den Jahrzehnten des Kalten Krieges gewinnen, denn Oswald wurde wohl oder übel einer der Hauptdarsteller in dieser Tragikomödie der Supermächte, die mit ihrem beschränkten Fassungsvermögen in Furcht und Schrecken voreinander lebten.

2
Mamas Liebling

Der erste Gast, den der literarische Platzanweiser zu seinem Sitz im Tribunal zu geleiten hat, ist die Mutter unseres Protagonisten:

Marguerite Oswald: Chief Justice Warren, ich beginne mit Lee als Baby. Lee wurde am 18. Oktober 1939 in New Orleans, Louisiana, geboren. Sein Vater hieß Robert Edward Lee, nach General Lee. Lee wurde zwei Monate nach dem Tod seines Vaters geboren, der an einem Herzinfarkt starb. Lee war ein sehr fröhliches Baby.
Ich blieb, solange ich konnte, zu Hause bei den Kindern, weil ich der Meinung bin, daß eine Mutter bei ihren Kindern zu sein hat.
Aber ich möchte nicht vom Thema abkommen.
Lee hatte ein normales Leben, soweit es mich, seine Mutter, betraf. Er hatte ein Fahrrad, er hatte alles, was andere Kinder hatten. Lee hatte Weisheit, ohne darin unterwiesen worden zu sein. Schon als kleines Kind – ich habe das bereits 1959 öffentlich festgestellt – schien er Antworten auch ohne Schulunterricht zu wissen. Ein solches Kind langweilt sich natürlich

im Unterricht, weil es einfach weiter ist. Lee kletterte häufig mit einem Feldstecher aufs Dach, um die Sterne zu betrachten. Er las alles über Astrologie. Er studierte Tiere, ihre Freß- und Schlafgewohnheiten. Deshalb war er im Bronx-Zoo aufgegriffen worden, als er die Schule schwänzte – er liebte Tiere.

Lee spielte Monopoly. Lee spielte Schach. Lee las Geschichtsbücher, Bücher, die für ein Kind zu tiefgründig waren. Obwohl ich ihm immer wieder einschärfte, mich nur in Notfällen an meinem Arbeitsplatz anzurufen, denn meine Arbeit stand an erster Stelle, rief er mich an: Mutter, Queen Elizabeth hat ein Baby bekommen. Er übertrat das Verbot, um mich wissen zu lassen, daß Queen Elizabeth ein Kind bekommen hatte. Er war neun. Es war wichtig für ihn. Diese Art Dinge beschäftigten ihn. (1)

Robert E. Lee Oswald war Marguerite Claverie Oswalds zweiter Ehemann. Der erste war Edward John Pic gewesen, der mit Marguerite in New Orleans lebte und Lees Halbbruder John Pic zeugte, der 1948, als Lee neun war, zur Küstenwache ging. In diesem Jahr hatte Marguerite bereits ihre dritte Ehe mit Edwin A. Ekdahl hinter sich. Zwischen Pic und Ekdahl fand das Zwischenspiel mit Robert E. Lee Oswald statt, das 1933 begann. Bald stellte sich ein Sohn ein, Robert Lee, Lees mittlerer Bruder. Fünf Jahre später starb Robert E. Lee Oswald, als Marguerite im siebten Monat war. Lee Harvey kam also vaterlos zur Welt.

Soviel über die Geburts- und Eheumstände. Den Schicksalsschlag des Todes ihres zweiten Mannes trug Marguerite einsam, und das war charakteristisch für sie. Sie war stolz auf ihre Südstaatenmanieren, die sie sich selbst angeeignet hatte. Als jüngste Tochter einer großen Arbeiterfamilie in New Orleans hatte sie in ihrer Jugend hochfahrende Ambitionen entwickelt und in ihrer zweiten Ehe sogar ein gewisses Maß an Vornehmheit erlangt. Nach dem Tod von Robert E. Lee Oswald war Marguerite jedoch wieder zum Mangel verurteilt. Ihr Leben wurde zur Reise durch kümmerliche kleine Betriebe – Stationen von schlecht bezahlten Jobs zu eigenen Unternehmungen, so armselig, daß der erhoffte Profit sich bereits in Rauch aufgelöst hatte, bevor sie überhaupt anfing. Aber diese Details können wir John Pic, Lees ältestem Bruder, überlassen.

Mr. Pic: Nun ja, als wir in der Bartholemew Street wohnten, machte meine Mutter im Vorderzimmer einen kleinen Kurzwaren-Laden mit dem Namen Oswald's Notion Shop auf. Ich glaube, sie verkaufte Nähgarn und Nadeln und so was.

Mr. Jenner: Hat sie auch Süßigkeiten und Bonbons verkauft?

Mr. Pic: Ja. Ich erinnere mich, daß wir uns regelmäßig bedienten. Der Laden war im vordersten Raum… Wir hatten einen Hund, der Sunshine hieß.

Mr. Jenner: War es eine angenehme Gegend?

Mr. Pic: Also, nach dem, was ich noch aus meinen Soziologiekursen weiß, würde ich sagen: obere Unterklasse, falls es eine solche Klassifizierung gibt.

Mr. Jenner: Ich bitte Sie nochmals, sich die Umstände ins Gedächtnis zu rufen, unter denen Sie und ihr Bruder Robert in das Bethlehem-Waisenhaus kamen.

Mr. Pic: Ich liege wohl nicht falsch, wenn ich sage, daß der Kurzwarenladen keine Goldgrube war; sie mußte wieder eine Arbeit annehmen, und da wir ständig zu hören bekamen, daß wir Waisen seien, dürfte ein Waisenhaus wohl der richtige Ort für uns gewesen sein. (2)

Marguerites ältere Schwester Lillian Murret hatte selbst fünf Kinder, nahm Lee jedoch im Alter von zwei Jahren zeitweise bei sich auf.

Mrs. Murret: Er war ein besonders hübsches Kind. Ich nahm ihn mit in die Stadt, und er trug einen von diesen niedlichen Matrosenanzügen. Er sah einfach zum Anbeißen aus und begrüßte jeden mit einem lauten »Hi«, so daß mich die Leute ansprachen: »Ist das ein zauberhaftes Kind!« Meine Kinder mochten ihn. Ich hatte fünf innerhalb von sieben Jahren. Ich mußte sie ohne Hilfe für die Schule fertig machen, und das hielt mich ganz schön auf Trab. Das war wohl auch der Grund, warum Lee anfing, sich im Schlafanzug aus dem Haus zu schleichen, um es sich bei irgendwelchen Nachbarn in der Küche bequem zu machen. Er stahl sich einfach davon. Man konnte alles absperren, und trotzdem war er wieder weg. Wir wohnten im Souterrain mit vergitterten Fenstern, aber es gelang ihm immer wieder auszubüxen. (3)

Lillian Murrets Tochter Dorothy bestätigt die Schilderung ihrer Mutter nur zu gern.

Mrs. Murret: Er hatte etwas an sich, das ich bei keinem anderen Kind erlebt habe. Ich meine damit, daß er etwas Besonderes war, wirklich, und außergewöhnlich gute Manieren hatte. Er war lieb und zutraulich und ein außerordentlich hübsches Kind. Zum Anbeten. (4)

Das Verhältnis zwischen Marguerite und Lillian war jedoch häufig gespannt.

Mrs. Murret: Sie war sehr eigenständig. Sie glaubte, daß sie niemand nötig hätte. Egal, wie man sich für sie ins Zeug legte, es bedeutete ihr nichts. Es schien, daß sie nach einer gewissen Zeit jede Gelegenheit beim Schopf nahm (früher oder später war ihr jeder Vorwand recht), und schon hatten wir wieder unsere kleinen Differenzen. (5)

Während seine Brüder John Pic und Robert Oswald im Bethlehem-Waisenhaus untergebracht waren, wurde Lee 13 Monate zwischen dem Waisenhaus und den Murrets hin- und hergeschoben. John Pic hat seine Anwesenheit noch in deutlicher Erinnerung.

Mr. Pic: Robert und mir gefiel Bethlehem. Damit will ich sagen, daß alle Kinder dort die gleichen Probleme hatten, etwa gleich alt waren usw. Für mich wurde es erst echt unangenehm, wenn Lee kam. Es gab dort die Regel, daß man jüngere Geschwister, wenn es wieder mal passiert war, sauber machen mußte, und dann wurde ich aus dem Unterricht geholt, was mich natürlich ganz schön genervt hat.
Mr. Jenner: Er war erst zwei oder drei Jahre alt?
Mr. Pic: Ja; aber ich war schon zehn. (6)

In diesen schwierigen Jahren lernte Marguerite einen Elektroingenieur kennen, einen Yankee aus Boston, den John Pic so beschreibt: »Groß. Über 1 Meter 80. Er hatte weißes Haar und war Brillenträger. Ausgesprochen netter Mann.« Es stellte sich heraus, daß er eine Schwäche für dynamische Frauen hatte, und er und Marguerite waren Monate auf seinen Geschäftsreisen durch Texas unterwegs. Lee begleitete sie, bis er das Schulalter erreicht hatte. Zu diesem Zeitpunkt heiratete Mr. Ekdahl Marguerite und kaufte ein Haus in Benbrook, Texas, einem Vorort von Fort Worth.
Ihre wirtschaftlichen Probleme waren nun gelöst, sie nahm John und Robert aus dem Waisenhaus und schickte sie auf eine Militärschule in Mississippi, die der Akademie Chamberlain-Hunt angeschlossen war. Allerdings begann Marguerites gutes Leben mit Ekdahl Risse zu zeigen. Sie stritten häufig, meistens über Geld; sie zankten und trennten sich, fanden sich wieder und begannen abermals ihren Kampf. Während einer dieser Trennungsphasen im Sommer 1947, als John Pic gerade den Laden schloß, in

dem er während der Ferien jobbte, kamen Marguerite und Mr. Ekdahl »vorgefahren und teilten mir mit, daß sie in die Stadt ins Worth Hotel fuhren; das war eine ihrer Versöhnungsfeiern«. (7)

Mr. Pic: Als ich nach Hause kam, erzählte ich es Lee und Robert. Lee schien wirklich erleichtert, es machte ihn ohne Zweifel glücklich, daß sie wieder zusammenleben wollten. Während Robert und ich auf der Akademie waren, schrieb uns Mr. Ekdahl oft, er hatte eine ziemlich poetische Ader. Er schickte uns Gedichte über uns oder irgend etwas anderes, er behandelte uns wirklich prima.
Mr. Jenner: Hat Lee ihn gern gehabt?
Mr. Pic: Ja; ich glaube, er sah in ihm den Vater, den er nie gehabt hatte. Er hat uns wirklich gut behandelt, und ich bin sicher, daß Lee das genauso empfand. (8)

Allerdings entwickelte sich die Ehe immer mehr zum Schlechten. Wie John es ausdrückte, hatte Marguerite »starke Verdachtsgründe«.

Mr. Pic: Mr. Ekdahl traf sich mit einer anderen Frau, und meine Mutter wußte Bescheid, wo sie wohnte, und über alle sonstigen Einzelheiten. Also fuhren mein Freund Sammy, meine Mutter und ich eines Abends hin, und Sammy übernahm die Rolle eines Boten, klopfte an die Tür und rief »Telegramm«. Als die Frau im Negligé öffnete, stürmte meine Mutter an ihr vorbei. Mr. Ekdahl saß in Hemdsärmeln im Wohnzimmer, und sie machte ihm eine Mordsszene. Jetzt hätte sie ihn endlich erwischt, und, und, und… (9)

Lillian Murret liefert weitere Details:

Mrs. Murret: …er hatte Jackett, Krawatte und Hemd ausgezogen und saß im Unterhemd da. Sie fragte ihn, was das zu bedeuten hätte, und er sagte, er sei geschäftlich hier, was absurd war, denn wer zieht sich geschäftlich aus? Damit begann der Ekdahl-Fall, denn sie wollte sich natürlich sofort von ihm scheiden lassen. Jetzt verstehen Sie, was ich damit meine, daß sie wirklich überstürzt handelt. Ich hätte mich nicht scheiden lassen. Ich hätte eine Trennung herausgeschunden, denn er hat außerordentlich gut verdient. Aber sie wollte ihre Scheidung, obwohl es so aussah, als hätte er so seine Kontakte. Ihr Seelsorger wies sie jedenfalls auf die Gefahr hin, daß Ekdahl einen Herzanfall erleiden könnte, wenn sie so unnachgiebig blie-

be, und daß sie dann zur Mörderin würde und für seinen Tod verantwortlich sei; er war damals, glaube ich, im Krankenhaus, sie besuchte ihn,
und es gab offenbar einen Riesenkrach. (10)

So kam es also zur Verhandlung:

Mr. Pic: Ich kann mich nicht mehr genau an meine Aussage erinnern. Ich
weiß allerdings, daß meine Mutter erklärt hatte, falls Mr. Ekdahl sie noch
einmal schlagen sollte, würde sie mich zu ihm schicken, damit ich ihn ver-
prügle. Ich bezweifle, daß ich dazu in der Lage gewesen wäre.
Sie sagte mir, daß sie das Scheidungsurteil anfechten würde, damit er ihr
weiterhin Unterhalt zahlen müsse. Sie hat verloren, er hat gewonnen. Das
Urteil wurde rechtskräftig. Ich erfuhr außerdem, daß ihr rund 1.200
Dollar zugesprochen worden waren, die für den Anwalt draufgingen. (11)

Ekdahl starb kurz darauf, und die Familie steckte wieder in Geldsorgen.

Mr. Pic: Robert und mir wurde mitgeteilt, daß wir im Herbst nicht nach
Chamberlain-Hunt zurückkönnten. Ich glaube, damals habe ich zum er-
sten Mal einen gewissen Haß auf meine Mutter empfunden.
Mr. Jenner: Wie hat Robert auf diese Situation reagiert?
Mr. Pic: Genauso. Er wollte zurück. Aber wir bekamen zu hören, daß die
Finanzlage das nicht zuließe. Ich war damals 16. Im September gingen Lee
und Robert wieder zur Schule, und ich suchte mir eine Arbeit. Ich bekam
einen Job im Everybody's Department Store und arbeitete für 25 Dollar
die Woche im Schuhlager.
Mr. Jenner: Haben Sie Ihrer Mutter von diesem Geld etwas abgegeben?
Mr. Pic: Ich glaube, mindestens 15 Dollar von jedem Lohnscheck. (12)

Sobald er alt genug ist, geht John zur Küstenwache. Robert besuchte die
Schule in Forth Worth und arbeitete nebenbei. Marguerite war berufstätig,
und Lee war allein.

Mrs. Murret: Das stimmt. Sie hat mir erzählt, daß Lee drauf abgerichtet
war, im Haus oder in der Nähe des Hauses zu bleiben, wenn sie nicht da
war; er mußte sogar von der Schule nach Hause rennen. Sie hielt es für sicherer, als draußen zu spielen. So gewöhnte er sich daran, allein zu sein.
Er war zu viel mit sich allein. (13)
John Pic, nicht frei von Gehässigkeit, fügt ein bezeichnendes Detail hinzu:

Mr. Pic: Lee schlief außerdem mit meiner Mutter, bis ich 1950 eingezogen wurde. Er müßte damals also ungefähr 10 oder fast 11 gewesen sein.
Mr. Jenner: Mit »schlief mit« meinen Sie im selben Bett?
Mr. Pic: Jawohl, Sir, im selben Bett. (14)

3
Altweibersommer, New York

Im Jahr 1952 verkaufte Marguerite ihr Haus, setzte sich mit Lee ins Auto und kutschierte nach New York, wo John Pic bei der Küstenwache stationiert war.

Marguerite Oswald: Es machte mir nichts aus, mein Heim zu verkaufen und dorthin zu übersiedeln. Die Hauptsache für mich war, bei meiner Familie zu sein.
Mr. Rankin: Und wann war das genau?
Marguerite Oswald: Im August 1952, denn ich wollte dort sein, bevor Lees neues Schuljahr begann. Robert ging im Juli 1952 zu den Marines. Und deshalb hielt mich nichts mehr. Also lebte ich nun im Haus meiner Schwiegertochter und meines Sohns. Aber wir waren nicht willkommen, Sir. (15)

John Pic hatte keine Ahnung gehabt, daß Marguerite es sich in New York häuslich machen wollte. Er hatte mit einem Besuch gerechnet und war deshalb bereit, sie aufzunehmen. Er und seine Frau lebten damals in der Wohnung seiner Schwiegermutter im Yorkville-Bezirk von Manhattan. John beschrieb die Wohnung als »Güterzug«, denn ein Zimmer ging ins nächste über, aber er hatte Platz, denn seine Schwiegermutter war gerade bei ihrer anderen Tochter in Norfolk, Virginia, zu Besuch.

Mr. Pic: Sie brachten jede Menge Gepäck und ihren eigenen Fernseher mit. Auf meinem Heimweg von der Arbeit mußte ich von der U-Bahn noch acht bis zehn Blocks gehen, und Lee kam mir entgegen. Die Wiedersehensfreude war beiderseitig. Wir waren wirklich gute Freunde. Nach einigen Tagen fing mein Urlaub an. Lee und ich besichtigten einige New Yorker Sehenswürdigkeiten, das Naturkundemuseum und den Poll's Hobby Shop auf der 5th Avenue. Wir fuhren mit der Staten-Island-Fähre und unternahmen einige andere Ausflüge. Aber es hat nicht lange gedauert, bis ich den Eindruck bekam, daß sie für immer bleiben wollten, und meine Schwiegermutter wurde in einem Monat zurückerwartet.

Während meines Urlaubs kam mir der Gedanke, daß ich meinen Militärdienst nach der regulären Zeit im Januar 1953 beenden könnte, und meine Mutter fuhr mich zu verschiedenen Colleges, zur Fordham University und nach Brooklyn. Ich erinnere mich an ein Gespräch im Auto, in dem sie mir klarzumachen versuchte, daß Margy zwar meine Frau sei, aber nicht gut genug für mich und dergleichen. Sie wußte nicht viel Gutes über meine Frau zu sagen. Und das nahm ich ihr natürlich übel, denn meine Frau kommt ganz klar vor meiner Mutter.

Während meines Urlaubs lief alles einigermaßen gut, aber als ich wieder meinen Dienst antreten mußte, tischte mir meine Frau jeden Abend ein neues kleines Problem auf. Problem Nummer eins war, daß meine Mutter überhaupt nichts zu den Haushaltskosten beisteuerte. Ich glaube nicht, daß ich im Monat mehr als 150 Dollar nach Hause brachte, und sie haben ganz schön reingehauen, was ich einmal beiläufig fallen ließ, worauf sich meine Mutter furchtbar aufregte. Meine Frau behauptete auch, daß meine Mutter Lee gegen sie aufhetze, und daß er sich ihr gegenüber aggressiv benehme. So zog er ein Taschenmesser und drohte ihr damit, falls sie versuchen sollte, ihn zu schlagen. Zugleich prügelte er seine Mutter. Meine Frau hat das ziemlich fertiggemacht, und ich stellte an diesem Abend meine Mutter zur Rede.

Mr. Jenner: War Lee dabei, als Sie mit Ihrer Mutter sprachen?

Mr. Pic: Darauf komme ich gleich. Ich knöpfte mir erst Lee vor, und schon nach den ersten Sätzen, in denen ich meine Frau zitierte, richtete sich seine Wut voll gegen mich. Meine Frau war so verstört, daß sie sie kategorisch aufforderte, das Haus zu verlassen. Ich glaube, Lees Feindseligkeit gegen meine Frau kam erst richtig zum Ausbruch, als sie »aus dem Haus gejagt wurden«, wie sie es ausdrückten. Als ich versuchte, mit Lee darüber zu sprechen, war ich für ihn Luft, und es gelang mir danach nie mehr, Zugang zu dem Jungen zu finden. Sie packten also ihre Sachen, und nach ein paar Tagen waren sie weg. Sie zogen irgendwohin in die Bronx. (16)

Marguerite hat über die Episode ihre eigene Version:

Marguerite Oswald: Es war kein Küchenmesser – es war ein kleines Taschenmesser, wie Jungen es haben. Sie schlug Lee, und Lee hatte das Messer. Ich erinnere mich genau, denn ich weiß noch, daß Marjory meiner Meinung nach ein schreckliches Theater machte. Lee hatte das Messer in der Hand. Er war beim Schnitzen, denn John Edward schnitzte Schiffe, Buddelschiffe, und hatte es Lee beigebracht. Er schnitzte also, als sich dieser Zwischenfall ereignete. Und darum ging es auch, denn es lagen Holzspäne auf dem Boden. Als sie ihn attackierte, hatte er das Messer in der Hand. Und das nahm sie zum Vorwand, um von ihrem Mann zu verlangen, uns vor die Tür zu setzen, weil Lee sie mit einem Messer bedroht habe. Aber das ist natürlich nicht wahr, Gentlemen. Man kann zu etwas provoziert werden. Und weil er schnitzte und das Messer in der Hand hatte, gab es den unliebsamen Auftritt. Er setzte das Messer nicht ein – obwohl er die Gelegenheit dazu hatte. Aber es war kein Küchenmesser und kein großes Messer. Es war ein kleines Messer. Ich möchte die Dinge doch zurechtrücken, Sir.

Natürlich begann ich mich danach sofort nach einer Wohnung umzusehen. Ich fand eine jenseits des Concourse – in der Bronx. Es war eine Souterrainwohnung. (17)

Etwa einen Monat später hatte Robert seinen ersten Urlaub bei den Marines und besuchte Lee und Marguerite in der Bronx, und John und Marjory wurden zu einem Familienessen eingeladen.

Mr. Pic: Lee saß im Vorderzimmer vor dem Fernseher und würdigte uns keines Blicks, sprach weder mit mir noch mit meiner Frau.

Mr. Jenner: Das hat sozusagen die Atmosphäre getrübt?

Mr. Pic: Das kann man wohl sagen. Lee verließ die Wohnung, und meine Mutter sagte, daß er wahrscheinlich in den Zoo gehe. Beim Sonntagsbraten teilte sie mir mit, daß es da ein Problem mit Schulschwänzen gäbe, und daß die Schule vorgeschlagen habe, die Hilfe eines Psychiaters in Anspruch zu nehmen. Sie sagte mir, daß Lee zu keinem Seelenklempner oder Irrenarzt gehen wolle, und bat mich um Tips, wie sie ihn umstimmen könne. Ich sagte einfach: »Bring ihn hin.« Mehr hatte ich auch nicht auf Lager.

Mr. Jenner: Wie hat sie darauf reagiert?

Mr. Pic: Es war eindeutig, daß er das Sagen hatte. Ich meine, wenn er beschloß, etwas zu tun, dann tat er es, egal, was meine Mutter fand. Sie besaß nicht die geringste Autorität über ihn. Er hatte vor ihr überhaupt keinen Respekt. (18)

Bald darauf wurden Marguerite und Lee aufs Jugendgericht bestellt. Elf Jahre später zieht Marguerite während der Befragung durch die Warren-Kommission ihre Aufzeichnungen zu Rate:

Marguerite Oswald: Hier steht, was Sie wissen wollen. Es war eine Schule ganz in der Nähe, die Public School 117, eine Junior High-School in der Bronx. Es steht hier, daß er von 47 Tagen 15 anwesend war. Das war also unser neuer Lebensbereich, in dem Lee von einem Kontrollbeamten im Zoo wegen Schwänzen aufgegriffen wurde. Ich wurde darüber während der Arbeit informiert und mußte vor der Schulkommission erscheinen, was ich natürlich tat. Danach ging Lee wieder zur Schule. Dann wurde er wieder im Zoo aufgegriffen. Und ich mußte abermals vor der Schulkommission erscheinen.

Als Lee zum dritten Mal erwischt wurde, wurde uns – ich bekam keine Vorladung, aber es wurde uns mitgeteilt, daß wir vor dem Jugendgericht zu erscheinen hätten. Ich dachte nicht, daß es sich um etwas Gravierendes handeln könnte, denn in Texas sind die Gesetze anders als in New York. In New York wird man bereits nach einem Tag Schulschwänzen vors Jugendgericht zitiert. In Texas bleiben die Kinder monatelang von der Schule weg. (19)

4
Im Erziehungsheim

Mr. Carro: Ich erinnere mich nicht, ob er schon 13 oder noch 12 war, aber im Staat New York haben wir ein Gesetz, das jeden Heranwachsenden verpflichtet, die Schule mindestens bis zum sechzehnten Lebensjahr zu besuchen. Und hier hatten wir nun einen jungen Mann, der bereits in zartem Alter beschlossen hatte, sich nicht darum zu scheren.

Der Richter war der Auffassung, daß dies, zumal eine Vaterfigur fehlte, kein gesunder Zustand sei, wollte aber, bevor er eine Entscheidung fällte, noch etwas mehr über den Jungen herausfinden. Und konsequenterweise forderte er die Beobachtung im Erziehungsheim. (20)

Mr. Liebeler: Würden Sie sagen, daß Oswald psychisch gestörter war als die meisten anderen Jungen, die Sie damals unter Aufsicht hatten?

Mr. Carro: Ganz und gar nicht. Ich hatte mit Fällen zu tun, die einen Mord begangen hatten, mit Einbrechern, mit extrem gestörten Jungen, und das

294

war lediglich ein Fall von Schulschwänzen, nicht von wirklicher Gestört-
heit oder krimineller Energie. Nein; ich würde ihn absolut nicht zu diesen Jungen zählen, die erwiesenermaßen einen mentalen Defekt hatten,
geistig zurückgeblieben waren, und deren psychotisches Verhalten viel
tiefer saß als das, was Oswald an den Tag legte.

Mr. Liebeler: Würden Sie sagen, daß es vor allem eine Reaktion auf die Umgebung war, in der er sich hier in New York befand?

Mr. Carro: Nach meiner Meinung kam er mit dem Ortswechsel nicht zurecht. Aber man muß sich Situationen stellen. Entweder man tritt ihnen
offen gegenüber, oder man weicht ihnen aus. Nun gab es offenbar ein paar
Zwischenfälle, bei denen er wegen seines anderen Akzents und wegen seiner Kleidung gehänselt wurde. Und offensichtlich konnte er sich nicht anpassen und hatte das Gefühl, daß seine Mitschüler nichts mit ihm zu tun
haben wollten, und er nicht mit ihnen. (21)

Die Berichte des Erziehungsheims beschreiben ihn als Außenseiter, der sich
an keiner Unternehmung in der Abteilung beteiligt. Er liest alle verfügbaren
Bücher und bittet um acht Uhr abends, zu Bett gehen zu dürfen. Eine
psychiatrische Sozialarbeiterin, Evelyn Strickman, die es gut zu Papier bringen kann, interessiert sich für ihn:

Wirklich überraschend ist, daß dieser Junge die Fähigkeit nicht ganz verloren hat, mit anderen Menschen zu kommunizieren, obwohl er die meiste Zeit seines Lebens ein völlig isoliertes, einsames Dasein geführt hat.
Er sagte mir, daß er die Schule schwänzt, weil er es vorziehen würde, andere Dinge zu tun, die wichtiger sind. Ein erstes Nachhaken lieferte nur:
»Ach, einfach etwas«, aber schließlich bekam ich heraus, daß er seine
ganze Zeit mit Fernsehen oder dem Durchblättern diverser Zeitschriften
oder einfach mit Schlafen verbringt. Es kommt ihm beinahe so vor, als ob
zwischen ihm und anderen Menschen ein Schleier ist, durch den sie ihn
nicht erreichen können, aber er zieht es vor, daß dieser Schleier intakt
bleibt. Als ich ihn heute fragte, ob es schmerzlich oder verstörend für ihn
sei, mit mir zu sprechen, signalisierte er mir, daß es ihn weniger störe, über
seine Gefühle zu sprechen, als er gedacht hatte. Das gab mir einen Anhaltspunkt, um in die Welt seiner Phantasien einzudringen. Doch ich
stieß auf eine völlige Blockade und bekam den Hinweis: »Das geht nur
mich etwas an.« Ich sagte, daß ich das respektiere, aber daß da einige Dinge seien, die ich wissen müsse. Ich schlug vor, ihm einige Fragen zu stellen, und falls er Lust hätte, könne er darauf antworten. Damit war er ein-

295

verstanden und beantwortete eigentlich jede Frage, die ich stellte. Er gab zu, daß er Phantasien habe, allmächtig zu sein und imstande, alles zu tun, was er wollte. Als ich mich erkundigte, ob das auch gelegentlich das Verwunden oder Töten von Menschen betreffe, sagte er, daß das manchmal wohl so sei, aber er weigerte sich, näher darauf einzugehen. Übrigens spielte seine Mutter in keiner dieser Phantasien eine Rolle.

Er vertraute mir an, daß das Schlimmste am Erziehungsheim das ständige Zusammensein mit anderen Jungen sei. Es sei ihm peinlich, sich vor ihnen auszuziehen, mit ihnen unter der Dusche zu stehen und so weiter. Wenn es nach ihm ginge, wäre er am liebsten draußen und allein und würde vielleicht zum Militär gehen. Er stimmte mir zu, daß er beim Militär besonders eng mit anderen Menschen leben müsse, Befehlen gehorchen und einem Drill folgen, den er doch als besonders widerwärtig empfindet, aber er meinte, er würde sich schon am Riemen reißen und sich einfach dazu zwingen. (22)

Es ist ein eigentümlich erfreuliches, ansprechendes Etwas an diesem emotional verkümmerten, abgestumpften Kind, das wächst, wenn man mit ihm spricht. (23) Sein Gesicht verlor den üblichen teilnahmslosen Ausdruck, als er über das drei Monate alte Baby im Haus seines Bruders erzählte und freimütig zugab, daß es ihm viel Freude gemacht habe, mit ihm zu spielen. (24)

Was sein häusliches Leben mit Marguerite im Apartment in der Bronx betraf, notierte die Befragerin: »Seine Mutter hat Arbeit als stellvertretende Abteilungsleiterin in einem Geschäft für Damenmode gefunden und ist wieder den ganzen Tag weg. Meistens bereitet er sich sein Essen selber zu.« (25)

Marguerite verlor diesen Job allerdings bald wieder.

Mr. Pic: Sie sagte mir, daß sie entlassen worden sei, weil sie kein Deodorant benutze. Das war wirklich der Grund, den sie mir angab. Sie sagte, daß sie es natürlich gebrauche, aber wenn es nichts helfe, sei es eben nicht zu ändern. (26)

Gewisse geistige Gespaltenheiten sind offenbar so penetrant, daß sie sich sogar gegen ein Deodorant durchsetzen. Marguerite muß abermals durch ein tiefes Tal ihres Lebens gehen.

Marguerite Oswald: Ich finde, daß bestimmte Zustände in unserem ureigenen Lande eine Schande sind. Und ich möchte, daß das zu Protokoll genommen wird.

Ich mußte in einer Reihe stehen, die fast anderthalb Blocks lang war, mit Puertoricanern und Negern und ähnlichem Gesocks und Menschen aus meiner eigenen Schicht, einer hinter dem anderen, bis wir endlich zum Haupteingang kamen. Ich hatte Kaugummi und ein paar Süßigkeiten für meinen Sohn mit. Die Kaugummiverpackung wurde entfernt und die Verpackung der Süßigkeiten ebenfalls. Und meine Handtasche wurde geleert. Jawohl, Sir, und ich fragte warum. Es geschah, weil die Kinder in diesem Heim derartige Kriminelle und Drogenteufel waren, daß jeder, der das Heim betrat, gefilzt werden mußte, für den Fall, daß die Eltern Zigaretten oder Drogen oder was zum Kuckuck noch hineinschmuggeln wollten. Deshalb also wurde ich gefilzt. Danach wurde ich in einen großen Raum geführt, in dem Eltern mit ihren Kindern sprachen. Lee kam herein. Er brach in Tränen aus. Er sagte: »Mutter, ich möchte hier heraus. Hier sind Kinder, die Menschen umgebracht haben und rauchen. Ich will raus.« Da kam ich erst drauf – ich war mir, bis ich hinging, nicht bewußt, an welchen Ort mein Kind geraten war. So etwas gibt es in Texas oder New Orleans nicht, Sir. (27)

Die psychiatrische Sozialarbeiterin Evelyn Strickman ist von der Mutter weniger angetan als vom Sohn:

Mrs. O. ist eine adrett gekleidete grauhaarige Frau, die sich sehr unter Kontrolle hatte. Aber während sie künstlich auf leutselig machte, spürte ich, daß sich unter der Tünche eine sich abschottende, harte, egoistische Großtuerin verbarg. Gleich zu Anfang wollte sie wissen, warum Lee im Erziehungsheim sei, denn sie hatte keine deutliche Vorstellung vom Zweck dieser Einrichtung. Bevor ich auch nur zu einer Erklärung ansetzen konnte, fragte sie mich, ob er auch einer gründlichen ärztlichen Untersuchung unterzogen worden sei. Als ich das bejahte, vertraute sie mir an, sie habe neulich bemerkt, daß er »da unten« sehr groß geworden sei. Und weil er für ihre Optik etwas zu groß geworden war, sei sie sehr in Sorge, ob vielleicht mit seinen Genitalien etwas nicht in Ordnung sei.

Nebenbei, Mrs. O. badete alle ihre Kinder höchstpersönlich, bis sie elf oder zwölf waren, um dann höchst betreten zu verkünden, daß sie in diesem Alter für ihren Geschmack etwas zu erwachsen geworden waren.

Sie erzählte mir weiter, daß sie ihn vor sechs Monaten zu einem Arzt zur

Generaluntersuchung gebracht habe, und daß der Arzt ihn in ihrer Gegenwart untersucht habe. Allerdings nicht seine Genitalien, und als Mrs. Oswald darauf bestand, habe er sie ersucht, draußen zu warten. Bereits nach ein paar Minuten habe er sie zurückgerufen und ihr mitgeteilt, daß alles in Ordnung sei, und irgendwie habe sie diese Untersuchung höchst unbefriedigend gefunden. Als ich darauf hinwies, daß wir ebenfalls keine Abweichungen gefunden hätten, war sie gleichzeitig erleichtert und, wie mir schien, ein wenig enttäuscht.

Mrs. O. gab ihre gängige »Analyse« für Lees Schulschwänzen kund – die Exaltation über den Wegzug von Fort Worth. Sie redete einfach weiter – daß sie es sehr schwierig gefunden hätte, sich in New York einzuleben und daß es ihr leid täte, hierher gekommen zu sein. Sie betonte, daß sie immer Directrice in den unterschiedlichsten Geschäften gewesen sei und hob hervor, daß man sich niemals mit dem Personal auf gleiche Ebene begeben dürfe. Sie beklagte sich, daß ihr – der zu Hause alle ihren Respekt bezeugt hätten – hier in New York die Ladenschwengel arrogant über den Mund fahren würden, und daß das nur mit übermenschlicher Kraft zu ertragen sei. Außerdem findet sie, daß das Leben hier viel hektischer ist, daß die Lebensbedingungen höchst unbefriedigend sind etc. Später im Gespräch, als ich ihr Vertrauen mehr und mehr gewonnen hatte, schüttete sie mir ihr Herz aus, daß sie von Fort Worth weggezogen sei, weil sie dachte, es sei besser für Lee. Nachdem Robert zu den Marines gegangen war, war er plötzlich alleine gewesen, und sie habe nur zu seinem Wohl die Nähe der Familie gesucht, die ihr geblieben war. Bei der Mitteilung, daß sie nach New York gekommen sei, um ihrem Sohn John nahe zu sein, füllten sich ihre Augen auf Stichwort mit Tränen. Es hatte regen Briefwechsel gegeben und lange Ferngespräche, und ganz offensichtlich waren John und seine Frau versessen gewesen, sie bei sich zu haben. Aber als sie kam, sei sie äußerst kühl aufgenommen worden. Ihre Schwiegertochter ist erst 17 und entgleiste offensichtlich völlig, als sie Mrs. O. mitteilte, daß sie nicht ewig mit John und ihr leben könne. Sie sagte, daß ihr das so verdrießlich war, daß sie so schnell wie möglich in ein äußerst unangemessenes Ein-Zimmer-Apartment im Souterrain umgezogen sei. Die Lebensumstände dort seien unvorstellbar armselig, und sie habe gespürt, wie depressiv Lee wurde, aber sie wußte sich selber keinen Rat. Sobald sie dazu in der Lage war und einen anderen Job gefunden hatte, mietete sie eine Drei-Zimmer-Wohnung in der Bronx und sagte, daß Lee danach wieder merklich auf die Beine gekommen zu sein schien. (28)

Lee kam auf die Beine. Er spazierte gewöhnlich morgens aus dem Haus und fuhr mit der Subway zum Zoo. Der Gedanke, daß Lee bei den Tieren glücklich war, erfreut uns. Wilde Tiere und Kleinkinder sind seine natürlichen Freunde. Nichts in den Protokollen erzählt uns allerdings, welches Tier er gerade studierte, als ihn ein Kontrollbeamter um zehn Uhr morgens lang genug am Schlafittchen hielt, um ihm ein paar Fragen zu stellen. Gehen wir also zurück zu Evelyn Strickman:

Ziemlich am Ende des Gesprächs zog sie mich ins Vertrauen, daß ihr Ehemann plötzlich eines Morgens um sechs Uhr früh an einem Herzinfarkt verstorben sei, und daß es zum Bruch mit seiner Familie gekommen wäre, weil sie ihn noch am selben Tag bestatten lassen wollte. Sie hatte dabei an sich und das Baby, das sie trug, gedacht, weil sie der Ansicht war, daß ihrem Mann eine Totenwache und ein richtiges Begräbnis ohnehin nicht helfen würden und es lediglich schicklich sei, ihn so schnell wie möglich aus dem Weg zu haben. Seine Familie sei völlig entgeistert gewesen, habe ihr gesagt, daß ihnen etwas so Eiskaltes in ihrem ganzen Leben nicht untergekommen sei, und seit diesem Tag kein Wort mehr mit ihr gesprochen. Sie hatte die Hilfe der Nachbarn beanspruchen müssen, als Lee geboren wurde, und seither mit der Familie ihres Mannes nichts mehr zu tun gehabt. Sie rechtfertigte sich in aller Ausführlichkeit vor mir, meinte, daß ihr Vorhaben nicht von Kälte, sondern lediglich von Einfühlungsvermögen gezeugt habe, und daß ihr Ehemann gelegentlich im Scherz zu ihr gesagt hätte: »Mag, falls mir irgendwann etwas zustoßen sollte, wirf eine Handvoll Erde auf mich und vergiß es.« Sie fand, daß sie sich gemäß seinen Instruktionen verhalten habe.
Als ich ihr die Brücke baute, daß es doch ziemlich schwierig gewesen sein müsse, gleichzeitig Alleinerziehende und Brotverdienerin zu sein, teilte sie mir sehr stolz mit, daß sie das nie als Problem gesehen habe. Sie sagte, sie sei immer ein sehr unabhängiger Mensch gewesen, der sich nur auf sich selbst verließ und niemals irgendwelche Hilfe von wem auch immer verlangt habe, und daß sich ihre »hochfliegenden« Ideen doch in großem Maße verwirklicht hätten, und daß sie sich immer am eigenen Schopf aus dem Sumpf ziehen konnte... (29)

Sie konnte es auf ihre Weise. Unversehens schlüpfte sie durch die Maschen des Ausschusses, der nach Lees vorläufiger Entlassung aus dem Erziehungsheim erwog, wie es weitergehen solle.

299

Mr. Carro: Die Mutter setzte sich im Januar ab, ohne uns zu informieren. (30) Wir haben keine Zuständigkeit außerhalb der Staatsgrenzen und außerdem wußten wir auch gar nicht, wohin sie gezogen war. (31)

5

Ein Teenager als marxistisches Großmaul

Es wird nicht genügend gewürdigt, daß das Mannestum eine Errungenschaft ist und kein geschlechtsspezifisches Geschenk. Kühn zu sein, geradeheraus, wettbewerbsfreudig, individuell, beherzt und innovativ, ist nicht ein Gratis-Zubehör wie der Penis und der Hodensack. Solche männliche Qualitäten müssen vielmehr durch tapfere Taten verdient werden und die ungestüme Neigung, seine besten Seiten zu entwickeln. Sie sind das Gütesiegel auf dem privaten Ehrenkodex.

Natürlich werden nicht wenige Frauen postulieren, daß die oben aufgelisteten Tugenden auch eine Zierde des weiblichen Geschlechts sind. Es ist gewiß nicht die Absicht dieses Buches, über einen solchen Gegenstand in – wie Lillian Murret es formulieren würde – Kampfgebrüll auszubrechen; lassen wir es dabei bewenden, daß wir es mit den psychologischen Gegebenheiten der späten fünfziger Jahre zu tun haben, einer Zeit, in der die überwältigende Mehrheit der Amerikaner noch überzeugt war, daß Männer und Frauen völlig verschiedene Rollen hätten, und es die erste Obliegenheit eines Mannes sei, sich als solcher zu benehmen. Es ist ziemlich sicher, daß Lee Oswald mit 14 oder 15 diese Anschauung teilte – wie anders ließen sich auch nur teilweise seine leidenschaftliche Lektüre des Handbuchs der Marines erklären und, wie wir bald sehen werden, seine Träume von verwegenen Taten?

Als wir ihm nach dem Verhängnis von New York wiederbegegnen, hat er sich von dem verängstigten 12- bis 13jährigen, der beim Besuch seiner Mutter im Erziehungsheim heulte, in gewisser Weise weiterentwickelt. Nachdem er durch ein Labyrinth der Scham und der Angst geirrt ist, scheint er an der Schwelle zur Pubertät an Tatkraft zu gewinnen. New York hat immerhin doch etwas bewirkt: zurück in New Orleans, ist er kämpferischer geworden.

Mrs. Murret: Also an der Beauregard-Schule war das Niveau damals ziemlich niedrig, und keines meiner Kinder hat jemals diese Schule besucht. Meine Kinder gingen auf die Jesuiten-High-School und die Loyola-Universität, während an der Beauregard-Schule ein Haufen übler Burschen waren, die sich ständig Prügeleien und Kämpfe mit anderen Banden lieferten. Lee hat sich wohl nichts gefallen lassen, und darum hat er auch einiges abbekommen.

Mr. Jenner: Wie schätzen Sie seine schulischen Leistungen ein?

Mrs. Murret: Ich denke, daß er in der Schule meistens sehr schlecht war. Schließlich kam er zu der Konsequenz, daß er die Schule überhaupt nicht nötig hätte. Das schien seine tiefe Überzeugung zu sein, und als ich etwas in der Richtung zu Marguerite sagte, war das wohl der Anfang unserer Meinungsverschiedenheiten. Ihr Kind konnte einfach nichts falsch machen, und ich könnte beim besten Willen nicht behaupten, daß Lee jemals Interesse für die Schule gezeigt hätte. (32)

Wie sollte er auch. Er litt an Dyslexie. Damals wußte man an den meisten Schulen noch nicht, daß es sich um eine Behinderung handelt, die die Rechtschreibung in einem Ausmaß beeinträchtigen kann, daß jeder Lehrer annehmen mußte, der Schüler sei an der Grenze zum Schwachsinn. Und natürlich gab es auch genug Mitschüler, die ihn zu zweit und zu dritt verprügelten. Nein, er mochte die Schule nicht. Trotzdem kann man nicht sagen, daß er ganz aufgegeben hätte.

Mrs. Murret: Ich weiß noch, wie er eines Morgens zu uns kam und sagte, daß er gerne in der Baseball-Mannschaft mitmachen würde, aber keine Schuhe und keinen Fanghandschuh habe. Ich sagte: »Das kriegen wir schon, Lee«, und gab ihm einen Handschuh, und der Mann von Joyce schickte ihm aus Beaumont ein Paar Baseball-Schuhe. Ich sagte: »Wenn du irgend etwas brauchst, Lee, dann komm zu mir, und wenn es irgendwie geht, dann bekommst du es von uns.« Er kam also in die Mannschaft, aber ebenso schnell war er wieder draußen. Warum, weiß ich nicht. Er hat nie über die Gründe gesprochen, und wir haben es nie herausgefunden. Ich denke, er war wohl kein ausgesprochen sportlicher Typ. (33)

In der Schule ein Versager, im Sport keine große Nummer und kein Geld für Mädchen...

Mrs. Murret: Die meisten Jungs hatten Geld und gingen am Wochenende mit ihren Mädchen aus und so weiter, aber Lee konnte da nicht mithalten. Dafür ging er gerne in Museen oder in den Park und unternahm Dinge, für die sich Teenager damals ebensowenig interessierten wie heute. Aber ihm gefiel es so. (34) Einmal kauften wir ihm eine Menge zum Anziehen, schließlich sollte er in der Schule anständig aussehen, also alles, was ein Junge so braucht. Als wir ihn damit überraschten, sagte er: »Warum tut ihr das alles für mich?« Und wir sagten: »Erstens haben wir dich gern, und zweitens sollst du in der Schule manierlich aussehen wie die anderen Kinder.«

Mr. Jenner: Trug er die Sachen in der Schule?

Mrs. Murret: Aber sicher. Doch er hatte seinen eigenen Kopf. Ich erinnere mich, daß er einmal sagte: »Ich brauche nichts und niemand.« Worauf ich mir zu sagen erlaubte: »Hör mal, Lee, glaub ja nicht, daß du nie einen Menschen brauchen wirst, denn jeder von uns braucht irgendwann einmal den anderen.«

Mr. Jenner: Glauben Sie, daß diese Unabhängigkeit ein wenig von seiner Mutter abgefärbt hatte?

Mrs. Murret: Bestimmt! Sie verließ sich grundsätzlich nur auf sich selbst. (35)

Marguerite tat ihr Bestes. Auch wenn sie über einer Spielhalle in der Exchange Alley am falschen Ende des Französischen Viertels wohnte, so tat sie es wenigstens mit Stil.

Mrs. Murret: Die Leute wären ziemlich überrascht gewesen, wie geschmackvoll sie ihre hübsche Wohnung in dieser üblen Gegend eingerichtet hatte. Natürlich gab es überall diese Spielhallen und andere Kaschemmen, aber ich glaube nicht, daß Lee sie jemals aufgesucht hat, denn er war nie ein Junge, der sich den Teufel auf den Hals lud. Die meisten Beauregard-Schüler spielten vermutlich Pool-Billard und ähnliches, aber er nicht. Er hielt viel von Sitte und Anstand. Sein Charakter schien einwandfrei, und er war sehr höflich und hatte ausgezeichnete Manieren. Eines war auffallend: er ging sehr aufrecht. Manche Leute dachten, das sei Ausdruck seiner Einstellung, sie hielten ihn für arrogant, doch man kann es natürlich nicht jedem recht machen.

Mr. Jenner: Aber er war doch von sich eingenommen, oder?

Mrs. Murret: O ja, das war er. (36)

Das Verdienst hierfür gebührt wohl hauptsächlich Marguerite Oswald.

Marguerite Oswald: Lee las immer wieder Roberts Handbuch der Marines. Er konnte es auswendig. Ich sagte sogar: »Junge, du wirst es noch zum General bringen, falls du jemals zu den Marines kommst.« (37)

Menschen mit einer hohen Meinung von sich selbst neigen dazu, auf mehreren Hochzeiten zu tanzen. Während der Zeit in der Exchange Alley begann er neben dem Marines-Handbuch auch Karl Marx zu lesen. Die Schule stand auf einem anderen Blatt. Ein Mitschüler erinnert sich:

Mr. Voebel: Genau weiß ich nicht, wann ich ihn das erste Mal sah. Aber als er diese Schlägerei mit den Neumeyer-Brüdern, John und Mike, hatte, lernte ich ihn kennen. Es begann auf dem Schulterrain und setzte sich auf dem Heimweg fort, und wenn sie verjagt wurden, machten sie an der nächsten Ecke weiter.

Mr. Jenner: Es war ein Kampf mit den Fäusten, nicht wahr?

Mr. Voebel: Stimmt.

Mr. Jenner: Waren sie etwa gleichaltrig?

Mr. Voebel: Vermutlich, ich glaube schon.

Mr. Jenner: Und wie sah es mit der Größe aus?

Mr. Voebel: Ich glaube, John war etwas kleiner als Lee.

Mr. Jenner: Gut; und was geschah im Verlauf dieser Auseinandersetzung?

Mr. Voebel: Also ich glaube, Oswald mußte von John ganz schön was einstecken, und dann mischte auch noch der kleinere Bruder mit, so daß es zwei gegen einen stand, und dann konnte Oswald einen guten Haken am Kinn des kleineren Bruders landen, worauf er aus dem Mund zu bluten begann.

Mr. Jenner: Der kleinere Bruder?

Mr. Voebel: Das ist richtig, Sir. Mikes Mund begann zu bluten, und plötzlich schlug die Sympathie der Zuschauer in Feindseligkeit gegen Oswald um, aus einem mir unverständlichen Grund, denn er mußte sich ja schließlich gegen zwei verteidigen. Ich fand, daß es dem Jungen recht geschah, und später erfuhr ich, daß der Kleine ein Lippenbeißer war. Oswald könnte ihn an der Schulter getroffen haben, und er biß sich in die Lippe, so daß es aussah, als hätte Oswald ihn auf den Mund geschlagen. Wie dem auch sei, es kamen noch mehr Leute und verjagten alle, und die allgemeine Sympathie war auf der Seite von Mike, weil er aus dem Mund blutete. Ein paar Tage später kamen wir abends aus der Schule, Oswald ging ein paar Schritte vor mir, und ein Riesenkerl, wahrscheinlich ein Football-Spieler aus der High-School, schlug Lee voll in die Fresse und rannte weg.

Mr. Jenner: Er schlug nur einmal zu und rannte weg?

Mr. Voebel: Ja, man nennt das die Stabübergabe. Einer kommt auf dich zu und schlägt voll rein. Es war vermutlich die Rache für die Neumeyer-Brüder. Es tat mir leid, daß Lee so was passieren mußte. Ich und ein paar andere brachten ihn zurück in den Aufenthaltsraum und versuchten, ihn wieder aufzumöbeln. Das war der Beginn unserer Freundschaft oder besser Halb-Freundschaft... Ich glaube, er hat dabei sogar einen Zahn verloren.

Mr. Jenner: Sie würden also sagen, daß sie von diesem Zeitpunkt an mit ihm locker befreundet waren. Erzählen Sie mehr darüber.

Mr. Voebel: Gelegentlich schaute ich bei ihm vorbei, und wir spielten Darts und Pool-Billard. Lee hat mir das beigebracht. Er wohnte über einer Spielhalle in der Exchange Alley.

Mr. Jenner: Fanden Sie, daß er ein guter Pool-Spieler war?

Mr. Voebel: Sehen Sie, ich hatte vorher noch nie gespielt, und er brachte mir die Anfangsgründe bei, und nach ein paar Spielen begann ich ihn zu schlagen. Er sagte dann »Anfängerglück«, drum glaube ich nicht, daß er besonders gut war.

Mr. Jenner: Hat er getrunken?

Mr. Voebel: Schauen Sie, wir waren damals erst 14 oder 15, und die meisten von uns interessierten sich nicht für Rauchen oder Trinken.

Mr. Jenner: Schön; an solchen Einzelheiten bin ich interessiert. Ich versuche, mir ein Bild von diesem Jungen in der Pubertät zu machen.

Mr. Voebel: Verstehe. Ich möchte hier etwas klarstellen. Ich mochte Lee. Hätte ich Lee Oswald zum Beispiel vor einem Jahr getroffen, ich wüßte nicht, ob ich ihn noch gern gehabt hätte. Aber all das, woran ich mich an ihn während unserer Schulzeit erinnere, ließ diese Art von Freundschaft entstehen, und ich glaube, ich verstand ihn besser als die meisten anderen Mitschüler. Und hätte er sich nicht verändert, wären meine Gefühle für Lee Oswald möglicherweise noch dieselben, auf jeden Fall wäre er mir immer noch sympathischer als die Neumeyer-Brüder.

Mr. Jenner: Gab es noch mehr von dieser Sorte an der Beauregard-Schule?

Mr. Voebel: Aber sicher. Es war fast unmöglich, nicht in eine Rauferei zu geraten. Ich bin kein Raufbold, das dürfen Sie mir glauben, aber in dieser Schule blieb mir nichts anderes übrig. Ich bin bei Prügeleien allerdings viel schneller abgehauen als Lee. Er hat zwar nie angefangen, aber wenn er provoziert wurde, sorgte er dafür, daß er Erster wurde, denn er ließ sich nichts gefallen. Ich habe Beleidigungen einfach überhört, aber nicht Lee. Das durftest du dir bei Lee nicht leisten. Das ließ er sich von niemand bieten. (38)

Mr. Jenner: Sie waren auch an Waffen interessiert, ist das richtig?

Mr. Voebel: Wir hatten das ganze Haus voll Waffen.

Mr. Jenner: Hat Lee Ihre Begeisterung für das Waffensammeln geteilt?

Mr. Voebel: Ich glaube nicht, daß Lee sich für die Geschichte irgendeiner Waffe interessiert hat. Er wollte zum Beispiel eine Pistole, einfach nur, um sie zu besitzen, nicht um eine Sammlung anzulegen.

Mr. Jenner: Besaß Lee überhaupt eine Waffe?

Mr. Voebel: Nicht, daß ich wüßte. Er hatte ein Plastikmodell einer 45er, das hat er mir gezeigt. Ich nehme an, Sie wollen etwas über seinen geplanten Raubüberfall wissen. Die ganze Idee hat mich zunächst nicht sonderlich beeindruckt und eigentlich auch nicht beschäftigt, bis er mich eines Tages mit einem total ausgearbeiteten Plan schockte. Erst wollte er eine Pistole aus einem Schaufenster in der Rampart Street stehlen – es könnte eine Smith & Wesson gewesen sein, ich glaube, eine Automatik, aber so wichtig war mir dieses Detail nicht. Die Woche drauf zeigte er mir einen Glasschneider und seine Plastikpistole und weihte mich in seinen Plan ein, wie er an die Pistole herankommen wollte.

Mr. Jenner: Sie meinen die in dem Geschäft in der Rampart Street?

Mr. Voebel: Ja. Ich weiß jetzt aber nicht mehr, ob er die Plastikpistole für einen Raubüberfall benutzen oder lediglich ein Loch in die Scheibe schneiden wollte. Ich glaube, er wußte selber nicht, auf welche Art er es tun wollte. Aber wir gingen zu diesem Laden und schauten uns die Pistole im Schaufenster an. Er sagte: »Was meinst du?« Ich bemerkte zufällig dieses Band um die Scheibe herum, so ein Metallband, das zur Einbruchsicherung diente, und in der Hoffnung, ihm seinen Plan auszureden, sagte ich: »Also ich halte das für keine gute Idee. Wenn du nämlich ein Loch in das Glas schneidest, könnte das Band einen Riß bekommen, und der Alarm geht los.« Schließlich ließ er den Plan fallen. Ehrlich gesagt, glaube ich nicht, daß er es echt durchziehen wollte… Er hat sich wohl in der Vorstellung gesonnt, daß er, falls er es getan hätte, bei den Jungs ganz groß herausgekommen wäre. (39)

In dieser Periode begann Oswald marxistische Literatur zu lesen. Welche Bücher, ist allerdings die Frage. Er erzählte diversen Leuten in Moskau und Minsk, daß seine radikalen politischen Auffassungen sich an einer Flugschrift über die Hinrichtung der Rosenbergs entzündet hätten, die ihm eine alte Dame vor einer Subway-Station in New York in die Hand drückte. Er äußerte auch, daß er »Das Kapital« und »Das kommunistische Manifest« aus der örtlichen Bibliothek in New Orleans entliehen habe.

Andererseits studiert er »Das Kapital« gründlich in Minsk, und seine Be-

merkungen weisen darauf hin, daß er es zum ersten Mal liest. In New
Orleans ist es möglicherweise »Das kommunistische Manifest«, das die hitz-
köpfigen radikalen Ansichten des 16jährigen prägt.

William E. Wulf, ein wißbegieriger junger Mann, kann zu diesem Bild einige Züge beisteuern. Oswald arbeitete eine Zeitlang als Laufbursche für das
Pfisterer-Zahnlaboratorium in New Orleans und hatte Freundschaft mit einem anderen Botenjungen namens Palmer McBride geschlossen, der Mitglied der New Orleans Amateur Astronomy Association war. Wulf war Präsident dieses Oberschüler-Clubs. Oswald erzählte McBride, daß er sich für
Astronomie interessiere. Nach telefonischer Anmeldung suchten Oswald
und McBride eines Abends zu später Stunde Wulf zu Hause auf.

Mr. Wulf: Ich sagte ihm, daß wir kein übermäßiges Interesse hätten, einem
Grünschnabel all das beizubringen, womit wir uns seit Jahren beschäftigten, und daß es für ihn nur von Nachteil sei, sich der Gruppe anzuschließen. Ich entmutigte ihn richtig. Das ist alles, was ich von diesem ersten Treffen noch weiß, es war schon ziemlich spät. (40)

Oswald erschien trotzdem nochmals zusammen mit Palmer McBride und
begann, sich über Politik auszulassen.

Mr. Wulf: McBride hatte mir erzählt, daß er eine Militärkarriere anstrebe,
speziell als Raketentechniker – wir waren damals alle besessen von Rake-
ten –, und ich sagte zu ihm: »Daß du dich mit diesem Oswald abgibst,
könnte als Sicherheitsrisiko eingestuft werden.«
Mr. Liebeler: Was hat Sie zu dieser Feststellung veranlaßt?
Mr. Wulf: Oswald blätterte in einigen Büchern in meiner Bibliothek und
begann, über die kommunistische Doktrin zu schwadronieren. Er sagte,
daß er am Kommunismus höchst interessiert sei, daß der Kommunismus
die einzige Lebensform für den Arbeiter sei, et cetera. Schließlich rückte
er damit heraus, daß er nach einer kommunistischen Zelle in der Stadt
suche, um Mitglied zu werden, aber keine finden könne. Mein Vater kam
ins Zimmer, hörte unsere Auseinandersetzung über den Kommunismus
und hörte heraus, daß dieser Junge großmäulig und unbeherrscht war. Er
forderte ihn höflich, aber mit Nachdruck auf, das Haus zu verlassen. Das
war das letzte Mal, das ich Oswald gesehen und gesprochen habe. (41)

An seinem sechzehnten Geburtstag versucht Lee mit einer Geburtsurkunde, die er mit Marguerites stillschweigender Duldung gefälscht hat, beim

Marine Corps unterzukommen und wird als zu jung abgelehnt. Also muß er ein weiteres Jahr das Handbuch der Marines von hinten nach vorne durchackern. Was konnte er sich da nicht alles aneignen: das Aufbauen von Einmann- und Mannschaftszelten, das Reinigen der eigenen Waffe, das Marschieren in Reih und Glied, das richtige Grüßen, das Auseinanderneh-men eines Maschinengewehrs vom Kaliber 30, Uniform-Appell, Guerilla-Taktiken, das Überqueren einer Brücke aus drei Seilen, Leistungs-Soll und Schwierigkeitsgrade des Hindernis-Parcours der Marines, und natürlich das Abfeuern eines M-1-Gewehrs aus liegender, stehender und sitzender Posi-tion.

Marguerite zog im Juli 1956 von New Orleans wieder nach Fort Worth, drei Monate, bevor Lee 17 wurde und damit für eine Anwerbung in Frage kam. Am 3. Oktober 1956, genau drei Wochen, bevor er sich am 24. Oktober bei den Marines verpflichtete, setzte er seine Unterschrift auf den Coupon einer Anzeige, die er in einer Zeitschrift gefunden hatte: »Ich wünsche mehr In-formationen über die Sozialistische Partei«, und fügte einen persönlichen Brief bei:

Dear Sirs,
ich würde gerne wissen, ob es eine Ortsgruppe in meinem Bereich gibt, wie ich Mitglied werden kann etc. Ich bin Marxist und habe meine sozia-listischen Prinzipien mehr als 15 Monate studiert. Ich bin an Ihrem YPSL sehr interessiert. (42)

John Pic gab einen knappen Kommentar, warum Lee zu den Marines ging:

Mr. Pic: Es waren dieselben Gründe, warum ich und Robert es taten, neh-me ich an. Wir wollten entfliehen.
Mr. Jenner: Wem und was entfliehen?
Mr. Pic: Dem drückenden Joch meiner Mutter. (43)

Im April 1960, während Oswalds erstem Minsker Frühling, stellte der FBI-Agent John W. Fain Nachforschungen über Lee in Fort Worth an und bezieht sich auf ein Interview mit einer Nachbarin von Marguerite Oswald:

Mrs. TAYLOR gab an, daß Person Schüler an der Arlington Heights High-School war, etwa 16 oder 17, als die OSWALDS hierher zogen, und daß Per-son ein eigentümlicher Junge war, insofern, als er sehr viel las und sehr eigenbrötlerisch war. Mrs. TAYLOR gab an, daß ihr Person wirklich leid tat, insofern als es ihr schien, daß er, wenn überhaupt, nur sehr wenige Freunde habe und keine sozialen Kontakte. Sie gab an, daß sie den Jungen bedauerte, weil sie niemanden erlebt habe, der sich mehr als Person zu Hause eingeigelt habe. Sie gab an, daß Mrs. OSWALD ihn gelegentlich drängte, auszugehen und Arbeit zu suchen, daß er aber vorgezogen habe, zu Hause zu sitzen und zu lesen. (44)

Marguerite Oswald: Jawohl, Sir, das ist ein Foto von Lee in Atsugi, Japan, aus dem Jahr 1958, das seine körperliche Stärke zeigt.
Mr. Rankin: Ich denke doch, daß es ihn in seiner Marineuniform zeigt?
Marguerite Oswald: In seiner Marineuniform, wie er seiner Mutter seine Muskeln zeigt. (45)

6

Ein ungelöster Fall

Es besteht kaum ein Zweifel, daß die Warren-Kommission zu dem stillschweigenden Schluß kam, daß es ein Segen wäre, wenn Oswald sich als homosexuell entpuppen würde. Das hätte den Vorteil, viel zu erklären, auch wenn es überhaupt nichts erklärte. Die Warren-Kommission hatte schließlich einen einsamen Killer als Wunschobjekt, aber es gab keinen schlüssigen Hinweis, daß Oswald eine spezielle Feindseligkeit gegen Kennedy gehegt hätte, im Gegenteil, eine ganze Reihe wichtiger Zeugen konnte mit positiven Äußerungen Oswalds über JFK aufwarten. Also würde sich Homosexualität – gleichsam als Skelett in Oswalds Schrank – für sie als äußerst hilfreich erweisen. 1964 wurde Homosexualität noch als seelischer Seuchenherd betrachtet, der zu Gott weiß wie vielen schlimmeren Verirrungen führen konnte.
Nichtsdestoweniger besteht die reale Möglichkeit, daß Oswald in seiner Zeit im Marine Corps und während des ersten Jahres in Minsk beträchtlich mehr auf dem homosexuellen als auf dem heterosexuellen Sektor reüssierte. Paradoxerweise wäre das eine Erklärung für die Unverdrossenheit, mit der er Ella umwarb, und für die Hast, mit der er Marina heiratete. In der Tat ist er im Jünglingsalter eine Fallstudie zu einem immer wiederkehrenden Thema – ich bin noch kein Mann und muß einer werden –, das in den späten fünfziger und frühen sechziger Jahren Leitmotiv für viele junge Männer wurde,

die über ihre homosexuellen Inklinationen verstört waren und zum Äußersten bereit, sie zu bekämpfen und/oder zu verbergen.

Man muß immer die Doppeldeutigkeit aller Berichte über Oswald im Auge behalten: Ja, er war ernst zu nehmen – nein, er nahm die Leute auf die Schippe; ja, er war schwul – nein, er war lediglich schüchtern gegenüber Frauen; ja, er fuhr auf Gewalttätigkeit ab – nein, oder hatte nur geringes und gelegentliches Interesse auf diesem Gebiet. Jeder Versuch, ihn in den Griff zu bekommen, wird sich an Widersprüchen stoßen – seine Taten sind oft genug nicht vorherzusehen –, aber in Anbetracht des bedrückenden psychologischen Klimas der fünfziger Jahre müssen wir die Möglichkeit erwägen, daß eine seiner größten Obsessionen Männlichkeit war, nämlich Männlichkeit zu erlangen. Wenn er einen homosexuellen Einschlag hatte, mußte sich der Zwang einer solchen fixen Idee verdoppeln und verdreifachen.

Aus der eidesstattlichen Erklärung von David Christie Murray jr.:

Oswald hatte nicht viel Kontakt zu seinen Kameraden bei den Marines. Obwohl ich dafür keine generelle Erklärung habe, ging ich Oswald aus dem Weg, weil ich Gerüchte gehört hatte, daß er homosexuell sei. (46)

Viel über diesen Eindruck kann ein anderer Marine, Daniel Patrick Powers, erzählen, der zum Zeitpunkt seiner Befragung durch die Warren-Kommission Football- und Ringkampftrainer an einer High-School war. Er muß für die Mitglieder der Kommission das Muster eines Soldaten gewesen sein. Powers war ein Hüne, und seine Zeugenaussage strahlt eine Offenheit aus, die kräftigen Männern oft eigen ist, wenn sie sich darüber bewußt sind, daß sie sich mehr als andere auf ihren Körper verlassen können.

Mr. Powers: Er hatte einen stark homosexuellen Schlag, wenn Sie mich fragen, und eine Menge femininer Züge, soweit die anderen Männer es mitkriegten. Ich könnte mir vorstellen, daß er ein Mensch war, der sich an einem gewissen Punkt für den einen oder den anderen Weg zu entscheiden hatte.
Mr. Jenner: Wofür?
Mr. Powers: Ein homosexuelles oder ein normales Leben zu führen, aber wie gesagt, das ist meine persönliche Meinung. Ich glaube allerdings, das war mehr als alles andere der Grund, warum er in der Gruppe in Mississippi ein Außenseiter war. Er wurde als weiches Ei betrachtet, um das man

sich im Kampf um die Führungsposition keine Sorgen zu machen brauchte. Wenn ich mich recht erinnere, hatte er den Spitznamen Karnickel Ossie. (47)

Die Frage, ob er nun homosexuell war oder nicht, könnte unser Einfühlungsvermögen in Oswald allerdings mehr beeinträchtigen als weiterbringen. Warum unterstellen wir ihm nicht einfach eine Art Zwitternatur, die nach schwulen Handlungen einen Katzenjammer bekam, was ihn mehr denn je davon überzeugte, ein echter Heterosexueller zu sein, während er umgekehrt ein, zwei Jahre später im Verkehr mit einer Frau wesentlich deutlichere homosexuelle Neigungen fühlte als jemals mit einem Mann. Es war möglicherweise von geringerer Bedeutung, was er tat, als was zu tun er versucht war. Jedenfalls können wir in einem Punkt ziemlich sicher sein: mit siebzehneinhalb Jahren hatte er noch keine Frau gehabt.

Doch wir schreiten zu schnell fort. Powers begegnete Oswald erst, nachdem der bereits fast ein halbes Jahr bei den Marines war. Powers' Darstellung überspringt also eine der nachhaltigsten Perioden im Leben jedes Soldaten – seine Grundausbildung. Aber damals lag es nicht in der Absicht der Warren-Kommission, zu tief in Oswalds militärischer Karriere zu schürfen. Was, falls sich herausstellen sollte, daß Oswald eine Kreatur des Geheimdienstes gewesen war? Besser, die Tür nicht mehr als einen Spalt zu öffnen.

Konspirativer Mord war, wie auch immer, für die Warren-Kommission kein vielversprechendes Thema – ihr Nachdruck lag auf familiären Umständen. Sie verrichteten klasse Arbeit, von der wir profitieren können, aber mit dem besten Willen könnte niemand behaupten, daß eine zielstrebige Untersuchung das Steckenpferd der Warren-Kommission gewesen wäre. Ihre Behandlung von Oswalds Zeit im Marine Corps läßt sich nur als nachlässig bezeichnen. In »Legend«, seinem wegweisenden Buch über die Verwicklung des CIA in den Fall Oswald, liefert uns Edward Jay Epstein eine ergiebigere Studie über Oswalds Militärdienst als die zahllosen Bände der Warren-Kommission. Es gelang ihm, ein Dutzend Marines aufzuspüren, die Oswald gekannt hatten und nicht befragt worden waren.

Trotzdem ist über seine Rekrutenzeit in San Diego nirgends viel mehr zu finden, als daß Oswald eine schwere Zeit durchmachte. Das Handbuch der Marines dürfte ihn schwerlich auf die harte Wirklichkeit vorbereitet haben. Sherman Cooley, ein Leidensgenosse in Oswalds Zug, beschrieb sie als »heilige Hölle«. (48) Natürlich kann jede Grundausbildung so beschrieben werden – nur war das Marine Corps so freundlich, zwei Grundausbildungen in eine zu packen. Laut Cooley bekam Oswald bald den Namen »Schütze Arsch«. Er hatte Schwierigkeiten, sein Gewehr in den Griff zu bekommen – und das war ein Alptraum. Das Marine Corps legte es einem aus: deine Tauglichkeit an einem M-1 war deiner Männlichkeit gleichzusetzen – und es gab keinen Grund, im Marine Corps zu sein, wenn Männlichkeit nicht dein Gelbes vom Ei war.

Von San Diego kam Oswald zum Kampftraining in das Camp Pendleton in Kalifornien – volle Pulle Infanterie-Angriffe mit Panzer-Unterstützung, Bajonett-Drill rund um den Nahkampf, Training für die Landung mit Amphibien-Fahrzeugen – es ist ein wenig schmerzlich, sich bewußt zu machen, daß dieses Muttersöhnchen, vielgeliebt und viel vernachlässigt, dieser Hamlet an der Seite von Marguerites schwer gedemütigter Gertrude, der sich in seinen Phantasien eine gloriose Karriere bei der Navy ausgemalt hatte (als Garnitur für seinen Marxismus), nun auf das geistige Niveau eines »Schützen Arsch« eingeschrumpft wurde. Er hatte in New Orleans begonnen, einen zähen Burschen aus sich zu machen, aber das langte hinten und vorne nicht als Vorbereitung auf die Härtetests, die ihm das Corps auferlegte. Er mußte sich durch seine Fehlschläge verweiblicht vorkommen. Um es nochmals zu wiederholen: in den Kategorien der fünfziger Jahre, ein Jahrhundert vor den fortschrittlichen Denkrastern unserer neunziger Jahre, bedeutete Schwäche unter Männern, sich zum Weib zu machen, und das war – nach dem männlichen Kodex jener Zeit – für einen Mann ein unerträglicher Zustand.

Solche Wertmaßstäbe waren kaum geeignet, die Gegensätze in Oswald in Balance zu bringen. Hysterisch und ängstlich, verfügt er dennoch über ein Ego, das den Stab über die Welt rings um ihn bricht. Die Form, in der sich das äußert, ist, cool und reserviert zu bleiben, zynisch, wann und wo er die Chance bekommt – die ersten neun Monate beim Marine Corps bieten für dergleichen wenig Gelegenheit. Powers schildert, daß Lee auf dem Schiff mit Kurs Japan (nachdem er die Luftwaffen- und Radarkontrolle-Schulen in Jacksonville, Florida und bei Keesler in Biloxi, Mississippi absolviert hatte), den ganzen Tag mit ihm Schach spielte und wahrhaftig einen verzückten Kriegstanz aufführte, wenn er schon einmal gewann: »Schau dir das an. Ich habe gewonnen. Ich habe dich geschlagen.« (49)

Am 12. September 1957, zwei Jahre und einen Monat, bevor er russischen Boden betritt, landet Oswald in Yokosuka, Japan, in der Nähe von Tokio. Er und Powers haben auf dem Schiff Walt Whitmans »Grashalme« gelesen, und er gibt das Buch seinem großen Vorbild.

In der Flugzeugbasis Atsugi, 35 Meilen südwestlich von Tokio, wo er in einer zweistöckigen Holzbaracke untergebracht war, war Corporal Thomas Bagshaw sein Stubengenosse. Bagshaw, der seither bei den Marines Karriere gemacht hatte, erzählte Epstein, daß Oswald »ein schmales Handtuch war, schüchtern und still.« Damals maß er 1 Meter 80 und wog knapp 62 Kilo.

Bagshaw erinnert sich auch, daß er ihm leid tat, als andere Marines in der Baracke begannen, »auf ihm herumzuhacken«. Die rauheren Typen, die es generell vorzogen, sich in ihrer Freizeit in japanischen Bars zu besaufen und Frauen aufzureißen, betrachteten Oswald (der seine Freizeit am Anfang allein im Fernsehzimmer verbrachte und sich *American Bandstand* und Wiederholungen von Football-Spielen anschaute) als natürliche Zielscheibe ihres Spotts. Sie nannten ihn Mrs. Oswald, stießen ihn in voller Kleidung unter die Dusche und schikanierten ihn auf jede andere nur denkbare Weise. Oswald wehrte sich nicht; er wandte sich von dem Provokateur ab und ignorierte ihn. (50)

Dem sollte noch eine messerscharfe Beobachtung eines anderen aus Epsteins Marines-Sammlung, Jerry E. Pitts, hinzugefügt werden, der darauf hinwies, daß es für jeden Rekruten ein unausgesprochenes Initiationsritual gab, das je nach Kandidat variierte.

Pitts erläuterte, daß mit allen Wassern gewaschene Marines durch solche Abreibungen erfrischt wurden, über die Beleidigungen lachten und die Schlammschlacht erwiderten. Aber Oswald war die Ausnahme. Er schien jede Erniedrigung ernst zu nehmen und reagierte mit stiller Wut, die er nicht in körperliche Gewalt umsetzen konnte. Pitts erinnert sich an »gewisse Reizthemen – wie unanständige Anspielungen auf seine Mutter –, die Oswald wirklich zur Weißglut brachten«. (51)

Es gibt ein einziges sympathisches Porträt von Oswald aus dieser Periode. Gator Daniels, der Alligator-Ringkämpfer in den Sümpfen von Florida gewesen war, ein Kleiderschrank, der die ersten 18 Jahre seines Lebens mit Fischen und Fallenstellen verbracht hatte, beschrieb Lee »als einfachen Jungen, so wie ich… wir waren ein Haufen Jungs, die nie von zu Hause weggewesen waren – aber Oswald war sauehrlich und gab zu, daß er noch nie eine Frau gehabt hätte. Es war wirklich ungewöhnlich, daß ein Bursche mit so was rausrückte. Wie ich hatte er von einer Menge Dinge keine Ahnung, aber er schämte sich nicht, das zuzugeben. Er war wirklich eine Seele von einem Kamel. Er tat mir immer einen Gefallen, borgte mir Geld bis zum Zahltag. Er war die Sorte Freund, die sich für einen den Arsch aufgerisssen hätte«. (52)

Nichtsdestoweniger setzte sich die Schurigelei fort, und eines Tages schoß Oswald mit einer Pistole in die Wand neben einigen Marines, die ihn gnadenlos aufzogen.

Es ist eine komplizierte und höchst zweifelhafte Geschichte, denn die Schilderungen des Hergangs weichen erheblich voneinander ab. Eine der schaurigeren Versionen wurde Edward Epstein von dem Marine Pete Connor geliefert, der darauf beharrte, daß »sich aus der Derringer, mit der Oswald auf seiner Schlafkoje sitzend spielte, ein Schuß löste, und daß die Kugel eine Handbreite über Connors Kopf in einen Spind einschlug«. (53) Da Connor nach seinem eigenen Eingeständnis eine der Spottdrosseln war, erhebt sich der Verdacht, daß der Schuß nicht zufällig losging.

Dann ist da noch eine andere Episode, wahrscheinlich einige Wochen später, als Oswald sich mit derselben Derringer verwundet. Seine Einheit sollte sich in ein paar Tagen von Japan mit unbekanntem Ziel einschiffen, und es wurde gemunkelt, daß er sich absichtlich verletzt habe, um nicht mitzumüssen. Nach dem Protokoll streifte Oswald seinen linken Oberarm mit einer Kugel aus seiner 22er-Postversand-Pistole und sagte zu einigen Zeugen, die hereinstürmten: »Ich glaube, ich habe mich angeschossen.«

Er hätte auf der Stelle vor ein Kriegsgericht gestellt werden können, aber seine Einheit machte sich bereits zum Einschiffen bereit, und das Verfahren wurde niedergeschlagen. Sobald Oswald aus dem Lazarett entlassen worden war, wurde er als vorläufige Strafe zum Dienst in der Messe verdonnert. Seine Einheit (MACS-1 – Marine Air Control Squadron-1) verließ Atsugi am 20. November 1957 und ging an Bord eines alten Panzerlandeschiffs aus dem Zweiten Weltkrieg, das an Okinawa vorbei Richtung Philippinen pflügte. Ihre Mission war nach wie vor unbestimmt, doch ging unter den Marines das Gerücht, daß es sich möglicherweise um eine militärische Intervention auf Borneo handle. Unterdessen bekam die MACS-1 einen Monat lang keine Küste zu Gesicht. Es war im Südchinesischen Meer heiß und ungeheuer öde, wie sie da im Konvoi von 30 oder mehr Schiffen der Siebenten Flotte fuhren. Schließlich, nach einem drückenden und tristen Weihnachten auf See in der Nähe des Äquators, errichteten sie ihr Lager am Cubi Point, Philippinen, in der Nähe der Subic Bay, bauten ein Radarzelt auf und schoben Wache im Bewußtsein, daß ihnen möglicherweise viele Filipinos in der Umgebung feindlich gesinnt waren und auf der Seite der kommunistischen Hubalahap-Guerilla standen.

Als die Football-Saison vorbei war und alle Ballspiele der Far East Armed Services gespielt waren, stieß Daniel Powers, Oswalds Freund aus der Ausbildungszeit, wieder zur MACS-1.

Mr. Jenner: War dieselbe Gruppe am Cubi Point noch zusammen, als Sie zurückkehrten?

Mr. Powers: Von den Männern meiner speziellen Gruppe, die in Jacksonville zusammengestellt worden war, waren nur noch Schrand, Oswald und ich selbst übrig.

Mr. Jenner: Gab es, was Mr. Schrand betrifft, einen Zwischenfall?

Mr. Powers: Schrand hatte an einem Abend Wachdienst und starb durch Erschießen. Nun habe ich allerdings nie den offiziellen Rapport oder etwas ähnliches gesehen, aber es hieß damals gerüchteweise, daß er unter dem rechten Arm angeschossen wurde und daß die Munition an der linken Seite des Halses austrat. Es handelte sich um eine Schrotflinte, die zu tragen wir auf Wache bevollmächtigt waren. Entweder stützte er sich auf das Gewehr oder spielte damit herum, auf jeden Fall war er tot… Wir konnten uns einfach nicht vorstellen, wie ein Bursche sich selbst erschießen konnte, außer er lehnte sich so darauf [er deutet die Haltung an], und »Bumm!«, die Knarre ging los. (54)

Aus einer eidesstattlichen Erklärung von Donald Peter Camarata: »Mir kam eine Latrinenparole zu Ohren, daß Oswald auf die eine oder andere Weise für den Tod von Martin Schrand verantwortlich sei.« (55)

Schrand, Powers und Oswald waren gemeinsam im Zug von der Luftwaffenschule in Florida zur Radarschule in Biloxi, Mississippi, gefahren, alle drei waren zusammen nach Atsugi versetzt worden und dann an den Cubi Point. Epstein präsentiert den Bericht eines anderen Marine, Persons, der

»… einen Knall hörte, von dem er auf der Stelle wußte, daß er aus einer Schrotflinte kam, und darauf grauenvolle Schreie aus dem Gebiet, in dem Schrand patrouillierte. »Die Schreie waren wie von einem wilden Tier. Ich wußte, daß ich meinen Posten nicht verlassen durfte, was immer auch geschah, aber ich sagte mir: Scheiß drauf, der Bursche hat Schwierigkeiten, und rannte hin«, erzählte er später.

Ungefähr 45 Meter weiter fand er Schrand in einer Blutlache, tödlich getroffen. Seine Schrotflinte lag etwa zwei Meter hinter ihm auf dem Boden. Es wurde entschieden, daß Schrand von seiner eigenen Schrotflinte unter dem rechten Arm getroffen worden war. Selbstmord wurde ausgeschlossen, weil der Lauf das Gewehrs länger war als Schrands Arm und kein Objekt am Schauplatz gefunden wurde, mit dem er den Abzug betätigt haben könnte.

Erst war angenommen worden, daß er von einem philippinischen Guerillero angegriffen worden sei und sich im Handgemenge mit seiner eigenen Waffe getroffen habe. Als jedoch kein anderer Beweis für die Anwesenheit von Eindringlingen gefunden werden konnte, wurde der Fall als »Tod durch Unfall« registriert, wobei unterstellt wurde, daß sich der Schuß versehentlich löste, als Schrand die Waffe fallen ließ. Die Soldaten blieben gleichwohl bei ihrem Argwohn, daß bei Schrands Tod noch etwas anderes mitgespielt habe, und wurden, was den Wachdienst betraf, immer nervöser. (56)

Dem fügt Epstein die folgende Anmerkung an:»Eine Reihe Marines erklärten, daß Oswald in dieser Nacht auf Wache war und daß er möglicherweise in den Schrand-Fall verwickelt sei«, schränkt allerdings ein:»Nachdem ich neun Offiziere und Gefreite befragt hatte, die in dieser Nacht am Cubi Point gewesen waren, gelang es mir nicht, irgendeinen hieb- und stichfesten Beweis zu entdecken.« (57)

Es gibt eine unerquickliche Lücke in diesem Puzzle. In welcher Haltung muß sich ein Mann befinden, um von einer Ladung getötet zu werden, die unter seinem rechten Arm eintritt und an seinem Hals austritt? Eine nicht zur Sprache gebrachte Möglichkeit ist, daß jemand zur Fellatio in eine kniende Haltung gezwungen wurde und so in der Position war, um die Schrotflinte von der Stelle aufzuheben, wo sie auf dem Boden abgelegt worden war.

Es existiert kein Bericht, ob Schrand – nach allen Standortwechseln zusammen mit Oswald, von Florida nach Mississippi, nach Kalifornien und schließlich Japan bis zum Cubi Point auf den Philippinen – als sein Freund oder sein Quälgeist bezeichnet werden kann. Aber was Oswalds sexuellen Ruf betraf, ist es kein Wunder, daß sein Name vage mit diesem Vorfall in Zusammenhang gebracht wurde.

Im Zweiten Weltkrieg war es nicht ungewöhnlich, daß ein altgedienter Etappenhengst, abgehärtet, verroht und niemals im Zweifel über seine Heterosexualität, Filipino-Boys während der Wache gebrauchte, um später damit zu protzen. Er war bedient worden. Die gängigen Praktiken Anfang 1945 auf

Luzon hatten sich möglicherweise Anfang 1958 nicht so sehr geändert; Schrand könnte von einem Filipino getötet worden sein.

Falls es aber Oswald war – nehmen wir einmal an, daß die Wahrscheinlichkeit gering, aber nicht auszuschließen ist –, dann mußte er anschließend das Gefühl haben, für immer ein Verfemter zu sein, ein unentdeckter und bis jetzt nicht verfolgter Krimineller. Selbstredend ist es völlig fragwürdig, eine auch nur im Geringsten ernsthafte Hypothese auf eine solche Annahme zu gründen. Allerdings werden wir bald auf Vorfälle stoßen, die auf ihn eine ebenso umfassende wie geheime Auswirkung gehabt haben dürften.

Die MACS-1 wurde von Cubi Point nach Corregidor verlegt, und dort verbrachte Oswald Stunden mit der Erkundung der alten Tunnel und Befestigungsanlagen aus dem Zweiten Weltkrieg. Er mußte wegen des illegalen Besitzes seiner Derringer immer noch Messedienst schieben, schien sich aber mit seinem Los abgefunden zu haben, indem er sich wie ein Clown aufführte. Beim Anrichten des Frühstücks in der Messe führte er seine ureigene Methode vor, Rührei aus Dutzenden von Eiern zuzubereiten. Sein Kamerad George Wilkins erzählte Epstein: »Ossie nahm ein Serviertablett, schob es unter die Eiermasse und schaufelte sie kurzerhand um. Es war wirklich ein Schauspiel.« (58)

Als seine Einheit im März nach Atsugi zurückkehrte, begann Oswald mit anderen Marines zu saufen. Wenn er von einem Ausgang zurückkam, weckte er seinen Abschnitt der Baracke mit dem Gebrüll: »Spart eure konföderierten Kröten, Jungs; der Süden hebt wieder das Haupt!« (59) Er hat sich, und sei es auch nur für eine kurze Stunde, mit dem amerikanischen Lebensgefühl verbrüdert: er ist ein Marine und glücklich, wenn er sturzbesoffen ist. Seine Saufkumpane führten ihn laut Epstein

… schon bald in die bunte Welt der billigen Bars rund um die Basis ein und machten ihn mit den Mädels bekannt, die dort arbeiteten. Vom Neongrauen bis zur Neondämmerung boten die Bars einen Bordellservice zu Schleuderpreisen für die Soldaten der Basis. Die Kumpel riefen Hoch, als er endlich seine erste sexuelle Erfahrung mit einem japanischen Barmädchen gemacht hatte. (60)

Powers fällt auf, daß er nun »aggressiver war und mehr aus sich herausging und mehr Oswald, der Mann war, als Oswald, das Karnickel«. (61) Natürlich wußte Powers weniger als Oswald, wie hart im Raume sich die Sachen stoßen.

Epstein: Verschiedene Zeugen erinnern sich an ein wüstes Etablissement in Yamoto, das »Negashaya« oder so ähnlich hieß, wo Männer Frauenkleider und Lippenstift trugen. Ein Zeuge beschrieb das Lokal als »Tuntenbar« und berichtete, daß er und Oswald einmal hingingen – auf Oswalds Vorschlag – und zwei taubstumme Mädchen abschleppten. »Oswald schien sich auszukennen«, erinnert sich der Zeuge, der es vorzieht, anonym zu bleiben. »Ich weiß nicht mehr, ob er jemand beim Namen kannte, aber er fühlte sich in seinem Element.« (62)

Oswalds Draufgängertum mochte zum Teil von der einigermaßen befriedigenden Lösung herrühren, die das Kriegsgericht für den illegalen Besitz der Derringer fand. Er wurde am 11. April für schuldig befunden, einen Monat, nachdem sie von den Philippinen zurückgekommen waren, und zu 20 Tagen Schwerarbeit, einer Geldstrafe von 50 Dollar und dem Verlust seiner PFC-Tresse verurteilt. Aber die Strafe wurde auf Bewährung ausgesetzt und sollte nach sechs Monaten kassiert werden, falls er sich nichts mehr zuschulden kommen ließ.

Es stellte sich heraus, daß das nicht funktionierte. Er konnte drei oder vier Dutzend Eier auf einmal durch die Luft wirbeln, aber die Arbeit in der Messe blieb erniedrigend. Er wollte zurück zu der Arbeit, für die er ausgebildet worden war – die Identifizierung aller freundlichen oder feindlichen Flugobjekte auf dem Radarschirm. In der Klasse bei Keesler hatte er unter 30 Teilnehmern mit hohem IQ mit einem stolzen siebten Platz abgeschlossen. Er mochte die Arbeit; es war ein Job, für den man eine Genehmigung für den Umgang mit Verschlußsachen benötigte. Oswalds aufrechte Haltung und ruhige Stimme und der häufig verkniffene Zug um seinen Mund waren eines Theologiestudenten würdig, und alles, was in ihm priesterlich war, muß die schmierige Arbeit in einer Militärküche verabscheut haben.

»Oswald ließ seinen Groll schließlich an dem Mann aus, der ihn wieder zum Dienst in der Messe eingeteilt hatte. Technical Sergeant Miguel Rodriguez traf Oswald im Bluebird Café, einem lokalen Treff der Marines.« (63) »Im Lauf seines Gejammers über die Arbeit in der Messe schüttete Oswald ein Glas auf ihn, Rodriguez stieß ihn weg, und Oswald forderte den Sergeant auf, sich draußen mit ihm zu schlagen. Als Rodriguez sich weigerte, nannte Oswald ihn einen Feigling.« (64)

Oswald war nach allgemeinem Konsens Rodriguez nicht gewachsen, aber Freunde, die dabei waren, redeten ihm jede Art von körperlicher Feindberührung aus. Rodriguez und einige andere Unteroffiziere der Navy waren erst kürzlich abgemahnt worden, daß es zu viele Raufereien in den lokalen Bars gebe und Fähnriche degradiert werden könnten, falls sie darin verwickelt waren. Also zügelte sich Rodriduez, bis er am nächsten Tag eine Beschwerde einreichen konnte. Vor dem Standgericht wurde Oswald für schuldig befunden, eine provokative Sprache geführt zu haben, und für vier Wochen ins Loch gesteckt.

Wenn die Marines sich auch bereits in der Grundausbildung brüsteten, daß sich kein anderer Teil der Streitkräfte mit ihnen vergleichen ließe – ihre Arrestlokale konnten jederzeit mit dem Strafvollzug in Hochsicherheitsgefängnissen konkurrieren.

Epstein: Die Arrestanten durften kein Wort miteinander wechseln. Abgesehen von den Schlafens- und Essenszeiten mußten sie stets Haltung annehmen, es sei denn, sie wurden zu niederen Arbeiten herangezogen. Mußte ein Inhaftierter aufs Klo, mußte er sich hinter einer roten Linie aufstellen und sein Bedürfnis so lange schreiend vorbringen, bis der Wächter endlich zufrieden war und seine Genehmigung gab. (65)

Nach seiner Entlassung aus dem Bau war Oswald nach Aussagen eines Kameraden, Joseph D. Macedo, »kalt, unzugänglich und verbittert. ›Was ich hier von der demokratischen Gesellschaft gesehen habe, reicht mir‹, sagte er. ›Sobald ich hier fertig bin, probiere ich etwas anderes aus.‹« (66)

Um diese Zeit könnte Oswald mit japanischen Kommunisten in Kontakt gekommen oder von ihnen getippt worden sein. Der Atsugi-Luftwaffenstützpunkt mit seiner hohen Geheimhaltungsstufe, den U-2-Flügen und der Lagerung von Kernwaffen war für gegnerische Geheimdienste im Fernen Osten von zentralem Interesse.

Epstein: Zwei Juristen der Warren-Kommission, W. David Slawson und William T. Coleman jr., schlossen in einem Bericht, der unter dem Freedom of Information Act (verfassungsmäßiges Recht auf Informationsfreiheit) freigegeben wurde, nicht aus, »daß Oswald während dieser Zeit, d.h. während seines Militäreinsatzes auf den Philippinen, in Japan und evtl. auch auf Formosa, mit kommunistischen Agenten in Kontakt kam. Japan scheint dafür besonders in Frage zu kommen, da die kommunistische Partei dort offen und aktiv war. Ob solche Kontakte, falls es sie überhaupt gab, aus mehr bestanden als dem Rat eines älteren Kommunisten, Oswald, der damals 18 oder 19 Jahre alt war, solle nach Rußland gehen und sich den Kommunismus an Ort und Stelle anschauen, ist unklar.« In ihrem Abschlußbericht ist die Warren-Kommission jedoch darauf nicht weiter eingegangen. (67)

Was die Juristen der Warren-Kommission als Möglichkeit sahen, könnte durchaus wahrscheinlich sein, denn damit ließe sich vieles an Oswalds damaligen und späteren Aktionen erklären. So hatte er zum Beispiel gelernt, mit einer 35mm-Kamera, einer Imperial Reflex, umzugehen, und wurde beobachtet, wie er zahlreiche Objekte und Gebäude auf dem Atsugi-Stützpunkt fotografierte, inklusive der Radarantennen, die zu seinem Arbeitsbereich gehörten.

Epstein: Bei seinen Kurzurlauben fuhr er häufig nach Tokio oder verschwand woandershin. Einer seiner Kameraden erinnert sich, daß er ihn einmal in Tamato mit einer Frau traf, die dort als Haushälterin eines Marineoffiziers arbeitete. Er war damals beeindruckt, daß Oswald eine Freundin gefunden hatte, die keine Bardame oder Prostituierte war. In dem Haus gab es auch einen gutaussehenden jungen Japaner, für den Oswald offenbar ein T-Shirt in der PX gekauft hatte. Während die Mädchen Sukiyaki auf einem Hibashi-Grill zubereiteten, unterhielten sich die Männer, aber der Marine kam nicht dahinter, in welcher Beziehung Oswald zu der Gruppe stand. (68)

Soweit ist nicht viel im Busch. Er fotografiert auf der Basis, er hat vielleicht eine Ménage à trois mit einem japanischen Mann und einer japanischen Frau. Joseph Macedo erzählt er, daß er nicht darauf scharf ist, in die Vereinigten Staaten zurückzukehren. Er kann dem Marine Corps nicht vergeben, was diese vier Wochen im Bau seinem Stolz angetan haben. Aus diesen Bruchstücken läßt sich aber kaum ein Tatbestand konstruieren, höchstens ein Verdachtsmoment.

Für seine Beziehung zu einer schönen Japanerin gibt es allerdings wirklich keine Erklärung, es sei denn, es handelte sich um eine Art Kompensationsgeschäft. Sie arbeitete im »Queen Bee«, einem der exklusivsten und teuersten Nachtklubs in Tokio. Eine Nacht mit einer Hostess hätte mehr gekostet, als Oswalds monatlicher Sold betrug. Der Club war den Offizieren vorbehalten. Trotzdem wurde Oswald häufig mit dieser Frau gesehen.

Epstein: »Er war richtig verrückt nach ihr«, konstatierte ein gewisser Stout, der den beiden mehrmals in verschiedenen Bars rund um den Stützpunkt begegnete. Andere, Oswald weniger gut Gesonnene, waren aus der Fassung, daß eine Frau ihrer »Klasse« sich mit jemandem wie Oswald überhaupt einließ. (69)

Daß es im »Queen Bee« und ähnlichen Etablissements einen lebhaften Markt für den Handel mit militärischen Informationen gab, dürfte außer Zweifel stehen. Epstein zitiert Marine Lieutenant Charles Rhodes, der

sich erinnert, daß ihm ein Mädchen in Atsugi sagte, wie traurig sie sei, daß er zu Manövern nach Formosa abkommandiert sei. Rhodes, der der MACS-1 als Air Controller zugeteilt war, sagte ihr, daß sie falsch informiert sei – es gebe keine Pläne für den Standortwechsel der Einheit nach Formosa. Zehn Tage später wurde Rhodes offiziell über das Manöver in Kenntnis gesetzt. (70)

In der Tat wurde die MACS-1 zur Radarüberwachung nach Formosa verlegt. Die Amerikaner rechneten mit einer Invasion und/oder einer großangelegten Seeschlacht mit den chinesischen Festlandkommunisten. Sobald die Radarstation auf Formosa installiert war, kamen die befehlshabenden Offiziere allerdings bald dahinter, daß ihre essentiellsten Signale, nämlich die, mit denen sich Flugzeuge als eigene Maschinen identifizierten, der Gegenseite bekannt waren.

Epstein: Die chinesischen Kommunisten schienen alle Codes zu kennen, so daß sie einmal sogar in die Flugüberwachungszone eindringen konnten und auf den Radarschirmen als »Freund« und nicht als »Feind« erschienen. Lieutenant Rhodes erinnert sich lebhaft, wie die chinesischen Düsenflugzeuge »das IFF-System einfach durchbrachen«. Jemand, der Zugriff auf die Codes hatte, mußte sie dem Feind verraten haben. »Wir sind nie dahintergekommen, wie sie ihre Maschinen durch den Schirm brachten, aber sie kannten alle Signale. Bei uns war die Hölle los.« (71)
Eines Nachts kurz nach ihrer Ankunft hatte Oswald Wache, als Rhodes plötzlich »vier oder fünf« Schüsse aus Oswalds Richtung hörte. Er zog seine 45er und rannte zu der Baumgruppe, von wo das Gewehrfeuer gekommen war. Dort fand er Oswald zusammengekauert unter einem Baum mit seiner M-1 auf dem Schoß. »Er zitterte und weinte. Er sagte, er hätte Männer im Wald gesehen und sie angerufen und dann auf sie geschossen.« Rhodes legte seinen Arm um Oswalds Schulter und ging mit ihm langsam zu seinem Zelt zurück. »Er wiederholte immer wieder, daß er den Wachdienst nicht verkraften könne.« (72)

Rhodes meldete den Vorfall seinem Vorgesetzten, und bereits am 6. Oktober wurde Oswald mit der nächsten Militärmaschine nach Japan zurückgeflogen. Rhodes war schon damals überzeugt, daß Oswald die Schießerei inszeniert hatte, um nach Japan zurückgeschickt zu werden. »Oswald liebte Japan und wollte dort bleiben. Ich weiß, daß er nicht nach Formosa wollte, und ich glaube, daß er sein Gewehr abfeuerte, um dort wieder herauszukommen. Oswald war keineswegs dumm.« (73)

Er könnte aus Berechnung, aber auch in Panik gehandelt haben. Falls er geheime Informationen an die Japaner verraten oder verkauft hatte, mußte er in ständiger Angst vor Entdeckung leben. Es gehört nicht viel Phantasie dazu, sich auszumalen, wie ihn nachts auf Wache in einem fremden Land die Furcht vor der Strafe für seine Missetaten übermannte.
Bald nach seiner Rückkehr nach Atsugi wurde Oswald Hunderte Meilen südlich zu einem Fliegerhorst auf Iwakuni verlegt.

Epstein: Owen Dejanovich, ein großer, schlaksiger Bursche aus Chicago, der später Footballprofi wurde, erkannte Oswald sofort wieder, denn sie waren gemeinsam bei der Radarausbildung im Kessler-Lutwaffenstützpunkt gewesen, und versuchte, die Bekanntschaft aufzufrischen. Er bemerkte bald, daß Oswald seit damals unglaublich verbittert geworden war. »Er sprach von den Marines in der Basis als ›Ihr Amerikaner‹, als wäre er ein Fremder, der uns einfach beobachtete«, sagt Dejanovich. Sein Tonfall war eindeutig der eines Anklägers. Er benutzte Schlagworte wie »Amerikanischer Imperialismus« und »Ausbeutung«. (74)

Im Herbst 1959 wird Oswald Reportern in Moskau sagen, daß er sich im Oktober 1958 entschlossen hatte, überzulaufen und Bürger der Sowjetunion zu werden.
Natürlich verliefen seine Überlegungen nicht so geradlinig. In der dazwischenliegenden Zeit, in der er hauptsächlich in Kalifornien stationiert war, spielte er auch mit dem Gedanken, nach Kuba zu gehen und seine Dienste Castro anzubieten.

7

Der Mann, der den Laden (hin)schmiß

Nach den 13 Monaten Fron in Japan bekam Oswald 30 Tage Urlaub, die er bei seiner Mutter in ihrer kleinen Wohnung in Fort Worth verbrachte. Robert Oswald, der frischverheiratet war, nahm Lee mit auf die Jagd, mit 22ern, auf Eichhörnchen und Hasen – alles in allem kein sehr aufregender Urlaub.

Danach meldete er sich bei der MACS-9, einer anderen Air Control Squadron der Navy in Santa Ana, Kalifornien, in der Nähe von San Diego und versah seinen Dienst ein weiteres Mal in einer noch stärker gesicherten Radarstation.

Epstein: Anders als in Atsugi, wo sich gelegentlich feindliche Flugzeuge in die alliierte Flugüberwachungszone verirrten, so daß Alarm ausgelöst und Abfängerbahnen auf dem Koppelbrett festgelegt werden mußten, ereignete sich in Kalifornien kaum etwas, das die Langeweile unterbrach. (75)

Oswald war allerdings mit dem Versuch, Russisch zu lernen, genug ausgelastet. Da wir aus den Berichten über seine Anfangszeit in Moskau wissen, daß er nicht viel mehr als radebrechte, dürfte die Sprachfertigkeit, die er sich in Amerika angeeignet hatte, doch eher rudimentär gewesen sein, aber immerhin setzte er sich in Santa Ana auf den Hosenboden. Zwei Monate nach seiner Ankunft in der Basis unterzog er sich einem Test und bekam eine gute Vier im Russisch-Lesen (das heißt, daß er vier Sätze mehr richtig hatte als falsch), eine gute Drei im Russisch-Schreiben, aber für seine Sprachgewandtheit bekam er eine Fünf minus – alles in allem eine dürftige Leistung. Doch das schien ihn nur anzuspornen, seine Studien mit einem russisch-englischen Wörterbuch fortzusetzen. Er abonnierte außerdem eine russische Zeitung und »People's World«, ein Organ der Sozialistischen Arbeiterpartei.

Epstein: Als mißtrauisch gewordenes Personal der Postabteilung Captain Robert E. Block meldete, daß Oswald »linkes Schrifttum« erhalte, befragte dieser Oswald, der daraufhin erklärte, daß er nur im Sinne der Politik des Marine Corps versuche, sich mit der russischen Theorie vertraut zu machen. Obwohl ihn Oswalds Antwort nicht ganz überzeugte, vertiefte Block das Thema nicht. (76)

Daß Captain Block und andere Offiziere nicht ernsthafter nachhakten, hat nachträglich ziemlichen Verdacht erregt. Man könnte jedoch genausogut unterstellen, daß Oswald nicht allzu ernst genommen wurde. Er selbst setzte sicher alles daran, sein Image als Clown auszubauen.

Aus einer eidesstattlichen Erklärung von Richard Dennis Call für die Warren-Kommission:

Damals haben ihn viele in der Einheit zum Spaß einen russischen Spion genannt; Oswald schien das zu gefallen. Ich hatte eine Schallplatte »Russian Fireworks« mit klassischen russischen Titeln. Immer, wenn ich sie abspielte, kam Oswald an und sagte: »Hast du mich gerufen?« Ich hatte auch ein Schachspiel mir roten und weißen Figuren. Oswald wählte immer die roten und sagte dabei in etwa, er würde die »Rote Armee« vorziehen. Schließlich bekam er für seinen Russenfimmel den Spitznamen »Oswaldskowitsch«. (77)

Aus einer eidesstattlichen Erklärung von Mack Osborne für die Warren-Kommission:

Einmal fragte ich Oswald, warum er abends nicht wie die anderen ausginge. Er sagte, daß er sein Geld sparen würde, weil er etwas vorhätte, das ihn eines Tages berühmt machen würde. Im Nachhinein bin ich überzeugt – obwohl er damals nichts in dieser Richtung sagte –, daß er dabei seine Reise nach Rußland im Sinn hatte. (78)

Doch er erwägt selten einen Zug, ohne nicht auch andere Möglichkeiten zu ventilieren. Auch Kuba könnte ihn reizen, und er diskutiert darüber häufig mit Corporal Nelson Delgado, einem Puertoricaner.

Mr. Delgado: Wir kamen gut miteinander aus. Er hatte Ärger auf seiner Bude und wurde deshalb in meine verlegt.
Mr. Liebeler: Wissen Sie, worum es dabei ging?
Mr. Delgado: Soweit ich darüber Bescheid weiß, drückte er sich ständig vom Stubendienst und meckerte außerdem fortwährend. Der Diensthabende wollte ihn deshalb loswerden, und sie verlegten ihn zu mir.
Mr. Liebeler: Konnten Sie feststellen, daß er zugänglicher war, wenn man ihn um etwas bat, statt ihm einen Befehl zu geben?
Mr. Delgado: Genau, so kamen Sie an ihn ran. Ich habe ihn nie Lee oder

323

Harvey oder Oswald genannt, immer nur Oz. Ich sagte zum Beispiel: »Oz, wie wär's, wenn du dir heute die Duschen vornehmen würdest?« Dann machte er keine Probleme. Sobald aber jemand von draußen sagte: »Oswald, bringen Sie den Laden auf Vordermann«, begann er zu motzen: »Warum? Warum ich? Warum muß ausgerechnet ich das tun?« Es war ganz einfach ein Befehl, den er auszuführen hatte, aber er sah das nicht so. (79)

Liebeler kommt auf das Thema Kuba zurück und erinnert Delgado daran, daß er und Oswald erwogen hätten, in Zukunft für Castro zu kämpfen.

Mr. Delgado: Zufällig fiel mein Urlaub auf den 1. Januar, an dem Castro die Macht übernahm. Als ich zurückkam, war Oswald der erste, der mir über den Weg lief. Er sagte: »Typisch, du nimmst kurz mal Urlaub und greifst ihnen unter die Arme, und schon sind sie an der Macht.« Es war wirklich ein Mordsspaß… Okay, wir träumten auch ein wenig. Ich spreche Spanisch, und er hatte seine Vorstellungen, wie eine Regierung zu führen wäre. Wir könnten Offiziere werden und Einsätze zur Befreiung der anderen Inseln leiten…
Mr. Liebeler: Darüber haben Sie mit Oswald gesprochen?
Mr. Delgado: Richtig – wie wir Trujillo in der Dominikanischen Republik ausschalten könnten und mehr solche Hirngespinste. Aber er begann ernsthaft, Pläne zu machen – wollte wissen, wie er nach Kuba kommen, wie er als US-Amerikaner überhaupt Teil dieser revolutionären Bewegung werden könne. Ich sagte ihm, daß er zunächst, um vertrauenswürdig zu erscheinen, ihre Sprache und ihre Sitten und Gebräuche kennen müsse. Ist doch so, oder? Also begann er, Spanisch zu lernen. Er kaufte sich ein spanisch-englisches Wörterbuch und wir begannen uns auf spanisch zu unterhalten. Nicht gerade großartige Sätze, aber immerhin. Nach einer Weile gewöhnte er es sich an, mit mir Spanisch zu sprechen. (80)

Das Projekt verläuft im Sande. Als sich die amerikanischen Medien immer kritischer mit Castro und seinen immer intensiveren Beziehungen zur UdSSR beschäftigen, befürchtet Delgado allmählich, seine künftige militärische Karriere durch solche Machenschaften zu gefährden und zieht sich von Oswald zurück.

Während seiner Dienstzeit in Kalifornien gibt es auch andere Beurteilungen von Oswald. Je näher er seinem Ziel rückt, sich nach Rußland abzusetzen, desto besser scheint er seine Aufgaben zu erfüllen. Einer der Offiziere im Überwachungszentrum stellt ihm ein gutes Zeugnis aus.

Mr. Donovan: Manchmal überwachte er den Luftraum auf nicht identifizierte Maschinen, dann wieder auf Flugzeuge in Luftnot. Ein andermal mußte er Einträge im Koppelblatt vornehmen. Oder er übermittelte Informationen an andere Radarstationen der Air Force oder der Navy. Und ab und zu fegte er am Ende der Dienststunden den Boden. Ich kann ihm bescheinigen, daß er alle Aufgaben qualifiziert erfüllte. Manchmal war er etwas mürrisch; aber solange einer seine Pflicht erfüllt, ist das sein Problem. Ich war mit ihm in Bereitschaft, als sich ein Notfall ereignete. Mit der Meldung gab er im gleichen Atemzug seine Einschätzung der Situation und schlug Maßnahmen vor. Dann wartete er den Befehl ab und führte ihn aus, egal, wie er lautete. (81)

Gelegentlich spielten sie zusammen Schach.

Mr. Donovan: Er war tatsächlich ziemlich gut. Ich wurde in diesem Jahr Schachmeister auf der Basis. Aber ab und zu besiegte er mich. Es war kein besonders großer Stützpunkt. Aber ich würde sagen, daß wir vergleichbare Spieler waren. (82)

Sein Verhältnis zu Lieutenant Donovan wurde so gut, daß sie sich gelegentlich auch privat unterhielten.

Mr. Donovan: Ich war für ihn deshalb interessant, weil ich erst kürzlich die Ausbildung für den Auswärtigen Dienst abgeschlossen hatte und mich deshalb ganz gut in der Weltpolitik auskannte. Er war sehr stolz darauf, daß er nicht nur den Namen des Staatsoberhauptes eines Landes, sondern auch die etlicher führender Persönlichkeiten fallen lassen konnte. Er ließ keine Gelegenheit aus, zufällig anwesende Offiziere um ihre Meinung zu einer bestimmten Situation zu bitten, hörte äußerst interessiert zu und sagte dann: »Ich danke Ihnen vielmals.« Aber sobald wir wieder allein waren, fragte er mich: »Findest du das richtig?«
Nun war es in vielen Fällen offensichtlich, daß der Offizier von dem Thema genausoviel Ahnung hatte wie von Polo-Matches in Australien. Oswald sagte dann: »Also, wenn uns solche Männer führen, dann ist irgend etwas falsch – wenn ich eindeutig mehr Intelligenz und mehr Wissen habe als dieser Mann.« Ich versuchte, ihm seine grobe Fehleinschätzung klar zu

machen: diese Leute waren Marineoffiziere und zur Kriegführung ausgebildet und keine Analytiker der internationalen Politik. (82)

Wenn Oswald auch vorgibt, gleichsam die Verkörperung kühler Vernunft zu sein, zeigen seine Gemütsbewegungen in den seltenen Fällen, in denen er sie nach außen dringen läßt, doch einen anderen Emotionspegel. Einigen Einblick liefert uns die Aussage von Kerry Thornley, einem der ausgeschlafensten Marines auf dem Stützpunkt. Thornley war von Oswald weder befremdet, noch übermäßig beeindruckt. Doch er könnte ihn als gleichgesinnten Einzelgänger betrachtet haben, da er ebenfalls auf »I. F. Stone's Newsletter« abonniert war – damals nach Ledernacken-Standard ebenso kommunistisch wie »The Worker«.

Mr. Thornley: Meine erste Erinnerung an ihn ist, daß er an einem Nachmittag auf einem Eimer vor einer Baracke saß und mit anderen Marines über Religion diskutierte. Ich habe mich eingemischt. In der Einheit wußte man bereits, daß ich Atheist war. Sofort sagte mir jemand, daß Oswald auch Atheist sei.
Mr. Jenner: Wie reagierte er darauf?
Mr. Thornley: Es machte ihm überhaupt nichts aus. Mit verhaltenem Grinsen fragte er mich: »Was hältst du vom Kommunismus?« Ich sagte, daß ich den Kommunismus nicht grade für gut hielte, und er sagte: »Ich denke doch, daß Kommunismus die beste Religion ist.« Ich hatte damals den Eindruck, daß er provozieren wollte oder für die Galerie spielte.
Mr. Jenner: Für die Jungs, die herumsaßen?
Mr. Thornley: Jawohl, Sir. Er feixte, als er es sagte, und er sagte es sehr ruhig. Er schien mir alles andere als ein blindwütiger Fanatiker zu sein. (84)

Albert Jenner interessiert sich auch für Thornleys Meinung über verschiedene andere Dinge:

Mr. Jenner: Welche Eigenheiten hatte er, was sein Äußeres betraf – war er ordentlich, sauber?
Mr. Thornley: Äußerst schlampig. Vielleicht war er als Zivilist anders, aber hier paßte es in sein Verhaltensmuster: er machte generell, was er nicht sollte, es steckte eine grundsätzliche Widersetzlichkeit in ihm. Er gab sich alle Mühe, seine Vorgesetzten zur Weißglut zu bringen. Er machte vorlaute Bemerkungen. Er war, was das Corps betraf, zutiefst verbittert. Er

zog seine Mütze tief ins Gesicht, und man hatte den Eindruck, daß er nichts um sich herum sehen wollte.

Mr. Jenner: Um zu vermeiden, daß man ihm zusätzliche Arbeit aufbürdete?

Mr. Thornley: Nein. Ich glaube, es war seine Tour, das Militär auszublenden. Er sagte einmal etwas in dieser Richtung – es gefalle ihm nicht, was er sehen müsse...

Mr. Jenner: Wie gut verarbeitete er, was er sich angelesen hatte, und wie war seine Kritikfähigkeit?

Mr. Thornley: Er war extrem intelligent. Sein verfügbares Wissen konnte er sehr gut in einem Streitgespräch einsetzen; er dachte schnell. Als er einmal argumentiert hatte, daß der Kommunismus eine rationale und wissenschaftliche Erklärung für das Leben liefere, forderte ich ihn heraus, mir auch nur den winzigsten Beweis zu liefern, daß sich die Geschichte wie von Marx und Engels beschrieben zugetragen hätte. Nach einigen Fehlversuchen räumte er ein, daß es in der Tat keine logische Rechtfertigung für die kommunistische Geschichts-Theorie gäbe, aber daß der Marxismus trotzdem seiner Meinung nach das beste System sei, wenn auch aus anderen Gründen.

Mr. Jenner: Das beste im Vergleich wozu?

Mr. Thornley: Das beste, nun ja, vor allem im Vergleich zu den Religionen. Lassen Sie mich seine erste Bemerkung darüber differenzieren. Er hielt den Kommunismus nicht für eine Religion im strengen Wortsinn, sondern für eine überwältigende kulturelle Perspektive, die, sobald ein Land sie sich zu eigen machte, viel aufbauender sei als beispielsweise der Katholizismus, der Hinduismus oder der Islam. Er fand also, um es zusammenzufassen, daß es im Kommunismus genug Vorteile für die Menschheit gebe, so daß man auch die kommunistische Geschichts-Theorie auf Treu und Glauben akzeptieren könne.

Mr. Jenner: Welche anderen Vorteile?

Mr. Thornley: Nun, zum ersten war er der Meinung, daß im Kapitalismus die Arbeiter ausgebeutet würden, während im gegenwärtigen sowjetischen System das Geld zum Wohle des Volkes ausgegeben und nicht in den Rachen der Unternehmer geworfen würde.

Mr. Jenner: Haben Sie zur Sprache gebracht, welchen Preis das Individuum dafür zu zahlen hatte, an persönlicher Freiheit gegenüber dem kapitalistischen oder demokratischen System?

Mr. Thornley: Damit konnten Sie ihm nicht kommen. Er sagte einfach: »Woher willst du das wissen?« Er ließ den Einwand nicht gelten, weil wir in diesem Land höchstwahrscheinlich durch Propaganda beeinflußt seien und keine Ahnung hätten, was dort vorging.

Mr. Jenner: Hatten Sie irgendwann den Eindruck, daß er die Probe aufs Exempel machen und Rußland persönlich in Augenschein nehmen wollte?

Mr. Thornley: Auf die Idee wäre ich nicht mal im Traum gekommen. Obwohl ich eins sagen muß: als er wirklich nach Rußland ging, schien mir das eine plausiblere Alternative für ihn, als wenn er der Kommunistischen Partei in den Vereinigten Staaten beigetreten wäre.

Mr. Jenner: Wie bitte?

Mr. Thornley: Es schien zu seiner Persönlichkeit zu passen.

Mr. Jenner: Würden Sie das bitte näher erklären?

Mr. Thornley: Nun, Oswald war keine Kämpfernatur, er war nicht der Mensch, der für irgend etwas auf die Barrikaden stieg. Er ging an eine Sache ruhig heran. In die Sowjetunion zu gehen, konnte für ihn eine Möglichkeit bedeuten, Erfahrungen über die angeblichen Segnungen des Kommunismus zu sammeln, ohne sozusagen selbst den Sturm auf die Bastille mitzumachen. (85)

Thornley räumt jedoch bereitwillig ein, daß er Oswald ab einem gewissen Punkt nicht mehr folgen konnte.

Mr. Thornley: Er war äußerst unberechenbar. Wir haben schon nicht mehr miteinander gesprochen, bevor ich im Juni die Einheit verließ.

Mr. Jenner: Was war der Anlaß dafür?

Mr. Thornley: An einem Samstagmorgen mußten wir zur Abschiedsparade für einige Unteroffiziere. Das war ein normaler Vorgang. Ab und zu mußten wir eben auf unseren freien Samstagvormittag verzichten und paradieren. Natürlich waren wir alle gereizt, weil wir gleich nach dem Aufstehen in der Hitze herumstehen und -marschieren mußten. Wir warteten auf den glorreichen Augenblick auf einem Parkplatz neben dem Paradefeld. Zufällig saßen wir nebeneinander auf einem Holzblock, und Oswald sagte etwas zu mir über den Stumpfsinn der Parade, und wie wütend er darüber sei. Und ich sagte, glaube ich: »Wenn die Revolution kommt, wirst du das schon abschaffen.« Er sah mich an wie der verratene Caesar und kreischte emphatisch: »Nicht auch du, Thornley!« Er zog sich die Kappe ins Gesicht, schob seine Hände in die Taschen, stand auf und setzte sich woanders allein hin. Ich dachte, das war's wohl, und sprach nie mehr mit ihm und er nicht mehr mit mir. (86)

Es könnte sein, daß Oswald damals wieder in den Dunstkreis der Spionage eingetaucht war. Epstein stellte eine genaue Rechnung auf, was seine Reise nach Moskau (87) gekostet und was er bei den Marines gespart hatte, und kommt zu dem Ergebnis, daß er damit schwerlich die De-Luxe-Arrangements von Intourist hätte bezahlen können. Er kommt auf eine Differenz von mindestens 500 Dollar. Wir sollten die Möglichkeit nicht außer acht lassen, daß er den Restbetrag aus dem Verkauf von Informationen in Japan finanzierte, und es gibt gewisse Anzeichen, daß er dies auch in Los Angeles tat.

Epstein: Gegen Ende von Oswalds Militärdienst entdeckte Delgado unter seinen Papieren einen Stapel von »Spotter«-Fotos, die Vorder- und Profilansichten eines Kampfflugzeugs zeigten. Er nahm an, daß sie wahrscheinlich als Anschauungsmaterial bei den Fortbildungskursen verwendet wurden, und wollte wissen, warum Oswald sie in seinem Besitz hatte. Oswald stopfte die Fotos mit anderen Habseligkeiten in einen Seesack und bat Delgado, den Sack in einem Schließfach auf dem Busbahnhof in Los Angeles aufzubewahren und ihm den Schlüssel zurückzubringen. Delgado erinnert sich, daß ihm Oswald dafür zwei Dollar gab. (88)

Das sind alles nicht gerade schlüssige Beweise, aber falls Oswald Radar-Codes an Japan verkauft hatte, könnte er das durchaus in Kalifornien fortgesetzt haben. Damit wäre auch seine Angst in Minsk plausibel, in einen Hinterhalt feindlicher Amerikaner zu geraten, und die Furcht vor Verhaftung, als er nach Amerika zurückkehrte.
Auf jeden Fall beweist er bei seinen nächsten Schritten eine beachtliche Schlauheit. Er schreibt sich am Albert-Schweitzer-Kolleg in der Schweiz ein, wodurch er eine zweijährige weitere Verpflichtung als Reservist umgeht. Er gibt bei seiner Bewerbung Hemingway und Norman Vincent Peale als seine Lieblingsautoren an, behauptet, Philosophie und Psychologie studieren zu wollen und daß er »Kurzgeschichten über das Leben im heutigen Amerika« schreiben möchte (89) – wofür er zweifellos prädestiniert war –, und trifft gleichzeitig Vorkehrungen für seine vorzeitige Entlassung aus der Navy wegen eines Härtefalls mit genauen Anweisungen an Marguerite. Es trifft sich nämlich, daß ihr an ihrem Arbeitsplatz gerade eine Bonbondose aus einem Regal auf den Nasenrücken gefallen ist. Sie besorgt sich eidesstattliche Erklärungen von ihrem Arzt, ihrem Rechtsanwalt und zwei Freunden: durch den Unfall sei sie arbeitsunfähig und auf die Unterstützung ihres Sohnes angewiesen.

Sobald er aufgrund des Härtefalls im September 1959 entlassen wird, schaut er in Fort Worth allerdings nur vorbei, um Marguerite zu eröffnen, daß er ins Import-Export-Geschäft eingestiegen sei und deshalb verreisen müsse. Er läßt das meiste Gepäck bei ihr zurück, gibt ihr 100 Dollar und schreibt ihr einige Tage später aus New Orleans einen knappen Brief, der eines Hemingway würdig wäre:

Ich habe eine Passage nach Europa gebucht. Das war früher oder später fällig, und ich glaube, es ist am besten, ich gehe jetzt. Behalte vor allem im Gedächtnis, daß ich andere Wertvorstellungen habe als Robert oder Du. Ich kann Dir meine Gefühle nur schwer beschreiben. Aber sei gewiß, daß ich so handeln mußte. Ich habe Dir nichts von meinen Plänen erzählt, denn ich hätte wohl kaum erwarten können, daß Du mich verstehen würdest. (90)

Am darauffolgenden Tag geht er an Bord der SS *Marion Lykes*, eines Frachters, der auch Passagiere befördert. Am 8. Oktober landet er in Le Havre. Weitere Stationen sind London und Helsinki. Dort besteigt er am 15. Oktober, ausgestattet mit einem gültigen Visum, den Nachtzug nach Moskau, wo er am Morgen des 16. Oktober ankommt und unter die nicht unbedeutende Betreuung der sowjetischen Fremdenführerin Rimma von Intourist gerät. Es hat endlose Diskussionen darüber gegeben, wie er an sein Visum kam, ob seine Einreise in das Sowjetreich der üblichen Praxis entsprach oder vom KGB inszeniert worden war – aber all diese Spekulationen haben sich, wie sich im nächsten Kapitel zeigen wird, als müßig erwiesen. Interessanter ist in dieser Phase die Reaktion bei der MACS-9 in Santa Ana.

Mr. Donovan: Kurz vor meiner Entlassung aus dem Marine Corps Mitte Dezember 1959 erfuhren wir, daß er in Moskau aufgetaucht sei. Aufgrund dessen mußten eine Menge Funksignale, Codes, Funk- und Radarfrequenzen geändert werden. Er hatte Zugang zu all diesen Daten gehabt, von den Frequenzen aller Geschwader im Bereich der Westküste bis zu den Reichweiten unserer Radar- und Funksysteme und denen der benachbarten Einheiten.
Wenn Sie mich einen Monat nach meiner Entlassung nach irgendwelchen Codes gefragt hätten, hätte ich außer meinem eigenen keinen mehr gewußt. Ich hätte sie heimlich notieren und hinausschmuggeln müssen. Ich bezweifle, daß er sie nach einem Monat noch parat hatte, es sei denn, er hätte sie sich in heimtückischer Absicht notiert.

Mr. Ely: Werden die Erkennungscodes routinemäßig ohne besonderen Anlaß geändert?
Mr. Donovan: Sie werden in regelmäßigem Turnus geändert. (91)

Das könnte durchaus ein Grund sein, warum sich der KGB Zeit ließ, Oswald über militärische Themen auf den Zahn zu fühlen. Wir werden uns bald damit beschäftigen, ob die Leute vom KGB den Autoren, die sie für dieses Buch befragten, viel oder wenig verschwiegen. Da sie sich jedoch im Klaren waren, daß die Codes nach dem Bekanntwerden von Oswalds Seitenwechsel auf der Stelle geändert worden waren, konnten sie es sich leisten, Oswald in Ruhe zu beobachten.

Noch ein letztes Wort von seiten der Marines. Es findet sich in der eidesstattlichen Erklärung von Peter Francis Connor: »Er behauptete, nach Robert E. Lee genannt worden zu sein, den er als den größten Mann der Geschichte bezeichnete.« (92)

8

Rückkehr nach Moskau und Minsk

Für Amerikaner ist der erstaunlichste Aspekt von Oswalds Treuebruch, daß er ein Marine war. Marines laufen nicht über. Sie pflanzen Fahnen auf Iwo Jima auf. Oswald hatte eine der Wahrheiten des Kalten Krieges beschädigt. Im Gegensatz dazu läßt sich die Auswirkung auf die Moskauer KGB-Zentrale als eine Reihe kleiner, aber kontinuierlicher Störungen beschreiben. Über den Zeitraum eines sechsmonatigen Aufenthalts in Moskau und Minsk führten die Interviewer (Lawrence Schiller, Norman Mailer und ihre Dolmetscherin Ludmila Pereswetowa) Gespräche mit siebzehn KGB-Offizieren. Manche waren noch aktiv, die meisten bereits pensioniert, und von diesen siebzehn Männern fanden sich fünf, einschließlich Igor und Stepan, bereit, sich eingehender befragen zu lassen. Innerhalb der Grenzen des Versuchs, Antworten von Leuten zu bekommen, die einer Institution angehören, welche unter anderem ein geschlossener Club ist, konnten sich die Interviewer eine angemessene Menge von Informationen beschaffen. Es läßt sich darüber diskutieren, ob diese fünf Interviewer nun entgegenkommend waren oder ihre amerikanischen Besucher lediglich zur Übernahme einer weiteren KGB-Legende verleiten wollten. Aber wenn die Interviewer nach erheblicher anfänglicher Skepsis schließlich einen Großteil dessen, was ihnen erzählt wurde, übernahmen, so deshalb, weil sich ihnen eine innere Logik erschloß.

Zum Beispiel wählt Oswald in seinem »Historischen Tagebuch« acht Uhr abends als den Zeitpunkt, an dem er sich die Pulsadern aufschnitt, während Rimma, Rosa, die Ärzte des Botkin-Krankenhauses und diverse medizinische Berichte darin übereinstimmen, daß er um vier Uhr nachmittags eingeliefert wurde, seinen Selbstmordversuch folglich anderthalb Stunden davor unternommen haben muß. Es wäre natürlich möglich, daß die Organe rund zwanzig Zeugen aufeinander abstimmten und ihre Berichte fälschten, aber was für einen Sinn hätte das gehabt? Was wäre damit gewonnen gewesen? Es schien uns wenig riskant, davon auszugehen, daß die Krankenhaus-Berichte zutreffen, und daß sich Oswald einmal mehr falsch erinnert oder schlicht gelogen hat.

Klarerweise fügt sich nicht alles, was uns die KGB-Offiziere erzählten, so nahtlos ineinander. Überdies war es ihr gemeinsamer Wunsch, anonym zu bleiben. Keine der fünf Hauptquellen aus dem KGB wollte mit Namen in diesem Buch erscheinen. »Bitte nicht«, sagte einer, »oder ich werde alle Beschaulichkeit des Ruhestands einbüßen. Die Medien werden mich überfallen.«

Ihrem Ersuchen wurde stattgegeben. Igor und Stepan sind Decknamen, und die drei anderen wurden zu einer einzigen Stimme vereinigt. Anders als Igor und Stepan waren diese drei Offiziere freimütig – ihr guter Ruf war durch diesen Fall schließlich nicht belastet. Übrigens waren es hohe Ränge, denen die neugierige Art der Befragung Spaß zu machen schien. Ihre Antworten standen gewöhnlich in direktem Verhältnis zur Intelligenz der Fragen. Sehr bald entwickelte sich eine Konvention: eine treffende, gut plazierte Frage zeitigte bemerkenswert bessere Ergebnisse als eine blinde Attacke. Mangelnde Bündigkeit war eine Kardinalsünde. Es darf nicht vergessen werden, daß all das, was wir für das rohe Handwerk des KGB halten – körperliche Folterungen, Straflager, unverblümte Einschüchterungen in der Öffentlichkeit –, üblicherweise vom MWD erledigt wurde. Praktiken, die vom KGB wegen ihres Mangels verachtet wurden, so wie Offiziere der CIA die brutaleren Aktivitäten in Hochsicherheitsgefängnissen wie Marion und Attica schief anschauen und sich nicht mit Sicherheitskräften gemein machen möchten.

Unter der Vorgabe der kollektiven Anonymität wurde beschlossen, die drei verschiedenen KGB-Quellen in einem Wortführer zu vereinen, den wir General Marow nennen wollen. Obwohl nicht alle drei Generäle waren, können sie doch als kommentierender Chor auf höchster Ebene zu Oswalds Aufenthalt in Rußland dienen.

General Marow also. Wenn wir ihm ein Gesicht geben wollen, sagen wir mal, daß er wie der verstorbene William Paley, der langjährige Geschäftsführer der CBS, aussieht. Die höheren Chargen des KGB haben eine verblüffende Ähnlichkeit mit vielen Amerikanern – mit großen Zeitungsleuten oder auch mit Henry Miller oder William Faulkner; einer sah wie aus dem Gesicht geschnitten Jason Epstein, dem Verlagschef von Random House, ähnlich, und einen Offizier hätte man in einem schwach beleuchteten Raum sogar mit Norman Mailer im Alter von 70 Jahren verwechseln können. Thomas Wolfe bemerkte einmal, daß Leute mit demselben Beruf in allen Ländern ziemlich gleich aussehen – Kellner zum Beispiel oder Taxifahrer. Der Folgesatz ist, daß es möglicherweise tiefgehende Ähnlichkeiten in Charakter und Tätigkeit zwischen amerikanischen Intellektuellen, Schriftstellern und Medienmogulen und hohen KGB-Offizieren gibt. Wieviel Mutterwitz steckt doch im Kosmos!

Marow behauptete, nicht zu wissen, ob Oswald der japanischen Hosteß im »Queen Bee« in Tokio militärische Informationen gegeben habe. Falls das allerdings der Fall gewesen sei, hätte die Moskauer Zentrale möglicherweise über diese Information verfügt, als Oswald Ende 1959 ankam. »Ein solcher Kontakt«, sagte Marow, »ist allerdings kostbar. Jeder kleine Bericht über einen Kontakt mit einem Amerikaner – egal, ob es sich um Militärpersonen, Geschäftsleute oder Wissenschaftler handelt.« Oswalds Überlaufen hätte allerdings auch dann keine erfreute Reaktion in der Moskauer Zentrale ausgelöst. »Falls uns eine solche Information 1957 oder 1958 aus Japan erreicht und uns irgendeinen Grund gegeben hätte, diesen Mann als potentiellen Agenten in Betracht zu ziehen, wurde er in dem Augenblick für uns wertlos, als er erklärte, daß er hierbleiben wolle. Den Amerikanern konnte nicht entgehen, daß er übergelaufen war, und damit war sein Wert als Mitarbeiter null. Zu heikel, um sich darauf einzulassen. Das«, bekräftigt Marow, »ist eine unumstößliche Tatsache.«

Der Selbstmordversuch vergrößerte ihre Gewißheit. »Das war eine kleine Katastrophe für den jungen Mann, falls er noch immer den Ehrgeiz hatte, als Agent ausgebildet zu werden. Der KGB würde einen solchen Mann niemals anwerben.«

Dann, sagte Marow, sei da auch noch Oswalds abenteuerliches Verhalten in der amerikanischen Botschaft gewesen. »Er kommt aus dem Botkin-Krankenhaus, besucht seine Botschaft und redet mit dem amerikanischen Be-

amten in lautem, deutlichem Ton, als ob er sich an irgendwelche, möglicherweise in die Wand eingebaute Mikrophone richte, ihre oder unsere.
Wissen Sie, mein Eindruck ist, daß Oswald nicht ganz richtig war. Ein normaler Mensch würde niemals in eine solche Botschaft kommen und verkünden: ›Also, ich werde meine Geheiminformationen den Russen geben.‹
Was soll das? Nach einem solchen Vorfall könnte kein KGB-Mann eine entsprechende Information akzeptieren. Sie ist nicht kostbar genug, um das Risiko einzugehen, daß unsere russischen Behörden in Mißkredit kommen.
Alles, was dem KGB überlassen wird, muß unter tiefster Geheimhaltung vor
sich gehen und unter der Einhaltung strengster Vorsichtsmaßnahmen. Wir
hätten niemals einen Mann verpflichtet, der einen Selbstmordversuch unternommen hatte und überlaufen wollte. Das wäre gegen alle Regeln.«
Im Geheimdienst zieht man jedoch auch andere Möglichkeiten in Betracht.
Falls Oswalds Selbstmordversuch nur oberflächlicher Natur war, wie die
Staatsorgane den medizinischen Berichten entnehmen konnten, dann ergab sich ein anderer Verdacht. Hatten die Amerikaner für Oswald eine
unübliche Agenda zusammengestellt? War er darauf programmiert, als
nicht verantwortlich für seine Taten zu erscheinen? »Das waren Fragen, die
wir uns zu stellen hatten, denn wie bizarr seine Handlungen auch waren,
hätte ihn uns der amerikanische Geheimdienst nichtsdestoweniger als
Kuckucksei ins Nest legen können, um zu testen, wie wir auf einen so merkwürdigen Köder reagieren würden. Es war eine unwahrscheinliche Hypothese, die aber nicht sofort verworfen werden durfte. Oswald konnte etwas
Neues unter der Sonne sein.«
Unter den gegebenen Umständen beschlossen sie also, nicht zu reagieren,
sondern zu observieren. So verzichteten sie etwa, ihn offen zu examinieren,
denn das wäre für die Amerikaner ein zu einfaches Signal gewesen. Der KGB
hatte in Japan zahlreiche Quellen zur Beschaffung militärischer Informationen – es war deshalb höchst unwahrscheinlich, daß ihnen, wenn sie sich
nicht rasch mit Oswald in Verbindung setzten, etwas von Wert durch die
Lappen gehen könnte.
General Marow räumte allerdings ein, daß die eine oder andere getarnte
Annäherung stattgefunden habe. So hätten drei sowjetische Journalisten
Oswald zu verschiedenen Zeiten interviewt. Der eine war wohl ein echter
Journalist, der auch als Quelle diente, die beiden anderen aber kamen aus
der Moskauer Zentrale, und ihre Artikel seien in keiner Zeitung erschienen.
Zu diesem beliebten Spiel des KGB habe gehört, daß alle drei dieselben Fra-
gen stellten; auf diese Weise konnte man die unterschiedlichen Antworten
der Zielperson für die Bewertung zu Rate ziehen. Da Oswald viel Zeit mit

einem Mädchen von Intourist verbrachte, sei auch sie, wie Marow bekräftigt, auf bestimmte Fragen trainiert worden. »Da sie jung war und nicht soviel über militärische und elektronische Anlagen wußte wie ein Experte, mußte sie Tag für Tag mit der nächsten Reihe Fragen programmiert werden.«

Es gab noch eine dritte Möglichkeit. Wenn ein ehemaliger Marine das kapitalistische System in der Tat so satt bekommen hatte, daß er überlief, konnte das als Beweis dafür dienen, daß das Leben in Amerika doch nicht so erfreulich war, wie die US-Medien vorgaben. Da es in der Moskauer Zentrale eine eigene Propaganda-Abteilung gab, sei dort ebenfalls eine Bewertung gemacht worden, und die wurde an die Spitze des Zentralkomitees weitergeleitet, bis hinauf zu Anastas Mikojan, dem stellvertretenden Ministerpräsidenten der UdSSR.

General Marow legt jedoch Gewicht darauf, daß etwaige Differenzen zwischen der Gegenspionage und der Propaganda-Abteilung des KGB ohne Konflikte gelöst worden seien. »Das Ziel ist, auf einen gemeinsamen Nenner zu kommen. Wenn zwei Generäle sich zusammensetzen, besteht die Neigung, das Gespräch nicht offiziell zu führen. ›Also, was werden wir mit diesem Burschen Oswald anfangen?‹ – ›Eine schöne Bescherung.‹ – ›Einverstanden. Also, schicken wir ihn heim oder lassen wir ihn bleiben – auf was immer wir uns auch einigen.‹ Und natürlich war uns Mikojans Wunsch bekannt, ihn zu halten. Das war ein ungeheurer Faktor.«

Wenn man ihn nun als politischen Einwanderer für politische Propaganda benutzen wollte, habe die Abwägung wie folgt ausgesehen: »Positiv ist, daß dieser junge Mann in das Paradies der Arbeitspferde usw. gekommen ist. Unter negativem Aspekt ist er eine heiße Kartoffel – sehr heiß. Wohin läßt man sie fallen? Man muß ihm Geld geben und Arbeit, man muß ihn ständig im Auge behalten und gegen neugierige Leute abschirmen. Man muß in Betracht ziehen, daß er eine Quelle für zukünftige Gegenpropaganda gegen unsere Sowjetunion sein könnte, denn er könnte sich jederzeit an eine Botschaft oder eine Zeitung wenden und Geschichten darüber erzählen, wie schlimm es in unseren Ländern ist.«

Andererseits wäre es ebenso negativ gewesen, ihn in die Staaten zurückzuschicken. »Welchen Grund hatte unser Land, ihn abzuweisen? Wir beriefen uns in jenen Jahren – erfolgreich oder nicht – darauf, sehr human zu sein, selbst in des Wortes höchster Bedeutung. Unter diesen Umständen erschien uns Minsk als gangbarer Kompromiß.« Marow zuckt die Achseln. Sein bevorzugtes Sprichwort, meint er, sei schließlich: »Wenn ein Kind sieben Babysitter hat, wird es ein Auge verlieren.«

Also wurde Oswald in ein Goldfischglas gesteckt. Sein Verhalten wurde studiert, und die Staatsorgane erfuhren ihre eigene Form von Frustration, als sich herausstellte, daß er ein Faulpelz war. Wenn er sich im Radiowerk angepaßt hätte, hätten sich ihre Aktivitäten auf zwei interessante Alternativen konzentriert: entweder war Oswald aufrichtig, oder er war ausgekocht genug, um Aufrichtigkeit vorzutäuschen. Statt dessen legte er die Füße auf den Tisch.

Wir kennen Oswald inzwischen gut genug, um zu begreifen, wie demoralisiert er durch seine Arbeit in einer Radiofabrik war. Im Kollektiv zu arbeiten, war der Inbegriff von Anonymität. Das fertige Produkt hatte einen höheren Stellenwert als seine eigene Person. Er war nicht vom Marine Corps bis in die Sowjetunion gereist, um in der Anonymität zu verschwinden. Wenn seine lustlose Arbeitsweise mehr Aufmerksamkeit erregt, dann legt er eben seine Füße auf den Tisch. Er möchte ein Zeichen von unübersehbarer Bedeutung setzen. Also bauscht er seine Anwesenheit auf, indem er einschläft.

Der Parlamentarische Untersuchungsausschuß für politisch motivierte Attentate wird später über Oswald sagen: »Seine Rückkehr in die Vereinigten Staaten war die öffentliche Bezeugung, daß er mit dem, was er als wichtigste Tat in seinem Leben angesehen hatte, völlig gescheitert war.« (93) Doch es ist wahrscheinlicher, daß Oswald sich nach wie vor als wichtiges Glied in der Weltordnung sah. Wer anders hätte die Bürokratien der USA und der UdSSR so effektiv manipulieren können? Es war ihm sogar besser gelungen, als er selbst wußte, denn nicht wenige Analyiker der CIA glaubten, daß alles von der Moskauer Zentrale inszeniert worden sei, weil sie ihm eine solche Leistung schlichtweg nicht zutrauten. Es macht einen stutzig, wie paranoid die wechselseitige Sicht der Supermächte in jenen Jahren war. Wir können darauf bauen, daß diese Paranoia einige Aktionen in und rund um Oswalds Leben nach seiner Rückkehr nach Amerika beeinflußte.

Aber es geschah sozusagen in Zeitlupe. Die CIA war ebenso spitzfindig, zurückhaltend und nuanciert auf der Hut wie der KGB, als es galt, sich mit ihrem ausgebüxten Amerikaner zu befassen.

Von Lees Mutter, Marguerite Oswald, läßt sich eine solche Zurückhaltung allerdings nicht berichten.

9
Mutters Schneckenhaus

Gehen wir noch einmal in den April 1960 zurück, als Oswald sich erst sechs Monate in der Sowjetunion aufhielt. Zu diesem Zeitpunkt stellte der FBI-Agent John W. Fain in Texas seine ersten Nachforschungen an:

… Mrs. OSWALD gab an, daß sie sehr geschockt und überrascht gewesen sei, als sie erfuhr, daß er nach Moskau, Rußland, gegangen sei. Sie gab an, daß sie keine Ahnung habe, wie er dort hingekommen sei, aber daß sie wisse, daß er in seiner Dienstzeit beim U.S. Marine Corps 1.600 Dollar gespart habe. Sie gab an, daß er niemals mit ihr über seine Absicht gesprochen habe, nach Moskau, Rußland, zu gehen. Sie gab ebenfalls an, daß er niemals einen Hang für die kommunistische Ideologie gezeigt habe, aber daß Subjekt immer eine sehr beflissene Sorte Mensch gewesen sei und Bücher gelesen habe, die man als »tief« bezeichnen könne. Obwohl Mrs. OSWALD fand, daß Subjekt als Mensch das Recht habe, seine eigenen Entscheidungen zu fällen, gab sie trotzdem an, daß sie in höchstem Maß überrascht und enttäuscht gewesen sei, daß er diesen Schritt unternommen habe. Seit dem 22. Januar 1960 habe sie ihrem Sohn drei Briefe geschrieben, aber alle seien als nicht zustellbar zurückgekommen. Sie gab an, sie befürchte, daß er möglicherweise gestrandet und in Gefahr sei, und daß sie sich brieflich mit ihrem Abgeordneten und mit dem State Department in Verbindung gesetzt habe, da sie in großer Angst sei, daß Subjekt etwas zugestoßen sein könnte. (94)

In der Tat hatte sie bereits einen Monat vor der Befragung durch John Fain erste Anstrengungen unternommen, herauszufinden, was mit Lee geschehen war. Sie hatte am 6. März 1960 an Jim Wright, ihren texanischen Abgeordneten im Repräsentantenhaus, geschrieben und einen Tag später an Christian Herter vom State Department:

Dear Sir,
im Oktober 1959 ging mein Sohn (Alter 20 Jahre) Lee Harvey Oswald (S/N 1653230) nach Moskau, Rußland, drei Tage nach seiner Entlassung aus dem Marine Corps…
Ich bin in großer Sorge, denn ich habe seither nicht den geringsten Kontakt mit ihm…

Ich wende mich an Sie, weil ich den Eindruck habe, daß Lee möglicherweise gestrandet ist und nun, selbst wenn er einsehen sollte, daß er einen Fehler gemacht hat, nicht über die Mittel für die Heimreise verfügt. Es ist denkbar, daß er Hilfe braucht.

Ich ziehe die Möglichkeit in Betracht, daß es meinem Sohn in Rußland gefällt. Daß er vielleicht arbeitet und ziemlich zufrieden ist. In diesem Fall möchte ich ihm, da ich der felsenfesten Überzeugung bin, daß er als Mensch das Recht hat, seine eigenen Entscheidungen zu fällen, in keiner Weise hinderlich sein oder versuchen, ihn zu beeinflussen.

Falls es überhaupt möglich sein sollte, mir Informationen betreffend meinen Sohn zu geben, wäre ich allerdings äußerst dankbar.

Ich verbleibe hochachtungsvoll
Mrs. Marguerite Oswald (95)

Vertrauliche Aktennotizen werden zwischen dem State Department und der Amerikanischen Botschaft in Moskau darüber gewechselt, ob die Botschaft in der Lage ist, bei den Sowjets in Erfahrung zu bringen, wo Oswald sich aufhält, aber die Nachforschungen fallen durch das Sieb.

Bürokratie ist die einzige menschliche Einrichtung, die es schafft, ein Kamel durch ein Nadelöhr verschwinden zu lassen. Zehneinhalb Monate werden ins Land gehen, bevor das State Department wieder etwas von Marguerite Oswald hört. Diese Dame geht allerdings zum direkten Angriff über. Diesmal rennt sie ihnen die Tür ein. Bei den Hearings der Warren-Kommission wird sie sich an das Ereignis deutlich erinnern:

Marguerite Oswald: Ich kam in Washington um 8 Uhr früh an. Ich nahm den Zug, belieh eine Versicherungspolice, außerdem hatte ich ein Bankguthaben von 36 Dollar, die ich abhob, um mir ein Paar Schuhe zu kaufen. Ich habe für alles Beweise, Sir, auch für den Tag, an dem ich abfuhr. Ich saß drei Tage und zwei Nächte im Zug, oder zwei Tage und drei Nächte.

Ich kam um 8 Uhr früh auf dem Bahnhof an und rief im Weißen Haus an. In der Telefonvermittlung war der Stimme nach ein Schwarzer, der mir sagte, daß die Büros nicht vor 9 Uhr geöffnet seien, und ob ich meine Nummer hinterlassen wolle. Ich verlangte, den Präsidenten zu sprechen. Und er sagte, daß die Büros noch nicht geöffnet seien. Ich sagte: »Gut, ich bin gerade aus Fort Worth, Texas, angekommen und werde um 9 Uhr zurückrufen.«

Also rief ich um 9 Uhr wieder an. Alle waren am Telefon ausgesprochen höflich zu mir. Sagten, daß Präsident Kennedy in einer Konferenz sei, und daß sie sich glücklich schätzen würden, wenn sie ihm etwas ausrichten könnten. Ich verlangte, Außenminister Rusk zu sprechen, und sie verbanden mich mit diesem Büro. Seine junge Dame sagte, daß er in einer Konferenz sei, und ob sie etwas für mich tun könne. Ich sagte: »Ja, ich bin wegen meines Sohnes, der in Rußland verschwunden ist, hierhergekommen. Ich bestehe darauf – ich möchte Außenminister Rusk gerne persönlich sprechen.« Sie unterbrach die Verbindung für einige Minuten. Ob sie ihm die Nachricht durchgab oder was auch immer, weiß ich nicht. Dann kam sie wieder in die Leitung und sagte: »Mrs. Oswald, Mr. Rusk sagte, daß Sie mit Mr. Boster sprechen sollten, der der zuständige Sachbearbeiter für sowjetische Angelegenheiten ist« – falls ich mich recht erinnere. Dann wurde ich mit Mr. Boster verbunden. Er sagte: »Ja, ich bin über den Fall unterrichtet, Mrs. Oswald. Würde Ihnen ein Termin um 11 Uhr passen?« Es war 9 Uhr morgens. Also sagte ich – und das ist wirklich eine interessante Geschichte –, ich sagte: »Mr. Boster, das würde passen. Aber ich möchte eigentlich nicht mit Ihnen sprechen.« Ich wußte nicht, wer Mr. Boster war. Ich sagte: »Ich möchte lieber mit Außenminister Rusk sprechen. Falls ich allerdings keinen Erfolg haben sollte, werde ich meine Verabredung mit Ihnen einhalten.«

Ich fragte noch: »Mr. Boster, könnten Sie mir freundlicherweise ein preiswertes Hotel empfehlen?« Er sagte: »Ich weiß nicht, wie preiswert, Mrs. Oswald, aber ich kann Ihnen das Washington Hotel empfehlen. Es liegt in der Nähe des State Department und dürfte Ihnen genehm sein.« Also ging ich in das Washington Hotel. Sie fragten mich, ob ich reserviert hätte. Ich sagte: »Nein, aber Mr. Boster vom State Department hat Sie mir empfohlen.« Also gaben sie mir ein Zimmer. Ich nahm ein Bad, zog mich an und kam um 10 Uhr 30 vor Mr. Bosters Büro an. Bevor ich eintrat, rief ich von einem Telefon im Korridor noch einmal in Dean Rusks Büro an, weil ich ja nicht Mr. Boster treffen wollte, und verlangte, Dean Rusk zu sprechen. Und die junge Dame sagte: »Mrs. Oswald, sprechen Sie mit Mr. Boster. Das ist immerhin ein Anfang.«

Also ging ich in Mr. Bosters Büro. Er stand sofort zur Verfügung und sagte: »Mrs. Oswald, ich bin außerordentlich froh, daß Sie so früh gekommen sind, denn es wird einen schrecklichen Schneesturm geben, und wir haben die Anweisung, früh Schluß zu machen, damit wir rechtzeitig nach Hause kommen.«

Er rief zwei andere Männer in sein Büro, und die Besprechung begann. Ich legte alle Papiere vor, so wie ich sie hier vorlege. Und ich sagte: »Gent-

339

lemen, ich weiß, daß Sie mir darauf keine Antwort geben werden, aber ich habe die Vermutung, daß mein Sohn Agent ist.« – »Meinen Sie, ein russischer Agent?« Ich sagte: »Nein, ich meine, daß er für unsere Regierung arbeitet, daß er amerikanischer Agent ist. Und ich möchte dies sagen: daß ich darüber, falls es zutrifft, nicht allzu entzückt bin, denn ich bin mittellos und komme nach einer Krankheit gerade wieder auf die Beine« – in dieser Reihenfolge.

Ich nahm mir die Dreistigkeit heraus, das zu sagen. Ich hatte das alles ohne ärztliche Untersuchung, ohne Geld, ohne Vergütung durchstehen müssen. Ich bin eine Frau, die nichts zu verlieren hat. Deshalb sagte ich das.

Mr. Rankin: Was bekamen Sie zur Antwort?

Marguerite Oswald: Sie gingen darauf nicht ein. Ich sagte ihnen sogar: »Nein, Sie werden es mir doch nicht sagen.« Also erwartete ich nicht, daß sie darauf reagieren würden.

Der Vorsitzende: Wollen Sie damit ausdrücken, daß Sie von ihnen Geld haben wollten?

Marguerite Oswald: Nein, Sir. Ich deutete lediglich an, daß ich wünschte, meinen Sohn an meiner Seite zu haben. Ich ging nicht so weit, zu sagen, daß ich meinen Sohn zu Hause haben wolle. Ich deutete lediglich an, daß er für den Fall, daß er Agent war, zu Hause gebraucht würde.

Mr. Rankin: Sagten Sie etwas in der Art, daß Sie der Meinung seien, Ihr Sohn habe sehr wohl gewußt, was er mit seinem Versuch, in die Sowjetunion überzulaufen, unternahm, und daß es ihm dort möglicherweise besser gefalle als hier?

Marguerite Oswald: Ich kann mich nicht erinnern, etwas derartiges gesagt zu haben. Ich sagte – daran kann ich mich genau erinnern –, ich sagte: »Sehen Sie, er wurde durch die gesamte Presse als Überläufer ausgebeutet. Wenn er ein Überläufer ist« – denn ich weiß nicht, wie bereits angegeben, ob er Agent ist, Sir – »falls er Überläufer ist, dann ist das sein Vorrecht als Mensch.« Sie sagten darauf: »Mrs. Oswald, wir möchten, daß Sie wissen, daß wir darüber genauso denken wie Sie.« Das war ihre Antwort. (96)

Trotzdem hatte Marguerite nicht die Absicht, ihre interessantere Alternative aufzugeben. Etwas später an diesem Tag im Jahr 1964, als sie vor der Warren-Kommission über Ereignisse von Anfang 1961 aussagte, machte sie noch einen Zusatz:

Marguerite Oswald: Am 21. Januar 1961 war ich nach Washington gefahren. Ungefähr acht Wochen später, am 22. März 1961, erhielt ich einen Brief vom State Department mit der Mitteilung, daß mein Sohn den Wunsch habe, in die Vereinigten Staaten zurückzukehren – gerade acht Wochen nach meiner Reise nach Washington.

Nun wollen Sie wissen, warum ich glaube, daß mein Sohn Agent ist. Dabei habe ich es Ihnen schon die ganze Zeit erzählt.

Es gibt ein sehr aufschlußreiches Indiz, daß mein Sohn Agent war. Am 30. April 1961 heiratet er ein russisches Mädchen – ungefähr fünf Wochen später.

Nun stellt sich die Frage, warum ein Mann, der in die Vereinigten Staaten zurückkehren möchte, sich nur fünf Wochen später entschließt, ein russisches Mädchen zu heiraten. Weil – ich behaupte das und kann mich vielleicht irren – die Amerikanische Botschaft ihm den Auftrag gab, diese Russin zu heiraten.

Mr. Rankin: Hat Ihnen Marina zu irgendeinem Zeitpunkt irgendeine Andeutung gemacht, die Sie vermuten ließ, daß Marina den Verdacht habe, Ihr Sohn Lee habe sie geheiratet, weil er Agent war?

Marguerite Oswald: Nein, Sir, nein, Sir, zu keinem Zeitpunkt.

Mr. Rankin: Hatten Sie den Eindruck, daß sie ihn liebte?

Marguerite Oswald: Ich glaube, daß Marina ihn in irgendeiner Weise liebte. Aber ich glaube, daß Marina nach Amerika wollte. Ich glaube, daß Lee mit ihr über Amerika gesprochen hatte, und daß sie herkommen wollte.

Mr. Rankin: Ich komme damit nicht klar, daß er den Auftrag hatte, sie zu heiraten. Sie meinen damit doch wohl nicht, daß Ihr Sohn sie nicht liebte?

Marguerite Oswald: Das wollte ich damit nicht sagen – wenn er Agent ist und eine Freundin hat, und es zum Wohle unseres Landes ist, diese Freundin zu heiraten, und die Botschaft ihm dabei behilflich war, dieses russische Mädchen aus Rußland herauszubringen – machen wir uns doch nichts vor, dann hätte er sie nach Amerika mitgenommen, ob er sie nun liebte oder nicht, denn dadurch kam er mit Russen in Kontakt, jawohl, Sir.

Mr. Rankin: Ist das wirklich Ihre Meinung?

Marguerite Oswald: Durchaus.

Mr. Rankin: Und Sie glauben also nicht, daß es geschah, weil Ihr Sohn sie liebte?

Marguerite Oswald: Ich habe keine Ahnung, ob mein Sohn sie liebte oder nicht. Ich meine nur, warum er sonst innerhalb von fünf Wochen…

Mr. Rankin: Ich halte es für eine bedenkliche Unterstellung, daß Ihr Sohn mit einem Mädchen derartig umgegangen sein könnte.

Marguerite Oswald: Nein, Sir, es ist keine bedenkliche Unterstellung. Ich kenne mich ein wenig mit der CIA und so weiter aus, die U-2, Powers und einiges andere sind schließlich ans Licht gekommen. Sie nehmen für ihr Land das Äußerste auf sich. Ich denke nicht, daß es für ihn bedenklich war, ein russisches Mädchen zu heiraten und sie hierher zu bringen, um die entsprechenden Kontakte zu knüpfen. Ich denke, daß dies schlicht und einfach zu den Pflichten eines Agenten gehört.

Mr. Rankin: Sie glauben also, daß Ihr Sohn zu so etwas fähig war?

Marguerite Oswald: Jawohl, Sir, ich glaube, daß mein Sohn Agent war. Ich bin davon überzeugt. (97)

ZWEITER TEIL

NÄCHSTENLIEBE IN FORT WORTH

1

Flitterwochen

Robert Oswald und seine Frau Vada hatten zwei Kinder; dazu kamen nun Lee und Marina mit ihrem Töchterchen June. Roberts Haus war klein. Marguerite Oswald, wie wir uns erinnern können, besuchte Lee und Marina am zweiten Tag nach ihrer Heimkehr und traf eine rasche Entscheidung. Sie kündigte ihre Stelle als Krankenschwester in Crowell, Texas, zog nach Fort Worth und mietete eine Wohnung für sich, Lee und Marina. Zwei oder drei Wochen nach seiner Rückkehr war Oswald also wieder im Einflußbereich seiner Mutter. »Mr. Rankin«, sagt sie ihrem Befrager bei der Warren-Kommission, »wir hatten keinen Streit. Dieser Monat war wundervoll. Marina war sehr glücklich.«

Marguerite Oswald: Ich hatte den Fernseher und das Auto, und wir machten Ausflüge. Allerdings stand ihnen frei, zu kommen und zu gehen, wie es ihnen beliebte. Sie machten lange Spaziergänge. Falls Sie sich in Fort Worth Texas nicht auskennen sollten – vom Rotary Apartment zum Leonard-Brothers-Kaufhaus sind es ungefähr viereinhalb Kilometer. Marina kam mit einem Cancan-Petticoat und irgendeiner Strumpfhose nach Hause, die Lee ihr von den wenigen Dollars gekauft hatte, die Robert und ich ihm zugesteckt hatten – er gab sie für seine Frau aus. Es war also eine sehr glückliche Zeit.
Mr. Rankin: Wie war Ihr Verhältnis zu Marina?
Marguerite: Gut. Aber dann war Marina unzufrieden mit den Sachen, die ich für sie gekauft hatte. Wie Sie sehen können, bin ich anständig gekleidet – womit ich nicht behaupten will, daß ich auf der Höhe der Mode bin. Aber bevor ich Krankenschwester wurde, stand ich im Geschäftsleben und war Directrice im Verkauf. Ich kenne mich also mit Kleidung aus.
Ich kaufte ihr also Shorts. Sie wollte kurze Shorts wie die Amerikanerinnen, und ich hatte etwas längere gekauft. »Ich nicht mag, Mama.« Ich sag-

te: »Marina, du bist eine verheiratete Frau, und es gehört sich nicht, daß du in solchen Shorts wie die jungen Mädchen herumläufst.« »Nein, Mama« – ich möchte betonen, daß Marina nie allzu glücklich war – »nein, Mama, nix gut, nein, Mama, das nein.« Es war völlig in Ordnung. Ich zog in Betracht, daß sie mit unseren Lebensgewohnheiten nicht vertraut war. Ich nahm es ihr nicht übel. (1)

»Ich nahm es ihr nicht übel«, sagt Marguerite, und wahrscheinlich lügt sie. In den Schilderungen von anderen, einschließlich ihrer Söhne John und Robert, wird Marguerite als gefühllos, egozentrisch, auf Geld fixiert charakterisiert, sogar als Furie, wenn etwas nicht nach ihrem Kopf geht. Das trifft zweifellos auf alle zu, für die sie keine wirkliche Zuneigung hegt. Was jedoch Lee betrifft, ist sie nur allzu bereit, in die verborgensten Winkel ihres Herzens zu tauchen, um gegen seine Zurückweisungen, unangenehmen Überraschungen und Vertrauensbrüche anzukämpfen. Sie hilft ihm, aufgrund eines Härtefalls vorzeitig aus der Navy entlassen zu werden, worauf er nur eine Nacht bei ihr verbringt, bevor er nach Rußland geht – und das ohne den geringsten Fingerzeig. Dennoch hält sie an ihren Gefühlen für ihn mit einem opernhaftem Affekt fest, der an all die unsäglichen Arien erinnert, in denen der Betreffende kundtut, daß er zur Liebe nicht begabt ist. Sie betet ihn an, wie nur eine selbstsüchtige Frau, die auf unterschiedliche Weise ihre drei Ehemänner eingebüßt hat, diesen einen Sohn lieben kann. Er wiederum ist, wann immer er in den erstickenden Dunstkreis seiner Mutter zurückkehrt, die seine beschränkte Liebesfähigkeit notorisch überschätzt, gezwungen, sie zurückzustoßen. Er und Marina bleiben ein paar Wochen bei Marguerite. Er findet Arbeit in der Aluminiumfabrik von Leslie Welding und muß von den 50 Dollar, die er in der Woche verdient, abgesehen von den Auslagen für Marinas Cancan-Petticoats, nichts für Miete und Essen ausgeben. Marguerite sorgt von ihren Ersparnissen für seine Familie. Sie kocht seine Lieblingsgerichte. Marina wird sich später darüber auslassen, wie Lee, ein mäkliger Esser, alles herunterschlingt, was Marguerite auftischt. Freies Wohnen, alles Essen, das er vertilgen kann… und ein maßloser Bedarf an Liebe. Er spart einen Wochenlohn und auch den nächsten und zahlt im voraus die monatliche Miete von 59,50 Dollar für eine Doppelhaushälfte mit Veranda in einer Flachbausiedlung an der Mercedes Street, von deren Ende die Brandmauer von Montgomery Ward sie anglotzt. Dann spannt er Robert ein und zieht Knall und Fall aus Marguerites Wohnung aus. Während Robert in seinem Auto wartet und Marina völlig verwirrt ist, haben Lee und Marguerite einen leidenschaftlichen Wortwechsel,

nach dem Lee seinen großen Abgang hat und Marguerite wie die schwarz-
umränderte Heldin in einem Stummfilm in der Eingangstür zurückläßt. Sie
weiß nicht, wohin er fährt. Sie läuft sogar dem Auto nach. Aber halten wir
uns an Priscilla Johnson McMillans Buch »Marina and Lee«:

McMillan: Schon bald tauchte seine Mutter ohne das geringste Scham-
gefühl in der Mercedes Street auf. Niemand konnte sich erklären, wie sie
es geschafft hatte, denn Lee und Robert hatten sich alle Mühe gegeben,
die Adresse geheim zu halten. Doch drei Tage später stand »Mamuschka«
vor der verblüfften Marina, munter und unbekümmert, als hätte die hy-
sterische Abschiedsszene nie stattgefunden. Sie brachte einen Kinderstuhl
für das Baby mit und Silberbesteck, Teller und andere Haushaltsutensilien
für Marina und Lee. Marina bat sie herein, Marguerite spielte mit ihrem
Enkelkind und ging dann wieder. (2)

Marina Oswald: Sie hat mir so leid getan. Lee und ich haben uns gestritten, denn er sagte: »Warum hast du sie überhaupt hereingelassen? Sie soll
sich hier nicht mehr blicken lassen.« Das kam mir merkwürdig vor, und
ich wollte es nicht glauben, aber er liebte seine Mutter nicht, sie war keine
normale Frau. Da bin ich mir inzwischen ganz sicher.
Mr. Rankin: Waren das damals seine Worte?
Marina Oswald: Lee wollte nicht mit ihr sprechen. Für eine Mutter ist das
natürlich sehr schmerzlich, und ich sagte ihm, er müsse seine Mutter besser behandeln, aber er änderte sich nicht. Ich glaube, ein Grund dafür war,
daß sie ihm unentwegt vorhielt, was sie alles getan hätte, um ihm die
Rückkehr zu ermöglichen. Und Lee fand, daß er den größten Anteil daran hätte, und verbat sich jede Diskussion. (3)

Von jetzt an werden wir »Marina and Lee« häufiger als andere Quellen – mit
Ausnahme der Warren-Kommission – zitieren. Priscilla Johnson McMillan
befragte Marina im Jahr nach dem Attentat mehrere Monate und verfaßte
darüber gewissermaßen eine autorisierte Biographie, denn sie hatte exklu-
siven Zugriff auf Marinas Informationen. Auch wenn man kaum ihrer Beurteilung Lee Harvey Oswalds folgen kann (sie analysierte ihn mit klini-
scher Kälte), und obwohl nicht alle Einzelheiten über Marinas Leben in
Minsk präzise sind – Marina versuchte, viele damals noch nicht identifizierte Personen ihres Bekanntenkreises zu schützen -, bietet ihr Werk un-
schätzbare Einblicke in den Alltag von Mr. und Mrs. Lee Harvey Oswald,
auch wenn man in der Interpretation des Materials zu anderen Schlüssen

kommt. Da wir jedoch die Möglichkeit hatten, Marina selbst zu befragen, konnten wir uns auf diejenigen Auszüge aus »Marina and Lee« konzentrieren, die Marina dreißig Jahre später, wenn auch manchmal widerwillig, als mehr oder weniger korrekt bestätigte. Das schien uns ergiebiger, als Marina über Ereignisse auszuholen, an die ihr Erinnerungsvermögen durch dreißig Jahre investigativen Journalismus leergeplündert worden war.

Nach diesem Einschub müssen wir jedoch noch einmal auf das Ereignis zurückkommen, das Marina der Warren-Kommission schilderte. Marguerites Version davon ist nicht annähernd so trist.

Marguerite Oswald: Ich kaufte einen Kinderstuhl und brachte ihn vorbei. Lee war nicht zu Hause, und Marina wußte nicht, wozu ein Kinderstuhl gut war. Ich sagte: »Wie werden Babies in Rußland gefüttert?« – »Wir setzen Baby auf Schoß, Mama, und Baby ißt auf Schoß.« Also schaute ich zwei oder drei Tage später wieder nach dem Rechten, und Lee hielt mir einen Vortrag: »Mutter, ich möchte eines ein für allemal klarstellen. Ich möchte, daß du aufhörst, mich und meine Frau dauernd zu beschenken. Ich möchte Marina, so gut ich es kann, selbst alles geben, was notwendig ist. Ich möchte, daß du dein Geld behältst und auf dich achtest, denn heute oder morgen kannst du krank werden, und wenn du alles Geld für uns ausgegeben hast, muß ich dann für dich sorgen.« Das machte wirklich Sinn. Aber er verbot mir energisch, Sachen für seine Frau zu kaufen, die er selbst sich nicht leisten könne.

Mr. Rankin: Wie reagierten Sie darauf?

Marguerite Oswald: Ich gab ihm recht. Und ich sagte – ich stand wirklich unter Schock –, was für eine Schwiegermutter ich mit meiner Einmischung doch sei. Aber das ist natürlich die Rolle, die wir Mütter unbewußt übernehmen. Wir versuchen, unseren Kindern beizuspringen, und dabei mischen wir uns irgendwie ein. Doch sie möchten lieber ihren eigenen Weg gehen. Es wurde mir bewußt, daß ich ein Eindringling war, und daß der Junge selbst für seine Frau sorgen wollte. Mehr wurde darüber nicht geredet. (4)

Während mit Marguerite nunmehr gewissermaßen ein Waffenstillstand geschlossen wurde, wurde die private Sphäre des jungen Paares bald durch einen anderen Besucher gestört.

Aus Marinas Erzählung: Eines Tages, als Lee von der Arbeit gekommen war und sich noch nicht einmal umgezogen hatte, klopfte jemand an die Tür.

346

Es stellte sich heraus, daß es ein FBI-Agent war. Er forderte Lee auf, mit ihm in ein Auto zu steigen, das gegenüber geparkt war. In dem Auto saß noch ein Mann. Sie redeten zwei Stunden, und ich wurde allmählich wütend über diesen unangemeldeten Besuch, denn es ist lästig, das Essen immer wieder aufzuwärmen. Als Lee zurückkam, war er sehr verstört, versuchte aber, es sich nicht anmerken zu lassen. (5)

Das war bereits das zweite Gespräch, das der FBI-Mann John W. Fain mit Lee führte:

Mr. Stern: Wie hat sich Lee Harvey Oswald benommen?
Mr. Fain: Er war angespannt, sehr auf der Hut und starrsinnig. Er ist ein drahtiger kleiner Bursche und ziemlich reizbar.
Mr. Stern: Hat er alle Fragen beantwortet?
Mr. Fain: Nein. Er war ziemlich unverschämt. Er war der Typ, der ungern mit etwas Privatem herausrückt. Als wir ihn nach dem Grund für seine Reise nach Rußland fragten, schien er sehr betroffen, wurde weiß um den Mund und verkrampfte sich noch mehr. Er geriet in Wut und stieß heraus, daß er die Vergangenheit nicht nochmals durchmachen wolle. Wir erkundigten uns, ob die Sowjets irgendeine Gegenleistung dafür verlangt hätten, daß er einreisen durfte. Er sagte: »Nein.« Er spielte alles herunter, auch sich selbst. Er sagte: »So wichtig war ich nicht.«
Mr. McCloy: Sie hatten nicht den Eindruck, daß er ein Sicherheitsrisiko für die Vereinigten Staaten darstellte?
Mr. Fain: Nun, natürlich verdächtige ich jeden Kommunisten und halte jeden Kommunisten für eine Bedrohung, denn das sind Atheisten und Materialisten. Aber unsere Überprüfung ergab, daß er nicht Mitglied der Kommunistischen Partei war. Da meine Untersuchungen abgeschlossen waren, war der Fall für mich erledigt. Der Mann hatte einen Arbeitsplatz, lebte mit seiner Frau in dieser Doppelhaushälfte und gehörte nicht der Kommunistischen Partei an.
Representative Ford: Haben Sie oder hatten Sie zu dieser Zeit in diesem Gebiet zuverlässige vertrauliche Informanten?
Mr. Fain: Jawohl, Sir; aber gewiß, Sir. Ausgezeichnete Informanten. (6)

Die amerikanischen Kommunisten, die Ende der fünfziger Jahre für die Sicherheit der Vereinigten Staaten so gefährlich waren wie der letzte amerikanische Büffel, veranlaßten gleichwohl das FBI zur Anstrengung aller Kräfte, um in ihre Kreise zu infiltrieren. Viele der aktivsten Mitglieder der

American Communist Party waren in den frühen sechziger Jahren Under-cover-Agenten des FBI, die das Büro über den kleinsten Dreck auf dem laufenden hielten. Deshalb konnten es sich uniformierte FBI-Agenten im Außendienst wie John Fain – ehrenwert, gottesfürchtig, rechtgläubig und mit einem heimeligen Unwissen über den Marxismus gesegnet – trotzdem auf ihrem Wissen gemütlich machen, welche Personen Mitglieder der Kommunistischen Partei waren und welche nicht.

Marguerite Oswald: Ich sagte zu Lee: »Lee, ich möchte eines wissen. Warum hast du dich entschlossen, in die Vereinigten Staaten zurückzukehren. Du hattest doch einen Job in Rußland, und soviel ich weiß, ging es dir ziemlich gut.« Er sagte: »Mutter, nicht einmal Marina weiß, warum ich in die Staaten zurückgekommen bin.« Das war alles, was ich jemals aus meinem Sohn herausbekam. »Nicht einmal Marina weiß, warum ich in die Staaten zurückgekommen bin.« (7)

Wäre Oswald bereit gewesen, einzugestehen, daß er nach Amerika zurückgekommen war, um Ruhm zu erlangen? Er wollte ganz hoch hinaus, aber schließlich ist Amerika das Land, in dem über den Wert des Ruhms allgemeiner Konsens besteht. Aus seiner Sicht ist Oswald eine der wenigen Autoritäten auf der Welt, die die Unterschiede und Mißverständnisse zwischen Kommunismus und Kapitalismus zu beurteilen vermögen. Sein Wissen ist einzigartig. Er durchschaut die schreckliche Komödie des Kalten Kriegs – all die Irrtümer und Fehlinterpretationen, die zwischen den Nationen regelmäßig zu Beinahe-Katastrophen führen. Ein Gespräch mit John Fain, dem er erzählen mußte, daß er in der Sowjetunion völlig bedeutungslos gewesen sei, muß ihm also eine nicht nur schleichende Depression besorgt haben.

2
Im Glashaus

Die Montage von Aluminium-Türen, -Jalousien und -Fenstern bei Leslie Welding konnte Oswald ebensowenig befriedigen wie die Arbeit in der Radiofabrik in Minsk, und wahrscheinlich mußte er bei Leslie härter arbeiten. Wieder einmal war es nicht das, was er erwartet hatte. In seiner Vorstellung sah er sich im weißen Hemd am Schreibtisch, mit nichts Unhandlicherem als Büchern und Schreibpapier belastet. Und in der Tat hatte er in der ersten Woche nach seiner Rückkehr einen ernsthaften Versuch in dieser Richtung unternommen.

Mr. Liebeler: Bitte berichten Sie uns über Ihren ersten Kontakt mit Lee Harvey Oswald.
Mr. Gregory: Das war Mitte Juni 1962. Ich war an diesem Morgen in meinem Büro, als das Telefon klingelte. Der Anrufer sagte, er hätte meinen Namen von der Bibliothek in Fort Worth bekommen. Er wußte, daß ich dort Russisch unterrichtete. Er suche Arbeit als Übersetzer oder Dolmetscher und würde gerne eine Probeübersetzung für mich machen. Ich schlug ihm vor, zu mir zu kommen und sich testen zu lassen. Er kam gegen 11 Uhr am selben Vormittag, und ich prüfte ihn kurz, indem ich einfach ein Buch aufschlug und ihn bat, ein oder zwei Absätze vorzulesen und dann zu übersetzen. Er machte das sehr gut, und ich stellte ihm ein entsprechendes Zeugnis aus.
Mr. Liebeler: Haben Sie mit Mr. Oswald an diesem Tag zu Mittag gegessen?
Mr. Gregory: Jawohl, Sir. Ich lud ihn ein, und während des Essens fragte ich ihn natürlich über die gegenwärtigen Umstände in der Sowjetunion aus, wie die Menschen so lebten und so weiter. (8)

Peter Paul Gregory war Bohringenieur, Anfang sechzig, ein Russe, der in Sibirien geboren und 1923 nach Amerika gekommen war. Er war an seinem Besucher genügend interessiert, um die Oswalds in der Mercedes Street aufzusuchen. Deprimiert von ihren kümmerlichen Lebensumständen, beschloß er, die Oswalds in die russische Gemeinschaft in Dallas-Fort Worth einzuführen. Also arrangierte er für Mitte August eine Dinner-Party, zu der er seinen Freund George Bouhe einlud, einen Steuerberater, der aus St. Petersburg stammte und neugierig war, Marina kennenzulernen, nachdem er gehört hatte, daß sie in Leningrad aufgewachsen sei.
Bouhe war ein Junggeselle Anfang sechzig und nach allgemeinem Dafürhalten herrisch, wichtigtuerisch, starrsinnig und ständig in Angst vor Verwicklungen. Bevor er die Einladung zum Dinner annahm, zog er Erkundigungen bei Max Clark ein, einem Anwalt der General Dynamics, von dem es hieß, daß er gute Beziehungen zum inneren Kreis des FBI unterhalte. Clark gab Bouhe die beruhigende Auskunft, die er nötig hatte.

Mr. Clark: Ich sagte: »Was Oswalds Rückkehr betrifft, können Sie sich darauf verlassen, daß das FBI ihn auf Schritt und Tritt überwacht. Sie wissen, wo er sich aufhält und mit wem er Kontakt hat. Soweit ich die Burschen vom FBI kenne, haben sie längst eine Akte über ihn angelegt.« (9)

Bouhe ging zu dem Dinner. Marina hatte bei dieser Gelegenheit ihren ersten gesellschaftlichen Erfolg in Amerika.

Mr. Liebeler: Sie haben mit Marina auch Russisch gesprochen, nicht wahr?
Mr. Bouhe: O ja. Sie sprach zu meinem Erstaunen sehr gepflegt. Ich machte ihr darüber Komplimente. Denn die meisten versprengten Existenzen, die durch Kriege und Mischehen gegangen und über Deutschland und Frankreich hierher gekommen sind, sprechen ein äußerst gebrochenes, primitives Russisch, das zu kultivieren ich zu meiner Aufgabe gemacht habe. Sie sagte:»Meine Großmutter, die mich erzog, war eine sehr gebildete Frau. Sie war bei den… « Sie nannte mir den Namen einer Schule für höhere Töchter. Es muß etwas in der Art der Englischen Fräulein gewesen sein.
Mr. Liebeler: Eine namhafte Schule?
Mr. Bouhe: Ja. Ihre Großmutter hatte dort ihren Abschluß gemacht – es war ein Elite-Institut für höhere Töchter. (10)

Suggerierte ihm Marina dieses Mißverständnis, oder beliebte er es zu glauben, um seine positive Einschätzung Marinas zu rechtfertigen? Positive Einschätzungen sind schließlich für einen Snob keine alltägliche Gepflogenheit. Jedenfalls begann Bouhe, sich auf das Leben der Oswalds zu konzentrieren. Konsterniert über die Umstände, in denen diese wohlerzogene junge Heimatlose und dieser amerikanische Flüchtling aus dem Sowjet-System vegetierten, organisierte Bouhe eine Essens- und Kleidungshilfsaktion.

Mr. Bouhe: Ich habe einen stark entwickelten Wohltätigkeitssinn. Marina und das Kind, das auf dem Boden schlief, zogen mich außerordentlich an. Wie ich vor dem FBI und dem Secret Service sattsam wiederholt habe, hatte ich, obwohl sie nicht mit mir verwandt waren, doch das Gefühl, daß mein Vergnügen an einem guten Auto und einem guten Essen empfindlich durch das Bewußtsein getrübt würde, daß um die Ecke ein Kind auf dem Boden schlafen mußte, und daß ich die Mahlzeit nicht optimal verdauen würde.
Ausgestattet mit nach meiner Meinung unbegrenzter Energie, dachte ich beim Anblick ihrer Lage, es würde die Mühe lohnen, sie erst einmal auf die Beine zu stellen. Ich bin davon überzeugt, daß der Kommunismus sei-

ne Brutstätte bei den Kaputten und den Enttäuschten findet. Wenn ich also das Baby sozusagen herausfütterte, es in ein Bett legte und mit dem Nötigsten kleidete, während ich gleichzeitig bei allen Ladies aus unserem Kreis Kleidung für Marina sammelte, die in Fetzen ging, würde Oswalds Verbitterung – das war mein Gedanke – sich etwas legen, und er würde erkennen, daß alles zu schaffen ist, wenn man sich nur ins Zeug legt. Ich fügte noch hinzu: »Lee, es ist mir überaus peinlich, daß ich als Ausländer dir, einem geborenen Amerikaner, erklären muß, daß du dich an deinen eigenen Haaren aus dem Sumpf ziehen und ein ordentliches Leben führen kannst, denn Möglichkeiten gibt es in Hülle und Fülle; du mußt sie nur nutzen.«

Mr. Liebeler: Hatten Sie den Eindruck, daß Oswald Ihre Bemühungen würdigte?

Mr. Bouhe: Nein. Er machte eine Bemerkung nach dem zweiten oder dritten Besuch in ihrem Haus. Die Ladies brachten Kleider für Marina, und was sie sonst so brauchte. Ich brachte sogar zwei Hemden für ihn mit, keine neuen, getragene, und bei dieser Gelegenheit merkte ich, daß er zum ersten Mal sein Mißvergnügen über mich zu artikulieren versuchte. Er begutachtete die Hemden immer und immer wieder, und – na ja – es waren keine neuen Hemden. Schließlich sagte ich: »Lee, die sind für die Arbeit. Trag sie drei- oder viermal, und wenn sie schmutzig sind, wirf sie weg.« Aber er faltete sie zusammen, gab sie mir zurück und sagte: »Ich brauche keine.« Da wurde mir klar, daß er auch dagegen war, daß ich und viele andere Babynahrung für das Kind mitbrachten und auch etwas für die Eltern, wenn der Kühlschrank leer war. (11)

Es lohnt sich, noch einen weiteren Kommentar aus der Rettungsmannschaft zu notieren:

Mr. Liebeler: Mr. Bouhe kaufte doch auch ein Bett für das Baby?

Mrs. Meller: Dänke, kaufen ihr Kleidchen, Windelchen und Soockchen, alles, was nöttig, und immer Nahrung für Bäbbi. Einmal kam Lee Harvey von Arbeit und so wütend: »Ich brauche nicht.« Er so zornig: »Ich brauche nicht.« (12)

Marguerite Oswald liefert uns den Kontrapunkt:

Marguerite Oswald: Also es stand in der Zeitung, daß die russischen Freunde kamen und feststellen mußten, daß nichts zu essen im Haus war und keine Milch für das Baby. Dazu ist zu sagen, daß Marina das Baby stillte. Vielleicht hatten sie gerade keine Milch im Kühlschrank. Wahrscheinlich war Lee gerade beim Einkaufen. Ich weiß, daß sie in dieser Beziehung keinen Mangel litten. Ich brachte Lebensmittel und eine Rolle Frotteestoff. Als ich am nächsten Tag wieder vorbeischaute, hing der Frotteestoff in der Küche an einem Nagel auf einem Kleiderbügel.

Ich finde es ganz reizend, daß ein junges Paar, das kein Geld hat, seine schöpferische Phantasie einsetzt und den Frotteestoff zum Gebrauch auf einen Kleiderbügel hängt. Sie beginnen ihr Eheleben in einem neuen Land und haben kein Geld. Und genau da liegt der Punkt. Die russischen Freunde, die etabliert waren und Autos und schicke Häuser hatten, konnten es nicht mit ansehen, daß diese junge russische Frau ohne das alles auskommen mußte. Sie sind diejenigen, die sich einmischten. Und binnen kürzester Zeit hatte diese junge russische Frau ein Laufställchen, eine Nähmaschine, ein Kinderbett und ein herausstaffiertes Modepüppchen. Ich finde es unnötig, daß ein junges Paar ein Laufställchen für das Baby hat. Es gibt Abermillionen amerikanischer Paare in den Vereinigten Staaten, die sich keinen Laufstall für ihre Kinder leisten können. Ich war selbst in dieser Situation. Ich finde, daß das alles unwesentlich ist.

Was ich auf den Punkt bringen möchte, ist, daß diese russischen Freunde sich in ihr Leben drängten, weil sie meinten, daß die junge russische Frau mehr haben müsse, als notwendig war. Und mein Sohn konnte sich eben damals nicht alles kaufen. Er hatte gerade angefangen zu arbeiten. Und während dieser Zeit wurden sie mit diesen Sachen von den russischen Freunden überhäuft. Kein Mann sieht es gerne, daß andere ihn beschenken, sich in seine Lebensumstände einmischen und seine Frau mit Sachen ausstatten, die er sich selbst nicht leisten kann. Das ist ein sehr menschlicher Zug, finde ich. (13)

3
Deep in the Heart of Texas

Es war Oswalds Pech, daß er in Fort Worth landete. In Austin hätte er mehr Anerkennung gefunden. Um 1962 taten sich einige hundert Schwarze und Weiße an der University of Texas in der Kommune »Glaube und Licht« zusammen. Radikalismus, der sich gegen den tiefverwurzelten Konservativismus der meisten Texaner richtete, hatte in den frühen sechziger Jahren im

Südwesten Hochkonjunktur, und Oswald hätte vielleicht ein paar Freunde finden können. Radikalismus war gerade schick mit seiner Attitüde gegen den rabiaten und rigorosen Konservativismus der Texaner. Rigoros waren sie aus einem bestimmten Grund. Sippen, die vor einer Generation noch arm gewesen waren, schwammen nun im Reichtum. Wie die Araber verdankten sie ihn dem Öl – und das war, als ob sie ihn dem Teufel zu verdanken hätten. Als gute Christen erzogen und überwiegend immer noch an die Bruchstücke eines puritanischen Drills geklammert, fühlten sich die meisten neureichen Texaner mit solchen raschen Profiten höchst unbehaglich. Natürlich waren sie gleichzeitig habgierig nach mehr, und die Besorgnis, über einen so unchristlichen Appetit zu verfügen, ließ sie nach einer Rechtfertigung für ihren Lebensstil suchen. Antikommunismus war das Patentrezept. Amerikaner im allgemeinen und Texaner im besonderen machten es in den fünfziger und frühen sechziger Jahren zu ihrem Credo. Kommunistenhetze löste kurzerhand so gut wie jedes moralische und geistliche Problem. Auf diese Weise konnten sie gute Christen sein, ohne sich mit dem Widerspruch zu belasten, daß sie die Füße der Armen wuschen und gleichzeitig die Pralinenschachtel leerfraßen.

Fundamental gegen den Kommunismus zu sein, reichte als Philosophie für die texanische Machtelite völlig aus. Und wir brauchen darum nicht überrascht zu sein, daß ein solches Weltbild auch in die Hirne der wohlhabenden Mittelklasse träufelte, die all die Vororte zwischen Dallas und Fort Worth bevölkerten. Das galt im Besonderen auch für die Russen am Platze (die wir ebensogut als Emigranten bezeichnen können). Sie werden generell als »großzügig, gesellig und warmherzig« geschildert.

McMillan: Obwohl sie sich den amerikanischen Individualismus und den Glauben an den ethischen Wert harter Arbeit beflissen einverleibt hatten, hatten sie sich dennoch ihre osteuropäischen Wertvorstellungen bewahrt: Gemeinschaftssinn, die Bereitschaft, zu teilen, und das Gefühl der Verantwortung für den anderen. (14)

Was allerdings aus den Aussagen der russischen Emigranten vor der Warren-Kommission rüberkommt, klingt mehr nach Furcht, Tanz um das Goldene Kalb, ungehemmtem Patriotismus und einer großen Portion des allzumenschlichen Bedürfnisses, andere unter die Lupe zu nehmen. Oswald, wachsam wie immer, wenn Außenstehende in sein Leben eingreifen wollten, erkannte, wie sehr die Großzügigkeit der Emigranten darauf zielte, Einfluß auf Marina zu bekommen. Für ihn war das eine Kriegserklärung. Als

Ehemann wußte er, wie schwierig es war, irgendwie Macht über sie zu erlangen, und er wollte verdammt sein, wenn es diese Emigranten mit ihrer – wie er es sah – miesen alten Platte und den Ködern ihrer Geschenke schafften, Marinas Loyalität zu manipulieren.

Für den Fall, daß jemand fragen sollte, was ihre »miese alte Platte« war, müssen wir etwas ausholen. Viele waren in den ersten Jahren des Zweiten Weltkriegs von der deutschen Armee kassiert und in Arbeitslager in Polen und Deutschland gesteckt worden. Der Unterschied ist, daß Walja mit Ilja in die Sowjetunion zurückkehrte, und sie nicht. Bei Kriegsende schafften sie es, sich zu den Amerikanern durchzuschlagen, und nicht von allen kann behauptet werden, daß sie ein absolut reines Gewissen hatten, was ihre Verbindungen mit den Deutschen im Krieg betraf. Wie schon Ben Akiba sagt, ist »Patriotismus die letzte Zuflucht eines Schurken«, und die Emigranten ließen sich in dieser Hinsicht mit ihrer sklavischen Anbetung Amerikas und des amerikanischen Kapitalismus sicher nicht lumpen. Die Gründe dafür sind nicht allzu undurchsichtig: manche Heimatländer verläßt man schwereren Herzens als andere. Rußland hielt aus tausenderlei Gründen seine Exilierten in Bann, trotz des berechtigten Abscheus, den viele Emigranten gegen das kommunistische System hegten. Auch wenn einige von ihnen mit den Deutschen nicht kollaboriert hatten und ihr Überlaufen zu den Amerikanern ihnen ein relativ gutes Gewissen beschert hatte, wies ihre russische Seele nichtsdestoweniger die Narben uneingestander Qual auf, daß sie ihr Vaterland aufgegeben hatten. Folglich wollten sie nichts hören, was auch nur im geringsten auf eine positive Bewertung des sowjetischen Systems herauskam.

Es ist also kaum überraschend, daß sie, bedrückt von Gewissensbissen, bald begannen, Oswald zu verabscheuen. Er war nicht nur freiwillig in die Sowjetunion gegangen, sondern schaute nun nach seiner Rückkehr auf sie wie auf Verräter herab. Der verächtliche Zug um seinen Mund sagte genug, und sie betrachteten das als Unverschämtheit.

Mr. Liebeler: Wissen Sie, warum die Deutschen Sie aus Rußland mitgenommen haben?

Mrs. Meller: Ich bleiben in Land und arbeiten für die Deutschen für Brott. Nicht wollen sterben an Huunger. Ruußland jetzt schlächt. Lazarett immer weiter zurück, ich mit oder sterben, immer weiter Polen, dann Doitschland. (15)

Alex Kleinlerer: Ich bin Amerika sehr dankbar. Die Amerikaner waren sehr gut zu mir, und ich halte viel von diesem Land. Es störte mich, wenn Oswald etwas über die Vereinigten Staaten sagte. Ich stritt nicht mit ihm, denn er schien mir gefährlich im Kopf, und ich hatte Angst. Einmal sagte ich ihm, daß ich im Gegensatz zu ihm in dieses Land wegen seiner Freiheit gekommen sei, und nicht, um Ärger zu kriegen, indem ich die Vereinigten Staaten kritisierte. (16)

Mrs. Ford: Bücher wie Karl Marx lagen offen vor ihm aufgeschlagen, einfach so auf dem Tisch, und er machte sich nicht einmal die Mühe, sie zu verstecken, wenn jemand hereinkam. Und dann sagte jemand, daß da auch ein Buch offen herumlag mit dem Titel »How to Be a Spy«. (17)

Mr. Jenner: Sind Sie der Auffassung, daß, falls ein Amerikaner mit der Absicht nach Rußland geht, dort zu leben, wir ihn dort auch lassen sollten?

Mrs. Dymitruk: Gutt.

Mr. Jenner: Und ihn nicht ermutigen sollten, in die Vereinigten Staaten zurückzukehren?

Mrs. Dymitruk: Nichts saggen, wenn fragt – laassen. (18)

Mrs. Voshinin: Wir erwarteten von Oswald eher öffentliche antikommunistische Erklärungen, nämlich Berichte, Vorträge, eine Artikelserie in der Zeitung. Wir erwarteten von ihm die Haltung eines Menschen, der vom Kommunismus enttäuscht worden war und aufrichtig hierher kam – wie andere Leute, die wir kennen, zum Beispiel Eugene Lyons. Also war sein Verhalten, als er hierherkam, und was wir darüber hörten, anomal. Wäre es nicht normal für einen vernünftigen Menschen, seinen Lebensunterhalt mit Vorträgen gegen den Kommunismus zu verdienen? (19)

Mr. Rankin: Hat er Ihnen gesagt, warum er Ihre russischen Freunde nicht mochte?

Marina Oswald: Nun, er hielt sie für Narren, weil sie Rußland verlassen hatten; es waren alles Verräter. Er sagte, für sie zähle nur Geld. Wahrscheinlich war er neidisch, weil es ihnen besser ging als ihm. Aber das hörte er gar nicht gern. (20)

Kam es ihm zum Bewußtsein, daß seine und Marinas Meinung, was politische Auffassungen betraf, auseinandergingen? Marina schätzte die Wertvorstellungen der Mittelklasse. In Rußland hatte er das nicht so deutlich spüren können. Ungeachtet aller Zwistigkeiten zwischen ihnen hatte sie sich trotzdem entschieden, nach Amerika zu gehen; in der Tat verabscheute sie das sowjetische System mindestens so sehr, wie er davon enttäuscht wurde – stumpfsinnig, wie es in seinen Privilegien war, korrupt, klassenlos zweitklassig. Nun fühlte er sich durch Marinas Hang zur Lebensform der Emigranten verraten.

Die Kehrtwendung kam für ihn völlig unerwartet. In Minsk hatten sie sich als verheiratetes Gespann betrachten können – als sehr verbesserungsbedürftiges zwar, aber immerhin als Gespann. Sie waren ein richtiges Ehepaar, zumindest bis zu einem gewissen Grad. Sie waren zusammen mit ihrem geliebten Baby nach Amerika gegangen. Sie hatten es trotz aller Hindernisse geschafft. Sie war ihm gefolgt. Hin und her gerissen von der Angst um jeden Angehörigen, den sie kompromittieren könnte, war sie dennoch mit ihm gegangen. Sie hatten wesentliche Überzeugungen geteilt.

Nun, da die russische Gemeinschaft von ihr bezaubert war und ihm nichts abgewinnen konnte, nun, da Marina von der blendenden, aber seiner Meinung nach moralisch blinden Fassade der amerikanischen Warenwelt entzückt war, mußte er erkennen, daß sie sich gegen sein Lebensziel wandte – der gleißnerischen Übermacht des Molochs Mammon keinen Millimeter zu weichen, sondern ihm als stolzer Partisan und Guerillero zu trotzen, wenn auch überwiegend nur im stillen Kämmerlein seiner Tagträume.

Aber wir sollten Marguerite nicht im Regen stehen lassen. Sie ist aufs Abstellgleis geschoben worden, aber ihre scharfe Nase meldet ihr, daß die Dämonen gesellschaftlicher Schande sich gegen ihren Sohn zusammenrotten. Marguerite mochte nicht gänzlich willkommen sein, Marguerite mochte auf die Ehe eifersüchtig sein und nur allzu geneigt, ihren Keil zwischen das Gespons zu treiben – schließlich war sie eine Schwiegermutter. Aber vor allem war sie Mutter; sie mußte die Ehe retten. Nicht zu knapp hatte ihr Gott die göttlichen Gaben eines Bluthunds verliehen. So wie sie als erste die Witterung aufgenommen hatte, als ihr Ehemann Mr. Ekdahl sich merkwürdig genug benommen hatte, um eheliche Fehltritte zu unterstellen, dauerte es nun nicht lange, bis sie Marina beargwöhnte. Eines Tages, als sie ihre Schwiegertochter in der Mercedes Street besuchen wollte, mußte Marguerite feststellen, daß sie nicht zu Hause war.

Marguerite Oswald: Ich stellte meinen Wagen auf dem Parkplatz vor Montgomery Ward ab, von wo ich das Haus im Auge behalten konnte. Ich wollte wissen, mit wem Marina nach Hause kam. Ich saß den ganzen Tag im Auto. Sie tauchte nicht auf. Schließlich fuhr ich heim, aß zu Abend, und als ich wieder hinfuhr, kam Lee gerade aus dem Kaufhaus. Nun hatten sie kein Telefon. Ich unterstelle mal – beweisen kann ich es nicht –, daß Lee zu einem Telefon ging, um herauszufinden, wo Marina steckte. Er stieg zu mir ins Auto, denn wir hatten einen Block zu fahren. Als ich mit ihm ins Haus ging, sagte ich: »Lee, wo ist Marina?« Natürlich wußte ich, daß sie nicht zu Hause war, schließlich hatte ich den ganzen Tag im Auto gesessen. Er sagte: »Ach, ich nehme an, daß sie mit Freunden ausgegangen ist.« – »Soll ich dir dein Abendessen machen?« – »Nein, wahrscheinlich kommt sie rechtzeitig, um mir das Essen zu machen.« Also ging ich wieder. Ich würde mich hüten, mich in ihr Eheleben einzumischen. Zwei Tage später fuhr ich wieder hin. Lee las im Wohnzimmer – er las ständig –, und Marina war im Schlafzimmer und ließ sich nicht blicken. Ich sagte zu Lee: »Sag Marina, daß ich da bin.« Marina erschien nicht auf der Bildfläche. Also ging ich ins Schlafzimmer. Sie stillte June und hielt den Kopf gesenkt. Ich begann zu reden, aber sie schaute nicht auf. Ich ging um sie herum und sah, daß sie ein blaues Auge hatte.

Nun bin ich weiß Gott nicht der Meinung, meine Herren, daß ein Mann seine Frau schlagen sollte, aber lassen Sie mich eines dazu bemerken. Es kann Zeiten geben, in denen eine Frau ein blaues Auge nötig hat. Ich entschuldige die Tat nicht. Aber ich möchte in aller Deutlichkeit sagen, daß diese junge Frau nicht zu Hause war. Und der Mann war arbeiten. Ich habe mit eigenen Augen gesehen, daß dieser Mann nach Hause kam und kein Essen bekam. Dieses Paar hat kein Dienstmädchen oder jemand anders, der diesem schwer arbeitenden Mann sein Essen vorsetzen kann. Und ich denke doch, daß es ihre verdammte Pflicht und Schuldigkeit war, zu Hause zu sein und sein Abendessen fertig zu haben.

Vielleicht ist das eine Lappalie. Aber für mich zeigt es einen Wesenszug, den ich deutlich machen möchte. Ich habe in sehr feinen Häusern gearbeitet, und ich habe erlebt, wie sehr feine Leute sich verprügelten. Ich habe erlebt, wie ein wirklicher Gentleman seine Frau vor meinen Augen schlug. Wir wissen, daß dergleichen vorkommt. Es ist gewiß nicht erfreulich. Aber es kommt in den besten Häusern vor. Ich entschuldige die Tat nicht. Ich möchte nur sagen, daß es möglicherweise Gründe gab. (21)

Das blaue Auge war zentrales Tratschthema in der russischen Gemeinschaft:

Mrs. Meller: Einmal, wenn zu Marina kommen und Mann noch nicht zu Hause, sie hat schreckliche blaue Fleck an Auge, und ich sagge: »Was ist?« Marina schoi, kleine Angst von Natura, ich dänke. Sagt: »Nachts aufstehen, Bäbbi weinen und Tür auf meine Kopf.« Aalles blau. (22)

Mr. Bouhe: Sie hatte ein blaues Auge. Und nichts Böses ahnend, fragte ich: »Bist du gegen die Toilettentür gerannt?« Marina sagte: »Nein, er hat mich geschlagen.« (23)

Mr. Liebeler: Haben Sie jemals erlebt oder gehört, daß Marina sich in Gegenwart von anderen über Oswald lustig machte?

Mrs. Hall: Aber ja, das tat sie öfters.

Mr. Liebeler: Können Sie spezielle Beispiele nennen?

Mrs. Hall: Sie beklagte sich ständig über ihn. Er sei kein Mann. Er sei ängstlich. Was weiß ich, nicht komplett, nehme ich an, oder dergleichen. Kein kompletter Mann. (24)

Mr. Bouhe: Ich machte es mir zum Prinzip, niemals allein mit Marina in ihrem Haus zu sein.

Mr. Liebeler: Können Sie uns erzählen, warum Sie in dieser Hinsicht solche Vorsichtsmaßnahmen trafen?

Mr. Bouhe: Weil er ein seltsamer Bursche war und ich kein Kämpfer bin. Ich bin ein brillanter Gegner mit dem Wort, aber nicht mit den Muskeln. Und mit seinem Gegrinse oder anderen Gesichtsausdrücken gab er mir zu verstehen, daß ich nicht willkommen sei, sozusagen persona non grata. Ganz offensichtlich war er eifersüchtig, weil ich einmal den Kühlschrank gefüllt hatte. (25)

In den ersten drei Monaten in Fort Worth nimmt ihre Ehe durch diese Ereignisse, die sich wie eine irreparable Reihe von Schicksalsschlägen ausnehmen, empfindlich Schaden. Er kehrt sich von ihr ab und zieht sich in sich zurück, in den fauligen Abgrund seiner abscheulichsten Seelenschächte – eine Memme, die kein Ansehen in den Augen anderer Männer gewonnen hat. Von nun an wird er in regelmäßigen Abständen eine beträchtliche Portion seiner aufgestauten Wut abladen, indem er seine Frau schlägt.

4
Der adlige Freund

Wenn es irgendeine Stelle in der Schilderung von Oswalds Leben gibt, die Ähnlichkeit mit der schillernden Doppeldeutigkeit eines Spionageromans aufweist, ist es der Auftritt des Barons George De Mohrenschildt (26), eines hochgewachsenen, kraftvollen, attraktiven Fünfzigers mit exquisiter Erziehung und einer unvergleichlichen Biographie.

McMillan: Geboren 1911 in Mozyr, Weißrußland, ließ er gerne fallen, daß in seinen Adern russisches, polnisches, schwedisches, deutsches und ungarisches Blut fließe. Die Mohrenschildts konnten ihren Stammbaum bis auf den baltischen Adel zur Zeit der schwedischen Königin Christine zurückführen – das stolzeste Geschlecht im ganzen russischen Reich. Die Männer hatten das Recht, den Titel »Baron« zu führen, aber aufgrund ihrer liberalen Gesinnung machten weder Georges Vater, Sergei von Mohrenschildt, noch sein Onkel Ferdinand (Erster Sekretär an der zaristischen Botschaft in Washington und verheiratet mit der Tochter von Willam Gibbs McAdoo, der Schwiegersohn von Woodrow Wilson und Staatssekretär im Finanzministerium war), noch George selbst und sein älterer Bruder Dmitri jemals Gebrauch davon. (27)

Gary Taylor, der mit De Mohrenschildts Tochter Alexandra verheiratet gewesen war, liefert eine anschauliche Beschreibung des Barons:

Mr. Taylor: Uff! Eine ziemlich beherrschende Persönlichkeit mit polterndem Auftreten und abrupt wechselnden Stimmungen – von extremer Liebenswürdigkeit, wenn er mag, bis zu unverhüllter Ablehnung. Als ob man eine Lampe an- und ausknipst. Ich würde ihn als leicht entflammbar bezeichnen.
Mr. Jenner: Und seine äußere Erscheinung?
Mr. Taylor: Groß, knapp 1 Meter 90, kräftig gebaut wie ein Boxer, mit einem mächtigen Brustkasten, der ihn noch größer erscheinen läßt.
Mr. Jenner: Ist er exzentrisch?
Mr. Taylor: Ja. Oft läuft er nur in der Badehose herum, was für einen Mann über Fünfzig doch eher ungewöhnlich ist. Solange ich mit seiner Tochter verheiratet war, wüßte ich von keiner Tätigkeit, für die er bezahlt worden wäre. Also konnte er, wann immer er Lust hatte, seinem Lieblingssport Tennis frönen. Und das tat er dann auch bei null Grad in den bewußten Badeshorts. Sie fuhren ausschließlich Kabrios, und bei jedem Wetter mit offenem Verdeck. Sie sind ungeheuer aktiv und leben am liebsten draußen.
Mr. Jenner: Ist seine Frau ebenso unkonventionell in ihrer Kleidung?
Mr. Taylor: Ja, da ist wenig Unterschied.
Mr. Jenner: Geht sie beispielsweise auch in Badekleidung aus dem Haus?
Mr. Taylor: Ziemlich oft sogar. Und meistens im Bikini. (28)

Da Jeanne De Mohrenschildt eine üppige Blondine war, war sie ebenfalls eine auffallende Erscheinung. Natürlich war auch die Warren-Kommission an ihr interessiert, von De Mohrenschildt aber war sie fasziniert. Seine

Aussage füllt 118 engbedruckte Seiten. Davon ist die Hälfte seiner Biographie gewidmet, aber bei der Fülle der Details war es fast unmöglich, nicht immer wieder auf Nebenschauplätze abgelenkt zu werden. Wenn es um »name dropping« ging, breitete er sozusagen seine Beglaubigungsschreiben aus. Er war der einzige auf der Welt, der Jacqueline Kennedy als Kind gekannt hatte und Marina Oswald als Ehefrau und Witwe, und man konnte sich darauf verlassen, daß er es preisgab. Er wartete nur den taktisch richtigen Moment in der Konversation ab.

Albert Jenner zog ihn damit auf, daß er mit nacktem Oberkörper bei einer offiziellen Dinner-Party erschienen sei – zahlreiche Zeugen hatten das bereits ausgeplaudert –, und fragte ihn, ob er nicht den Hang hätte, Leute zu schockieren.

> **Mr. De Mohrenschildt:** Nun ja, es ist amüsant, Menschen aus ihrer Indolenz zu holen. Manchmal ist das Leben schrecklich anödend.
> **Mr. Jenner:** Wollten Sie sich damit auch aus Ihrer eigenen Öde befreien?
> **Mr. De Mohrenschildt:** Mag sein – auch aus meiner eigenen Öde. (29)

Er hatte in der Tat in so vielen Ländern gelebt und so viele Berufe ausgeübt – Kavallerieoffizier in der polnischen Armee, Damenunterwäscheverkäufer in Belgien, Filmemacher in New York und Bohringenieur in Dallas – und neben unzähligen anderen Abenteuern auch noch so oft geheiratet (berechnend und romantisch, mal wegen das Geldes, mal aus Liebe, früher einmal so reich wie ein Gigolo, der im Ehe-Roulett zweimal bei Zero dabeigewesen war, aber seit 1962 auf das angewiesen, was Jeanne, seine vierte und letzte Frau, als Modedesignerin bei Nieman-Marcus verdiente), daß Angeödetsein durchaus eines seiner chronischen Leiden gewesen sein könnte. Zuviel Erfahrung kann sich als ebenso gefährliches Hindernis für lebendiges Interesse am Leben erweisen wie zu wenig Erfahrung.

Wir können indes viel mehr über ihn herausbekommen, wenn wir seine Zeugenaussage und seine schriftliche Hinterlassenschaft miteinander vergleichen. Dazwischen liegen 13 Jahre. Die Aussage vor der Warren-Kommission machte er 1964, das Manuskript über Oswald schrieb er 1977 nieder.

Beginnen wir mit dem Manuskript, in dem De Mohrenschildt eine bemerkenswerte Schilderung seiner Bekanntschaft mit den Oswalds zu Papier brachte. Nachdem er von den anderen Emigranten über die Neuankömmlinge informiert worden sei, nimmt er für sich in Anspruch, daß er neugierig gewesen sei, mehr zu erfahren, und sich deshalb in der ersten oder zweiten Septemberwoche auf den Weg gemacht habe, sie zu besuchen. Ein Fenster tut sich auf, um den Mief der einstimmigen Verurteilung durch die anderen Emigranten zu vertreiben. Ein wundersamer Luftzug weht herein:

Irgend jemand gab mir Lees Adresse, und an einem Nachmittag fuhr ich mit Colonel Lawrence Orlov, einem meiner Freunde, von Dallas nach Fort Worth. Wir durchquerten die 45 tristen, nach Abwasser riechenden Kilometer zwischen den beiden Städten. In Texas gibt es viele landschaftlich schöne Gebiete, aber dieses ist durch Umweltverschmutzung heruntergekommen. Nach einigem Suchen fanden wir eine Bruchbude in der Mercedes Street in einer schmutzigen Doppelhaus-Siedlung. Ich klopfte, und eine billig zurechtgemachte, aber immerhin saubere junge Frau öffnete. Orlov fand sie attraktiv, trotz ihrer schlechten Zähne und des stumpfen Haars. (30)
Marina stellte uns Sherry hin und sagte, daß Lee bald von der Arbeit kommen würde. Wir sprachen ein wenig und alberten ein bißchen herum. Sie hatte Witz, aber ihre Ansichten schienen mir trivial. Und dann kam Lee Harvey Oswald herein, der bald berühmt oder berüchtigt werden sollte. Er trug einen Overall und saubere Arbeitsschuhe. Nur jemand, der Lee nie selbst begegnet ist, konnte ihn als unbedeutend charakterisieren. »Dieser Mann hat etwas ganz Besonderes«, sagte ich mir. Man konnte auf Anhieb einen sehr aufrichtigen und geradlinigen Mann erkennen. Obwohl er durchschnittlich aussah, ohne bemerkenswerte Gesichtszüge und von mittlerer Größe, offenbarte er im Gespräch alle Charakteristika von Konzentration, Gedankentiefe und Unbeugsamkeit. Dieser Mann stand zu seinen Überzeugungen und scheute sich nicht, sie in die Arena zu werfen. Ich war beglückt, einem solchen Menschen zu begegnen, und fühlte mich wieder zurück in meine Jugend in Europa versetzt, als wir beim Bier über das Weltgeschehen und unsere eigenen Auffassungen diskutierten und Zeit Schall und Rauch war. (31)

Die Lobhudelei ist damit noch nicht zu Ende:

Lees Englisch war perfekt, geschliffen, fast literarisch, ohne den geringsten Südstaaten-Akzent. Er hörte sich wie ein sehr gebildeter Amerikaner mit undefinierbarem Hintergrund an. (32) Es überraschte mich, daß er so schwierige Autoren wie Gorkij, Dostojewskij, Gogol, Tolstoij und Turgenjew las – in Russisch. Ich hatte auf einer großen Universität für alle

Semester Russischunterricht gegeben und nie eine solche Fähigkeit erlebt, auch nicht bei den älteren Semestern, die ständig russische Bänder anhörten und mit russischen Freunden Konversation trieben. (33)

Lee und ich waren Nonkonformisten mit einem revolutionären Zug. Meine langjährigen Erfahrungen in Lateinamerika und schließlich der Tod meines Sohnes und die Trauer darüber weckten mein Mitleid mit den Armen und Hungernden. Als junger Mann war ich karriere- und geldgeil, ein Herumtreiber. Aber Lee war seit seiner Kindheit immer derselbe geblieben, und das machte ihn so angenehm und wertvoll für mich. (34) Er war sozial engagiert, ein Träumer und Wahrheitssucher. Solche Menschen haben es im Leben sehr schwer, und deshalb hielten ihn so viele Leute für einen Schwächling und Versager. (35)

Sehr oft fragen mich Leute argwöhnisch, warum ich, ein Mann mit diversen Universitätsgraden und finanziell und gesellschaftlich derart gut gestellt – mit Freunden unter den Reichen dieser Welt –, mich mit diesem »radikalen Außenseiter« so angefreundet habe. Ich erwähnte bereits seine geradlinige und im Umgang angenehme Persönlichkeit, seine Aufrichtigkeit und seine Sehnsucht, gemocht und anerkannt zu werden. Und ich glaube, es ist das Privileg des Älterwerdens, darauf zu pfeifen, was andere über einen denken. Ich suche mir meine Freunde aus, weil sie mir zusagen. Und Lee sagte mir zu. (36)

De Mohrenschildts Manuskript trägt den Titel »I'm a Patsy« (Ich bin ein Sündenbock). Jeanne De Mohrenschildt schickte es einen Tag, nachdem ihr Gatte im März 1977 Selbstmord begangen hatte, an den Parlamentarischen Ausschuß für politisch begründete Attentate.

Als De Mohrenschildt 1964 vor der Warren-Kommission aussagte, wählte er weniger vorteilhafte Formulierungen für Lee und Marina:

Mr. De Mohrenschildt: Ich fand sie wenig anziehend, mehr eine verlorene Seele, die in den Slums lebte und kein einziges Wort Englisch konnte, mit einem ziemlich ungesund aussehenden Baby und einer gräßlichen Umgebung. (37) Sie ist so ein Typ Frau: sehr nachlässig, eine klägliche Mutter, eine sehr klägliche Mutter. Liebte das Kind, aber kümmerte sich als klägliche Mutter kaum darum. Am meisten überraschte uns, daß sie, obwohl sie in Rußland Apothekerin gewesen war, nichts über entsprechende Säuglingspflege wußte, rein gar nichts. (38)

Mr. Jenner: Erinnern Sie sich an Ihren Ausspruch: »Da wir schon einige

Zeit ständig in Dallas lebten, hatten wir irgendwann im letzten Herbst das Mißgeschick, Oswald und speziell seine Frau Marina kennenzulernen«?

Mr. De Mohrenschildt: Sicher.

Mr. Jenner: Was meinen Sie mit Mißgeschick?

Mr. De Mohrenschildt: Es ist nicht erquicklich, den potentiellen Mörder des Präsidenten der Vereinigten Staaten gekannt zu haben. Da er tot ist, macht es nichts aus. Aber da ist immer noch Marina. Wir hatten das Mißgeschick, sie zu kennen – es verschaffte uns in jeder Hinsicht unendliche Schwierigkeiten. (39) Es sollte ein Gesetz geben, das Menschen wie uns davor beschützt, mit Leuten wie Oswald auch nur Bekanntschaft zu machen. Vielleicht liege ich in dieser Hinsicht falsch. (40) Er war einfach ein Jüngelchen für mich, mit dem ich mein Spiel trieb. Manchmal war ich neugierig, was in seinem Kopf wohl vorging. Aber ich würde mich keinesfalls als seinen Freund bezeichnen.

Mr. Jenner: Das mag wohl so sein. Allerdings drückt sich Marina dahingehend aus, daß Sie »der einzige waren, der unser Freund blieb«.

Mr. De Mohrenschildt: Wir waren nicht befreundet, keine Rede davon. Wir waren viel zu beschäftigt, um uns mit ihnen abzugeben. Punktum! (41) Sie waren jämmerlich, verloren, ohne einen Cent, völlig konfus. Ich zeigte ihnen allerdings nicht, wie unendlich sie mich langweilten, denn das hätte bedeutet, einen Bettler zu beleidigen – Sie verstehen, was ich meine. (42) Ich nahm ihn nicht ernst – das ist alles.

Mr. Jenner: Und warum nicht?

Mr. De Mohrenschildt: Er war ganz einfach nicht kultiviert. Er war ein halbgebildeter Hinterwäldler. Alle seine Anschauungen waren ungeschliffen. (43) Sein Verstand war der eines Mannes mit überaus dürftigem Background, der äußerst anspruchsvolle Bücher las, ohne auch nur die Wörter zu verstehen. Wie kann man also so jemand ernst nehmen? Man lacht ihn einfach aus. Aber da war immer ein gewisses Mitleid, das ich und meine Frau für ihn empfanden. Wir erkannten, daß er ein verlassenes Menschenkind war, das nach irgend etwas tastete. (44) Es interessierte mich nicht, ihm zuzuhören, denn es kam nichts dabei heraus, null. (45) Nachdem wir alles darüber erfahren hatten, wie es in Minsk zuging, wie die Lage war, was die Lebensmittel kosteten, wie die Leute sich kleideten und wie sie ihre Abende verbrachten, alles Dinge, die wir wissen wollten, schwand unser Interesse. Die wenigen Male, die wir Lee Oswald und Marina danach noch sahen, brachten wir lediglich ein Geschenk oder nahmen sie zu einer Party mit, denn wir hatten den Eindruck, daß sie vor Langeweile starben – was auf Marina ja auch zutraf. (46)

Obwohl zwischen der negativen Aussage von 1964 und De Mohrenschildts hübschem Loblied von 1977 dreizehn Jahre liegen, ist die Kluft zwischen den beiden Einschätzungen einfach zu groß. Wo liegt der Hund begraben?

5
Nicht in einer Million Jahre

In einem Punkt widersprechen De Mohrenschildts Reflexionen von 1964 und 1977 einander nicht. Hier liegt der Schlüssel.
Oswald hatte selbst ein Manuskript verfaßt, 50 handgeschriebene Seiten (die ersten zehn tippte Pauline Bates ab, einige Tage nach seiner Rückkehr nach Amerika). Es ist ein unbeholfener, gedrängter Text, liefert aber eine authentische Sicht auf das Leben in der Sowjetunion. Zum damaligen Zeitpunkt hätte er von einigem Wert für den amerikanischen Geheimdienst sein können: Oswald schilderte mit gutem Beobachtungsvermögen das Leben in Minsk aus der Perspektive eines Arbeitstags.
Schon bald wurde er dazu gebracht, diese Seiten seinem neuen Freund George zu zeigen. Hier ist De Mohrenschildts Darstellung von 1977, was er Oswald 1962 über das Manuskript sagte:

> »Ihre Geschichte ist einfach und ehrlich, aber dürftig geschrieben. Es gibt keine sensationellen Enthüllungen, und sie ist ziemlich eintönig. Persönlich gefällt sie mir, weil ich Minsk kenne, aber wie viele Leute wissen überhaupt, wo Minsk liegt? Oder?«
> »Nicht viele«, gab Lee milde zu.
> Um ihn nicht zu beleidigen, sagte ich ihm nicht, daß seine Grammatik miserabel war, und sein Satzbau abscheulich. Und diese langen, hochtrabenden Wörter... (47)

Seine Bemerkungen vor der Warren-Kommission 1964 unterscheiden sich in der Einschätzung kaum:

> **Mr. De Mohrenschildt:** Es war einfach die Schilderung der Arbeitswelt in einer Fabrik in Minsk. Nicht wirklich schlecht geschrieben, aber auch nicht besonders gut. Ich blätterte das Manuskript flüchtig durch. Ich erkannte, daß es für eine Veröffentlichung nicht geeignet sei. Das war auf den ersten Blick zu sehen.

Mr. Jenner: Schreckliche Grammatik?
Mr. De Mohrenschildt: Schreckliche Grammatik.
Mr. Jenner: Und scheußliche Rechtschreibung.
Mr. De Mohrenschildt: Ja. (48)

Wenn wir die gewaltige Diskrepanz an anderen Stellen zwischen seinem Manuskript und seiner Aussage vergleichen, ist es offensichtlich, daß De Mohrenschildt in seinen Versionen äußerst flexibel war. Nur in diesem einen Punkt bleibt seine Sicht fast identisch. Noch 1977 versucht De Mohrenschildt alles, um den Eindruck zu verwischen, daß er auch nur das geringste Interesse an Oswalds Manuskript gehabt haben könnte. Der leiseste Anschein könnte immerhin den Verdacht erwecken, daß er eine Mission zu erfüllen hatte. Und ein Teil dieser Aufgabe war – dachten wir's nicht! –, Oswalds 50 Seiten so lange zu behalten, bis eine Kopie davon angefertigt und den entsprechenden Leuten zugeleitet worden war. Also überlegte er 1977 immer noch, vermutlich aus Furcht, wieviel er im Dunkeln lassen mußte – oder ob er seine verdeckten Kontakte preisgeben sollte. Ein paar Wochen später war er schließlich in derartigen finanziellen Schwierigkeiten, daß er bereit war, sich von Edward Epstein auf Herz und Nieren interviewen zu lassen, allerdings noch nicht völlig bereit – sein Selbstmord setzte seinen Bekenntnissen ein abruptes Ende. Das meiste von dem, was er zu erzählen gehabt hätte, hat er mit ins Grab genommen.

Wir können davon ausgehen, daß die Warren-Kommission in all ihrer Reputierlichkeit George für eine höchst verdächtige Person hielt, und den Einzelheiten seiner Biographie mit äußerster Akribie nachging. Da war schließlich so viel, was zu überprüfen war. Er war kurz vor dem Ausbruch des Zweiten Weltkriegs in New York angekommen und hatte mit seinem Cousin Baron Konstantine von Maydell einen Dokumentarfilm über den polnischen Widerstand begonnen. Allerdings wurde Maydell bald nach der polnischen Teilung von 1939 zwischen der Sowjetunion und dem Deutschen Reich Nazi-Agent, wie das FBI später herausfand. De Mohrenschildt sammelte laut eigener Aussage »Fakten über Leute, die in pro-deutsche Aktivitäten verwickelt waren« für einen anderen Freund, Pierre Freyss, den Chef des Deuxième Bureau für französische Gegenspionage. De Mohrenschildt war in jener Zeit also mit ziemlicher Sicherheit ein Doppelagent, aber ob seine Loyalität in erster Linie den Deutschen oder den Franzosen galt, steht auf einem anderen Blatt.

Im nächsten Jahr versuchte er beim OSS (Office of Strategic Services) unterzukommen, und sein Name taucht die nächsten 15 Jahre in den Nachrichtendienst-Akten diverser Länder auf, und schließlich ergeben sich als Höhepunkt ernsthafte Kontakte mit der CIA, insbesondere, was seine geologischen Vermessungen über die Ölvorräte in Jugoslawien und Westafrika betraf. (Überflüssig zu sagen, daß dabei nicht wenige strategisch empfindliche Gebiete kartographiert worden waren.) Als er 1957 aus Jugoslawien zurückkehrte, wurde er von J. Walton Moore von der Domestic Contacts Division der CIA in Dallas befragt. Es ist amüsant, zu verfolgen, wie De Mohrenschildt sich vor der Warren-Kommission dreht und windet, um zu verschleiern, daß er auf diesem Gebiet auch nur den geringsten Durchblick haben könnte:

> **Mr. De Mohrenschildt:** Bevor wir die Oswalds kennenlernten, sprachen wir über sie mit Max Clark und nochmals mit Bouhe. Ich fragte Mr. Bouhe: »Glaubst du, daß es für uns gefahrlos ist, Oswald zu helfen?«
> **Mr. Jenner:** Warum brachten Sie die Frage aufs Tapet?
> **Mr. De Mohrenschildt:** Ich brachte die Frage aufs Tapet, weil er in der Sowjetunion gewesen war. Sehen Sie, er konnte alles sein. Und er wurde möglicherweise rund um die Uhr vom FBI observiert. Sie können sich vorstellen, daß ich in so etwas nicht hineingezogen werden wollte. (49)

Im Herbst 1962 bereitete De Mohrenschildt die größte geschäftliche Unternehmung seines Lebens vor – die Suche nach Ölquellen auf Haiti, wobei er auf die Unterstützung von »Papa Doc«, dem haitianischen Präsidenten, angewiesen war. George war gewiß nicht daran interessiert, seinen Namen mit irgendwelchen sowjetischen Assoziationen zu belasten. Nicht zu diesem Zeitpunkt. Papa Doc war sehr wohl in der Lage, zu erkennen, daß Georges Karriere, reduziert auf die Daten eines Dossiers, ein unmißverständliches Profil aufwies: er hatte den klassischen Background eines Spions. Da es in jenen Jahren für möglich, sogar für wahrscheinlich gehalten wurde, daß Castro nach seinem Erfolg in der Schweinebucht auch die Dominikanische Republik oder Haiti im Auge hatte, erhob sich die Frage, ob der Baron, belastet mit einer verdächtigen Vergangenheit, Geschäfte mit einem so mißtrauischen Mann wie Duvalier machen konnte, der jeden Außenseiter als Spion Castros beargwöhnte. Für George war es also dringend nötig, daß die CIA ein paar Signale aussandte, daß sie an ihm und dem Gelingen seines Projekts in Haiti äußerst interessiert seien.

Bevor George sich bereit erklärte, Oswald zu treffen, sicherte er sich nicht wie George Bouhe bei Max Clark ab, sondern hatte sich der Billigung durch die CIA versichert:

Mr. De Mohrenschildt: Ich kann mich vage erinnern, daß ich Erkundigungen über Oswald bei Mr. Moore einzog – Walter Moore.

Mr. Jenner: Wer ist Walter Moore?

Mr. De Mohrenschildt: Walter Moore war der Mann, der mich im Auftrag der Regierung befragte, als ich aus Jugoslawien zurückkam – G. Walter Moore. Er ist ein Mann der Regierung – entweder FBI oder Central Intelligence. Ein außerordentlich netter Mann, überaus intelligent, der, soviel ich weiß, irgend etwas mit dem FBI in Dallas zu tun haben muß. Viele halten ihn für den Chef des FBI in Dallas. Habe ich zumindest gehört, aber wer weiß das schon? Jedenfalls ist er ein Regierungsbeauftragter in irgendeiner Funktion. Er befragte mich über meinen Aufenthalt in Jugoslawien, erkundigte sich, was ich über die politische Situation dort dächte, und nahm meine eidesstattliche Zeugenaussage darüber auf. Wir freundeten uns danach irgendwie an, trafen uns von Zeit zu Zeit und aßen zusammen Mittag. Ich fand ihn ausgesprochen interessant. (50)

De Mohrenschildt wußte sehr wohl, daß Moore nicht beim FBI war, und daß seine Vornamen nicht G. Walter, sondern J. Walton waren. Er verschleierte seine Kontakte zur CIA, indem er das Dummchen spielte. Seit J. Walton Moore ihn über Jugoslawien befragt hatte, mußte er ganz einfach wissen, daß Moore bei der CIA war. Das FBI war nicht für auswärtige Angelegenheiten zuständig, die CIA sehr wohl. De Mohrenschildts geschäftliche Jonglierkünste waren jedoch 1964 aufgrund des Attentats in eine ausgesprochene Schräglage geraten, und die CIA konnte sein Projekt auf Haiti zum Scheitern bringen, wenn er die Agency auch nur in die geringste Verbindung mit Oswald brachte.

Doch 1962 hatte die CIA einen wirklich abgebrühten Vertrauensmann gebraucht, um Oswald zu durchleuchten. Lee war eine unbekannte Größe. Nachdem der KGB die Möglichkeit erwogen hatte, daß ihr Überläufer von den Marines eine neue Geheimwaffe der CIA sei, konnte die CIA nun das Kompliment zurückgeben. Hatte der KGB eine neue Masche? Oswald konnte aus Rußland als Vitaminspritze für die Sowjet-Propaganda zurückgeschickt worden sein. Eine direkte »Gehirnwäsche« konnte, falls sie negativ verlief und Oswald eine Zeitung fand, die damit nicht hinter dem Busch hielt, internationale Verwicklungen beschwören und würde – schlimmer noch – einmal mehr die Beziehungen zu J. Edgar Hoover trüben; Oswald fiel, wenn nicht alle Zeichen trogen, unter die Zuständigkeit des FBI. Was, rein bürokratisch gesprochen, bedeutete, daß die CIA die Finger von ihm zu lassen hatte. Trotzdem war die CIA aber auf die Informationen ange-

367

wiesen, die Oswald ihnen, nachdem er zweieinhalb Jahre in der Sowjetunion gelebt hatte, über das Leben dort liefern konnte. Ihn gründlichst darüber auszuhorchen, konnte ihr Wissen aufpolieren. Die Notwendigkeit bestand also, aber die Operation, wiewohl in kleinem Maßstab, mußte mit Fingerspitzengefühl vonstatten gehen. Man entschied sich für eine Einschleichaktion – so wie Oswald auch in Moskau inoffiziell befragt worden war.

Mr. Jenner: Kamen die Oswalds, gemeinsam oder einzeln, häufig oder gelegentlich in Ihr Haus und verbrachten den Tag mit Ihnen?
Mr. De Mohrenschildt: Ich habe versucht, zu eruieren, wie viele Male wir sie ingesamt gesehen haben, aber das ist wirklich ein schwieriges Unterfangen. Ich würde sagen, zehn- oder zwölfmal, vielleicht auch öfter. Ich bin wirklich überfragt.
Mr. Jenner: Und Oswald war sich bewußt, daß Sie dafür sorgten, daß sie unter die Leute kamen?
Mr. De Mohrenschildt: Ja. Ich bat einige Leute, sie einzuladen, weil sie so einsam waren. (51)

In »Harlot's Ghost« hält Hugh Montague alias Harlot einen Vortrag über die Methoden, wie man das Vertrauen eines Menschen gewinnen kann, der als Zielscheibe für Spionage-Aktivitäten ausgewählt worden ist. »Desinteressierte Verführung«, bläut Harlot seinem CIA-Kurs ein, sei der grundlegende Mechanismus. Dann fragt er:
»Ist einer von Ihnen mit der Kardinalregel für Geschäfstüchtigkeit vertraut?«
Rosens Hand schoß hoch. »Der Kunde kauft kein Produkt, solange er den Verkäufer nicht akzeptiert.«
»Perfekt«, sagte Harlot. »Als Chef muß ich dem potentiellen Agenten – meinem Kunden – einen Gedanken einimpfen: daß ich der richtige Mann bin für alles, was er nötig hat. Wenn mein Kunde ein einsamer Mensch ist mit einem aufgestauten Bedürfnis, sich auszusprechen, wie hat meine kalkulierte Reaktion dann auszusehen?«
»Ihm zuzuhören«, sagten einige von uns gleichzeitig.
»Gut, gut«, sagte Harlot. »Im Zweifelsfall behandeln Sie einsame Menschen immer so, als ob sie reich und erfahren und mit Ihnen so gut wie verwandt seien. Versorgen Sie sie mit den kleinen Annehmlichkeiten des Lebens, das pflügt den Boden der Bereitschaft. Wenn der Kunde allerdings ein gesellschaftlicher Möchtegern ist, der bei jeder Erwähnung einer tollen Party mit den Zähnen knirscht, weil er nicht eingeladen war, wird

Ihnen Mitgefühl wenig bringen. Da ist Action angesagt. Sie müssen den Kandidaten zu einer Gala-Veranstaltung mitnehmen. Allerdings – man muß das wirkliche Problem immer fest im Griff behalten. Eine besondere Freundschaft muß langsam aufgebaut werden. Einerseits muß man sich so großzügig wie ein Schutzengel benehmen. Doch das kann einen Kunden mißtrauisch machen, so daß Sie andererseits immer auf dem Sprung sein müssen, um dieses Mißtrauen zu zerstreuen. Man kann durchaus davon ausgehen, daß der Kunde in irgendeiner Windung seines Gehirns heraushat, was Sie mit ihm treiben, aber für Ihr Spiel zugänglich ist. Dann ist der Zeitpunkt gekommen, um den ersten Schritt zu tun, aber lassen Sie sich nicht hinreißen. Spielen Sie das Drama herunter. Fordern Sie etwas völlig Unerhebliches. Köcheln Sie ihn auf ganz kleiner Flamme gar. Danach fordern Sie etwas mehr. Könnte Ihr Freund Sie vielleicht einen kurzen Blick auf den Bericht X werfen lassen? Rein zufällig wissen Sie, daß dieser Bericht X auf seinem Schreibtisch liegt. (52)

Oswald wurde natürlich nicht zum Agenten gepäppelt. Es war viel zu früh für etwas dergleichen. Das Nahziel war, herauszufinden, ob ihn der KGB umgedreht hatte, und – falls nicht – ihn geschickt über seine Erfahrungen in Minsk auszuquetschen und dabei genug über seinen Charakter herauszufinden, um zu entscheiden, ob er irgendwie von Nutzen sein könnte.

Am Vormittag des 29. März 1977 hatte Edward Epstein gerade seine erste Sitzung mit George De Mohrenschildt in Palm Beach beendet. Er hatte dem Baron aus dem Fonds von »Reader's Digest« 4.000 Dollar für das auf vier Tage anberaumte Interview bezahlt und bereitete sich auf die Fortsetzung des Gesprächs nach dem Mittagessen vor. Wie ein Lauffeuer verbreitete sich über das FBI die Nachricht, daß De Mohrenschildt in der Zwischenzeit informiert worden sei, daß ein Mitglied des Parlamentarischen Untersuchungsausschusses für politisch begründete Attentate mit ihm sprechen wolle. Das war vermutlich das Vorspiel zu einer erneuten Vorladung. De Mohrenschildt konnte seine Befragung durch Epstein bis zu einem gewissen Grad unter Kontrolle halten, aber vor dem Ausschuß würde das bei weitem nicht so leicht zu machen sein. Prompt tötete De Mohrenschildt sich mit einer Schrotflinte selbst. Für Epsteins schriftstellerische Pläne war der Selbstmord eine Katastrophe. Er hatte schon einiges herausgebracht und die Erwartung gehegt, daß er noch weit mehr zu hören kriegen würde. In Washington wiederum wurde von jenen Ausschußmitgliedern, die der Ansicht waren, daß Teile der CIA für den Tod Kennedys verantwortlich seien, De Mohrenschildts abruptes Ende für Mord gehalten.

In seinem Buch »Legend« übermittelt uns Epstein, was der Tote ihm noch hatte mitteilen können:

De Mohrenschildt behauptete an diesem Vormittag, daß er mit der CIA bereits seit den frühen fünfziger Jahren in Kontakt gewesen sei. Obwohl er nie bezahlter Informant gewesen sei, habe er Regierungsbeamten, die mit dem Geheimdienst in Verbindung standen, »gelegentlich einen Gefallen getan«. Als Gegenleistung hätten diese Beamten ihm bei seinen überseeischen Geschäften Hilfestellung gegeben. Als Beispiel nannte er einen Kontrakt, der ihm 1957 Vermessungen an der jugoslawischen Küste ermöglichte. Er gab vor, daß seine »Verbindungen« das in die Wege geleitet hätten, wofür er sie wiederum mit Berichten über jugoslawische Amtsträger versorgte, an denen sie Interesse gezeigt hätten. Solche Kontakte waren, wie er sich ausdrückte, »der Knackpunkt« für die Erdölsuche in unterentwickelten Ländern.

Ende 1961 – De Mohrenschildt konnte das Datum nicht genau bestimmen – hatte er mit einer dieser Personen, J. Walton Moore, im Zentrum von Dallas eine Verabredung zum Mittagessen. Moore habe zielbewußt das Thema Minsk angeschnitten und sich darüber informiert gezeigt, daß De Mohrenschildt dort seine Kindheit verbracht hatte. Moore erzählte ihm von einem amerikanischen Ex-Marine, der im letzten Jahr in einer Elektronikfabrik in Minsk gearbeitet habe, und an dem »Interesse« bestünde, seit er in die Gegend von Dallas zurückgekehrt war. Obwohl Moore keine bestimmten Wünsche äußerte, schloß De Mohrenschildt, daß er wohl nähere Informationen über die Aktivitäten dieses ungewöhnlichen Ex-Marine in Minsk zu schätzen wissen würde.

Im Sommer 1962 erfuhr De Mohrenschildt mehr über den Überläufer. Einer von Moores Mitarbeitern übergab ihm Lee Harvey Oswalds Adresse in Fort Worth und meinte beiläufig, ob De Mohrenschildt nicht Lust hätte, ihn zu treffen. Daraufhin rief De Mohrenschildt Moore an und deutete seinerseits an, daß er für eine kleine Hilfestellung der amerikanischen Botschaft auf Haiti durchaus dankbar wäre. Obwohl er sich im klaren war, daß es sich um kein Gegengeschäft handeln konnte, hoffte er doch, dieselbe stillschweigende Unterstützung wie früher in Jugoslawien zu erhalten. »Ich hätte mit Oswald nicht in einer Million Jahre Fühlung aufgenommen, wenn Moore es nicht gutgeheißen hätte«, erklärte er mir. »Zuviel stand auf dem Spiel.« (53)

DRITTER TEIL

DUNKLE TAGE IN DALLAS

1

Abende in Dallas

George wird behaupten, daß er Oswald zwischen September 1962 und März 1963 nur ein dutzendmal gesehen hat, aber die Aussage seiner Tochter Alexandra läßt auf häufigere Treffen schließen. Natürlich ist Alexandras Erinnerungsvermögen, was Daten betrifft, kläglich, ebenso wie das von Jeanne und George De Mohrenschildt, Marguerite, George Bouhe und fast allen Emigranten. Marinas Gedächtnis war aufgrund der Reihe von Schocks, die sie durchlitten hatte, ebenfalls wenig zuverlässig. Für das Studium von Spionage, Verbrechen und Leidenschaft ist eine sorgfältig zusammengestellte Chronologie jedoch oberstes Gebot, denn sie führt am zuverlässigsten zum Motiv: Ein Liebhaber, der Treue schwört, bevor er einen Treuebruch begeht, kann schwerlich in demselben Licht gesehen werden wie einer, der den Treueschwur erst nachher leistet. Im ersteren Fall ist der Liebhaber ein Verräter, im letzteren ein Reuiger.

Die Warren-Kommission mag, was den Stil ihrer Befragungen betrifft, viel zu wünschen übriggelassen haben, doch ohne ihre sorgfältige Zusammenstellung aller Unterlagen über Oswalds Anstellungen, Lohnauszahlungen und Wohnsitze gäbe es wahrscheinlich überhaupt keine Chronologie. Dank der Untersuchungen des FBI und der Warren-Kommission können wir uns wenigstens darüber kundig machen, wo Oswald wohnte, wann er umzog und wer einige seiner Partner waren.

Über die Wechselfälle seines Innenlebens gibt es jedoch nur wenige chronologische Details. Gäbe es nicht die Verzeichnisse der Bibliothek in New Orleans über Ausleihe und Rückgabe – für Dallas und Fort Worth existieren solche Listen nicht –, wüßten wir nicht einmal, was er las und wann.

Ziemlich dasselbe gilt für De Mohrenschildts wachsende Vertrautheit mit den Oswalds. Während George und Jeanne offenbar häufig bei den Oswalds vorbeischauten, ihnen in diversen finanziellen und ehelichen Krisen beistanden oder andere als Helfer ausfindig machten, bleibt die Entwicklung

371

der Beziehung sowohl in seinen Memoiren wie in seiner Aussage statisch. In seinem Manuskript findet sich etwa folgende Passage:

> …ich erzählte Lee, daß ich Jacqueline Kennedy als junges Mädchen gekannt habe, und auch ihre Eltern und Verwandten, und wie entzückend die ganze Familie war. Besonders mochte ich »Black Jack« Bouvier, Jackies Vater, einen reizenden Wall-Street-Casanova.
>
> Lee war auf den Reichtum der Kennedys und der Bouviers nicht eifersüchtig und beneidete sie nicht um ihre gesellschaftliche Stellung, da war ich mir ganz sicher. Für ihn waren Reichtum und High Society ein ziemlicher Witz, aber er ärgerte sich nicht darüber. (1)

Über den Daumen gepeilt, nimmt das Manuskript für uns den Ton wieder auf, den De Mohrenschildt bei seinen Begegnungen mit Lee an den Tag legte – huldvoll, kosmopolitisch und immer bereit, seinem Opfer für dessen Verstand und Charakter Lob zu spenden –, während die Aussage vor der Warren-Kommission Georges unausgesprochene Gefühle während seines Umgangs mit Lee zum Ausdruck bringt. All sein Unmut und Angeödetsein treten in diesem Zeugnis unverhohlen zutage. So viele Stunden hatte er schließlich drangeben müssen, um seinen ungleichen Partner in eine Freundschaft zu verwickeln. Immerhin kannte der Baron Lee gut genug, um an seinen verborgenen Snobismus zu rühren: Oswald hielt es für selbstverständlich, daß er dazu geboren war, mit Leuten Kontakt zu pflegen, die ihrerseits die Führer der Welt und ihre schönen Damen kannten. Wie schade, daß wir De Mohrenschildts Anekdoten über Jackie chronologisch nicht einordnen können, denn das war vermutlich der Punkt, an dem Oswald De Mohrenschildt mehr als nur oberflächliches Vertrauen zu schenken begann. Jedenfalls können wir annehmen, daß nach einem Monat sich rasch entwickelnder Freundschaft der Baron um den 7. Oktober begann, sich um Oswalds berufliche Karriere zu kümmern. Dafür haben wir Gary Taylor als Zeugen. Zum Zeitpunkt seiner Aussage ist er bereits Georges Ex-Schwiegersohn und hat deshalb vielleicht einen scheelen Blick auf die Dinge, aber er stellt den Sachverhalt jedenfalls so dar:

> **Mr. Taylor:** Ich vermute, daß De Mohrenschildt ihm den Umzug nach Dallas schmackhaft gemacht hat, denn er machte Lee etliche Vorschläge – z.B. wo er einen Job bekommen könnte. Egal, was er vorschlug, Lee ging darauf ein, ob es nun darum ging, wann es Zeit sei, ins Bett zu gehen, oder daß Marina bei uns bleiben könne, während er im YMCA wohnte. (2)

Im Oktober 1962, zwei Jahre vor der Aussage von Gary Taylor, lebten er und seine Frau Alexandra, De Mohrenschildts Tochter, und ihr kleiner Sohn im Alter von June Oswald in einer Wohnung in Dallas. De Mohrenschildt hielt es für eine hervorragende Idee, Gary und Alexandra mit Lee und Marina bekannt zu machen. Für den 7. Oktober, an dem George und Jeanne von Dallas nach Fort Worth fuhren, um ein Konzert sowjetischer Pianisten im Rahmen des Van-Cliburn-Wettbewerbs zu besuchen, war anschließend ein Besuch bei den Oswalds arrangiert worden.

Als Alexandra und Gary gegen vier Uhr an diesem Sonntagnachmittag in der Mercedes Street ankamen, hatten sich die anderen Gäste bereits eingefunden. Eine Party (ohne Erfrischungen) war im Gange – mit George Bouhe, Elena Hall mit ihrem Mann, Jeanne und George de Mohrenschildt und – nicht zuletzt – Marguerite Oswald.

Sobald die Rede auf Marguerite Oswald kommt, ist man geneigt, automatisch *nicht zuletzt* zu sagen, was jedoch in diesem Fall nicht unbedingt zutraf:

Mr. Jenner: Hatten Sie Gelegenheit, sich ein Bild von ihr zu machen?
Mr. Taylor: Ich erinnere mich nur vage an eine ziemlich füllige Frau, die – na ja – nicht ganz dazuzugehören schien. Sie machte auch nicht den Eindruck, als ob sie an dem, was sich da abspielte, besonders interessiert sei, und das war wahrscheinlich der Grund, warum sie bald ging. (3)

Es ist traurige Chronistenpflicht, zu berichten, daß dies das vorletzte Mal war, daß Marguerite Lee lebend sah.

Marguerite Oswald: Das war an einem Sonntag. Zwei Tage später, also an einem Dienstag, fuhr ich wieder hin, und das Haus stand leer. Ich fuhr also zu Robert, aber Robert war im Büro. Ich war völlig außer Fassung. Sie hatten mir nicht gesagt, daß sie ausziehen würden. Vada sagte: »Robert hat ihnen beim Umzug geholfen, und sie haben uns die Sachen aus dem Kühlschrank hiergelassen.« (4)

Wie konnte es Marguerite entgehen, daß diese Arrangements getroffen worden sein mußten, nachdem sie am Sonntagnachmittag gegangen war?

Mr. Jenner: Worüber wurde noch gesprochen?
Mr. Taylor: Über Lees Job, ich glaube, er hatte am Freitag davor aufgehört.

Ich weiß nicht, ob er gefeuert wurde, oder wie er da rauskam. Er wollte jedenfalls nach Dallas. Marina sollte bei uns wohnen.

Mr. Jenner: Warum?

Mr. Taylor: Damit sie ein Dach über dem Kopf hatte, bis er Arbeit in Dallas gefunden hätte. Lee blieb die Nacht noch in Fort Worth und lagerte die größeren Habseligkeiten – außer der Kleidung hauptsächlich Sperrmüll – am nächsten Tag in der Garage von Mrs. Hall. Dann fuhr er nach Dallas und wohnte – na ja – im dortigen YMCA. (5)

Oswald ließ seine Gäste in dem Glauben, daß ihm gekündigt worden war, aber in Wirklichkeit erschien er einfach nicht mehr an seinem Arbeitsplatz.

Mr. Bargas: Er machte keinerlei Andeutungen, daß er kündigen wollte.

Mr. Jenner: Sie haben also mit seinem Erscheinen am nächsten Tag gerechnet?

Mr. Bargas: Er rief nicht an, und er selbst hatte kein Telefon. Also versuchte ich nicht, ihn zu erreichen. (6) Er war ja nur kurz bei mir, aber er ließ sich gut an. Ich schätze, wenn er weiter in dem Beruf gearbeitet hätte, wäre er ein recht brauchbarer Metallarbeiter geworden, wer weiß. (7)

Wir können davon ausgehen, daß De Mohrenschildt Lee nicht nur davon überzeugt hatte, daß er in Dallas einen guten Job finden würde, sondern daß er ein bedeutenderes Ziel erreicht hatte. Lee war jetzt von seiner Frau getrennt, die Beziehung zwischen dem Baron und dem Überläufer konnte intensiviert werden.

Das rätselhafte Verwirrspiel beginnt von neuem. Lee und Marina sind für den Rest des Oktobers und während der ersten Novembertage getrennt – insgesamt vier Wochen. Sie bleibt ein paar Tage bei Gary und Alexandra Taylor in Dallas und zieht dann in das Haus von Elena Hall in Fort Worth, wo Lee June und Marina ein paarmal die Woche besuchen wird und jedesmal angeblich nach Dallas zurückfährt, wo er, wie jedermann einschließlich Marina annimmt, ein Zimmer im YMCA bewohnt.

Der heikle Punkt ist allerdings, daß er im YMCA nur fünf Tage registriert war – vom 15. bis zum 19. Oktober. Für die Woche davor und die beiden Wochen nach dem 19. Oktober hat sich niemand aufspüren lassen, der wußte oder zugeben wollte, wo Oswald sich aufhielt. Diese Lücke konnte trotz aller Anstrengungen des FBI und der Warren-Kommission nicht geschlossen werden.

Rätselhaft bleibt auch, aus welcher Quelle er Geld erhielt. Nach der Aussage von Robert hatte er die geliehenden 200 Dollar bereits zurückbezahlt. Das hatte er über einen Zeitraum von zwölf Wochen bei einem Wochenlohn von 50 Dollar und einer Monatsmiete von 59,50 Dollar geschafft. Die Rechnung geht nur dann auf, wenn sie während der neun Wochen in der Mercedes Street wöchentlich höchstens 20 Dollar für Essen und andere Lebensnotwendigkeiten ausgegeben hätten.

Alexandra Taylor erinnert sich vage:

Alexandra Gibson:(8) Mein Vater muß ihnen wohl Geld geliehen haben, oder? Er brauchte doch Geld für das YMCA. Und er brauchte Startkapital, und ich weiß, woher das kam, George Bouhe hat es ihm gegeben.(9) Er mochte Mr. Bouhe sehr, und ich glaube, er dachte, daß Mr. Bouhe ihm einen guten Job verschaffen könnte. Ich würde sagen, George Bouhe schanzte ihm am meisten zu, mehr als mein Vater oder irgend jemand anders. (10)

Bouhe oder De Mohrenschildt oder beide haben ihn wahrscheinlich eine Zeitlang unterstützt. Es ist zweifellos richtig, daß De Mohrenschildt über Anna Mellers Mann Teofil einige Vorstellungsgespräche arrangierte, bei denen sich Lee sauber gekleidet, höflich und aufmerksam präsentierte (wie dies später von der Texas Employment Commission berichtet wurde). Nach drei Tagen bekam er eine Anstellung, die ihm gefiel, in der Spezialdruckerei Jaggars-Chiles-Stovall. Die Firma verfügte über eine beachtliche Vielzahl fotografischer Geräte und Schrifttypen, so daß sie den Regionalzeitungen aus Anzeigenentwürfen fertige Matern erstellen konnte.

Mr. Graef: Ich fragte ihn, wo er zuletzt gearbeitet habe, und er sagte: »Bei den Marines.« Ich sagte zum Spaß: »Natürlich in Ehren entlassen«, er antwortete: »Aber ja«, dann setzten wir unser Gespräch über andere Themen fort. (11)

Es scheint, daß Oswald an dieser Arbeit mehr Interesse hatte als an allem, was er zuvor oder später tat. Er arbeitete sich rasch ein und nutzte die gebotenen Vorteile: mit den zur Verfügung stehenden Geräten konnte er Ausweise für sich fälschen. Außerdem brachte er es mit Überstunden auf wöchentlich bis zu 70 Dollar.

Doch die Frage erhebt sich nach wie vor: was tat Oswald in diesem Okober abends und wo in Dallas wohnte er? Lee besuchte Marina und June während der vier Tage, die sie bei den Taylors wohnten, zweimal, aber laut Gary »hatten sie sich nichts zu sagen«.

Mr. Taylor: Gleich um die Ecke gab es einen großen Park, wo sie allein sein hätten können – aber nichts dergleichen. Es war wie die Begegnung zwischen zwei Freunden. (12)

Vor dem Umzug nach Fort Worth hatte sich Marina bei den Emigranten beklagt, daß Oswald kein Interesse für sie zeige.

Mr. De Mohrenschildt: Sie sagte in aller Offenheit, daß sie ihn körperlich nicht interessiere – direkt in seiner Gegenwart. »Er schläft nur einmal im Monat mit mir, und ich habe nie etwas davon.« Ganz schön grob und direkt, und das vor Leuten wie uns, die eigentlich Fremde waren.
Mr. Jenner: In der Tat.
Mr. De Mohrenschildt: Ich kann es Lee eigentlich nicht verdenken, daß er ihr ein blaues Auge verpaßte. (13)

Marina hatte Elena Hall dasselbe erzählt. Und als sie eines Tages mit Jeanne in De Mohrenschildts Cabrio fuhr, konnte sie nicht aufhören, zu schwärmen, wie gutgebaut und muskulös die Schwarzen doch seien, an denen sie vorbeifuhren. Jeanne war trotz ihrer ungewöhnlichen Karriere als Balletttänzerin in China und ihrer extravaganten Bikinis schockiert. Sie fand es für eine verheiratete Frau höchst ungebührlich, sich in solcher Weise auszudrücken. So äußerte sie sich jedenfalls vor der Warren-Kommission.
Ehen können sich über Wochen und Monate mühsam hinschleppen, vergleichbar endlosen Expeditionen in der Wüste auf dem Höcker eines Kamels. Oswald hatte sich offensichtlich von Marina zurückgezogen. Und abermals erhebt sich die Frage wie in seiner Zeit bei den Marines und in dem ersten merkwürdigen Jahr in Minsk, in dem er keine Frau hatte und sich mit platonischen Rendezvous mit Ella Germann zufrieden gab – war er homosexuell? Wenn ja, dann war das auf Lebenszeit seine Leiche im Schrank.
Wie auch immer, es ist ganz und gar nicht an den Haaren herbeigezogen, ein Szenario zu skizzieren, in dem Oswald eine Woche bei einem älteren Mann lebte, Zoff bekam, eine Woche in das YMCA zog, sich wieder versöhnte und für vierzehn Tage zu diesem Mann zurückkehrte, um für seine Pein abermals Geld zu kassieren. Es gibt keinen Beweis für ein solches Sze-

nario, aber irgendeine Erklärung für die Lücke dieser drei Wochen muß wohl gefunden werden. Da unsere Hypothese ohnehin nicht verankert ist, können wir uns auf Höhenflug begeben. Wir können uns die Freude an der überraschenden Wendung gönnen, die uns ein Roman bietet und – wenn auch nur eine Seite lang – unterstellen, daß George Bouhe der geheime Liebhaber ist:

Mr. Bouhe: Ich hatte, so weit es in meinen bescheidenen Kräften stand, das Bedürfnis, ihm wirtschaftlich auf die Beine zu helfen, so daß er Frau und Kind unterstützen konnte. Ich sagte, und das waren meine Worte: »Lee, Sie haben nun Arbeit als Druckerlehrling für 1,45 Dollar pro Stunde. Und wenn Sie sich anstellig zeigen« – genau das waren meine Worte – »werden Sie in wenigen Jahren über eine Fertigkeit verfügen, die Sie überall an den Mann bringen können.«
Er sagte: »Glauben Sie?« und bedankte sich nicht einmal.
Ich fügte noch hinzu: »Also ich würde gerne hören, wie Sie zurechtkommen«, was eine Standardfloskel ist, die ich jedem gegenüber benutze.
Zwei, drei oder vielleicht fünf Tage danach rief er mich um sechs Uhr abends an, ich nehme an, nach Arbeitsschluß, und sagte: »Ich komme gut zurecht. Bye.« (14)

Die Beschreibung von George Bouhe durch andere als »wichtigtuerischer, starrköpfiger alter Junggeselle« war zu jener Zeit die beschönigende Umschreibung für einen Homosexuellen reiferen Alters, der ein vernünftiges und nützliches Leben geführt und im Lauf der Jahre genug zurückgelegt hatte, um für einige Freuden bezahlen zu können. Mit einem so unfreundlichen Zeitgenossen wie Oswald mag das allerdings für einen körperlich feigen Menschen wie Bouhe ein harter Handel gewesen sein. Und tatsächlich benutzte Lee laut Priscilla Johnson McMillan Bouhes Namen als Referenz und »ging so weit, Bouhe als falsche Adresse anzugeben«. Wie Bouhe später derselben Autorin gegenüber bemerkte: »Er bekam immer, was er wollte…« (15)

Es ist noch ein anderes Szenario denkbar. Was, wenn die Präliminarien zwischen Oswald und De Mohrenschildt so fortgeschritten waren, daß De Mohrenschildt und seine Drahtzieher nun zu dem Schluß kamen, daß Oswald nicht für den KGB arbeite, und daß ernsthaft erwogen wurde, Oswald als Provokateur gegen die Sowjets einzusetzen? Um diese imaginäre Möglichkeit auf die Spitze zu treiben, war Oswald möglicherweise sogar an sicherem Ort abgeschirmt und nur in der Woche vom 15. bis 19. Oktober ins YMCA gebracht worden, um seiner Behauptung, daß er dort wohne, einen glaubwürdigen Anstrich zu geben.

Eine solche Undercover-Karriere wäre allerdings zu geschmiert gelaufen, um einer derartigen Hypothese Halt zu bieten. Für jeden, der ihn auf Herz und Nieren prüfte, hätte er sich in zu wenigen Kategorien qualifiziert, um sich mit ihm auf ein solches Risiko einzulassen. Es ist an diesem Punkt also einfacher, sich vorzustellen, daß er mit Schrankleichen im Geschäft war, als daß er als bezahlter Neuling von der CIA in Dienst genommen wurde.

2
Oswalds »Mein Kampf«

Wir sollten noch eine weitere Möglichkeit einführen, die sich als die tragfähigste, wenn auch am wenigsten romanhafte, erweisen könnte. Oswald war immer unter Kontrolle gestanden, Jahre im Marine Corps, dann in der Sowjetunion, zuletzt unter der des FBI und der Emigranten-Gemeinschaft, von Marinas säuerlichen Kritteleien ganz zu schweigen. Vielleicht wollte er nun nichts anderes als eine geheime Adresse, einen Decknamen und einen Ort, wo ihn niemand finden oder beobachten konnte, wenn er nicht selbst den Wunsch hatte, auszugehen und andere zu besuchen.

Wenn es auch unangenehm ist, zu versuchen, einen Mann zu verstehen, der einen dieser drei Pfade gegangen sein muß, wollen wir uns doch nichts vormachen. Das wird von nun an unsere Situation bleiben.

McMillan: Lee las ziemlich viel, Hitlers »Mein Kampf« und William L. Shirers »Rise and Fall of the Third Reich«. Außerdem las er wieder »1984« und »Animal Farm«, Bücher, die ihm George De Mohrenschildt geliehen hatte. (16)

Obwohl sich, wie angekündigt, die Chronologie in bezug auf Oswald schwerlich auf solche Angaben verlassen kann, ließe sich kein geeigneterer Augenblick in Oswalds Leben denken, »Mein Kampf« zu lesen und eine gewisse Wesensgleichheit mit Hitler zu empfinden, als diese Wochen in Dallas, in denen er einen schlechtbezahlten Job hatte, während das Vorgefühl in ihm aufdämmerte, daß er der Auserwählte sei, gegen alle Wahrscheinlichkeit zur Größe bestimmt. Es lohnt sich also, einige von Hitlers Kernsätzen heranzuziehen:

Daß es irgendeine Arbeit immer gibt, lernte ich bald kennen, allein ebenso schnell auch, wie leicht sie wieder zu verlieren ist.

Die Unsicherheit des täglichen Brotverdienstes erschien mir in kurzer Zeit als eine der schwersten Schattenseiten des neuen Lebens. (17)

So war es mir auch möglich, zu meinem Anschauungsunterricht über das soziale Problem die notwendige theoretische Ergänzung gewinnen zu können. Ich studierte so ziemlich alles, was ich über dieses ganze Gebiet an Büchern erhalten konnte, und vertiefte mich im übrigen in meine eigenen Gedanken.

Ich glaube, meine Umgebung von damals hielt mich wohl für einen Sonderling. (18)

Fünf Jahre, in denen ich erst als Hilfsarbeiter, dann als kleiner Maler mir mein Brot verdienen mußte; mein wahrhaft kärglich Brot, das doch nie langte, um auch nur den gewöhnlichen Hunger zu stillen... Außer... dem seltenen, vom Munde abgesparten Besuch der Oper, hatte ich als einzige Freude nur mehr Bücher.

Ich las damals unendlich viel, und zwar gründlich. Was mir so an freier Zeit von meiner Arbeit übrig blieb, ging restlos für mein Studium auf. In wenigen Jahren schuf ich mir damit die Grundlagen eines Wissens, von denen ich auch heute noch zehre.

Aber mehr als dieses.

In dieser Zeit bildete sich mir ein Weltbild und eine Weltanschauung, die zum granitenen Fundament meines derzeitigen Handelns wurden. Ich habe zu dem, was ich mir so einst schuf, nur weniges hinzulernen müssen, zu ändern brauchte ich nichts. (19)

Man vergesse niemals, daß alles wirklich Große auf dieser Welt nicht erkämpft wurde von Koalitionen, sondern daß es stets der Erfolg eines einzelnen Siegers war... Große, wahrhaft weltumwälzende Revolutionen geistiger Art sind überhaupt nur denkbar und zu verwirklichen als Titanenkämpfe von Einzelgebilden... [in der Originalausgabe kursiv gedruckt] (20)

»Einzelgebilde« müssen natürlich als Synonym für *einen Mann* verstanden werden. Es ließe sich denken, daß De Mohrenschildt, fasziniert von dem extremen Kontrast zwischen Oswalds Anarchismus und seiner Autoritätsgläubigkeit, ihm die Anregung gab, »Mein Kampf« zu lesen.

Mr. Voshinin: Ich wurde von George in den Böhmischen Club eingeladen, wo er einen historischen Vortrag hielt. Also, er diskutierte die Frage der Wlassow-Armee. Das war die antibolschewistische Armee aus sowjetischen Kriegsgefangenen, die den Kommunismus bekämpfen wollte. Und zwischendrin ließ er viel Lob für Leute wie Himmler einfließen. Er sagte: »Nach reiflichem Nachdenken bin ich zu dem Schluß gekommen, daß Himmler gar nicht so ein böser Bube war.« Also das war typisch George.

Mr. Jenner: Glauben Sie, daß er das wirklich meinte, oder wollte er einfach nur provozieren?

Mr. Voshinin: Ich glaube, daß er es darauf anlegte, zu schockieren. Zumal mindestens drei Juden anwesend waren – Sam Ballen, Lev Aronson und ich. Ich sah, wie Lev Aronsons Gesicht puterrot anlief. Wissen Sie, ich dachte wirklich, daß der Arme einen Schlaganfall erleiden würde. Und George sah Aronson direkt ins Gesicht und fuhr mit seinem Loblied auf die Nazis fort und beobachtete die Wirkung auf Lev, der mit George eng befreundet ist. Natürlich war Lev aufs Äußerste verbittert – und ich verstehe gut, daß er und Lev danach die ganze Nacht Wodka gesoffen haben. Tja also – so ist er eben. (21)

Als Eklektiker, der sich mit Wonne als Rechter, Linker, Moralapostel, Verfechter der Unmoral, Aristokrat, Nihilist, Snob, Atheist, Republikaner, Kennedy-Getreuer, Verfechter der Aufhebung der Rassentrennung, Intimfreund von Ölbaronen, Bohemien, Angehöriger der oberen Zehntausend und einmal im Jahr als ehemaliger Nazifreund präsentierte, konnte De Mohrenschildt der krasse Zwiespalt zwischen Oswalds Ideologie und seinem Charakter wohl nicht entgangen sein: absolute Freiheit für alle war der Kern seiner politischen Vision, Marina aber behandelte er wie ein Nazi-Feldwebel einen Schützen Arsch.

Alex Kleinlerer ist nicht unser vorurteilsfreister Emigrant, aber die folgende Stelle liefert ein Bild:

Oswald bemerkte, daß der Reißverschluß von Marinas Rock nicht ganz zu war. Er herrschte sie in sehr barschem Ton an. Seine genauen Worte waren: »Komm her!« auf russisch, und er äußerte sie in der Art, wie man einen Hund herkommandiert, der sich wegen einer Unbotmäßigkeit seine Prügel abzuholen hat... Als sie in der Tür stand, rügte er sie grob, wie schlampig sie sich kleide, und schlug sie zweimal hart ins Gesicht. Marina hatte das Baby im Arm. Sie hatte rote Flecken im Gesicht, und Tränen schossen ihr in die Augen. Das alles fand in meiner Gegenwart statt. Ich war sehr betreten und peinlich berührt, aber ich hatte schon seit längerem Angst vor Oswald und hielt den Mund. (22)

Wir wollen jedoch eine wie immer auch geartete Analogie zu Hitler nicht zu weit treiben. Oswald mochte sich mit Hitlers frühen Kämpfen in Wien identifizieren und sich dadurch ermutigt fühlen, daß ein einfacher, unscheinbar aussehender Mann mit nicht mehr als einer Oberschulbildung es geschafft hatte, eine Zeitlang die halbe Welt zu beherrschen. Er mochte Hitlers Methode, sich Wissen anzulesen, akzeptieren, er mochte Hitlers Glauben an die individuelle Größe teilen, und auch die folgende Stelle aus »Mein Kampf« hätte seinen Beifall gefunden:

Wer diese Zeit, die innerlich krank und faul ist, heilen will, muß zunächst den Mut aufbringen, die Ursachen dieses Leides klar zu legen [und dann] über alle Spießbürgerei hinweg... diejenigen Kräfte zu sammeln und zu ordnen, die als Vorkämpfer einer neuen Weltanschauung befähigt sind. [in der Originalausgabe kursiv gedruckt] (23)

Aber Hitlers fundamentalste Vorstellung mußte für Oswald völlig unverdaulich sein:

Denn nur wer... die kulturelle, wirtschaftliche, vor allem aber politische Größe des eigenen Vaterlandes kennen lernt, vermag und wird auch jenen inneren Stolz gewinnen, um Angehöriger eines solchen Volkes sein zu dürfen. [in der Originalausgabe kursiv gedruckt] (24)

Oswald war Marxist. Seinen Halt im Marxismus zu lockern, wäre für ihn gleichbedeutend mit seiner intellektuellen Demontage gewesen. Die Vorstellung von einem Vaterland war ihm verhaßt; kann man sich bei ihm »jenen inneren Stolz, ... Angehöriger eines solchen Volkes sein zu dürfen«, vorstellen? Er haßte Theorien, die Rasse und vom Schicksal vorherbestimmte Völker betrafen. Hitlers Erfolg allerdings stand auf einem anderen Blatt – er entzündete möglicherweise ein Licht in den Verliesen, in denen Oswald seine ungeheuren Hoffnungen für sich eingemauert hielt.

Irgendwann im Herbst 1962 – das Datum ist völlig ungewiß – nahm De Mohrenschildt Oswald zu einem Treffen mit seinem Freund Samuel Ballen mit, mit dem Hintergedanken, daß Ballen ihn in seinem Unternehmen anstellen oder eine andere zukunftsträchtige Stelle für ihn finden würde. Die drei Männer waren zwei Stunden zusammen:

Mr. Ballen: Während der gesamten zwei Stunden gab es grundsätzliche Anmerkungen, ein Dauergegrinse und generellen Tadel, was mir zeigte, daß er sowohl den Vereinigten Staaten wie der UdSSR am Zeug flickte, seinen eigenen Standpunkt als gleichsam unbeeinflußter Beobachter einnahm und Kritik an den Auswirkungen beider Systeme hatte.
Eines stieß mir besonders sauer auf. Ich begann ernsthaft über mögliche Aussichten in der Industrie nachzudenken und über Leute, denen ich ihn empfehlen könnte, und obwohl er sehen konnte, daß ich mir in dieser Hinsicht Gedanken machte, sagte er immer wieder und wiederholte sich für meinen Geschmack zu häufig: »Machen Sie sich um mich keine Sorgen. Ich komme schon zurecht. Sie brauchen sich über mich wirklich nicht den Kopf zu zerbrechen.« Er sagte das so oft, daß es mich mehr und mehr anödete und ich den Eindruck bekam, daß ich diese heiße Kartoffel keinem Betrieb andienen könne. (25)

Es zeugte nicht von Lees Gemeinschaftsgeist, vorzuschlagen: »Machen Sie sich um mich keine Sorgen.« Ein Unternehmen ist auf der Prämisse aufgebaut, daß es nicht nur für alle seine Angestellten sorgt, sondern sich auch über ihr Wohlergehen Sorgen macht, denn schließlich ist es der größte Faktor in ihrem Leben. Nicht unähnlich der Sowjetunion, würde man sagen.

3

»Ich weigerte mich, zu lügen«

Zurück zum 7. Oktober, an dem wir Marina und June bei den Taylors zurückließen. Für den nächsten Tag hatte Jeanne De Mohrenschildt mit Marina einen Termin beim Zahnarzt. Wie lästig ihr Marinas Gegenwart war, zeigt die folgende Episode:

Mr. Jenner: Sie erkannten sofort, daß sie keine Ahnung hatte, um es mal so zu formulieren?
Mrs. De Mohrenschildt: Wie man Kinder aufzieht? Absolut.
Mr. Jenner: Wenn der Schnuller auf den Boden fiel, hob sie ihn auf und steckte ihn dem Baby in den Mund?

Mrs. De Mohrenschildt: Nein; sie steckte ihn zuerst in ihren eigenen infizierten Mund und dann in den Mund des Babys. Der Boden war keimfreier als ihre verseuchten Zähne, aber daran dachte sie nicht. Es ergab keinen Sinn, schließlich war sie Apothekerin... (26)

Jeanne war zwar gebürtige Russin, aber sie hatte sich amerikanische Ansichten über Hygiene zu eigen gemacht. Marina lebte nach anderen Vorstellungen: sie liebte June so sehr, daß sie sicher war, daß diese Liebe ihren Speichel mit reinigenden Kräften durchtränken würde. Vielleicht hatte sie recht. Liebe plus Infektion könnte wirksamer sein als die Desinfektionsmittel, die in die Flaschen der großen Firmen abgefüllt werden.
Immerhin wurde es mit vereinten Kräften möglich gemacht, daß Marina in der Zahnklinik der Baylor University in Fort Worth sechs Zähne gezogen und Vorbereitungen für Zahnersatz getroffen wurden. Elena Hall, die Zahnassistentin war, hatte die Termine in der Klinik vereinbart, Bouhe zahlte die Rechnung von 70 Dollar, und Jeannes Aufgabe war es jedesmal, die gemarterte Marina zwischen Dallas und Fort Worth hin und her zu kutschieren.

Während der dreimaligen Behandlung mußte Alexandra Taylor June hüten, was offenbar auch kein Zuckerlecken war:

Alexandra Gibson: Kaum war Marina weg, fing das Baby an zu schreien. Ich konnte sie nicht anfassen, ohne daß sie brüllte. Sie schlief überhaupt nicht.
Mr. Jenner: Glauben Sie, es machte ihr Angst, wenn man Englisch statt Russisch zu ihr sprach?
Alexandra Gibson: Ich glaube nicht, daß sie jemals bei anderen Leuten als ihren Eltern war, das könnte der Grund gewesen sein; außerdem war sie durch ihre Mutter und ihren Vater sehr verwöhnt und verhätschelt. (27)

Nach dieser Prozedur sollten Marina und June zu Elena Hall übersiedeln. Elena Hall war ebenfalls russische Emigrantin, hatte eine größere Wohnung und lebte damals von ihrem amerikanischen Mann getrennt. Damit war Lee in Dallas und Marina wieder in Fort Worth. Wegen der Entfernung von 50 Kilometern konnte er sie nicht mehr so oft besuchen, aber Kleinlerer vertrat ihn vor Ort als Kritiker Marinas:

Sie hat Mrs. Hall überhaupt nicht im Haushalt geholfen. Mrs. Hall beschwerte sich oft über Marinas Faulheit. Sie schlief bis mittags und war keine Hilfe. (28)

Dennoch konnten sich Elena Hall und Marina über bestimmte Notwendigkeiten verständigen. Am Abend des 17. Oktober standen die beiden Frauen ganz aufgeregt vor Alexandra Taylors Wohnung. Vor einer Stunde hatten sie June in einer Russisch-Orthodoxen Kirche taufen lassen. Elena Hall war die Taufpatin. Marina hatte die Taufe klammheimlich vornehmen lassen, da sie sicher war, daß Lee niemals seine Einwilligung gegeben hätte, und bat Alexandra, Lee nichts davon zu sagen. (29)

Da Lee am nächsten Tag seinen 23. Geburtstag hatte und sie sich wegen der Entfernung nicht sehen würden, ließ Marina ein Päckchen mit einigen neuen Kleidungsstücken für ihn bei den Taylors. Zurück in Fort Worth, überlegte sie es sich wieder anders und erzählte Lee bei seinem abendlichen Anruf von der Taufe. Als er sein Geschenk am nächsten Tag bei den Taylors abholte, gab er sich unbeeindruckt. »Er sagte«, erinnerte sich Alexandra, «daß ihm die Angelegenheit nicht gefiele, aber das war alles.« (30)

Am 18. Oktober, Lees Geburtstag, hatte Elena Hall einen Autounfall und mußte für acht Tage ins Krankenhaus. »Das war ein Schock«, sagte Alexandra. (31)

Wir können davon ausgehen, daß die Emigranten über die Nachricht noch bestürzter waren, zumal, als sie von der Taufe erfuhren. Durch den Unfall wuchs die Furcht vor Oswald. Marina mit ihrem tiefverwurzelten und irrationalen Glauben an magische Zufälle konnte sich nicht von der Schuld freisprechen, für Elena Halls Verletzungen mitverantwortlich zu sein.

Da Elena Hall unmittelbar nach ihrer Entlassung aus dem Krankenhaus nach New York fuhr, um sich mit ihrem Mann auszusöhnen, blieb Marina über zwei Wochen allein in der Wohnung zurück. Alex Kleinlerer, der nach dem Rechten sehen sollte, gab seine gewohnt großzügige Beurteilung ab:

Während meiner Mittagspause schaute ich gelegentlich in der Hallschen Wohnung vorbei. Marina war meistens noch nicht aufgestanden. Ich mußte sie durch Klingeln und lautes Klopfen wecken. Der Haushalt war unordentlich, unabgespültes Geschirr stand herum, und die Kleidungsstücke von Marina und dem Baby waren in der ganzen Wohnung verstreut. Marina öffnete im Morgenmantel, ungekämmt und schlaftrunken, und murmelte irgendwelche Entschuldigungen, warum sie so lange geschlafen habe. (32)

Seit Jahren war das wahrscheinlich die erste Zeit, in der Marina wirklich zur Ruhe kam. Wer kann ermessen, wie sehr sie die aufreibenden Begebenheiten in Leningrad, Minsk und Texas erschöpft hatten? Jetzt waren ihr innerhalb von zehn Tagen sechs Zähne gezogen worden, sie hatte ihre Tochter taufen lassen und war die Hauptschuldige – wahrhaftig? – an einem erschreckenden Unfall. Kein Wunder, daß sie verschlief und beim Aufwachen wie gerädert war. Sie kämpfte Nacht für Nacht mit Alpträumen und der quälenden Frage:»Wie geht mein Leben weiter?« Paradoxerweise könnte ihr Sexualleben dadurch stimuliert worden sein. Erfolgreiche Verwünschungen öffnen die Schlünde der Libido. (Sonst würde es keine Hexenmeister geben.) In Elenas Abwesenheit kam Lee ganze Wochenenden zu Besuch und gockelte herum.

McMillan: »Das ist dein Haus. Ich schenke es dir!« So begrüßte er Marina, wenn er am Freitagabend ankam. Mit einer ausholenden Armbewegung sagte er:»Habe ich dir nicht ein Traumhaus gekauft?«

Marina erinnert sich daran, daß er »ständig an den Kühlschrank ging«, um sich eine Cola zu holen oder ein Sandwich zu machen, was er zu Hause, wo er seine Lebensmittel selbst bezahlen mußte, nie tat. »Ein voller Kühlschrank«, rief er entzückt aus, bevor er sich darauf stürzte.

Nachts schaute er sich beim Verkehr mit Marina im Schlafzimmerfernseher eine Sendung an, auch als Ablenkung, um sein Problem der vorzeitigen Ejakulation etwas in den Griff zu bekommen. Danach schlief jeder in einem anderen Zimmer, ein Luxus, bei dem er sich »wie ein Aristokrat« fühlte. (33)

Um den 26. Oktober sucht er eine Wohnung, in der sie zusammenleben können, und entscheidet sich für eine Unterkunft im Erdgeschoß in der Elsbeth Street in Dallas, die sowohl einen Hinter- wie einen Vordereingang hat. Er zieht dadurch beim Betreten und Verlassen der Wohnung weniger Aufmerksamkeit auf sich.

Am 4. November ziehen Lee und Marina um. Elena Hall, noch immer in New York und mißtrauisch, was Lee betrifft, bittet Kleinlerer, darauf zu achten, daß Mr. Oswald beim Abtransport seiner weltlichen Güter aus ihrer Garage nicht das eine oder andere, was ihr gehört, mitgehen läßt.

Lee kriegte Gary Taylor herum, sein Taxi zur Verfügung zu stellen, und mietete darauf einen Anhänger, und die beiden verbrachten einen Gutteil des Tages mit Einladen, Umzug, Ausladen und dem Zurückbringen des Anhängers. Kleinlerer gibt uns ein letztes Mal seine Einschätzung:

Ich kontrollierte das Verladen der Oswaldschen Güter und Kleidung in den »U-Haul-It«-Anhänger. Es gab diverse Gelegenheiten, bei denen ich einschreiten mußte, wenn Oswald wieder etwas von Mrs. Halls Sachen in der Hand hatte… Ich kann nicht sagen, ob es Absicht oder nur Unaufmerksamkeit war, außer daß es verschiedene Male der Fall war. (34)

Alexandra Taylor und Gary halfen bei den Umzugsarbeiten mit. Die Bleibe der Oswalds in der Elsbeth Street für die nächsten vier Monate beschreibt Alexandra Taylor plastisch:

Alexandra Gibson: Es war ein Loch. Abscheulich, schmutzig, heruntergekommen, eigentlich eine Slum-Wohnung – ziemlich groß, eigenartig geschnitten, da ein kleines Zimmer, dort ein kleines Zimmer, eine Unmenge von Türen und Fenstern. Die Fußböden hatten Löcher und Buckel. Man mußte aufwärts gehen, um von einer Seite des Zimmers zur anderen zu gelangen. Es war wirklich grauenvoll.
Mr. Jenner: War es ein Ziegel- oder ein Holzhaus?
Alexandra Gibson: Ein dunkelroter Ziegelbau, ein kleines Mietshaus, ich glaube Erdgeschoß und erster Stock. Überwuchert von Unkraut, Müll und Menschen. (35)

McMillan: Die Nacht vom 4. November, die erste in der neuen Wohnung, verbrachte Marina mit Schrubben und Putzen. Anfangs half Lee mit. Er machte den Kühlschrank sauber. Um zehn Uhr ging er, denn schließlich habe er für sein Zimmer im YMCA bezahlt, also könne er es auch benutzen. Da der YMCA jedoch keinerlei Unterlagen darüber hat, daß er nach dem 19. Oktober dort wohnte, ist es eher wahrscheinlich, daß er da, wo immer er sich während der vergangenen zwei Wochen aufgehalten hatte, auch eine letzte Nacht verbrachte. (36)

Es könnte auch eine Abschiedsnacht gewesen sein. Die Antwort werden wir nie erfahren. Er könnte die eheliche Wohnung in Wut verlassen haben, als Marina keinerlei Wiedersehensfreude zeigte und sich in eine Putzorgie stürzte. Oder er könnte nach seiner Rückkehr in den Schoß der Familie bereut haben, daß er sein anonymes Leben aufgegeben hatte, obwohl es nur aus Einsamkeit und Heimlichkeit bestanden hatte. Auf jeden Fall sind sie von einer Aussöhnung weit entfernt. Zwei Tage später wird es einen schrecklichen Streit geben, dessen Ursache laut Marina eine Kleinigkeit, nämlich eine Unterhaltung mit Mrs. Tobias, der Frau des Hausmeisters, ist.

Mrs. Tobias: Ich fragte ihn: »Was seid ihr für Landsleute?« Er sagte: »Ach, wir sind Tschechen.« Mehr habe ich am ersten Abend nicht aus ihm herausgebracht. Als ich sie das erste Mal sah, sagte ich: »Ihr Mann erzählte mir, daß Sie Tschechen sind.« Sie schüttelte den Kopf, sie war Russin, sagte es aber auf englisch – sie sagte: »Mein Mann sagt, man würde mich schlecht behandeln, wenn ich zugebe, daß ich Russin bin«, und ich sagte: »Niemand wird häßlich zu Ihnen sein, Sie können immer zu mir kommen...« (37)

Lee war wild vor Wut. Abermals war sie ungehorsam gewesen und hatte damit seine Deckung auffliegen lassen. Der Streit eskalierte, wohl auch durch die Erkenntnis, daß sie wieder zusammen und darüber todunglücklich waren.
Was ihn betreffe, könne sie von nun an bei den Emigranten leben. Den Besitz anderer zu begehren und sich an sie heranzumachen, sei lediglich eine andere Form von Herumhuren. Er gebrauchte das beleidigendste russische Wort für Hure, und Marina war nicht nur tief verwundet, sondern auch außer sich vor Empörung – er, der Elena Halls Kühlschrank geplündert und auf ihren Laken geschlafen hatte, nannte sie *bljat*. Die Hälfte der Gründe, warum sie ihn geheiratet hatte, waren durch dieses eine Wort zunichte geworden. Sie hätte genausogut einen Russen heiraten können, der den ganzen Klatsch über Leningrad kannte. Sie war in derartiger Erregung, daß sie auf die Straße lief. Von Weinkrämpfen geschüttelt und mit hundert Worten Englisch gelang es ihr schließlich, einem Tankwart in der nächsten Tankstelle zu erklären, daß sie Anna Meller anrufen wolle.

Mrs. Meller: Ach ja, Sir. Es muß November gewesen sein, irgendein Montag um 10 Uhr am Abend, sie ruft an und sagt, daß ihr Mann sie schlägt, und sie kommt aus der Wohnung zu der Tankstelle und sagt dem Mann – sie hat kein Penny, und die gute Seele hilft meine Nummer wählen, und sie sagt, ob sie zu mir kommen kann. Ich war sprachlos, denn ich wußte nicht einmal, daß sie in Dallas sind. Um zu verstehen, Sir, wir sind zwei-, dreimal nach Fort Worth gefahren, um Marina zu helfen, und dann für bestimmte Zeit Ruhe... Ich komme zu meinem Mann und frage ihn, ob wir Marina nehmen können. Er wollte nicht. Wir haben nur ein Schlafzimmer, und er sagte: »Haben nicht viel Platz.« Ich wie Wahnsinnige jammern: »Wir müssen arme Frau helfen, sie ist mit Baby auf Straße. Wir können so nicht lassen; wir haben schwer gehabt und jemand hat geholfen.« Mein Mann sagt; »Okay, laß sie kommen.« Sie sagt zu mir, sie hat kein Penny. Ich sage: »Nehmen Sie Taxi und kommen her, und wir bezahlen Fahrt.« Also um 11 oder 10:40 sie kommt zu unserem Haus. Mit Baby auf Arm, paar Windelchen, und das war alles; kein Mantel, kein Geld, kein gar nichts. (38)

George Bouhe rief einige Russen zu einer Blitzkonferenz zusammen:

McMillan: »Ich kann Ihnen keinen Rat geben oder mich einmischen«, sagte er zu Marina. »Wenn Sie ihn verlassen, helfen wir Ihnen natürlich. Aber wenn Sie wieder zu ihm zurückgehen, wird das nächste Mal niemand mehr helfen.«
»Ich werde nie mehr in diese Hölle zurückgehen«, schwor sich Marina. (39)

Sie war nun festgelegt. Sie würde Lee von nun an meiden, und die Emigranten würden sich auf die eine oder andere Weise ihrer annehmen. Wenn die Spekulation, daß George Bouhe eine intime Beziehung mit Lee gehabt hatte, nicht völlig aus der Luft gegriffen ist, dann würde seine extreme Haltung, was Marinas Trennung betraf, denken lassen, daß er nicht nur wichtigtuerisch, uneinsichtig und starrköpfig, sondern – wenn wir unterstellen, daß sich die Affäre mit Lee unerquicklich entwickelt hatte – auch rachsüchtig war.
Da George De Mohrenschildt der körperlich Respekteinflößendste unter ihnen ist, wird er nun von den Emigranten abgesandt, um mit Oswald über die Bedingungen der Trennung zu verhandeln. Man einigt sich darauf, daß Lee und Marina sich in De Mohrenschildts Wohnung treffen, um herauszufinden, ob es eine Lösung für ihre Schwierigkeiten gibt. De Mohrenschildt regt an, daß auch Bouhe bei dem Treffen anwesend ist, doch der protestiert: »Wenn er seine Fäuste in meine Ohren steckt, wäre das weder meinem Alter noch meiner Gesundheit bekömmlich.« (40) Und fügt noch hinzu. »Mir schaudert vor diesem Mann. Er ist ein Irrer.« Worauf De Mohrenschildt antwortet: »Haben Sie keine Angst. Er ist genauso ein Handtuch wie Sie.« (41)

Treffpunkt und Zeit sind also festgelegt. Das Treffen wird am 11. November in De Mohrenschildts Wohnung stattfinden. An diesem Sonntagmorgen wird June bei Anna Meller zurückgelassen, Bouhe fährt Marina in seinem Auto hin und kratzt sofort die Kurve. Jeanne, Marina und George warten auf Lee, der bei seiner Ankunft »offensichtlich unangenehm berührt ist, daß

eine solche Auseinandersetzung vor den De Mohrenschildts stattfinden
muß«. (42)

Nach dem Austausch von Beschwerden, die lediglich die Siedehitze zwischen Lee und Marina noch mehr anfachen, schlägt Jeanne eine gerichtli-
che Trennung vor. George berichtet darüber:

> Darauf brüllte Lee: »Sie werden es nicht wagen, mir diese Demütigung
> anzutun.« Er war unberechenbar und gewalttätig. Wir hatten ihn noch nie
> in einem solchen Zustand erlebt.
> »Wenn Sie das tun, werden Sie June und Marina nie mehr wiedersehen.
> Sie sind lächerlich«, sagte Jeanne ruhig. »Es gibt ein Gesetz gegen Miß-
> handlung.«
> »Sobald Sie sich beruhigt haben, verspreche ich Ihnen, daß Sie wieder
> Kontakt zu Ihrem Baby June haben werden«, griff ich ein, wissend, daß
> Lee panische Angst hatte, daß man ihm das Kind wegnehmen könnte. Er
> beruhigte sich also, versprach, die Situation zu überdenken, und ver-
> sicherte uns, daß er nicht mehr gewalttätig sein würde. (43)

Lee und Marina gehen in ein anderes Zimmer, um dort weiter zu sprechen.
Er will, daß sie zurückkommt; sie redet von Scheidung. Er bittet sie abermals, zurückzukehren; sie sagt, daß sie in die Wohnung in der Elsbeth Street
lediglich zusammen mit den De Mohrenschildts zurückkommen wird, um
ihre Kleider zu holen.

> Marina Oswald: Ich wollte ihm einfach beweisen, daß ich kein Spielzeug
> bin. Daß er mich nicht wie Dreck behandeln kann.
> Mr. Rankin: Haben Sie ihm damals gesagt, wie er Sie behandeln müßte, da-
> mit Sie zurückkommen?
> Marina Oswald: Ja, ich habe ihm gesagt, daß es, wenn er sich nicht ändere,
> unmöglich sei, weiter mit ihm zu leben. Denn durch den ständigen Streit
> würden die Kinder seelisch verkrüppeln.
> Mr. Rankin: Was erwiderte er darauf?
> Marina Oswald: Er sagte, das wäre – das sei sehr schwer für ihn. Daß er sich
> nicht ändern könne, und daß ich ihn so nehmen müsse, wie er sei. (44)

Eine Sackgasse. Sie wird ihn nicht so akzeptieren, wie er ist. Schließlich gibt
er seine Einwilligung, daß sie auszieht. Zu viert fahren sie in die Elsbeth
Street. Lee sitzt stumm auf dem Rücksitz des Cabrios. Doch sobald sie die
Wohnung betreten, hat er sich eines völlig anderen besonnen:

Mr. De Mohrenschildt: Lee sagte: »Bei Gott, das werden Sie nicht tun. Ich werde alle ihre Kleider in Fetzen reißen und die Sachen des Babys kaputtmachen.«

Nun wurde ich wirklich sehr aufgebracht. Aber Jeanne versuchte, ihm geduldig zu erklären, daß es ihm nichts helfen würde. »Lieben Sie Ihre Frau?« Er antwortete mit Ja. Sie sagte: »Wenn Sie Ihre Frau jemals zurückhaben wollen, führen Sie sich besser anständig auf.«

Ich sagte: »Wenn Sie sich nicht anständig benehmen, werde ich die Polizei rufen.« Es war mir wirklich peinlich, mich in anderer Leute Angelegenheiten einzumischen.

»Schön«, sagte er, »mit Ihnen rechne ich noch ab.«

Ich sagte: »Sie wollen mit mir abrechnen?« Ich wurde noch wütender und sagte: »Ich werde Marina so oder so von Ihnen befreien.«

Nach einer Weile begann ich, die Sachen aus dem Haus zu tragen. Und Lee störte mich nicht dabei. Natürlich nicht, dazu war er schließlich zu mickrig. Schließlich begann er sogar, mir zu helfen.

Mr. Jenner: Er fand sich mit dem Unvermeidlichen ab?

Mr. De Mohrenschildt: Er fand sich mit dem Unvermeidlichen ab, und wir räumten die Wohnung so ziemlich aus. Wir haben ein großes Cabriolet, das packten wir voll und fuhren sehr langsam ans andere Ende der Stadt zu den Mellers und ließen sie dort zurück. (45)

Allerdings zogen Marina und June sehr bald von den Mellers zu den Fords um, die ein größeres Haus hatten. Katja Ford sah Marinas Zukunft in weniger rosigem Licht:

Mr. Liebeler: Gab es irgendwelche Gespräche über die Möglichkeit einer Scheidung?

Mrs. Ford: Sie wollte nicht zu ihm zurück. Aber sie war keine wirkliche Hilfe im Haushalt, und ich sagte ihr, es sei, besser, bei Lee zu bleiben, das waren genau meine Worte, und zu warten, bis sie selbst für sich sorgen könne.

Mr. Liebeler: Und wie reagierte sie darauf?

Mrs. Ford: Sie sagte überhaupt nichts. (46)

George Bouhe dachte, daß er eine Lösung gefunden hätte. Er brachte sie bei Valentina Ray unter, einer weiteren Emigrantin, die ihr so lange Englisch einbläuen konnte, bis sie in der Lage war, sich selbst durchzuschlagen. Marina jedoch schien Lee so zu vermissen, daß sie ihm ihre neue Telefonnummer zukommen ließ.

McMillan: Sie war kaum angekommen, als er anrief und sie um ein Treffen bat. »Ich bin einsam«, sagte er. »Ich möchte Junie sehen und mit dir über Thanksgiving reden.« Sie gab nach. »Gut«, sagte sie, »komm her.« (47)

An dieser Stelle ist es unumgänglich, fast eine ganze Seite aus »Marina and Lee« zu zitieren. Auch wenn es nicht die feine englische Art ist, Kollegen zu bekritteln, muß es hier gestattet sein, denn der Dialog ist eindeutig von Mrs. McMillan komponiert worden. Als Priscilla Johnson McMillan Marina 1964 befragte, sprach Marina russisch, und bei der Übersetzung muß die Autorin wohl von ihrer eigenen Vorstellung von Romantik überwältigt worden sein – zumindest, wenn wir uns an den Umgangston zwischen Lee und Marina aus den KGB-Niederschriften erinnern.

Dennoch, auch wenn es nicht ganz nach unserem Geschmack ist, können selbst Versöhnungsszenen zwischen schwierigen, wuterfüllten Menschen anrührend sein, und das ist der Autorin vortrefflich gelungen:

McMillan: Marinas Herz klopfte bis zum Hals, als sie ihren Mann sah. Sie gingen in ein anderes Zimmer, um allein zu sein.

»Vergib mir«, sagte er. »Es tut mir leid. Warum quälst du mich so? Ich komme heim, und es ist niemand da. Du nicht, Junie nicht.«

»Ich habe nicht *dich* weggejagt«, sagte Marina. »*Du* wolltest es so. Du hast mir keine Wahl gelassen.«

Er sagte ihr, daß er sie liebe. Er wisse, daß das nicht viel sei, aber er liebe sie, so gut er eben könne. Er flehte sie an, zu ihm zurückzukommen. Robert habe sie beide zum Thanksgiving eingeladen, und es wäre schrecklich für ihn, ohne sie zu erscheinen.

Marina erkannte, daß er sie brauchte. Er hatte keine Freunde, niemand, auf den er zählen konnte, nur sie. Auch wenn er sie mißhandelte, sie wußte, daß er sie liebte. Aber sie stieß ihn zurück, als er versuchte, sie zu küssen. Er fiel auf die Knie und küßte ihre Knöchel und ihre Füße. Er hatte Tränen in den Augen und bat um Vergebung. Er sagte, daß er versuchen wolle, sich zu ändern. Er habe einen »schrecklichen Charakter« und könne sich nicht über Nacht ändern. Er würde sich ganz bestimmt ändern, Schritt für Schritt. Er könne nicht mehr länger ohne sie leben. Und das Baby brauche einen Vater.

»Warum spielst du hier den Romeo?« fragte Marina. Es war ihr peinlich, ihn zu ihren Füßen zu sehen. »Steh auf, bevor dich jemand so sieht.« Ihre Stimme war rauh, aber sie fühlte, wie ihr Herz schmolz.

Er richtete sich auf, weigerte sich aber, aufzustehen, bevor sie ihm vergeben hätte. Beide waren in Tränen aufgelöst.

»Mein kleines Dummerchen«, sagte sie.

»Selber Dummerchen«, sagte er.

Lee strahlte plötzlich über das ganze Gesicht. Er bedeckte das Baby mit
Küssen und sagte zu ihm: »Wir drei bleiben für immer zusammen. Die
Mammi wird Junie dem Pappi nie mehr wegnehmen.« (48)

Marina in ihrer schriftlichen Erzählung für das FBI: »Wir waren allein und
haben uns ausgesprochen. Dabei sah ich ihn zum ersten Mal weinen.«
Aus anderen Aussagen wissen wir, daß sie ihn bei mindestens acht oder zehn
Gelegenheiten weinen sah, trotzdem bleibt es für sie das erste Mal, daß sie
erlebt, wie er in Tränen ausbricht. Haben wir das Recht, diese Reaktion als
typisch russisch zu charakterisieren? Daß ein erwachsener Mann sein Leid
offen zur Schau trägt, ist schließlich ungewöhnlich. Wie jeder Liebesakt
glückselig Liebenden stets als magisches erstes Erlebnis erscheint, so empfand Marina immer wieder sein Weinen.

Aus Marinas Erzählung: Welche Frau könnte da hart bleiben, vor allem,
wenn sie liebt? Lee bat mich um Vergebung und gelobte Besserung, wenn
ich nur zurückkäme. Glauben Sie nicht, daß ich mich damit brüsten
möchte – als ob ich sagen wollte: seht her, wie sehr er sie liebt, er weint
sogar. Aber ich fühlte, daß dieser Mann sehr unglücklich war, daß er nicht
anders lieben konnte. Alles, auch die Streitereien, bedeutete in seiner
Sprache Liebe. Ich wußte, es würde für ihn sehr schwer werden, wenn ich
nicht zu ihm zurückginge, und zum ersten Mal spürte ich, daß dieser
Mensch nicht für ein Leben unter Menschen geschaffen, daß er eine einsame Insel war. Er tat mir leid und ich hatte Angst. Ich hatte Angst, daß
etwas passieren würde, wenn ich nicht zu ihm zurückginge. Ich hatte
nichts Bestimmtes im Auge, aber meine Vorahnungen warnten mich, ihn
nicht im Stich zu lassen, denn er brauchte mich… Was kann man tun,
wenn ein Mensch sein Leben lang so war? Man kann ihn nicht über Nacht
umkrempeln. Ich dachte, daß alles besser würde, wenn ich mehr Geduld
hätte, und daß ihm das helfen könnte. (49)

Ihr Gastgeber Frank Ray fuhr alle drei nach dem Abendessen heim in die
Elsbeth Street. Es dauerte nicht lange, bis die Emigranten die Neuigkeit erfuhren. Wie man sich gut vorstellen kann, hatten sie jetzt endgültig genug
von den Oswalds.

Mrs. De Mohrenschildt: ... zum aus der Haut fahren. Da hatten wir einen ganzen Tag verschwendet, uns den ganzen Ärger angetan, versucht, ihnen irgendwie zu helfen, und dann fällt sie uns in den Rücken. Warum sollten wir uns noch weiter drum kümmern, verstehen Sie? Von da an ekelten sie uns nur noch an. (50)

Für die anderen Emigranten war es eine Erzsauerei. Bouhe erklärte, daß er sich an beiden nicht mehr die Finger schmutzig machen wolle. In Emigrantenkreisen machte ein Gerücht die Runde, das die allgemeine Stimmung widerspiegelt:

McMillan: Kaum war das Paar wieder zusammen, so erzählte man sich, nahm Lee seiner Frau die Zigarette aus dem Mund und drückte sie auf ihrer Schulter aus. Die Russen erinnerten sich, daß es in den Anfangszeiten des bolschewistischen Regimes üblich war, daß Offiziere der Tscheka, der Geheimpolizei, Zigaretten auf der Haut ihrer Gefangenen ausdrückten, um ihren Widerstand zu brechen. Marina leugnet, daß ihr Mann ihr jemals so etwas angetan hätte. Aber die Russen waren überzeugt davon – ein verblüffendes Zeugnis, wie sie über Oswald dachten. (51)

Es ist in der Tat ein verblüffendes Zeugnis, belegt aber nicht mehr als die grundlegende Niedertracht der Emigranten. Möglicherweise lag Lee mit seiner Einschätzung dieses Zirkels gar nicht so weit daneben.

Aus Marinas Erzählung: An Thanksgiving waren wir bei Robert in Fort Worth eingeladen. Ich liebte diesen schönen amerikanischen Feiertag, man kann ihn so wunderbar begehen. Am Bahnhof fragte mich Lee, ob ich die Musik aus dem Film »Exodus« hören wolle. Den Film kannte ich nicht, aber die Musik gefiel mir sehr. Lee bezahlte am Kiosk eine Menge für die Platte, spielte sie mehrmals und sagte, daß das eine seiner Lieblingsmelodien sei. Seit Lee nicht mehr lebt, liebe ich diese Melodie noch mehr, denn sie ist mit glücklichen Erinnerungen verbunden. Lee war sehr gut aufgelegt, wir hatten viel Spaß, alberten herum und fotografierten uns gegenseitig auf dem Bahnhof und lachten darüber, wie närrisch wir doch seien. Bei Robert herrschte eine ebenso fröhliche Feiertagsstimmung. (52)

Zu diesem Tag können wir aus Robert Oswalds Buch »Lee« zitieren. Seine Schilderung ist schütter, aber seien wir nachsichtig: es gibt Familien, die sich

393

sofort in die Haare geraten, sobald etwas von einiger Relevanz diskutiert wird.

John [Pic] und Lee hatten sich nach zehn Jahren eine Menge zu erzählen. Sie tauschten Erinnerungen über ihre Zeit in Japan aus, aber Rußland erwähnte Lee nicht. Wir fingen auch nicht davon an. Es schien ratsam, darauf zu warten, ob Lee nicht von sich aus auf das Thema käme. Aber er sagte nichts.

Wir haben auch nicht über Mutter gesprochen... (53)

4
Weihnachten mit rotem Kaviar

Der Monat zwischen Thanksgiving und Weihnachten war wahrscheinlich die friedvollste Zeit, die die Oswalds jemals miteinander verlebten.

Aus Marinas Erzählung: Wenn wir nicht miteinander stritten, war ich sehr glücklich mit Lee. Er half mir im Haushalt und beschäftigte sich viel mit June. Außerdem brachte er Dutzende von Büchern aus der Bibliothek heim und verschlang sie geradezu, er las sogar nachts. Manchmal schien er in einer anderen Welt zu leben und nur zur Arbeit zu gehen, um Geld für seine Familie zu verdienen. Vielleicht stimmt es ja nicht, aber für mich hatte er zwei Leben, und die meiste Zeit verbrachte er in seiner Abkapselung. In Rußland war mir das nicht aufgefallen, da war er nicht so verschlossen gewesen. (54)

Andererseits entwickelte Lee beachtliche haushälterische Qualitäten. Er staubsaugte, brachte den Abfall weg und deckte vor dem Schlafengehen sogar die Betten auf. Priscilla McMillan beschreibt »Phasen, in denen er Marina den ganzen Tag nicht von der Seite wich. Wie sie es ausdrückte, machte er sie ›mit seinen Küssen buchstäblich fertig‹.« (55) Er erlaubte ihr auch, länger zu schlafen, machte sein Frühstück selbst, und sie brauchte den Kaffee nur noch aufzuwärmen. Am Wochenende servierte er ihr sogar das Frühstück ans Bett.

McMillan: An den meisten Abenden badete er das Baby. Er traute Marina nicht und befürchtete, sie würde das Kind ertränken. Er ließ Wasser einlaufen und prüfte die Temperatur mit großer Sorgfalt. Zu Marinas Entsetzen setzte er sich zu dem Baby in die Wanne, vollkommen nackt mit Ausnahme eines Waschlappens, den er sich über sein edelstes Teil legte, und spritzte herum, als ob er selbst wieder ein kleines Kind sein wollte. »Mama«, plärrte er nach Marina, »wir haben auf den Fußboden gespritzt.« Marina gab ihm den Rat, selber aufzuwischen. »Ich kann nicht«, plärrte er zurück, »ich bin mit Junie in der Wanne.«

»Mama«, ging es wieder los, »bring uns unsere Spielsachen.« Und sie brachte sie.

»Mama«, begann es zum dritten Mal, »du hast unseren Gummiball vergessen.« Und zum Entzücken des Babys warf er den Ball ins Wasser, daß es nur so platschte.

»Mama«, plärrte er zum Abschluß, »bring uns ein Handtuch, schnell. Wir haben Wasser in unserem Ohr.« (56)

Hat er sich in den warmen, beschützenden Schoß der Infantilität zurückgezogen? Das tun wir doch alle. Die unausgesprochene Wunschvorstellung scheint dabei zu sein, daß sich, wenn man sich in ein präverbales Stadium versetzt, in dem der Atem, das Ich und das Universum nicht länger voneinander getrennte Kategorien, sondern gleichsam in einem Urschleim vereint sind, etwas Herrliches ereignet. Man hat sich weit genug in die Kindheit retiriert, um ein neuer Mensch zu werden oder zumindest den Anfang dazu zu machen. Es verschafft einem das Gefühl, daß man nicht notwendigerweise verdammt ist, einen vorherbestimmten Weg bis zum trostlosen, langsamen Erlöschen zu gehen. Das Problem ist lediglich, daß die meisten Versuche, in ein postnatales Stadium zurückzukehren, von anderen barsch gerügt werden. Man kann sich zum Beispiel vollaufen lassen, einen Joint rauchen, endlos pennen oder stundenlang in einem Schaukelstuhl seinen Gedanken nachhängen; doch für jede dieser Tätigkeiten gibt es eine häßliche Bezeichnung – Alkoholiker, Drogenabhängiger, Faulsack oder Kalkbergwerk –, so daß das Ego vor sich hinleidet, auch wenn es durch die infantile Regression in Berührung mit der Glückseligkeit gekommen ist. Oswald wäre überdies von unserer repressiven Kultur als Kinderschänder an den Pranger gestellt worden, weil er mit seinem Baby badete, obwohl er lediglich versuchte, selbst wieder Baby zu werden, um in jener alten Seelenfalte, in der sein Seelenmüll gelagert war, Marina an Marguerites Statt Mutterstelle einnehmen zu lassen.

Und doch waren sich die beiden eine kurze Zeit sehr nah:

McMillan: Etwa um diese Zeit verlor Marina ihre Tasche mit zehn Dollar, die er ihr für Lebensmittel gegeben hatte, und sie rechnete mit Beschimpfungen und sogar mit Schlägen. Als er nichts dergleichen tat, brach sie in Tränen aus. Lee versuchte sie mit Baby-Geplapper und imitiertem Japanisch aufzuheitern. Auf dem Weg in das Lebensmittelgeschäft alberte er herum, und dann kaufte er ihr roten Kaviar, geräucherten Hering und andere Leckerbissen. (57)

Marina kann sich nicht daran erinnern, daß ihr Lee roten Kaviar kaufte. Allerdings vergleicht sie ihr Gedächtnis mit einer jahrelang belagerten Stadt. So viel wurde dem Erdboden gleichgemacht.
Ob mit oder ohne roten Kaviar, die Zeit um Weihnachten war glücklich. Da Lee kein Geld für einen Weihnachtsbaum ausgeben wollte, nahm Marina das selbst in die Hand:

McMillan: Sie schnitt einen Tannenzweig ab, stellte ihn auf den Schreibtisch vor dem Spiegel und verteilte Schneeflocken aus Watte darauf. Dann suchte sie alles Kleingeld zusammen, das Lee hatte herumliegen lassen – 19 Cent –, und kaufte dafür Buntpapier. Das zerschnitt sie in kleine Schnipsel, mit denen sie den Zweig schmückte. Lee war überrascht und stolz. »Das hätte ich dir nicht zugetraut, einen Weihnachtsbaum für nur 19 Cent!« (58)

Es ist ihnen jedoch nicht bestimmt, glücklich zu sein. Eine Party bringt das abrupte Ende. De Mohrenschildt überredet Katja Ford, die Oswalds zu einer Nach-Weihnachtsfeier einzuladen. Daß De Mohrenschildt damit bestimmte Absichten verfolgte, läßt sich daraus schließen, daß er Marina, die zuerst wegen June nicht kommen will, umstimmt, indem er für einen Babysitter sorgt.
Die Fords bewohnten ein großes modernes Haus mit einem offenen Kamin, in dem zur Feier des Tages ein helles Feuer loderte. Das ganze Haus war festlich geschmückt. Die anderen Gäste, unnötig zu sagen, waren beim Anblick der Oswalds fix und fertig.

Mrs. De Mohrenschildt: Eine Menge Leute aus der russischen Kolonie waren da, und unter ihnen eine junge Japanerin. Ihren Nachnamen weiß ich nicht mehr, wir nannten sie nur Yaeko. Angeblich stammte sie aus einer sehr vornehmen Familie. Sie war jedenfalls wohlhabend und außerdem Musikerin. Sie spielte im Dallas Symphonieorchester. (59) Ehrlich gesagt, ich habe Yaeko nie über den Weg getraut, sie kam mir irgendwie verdächtig vor. Vielleicht, weil ich mit Japanern aufgewachsen bin. Da habe ich gelernt, was Falschheit ist, verstehen Sie? Und da ist noch etwas Merkwürdiges mit Yaeko passiert.

Mr. Jenner: In Zusammenhang mit den Oswalds?

Mrs. De Mohrenschildt: Ja. Es war eigenartig, denn Yaeko und Lee verbrachten praktisch den ganzen Abend miteinander, und Marina war natürlich wütend. Der Gast, der Yaeko mitgebracht hatte, ebenfalls, was man ja auch gut verstehen kann. Marina hat mir erzählt, daß sich Oswald und Yaeko danach noch öfter trafen, was äußerst seltsam ist, denn ich glaube nicht, daß Oswald überhaupt jemand sehen wollte, um es mal so zu formulieren.

Mr. Jenner: Sie hatten den Eindruck, daß Oswald sich auf dieser Party anders benahm?

Mrs. De Mohrenschildt: Ja. Ich habe allerdings nicht die leiseste Ahnung, worüber sie sich unterhielten. Aber jedem fiel es auf, und wir machten uns darüber lustig. Wir zogen Marina damit auf, daß er nun eine kleine Japanerin hätte. Natürlich machten wir nur Spaß, aber offensichtlich haben sie sich nicht nur unterhalten, denn Marina sagte, daß er sie auch noch später getroffen habe und daß er sie mochte. Das hat sie mir so gesagt. Er mochte Yaeko wirklich. (60)

Priscilla Johnson McMillan verrät uns, worüber sich die beiden unterhielten:

… über japanische und amerikanische Sitten und Gebräuche und Ikebana, die Kunst des Blumensteckens, die zu lehren Miss Okui befugt war. Marina fiel allerdings auf, daß Yaeko Russisch sprach und nichts Stärkeres als Coca-Cola trank. Sie vermutete, daß Miss Okui für den amerikanischen Geheimdienst arbeite. Sie warnte Lee davor, über Politik zu sprechen und sich zumal anerkennend über Chruschtschow zu äußern. Nie zuvor und niemals wieder sah sie sich veranlaßt, ihrem zugeknöpften Mann zu raten, den Mund zu halten.

Noch jemand reagierte auf Miss Okui genauso wie sie – George De Mohrenschildt. Er gab sich den Anschein, mit einer Reihe von Mädchen zu flirten, aber seine Antennen waren ausgefahren, und er sagte zu Marina: »Diese Japanerin – ich traue ihr nicht über den Weg. Ich glaube, sie arbeitet für irgendeine Regierung, nur weiß ich nicht, für welche.« (61)

Wir gehen wohl nicht fehl in der Annahme, daß De Mohrenschildt, als er Oswald aushorchte, sich mit ihm häufig über Sex unterhielt und von seiner Vorliebe für Japanerinnen Kenntnis hatte. In »Legend« geht Epstein ausführlich auf diese Episode ein:

George De Mohrenschildt sagte anschließend aus, daß Oswald in Japan »Kontakte zu Kommunisten« hatte, und daß diese »Kontakte« der Anstoß waren, daß er in die Sowjetunion ging. Das habe Oswald ihm zumindest anvertraut. Während er die beiden beobachtete, habe er überlegt, ob Yaeko versuche, etwas über diese Zeit in Oswalds Leben herauszufinden. Yaeko selbst hat niemals ganz ausgeplaudert, worum es in diesem langen Gespräch ging. Bei ihrer Befragung durch das FBI im Oktober 1964 sagte sie, sie habe sich mit Oswald über »Blumenarrangements« unterhalten. Als sie die Gesellschaft gegen Mitternacht verließen, bemerkte Marina, daß Lee sich eine Nummer notierte, die ihm Yaeko gab. (62)

Immer wieder kommen wir bei dem Versuch, eine plausible Linie in Oswalds Abenteuer zu bringen, an einen Kreuzweg, hinter dem die einzelnen Pfade sich noch weiter verästeln:
1: Es ist alles so, wie es scheint; Oswald hat eine attraktive junge Frau kennengelernt, die Gefallen an ihm findet. 2: De Mohrenschildt ist tatsächlich nicht über Miss Okui auf dem laufenden, weil sie für den japanischen Geheimdienst arbeitet. 3: Yaeko Okui steht, wie Marina vermutet, mit der CIA in Verbindung, allerdings mit einer Abteilung, die mit George De Mohrenschildts Mission nichts zu tun hat. Oder 4: De Mohrenschildt hat entsprechende Anweisungen empfangen, und das Treffen mit der jungen Dame wurde eingefädelt – Miss Okui ist anwesend, um Oswald einzuwickeln und herauszufinden, ob er von tieferem Nutzen sein könnte. Und da haben wir den Stier an den Hörnern zu fassen: Miss Okui ist der Grund, warum George die Oswalds auf die Party geschleift hat; er und Jeanne schützen ihr Mißtrauen lediglich vor.

5

Dem Organismus zum Fraß

Falls sich jemand wundern sollte, warum die CIA so stark an Lee Harvey Oswald interessiert war, ist vielleicht ein kurzer Einblick in ihre komplexe Struktur hilfreich. Von allen Regierungsbehörden hat die CIA die größte Ähnlichkeit mit einem lebenden Organismus. Sie besitzt analog zu einem Lebewesen Magen, Gehirn, Lungen und Gliedmaßen, die zwar miteinander kommunizieren können, davon aber oft nur höchst sparsamen Gebrauch machen. Große Teile der CIA führen ein völliges Eigenleben, so daß die rechte Hand nicht weiß, was die linke tut. Anzunehmen, daß die CIA in ihrer Gesamtheit an Oswald interessiert war, hieße, sich wahrscheinlicheren Möglichkeiten zu verschließen. Man darf eher vermuten, daß die Gerüchte über Oswald, die bei Teilen der CIA durchsickerten, ihn für einzelne Agenten in einigen Enklaven der CIA interessant machten, deren Namen im Dezember 1962 im Büro des Direktors besser nicht mehr genannt wurden.

Für die meisten Leser wird es keine schockierende Neuigkeit mehr sein, daß es zu Zeiten des Fiaskos in der Schweinebucht und der anschließenden anderthalb Jahre eine stillschweigende Übereinkunft zwischen der CIA und der Mafia gab, mit dem Ziel, Fidel Castro zu ermorden. Das war vermutlich der wichtigste und am besten gehütete Aspekt eines Gesamtplans mit dem Decknamen Operation Mongoose. Das Zentrum zur Ausführung dieser Operation befand sich in der mächtigsten CIA-Basis der Welt, JM/WAVE, in Miami und im südlichen Florida. Von dort aus sollte Kuba durch Aufstände, Bombardements und sonstige Spielarten der Sabotage mürbe gemacht werden. Als Nebenprodukt des Vertrags mit Chruschtschow zur Vermeidung künftiger nuklearer Machtproben nach der Raketenkrise im Oktober 1962 ordnete Kennedy an, Operation Mongoose abzubrechen. Das FBI begann bald danach mit der Entwaffnung kubanischer Anti-Castro-Gruppen, die bis dahin in geheimen Camps am Golf von Mexiko für Spezialeinsätze trainiert worden waren.

Diese Kehrtwendung in Kennedys Politik verursachte eine Spaltung der CIA. Kleine Gruppen von Agenten, die sich vom Präsidenten verraten fühlten, begannen sich in geheimen Zellen zusammenzuschließen. Für diese hätte Oswald durchaus interessant sein können. Natürlich mußte erst ausgelotet werden, wo seine Sympathien wirklich lagen, mußte sein Charakter analysiert und seine Risikobereitschaft getestet werden. Nachdem Mongoose abgeblasen worden war, lag das Potential der CIA teilweise brach, und es ist denkbar, daß De Mohrenschildt, nachdem er Oswald ausreichende Informationen aus der Nase gezogen hatte, zu dem günstigen Befund kam: »Dieser Bursche ist genug Desperado, um einiges durchzuziehen.«

Selbstverständlich sagte niemand von der CIA vor der Warren-Kommission etwas Derartiges aus, aber dem Parlamentarischen Untersuchungsausschuß für politische motivierte Attentate gelang es, sich die 144bändige CIA-Akte über Oswald zu beschaffen und einige der beteiligten CIA-Mitarbeiter zu befragen, darunter J. Walton Moore. Epstein wurde hier ziemlich fündig:

... obwohl sich Moore zuerst nur an zwei Begegnungen mit De Mohrenschildt »erinnern« konnte – 1958 und 1961 –, ergab sich aus den Unterlagen in De Mohrenschildts CIA-Akte, daß »zwischen Moore und De Mohrenschildt erheblich mehr Kontakte als angegeben« bestanden hatten. Moore räumte darauf ein, daß er mit De Mohrenschildt »periodisch« zu »Befragungszwecken« zusammengetroffen sei. Er blieb dabei, daß er sich in diesem Zusammenhang an kein Gespräch über Oswald erinnern könne, gab jedoch zu, daß sich diese Kontakte bis in das Jahr 1962 erstreckt haben könnten. (63)

Geht man von solchen Kontakten aus, dann mußte die CIA in Langley entsprechende Protokolle darüber aus Dallas erhalten haben.

Epstein: Da das Komitee keine Spur von solchen Protokollen fand, hätten sie systematisch aus den Akten entfernt worden sein müssen. Aber warum hätte die CIA, die damals legal etwa 25.000 amerikanischen Bürgern pro Jahr auf den Zahn fühlte, ein so gefährliches Risiko eingehen sollen? (64)

Damit hat Epstein den Finger auf die Wunde gelegt. Seine Frage: Warum geht die CIA ein solches Risiko ein? führt direkt zu einem Attentatsversuch an einer prominenten Persönlichkeit der rechtsgerichteten John Birch Society, General Walker. Dieses Ereignis wird im April 1963 in Dallas stattfinden, aber J. Walton Moore, dem seine »periodischen« Kontakte mit De Mohrenschildt erst recht spät wieder einfallen, wird abstreiten, noch im April 1963 mit De Mohrenschildt zu tun gehabt zu haben. So weit hätte er niemals gehen können, sonst hätte er genauso gut aussagen können, daß er und De Mohrenschildt Gespräche über Oswald und Walker geführt hätten, und solche Enthüllungen hätte sich die CIA nicht leisten können. Es war also sicherer, Jahreszahlen durcheinanderzubringen, um den Kopf aus der Schlinge zu ziehen.

De Mohrenschildt und Moore waren in ein weiteres merkwürdiges Ereignis verwickelt. Irgendwann im September oder Oktober 1962, als De Mohrenschildt gerade Oswalds 50-Seiten-Manuskript über die Sowjetunion in seiner Obhut hatte, stellte er nach der Rückkehr von einer Geschäftsreise fest, daß sich jemand an seinem Reisetagebuch zu schaffen gemacht hatte. Er und Jeanne hatten zu Fuß Mexiko und Mittelamerika 2.000 Meilen durchwandert. Da er sich einen Gutteil jener Monate in Guatemala aufgehalten hatte, wo die Anti-Castro-Brigaden von der CIA gerade für die Invasion vom April 1961 im Dschungelkampf ausgebildet wurden, und er nun im Dienste der Agency stand, könnte es einer seiner Vorgesetzten für ratsam gehalten haben, sich den Inhalt seiner Aufzeichnungen näher anzuschauen. So wie De Mohrenschildt den Vorfall vor der Warren-Kommission schildert, ergibt sich dafür allerdings keine logische Erklärung:

> **Mr. De Mohrenschildt:** Ich hatte das gesamte maschinengeschriebene Manuskript, ungefähr 150 Seiten, in einen Schrank gelegt. Nach meiner Rückkehr stellte ich kleine Markierungen fest, kleine Bleistiftmarkierungen. Ich fragte meine Frau, ob sie sich daran zu schaffen gemacht habe, was natürlich nicht der Fall war. Am Abend ging mir die Geschichte wieder durch den Kopf, und es kam mir der Gedanke, daß jemand in meiner Wohnung fotografiert habe. Der Gedanke war so schrecklich, daß Jeanne und ich die ganze Nacht nicht schlafen konnten. Am nächsten Morgen suchten wir Walter Moore auf, und ich fragte ihn: »Haben Ihre Leute in meinem Buch herumgeschnüffelt?« Er sagte: »Halten Sie uns für so dumm, daß wir auch noch unsere Visitenkarte hinterlassen? Aber wir waren es nicht.« Ich fand nie heraus, wer es war. (65)

Natürlich könnten die Markierungen dazu gedient haben, eine falsche Spur zu legen, wenn man sich Oswalds Manuskript und Notizen, die De Mohrenschildt möglicherweise über Oswald gemacht hatte, verschaffen wollte.

Es ist wahrscheinlich, daß Oswald Anfang Dezember entweder von De Mohrenschildt oder einem Verbindungsmann Geld erhielt (es sei denn, wir halten weiter an der Spekulation fest, daß Oswald von einem Phantom-Liebhaber ausgehalten wurde). Tatsache ist, daß Oswald, der dem Außenministerium seit Mai 1962 Reisekosten von 437,71 Dollar für die Rückreise von Moskau nach New York schuldet, mit der Rückzahlung am

13. August 1962 beginnt. Er schickt zehn Dollar in bar, anschließend überweist er 9,71 Dollar am 5. September, weitere zehn Dollar am 10. Oktober und nochmals zehn Dollar am 19. November 1962, d.h. innerhalb von 14 Wochen einen lächerlichen Betrag von 39,71 Dollar. Plötzlich kann er die Restschuld von 396 Dollar – mehr als den zehnfachen Betrag – zwischen dem 11. Dezember 1962 und dem 29. Januar 1963 in drei Raten von 190, 100 und 106 Dollar begleichen.

Die Warren-Kommission versuchte Berechnungen aufzustellen, wie Oswald dieses Finanzkunststück gelungen sein könnte. Sein Wochenlohn bei Jaggars-Chiles-Stovall war nie höher als 70 Dollar, eher 10 bis 15 Dollar darunter. Die Monatsmiete betrug 69,50 Dollar, für den Lebensunterhalt der Familie wurden 15 Dollar pro Woche angesetzt, plus sehr kleine Beträge für besondere Ausgaben. Dieser Haushaltsplan wäre jedoch schon bei Verlust von nur zehn Dollar in sich zusammengefallen.

Oswald verdiente von November bis Januar 305, 240 bzw. 247 Dollar. Die Haushaltskosten in diesen Monaten beliefen sich auf 182, 165 bzw. 190 Dollar (die Zahlen stammen aus den Erkenntnissen der Warren-Kommission). (65) Während dieser drei Monate hatte Oswald demnach 278 Dollar zur freien Verfügung. Zieht man davon die 396 Dollar ab, die er dem Außenministerium schuldete, bleibt im günstigsten Fall ein Soll von 118 Dollar.

Wir haben uns inzwischen ganz auf das dünne Eis der Spekulation gewagt, aber die Frage bleibt berechtigt: Wurde Oswald als eine Art Provokateur gegenüber linksgerichteten Organisationen aufgebaut? Seine marxistische Überzeugung hätte ihn kaum davon abgehalten. Nicht Oswald, der die Funktionäre der Kommunistischen Partei Amerikas als Marionetten der Sowjets verachtete und die Sozialistische Arbeiterpartei nicht ernst nahm, die trotzkistisch und ohnmächtig war. Er hätte sich als Doppelagent gefallen. Als *agent provocateur* für den US-Geheimdienst hätte er viel über die internen Strukturen lernen können, was sich später einmal bei Umstürzen und neuen revolutionären Herrschaftssystemen nutzbringend anwenden ließ. Durch den gelungenen Salto mit doppelter Schraube zwischen den USA und der UdSSR sah er sich nicht mehr als gewöhnlichen Sterblichen.

Eine Frage können wir vorläufig jedoch beantworten. Warum wollte Oswald unbedingt seine Schulden beim Außenministerium bezahlen? Aus den KGB-Niederschriften wissen wir, daß er in Minsk häufig schwarz Bus fuhr. Ein Schwarzfahrer zahlt erst recht ein Staatsdarlehen nur dann zurück, wenn er einen Grund hat. Das ist bei Oswald der Fall. Er braucht einen neuen Paß. Er kann erst nach der Rückzahlung des Darlehens aus den USA ausreisen. Also bezahlt er. Vielleicht hat man ihm auch von anderer Seite eine Ausreise schmackhaft gemacht.

6
Ärger am Arbeitsplatz

In Marinas Erzählung für das FBI schreibt sie: »Silvester war für uns sehr langweilig und wir blieben zu Hause. Lee ging früh schlafen.« (66)
Sie wußte, daß die russische Kolonie feierte, aber die Oswalds waren von niemand eingeladen worden.

Ich dachte an Rußland und an meine Freunde. Die Gedanken an mein Heim und meine Verwandten machten mich sehr traurig. Sie feierten lustig zusammen, und ich saß hier allein und unglücklich. (67)

Ihr alter Freund Anatoli fiel ihr wieder ein, der groß war, aber nicht besonders gut aussah und immer so komisch angezogen war. In Minsk hatte sie sich vor ihren Freundinnen immer wegen seiner fehlenden Eleganz geschämt. Aber niemand hatte so geküßt wie er.
Am Silversterabend 1963 schreibt sie ihm einen Brief:

Mein Liebling Anatoli,
ich wünsche Ihnen ein glückliches Neues Jahr.
Ich schreibe Ihnen nicht deshalb, sondern weil ich mich so einsam fühle. Mein Mann liebt mich nicht, und zwischen uns ist es nicht mehr so, wie es in Rußland war. Ich bin traurig, daß uns ein Ozean trennt und ich nicht mehr zurück kann…
Ich bereue, daß ich die glücklichen Zeiten, die wir hatten, und Ihre Güte nicht zu schätzen wußte. Warum waren Sie so zurückhaltend? Sie haben es für mich getan, das weiß ich, und das bereue ich auch. Alles wäre vielleicht anders gekommen. Aber nach allem, was ich Ihnen angetan habe, wollen Sie mich bestimmt nicht zurückhaben…
Ich küsse Sie wie damals.

Marina
P.S. Ich denke an den Schnee, die Kälte, die Oper – und an Ihre Küsse. Komisch, daß wir nie gefroren haben. (68)

Anscheinend hatte sie Zweifel, ob sie den Brief abschicken sollte, denn sie ließ ihn einige Tage liegen. Dann kam er wegen unzureichender Frankierung zurück, und Lee las ihn laut vor.

McMillan: Er saß zusammengesunken auf dem Sofa, den Kopf in den Händen. Schließlich richtete er sich auf. »Kein Wort davon ist wahr«, sagte er. »Du hast das mit Absicht gemacht. Du wußtest, daß die Postgebühren geändert worden sind und der Brief zurückkommen würde. Du wolltest mich eifersüchtig machen. Ich kenne eure Weibertricks. Du kriegst keine Briefmarken mehr, und ich werde alle deine Briefe lesen und selbst aufgeben. Ich werde dir nie, nie mehr vertrauen.« Er ließ sie den Brief vor seinen Augen zerreißen. (69)

Zwei Wochen später fragte er sie nachts im Bett, ob sie ihn seit der Hochzeit betrogen hätte. Sie erzählte ihm die Geschichte mit Leonid Gelfant, als er in Moskau war, und wie sie danach heimgelaufen sei und sich schmutzig gefühlt habe. Er sagte: »Angeberin.« Er glaubte ihr nicht. Sie war jung und hatte noch wenig Lebenserfahrung, aber es wollte ihr nicht in den Kopf, warum er ihr nicht glaubte.
Gegen Ende Januar war ihr Verhältnis nicht mehr so liebevoll wie noch im Dezember. Er wirkte abwesend und ging abends oft einige Stunden weg, angeblich zu einem Schreibmaschinenkurs.

Im Januar unternimmt er nichts, was als Beweis für eine Ausbildung als Klein-Provokateur gewertet werden könnte. Es bleibt ein Geheimnis, woher das Geld für die Rückzahlung seiner Schulden stammt. Er beginnt, zahlreiche linke Broschüren zu kaufen und zu abonnieren, als ob er sich in der einen oder anderen Liste einen Namen als Radikaler machen wolle.
Es ist ein hektischer, aber nicht vereinzelter Ausbruch von Aktionismus. Bereits Ende November und im Dezember hat er an das Hauptquartier der Kommunistischen Partei in New York geschrieben, seine Hilfe bei der Herstellung von Propagandamaterial angeboten und Muster seiner Arbeiten bei Jaggars-Chiles-Stovall beigefügt, einschließlich eines Plakats, das er mit Firmenapparatur hergestellt hat: »Lesen Sie ›The Worker‹, wenn Sie alles über Frieden, Demokratie, Arbeitslosigkeit und die wirtschaftliche Entwicklung wissen wollen.« Er erhielt wohlwollende Antworten und fühlte sich ernstgenommen.
Das setzte neue Energien frei. Doch, der Dezember war für ihn ein guter

Monat. Aber schon im Januar quälen ihn nicht nur Zweifel wegen Anatoli. Dazu De Mohrenschildt in seinem Manuskript:

… Ich hätte nichts darüber gewußt, wenn nicht Marina eines Tages wütend bei uns aufgetaucht wäre: »Ich habe die Adresse dieser Japanerin in Lees Tasche gefunden. Er hat ein Verhältnis mit ihr, dieser Bastard.« Ich sagte nichts, ich lächelte nur und dachte: Wie schön für ihn. »Diese japanische Schlampe.« Sie weinte bitterlich. »Wir hatten einen Riesenkrach deswegen. Schauen Sie mich an.« Sie hatte wieder einmal ein blaues Auge. (70)

Ende Januar eskaliert auch der Ärger in der Arbeit. Bisher hat ihm sein Job bei Jaggars-Chiles-Stovall besser als alle anderen zuvor gefallen. Er lernte neue Techniken und konnte die Geräte auch für private Zwecke wie das Vergrößern seiner Fotos nutzen. Als Junge war seine Lieblings-Fernsehsendung »Meine drei Leben für das FBI« gewesen, und nun hatte er die Möglichkeit – unschätzbar für jeden, der mit mehr als einer Identität leben möchte –, Visitenkarten, Geburtsurkunden und andere Identitäts-Accessoires herzustellen. Gleichwohl schlichen sich Mitte Januar unerklärliche Spannungen ein. In den engen Gängen der Dunkelkammer begann er Mitarbeiter anzurempeln, die gerade mit der Feineinstellung der Vergrößerungsapparate beschäftigt waren:

Mr. Jenner: Er war unkollegial und aggressiv?
Mr. Ofstein: Ja. Ich glaube, er erwartete, daß die anderen zur Seite springen würden, um ihm Platz zu machen, oder er hatte es einfach so eilig, daß er sich nicht um die Kollegen scherte. (71)
Mr. Jenner: Wie waren seine beruflichen Fähigkeiten?
Mr. Ofstein: Er arbeitete schnell, aber mir fiel auf, daß er im Lauf eines normalen Arbeitstags viel wieder zurückkriegte. Er lieferte eine Menge ab, was nachgearbeitet werden mußte. (72)

Oswalds Werkmeister urteilt ähnlich:

Mr. Graef: Immer wenn ein Auftrag nachgearbeitet werden mußte, tat er das ohne Widerspruch und nahm sich seine Fehler zu Herzen. Er bemühte sich durchaus, aber seine Leistung war zu oft ungenügend. (73)

Vielleicht geht ihm auch zuviel durch den Kopf. Am 27. Januar, zwei Tage nach Rückzahlung seiner Schulden beim Außenministerium, füllt er ein Bestellformular unter dem Namen Alek Hidell aus und schickt zehn Dollar Anzahlung an Seaport Traders, Inc., in Los Angeles. Das Geld ist für eine 38er Smith & Wesson Special, deren 5 Zoll langer Lauf auf $2^1/_4$ Zoll gekürzt ist. Revolver mit gekürztem Lauf werden speziell für sehr kurze Distanzen angefertigt – beim Schuß sieht man dem Feind ins Auge. Der Besitz einer solchen Waffe weckt beim Besitzer wesentlich mehr schöpferische Einbildungskraft als ein langläufiger Revolver oder ein Gewehr.

Wahrscheinlich ist er bereits entschlossen, General Edwin A. Walker zu töten. Oder es zumindest zu versuchen. Mit dem Kopf voran, um das Gelbe im Auge des Gegners zu erblicken. Wie sollte er sonst herausfinden, ob er den Willen aufbringen würde? Nie zuvor hatte er in Rage einen Schuß auf einen Menschen, den er sehen konnte, abgefeuert (es sei denn, er war wirklich derjenige, der den Gefreiten Martin Schrand tötete). Er stand also vor dem größten Wagnis seines Lebens. Den ganzen Februar wartete er auf den Revolver. Aber das dauerte. Die Sicherungen gingen ihm durch. Kein Wunder, daß er seine Arbeitskollegen anrempelte.

7
Für ein bißchen Liebe

Am 13. Februar organisierte De Mohrenschildt in seiner Wohnung ein Treffen zwischen Oswald und einem jungen Geologen namens Volkmar Schmidt, der in Heidelberg Psychologie studiert hatte. Die beiden Männer unterhielten sich stundenlang in der Küche.

Epstein: Schmidt versuchte, sein Vertrauen zu gewinnen, indem er vorgab, seine politischen Ansichten zu teilen, und radikale Ansichten äußerte.
Auf bewußt melodramatische Weise ereiferte sich Schmidt über General Edwin A. Walker, der seinen Abschied wegen seiner offenen Unterstützung der John Birch Society hatte nehmen müssen. Er deutete an, daß Walkers hetzerische Tätigkeit an der University of Mississippi, als die Regierung versuchte, dort die Rassentrennung aufzuheben, direkte Ursache der Krawalle und des Blutvergießens auf dem Campus gewesen sei, einschließlich des Todes zweier Reporter. Er ging so weit, Walker mit Hitler zu vergleichen, und meinte, beide sollten wie flüchtige Mörder betrachtet werden.

Oswald ging sofort auf die Parallele zwischen Hitler und Walker ein und folgerte, daß sich Amerika in Richtung Faschismus entwickle. Er wurde immer erregter.

Schmidt erkannte, daß er Oswalds Mißtrauen überwunden hatte. Er erhielt eine Vorstellung von seinem »psychologischen« Profil, wie er sich ausdrückte. Oswald erschien ihm als »total entfremdeter Mensch«, von politischen Ideen bis zur Selbstzerstörung besessen, ein Dostojewskijscher Charakter, der von seiner eigenen Philosophie zum »logischen Selbstmord« getrieben wurde. (74)

Wie in den meisten psychologischen Gutachten macht es sich der Gutachter zu einfach. Oswalds Lebensziel war es, Größe zu erringen. Er war überzeugt, daß er dazu auf einzigartige Weise ausersehen sei. Wenn er gewaltige Risiken auf sich nehmen mußte, um dieses Ziel zu erreichen, und wenn diese Risiken seinen Tod zur Folge hätten, dann war dies das logische Ergebnis seines Einsatzes, doch das Ziel war nicht Selbstmord.

Den ganzen Februar und März bereitet er sich auf den Angriff auf Walker vor. Die Vorstellung, daß der General ein Hitler im Entstehen sei, war der Schlüssel, daß er ihn sich als Zielscheibe aussuchte. Der Hintergedanke einer so hochgemuten Absicht – stopp den zweiten Hitler, bevor er das Haupt erhebt – speist sich in hohem Maß aus Oswalds latenter Selbsteinschätzung, daß er ebenfalls ein mutmaßlicher Hitler ist. Bewußt oder unbewußt, Oswald mußte die physische Ähnlichkeit im Kopf herumgeistern. Man muß nur einen Schnurrbart auf ein Profilfoto von Oswald malen, um die zwingende Kraft der Ähnlichkeit zu empfinden. Hätte Oswald in seinen Allmachtsphantasien einen faustischen Pakt ausgeschlagen? Wenn ihm Gelegenheit geboten worden wäre, Hitlers überlegene Kräfte an sich zu reißen, hätte er sie seiner ungleich idealistischeren Vision unterwerfen können. Aber erst mußte er einen geringeren Gott töten. Als er die verfügbaren Gottheiten durchging, war General Edwin A. Walker die nächstliegende.

Also muß Oswald jede Nacht in seinen Träumen die irreale Burg Größenwahn betreten haben, wo sich unsere gefahrvollsten Szenarien in nächtlichen Verliesen und morastigen Wassergräben abspielen. Er mußte sich prüfen. Würde er den Mut aufbringen, jeden Fehler auszuschließen, der aus irgendeinem verborgenen Winkel seiner Psyche hervorschießen könnte?

Der Urteilsspruch seiner Träume war offenbar negativ. Den ganzen Februar war er laut Marina in widerwärtiger Stimmung und wurde immer gewalttätiger. Es liegt eine Logik in den kleinen Mißhandlungen im ehelichen Bereich – zumindest, wenn man sich auf das unfeine Problem ein-

läßt, daß die meisten Menschen über ein größeres Potential an Gemeinheit
verfügen, als sie an Freunden oder Fremden auslassen können. Für Feiglinge
ist die Ehe also die ideale Lösung, da die Streitereien zum Ritual erhoben
werden: jeder Partner kann sich seiner seelischen Exkremente entledigen,
im wechselseitigen Einverständnis, daß der Prozeß, wie alle Akte der Ent-
leerung, heilsam ist, eine wirklich ausgeglichene Aggressions-Bilanz.

In Minsk waren Oswalds Streitereien mit Marina klassische Beispiele dieser
feinen Lebensart gewesen. Sie stritten ständig, aber in einem Hitzegrad, der
beinahe thermostatisch geregelt war, um rasch wieder ein wenig Liebe füreinander entwickeln zu können. In Amerika jedoch kam Oswald nicht mehr
in den Genuß der respektvollen Neugier, die viele Russen für ihn als
Sonderfall empfunden hatten. In Texas wurde er im Gegenteil als Herumtreiber betrachtet. Schlimmer! Er war antipatriotisch. Also erhöhte sich der
Einsatz in ihren täglichen Ehekriegen. Oswald begann, Marina regelmäßig
zu schlagen:

McMillan: Jetzt ließ er es nicht mehr bei einer Ohrfeige bewenden, er
schlug fünf-, sechsmal mit den Fäusten auf sie ein. Bei einem Wutanfall
wurde er blaß und preßte die Lippen zusammen. Seine Augen waren
haßerfüllt. Er flüsterte nur noch, sie konnte ihn nicht verstehen. Sobald
er sie schlug, lief er rot an und begann zu brüllen. Er wirkte dabei konzentriert, als wäre Marina die Wurzel aller jemals erlittenen Erniedrigungen, so daß er sie vernichten mußte.

Marina konnte sich nur mit Worten zur Wehr setzen. »Daß du mich
schlägst, zeigt, wie du erzogen worden bist.« – »Laß meine Mutter aus dem
Spiel!« brüllte er und schlug noch härter zu. (75)

In Fort Worth, als die eheliche Gewalttätigkeit ihren Anfang nahm, hatte es
nicht mehr als zwei Ohrfeigen gesetzt, zwei sehr formelle Ohrfeigen, wie von
einer Mutter, die ihrem Kind sagt: »Jetzt hast du es schon wieder getan, und
dafür kriegst du zwei Maulschellen!« Inzwischen lebte sie in der berechtigten Furcht, wie weit er das nächste Mal gehen würde. Sex wurde ebensowenig vorhersehbar. Welch ein Unterschied zu dem geduldigen Trottel, der Ella
Germann niemals zu nahe getreten war. Nun »bellte er sie an: ›Hör mit dem
Geschirrspülen auf. Lee ist scharf!‹ und versuchte, sich ihr aufzuzwingen. Er
bestand darauf, Sex zu haben, wann immer es ihn gelüstete«. (76) Er spricht
von sich in der dritten Person – »Lee ist scharf!« Wenn wir noch einen weiteren Beweis nötig hatten, daß er zu seiner eigenen Projektion geworden ist,
hier ist er.

Mitte des Monats weiß sie, daß sie abermals schwanger ist, aber er hört nicht auf, sie zu schlagen. Er hat offensichtlich das Gefühl, daß er in der Falle sitzt. Er sagt Marina, daß sie zurück in die Sowjetunion muß. Sie wird von dem Verdacht verzehrt, daß nicht der Schreibmaschinenunterricht, sondern eine Affäre ihn davon abhält, vor acht Uhr abends heimzukommen.

Er nimmt an der Crozier Tech High School tatsächlich Schreibmaschinenunterricht – es gibt Zeugen dafür, daß er dreimal in der Woche an dem Kurs teilnimmt. Aber was ist mit den beiden anderen Abenden? Es besteht die Möglichkeit, daß er Marina ihre erfolglose Botschaft an Anatoli nicht vergibt. Er trägt in seinem Herzen die unergründliche Ekstase des künftigen Führers von Legionen der menschlichen Rasse – und ein solcher Führer muß auf absolute Loyalität bauen können. Häuslicher Streit und selbst Gewalttätigkeit ist gestattet, aber sie darf keinen anderen Kerl im Kopf haben. Er hat, wenn ihm danach ist, das Recht, auf sie zu verzichten, aber sie nicht auf ihn.

Wenn Machtdünkel die Eskorte des Mordes ist, dann wird das hier unterstrichen. Der Durchschnittstyp mit sanftem Benehmen – als der Oswald in Minsk durchgehend betrachtet wurde – kann sich nur zum Mord aufschwingen und in diesen schwindligen Höhen behaupten, wenn er seinem Machtdünkel ständig Zucker gibt. Um die Drehung der Schicksalsschraube noch zu beschleunigen, verfügt er nicht einmal über eine Waffe. Der Revolver, den er bestellt hat, weigert sich beharrlich, einzutreffen. Fast jeden Tag geht er zu seinem Postfach, aber da liegt keine Benachrichtigung. Es ist wie ficken wollen, ohne zu wissen, ob dein Schwanz damit einverstanden ist. Seine Reizbarkeit überträgt sich auf die Arbeit:

> **Mr. Graef:** Ich hörte vage Gerüchte, daß es zwischen ihm und den anderen Angestellten Reibungen gab – ein Aufbrausen oder ein Schimpfwort. Die wenigsten mochten ihn. Es war sehr schwierig, mit ihm zurechtzukommen. (77)

Die »Dallas Morning News« bringt General Walker am 17. Februar auf der Titelseite. Die John Birch Society wird salonfähig; sie hat ein menschliches Antlitz, und dieses Gesicht gehört General Walker. Oswald erfährt außerdem aus diesem Artikel, daß Walker sich am 28. Februar auf eine fünfwöchige Reise begeben wird. Oswald hat nur noch elf Tage Zeit, ihn umzulegen, und noch immer keinen Revolver.

409

Um diese Zeit bekommt Marina einen Brief von Walja, der am 24. Januar 1963 abgeschickt wurde:

Meine liebe Marinoschka, wir erhielten Deinen Brief und Deine Glückwunschkarte. Danke, daß Du uns nicht vergißt. Ich habe genauso über Deinen Brief geweint wie Du über meinen. Wir sind sehr froh, daß Alik ein so anständiger Mensch ist. Du weißt ja, daß wir ihn gern gehabt haben, aber jetzt haben wir ihn in der Erinnerung doppelt so gern. Das Foto ist großartig. Du siehst sehr gut aus, und wie die kleine Marischka gewachsen ist! Ich würde sie so gerne einmal in meinen Armen halten. Sie sieht Dir gar nicht ähnlich, aber Alik ist sie wie aus dem Gesicht geschnitten.
Gut, daß wir das Foto haben. Ich schaue es jeden Tag an und denke dann, daß Du bei uns bist. Ich werde es wie einen Schatz bewahren. Du weißt, daß ich Dich auch liebe, auch wenn ich Dich manchmal ausschelten mußte. Du warst für mich gleichzeitig Tochter und Freundin. Wir sind sehr traurig, daß Du jetzt so weit weg bist, aber was kann man tun? Wir wünschen Dir nur das Beste. Jetzt hast Du eine Erbin, für die es sich lohnt, zu leben und zu arbeiten.
Wir umarmen und küssen Dich.
Gib meiner »Enkeltochter« einen Kuß von mir.

Tante Walja und Onkel Ilja (78)

Am 17. Februar schreibt Marina auf heftiges Drängen von Oswald an die Russische Botschaft. Es ist ein emotionsloser Brief, der sicher keinen Bürokraten zu Tränen rührt, doch falls sie entschlossen war, nicht nach Rußland zurückzukehren, dann könnte Waljas Brief sie vielleicht ein wenig ins Wanken gebracht haben:

Genosse Resnitschenko!
Ich bitte Sie, mir dabei zu helfen, in meine Heimat in der UdSSR zurückzukehren, wo ich mich wieder als vollwertige Bürgerin fühlen kann. Lassen Sie mich bitte wissen, was ich zu diesem Zweck unternehmen muß. Vielleicht ist es erforderlich, bestimmte Antragsformulare auszufüllen. Da ich zur Zeit nicht berufstätig bin (wegen meiner mangelhaften Englischkenntnisse und meines kleinen Kindes), wäre ich Ihnen auch für eine evtl. materielle Hilfe dankbar. Mein Mann wird hierbleiben, da er gebürtiger Amerikaner ist. Ich bitte Sie nochmals, mein Anliegen nicht abzuschlagen.

Hochachtungsvoll
Marina Oswald (79)

Mr. Liebeler: Die Kommission hat erfahren, daß Sie im Frühjahr 1963 damit drohten oder sogar einen Versuch unternahmen, Selbstmord zu begehen. Können Sie uns dazu etwas sagen?

Marina Oswald: Habe ich das Recht, dazu nicht auszusagen?

Mr. Liebeler: Selbstverständlich, wenn Sie nicht darüber sprechen wollen. Wir hätten nur gerne gewußt, wie Lee darauf reagiert hat. Aber wenn Sie dazu nichts sagen wollen, kann man nichts machen.

Marina Oswald: Nach meinem Selbstmordversuch hat mich Lee ins Gesicht geschlagen und ins Bett geschickt und mir gesagt, daß ich das nie wieder versuchen solle – nur dumme Menschen täten so etwas.

Mr. Liebeler: Haben Sie ihm gesagt, was Sie vorhaben, oder haben Sie tatsächlich einen Selbstmordversuch unternommen?

Marina Oswald: Ich habe ihm nichts gesagt, aber ich habe es versucht.

Mr. Liebeler: Aber Sie möchten nicht weiter darauf eingehen?

Marina Oswald: Nein. (80)

Sie hatte ein Holzkästchen nach ihm geworfen, in dem sich, wie es bei ihnen eben so zuging, Stecknadeln, Manschettenknöpfe und billiger Schmuck befanden. Er schleuderte sie aufs Bett, packte sie am Hals und sagte: »Das überlebst du nicht.« (81) Da June zu weinen anfing, ließ er von ihr ab und trug das Baby aus dem Zimmer.

Sobald sie allein war, ging sie ins Bad, stellte sich auf die Kloschüssel und versuchte, sich mit einer Wäscheleine an einem Wandhaken aufzuhängen. Sie war seit langem depressiv, aber nun fühlte sie sich völlig verlassen. Sie machte sich nicht einmal mehr um ihre Kleine Gedanken. Wenn Lee sie liebte, würde er für sie sorgen. Sie wußte, daß das sehr selbstsüchtig von ihr war, aber sie war nichts wert, für niemanden. Selbtmord war die beste Lösung. Einfacher jedenfalls, als den Leidensweg nach Minsk zurückzugehen. Bevor sie springen konnte, kam Lee herein, schlug sie ins Gesicht und half ihr herunter. Sie war überrascht, daß er nach ihr gesehen hatte. Sie konnte nicht glauben, daß jemand das Bedürfnis hatte, sich um sie zu kümmern.

McMillan: Sie weinten beide wie kleine Kinder. »Bitte versuch, mich zu verstehen«, bettelte er. »Du hast auch nicht immer recht. Bleib ruhig, wenn du kannst.« Er küßte sie wie in Raserei. »Um Gottes willen, verzeih mir. Ich werde das nie mehr tun. Ich will versuchen, mich zu ändern, wenn du mir dabei hilfst.«

Sie liebten sich die ganze Nacht, und er sagte ihr immer wieder, daß sie

»die beste Frau« für ihn sei, nicht nur im Bett, sondern auch in jeder anderen Hinsicht. Sexuell erlebte Marina eine ihrer glücklichsten gemeinsamen Nächte. (82)

Ende des Monats begab sich Walker auf seine Reise. Lee schien ruhiger, zumindest für einige Tage. Dann begannen die Kämpfe aufs Neue. Mr. und Mrs. Tobias beschreiben die Reaktionen der Bewohner des armseligen Anwesens in der Elsbeth Street:

Mr. Tobias: Ich versuchte einige Male, mit ihm zu reden, aber mehr als ein Grunzen war aus ihm nicht herauszukriegen. Er war so einer von der Sorte, mit denen man nicht reden kann.
Mr. Jenner: Was haben die anderen Mieter von Oswald gehalten?
Mr. Tobias: Daß er sie ständig geschlagen hat, fand niemand in Ordnung. Ein Mieter sagte zu mir: »Der da drüben wird das Mädchen noch umbringen«, und ich sagte: »Ich kann da rein gar nichts machen. Bei denen hängt der Haussegen schief.« (83)

Mrs. Tobias ergänzt die Reflexionen ihres Gatten:
Mrs. Tobias: Sie hatten auch immer die Jalousien heruntergelassen, wissen Sie, Tag und Nacht. Sie hatten dauernd Krach, und die Mieter haben sich bei meinem Mann beschwert, daß sie nicht schlafen könnten, und daß das Baby ständig brülle. Mein Mann hat ihm schließlich gesagt, daß er sich zusammenreißen solle, sonst müßten sie ausziehen.
Mr. Jenner: Und kurz danach sind sie ausgezogen?
Mrs. Tobias: Ja. Bald danach sind sie in die Neely Street gezogen. (84)

In der Wohnung in der Neely Street, nur drei Blocks entfernt, richtet sich Oswald in der Wohnung im ersten Stock ein winziges Zimmer als Studio ein. Im Laufe des März legt er darin die schriftliche Begründung nieder, warum er Edwin A. Walker nach seiner Rückkehr nach Dallas Anfang April ausschalten wird.

8

Der Jäger der Faschisten

McMillan: Lee verbrachte die ersten beiden Abende in der Neely Street damit, die Wohnung zu verschönern. Er war ein geschickter Schreiner und zimmerte Fensterrahmen für den Balkon, die er grün lackierte. In seinem Allerheiligsten brachte er Regale an und stellte einen Stuhl und einen Tisch hinein. »Schau«, sagte er zu ihr, »ich hatte noch nie mein eigenes Zimmer. Ich werde hier arbeiten und eine Dunkelkammer einrichten. Komm bloß nicht auf die Idee, hier sauberzumachen. Wenn ich merke, daß du auch nur das Geringste angefaßt hast, schlage ich dich.« (85)

Ein eigenes Zimmer schien seine Neigung, den Pascha zu spielen, zu fördern:

McMillan: Wenn er badete, mußte sie ihn abschrubben. Erst ein Bein, und wenn sie sich an das zweite machen wollte, sagte er: »Nein, das rechte ist noch nicht sauber«, und sie mußte die Prozedur vier- oder fünfmal wiederholen, bis sie sich an das zweite Bein machen durfte. »Jetzt fühle ich mich wie ein König«, sagte er glückselig, ermahnte sie aber, sanfter mit ihm umzugehen. »Ich habe eine empfindliche Haut, du bist ein russischer Trampel.« Er weigerte sich, aus der Badewanne zu steigen, denn der Fußboden sei zu kalt. Sie mußte für ihn ein Handtuch ausbreiten. Wenn sie alle Anweisungen befolgt hatte, sagte sie: »Mein Prinz, du kannst jetzt herauskommen.« (86)

Um den 10. März faßt er sich ein Herz und geht auf Erkundung. Er späht die schmale Zufahrtsstraße hinter Walkers Anwesen aus, einem einstöckigen Haus am 4011 Turtle Creek Boulevard, und fotografiert mit seiner Imperial Reflex den Garten und die Rückseite des Hauses, vermutlich, um sich mit der Lage der Fenster vertraut zu machen, dann macht er Fotos von Eisenbahngleisen, 600 Meter weiter. Das Motiv dafür ist unklar, falls wir nicht annehmen, daß er bereits plant, seine Waffe in einem Gebüsch in der Nähe der Gleise zu vergraben, und die Fotos als Orientierungshilfe nötig hat. Ein weiterer Vorteil seiner Arbeit bei Jaggars-Chiles-Stovall – er kann Negative und Fotos selbst entwickeln.

Zwei Tage, nachdem er die Möglichkeiten abgeschätzt hat, kommt er zu dem Schluß, daß er ein Gewehr und keinen Revolver braucht, und bestellt bei

der Klein's Sporting Goods Company in Chicago einen Mannlicher-Carca-
no-Karbiner, Kaliber 6,5 mm. Das Gewehr, das das berüchtigtste der Weltgeschichte werden wird, kostet inklusive vierfach vergrößerndem Zielfernrohr, Versandkosten und Gebrauchsanweisung 22,95 Dollar. Einige Tage
später, am 15. März, schreibt er seinem Bruder Robert, der gerade befördert
wurde und im Begriff ist, ein größeres Haus zu kaufen: »Es ist immer besser, die Gelegenheit beim Schopf zu packen, also freue ich mich für dich.«
(87) Das ist die Grundmaxime eines Mannes der Tat. Er hat sie einen Großteil seines Lebens befolgt, manchmal mit mehr, manchmal mit weniger Erfolg.

Die zweite Qualität eines Mannes der Tat – die Fähigkeit, seine Situation zu
überblicken – fehlt ihm bedauerlicherweise. Wenn es gilt, seine eigene Lage
einzuschätzen, ist Lee ein Tunneldenker. Im selben Brief an Robert schreibt
er: »Meine Arbeit ist sehr angenehm; im nächsten Monat bekomme ich eine
Gehaltserhöhung und stelle mich bei der Arbeit im Fotolabor immer geschickter an.«

> **Mr. Graef:** Ich arbeitete gerade an meinem Schreibtisch, als ich bemerkte,
> daß Lee eine Zeitung las. Es war keine normale Zeitung, und ich fragte,
> was er da lese. »Eine russische Zeitung.« Ich sagte: »Also Lee, ich würde
> so etwas hier nicht lesen, manche Leute könnten Ihnen das übelnehmen.«
> Ich weiß schließlich, wie die Leute sind, und daß es ihnen verdächtig sein
> würde, wenn er so eine Zeitung hatte oder gewissermaßen angeberisch
> damit herumlief.« (88)

Inzwischen trägt er zu Hause in ein blau eingebundenes Tagebuch, ein Geschenk von George Bouhe aus großzügigeren Tagen, die Ergebnisse jeder
Auskundschaftung von Walkers Haus ein. Die Fahrpläne mehrerer Buslini-
en im Umkreis einer Meile sind darin ebenso enthalten wie seine Fotos, und
er notiert auch die mutmaßliche Entfernung verschiedener Fenster und
Türen an der Rückseite des Hauses von verschiedenen zweckdienlichen Positionen in der Zufahrtsstraße. Er lebt das Vergnügen, das er als Halbwüch-
siger beim Studium des Handbuchs der Marines empfunden hatte, noch
einmal durch. Er hat einen Hang zum Detail. Wenn es eines Generals bedarf, um einen General zu töten, dann ist das Gleichgewicht hergestellt.
Unnötig, hinzuzufügen, daß seine andere Hälfte, der Gemeine, der alle Offiziere verachtet, sich als Populist aufspielen kann: es bedarf eines Gemei-
nen, um einen General zu töten! Und das ist ein noch größerer Anstoß. Wie
auch immer, der General/Gemeine Oswald, der als sein eigener Stab fun-

giert, arbeitet seine Pläne sorgfältig aus. Zur Abschätzung der Distanz führt er auf nächtlicher Mission sogar ein neunfach vergrößerndes Handteleskop mit sich, das er aus Rußland mitgebracht hat. Wie jeder tüchtige General weiß er: je exakter man sich vorbereitet, desto unausweichlicher wird es, sich in die Schlacht zu begeben und sich der schier unglaublichen Tätigkeit zu widmen, seinen Mitmenschen zu töten.

Der Mannlicher-Carcano-Karabiner kommt am 25. März an, rund zwei Wochen nach der Bestellung, und am selben Tag, mit zwei Monaten Verspätung, auch der Smith & Wesson-Revolver mit abgesägtem Lauf. Wie sollte er das nicht als Fügung betrachten? Sein Arbeitskollege Jack Bowen erinnert sich, daß Oswald das Gewehr zu Jaggars-Chiles-Stovall brachte und es ihm zeigte. (89) Oswald verhält sich dabei wie ein typischer Texaner. Texas mag zwar einer der 50 Staaten der USA sein, ist aber eher eine Nation mit eigenen Sitten und Gebräuchen: dem Nachbarn das Gewehr zu zeigen, das man gerade gekauft hat, heißt, ihm die Freundschaft anzubieten.

Danach kam das Reinigen der Waffe. In dem Maße, in dem man sein Gewehr als treuen Diener sieht – insofern es anständig behandelt wird –, wird die Reinigung der Waffe zu einem sakramentalen Akt. Man tränkt das Holz des Schaftes und das Metall des Laufes mit nicht weniger als dem Salböl der eigenen Hingabe. Es geht um Grundsätzliches: je gewissenhafter man ein Teil reinigt, desto präziser wird es funktionieren. Darüber hinaus ist jeder Waffennarr ein heimlicher Mystiker. Das ist einer der Gründe, warum der Amerikanische Kongreß durch die National Rifle Association in Angst und Schrecken versetzt wird. Nicht viele Politiker kennen sich in Mystik aus, und nicht viele Politiker mögen, was sie nicht verstehen.

Aus einem FBI-Protokoll: MARINA gab an, sie könne sich jetzt erinnern, daß OSWALD das Gewehr vier- oder fünfmal in dem Zeitraum zwischen der Beschaffung der Waffe im März 1963 bis zu seinem Attentatsversuch auf General WALKER gereinigt habe. Sie gab weiter an, es sei durchaus möglich, daß er immer dann Schießübungen veranstaltete, wenn er angeblich bei seinem Abendkurs war. Wenn dies der Fall war, hätte sie nichts davon gewußt. (90)

Nach dem 1. April erschien Oswald nicht mehr bei seinem Schreibmaschinenkurs, sagte Marina davon aber nichts. (91)

Aus einem FBI-Protokoll: Er hatte sein Gewehr in einen Regenmantel gewickelt und sagte MARINA, daß er zum Schießen gehe. Sie versuchte, ihn umzustimmen. Sie sagte, daß ihn die Polizei erwischen würde. Er antwortete, daß er auf jeden Fall gehen werde, und daß es sie nichts anginge. Er sagte nicht, wohin er für seine Schießübungen gehen wollte, nur daß es ein aufgelassenes Grundstück sei. (92)

Marina kam das alles sehr verdächtig vor. Immer wenn er mit dem Gewehr aus dem Haus ging, trug er einen dunkelgrünen Militärmantel, auch wenn das Wetter in Dallas entgegen der Jahreszeit warm war. Aber unter diesem Mantel konnte er das Gewehr verbergen. Des Nachts begann er im Schlaf zu sprechen und sagte Sachen auf Englisch, die sie nicht verstehen konnte; dann murmelte er etwas und schien in Angst. Ganz offensichtlich fürchtete er sich vor etwas. Sie jedenfalls hielt sich von der Waffe fern, vor allem, wenn er sie reinigte. Wer konnte schon wissen, ob sie nicht losgehen würde? (93)

Am letzten Tag im März, einem Sonntag, mußte sie ihn hinten im Garten fotografieren. Er trug ein schwarzes Hemd, schwarze Hosen und dunkle Cowboystiefel. Den Revolver trug er in einem Holster um die Hüften, in der Linken hielt er das Gewehr und in der Rechten Ausgaben von »The Worker« und »The Militant«. Er hielt den Kopf dabei in einem so merkwürdigen Winkel zum Körper, daß die Fotos später lange für Montagen gehalten wurden. Die neueste These besagt, daß er diese unnatürliche Haltung aufgrund seiner Erfahrungen mit Fotomontagen bei Jaggars-Chiles-Stovall mit Vorbedacht wählte. Wer kann schon wissen, wieviel Filigranarbeit, bewußte oder unbewußte, in der Entwicklung seiner Szenarien steckte?

Trotz des Abstands von 30 Jahren sind Marinas Reaktionen auf diesen seltsamen Sonntagvormittag nach wie vor aufschlußreich. Da stand Lee! Ganz in Schwarz – ein Idiot! Als wir sie fragen, wie oft sie auf den Auslöser drückte, sagt sie: »Mindestens dreimal.« Aber es könne auch öfter gewesen sein. Denn er wechselte zwischendrin die Haltung. Als sie ihn fragte: »Warum trägst du diese alberne Kleidung?«, habe er geantwortet: »Für die Nachwelt.« Sie sagte: »Jawohl, das wird den Kindern großes Vergnügen machen, zu sehen, wie du mit deinen Schießeisen herumstehst«, und er habe irgendeine dumme Ausrede gemurmelt. Seine Stimme habe betreten, eigentlich blöde geklungen. Und da sei auch noch seine sorgfältige Wahl des Zeitpunkts gewesen. Er wollte nicht, daß ihn die Nachbarn mit einem Gewehr und einem Revolver im Garten stehen sähen. Also habe er gewartet, bis alle in die Kirche gegangen waren, und dann gesagt: »Okay, machen wir's jetzt, bevor sie zurückkommen.«

Vermutlich am darauffolgenden Montag, dem 1. April, wurde ihm gekündigt.

Mr. Graef: Ich sagte: »Lee, kommen Sie mal nach hinten, ich möchte mit Ihnen sprechen.« Er kam, und ich sagte: » Machen wir's kurz. Das Geschäft läuft zur Zeit nicht besonders gut, aber das Problem ist, daß Sie nicht so gut arbeiten, wie Sie sollten. Und es gibt Reibereien mit den Kollegen.«
Mr. Jenner: Wie reagierte er darauf?
Mr. Graef: Überhaupt nicht. Ich sagte: »Vielleicht ist es am besten, jetzt einen Schlußstrich zu ziehen.« Ich glaube, ich ließ ihm noch einige Tage Zeit. Er nahm alles emotionslos hin und schaute die ganze Zeit auf den Boden. Nachdem ich ausgeredet hatte, sagte er: »Gut, ich danke Ihnen.« Drehte sich um und ging. (94)

Vielleicht war er sogar froh, daß er nun mehr Zeit hätte, um sich auf Walker einzuschießen. Wichtig war nur, daß er noch ein paar Tage dort arbeiten und seine Negative entwickeln konnte. Vielleicht dachte er auch daran, daß er Marina etwas mehr Geld hinterlassen könnte, falls alles schiefgehen sollte.

Ein oder zwei Tage vor General Walkers Rückkehr, es war am Montag, dem 8. April, vergrub Oswald sein Gewehr vermutlich eine halbe Meile weiter weg neben den Bahngleisen. Als er danach die Mormonenkirche neben Walkers Haus ausspähte, entdeckte er, daß am Mittwochabend ein Gottesdienst abgehalten werden würde. Wahrscheinlich kam er zu dem Schluß, daß die Anwesenheit eines Fremden auf dem Turtle Creek Boulevard oder in der Zufahrtsstraße dahinter zu diesem Zeitpunkt weniger auffallen würde. Wir müssen weiterhin annehmen, daß Oswald im Gebüsch an der Zufahrtsstraße ein Versteck gefunden hatte, von wo aus er durch den Garten in Walkers rückwärtige Fenster schauen konnte. Blieb nur die Frage, ob der General so freundlich sein würde, sich blicken zu lassen.

McMillan: Am Morgen des 10. April, einem Mittwoch, fand Marina, daß Lee nachdenklich und ziemlich traurig dreinschaute. Mit Tränen in den Augen gestand er ihr schließlich, daß er seinen Arbeitsplatz verloren habe. »Ich weiß nicht, warum. Ich habe mir solche Mühe gegeben. Mir gefiel es dort so gut. Wahrscheinlich haben die vom FBI Fragen gestellt, und der Chef mag Leute nicht, für die sich das FBI interessiert. Wann lassen sie mich endlich in Ruhe?«

Marina war hilflos in ihrem Mitleid. Als er das Haus verließ, vermutete sie, er würde sich nach Arbeit umsehen, denn er trug seinen guten grauen Anzug und ein sauberes weißes Hemd. (95)

Wir wissen nicht, wie lange Oswald, als er am Abend des 10. April in der kleinen Straße ankam, warten mußte, ob er nervöse Ausflüge unternahm und wieder zurückkehrte, ob er sein Gewehr jedesmal wieder im Gebüsch verbarg, oder ob sein Versteck so sicher war, daß er darin eine halbe Stunde oder eine ganze Stunde warten konnte, bis sich Walker an seinen Schreibtisch begab. Wenn wir Oswalds Aktionen an diesem Abend allerdings als vom Schicksal inspirierte Choreographie betrachten wollen, dann saß Walker bei seiner Ankunft bereits am Schreibtisch, in einem gut beleuchteten Raum mit hochgezogenen Rollos und offenen Vorhängen – ausgerichtet auf das Fadenkreuz in Oswalds Zielfernrohr.

Lee schoß und rannte davon, ohne sich damit aufzuhalten, ob er sein Ziel nun getroffen hatte oder nicht. Bereits das kann uns einen Eindruck davon geben, wie sehr er die Hosen voll hatte, als er den Abzug betätigte.

Dreißig Jahre später kann sich Marina nicht mehr erinnern, ob er am 10. April zum Abendessen heimgekommen war. Auf jeden Fall war er um acht Uhr abends, als sie June zu Bett brachte, nicht da. Zwischen neun und zehn Uhr, als ihre Ohren immer hellhöriger auf jedes Geräusch draußen in der verlassenen, heruntergekommenen Neely Street reagierten, geriet Marina in einen anomalen Zustand, der einen Namen verdient; man wäre geneigt, ihn *Mitangst* zu nennen. Vertrautheit mit einem Menschen schafft eine telepathische Beziehung, die seine instabilen Schwingungen überträgt – eine Nabelschnur des Horrors, die, während er weg ist und doch so nahe, signalisiert, daß etwas furchtbar schiefgegangen sein muß.

Um zehn Uhr hält sie es nicht länger aus und betritt sein Allerheiligstes. Auf dem Schreibtisch liegt ein Blatt Papier mit einem Schlüssel darauf. »Leb wohl!« scheint die stumme Anwesenheit des Schlüssels zu sagen. Später wird sie dem FBI erzählen: »Es sträubte sich mir das Haar.« (96) Sie nahm das Papier und las, was er geschrieben hatte. Der Text ist uns in gutem steifen Englisch überliefert, zusammengebastelt von Übersetzern des Secret Service, die alles, was im Russisch des Verdächtigen grammatikalisch uneben war, zurechthobelten.

Das ist der Schlüssel zum Postfach im Hauptpostamt in der Ervay Street. Das ist die Straße, in der sich auch der Drugstore befindet, in dem Du immer gewartet hast. Das Postamt ist vier Blocks vom Drugstore entfernt. Ich habe die Miete für das Postfach letzten Monat bezahlt, also mach Dir keine Sorgen.

2. Schick die Nachricht, was mit mir geschehen ist, an die Russische Botschaft und leg Zeitungsausschnitte bei (falls irgend etwas über mich in den Zeitungen stehen sollte). Ich glaube, daß Dir die Botschaft schnell zu Hilfe kommen wird, um alles zu erfahren.

3. Ich habe die Wohnungsmiete am 2. bezahlt, also mach Dir keine Sorgen.

4. Vor kurzem habe ich die Wasser- und Gasrechnung bezahlt.

5. Vermutlich wird die letzte Lohnabrechnung kommen. Das Geld wird an die Postfachadresse gehen. Geh zur Bank und laß Dir den Scheck bar auszahlen.

6. Du kannst meine Kleider etc. entweder wegwerfen, oder sie jemandem schenken. Behalte nichts. Ich möchte jedoch, daß Du meine Personalpapiere (militärische, zivile etc.) bewahrst.

7. Einige Dokumente sind in der kleinen blauen Reisetasche.

8. Das Notizbuch mit den Adressen liegt auf dem Tisch im Arbeitszimmer, falls Du es brauchen solltest.

9. Wir haben Freunde hier. Das Rote Kreuz wird Dir ebenfalls helfen.

10. Ich habe Dir soviel Geld, wie ich konnte, hinterlassen, 60 Dollar. Du und June können die nächsten zwei Monate davon leben, wenn Du 10 Dollar pro Woche ausgibst.

11. Falls ich am Leben bleiben und verhaftet werden sollte, das städtische Gefängnis liegt am Ende der Brücke, die wir jedesmal passierten, wenn wir in die Stadt gingen. (97)

9

Warten auf die Polizei

Aus einem FBI-Protokoll: Sie gab an, daß OSWALD an diesem Tag gegen Mitternacht in äußerst erregtem Zustand ins Haus stürmte. Er war sehr blaß. Als erstes schaltete er das Radio ein. Später legte er sich aufs Bett, und MARINA war besorgt, wie blaß er noch immer war. Als sie ihn fragte, ob etwas passiert sei, gestand er ihr, daß er versucht habe, General WAL-KER zu erschießen, aber nicht wisse, ob er getroffen habe. Er wolle deshalb die Rundfunknachrichten hören… MARINA sagte, daß sie auf OSWALD sehr böse geworden sei, weil er auf General WALKER geschossen hatte, und er erwiderte ihr, daß General WALKER eine faschistische Organisation anführe, und seine Beseitigung für alle das Beste sei…

Sie gab an, daß OSWALD das Gewehr nicht bei sich hatte, als er zurückkam. (98)

Dreißig Jahre später erinnert sie sich so an diese Nacht:

Er war außer Atem. Er war da und doch wieder nicht. Immer noch woanders. Sie zeigte ihm die Nachricht, die er ihr hinterlassen hatte, aber er sagte nur: »Frag mich nichts darüber.« Er schaltete das Radio ein, aber offensichtlich kam nichts, worauf er wartete. Auf ihre drängenden Fragen antwortete er immer nur: »Laß mich in Ruhe.« Sie legte sich ins Bett und hörte noch lange das Radio im Nebenraum. Dann schaltete er es ab. Er sah entsetzt aus: »Ich habe nicht getroffen.«

Sie fragte: »Wovon redest du?«

Er sagte: »Ich dachte, daß ich General Walker erschossen hätte.«

Natürlich sprang sie aus dem Bett. »Bist du verrückt geworden? Wer gibt dir das Recht dazu? Und wer ist überhaupt dieser General Walker?«

Er sagte: »Stell dir vor, wie viele Menschen gerettet worden wären, wenn jemand Hitler beseitigt hätte.«

Er sagte ihr, daß General Walker ein Nazi-Sympathisant sei, ein Faschist.

Sie sagte, daß er nicht das Recht hätte, jemand auszumerzen.

Er wiederholte sich: »So viele Menschen hätten gerettet werden können, wenn man dasselbe mit Hitler gemacht hätte.«

Sie sagte: »Vielleicht wäre das zu Hitlers Zeiten richtig gewesen. Aber nicht hier und heute. Nicht in Amerika. Ändert euer System.«

Das ist ein sonderbarer, ziemlich unglaubwürdiger Dialog. Er hat soeben erfahren, daß er sein Ziel verfehlt hat. Ein unwahrscheinliches Versagen. Er war nur 30 Meter entfernt. Er hatte Walker in seinem Zielfernrohr gesehen. Das Fadenkreuz lag über Walkers Kopf. Man konnte ihn nicht verfehlen. Sobald er den Abzug betätigt hatte, war er davongestürmt. Und in welcher Angst! Walkers Leibwächter hätten ihn schnappen können, wenn er einen zweiten Schuß riskiert hätte. Also war er gerannt – Verzückung mußte seine Angst beflügelt haben.

Dann vergrub er das Gewehr – zitternd vor Erregung! –, kam heim und wartete auf die Bestätigung. Nun hörte er im Radio, daß er danebengeschossen hatte. Er muß heftige Qualen leiden: einmal mehr ist er der erbärmlichste

Marine seines Ausbildungszugs. In diesem Augenblick platzt er mit der Wahrheit heraus. Einem Menschen muß er erzählen, daß er auf Walker geschossen hat – und nicht getroffen!

Der Dialog über Hitler ist schwer zu glauben. Zumindest nicht zu diesem Zeitpunkt. Vielleicht irrt sich Marina, und er fand erst am nächsten Tag statt. Da wir es aber nicht wissen können, wenden wir uns also wieder Marinas Darstellung zu:

Laut Marina schlief er bald ein. Er sah erschöpft aus, beinahe wie tot. Sie wanderte erneut im Zimmer herum, wie sie es stundenlang vor seiner Rückkehr getan hatte. Sie lauschte auf jedes ungewöhnliche Geräusch in der stillen Straße. Sie glaubte, die Polizei würde jeden Moment gegen die Tür hämmern. Sie wußte nicht, ob er die Tat allein oder mit Komplizen begangen hatte – er hatte ihr keine Einzelheiten erzählt. Als sie fragte, wo das Gewehr nun sei, hatte er geantwortet: »Niemand wird es finden.«

Sie betrachtete ihn, wie er schlief, und legte sich neben ihn, aber er nahm fast das ganze Bett in Beschlag. Er lag mit ausgestreckten Armen und Beinen, den nackten Hintern nach oben, der Nachtluft ausgesetzt.

General Walker: Es war gerade 9 Uhr, im Haus waren fast alle Lampen an, und die Rollos waren hochgezogen. Ich saß an meinem Schreibtisch in der einen Ecke des Zimmers und war mit meiner Einkommensteuer beschäftigt, als ich einen Knall hörte und einen Einschlag unmittelbar über meinem Kopf.

Mr. Liebeler: Wie reagierten Sie?

General Walker: Ich dachte – nun ja, wir hatten mit dem Festmachen der Fliegengitter getrödelt, und ich dachte, daß vielleicht jemand einen Feuerwerkskörper geworfen hätte. Ich sah mich um und stellte fest, daß das Fliegengitter noch immer im Fensterrahmen steckte… Und dann sah ich das Loch in der Wand. Ich ging also nach oben, holte meinen Revolver und verließ das Haus durch die Hintertür, um mich umzusehen.

Mr. Liebeler: Konnten Sie draußen etwas erkennen, das Sie diesem Angriff auf Sie hätten zuordnen können?

General Walker: Nein, Sir. Als ich zur Vorderseite ging, sah ich, wie ein Auto am Ende der Sackgasse vor der Kirche wendete und in den Turtle Creek einbog. Der Autotyp war nicht zu erkennen. Ich konnte nur die Rücklichter sehen. Im Blickfeld stehen Bäume, ich konnte das Auto nur wegfahren sehen. Der Fluchtzeitpunkt hätte gestimmt. (99)

Bei der Befragung Walkers durch die Polizei hatte ein Beamter gesagt: »Er hätte Sie gar nicht verfehlen können.«

General Walker: Meine spätere Analyse ergab jedoch, daß der Schütze wegen der Raumbeleuchtung die Vergitterung nicht erkennen konnte. Er sah nur ein großes, hell erleuchtetes Rechteck. Auch wenn er ein guter Schütze war, hätte er zufällig eine Holzlatte treffen können.
Mr. Liebeler: Was in der Tat der Fall war?
General Walker: Exakt. Dadurch wurde die Kugel weit genug abgelenkt. Nur der Geschoßmantel und Splitter trafen meinen Arm, der auf den Schreibtisch gestützt war. (100)

Walker hatte ein Auto aus der Sackgasse kommen sehen, ein vierzehnjähriger Nachbarsjunge, Kirk Coleman, gab zu Protokoll, er hätte zwei Autos gesehen. Als er den Schuß gehört habe, sei er zum Zaun gelaufen und habe gesehen, »wie ein Mann etwas in den Kofferraum einer Ford-Limousine verstaute, und ein zweiter Mann in ein anderes Auto stieg. Beide Autos rasten davon.« (101)

Aus einer Befragung Marinas durch den Geheimdienst: Nachdem Lee Oswald in der Zeitung gelesen hatte, daß ein junger Mann gesehen habe, wie ein Auto mit drei Männern vom Ort des Verbrechens wegfuhr, sagte er, daß die Amerikaner die fixe Idee hätten, daß zum Verlassen des Tatorts ein Auto nötig sei. Er hingegen würde die Flucht zu Fuß vorziehen. Außerdem sagte er ihr, daß er mit dem Bus zu Walkers Haus gefahren und nach dem Attentatsversuch mit einer anderen Linie heimgefahren sei. (102)

In der folgenden Nacht befielen Lee Angstzustände. Er wachte zwar nicht auf, aber zwei- oder dreimal pro Stunde begann er zu zittern und warf sich herum.

McMillan: Sie hatte Todesangst, daß er es noch einmal versuchen würde. Marina flehte Lee an, so etwas nie mehr zu tun. Sie sagte, es wäre ein Wink des Schicksals gewesen. »Wenn Gott ihn diesmal gerettet hat, wird er es auch ein zweites Mal nicht zulassen. Diesem Mann ist nicht bestimmt, zu sterben. Versprich mir, daß du es nie, nie wieder tust.«
»Ich verspreche es.« (103)

Schicksal ist Schicksal, aber was die Autos betrifft, kommen wir damit auch nicht weiter. Gerald Posner mißt der Streitfrage in »Case Closed« wenig Bedeutung bei:

> Im Gegensatz zu Presseberichten, wonach der Vierzehnjährige zwei Männer in zwei Autos davonrasen sah, ist in seiner Aussage vor dem FBI von nur einem Wagen die Rede, der mit normaler Geschwindigkeit wegfuhr. Auf dem Parkplatz befanden sich damals mindestens sechs weitere Autos. Andere Nachbarn widersprachen Coleman: nach dem Schuß sei überhaupt kein Wagen weggefahren. (104)

Wir haben es hier mit einem fundamentalen Prinzip bei Zeugenaussagen zu tun. Sagt ein Zeuge »weiß«, meldet sich mit Sicherheit ein anderer, der »schwarz« sagt.

Lassen wir trotzdem die Möglichkeit nicht außer acht, daß Oswald Komplizen hatte, daß gewisse Vertreter des extremen rechten Flügels zu dem Schluß gekommen waren, daß General Edwin A. Walker als toter Märtyrer für ihre Zwecke noch weit brauchbarer sein würde, als in seiner Eigenschaft als lebendes Risiko, dessen geheime Homosexualität früher oder später herauskommen mußte. Das Leben verläuft jedoch nach einem saumseligeren Fahrplan als sektiererischer Wahn. Und darum begab es sich erst in den achtziger Jahren, daß Walker, damals bereits fast achtzig, in einer Herrentoilette einem Cop von der Sitte ein unsittliches Angebot machte und verhaftet wurde, wonach seine lebenslange Homosexualität endlich Gemeingut war. Natürlich war sein Doppelleben in seinen Kreisen immer schon ein offenes Geheimnis, und die John Birch Society hatte mit ihm ein Problem. Fügen wir noch eine weitere Bemerkung hinzu: wenn die völlige Hingabe an den Kalten Krieg die CIA ermutigte, zum Zweck der Ermordung Fidel Castros ernsthafte Beziehungen mit der Mafia anzuknüpfen, warum nicht auch annehmen, daß solche bizarren Unternehmungen in den gesamten Südstaaten zu den Planspielen gehörten? In den Felsen, Höhlen und Sümpfen Amerikas, in großen Städten wie Miami, New Orleans und Dallas bliesen diese männlichen Jeanne d'Arcs zum Sammeln. Der Beschluß, Walker zu ermorden, könnte ein Schritt in einem Gesamtplan gewesen sein, die John Birch Society zu übernehmen.

Mr. Jenner: Mr. Surrey, konnten Sie vor dem 10. April 1963 im Bereich von General Walkers Haus ein Fahrzeug und einige Insassen beobachten?
Mr. Surrey: Jawohl, Sir, am 8. April. Um die Angelegenheit zusammenzu-

fassen: zwei Nächte vor dem Attentatsversuch sah ich, wie zwei Männer um das Haus schlichen, durch die Fenster spähten und sich auch sonst verdächtig machten, was ich dem General am nächsten Morgen berichtete, der es wiederum am Dienstag der Polizei meldete. Und am Mittwochabend wurde auf ihn geschossen. (105)

In unserer Einschätzung Oswalds müssen wir natürlich einen gewaltigen Satz machen, um bei der Unterstellung zu landen, daß er Teil einer rechtsradikalen Verschwörung ist; wir haben nicht die geringsten Spuren dafür, daß er in jener Periode seines Lebens mit solchen Leuten in Verbindung stand. Andererseits gibt es zwischen Oktober 1962 und April 1963 hundert, wenn nicht zweihundert Stunden, für die niemand (und schon gar nicht Marina) Rechenschaft ablegen kann. Wer kann wissen, was er in dieser Zeit tat und mit wem er sich traf? Wir haben zum Beispiel keine Ahnung, ob Lee und Yaeko Okui miteinander ein Verhältnis hatten, oder ob sie in irgendeiner geheimdienstlichen Funktion zusammenarbeiteten; das einzige, was wir wissen, ist, daß Yaeko ihn einmal auf einer Weihnachtsparty traf, und damit sind wir mit unserer Weisheit am Ende. Fügen wir trotzdem eine Fußnote von Edward Epstein an:

Als Miss Okui 1976 in Tokio interviewt wurde, sagte sie, daß sie sich über das Thema ihrer Unterhaltung mit Oswald nicht erinnern könne, aber daß dieser eine kurze Kontakt mit ihm »ihr Leben ruiniert habe«. Weiter ließ sie sich nicht darüber aus. (106)

Wir haben uns alle Mühe gegeben, Oswald als Einzelgänger zu schildern, aber – wie wir in New Orleans sehen werden – hat er verschiedene Seiten. Auf jeden Fall dürfte sich ein Mann, der gleichzeitig mit stalinistischen und trotzkistischen Organisationen, die seit fast drei Jahrzehnten unversöhnliche Todfeinde sind, konferiert, auf jeden politischen Widerspruch einlassen, sofern er nur seinen Vorsatz fördert. Außerdem tönen einige Ultrarechte nicht wie Reaktionäre, sondern wie Freidenker, was ihn äußerst ansprechen mußte. Wir können mit Gewißheit annehmen, daß er Walker töten wollte, aber daraus ergibt sich nicht die logische Schlußfolgerung, daß er dachte, er könne es ohne Unterstützung schaffen.
Es gibt ein berühmtes Foto, das Lee im Walkers Garten aufnahm, und das ein geparktes Auto zeigt und an der Stelle des Nummernschilds ein Loch aufweist. Posner interpretiert:

Ein Ermittlungsfoto, das nach der Ermordung [des Präsidenten] in Oswalds Etagenwohnung gemacht wurde, zeigt, daß der fragliche Abzug bereits damals dieses Loch aufwies. Ferner, daß der Schnappschuß aus einer Entfernung aufgenommen worden war, aus der das Nummernschild jedenfalls schwerlich ablesbar gewesen wäre. Es wurde deshalb später entschieden, daß es das Auto eines von Walkers Adjutanten gewesen sein müsse. (107)

Es ist schon ein dicker Hund, zu behaupten, daß »das Nummernschild jedenfalls schwerlich ablesbar gewesen wäre«. Oswald arbeitete bei Jaggars-Chiles-Stovall, wo tagtäglich Spezialobjektive benutzt wurden, die jedes Detail auch in extremen Vergrößerungen festhielten. Es ist nicht ausgeschlossen, daß er das Auto auf dem Foto als eines wiedererkannte, in dem er mit einem Mitverschworenen gefahren war, und daß er in einem Augenblick der Panik das Nummernschild herausschnitt. Es ist ebenfalls möglich, daß er überhaupt keinen Grund dafür hatte – daß er für den Fall, daß er geschnappt würde, die Behörden lediglich verwirren und zu falschen Schlüssen verleiten wollte. Er war im Krieg mit der Bürokratie bereits ein alter Kämpfer und wußte, daß der Weg zum Sieg darin bestand, den Feind zu erschöpfen. Bürokratien übten schließlich ihre Macht dadurch aus, daß sie ihren Gegner verschlissen, und Oswald war schlau genug, zu wissen, daß kaum ein Sadist mental in der Lage ist, die Bestrafung, die er anderen zumißt, auch für sich selbst in Betracht zu ziehen – also galt es, die Behörden auszulaugen. Es ist der Mühe wert, sich zu erinnern, daß es im Leben wie in anderen Mysterien keine Antworten, sondern nur Fragen gibt, aber daß es eines der Hauptvergnügen intellektuellen Erkenntnisdrangs ist, die Fragestellung zuzuspitzen oder eine neue ins Spiel zu bringen – analog dem Faktum, daß es keine Fakten gibt, sondern nur die Art und Weise, wie wir an das, was wir Fakten nennen, herangehen.
Der einzige Schluß, den wir ziehen können, ist, daß Oswald mit an Sicherheit grenzender Wahrscheinlichkeit auf Walker schoß und daß er möglicherweise allein war, aber daß es Bruchstücke von verwirrenden und einander widersprechenden Beweisen gibt, die es unmöglich machen, definitiv zu entscheiden, daß er den Anschlag ohne Komplizen beging.

10

Ins Visier genommen

Aus einem FBI-Protokoll: Marina gab an, daß sie Oswald fragte, was er mit dem Gewehr gemacht habe, denn sie hatte Angst, man könnte es finden. Oswald sagte, daß er die Waffe weit genug weg vergraben habe. Er erwähnte ein Feld, und daß es in der Nähe einer Bahnlinie liege.
Sie erinnert sich, daß Oswald am Sonntag nach dem Attentatsversuch (Mittwoch) das Gewehr in einen Regenmantel gewickelt nach Hause brachte. (108)

Da sie seinen Abschiedsbrief in ihrem russischen Kochbuch versteckt hatte, konnte sie ihn jetzt mit der Drohung erpressen, daß sie zur Polizei gehen würde, falls er die Waffe jemals wieder gebrauchen sollte. Bis zu einem solchen schrecklichen Schritt hielt sie den Brief für sicher verwahrt. Was seine Notizen über General Walkers Haus und die Busfahrpläne betraf, hatte sie dagegen ein eher ungutes Gefühl.

Marina Oswald: Nach seinem Anschlag auf Walkers Leben machte es mir große Angst, daß wir Beweise wie das Tagebuch im Haus hatten.
Mr. Liebeler: Haben Sie mit Lee darüber gesprochen?
Marina Oswald: Aber ja. Ich sagte ihm, wie schlimm das für ihn sein könnte, wenn er solche Sachen im Haus aufhob. (109)

Dies eine Mal hat er wohl auf seine Frau gehört.

McMillan: Sie sah ihn neben der Toilette stehen, in der Hand einige Blatt Papier und Streichhölzer. Langsam zerriß er die einzelnen Seiten, knüllte sie zusammen und zündete jeden Papierball an. Wenn er Feuer gefangen hatte, ließ er ihn in die Toilette fallen. Er tat dies gedankenschwer und mit großem Widerwillen, als ob er gleichsam seine Ideen auf dem Scheiterhaufen opfere. Marina fragte sich: Vielleicht hat er sie nur verbrannt, weil er mir nicht traut? (110)

Einige Tage davor war er noch geradezu euphorisch gewesen:

McMillan: Am Donnerstag, dem 11. April, brachten die Zeitungen in Dallas den Anschlag auf Walker auf der Titelseite. Lee kaufte sich die Mor-

gen- und die Nachmittagsausgaben. Beim Lesen brach er in brüllendes Gelächter aus. »Amerikaner sind solche Waschlappen«, sagte er voller Stolz auf sein eigenes Entrinnen, »es fällt ihnen nicht einmal mehr ein, daß sie zwei Beine zum Laufen haben.« (111)
Lee war verblüfft, wie leicht er entkommen war, und wie unfähig sich die Polizei anstellte. Sie hatten die Kugel, aber sie hatten sie und damit das Gewehr, aus dem sie stammte, falsch identifiziert. (112)

Patricia Johnson McMillan macht hier eine bemerkenswerte Feststellung:

Er hatte etwas Umwälzendes gewagt – und er war nicht erwischt worden. Man hatte ihm nicht einmal ein Härchen gekrümmt. Der folgenschwerste Schluß, den Lee aus dem Attentat auf Walker zog, war die Gewißheit, unverwundbar zu sein, daß er im Zentrum eines magischen Kreises stünde, beschützt vom Mantel der Unberührbarkeit. Das ergab eine gefährliche Übersteigerung seiner Überzeugung, daß er auserkoren und mit besonderen Vorrechten ausgestattet sei. Nur ihm waren Taten vorbehalten, die für alle anderen Menschen undenkbar waren. (113)

Gleichwohl ist er in den ersten Tagen nach dem Anschlag auf Walker in einem sehr labilen Gleichgewicht, und ausgerechnet da müssen die De Mohrenschildts hereinplatzen:

Aus einem FBI-Protokoll: MARINA gab an, daß GEORGE DE MOHRENSCHILDT wenige Tage nach dem Attentat auf Walker in der NEELY Street erschien und scherzhaft zu OSWALD sagte: »Wie haben Sie das denn fertiggebracht, General WALKER zu verfehlen?« (114)

Natürlich mußte die Warren-Kommission diesen Punkt aufgreifen. Marina beantwortete die entsprechende Frage wie folgt:

Marina Oswald: Kaum hatte Lee die Tür geöffnet, sagte De Mohrenschildt zu ihm: »Wie konnten Sie ihn nur verfehlen, wie konnten Sie ihn nur verfehlen?« Lee brachte den ganzen Abend kein Wort heraus. Später fragte er mich, ob ich De Mohrenschildt etwas erzählt hätte. Und als ich sagte, daß er von mir nichts erfahren habe, sagte er: »Wie hat er es nur erraten?« (115)

Noch 13 Jahre später hatte George an dieser Aussage von Marina zu kauen.

Vor der Warren-Kommission hatte er immerhin zugegeben, gesagt zu haben: »Haben Sie bei General Walker eine Fahrkarte geschossen?« Aber das war etwas anderes als: »Wie konnten Sie ihn nur verfehlen?« 1977 schrieb De Mohrenschildt: »Diese harmlos hingeworfene Bemerkung beeinflußte unser Leben.« Das erklärt jedenfalls seinen Haß auf Marina. 1967 verlor er seine Pfründe in Haiti, wofür er teilweise Marina verantwortlich machte. Doch gehen wir chronologisch vor und beginnen wir mit Georges Aussage von 1964:

Mr. De Mohrenschildt: Jeanne sagte mir an diesem Tag: »Bringen wir Oswalds Baby doch einen Hasen.«

Mr. Jenner: Das war am Ostersonntag?

Mr. De Mohrenschildt: Ich erinnere mich nicht, ob es der Ostersonntag war. Vielleicht erinnert sich meine Frau noch genau an das Datum. Wir schauten ziemlich spät am Abend vorbei – ich glaube, sie waren schon zu Bett. Lee Oswald öffnete halb angezogen, ich glaube, in Shorts. Wir gaben dem Baby den Hasen, und ich fragte Lee: »Was macht die Arbeit?« und was man eben so sagt. Plötzlich rief Jeanne, die mit Marina im anderen Zimmer war: »Schau doch, George, sie haben ein Gewehr.« Marina hatte einen Schrank geöffnet und ihr ein Gewehr gezeigt, das offensichtlich Oswald gehörte.

Mr. Jenner: Es handelte sich also um eine Waffe? Haben Sie sie gesehen?

Mr. De Mohrenschildt: Nein, Jeanne hat sie gesehen, und Marina sagte: »Dieser verrückte Idiot schießt die ganze Zeit auf irgendwelche Ziele.« Ich fand das mitten in der Stadt doch reichlich albern und fragte ihn: »Warum tun Sie das?« Und er sagte: »Weil es mir gefällt.« Darauf sagte ich einfach so zum Spaß: »Sind Sie also der Bursche, der bei General Walker eine Fahrkarte geschossen hat?« Er schrumpfte etwas, gab keine Antwort, setzte ein sarkastisches Lächeln auf, nein, nicht sarkastisch, merkwürdig. Der Gesichtsausdruck änderte sich jedenfalls. (116)

Es ist wahrscheinlich, daß er und Jeanne die Geschichte abgesprochen haben. Jeanne behauptet, daß ihr Besuch am Samstagabend stattfand, also zu einem Zeitpunkt, als das Gewehr noch nicht wieder im Haus war. Aber selbst wenn, wäre Marina so gedankenlos gewesen, Jeanne das Gewehr so kurz nach dem Anschlag zu zeigen? Wahrscheinlicher ist, daß Jeanne es bei einem früheren Besuch sah, am 5. April, fünf Tage vor dem Attentat, als George in New York war, um einige Details ihrer bevorstehenden Reise nach Haiti zu regeln, und sie genug Zeit hatte, um am Nachmittag kurz bei

Marina vorbeizuschauen. Laut McMillan öffnete Marina bei dieser Gelegenheit einen Kleiderschrank und zeigte ihr Lees Gewehr:

McMillan: »Schauen Sie sich das an! Wir haben kaum genug zu essen, und mein verrückt gewordener Mann leistet sich ein Gewehr.« Marina erzählte Jeanne, daß Lee damit geübt habe. Jeannes Vater war Waffensammler gewesen. Sie sah sofort, daß Lees Gewehr ein Zielfernrohr hatte. Als George aus New York zurückkam, berichtete sie ihm anscheinend davon. (117)

McMillans Schilderung des Vorfalls muß, da es sich um kein Zitat handelt, von Marina stammen. Bei ihrer Aussage vor der Warren-Kommission behauptet Jeanne, daß sie nicht in der Lage ist, ein Gewehr mit Zielfernrohr zu erkennen. Das ist wenig überzeugend, da sie zugibt, daß sie gerne Tontauben schießt. Obwohl es sich dabei um einen anderen Gewehrtyp handelt, ist die Annahme berechtigt, daß sie nach dem Besuch am 5. April beschloß, diesen Besuch ebenso abzustreiten, wie, daß sie bei dieser Gelegenheit das Gewehr zu Gesicht bekam. Jeder Befrager hätte sich sonst logischerweise erkundigt, warum sie George nach seiner Rückkehr aus New York nichts darüber erzählt habe. Und das würde bedeuten, daß George bereits vor dem Attentat auf General Walker wußte: Oswald war im Besitz eines Präzisionsgewehrs mit Zielfernrohr. Und dieses Wissen hätte er ohne Zweifel sofort an seinen Führungsoffizier weiterleiten müssen.

Sehen wir uns nun Jeannes Aussage näher an und versuchen wir, die Lügen und Ungereimtheiten dingfest zu machen, zu denen sie gezwungen war, um ihren Besuch vom 5. April bei Marina zu vertuschen. Entscheidend für sie war, daß die Warren-Kommission nicht erfuhr, daß sie und George schon vorher von dem Gewehr wußten.

Mr. Jenner: Bei Ihrem Besuch Ostern 1963 ereignete sich etwas Besonderes, nicht wahr?
Mrs. De Mohrenschildt: Ja.
Mr. Jenner: War das der Ostersonntag oder der Tag danach?
Mrs. De Mohrenschildt: Nein, soweit ich mich erinnern kann, war es der Karsamstag. Übrigens, als das FBI mit uns zum ersten Mal darüber gesprochen hat, habe ich die Zeiten völlig durcheinandergebracht. Ich dachte, es sei im Herbst gewesen. Aber jetzt erinnere ich mich, daß wir dem Baby ein rosa Häschen mitbrachten.

Mr. Jenner: Sind Sie tagsüber dort gewesen?

Mrs. De Mohrenschildt: Nein, am Abend. Ich glaube, wir haben zuerst Tennis gespielt, dann waren wir noch irgendwo, und da wir am nächsten Tag keine Zeit hatten, wollte ich dem Baby das Häschen bringen. (118)

Ihr Gedächtnis ist zwar angeblich so schlecht, daß sie Herbst und Frühling verwechselt, trotzdem erinnert sie sich, daß es der Karsamstag war. Ihr Problem dabei ist, daß sie nicht weiß, wieviel Jenner oder die Warren-Kommission wissen, und wie präzise die Aussage von Marina war. Für sie ist es deshalb am besten, möglichst vage zu bleiben:

Mrs. De Mohrenschildt: Es war schon ziemlich spät, vielleicht zehn Uhr oder noch später. Ich weiß noch, daß sie uns etwas zu trinken anboten.

Mr. Jenner: Sie kamen also an. Waren die Oswalds schon zu Bett gegangen?

Mrs. De Mohrenschildt: Ich glaube, sie waren zumindest dabei, denn das Haus war dunkel.

Mr. Jenner: Öffnete Lee?

Mrs. De Mohrenschildt: Ich weiß es nicht mehr – Marina oder Lee. (119)

Vermutlich kommen die De Mohrenschildts absichtlich so spät. Sie wollen die Oswalds aufwecken und überrumpeln. Wenn De Mohrenschildt bereits von dem Gewehr wußte, können wir davon ausgehen, daß er Anweisungen von seinem Führungsoffizier hatte, herauszufinden, ob Oswald damit auf Walker geschossen hatte. Jeanne tut also ihr Bestes, einen Besuch vor dem 13. April in der Neely Street zu leugnen, ist aber schlau genug, sich ein Hintertürchen offenzulassen.

Mr. Jenner: Waren Sie schon früher einmal dort?

Mrs. De Mohrenschildt: Nein.

Mr. Jenner: Es war also Ihr erster Besuch?

Mrs. De Mohrenschildt: Ich weiß es nicht mehr. Vielleicht war ich schon mal dort. Ich glaube nicht.

Mr. Jenner: Gut.

Mrs. De Mohrenschildt: Ich glaube nicht.

Mr. Jenner: Sie kamen also an. Nein – regen Sie sich nicht auf.

Mrs. De Mohrenschildt: Ich versuche ja nur, mich zu erinnern. Jede Kleinigkeit könnte wichtig sein.

Mr. Jenner: Aber Sie sind erregt. Erzählen Sie in Ruhe und der Reihe nach alles, an was Sie sich erinnern können. Sie standen also vor der Tür, und entweder Marina oder Oswald öffnete. Sie und Ihr Mann betraten die Wohnung?

Mrs. De Mohrenschildt: Das ist richtig.

Mr. Jenner: Wie ging es dann weiter?

Mrs. De Mohrenschildt: Ich glaube, George setzte sich auf das Sofa und unterhielt sich mit Lee, und Marina zeigte mir die Wohnung – deshalb glaube ich, daß ich zum ersten Mal dort war, denn warum hätte sie mir sonst die Wohnung zeigen sollen? Wir gingen in ein anderes Zimmer, sie öffnet den Schrank, und da steht ein Gewehr. Ich fragte, was das Gewehr da bedeute. (120)

Nun gilt es, das Wissen über die Funktion eines Zielfernrohrs zu leugnen. Sie gibt zu, daß sie selbst gern Tontauben schießt und nie versäumt, ihre Schießkünste auf Rummelplätzen zu praktizieren, denn sie befürchtet, er könnte diese Informationen aus den Reihen der Emigranten erhalten. Trotzdem stellt sie sich dumm:

Mr. Jenner: Wenn ich Sie recht verstehe, ist Ihnen aufgefallen, daß es ein Gewehr mit Zielfernrohr war?

Mrs. De Mohrenschildt: Ja, aber ich wußte nicht, was das war. Nur, daß das Gewehr nicht aussah wie ein ganz normales Gewehr. So wahr ich hier sitze.

Mr. Jenner: Hat es Sie beunruhigt?

Mrs. De Mohrenschildt: Ich habe sie nur gefragt, was um Himmels willen er mit einem Gewehr vorhabe.

Mr. Jenner: Was hat sie darauf gesagt?

Mrs. De Mohrenschildt: Sie sagte: »Er schießt eben gern. Er geht in den Park und schießt auf Zweige und so.« Es kam mir nicht allzu merkwürdig vor, denn ich persönlich bin von Tontaubenschießen begeistert.

Mr. Jenner: Fanden Sie es nicht eigenartig, daß jemand in einen öffentlichen Park geht und auf Zweige schießt?

Mrs. De Mohrenschildt: Aber er hat doch das Baby spazierengefahren und sich damit eben die Zeit vertrieben. (121)

Marina hat ihr nicht nur das Gewehr gezeigt, sondern auch erzählt, daß Lee damit im Park Schießübungen veranstaltet! In einem öffentlichen Park, in dem außer June vermutlich auch andere Kinder sind! Jeanne versucht, Oswalds Gewaltpotential in ihren Augen und denen ihres Mannes herunterzuspielen. Sie geht sogar noch weiter als George und behauptet, Oswald habe auf die inzwischen so strittige Bemerkung ihres Mannes nicht besonders reagiert:

> **Mrs. De Mohrenschildt:** George, witzig wie er ist, sagte: »Haben Sie bei General Walker eine Fahrkarte geschossen?«, und wir haben uns schiefgelacht, weil George wieder so witzig war.
> **Mr. Jenner:** Haben Sie darauf geachtet, ob sich Oswalds Gesichtsausdruck irgendwie veränderte?
> **Mrs. De Mohrenschildt:** Nein, überhaupt nicht. Es war nur ein Spaß.
> **Mr. Jenner:** Ich meine, ob Sie auf seine Reaktion geachtet haben?
> **Mrs. De Mohrenschildt:** Nein; ich habe dem keine große Bedeutung beigemessen. (122)

Am 19. April reisten die De Mohrenschildts nach New York, Philadelphia und Washington.

> **Mr. Jenner:** Sie kamen im Mai nach Dallas zurück?
> **Mrs. De Mohrenschildt:** Ende Mai.
> **Mr. Jenner:** Haben Sie die Oswalds angerufen?
> **Mrs. De Mohrenschildt:** Nein. Wir hörten, daß sie bereits weggezogen seien. Sie schickten uns eine Karte aus New Orleans mit ihrer Adresse. Ich glaube nicht, daß wir ihnen geantwortet haben. Aber wir wollten eine Weihnachtskarte schicken. (123)

Aus Marinas Erzählung: Da Lee arbeitslos war, dachte ich, daß es besser wäre, in eine andere Stadt zu ziehen. Außerdem hatte ich Angst, daß Lee in Dallas einen weiteren Anschlag auf Walker versuchen könnte. Ich schlug vor, nach New Orleans zu ziehen, wo Lee herkam und Verwandte hatte. Ich hoffte, er würde sich schämen und so etwas wie in Dallas nie mehr tun. Ich wollte ihn möglichst weit weg vom Ort der Versuchung haben. (124)

Ein weiteres Dementi von George:

> **Mr. De Mohrenschildt:** Ich wiederhole nochmals, daß ich überhaupt nicht mehr an sie dachte – nach unserem letzten Besuch. (125)

Rufen wir uns noch einmal Edward Epsteins brisante Entdeckung ins Gedächtnis, daß die Protokolle über die Treffen mit De Mohrenschildt im April und Mai 1963 aus seiner CIA-Akte entfernt worden waren. Sollten diese Protokolle nicht etwa De Mohrenschildts mutmaßliche Schlußfolgerung enthalten haben, daß Oswald der Walker-Attentäter war? In den Anmerkungen zu seinem Buch »Legend« gibt uns Edward J. Epstein ohne Quellenangabe folgende bündige Information:

1964 erzählte George De Mohrenschildt einem Freund in Houston, Jim Savage, daß er Marina ahnungslos das Geld gegeben hätte, mit dem Oswald das Gewehr kaufte. Marina habe im selben Frühjahr zu ihm gesagt: »Können Sie sich noch an die 25 Dollar erinnern, die Sie mir gegeben haben? Mein verrückt gewordener Mann hat damit ein Gewehr gekauft.« (126)

Betrachten wir einmal den angerichteten Schaden aus der Sicht der CIA:
1. Ein vertraglich verpflichteter Agent, George De Mohrenschildt, der als Kontaktmann zu Oswald fungiert, wußte im voraus, daß Oswald ein Gewehr mit Zielfernrohr hatte, und unterrichtete die Agency vor dem 10. April.
2. Nach dem Walker-Zwischenfall war De Mohrenschildt ziemlich überzeugt, daß Oswald in den Anschlag verwickelt gewesen sein müsse, und unterrichtete die Agency. Seine Kontaktleute in Langley verfügten nun über das Wissen, daß ein Mann in Dallas, der bereits einmal in die Sowjetunion übergelaufen war, möglicherweise ein Attentat auf General Walker verübt habe.
3. Falls De Mohrenschildt seinem Führungsoffizier auch noch gestanden haben sollte, daß er Oswald das Geld gegeben habe, um sich ein Gewehr mit Zielfernrohr zu besorgen, wäre die Agency für den Fall, daß es herauskam, von den Medien an den Pranger gestellt worden, daß sie nichts gegen einen mutmaßlichen Mörder in Dallas unternommen habe, dem sie nota bene bei früherer Gelegenheit zu seiner Waffe verholfen habe.
4. Falls sich das jemals erhärten ließ, bedeuteten Punkt 1, 2 und 3 in der öffentlichen Meinung kleine Katastrophen, die sich jedoch eindämmen ließen. Gravierender war der Schaden einzuschätzen, der in den inzwischen verschwundenen Protokollen dokumentiert war. Wenn diese Papiere jemals auftauchten, hätte sich aus den Umlaufvermerken feststellen lassen, an welchen Schreibtischen der CIA man über Oswald als mutmaßlichen Mörder eingeweiht war. Falls die CIA selbst den Verdacht hatte, daß einige ihrer Leute in den Mord an JFK verwickelt waren – und wie sollte sie nicht, angesichts der brodelnden Unzufriedenheit in der JM/WAVE-Abteilung in Mia-

mi über Kennedys brüsken Rückzieher bei der Operation Mongoose? –, dann hätten die Umlaufvermerke auf diesen Kontaktprotokollen erwiesen, daß die interne Kenntnis über Oswald und Walker einige der eigenverantwortlichsten und sensibelsten Enklaven der CIA erreicht hatte.

Wie sollten, in Anbetracht solcher Befürchtungen, diese Protokolle nicht aus der Akte De Mohrenschildts entfernt worden sein? Wenn es denn eine Basis für Punkt 4 gibt, mußte sich die CIA über weit mehr Sorgen machen als über das bißchen an negativem Medienecho.

Dabei müssen wir es allerdings belassen. Falls es eine Verbindung zwischen diesen Spekulationen und Oswalds Abenteuern in New Orleans gibt, müssen wir sie in einer Art undefinierbarem Bermuda-Dreieck ansiedeln, das aus rechtsradikalen Finanzquellen, frustrierten CIA-Agenten und Ex-FBI-Männern gebildet wurde. Auf die Frage betreffend Oswalds Aktivitäten in New Orleans gibt es dann nicht eine, sondern zwei mögliche Antworten. 1: Tat er alles, was er tat, einfach deshalb, weil er Oswald war? Oder 2: Fungierte er im Gegenteil als Provokateur? Natürlich benutzte er dann, wie wir ihn einschätzen, die Leute, die ihn benutzten.

VIERTER TEIL

THE BIG EASY

1

»Ein schrecklich trauriges Leben«

Aus einem unveröffentlichten Interview mit Marguerite Oswald aus dem Jahr 1976:

INTERVIEWER: Man sagt, daß Sie sehr hübsch waren.
MARGUERITE: Ja, ich war wirklich sehr hübsch. Mein Haar war geradezu prachtvoll. Und meine Zähne – ich hatte Zähne wie Perlen. Sie waren einfach herrlich. Wirklich. Ich war sehr gutaussehend – äh – ehrlicherweise muß ich das sagen. Ich hatte einen makellosen Teint, und meine Augen wechselten ihre Farbe passend zur Farbe des Kleides, also zu einem blauen Kleid waren sie blau, und zu einem grünen wurden sie grün. Und ich hatte wundervoll fallende Naturlocken. Ich war eine sehr umschwärmte junge Dame.
I: Welche Schulbildung haben Sie genossen?
M: Keine. Auf der Oberschule war ich nur ein Jahr.
I: Interessierte sich Ihr Mann Robert E. Lee Oswald für General Robert E. Lee?
M: Nein, seine Mutter.
I: Seine Mutter?
M: Sie betete ihn an. (1)

Myrtle Evans, eine alte, gemeinsame Bekannte von Lillian Murret und Marguerite Oswald, erhielt am Vormittag des 9. Mai 1963 Besuch in ihrem Immobilienbüro in New Orleans. Es war knapp einen Monat nach dem Attentatsversuch auf General Walker.

Mrs. Evans: Da stand ein junger Mann in der Tür ... ob ich eine Wohnung zu vermieten hätte? Ich sagte, daß ich vielleicht etwas Passendes für ihn finden könnte, und er sagte, daß seine Frau und sein Kind noch in Texas

435

seien und daß er sie holen wolle, sobald er etwas gefunden hätte. Als wir
die Stufen hinuntergingen, sah ich ihn mir genau an, ich erkannte ihn
zwar nicht, aber irgend etwas veranlaßte mich, ihn zu fragen: »Ich kenne
Sie doch?« – »Klar, ich bin Lee Oswald. Ich war gespannt, wann Sie mich
endlich erkennen.« Ich sagte: »Lee Oswald! Was machen Sie denn hier?
Ich dachte, Sie sind in Rußland und haben Ihre amerikanische Staatsbürgerschaft aufgegeben.« – »Ich war zwar dort«, sagte er, »aber von Staatsbürgerschaft aufgeben kann keine Rede sein.« Er erzählte, daß er schon
eine Weile wieder in den Staaten sei, und daß er seine russische Frau mitgebracht habe. Ich sagte ihm, daß niemand gern an Leute mit Kindern
vermiete, bot ihm aber meine Hilfe an. Also fuhren wir kreuz und quer
durch New Orleans und hielten nach Schildern »Zu vermieten« Ausschau.
Irgendwann einmal kamen wir auch zur Magazine Street, und plötzlich
sagte er: »Da ist ein Schild.« Wir klingelten, und eine der Wohnungen war
für den Preis wirklich angemessen.
Ich sagte: »Lee, die würde ich an Ihrer Stelle nehmen.« Die Wohnung hatte
ein riesiges Wohnzimmer, eine geschützte Veranda, einen Hof und einen
schmiedeeisernen Zaun, wie er in New Orleans üblich ist. Ich sagte ihm,
er solle die Anzahlung leisten, damit der Strom eingeschaltet werden könne, denn er wollte seine Frau am Samstag kommen lassen. Wir fuhren wieder zurück, und ich besorgte schnell eine Menge Schinken und sonst noch
allerhand, und wir setzten uns und aßen zu Mittag. Ich glaube, er trank
eine Cola. Wir unterhielten uns, und ich fragte ihn: »Wie ist es, wieder daheim in New Orleans zu sein?« Er sagte: »Ich wollte wieder nach New
Orleans zurück, hier ist meine Heimat.« (2)

Diese Unterhaltung brachte Erinnerungen zurück, und Myrtle Evans fiel
ein, daß sie erst erfahren hatte, daß Lee Oswald in Rußland sei, als sie zufällig Lillian Murret traf.

Mrs. Evans: Ich hatte sie eine Ewigkeit nicht mehr gesehen. Ich bin katho-
lisch, und sie auch. Und im Fontainebleau-Motel fand ein Kartenabend
für einen wohltätigen Zweck statt, wir spielten Bingo und Canasta, und
sie sagte: »O Myrtle, hast du schon gehört, Lee hat seine amerikanische
Staatsbürgerschaft aufgegeben und ist nach Rußland gegangen, hinter
den Eisernen Vorhang.« Ich sagte: »Mein Gott, das darf nicht wahr sein«,
und sie sagte: »Doch.«
Mr. Jenner: War das die erste Gelegenheit, bei der Sie hörten oder erfuhren, daß Lee Harvey Oswald in Rußland lebte?

Mrs. Evans: Ja. Es stand bestimmt in der Zeitung und kam sicher auch im Fernsehen, aber manchmal habe ich so viel zu tun, daß ich nicht einmal zum Zeitunglesen komme. Sie sagte: »Lee ist tatsächlich gegangen und hat seine Staatsbürgerschaft aufgegeben«, und ich sagte: »Die arme Marguerite, wie schrecklich für sie, sie tut mir so leid.« (3)

Myrtle war wirklich eine mitleidige Person und erzählte Mr. Jenner, so lange er es hören wollte, über Marguerite Oswald.

Mrs. Evans: Marguerite hatte ein schrecklich trauriges Leben, und sie war eine so wunderbare, großartige Frau. Sie hat diesen John Pic geheiratet und gebar ihm einen Sohn, und er mochte überhaupt keine Kinder, darum verließ sie ihn und lebte bei ihrer Schwester, und ihr nächster Mann, Oswald, war ein Versicherungsvertreter aus Virginia, mit dem sie erst ausging und ihn dann heiratete. Es kam der zweite Sohn, und sie waren sehr glücklich, bis er eines Tages, als er gerade den Rasen mähte, diesen furchtbaren Schmerz spürte, und sie war schon einige Monate mit Lee schwanger.
Ich glaube, er hinterließ ihr eine Versicherung über 10.000 Dollar, und sie verkaufte ihr Haus, und ihre beiden Söhne waren alt genug, um sie in ein Heim zu geben, und sie ging arbeiten und fand dieses junge Paar, das auf Lee aufpaßte, ich weiß den Namen nicht mehr. Sie sagte, daß Nachbarn ihr erzählt hätten, daß Lee, als er noch im Babystuhl saß, sehr oft schrie, und daß sie glaubten, daß der kleine Lee geschlagen würde, also kam sie eines Abends überraschend heim, und das Kind hatte Striemen an den Beinen, und sie warf dieses junge Paar auf der Stelle hinaus. Ich glaube, sie hat Lee mit all ihrer Liebe überschüttet, nachdem ihr Mann gestorben war, sie fühlte sich deshalb Lee gegenüber immer irgendwie schuldig, und alles drehte sich nur um Lee. (4)

Mr. Jenner war ein geduldiger Zuhörer. Er wollte auch noch wissen, wie Mutter und Sohn sich Jahre später benommen hätten, als sie von New York zurückkamen, denn damals hatte Myrtle Evans ihnen eine Wohnung in dem Haus vermietet, in dem sie selbst wohnte und das sie verwaltete.

Mr. Jenner: Wie würden Sie Margie als Hausfrau beschreiben?
Mrs. Evans: Als sehr gute Hausfrau, sehr geschmackvoll. Sie hatte eine natürliche Begabung und war nicht faul. Das Haus war immer sehr ordentlich, und sie selbst war auch immer so adrett. Drum habe ich gesagt,

als ich sie im Fernsehen sah, nachdem das alles passiert war und sie so alt und verhärmt aussah: »Das kann unmöglich Margie sein.« Natürlich war sie es, aber wenn Sie sie gekannt hätten, wüßten Sie, was ich meine. Sie war schön. Sie hatte so schöne Naturwellen.

Mr. Jenner: Und Lee?

Mrs. Evans: Na ja, wenn er sein Abendessen oder sonst etwas zu essen haben wollte, brüllte er wie ein Stier. Er pflegte zu schreien: »Ma, wo bleibt mein Essen?« Es konnte sein, daß Margie gerade bei mir unten war oder so, und wenn er so herumbrüllte, sprang sie sofort auf und machte ihm etwas zurecht. Ihr ganzes Leben drehte sich nur um diesen Jungen, und sie hat ihn maßlos verwöhnt. Wenn wir ein paar Jahre zurückgehen, beanspruchte Lee meiner Meinung nach seine Mutter so radikal, daß sie – ich meine sie und Ekdahl – wegen Lee nicht miteinander zurechtkamen.

Mr. Jenner: Ist das nur Ihre Vermutung?

Mrs. Evans: Jawohl, Sir. Ich kann mir nicht helfen, aber hätte sie Lee in ein Internat gesteckt, hätte sie es sich bei Ekdahl weiter gutgehen lassen können, ich meine, bei seinem Einkommen hätte sie ein Leben wie Gott in Frankreich gehabt. Sie hätte wenigstens keine Geldsorgen mehr gehabt, aber statt dessen dachte sie nur an ihre Kinder, ich meine an Lee. Ich hatte den Eindruck, daß sie ihre ganze Liebe nur an ihn verschwendete. (5)

2
»Er geht und redet wie ein Mann«

The Big Easy – ebenfalls bekannt als New Orleans – ist vermutlich die einzige amerikanische Stadt, in der die mittleren Ränge der Mafia von der bürgerlichen Mittelklasse nicht zu unterscheiden sind, vermutlich, weil New Orleans toleranter ist als andere Städte. Ein Laisser-faire, gediehen im subtropischen Klima – einen Striptease-Club zu führen und fleißiger Kirchgänger zu sein, ist in sich kaum ein Widerspruch. Es scheint, daß die Leute im Big Easy es für gegeben nehmen, daß die Menschheit gleichsam ein instabiles spirituelles Kartenhaus ist, disparat und immer kurz vor dem Einsturz. Konsequenterweise werden die zwei Seelen in der eigenen Brust nicht mit einem faustischen »Ach« beklagt.

Es läßt sich auch sagen, daß Lee mit New Orleans noch nicht ganz fertig war. Nachdem sich Marguerite die Miete für Myrtle Evans' Wohnung nicht mehr länger leisten konnte, hatte er einen Teil seiner Adoleszenz über einem Spielsalon am Rand des Französischen Viertels verbracht, in der Exchange Alley mit ihren Prostituierten, drittklassigen Gangstern und kleinbürgerlichen Spielern. Wo ist der Jüngling, der solche nächtlichen Aktivitäten aus einem Fenster des ersten Stocks verfolgt und sich dabei keine Erwartungshaltung über ein künftiges aufregendes Straßenleben aufbaut?

Wir wollen jedoch nicht behaupten, daß er nur von alten Erinnerungen nach New Orleans zurückgezogen wurde. Wie wir wissen, wollte Marina ihn so schnell wie möglich aus Dallas weglotsen. Deshalb ermunterte sie ihn, sich aufzumachen, und versprach, nachzukommen, sobald er Arbeit gefunden habe. In der Zwischenzeit konnte sie bei einer neuen Freundin, Ruth Paine, leben. Am 24. April hatte Lee einen Bus nach New Orleans genommen, nach der Ankunft seine Tante Lillian Murret angerufen und gefragt, ob er für ein paar Tage bei ihr unterkommen könne. Schließlich dauerte es jedoch einige Wochen, bis er und Myrtle Evans die Wohnung in der Magazine Street fanden.

McMillan: Die Murrets waren extrem konservativ und mißbilligten sein Rußlandgastspiel, so daß er befürchten mußte, nicht willkommen zu sein. Da er so etwas voraussah, hatte er Marina anvertraut, daß er die Murrets im Verdacht habe, über ihre Verhältnisse zu leben. Lillians Ehemann Charles Ferdinand, der aus seinen Ringer-Zeiten den Spitznamen »Dutz« behalten hatte, arbeitete bei einer Dampfergesellschaft, und Lee vermutete, daß sein Onkel nebenbei an dunklen Geschäften, wie illegalen Wetten, beteiligt sei. Es gibt keine Beweise für diesen Verdacht. (6)

Da irrt die Biographin. Der Bericht des Parlamentarischen Untersuchungsausschusses für politisch motivierte Attentate (HSCA) untersuchte Dutz Murrets Aktivitäten und konstatierte eine Verbindung mit notorischen Berufsverbrechern aus dem Umkreis der Marcello-Organisation. Ein Partner von Dutz Murret hatte eine Zeitlang nachweislich als Leibwächter oder Fahrer für Marcello gearbeitet. In einem anderen Fall fand das Komitee heraus, daß ein Individuum, das ebenfalls zu Dutz Murret in Beziehung stand, jene Person, die die Bürgschaft für Oswald nach seiner Verhaftung wegen öffentlicher Ruhestörung bezahlte, Partner von zwei Beauftragten des Marcello-Syndikats war. (7)

Mr. Jenner: Wie war Lee Harvey Oswald als Junge?
Mr. Murret: Also, ich habe mich nicht viel um ihn gekümmert. Ich kann Ihnen dazu eigentlich gar nichts sagen, weil er mir völlig egal war. Ich

kann mich allerdings erinnern, daß er immer laut war, Sie verstehen? Er
hat immer gebrüllt, wenn er etwas von seiner Mutter wollte. Das weiß ich,
aber oft war er auch genau das Gegenteil. Er las gern und blieb meistens
allein in der Wohnung.
Mr. Jenner: Haben Sie sich mit Marguerite gut verstanden?
Mr. Murret: Nicht besonders.
Mr. Jenner: Welchen Eindruck hatten Sie von Lee, als er nach so vielen Jahren vor Ihrer Tür stand?
Mr. Murret: Ich konnte mit ihm nicht recht warm werden, aber als er sagte, daß er auf Arbeitssuche sei und eine Wohnung brauche, um seine Frau
aus Texas nachkommen zu lassen, wollte ich ihm keine Steine in den Weg
legen. (8)

Murret hätte nicht viel anders gesprochen, wenn er mit Oswald in New Orleans 1963 ziemlich viel zu schaffen gehabt hätte, aber wir haben als Bestätigung Lillian Murrets Aussage, und die liefert uns den Schlüssel: Mochte Murret auch seine Mob-Kontakte haben, er und seine Frau hielten auf
ihre mühsam erworbene Reputation und die College-Erziehung, die sie
ihren Kindern angedeihen lassen konnten. Oswald mit seinem Rußland-
Makel wäre als Logiergast nicht Murrets erste Wahl gewesen. Wie jede andere halbrespektierliche Figur am Rand der Mafia war Dutz ein glühender
Patriot.
Wegen Murret gab es eine Menge Spekulationen über Oswalds mögliche
Kontake zum Mob, aber es gibt nicht den geringsten Beweis, daß Onkel und
Neffe etwas anderes taten, als ihre Beziehung so distanziert wie möglich zu
halten. Lee war mit Lillian durch die Bande des Bluts verbunden; und es war
wahrscheinlich sein Glück, daß die Tante und nicht der Onkel den Hörer
abnahm, als er vom Busbahnhof anrief.

Mrs. Murret: Er sei auf der Suche nach einem Job, sagte er mir, und dann
sagte er noch, daß er Marina, seine Frau, mit dem Kind nachkommen lassen wolle, und ich bat ihn, sie zu beschreiben, worauf er sagte: »Sie ist auch
nicht anders als amerikanische Hausfrauen.« Er sagte: »Sie trägt Shorts.«
Er wolle sich eine Zeitung kaufen und die Stellenangebote durchsehen
und jeden Morgen mit der Zeitung losziehen und erst zum Abendessen
wieder zurückkommen. Bei mir stand das Essen zwischen halb sechs und
sechs Uhr abends auf dem Tisch, und er war immer pünktlich. Nach dem
Essen verließ er das Haus nicht mehr. So bis ungefähr sieben Uhr sah er
sich irgendwelche Fernsehsendungen an, dann ging er geradewegs ins

Bett. Das wiederholte sich tagtäglich. Am ersten Sonntag, als er bei uns war, beteiligte er sich an der Unterhaltung – wir sprachen über Verwandte – und fragte mich: »Weißt du irgend etwas über die Oswalds?« Ich sagte: »Außer deinem Vater habe ich keinen von ihnen gekannt.« Was er mir nicht gesagt hat, war, daß er an diesem Sonntag auf dem Friedhof gewesen war, wo sein Vater beerdigt ist. (9)

Eines Morgens schenkte ihm sein älterer Vetter John Murret das weiße kurzärmlige Hemd und die Krawatte, die er zehn Wochen später trug, als er in der Canal Street Flugblätter für das Komitee »Fair Play for Cuba« verteilte.

Mrs. Murret: Lee machte sich gerade fertig, und John zog sich an, um zur Arbeit zu gehen, glaube ich, und er hielt Lee wohl nicht gerade für vorzeigbar. John sagte das auf eine sehr nette Weise – er kann das sehr gut, wissen Sie. Also er ersuchte Lee geradezu, er sagte: »Lee, hier hast du ein Hemd, es paßt mir nicht mehr. Zieh du es an, und hier ist die dazu passende Krawatte. Du mußt doch gut aussehen, wenn du dich vorstellst.« Also gab er Lee das weiße Hemd und die Krawatte, und Lee nahm sie an. (10)

Am 9. Mai, dem Tag, an dem er später die Wohnung mietet, gelingt es ihm, bei der Reily Coffee Company angestellt zu werden.

Mrs. Murret: Er kam die Zeitung schwenkend nach Hause, fiel mir um den Hals und küßte mich sogar und rief: »Ich hab ihn, ich hab ihn!« Ich sagte: »Schön, aber was verdienst du?«, und er sagte: »Viel zahlen sie nicht, aber ich komme damit rum.«
Ich sagte: »Weißt du, Lee, besondere Qualifikationen hast du eigentlich nicht. Wenn dir dieser Job nicht gefällt, versuch doch, in Abendkursen einen Beruf zu erlernen.« Und er sagte: »Ich brauche nicht mehr in die Schule zu gehen, ich muß nichts mehr lernen. Ich weiß alles.« Das war's. Er ließ sich von mir nichts sagen.
Mr. Jenner: Als Sie mit ihm in dieser Art sprachen, hatten Sie da den Eindruck, daß er sich wirklich für so smart hielt?
Mrs. Murret: O ja, er hielt sich für smart, Sir. (11)

Die William B. Reily Company vertrieb ein Produkt mit dem Namen Luzianne-Kaffee, und Oswalds Aufgabe bestand darin, die riesigen Mahlmaschinen zu schmieren.

McMillan: Bei seiner kurzen Bewerbung hat er wahrscheinlich seinen persönlichen Lügenrekord aufgestellt: er gab an, daß er seit drei Jahren in der French Street Nr. 757 wohne (es war die Adresse der Murrets) und über einen High-School-Abschluß verfüge (diese Schule besuchte er nur einige Wochen). Als Referenzen nannte er: seinen Vetter John Murret (dessen Einverständnis er nicht eingeholt hatte); einen Sergeant Robert Hidell (eine Zusammensetzung aus dem Namen seines Bruders Robert und seinem eigenen Pseudonym »Hidell«), »im aktiven Dienst beim U.S. Marine Corps« (eine komplette Erfindung); sowie »Lieutenant J. Evans, im aktiven Dienst beim U.S. Marine Corps« (gebildet aus dem Nachnamen und dem ersten Initial von Myrtle Evans Ehemann, ausgeschmückt mit fiktivem Rang und Kenn-Nummer des Marine Corps). (12)

Er versteht sich darauf, eindrucksvolle Referenzen anzugeben. Wer wird sich bei einem so niedrigen Job schon die Mühe machen, das zu überprüfen? Aber welch ein ingeniöser Lügner Oswald ist! Jeder Name, den er serviert, stammt aus einer anderen Sphäre seiner Erfahrungen. Vergangenheit, Gegenwart und Zukunft, die Familie, die Marines und Myrtle Evans' Ehemann, den er noch nicht einmal kennt, werden mit Beschlag belegt, um seinen Lügen Format zu geben. Er macht es sich in einer Fülle von Quellen behaglich. Wäre er doch ein Dichter gewesen, und nicht bloß ein Lügner.

Alles in allem verfolgt er mit den falschen Angaben eine Absicht. Er weiß nicht, wann er sich aus dem Staub machen muß, und möchte deshalb eine Spur hinterlassen, deren Verästelungen in alle Richtungen wuchern und künftige Häscher taumeln machen.
Davon abgesehen muß er allmählich von dem hohen Roß herunterkommen, daß er auf einen General geschossen hat. Nun wird er nur dickbäuchige Maschinen schmieren. Und verliert außerdem die Freiheit seiner Tage. Es könnte sein, daß er, bevor er Arbeit fand, in New Orleans bewegte Wochen durchlebte. Diesbezüglich dürfen wir eine Aussage von Dean Adams Andrews nicht übergehen. Wie weit sie glaubhaft ist, ist eine andere Frage. In der Schilderung von Gerald Posner war Andrews ein »zweihundertsechsundsechzigpfündiger, vierundvierzigjähriger, Slang kauender Anwalt, bekannt für Übertreibung und die Kunst, sich in Szene zu setzen«. (13)

Mr. Liebeler: Ich wurde vom FBI unterrichtet, daß Lee Harvey Oswald in Ihre Kanzlei kam…
Mr. Andrews: Ich kann mich nicht mehr an die Daten erinnern, aber kurz

gesagt ging es um folgendes: Oswald kam in Begleitung einiger kleiner Schwuchteln ins Büro. Sie waren Mexikaner. Er wollte wissen, ob im Zusammenhang mit einer drohenden Abschiebung etwas zu machen sei, also sagte ich, daß ich mich, wenn er zahle, um die Sache kümmern würde.

Mr. Liebeler: Das erste Mal, als er zu Ihnen kam, war er in Gesellschaft dieser... Schwuchteln. Damit meinen Sie doch wohl Leute, die Ihnen als Homosexuelle erschienen?

Mr. Andrews: Also sie haben dieses Arschwackeln. Keine Ahnung, was sie sind. Wir nennen sie kleine Schwuchteln.

Mr. Liebeler: Haben Sie einen von ihnen seither wiedergesehen?

Mr. Andrews: Jawohl. Erstes Polizeirevier. Sie waren aufgegriffen worden, weil sie Kleidung des anderen Geschlechts trugen.

Mr. Liebeler: Wie viele waren dort?

Mr. Andrews: Schätzungsweise fünfzig. Ich ging wegen denen hin, die ich vertrat. Ich hinterlegte Kaution und bekam sie frei.

Mr. Liebeler: Sie sagen, daß einige dieser kleinen Schwuchteln, die die Polizei verhaftet hatte, diejenigen waren, die mit Oswald zu Ihnen gekommen waren?

Mr. Andrews: Ja.

Mr. Liebeler: Wie lange nach Oswalds erstem Besuch waren diese Bürschchen verhaftet worden? Einen Monat?

Mr. Andrews: Allerhöchstens zehn Tage.

Mr. Liebeler: Ich nehme an, daß im Polizeipräsidium in New Orleans die Daten dieser aufgegriffenen Personen gespeichert sind?

Mr. Andrews: Ich habe mir die Protokollbücher im Ersten Polizeirevier angeschaut, aber die wechseln ihre Namen wie Sie und ich die Kleidung. Heute heißen sie Candy; morgen ist es Butsie; und übermorgen Mary... Namen sind für die Identifizierung ziemlich unergiebig. Meistens erkennt man sie am Aussehen.

Mr. Liebeler: Können Sie sich an das Datum erinnern, an dem diese Großrazzia stattfand?

Mr. Andrews: Hören Sie, in New Orleans ist jeden Freitag Razzia.

Mr. Liebeler: Könnte es im Mai 1963 gewesen sein?

Mr. Andrews: Kann schon sein. (14)

Mr. Liebeler: Hatten Sie den Eindruck, daß Oswald schwul ist?

Mr. Andrews: Das kann man nicht sagen. Keine Ahnung. Er trieb sich mit diesen Jüngelchen herum. Er hatte nicht dieses Arschwackeln, aber gleich und gleich gesellt sich gern.

Mr. Liebeler: Sie sagen, daß er nicht diesen Hüftschwung hatte. Was meinen Sie damit?

Mr. Andrews: Er ist nicht weibisch; er kreischt nicht; er ging und redete nicht wie ein Mädchen; er geht und redet wie ein Mann.

Mr. Liebeler: Gab es etwas Auffälliges in der Art, wie er sich benahm?

Mr. Andrews: Darauf habe ich nicht geachtet. Ich habe ihn nur im Büro erlebt. Es gab nichts, was mir als außergewöhnlich aufgefallen wäre, ich setzte nur voraus, daß er diese Sorte Leute kannte und sich mit ihnen herumtrieb. Es war ganz offensichtlich. Wir nennen sowas Tunten. Man kann es hundert Meter gegen den Wind riechen. Und wenn sie dann noch den Mund aufmachen... Bei solchen ausgesprochenen Schwuchteln weiß man nicht, was jemand anderer mit ihnen anstellt. Ich kann wirklich nicht sagen, ob er schwul war oder nicht, außer, daß er mit ihnen zu mir kam. Das ist alles. (15)

Das Rätsel um Oswalds Homosexualität wäre nun bis zu einem gewissen Grad gelöst, mit der Einschränkung, daß uns das alles von einem Mann erzählt wurde, dessen Wort laut Posner nicht als zuverlässig gelten kann. Falls dem so ist, können wir unserer Einschätzung von Lees Beziehung zu Marina nur eine weitere Frage hinzufügen, nun, da sie eintrifft, und sein Urlaub von der Ehe vorüber ist.

Es ist dennoch die Mühe wert, uns ein Oswaldsches Paradox ins Gedächtnis zu rufen. Obwohl er in vielerlei Hinsicht immer geheimnisvoll bleiben wird, kann uns das immerhin helfen, unser Gespür für ihn weiterzuentwickeln. Ein Echo ist zwar weniger deutlich als der Ton, der es erzeugte, aber unser Ohr kann durch den Widerhall bereichert werden. Falls er überhaupt homosexuell ist, falls das eigentliche Drama seiner Ehe darin besteht, daß er Marina nur halb zugeneigt ist, und die andere Hälfte seines Ich zu Sex mit Männern tendiert, und falls dieses Bedürfnis sich mit Unterbrechungen während seiner Jünglingszeit, den Jahren im Marine Corps, verdeckt in Rußland und möglicherweise in Dallas manifestierte, dann gewinnt das Bild, das uns Dean Adams Andrews liefert, an Glaubwürdigkeit. Es hilft uns jedenfalls bei der Erklärung dafür, daß Perioden, in denen er Marina begehrt, mit anderen abwechseln, in denen er derartiges Desinteresse an Marina zeigt, daß sie sich darüber lauthals bei Leuten beschwert, die sie nicht einmal richtig kennt. In sexueller Hinsicht könnte man sagen, daß er mit ihr nicht mehr als fünfzehn Wochen pro Jahr verheiratet ist.

3

Sündige Saiten

Eine dieser Wochen beginnt am Abend des 11. Mai, als Ruth Paine in ihrem
Kombi mit ihren eigenen zwei Kindern und Marina und June ankommt.
Laut McMillan waren Lee und seine Frau an diesem Abend glücklich, wieder
vereint zu sein. »Du hast mir so gefehlt«, sagte Lee ein ums andere Mal – und
sie liebten sich dreimal in dieser Nacht und am nächsten Morgen. Seit dem
Wochenende vom 29. oder 30. März, an dem Marina Lee mit dem Gewehr
fotografiert hatte, schliefen sie zum ersten Mal wieder miteinander. (16)

Da wir es mit Lee und Marina zu tun haben, war die Liebe wohl nicht allzu
groß. Der Nährboden für neue Streitereien in New Orleans war in dem Moment angelegt, als Marina die Wohnung sah.

Mrs. Paine: Lee zeigte ihr natürlich, was die Wohnung, die er gemietet
hatte, alles zu bieten habe. Er war sehr zufrieden. Sie war groß genug, um
mich zum Übernachten einzuladen. Und besonders stolz war er auf den
kleinen Grasfleck im Hof mit den reifen Erdbeeren, wo June spielen konnte. Und auf den Eingangsbereich mit der geschützten Veranda. Und auf
das ziemlich große Wohnzimmer. Das Mobiliar gefiel ihm gut – früher
New-Orleans-Stil, wie ihm die Vermieterin erzählt hatte. Marina zeigte
sich jedoch keineswegs so begeistert, wie er es erhofft hatte. Er hatte ihr
eine Freude machen wollen. Das konnte man richtig merken.
Mr. Jenner: Erzählen Sie uns, was sie sagte? Wie kamen Sie zu diesem
Schluß?
Mrs. Paine: Sie sagte, die Wohnung sei finster und nicht gerade sauber. Sie
fand den Hof hübsch, den eingezäunter Grasfleck, auf dem June spielen
konnte, aber er war ihr nicht luftig genug. Außerdem sind uns sofort die
vielen Küchenschaben aufgefallen.
Mr. Jenner: Hat sie dazu einen Kommentar abgegeben?
Mrs. Paine: Ich weiß nicht mehr, ob sie ein Wort darüber fallen ließ. Er war
ständig am Erklären. Daß er sein Bestes tue, die Biester loszuwerden. Aber
daß sie nicht weniger würden. Ich weiß noch, daß er sehr empfindlich auf
dieses Thema reagierte.
Mr. Jenner: Empfindlich?
Mrs. Paine: Er warb um ihre Anerkennung, aber sie verweigerte sie ihm.
(17)

Dazu Priscilla Johnson McMillan: »Es erschien Ruth, daß ihm, ob er Marina nun liebte oder nicht, sehr viel an ihrer Meinung lag.« (18)

Das war für ihn in der Tat sehr wichtig. Er hatte in Rußland versprochen, daß er in Amerika für Frau und Kind sorgen würde, aber sich bisher nicht besonders hervorgetan. Nun hatte er gehofft, daß ihr wenigstens die neue Wohnung gefallen würde. Wieder einmal wurde das zarte Hoffnungspflänzchen Ehe von der ätzenden Feindseligkeit Marinas abgetötet, deren Gefühle ebenso tief wie gegensätzlich zu seinen waren.

Mrs. Paine: Das ganze Wochenende über haben sie meistens gestritten. Diese Situation war mir äußerst unangenehm. Ständig sagte er, sie solle den Mund halten. »So ist es, und damit ist das Thema erledigt.«
Abgeordneter Ford: Durch welche Reibungspunkte kam es zu solchen Eskalationen?
Mrs. Paine: Also ich glaube, daß die unmittelbaren Ursachen viel zu geringfügig waren, als daß sie solche Emotionen auf beiden Seiten hervorrufen hätten können, und ich hatte das ungute Gefühl, daß meine Anwesenheit die Spannung noch erhöhte, darum wollte ich so schnell wie möglich wieder zurück nach Texas. (19)

Ruth Paine war am Samstag angekommen und fuhr am Montag wieder ab, und wir können die Bandbreite ihrer Eindrücke nur vermuten. Dreißig Jahre später fragten wir Marina, ob sie Lee jemals homosexueller Handlungen verdächtigt habe, und bekamen zur Antwort, daß sie keinerlei Anzeichen bemerkt hätte. Es ist allerdings auch so, daß Marina jedem Befrager gefällig sein wollte, also äußerte sie nach einigem Nachdenken, daß Lee in diesen zwei Nächten, die Ruth Paine in New Orleans geblieben war, eine neue Art Sexualpraktik ausgeübt habe. Einigermaßen verlegen deutet Marina an, daß Lee sie von hinten genommen habe, eine Stellung, die er bis dahin nie ausprobiert hatte, und daß in diesem Moment Ruth Paine an der halboffenen Tür vorbeigekommen sei. Vielleicht habe Ruth sie gesehen. »Lee«, erinnert sich Marina, »war das überhaupt nicht peinlich«, und das erscheine ihr im Nachhinein vielleicht als kleines Zeichen homosexuellen Verhaltens (wenn denn dieser völlige Mangel an Bestürzung, beim Akt erwischt worden zu sein, nicht als typisch heterosexuelles Verhalten interpretiert werden kann). Jedenfalls dürfte es Ruth Paine unangenehm gewesen sein.
Vielleicht ist es an der Zeit, sie zu beschreiben: sie war groß und dürr, hatte ein langes, schmales, sommersprossiges Gesicht und war zu den Quäkern

konvertiert. Sie und ihr Mann Michael begeisterten sich für Madrigalsingen und Volkstänze. Diese Passionen hatten sie zusammengeführt.

Ruth trug eine randlose Brille. Sie war ernsthaft. In den Hunderten Seiten ihrer Aussage vor der Warren-Kommission findet sich kaum je eine humorvolle Bemerkung. Ziemlich dasselbe gilt für Michael Paine. Ein äußerst respektabler Hubschrauber-Ingenieur, trocken, groß, schlank, in seiner Aussage ebenso korrekt wie Ruth – man bekommt das Bild zweier grundanständiger Menschen, die unter dem Fluch ihres Herzensadels leben: erzogen, so anständig zu anderen zu sein, so unerschütterlich und kompromißlos in der Selbstversagung, das gierige menschliche Tierchen in sich zu Worte kommen zu lassen, daß man förmlich die Saiten reißen hören kann. Unnötig zu sagen, daß es keine glückliche Ehe war. Sie waren höflich zueinander, ausgesucht höflich, aber ihre persönlichen Beziehungen waren in der Zeit, als sie die Oswalds kennenlernten, bereits äußerst abgekühlt.

Marina hatte Ruth Paine im vergangenen Februar auf einer Party in Dallas getroffen, die ein Geologe namens Everett Glover gegeben hatte. De Mohrenschildt, wen wundert's, hatte die Begegnung arrangiert. Das machte Ruth Paine später ziemlich verdächtig, bis die Art ihrer penibel aufrichtigen Aussage, die Gewissenhaftigkeit, mit der sie auch das kleinste Detail erst bezeugte und dann untermauerte, offenkundig machten, daß sie unmöglich eine amerikanische oder sowjetische Agentin sein konnte: sie hatte nicht die Anlage zu Ausflüchten. In der Tat müßten wir ihr die Qualität einer begnadeten Schauspielerin zubilligen, wenn die Person, als die sie sich der Warren-Kommission präsentierte, lediglich eine Rolle war, die sie spielte.

Die emotionalen Gründe, die sie für die Freundschaft angab, waren nicht kompliziert. Ruth hatte auf Marina reagiert, wie nur eine liebende und nicht wiedergeliebte Frau für eine attraktive Heimatlose empfänglich sein kann, die nicht Englisch sprach, weil ihr Ehemann ihr das Erlernen der Sprache verbot, da er sonst – wie Marina erklärte – sein Russisch verlernen könnte. Ruth fand diese Zumutung ungeheuerlich. Ebenso empört war sie über Lees regelmäßige Drohung, Marina nach Rußland zurückzuschicken. Michael Paine, dessen Einstellung Lee und Marina gegenüber im wesentlichen identisch mit der seiner Frau war, hielt es für geradezu verbrecherisch, daß Lee ernsthaft daran dachte, Marina zurück in die UdSSR zu schicken:

Mr. Paine: Er hielt sie wie eine Sklavin. Da es mich mehr interessierte, ihre Ansichten über Rußland zu erfahren als seine, habe ich darauf gedrungen, daß sie Englisch lernt – und als mir Ruth erzählte, daß Marina befürchtete, zurückgehen zu müssen, dachte ich, daß dieses Land wohl groß genug sei, so daß es eine Möglichkeit für sie geben müsse, zu bleiben, wenn sie wollte, was offensichtlich der Fall war. Sie schien mir eine eher unpolitische Person zu sein, aber wahrheitsliebend, gerecht und verantwortungsbewußt. (20)

Die Paines lebten zwar nicht mehr zusammen, aber sie waren noch stets ein Gedanke. Ruth liebte die russische Sprache und hatte sie mit Hingabe studiert. Es kam ihr bald der Einfall, daß es gut für beide Frauen sein könnte, wenn Marina in das männerlose Haus in Irving, Texas, einziehen würde, das Ruth nun lediglich mit ihren beiden Kindern bewohnte. Michael Paine stimmte ihr völlig zu: »… ich freute mich richtig darauf, ihren Aufenthalt zu finanzieren, bis sie auf eigenen Beinen stehen konnte.« (21)

Es ist interessant, daß Ruth Paine am 7. April, drei Tage bevor Lee seinen Attentatsversuch auf Walker unternahm, unter erheblichen Schwierigkeiten an Marina einen langen Brief auf russisch schrieb. Aus seinem Tenor können wir entnehmen, daß Marina Ruth bereits einige Ecken und Kanten ihrer Ehe enthüllt hatte; und was den unterschwelligen Zweck solcher Konfessionen betrifft (nämlich die Galle loszuwerden, um die Liebesbeziehung zu entgiften), hatte Marina wahrscheinlich ein noch trostloseres Bild ihrer Beziehungen zu Lee gemalt, als es der Wirklichkeit entsprach.

Liebe Marina,
ich möchte Sie einladen, bei mir zu wohnen. Ich weiß nicht, wie es zwischen Ihnen und Lee läuft. Ich weiß nicht, was für Sie, June und Lee besser wäre – zusammen oder getrennt zu leben. Ich möchte nur sagen, daß Sie die Wahl haben. Ich habe viel über dieses Angebot nachgedacht. Es ist also kein überstürzter Gedanke.
Ich finde, daß ein solches Arrangement für uns beide angenehm und nützlich wäre. Wir können uns so gut ergänzen. Wenn Sie sich mit mir unterhalten, hilft es mir sehr. Wenn Sie manchmal meine Fehler in der Konversation oder in Briefen korrigieren würden, wäre ich sehr froh. Das wäre für mich so hilfreich, daß es nur selbstverständlich wäre, wenn ich als Gegenleistung für unseren Lebensunterhalt sorge. Lee müßte Ihnen nur ausreichend Geld für Kleidung und ärztliche Ausgaben geben…
Ich denke, daß es hier nicht schwierig sein würde, Englisch zu lernen. Ich und meine Kinder könnten Ihnen einen großen Wortschatz beibringen.

Innerhalb von zwei Wochen könnten Sie alles lernen, was ich über Kochen weiß. Ich bin sehr schlecht im Hausputz. Vielleicht könnten Sie mir da zur Hand gehen.

Ich möchte Lee nicht verletzen. Natürlich weiß ich nicht, was er will. Vielleicht empfindet er wie Michael, der einmal mit mir leben will und dann wieder nicht... Wenn Sie also interessiert sind, möchte ich einen offiziellen Brief an Sie und Lee schreiben. Wo Sie und June leben, ist natürlich eine Frage, die ihn tief berührt. Deshalb möchte ich auch direkt mit ihm darüber sprechen.

Ihre Ruth (22)

Es verändert unser Bild von Ruth etwas, daß sie diesen Brief nie abschickte. Ihr Gewissen lag mit sich im Widerstreit, ob sie – ganz gleich, wie gut ihre Absichten waren – das Recht habe, sich zwischen Gatten und Gattin zu drängen.

Drei Wochen später fuhr Lee nach New Orleans. Und im gegenseitigen Einverständnis gaben Marina und Lee die Wohnung in der Neely Street auf, und Marina wohnte die nächsten zwei Wochen bei Ruth in Irving, Texas, und fühlte sich sehr wohl. Ihr Leben war beschaulich, und Ruth nahm alle Rücksicht auf sie.

Als Ruth jedoch nun in der Magazine Street an der offenen Schlafzimmertür vorbeigeht und einen kurzen Blick auf das Ehepaar während des Akts erhascht, wird ihr deutlich, daß Marina doch nicht so unglücklich mit Lee ist, wie sie vorgibt. Es ist also wenig überraschend, daß Ruth am nächsten Tag abfährt und in ihrem pflichtbewußten Ethos versucht, das Beste für beide zu hoffen.

4
Sex, Hitze, Schmierfett

McMillan: Marina machte aus ihrem Interesse an Sex kein Geheimnis. An vielen Abenden zog es sie zu den Zeitungskiosken, und Marina blätterte in den schmuddeligsten Magazinen, die sie finden konnte, und delektierte sich an Aktfotos von Männern und Frauen. Lee tat so, als ob er darüber erhaben wäre, aber sie ertappte ihn mehr als einmal dabei, wie er nach einem Magazin mit leichtbekleideten Mädchen grapschte.

Abgesehen von June war Sex der einzige Lichtstrahl in ihrer freudlosen

Ehe. Obwohl puritanisch bis auf die Knochen, hatte Lee Spaß am Sexual-
verkehr. Danach wusch er sich, kam eine seiner Arien singend aus dem
Badezimmer zurück und legte sich mit dem Rücken zu Marina.
»Faß mich nicht an«, pflegte er dann zu sagen, »und sag kein Wort. Ich
bin jetzt im siebten Himmel. Du würdest dieses Gefühl zerstören.«
Am Fußende ihres Bettes befand sich ein Spiegel, und Lee türmte die Kis-
sen am Kopfende auf, so daß er sich beim Akt zuschauen konnte. Marina
gefiel das gar nicht. Sie baute den Kissenturm wieder ab oder drehte den
Kopf weg. Es kränkte sie, daß das Spiegelbild Lee offensichtlich mehr er-
regte als sie.
»Für wen küßt du mich? Für mein Vergnügen oder für den Spiegel?«
»Gefällt es dir etwa nicht?«
»Natürlich nicht«, sagte sie und gab ihm einen Klaps auf den Hintern.
(23)

Es machte sie rasend. Ihr Ehemann Lee Harvey Oswald wurde durch seinen
eigenen Anblick mehr erregt als durch sie. Aber schließlich hatte Marina
auch keine Mutter wie Marguerite gehabt, die ihr unentwegt erzählte, wie
herrlich sie sei. Da seine inneren Werte sich des öfteren als nicht so glanz-
voll erwiesen, wie von Marguerite aufpoliert, war er natürlich begierig, diesem anderen Menschen, der von seiner Mutter als so herrlich geschildert
worden war, zu begegnen – und gelegentlich war der Spiegel so freundlich,
einen erfreulichen Anblick zurückzuwerfen. Was war er doch für ein attrak-
tiver Bursche!
Manchmal wurde er in der Hitze von New Orleans richtig brünstig. »Er pro-
duzierte sich in allen möglichen Posen vor dem Spiegel«, sagt Marina, »und
fragte mich dann: ›Findest du mich nicht prachtvoll?‹ Er lief nackt hinaus
und setzte sich auf die blickgeschützte Veranda in die frische Luft. Das war
nach seinem Geschmack.«
Und natürlich stritten sie. Sobald Ruth weg war, stritten sie sogar noch
mehr. Ruth Paine dürfte es wohl kaum bewußt gewesen sein, daß sie sich in
ihrer Gegenwart von ihrer Schokoladenseite gezeigt hatten.

McMillan: Marina wachte manchmal nachts auf und ging in die Küche,
um sich etwas Kaltes zu trinken zu holen. Es wimmelte nur so von
Küchenschaben.
»Komm her und schau dir deine Meisterleistung an«, rief sie dann in
Richtung Schlafzimmer. Natürlich war es »sein« Werk, denn er erlaubte
ihr nicht, das Insektenspray zu benutzen.

450

Dann kam er nackt angerannt, schnappte sich die Spraydose und sprühte sinnlos herum. Marina lachte, denn er war zu geizig, ein wirksames Spray zu kaufen, zu geizig, um ausreichend zu sprühen, und suchte sich noch dazu die falschen Stellen aus.

»Erst weckst du mich und dann lachst du mich auch noch aus.« Er war beleidigt. (24)

Tagsüber spritzte er Schmiere auf die Maschinen; nachts spielte er in der Magazine Street Schabenkiller. Er stank nach Schmieröl; er stank nach Insektenvertilgungsmittel. Er faulte in der Hitze vor sich hin. Er hatte ihr nicht gesagt, daß er in einer Kaffeefabrik arbeitete. Er hatte vorgegeben, daß er in einem Fotoladen arbeite, jedoch nicht erklären können, warum er nach Kaffee roch. Schließlich mußte er doch mit der Wahrheit herausrücken. Er roch nicht nur unangehm nach seinem Job, die Arbeit zog auch seine persönlichen Gewohnheiten in Mitleidenschaft. Er lief in Sandalen, alten Arbeitshosen und einem verdreckten T-Shirt herum, das er kaum wechselte. Marina konnte sich bei dem Gedanken vor Wut in den Hintern beißen, daß sie sich in Minsk der Kleidung Anatolis geschämt hatte, und nun lief Lee geradezu verwahrlost herum.

McMillan: »Bei dem Job lohnt es sich nicht, sich anständig anzuziehen«, sagte er zu Marina.

»Dann tu es für dich selbst, und wenn es dich nicht kümmert, dann tu es mir zuliebe«, sagte sie.

»Es ist mir einfach egal«, antwortete er. (25)

Der Dreck an seinem Arbeitsplatz – das Fett der Kaffeebohnen, die Maschinenschmiere, die Hitze – dies alles zeitigt die Vorahnung neuer unabwendbarer Verhängnisse. Seine Nerven liegen bloß.

Mrs. Garner: Ich sagte: »Lee, warum sprechen Sie denn nicht Englisch mit Ihrer Frau und Ihrem Töchterchen? Dann hätte sie es leichter, wenn sie in die Schule kommt.«

Er sagte: »Sie hat noch genug Zeit, es zu lernen«, und danach bekam ich kein freundliches Wort mehr von ihm.

Mr. Liebeler: Hatten Sie persönlich irgendwelche anderen Kontakte mit Oswald?

Mrs. Garner: Ja. Einmal wollte ich die Miete kassieren. Sie war schon ein paar Tage überfällig, und wenn man zu lange wartet, wissen Sie, dann

kriegen Sie gar nichts mehr. Er kam grade heraus und wollte den Bus an der Ecke erwischen. Als er mich sah, machte er kehrt. Ich sagte: »Oswald, haben Sie die Miete?« Er sagte: »Ja, hab ich.«
Er wollte eigentlich zum Bus, aber er machte kehrt, schob mich einfach zur Seite, ging zurück und holte das Geld.
Mr. Liebeler: Er hat Sie tatsächlich angefaßt?
Mrs. Garner: Ja, er schubste mich mit den Händen weg. Gesagt hat er kein Wort. Kam zurück und gab mir das Geld.
Mr. Liebeler: Und wann haben Sie das nächste Mal...
Mrs. Garner: Danach habe ich nicht mehr mit ihm gesprochen, denn er hat nicht einmal einen Gruß erwidert. Ich bekam ihn nur zu Gesicht, wenn er abends hinters Haus ging – dabei trug er immer kurze Hosen, gelbe kurze Hosen mit Gürtel, kein Hemd – und alle meine Mülltonnen und die Mülltonnen in der ganzen Straße vollstopfte. Er sprach mit niemand, ging einfach an den Hauseingängen der anderen Leute vorbei, ohne jemals mit irgend jemand zu sprechen. (26)

An seiner Arbeitsstelle ist er meistens ebenso zugeknöpft.

Mr. Le Blanc: Ich habe ihn im vierten Stock eingesetzt und ihm gesagt, daß er sich dort um alle Maschinen kümmern müsse, und daß ich bald zum Nachschauen zurückkommen würde. Als ich nach ungefähr 45 Minuten wiederkam, war er nirgends zu finden. Ich fragte die anderen Leute, die im vierten Stock arbeiteten, ob sie ihn gesehen hätten. Sie sagten, er hätte ein paarmal Öl nachgefüllt, aber sie wüßten nicht, wo er hingegangen sei. Also habe ich ihn im ganzen Gebäude gesucht. Das sind vier Stockwerke auf der einen Seite und drei auf der anderen. Ich begann unter dem Dach und arbeitete mich nach unten, aber er war nirgends zu finden. Als ich ihn später fragte, wo er denn gewesen sei, war nicht mehr aus ihm herauszubekommen, als daß er sich umgesehen hätte. »Wo umgesehen?« fragte ich, und er: »Einfach umgesehen«, und damit drehte er sich um und ging. (27)

Wenn er auch zu Hause seine dreckige Arbeitskleidung anbehält, könnte das eine Regression in die Zeit sein, in der er als Kind in schmutzigen Windeln herumgesessen hatte. Als Zwei- und Dreijähriger manchmal stundenlang, während Marguerite in der Arbeit war, und die jungen Leute, die sie engagiert hatte, sich einen Dreck um ihn kümmerten. Wäre es denkbar, daß der Schmutz und die Schmiere an seinem Arbeitsplatz – ähnlich der Erstarrung durch den Zwang, in vollen Windeln ausharren zu müssen – kleine schmutzige Triebe in ihm stimulieren?

Mr. Alba: Die Mitarbeiter bei Reily sagten dem FBI – natürlich nach dem Attentat –, daß Lee Oswald mindestens so viel Zeit »drüben in Alba's Garage verbrachte wie in der Fabrik«.
Mr. Liebeler: Sie haben uns erzählt, daß man ihn gelegentlich bei Ihnen suchte, wenn er in der Firma gebraucht wurde?
Mr. Alba: Ich kann mich erinnern, daß vielleicht viermal jemand rüberkam und zu ihm sagte: »Mensch, Oswald, du wirst überall gesucht. Wenn du so weitermachst, wirst du noch gefeuert werden.« Er sagte dann: »Ich komm ja schon, bin schon da.« (28)

Oswald und Adrian Alba diskutierten im Büro der Werkstatt über interessante Themen.

Mr. Alba: Wir hatten eine Kaffeemaschine und einen Coca-Cola-Automaten, und auf dem Kaffeetisch lagen ungefähr 120 Zeitschriften. Oswald bat, sich einige ausleihen zu dürfen, und er behielt sie ungefähr eine Woche und machte immer ziemlich viel Aufhebens, wenn er sie zurückbrachte.
Mr. Liebeler: Fiel Ihnen ein merkwürdiges Verhalten bei Oswald auf?
Mr. Alba: Kann man sagen. Er war sehr ruhig. Sie konnten ihn zwei-, dreimal dasselbe fragen – wenn es ihn nicht interessierte, las er einfach weiter und sah höchstens kurz auf: »Haben Sie etwas gesagt?« Aber sobald es um Waffen und Waffenzeitschriften ging, wurde Lee sehr gesprächig. (29)
Mr. Liebeler: Ich habe hier grade ein FBI-Protokoll vor mir. Hat Oswald einmal erwähnt, daß eine kleinkalibrige Kugel sicherer tötet als eine mit größerem Kaliber, und haben Sie dem zugestimmt?
Mr. Alba: Bei dem Gespräch ging es darum, ob ein Eispickel oder ein Brotmesser die gefährlichere Waffe ist – ich glaube, das habe ich dem FBI nicht erzählt –, und daß es wahrscheinlich weniger schlimm ist, wenn man mit einem 25 cm langem Brotmesser angegriffen wird, als sich einen Stich mit einem 5 bis 7 cm langen Eispickel einzufangen, und so kamen wir auf den Unterschied zwischen Wunden von großkalibrigen und kleinkalibrigen Kugeln.
Mr. Liebeler: Wieso kamen Sie und Oswald zu dem Schluß, daß ein Stich mit einem Brotmesser weniger schlimm ist als eine Verletzung mit einem Eispickel?
Mr. Alba: Innere Blutungen. (30)

Ungefähr um diese Zeit schrieb Marina einen Brief an Ruth, den die Warren-Kommission ins Englische übersetzen ließ.

25. Mai 1963
New Orleans
Hallo, liebe Ruth!
Jetzt ist es schon fast eine Woche her, seit ich Ihren Brief erhalten habe.
Ich habe keine Entschuldigung, denn es gibt keine echten Gründe. Ich
muß gestehen, daß ich sehr von Stimmungen abhängig bin. Und zur Zeit
ist es so, daß ich mich zu gar nichts aufraffen kann. Kaum waren Sie weg,
war es vorbei mit aller »Liebe«, und es schmerzt mich sehr, daß Lee mich
ständig spüren läßt, wie sehr ich ihm im Weg bin. Er besteht darauf, daß
ich Amerika verlasse, und das ist das letzte, was ich mir wünsche. Ich mag
Amerika sehr, und ich glaube, daß ich selbst ohne Lee hier nicht unterge-
hen würde. Was ist Ihre Meinung?
Dieses zentrale Problem beschäftigt mich Tag und Nacht. Und Lee hat mir
erneut gesagt, daß er mich nicht liebt. Wie Sie sehen, sind wir zu falschen
Schlüssen gekommen. Es ist schwer für Sie und mich, zu leben, ohne Liebe zu empfangen – ich frage mich, wie das wohl alles enden wird? (31)

Mrs. Murret: Also, wie er sich Marina gegenüber zu Hause benahm, das
weiß ich nicht, aber in meiner Gegenwart war er immer aufmerksam und
höflich. Er öffnete ihr die Autotür und so – wirklich sehr zuvorkommend.
Er hat ihr den Stuhl zurechtgerückt und dergleichen Dinge. Er zeigte sich
von seiner besten Seite. Das muß ich ihm schon lassen.
Mr. Jenner: Und wie war ihre Haltung ihm gegenüber?
Mrs. Murret: Nun, sie benahm sich genauso angenehm. Sie schienen überhaupt gut miteinander auszukommen, hatte ich den Eindruck, als sie hier
in New Orleans lebten. Sie fuhren gern zum Französischen Markt und
kauften Krabben und Garnelen, die sie dann zu Hause zubereiteten. Solche gemeinsamen Unternehmungen haben ihnen viel Freude gemacht.
(32)

5
»*Fair Play für Kuba*«

In den Wechselfällen von Lees und Marinas Ehe ist die Frage, ob sie nach Rußland zurückkehren sollte, inzwischen die häufigste Konstante geworden. Auf dem Gipfel seiner Wut droht er ihr regelmäßig, sie in ihre Heimat abzuschieben. Im Oktober 1962, nicht einmal drei Monate nach der Rückkehr nach Amerika, kam das Thema zum ersten Mal aufs Tapet, und in der Elsbeth Street zwang er sie, beim Sowjetischen Konsulat einen Antrag auf Repatriierung zu stellen. Sie war – zudem wieder schwanger – so am Boden zerstört, daß sie sogar mit dem Gedanken an Selbstmord spielte, gleichwohl ergab sich ein Briefwechsel zwischen Marina und den Sowjets in Washington.

Sie ist jedoch sehr wohl in der Lage, zwischen den bürokratischen Zeilen zu lesen. Die sowjetischen Behörden, das wird ihr klar, haben keine Eile, sie zurückzunehmen. Sie teilen mit, daß die Bearbeitung ihres Antrags ein halbes Jahr in Anspruch nehmen wird. Anfang Juni, nachdem in den letzten Monaten einige Briefe hin und hergegangen sind, hat sich kaum etwas weiterbewegt, wie der Brief von V. Gerasimow von der konsularischen Abteilung der Sowjetischen Botschaft vom 4. Juni 1963 belegt:

4. Juni 1963
Sehr geehrte Marina Nikolajewna,
in Zusammenhang mit Ihrem Antrag auf Einreise in die Sowjetunion, um dort Ihren ständigen Wohnsitz zu nehmen, baten wir Sie in unserem Schreiben vom 18. April, wenn möglich nach Washington zu kommen und in der konsularischen Abteilung unserer Botschaft vorzusprechen.
Wenn ein Besuch für Sie schwierig ist, bitten wie Sie, uns Ihre Gründe für die Beantragung dieser Genehmigung schriftlich mitzuteilen. (33)

Sie beeilte sich nicht mit der Antwort. Ein solcher Topf konnte jahrelang vor sich hin köcheln.

Für Lee ist es jedoch keine Bagatelle. Wie sie sein Vertieftsein in die Politik haßt, so haßt er den Mühlstein seiner Ehe. Er behindert seine politische Karriere. Der Anschlag auf General Walker war sozusagen ein Probelauf, um seine Fähigkeiten zu testen. War er genügend skrupellos, aus politischen Gründen zu töten? Da er nicht getroffen hatte, konnte die Antwort nur ein bedingtes Ja sein. Außerdem hatte er sich in den Wochen vor dem Versuch völlig von Marina zurückziehen müssen. Es schien, daß sich seine mörderischen Instinkte nur bündeln ließen, wenn er auf sexuelle Entspannung verzichtete. Seine Ehe fortzusetzen bedeutete also für ihn, sich zu einem Leben in Mittelmäßigkeit zu verdammen, obwohl – und es gibt keine andere Erklärung für so viele seiner Handlungen – ein ziemlich großer Teil seiner Selbst Marina anbetete, ganz abgesehen von seiner uneingeschränkten Zuneigung zu June. Was das betraf, war seine Hingabe für June lediglich eine offene Zurschaustellung seines Narzißmus. Aber Marina liebte er als seine Frau, seine schwierige, ätzende, widerspenstige, oft aber ganz und gar anziehende Ehefrau – obwohl er sie die meiste Zeit des Monats kaum ertragen konnte. Ist die Hälfte aller jungen Ehemänner ihm darin so unähnlich? Oder aller jungen Ehefrauen?

Skrupellosigkeit! Er muß sich mit dem Gedanken gegeißelt haben, daß es ihm an Grausamkeit fehle, um ein harter, disziplinierter Revolutionär zu sein. Das erste Buch, das er sich in New Orleans am 23. Mai in der Volksbücherei ausleiht, ist »Porträt eines Revolutionärs: Mao Tse-tung«. Der Autor Robert Payne schreibt über Mao: »Er verkörperte auch in jenen Tagen einen neuen Menschentyp; einen vom Schlage derer, die mit der linken Hand ganze Gesellschaftssysteme errichten.« (34) Wenn das die edle Rolle war, die sich Mao aus der Geschichte herausgemeißelt hatte, mußte Oswald – können wir ernsthaft daran zweifeln? – zu dem Schluß kommen, daß es nicht ausreiche, Führer zu sein; daß man vielmehr auch eine neue Form der menschlichen Existenz gestalten müsse.

Erst jedoch mußte er noch das kleine Problem lösen, eine aktive Rolle in der Geschichte zu spielen. Wenn er ein Seher gewesen wäre, hätte er seine Runen zu Rate gezogen, aber wie er es sah, war er ein 23jähriger Meister neuer revolutionärer Politik auf der Straße zu künftigem Ruhm – und diese Straße führte schnurgerade durch Kuba. Edward Epstein formuliert es so: »Sobald er einmal in Havanna war, konnte er ohne Zweifel Kontakte und Verbindungen mit dem Castro-Regime knüpfen. Er prahlte sogar einmal vor Marina, daß er ›Minister‹ in der dortigen Regierung werden würde.« (35) Nein, er fand den Gedanken gewiß nicht abwegig, daß er, wenn er erst das Ohr jener, die zählten, erreicht hätte, sich zum engen Berater über die Verhältnisse in der UdSSR aufschwingen könne. (In der Tat können wir uns im Rückblick fragen – und das ist eine ehrliche Frage –, ob Castros Ratgeber über die sowjetische Wirklichkeit so viel wußten wie Oswald.)

Epstein: Das Problem für Oswald war allerdings, dort hinzukommen. Da US-Staatsbürger damals nicht nach Kuba reisen durften, hätte er ein Visum in einer kubanischen Botschaft im Ausland beantragen müssen, und dazu brauchte er wiederum einige Referenzen, daß er die kubanische Regierung unterstütze. Seine Spielchen in New Orleans dienten auch dazu, sich ein solches Zeugnis zu verschaffen. (36)

26. Mai
Sehr geehrte Herren,
ich ersuche um formelle Mitgliedschaft in Ihrer Organisation.
Da ich in New Orleans lebe, erwäge ich, auf meine eigenen Kosten ein kleines Büro als hiesige Zweigstelle des F.P.C.C. [Fair Play for Cuba Committee] zu mieten. Könnten Sie mir dafür Ihr Einverständnis geben?
Außerdem hätte ich gerne Informationen, wo ich Flugschriften, Broschüren etc. in großen Stückzahlen kaufen kann, ebenso Blanko-Aufnahmeanträge für das F.P.C.C. etc.
Auch ein Porträt von Fidel, geeignet zum Rahmen, gäbe dem Ganzen einen willkommenen Anstrich.
Da ich arbeite, könnte ich das Büro natürlich nicht ständig beaufsichtigen, aber ich bin sicher, daß ich dafür Freiwillige gewinnen könnte.
Können Sie mir auch einige Ratschläge und Empfehlungen geben?
Ich behaupte nicht, daß dieses Projekt ein rauschender Erfolg wird, aber ich möchte alles versuchen, um mit einem Büro und Anschauungsmaterial die Leute von Ihren Zielen zu unterrichten. Da Sie, soviel ich weiß, die Begründer des F.P.C.C. sind, habe ich die Hoffnung, von Ihnen Nachricht zu erhalten.

Mit vorzüglicher Hochachtung
Lee H. Oswald (37)

Anfang Juni bekam er einen Brief vom Nationalen Führer des F.P.C.C., V.T. Lee, und hielt es gewiß für mehr als Zufall, daß der Nachname dieses Mannes mit seinem ersten Vornamen übereinstimmte. V. T. Lee riet ihm jedoch aus Vorsichtsgründen davon ab, ein Büro zu eröffnen. In diesem Frühsommer 1963 hätte sich das amerikanische Volk bei einer Umfrage wahrscheinlich zu 95 Prozent gegen Castro ausgesprochen, bzw. 95 von 100 Leuten hätten sich zumindest von einem Meinungsforscher nicht bei einer positiven Aussage über Castro erwischen lassen wollen. V.T. Lees Brief gibt einen kleinen Hinweis auf eine verbarrikadierte Denkart:

Lieber Freund,

Ihr Hilfsangebot, in New Orleans eine Ortsgruppe des F.P.C.C. aufzubauen, haben wir dankbar empfangen. Ich will versuchen, Ihnen zu schildern, was das mit sich bringt, da wir aus Erfahrung wissen, welche Opfer
denen abverlangt werden, die sich an unserer Sache beteiligen.

Sie müssen darauf gefaßt sein, daß Sie unter enormen Druck kommen
werden und nicht in derselben Weise wie wir hier im Nordosten operieren können. Selbst die meisten Ortsgruppen in den großen Städten waren gezwungen, den Gedanken an ein öffentliches Büro aufzugeben. Das
nationale Büro in New York ist heute das einzige im ganzen Land. Die
meisten Ortsgruppen sind dazu übergegangen, halb privat zu Hause zu
arbeiten und für alle Postsachen und öffentlichen Mitteilungen ein Postfach zu unterhalten. Wir haben es mit ernster und oft gewalttätiger Geg-
nerschaft zu tun, was zu vielen unnötigen Zwischenfällen führt, die potentielle Sympathisanten nur abschrecken. Ich möchte dringend davon
abraten, ein Büro zu eröffnen, zumal eines, das für die fanatisierte Meute
in Ihrer Stadt leicht auszumachen ist. Warten Sie erst einmal ab und sammeln Sie Erfahrungen in der Öffentlichkeit, wie Sie am besten in Ihrer
Stadt operieren können. Wir haben in den letzten drei Jahren durch einige bittere Erfahrungen eine Menge gelernt.

Wir hoffen, in dieser Beziehung bald von Ihnen zu hören und freuen uns
auf eine gute Arbeitskameradschaft in der Zukunft.

Mit brüderlichen Grüßen
V.T. Lee (38)

Oswald befolgte keinen dieser Ratschläge. Seine eigentliche Absicht war
schließlich nicht, eine funktionierende Zweigstelle des F.P.C.C. einzurich-
ten, sondern so schnell wie möglich eine Akte aufzubauen, die Castros
Funktionären Eindruck machen würde. Also mußte er zuerst einmal ein
Dossier mit offiziellen Schreiben des F.P.C.C. zusammenbekommen, denen
er dann solche Dokumente wie Handzettel und, noch wichtiger, neue Zeitungsausschnitte anfügen konnte. Dafür mußte er sich Aktionen ausden-
ken, die die Aufmerksamkeit der Medien auf sich ziehen würden. Ein erster
Schritt in dieser Richtung war, neben seiner eigenen Person noch weitere
Funktionäre der Ortsgruppe New Orleans des F.P.C.C. zu erschaffen:

Mr. Rankin: Sind die Worte »A.J. Hidell, Ortsgruppenpräsident« in Ihrer
Handschrift geschrieben?

Marina Oswald: Ja. Lee hat sie mir auf einem Stück Papier vorgeschrieben,

und ich mußte sie dann als Unterschrift auf diese Karte setzen. Er drohte, mich für den Fall meiner Weigerung zu schlagen. Ich sagte: »Du hast
dir diesen Namen ausgedacht, weil er ähnlich wie Fidel klingt«, und er
wurde rot und sagte: »Halt den Mund, das geht dich nichts an.«

Mr. Rankin: Gab es eine Diskussion darüber, wer dieser Hidell, dessen Unterschrift auf der Karte stand, überhaupt war?

Marina Oswald: Er sagte, daß es keinen Hidell gäbe, und ich verspottete ihn
und sagte, wie beschämend es doch sei, wenn jemand seinen guten Namen verleugne und einen anderen annehme, und er sagte: »Ich muß das
so machen, damit die Leute denken, daß hinter mir eine große Organisation steht.« (39) Nachdem er sich in die prokubanischen Aktivitäten eingelassen hatte, erhielt er einen Brief aus New York von einem kommunistischen Führer. Darüber war er sehr glücklich, denn er glaubte, daß ihm
ein bedeutender Mann geschrieben habe.

Sehen Sie, wenn ich ihn wegen dieser Geschichten aufgezogen habe, dann
sagte er, daß ich ihn nicht verstünde und daß hier der Beweis sei, daß es
Leute gebe, die auf seine Anliegen eingingen. (40)

Aus Marinas Erzählung: Um ehrlich zu sein, ich sympathisierte mit Kuba.
Ich hielt viel vom neuen Kuba, da ich in Rußland viele ausgezeichnete Filme über das neue Leben dort gesehen hatte. Ich hatte den Eindruck, daß
die Menschen zufrieden seien, und daß die Revolution vielen von ihnen
Arbeit, Land und ein besseres Leben als vorher gebracht habe. Als ich in
die Vereinigten Staaten kam, und die Leute mir erzählten, daß sie nichts
von Fidel Castro hielten, glaubte ich ihnen nicht.

Aber ich habe Lee nicht unterstützt, denn ich hielt ihn für zu unbedeutend, um sich so etwas aufzuladen. Er bildete sich ein, Großes zu voll-
bringen und Kuba zu helfen. Aber ich erkannte, daß er ganz allein da-
stand. Also, wozu das Ganze? Kuba würde es auch ohne Lee Oswald schaffen. Es wäre besser für ihn gewesen, wenn er sich um seine Familie
gekümmert hätte. (41)

Das kam davon, daß Marinas Großmutter ihr zu sagen pflegte: »Politik ist
Hundedreck!« Wie typisch russisch ist eine solche Haltung: mein Privatleben ist mein einziger Reichtum! In dieser Hinsicht hätte Oswald kaum eine Frau finden können, die schlechter zu ihm gepaßt hätte.

McMillan: Sie war überzeugt, daß er seine Familie, June und sie selbst, von
ganzem Herzen liebte, daß ihn aber seine hochfliegenden Vorstellungen,

die er von sich selbst entwickelt hatte, dazu zwangen, der Politik den Vorrang zu geben. Sie glaubte nicht, daß Lee ehrlich zu sich selbst war. Es drängte sie, ihm zuzurufen:»Warum quälst du uns so? Du glaubst ja selbst nicht einmal die Hälfte von dem, was du sagst.« (42)

Wieder einmal haben wir es mit seinem grundlegenden Dilemma zu tun: welcher seiner Hälften muß er treu sein – dem Drang nach Liebe oder dem Drang nach Macht und Ruhm? Sein unabdingbares Selbstvertrauen, zum großen Führer geschaffen zu sein, ist bis heute nicht ernst genug genommen worden. Wenn auch seine Lebensumstände armselig sind, und nur er selbst seiner Rolle Bedeutsamkeit beimißt, so kann er seinen Glauben an die Zukunft von Lee Harvey Oswald doch durch die Vertiefung in die Anonymität der frühen Jahre Lenins und Hitlers festigen. Also sind seine Ideen für ihn so real wie die Familie, die ihm in der Tat am Herzen liegt – auf seine Weise.
Öffentliche Ereignisse mögen dabei in die Waagschale fallen. Am 11. Juni fordert Kennedy im Fernsehen vor der Nation einen neuen Gesetzentwurf zu den Bürgerrechten ein, und am selben Abend wird Medgar Evers, die Gallionsfigur der National Association for the Advancement of Coloured People (NAACP), vor der Tür seines Hauses in Jackson, Mississippi, erschossen. Jackson ist nur 200 Meilen von New Orleans entfernt, und die Atmosphäre im tiefen Süden ist explosiv. Oswald könnte es als seine persönliche Pflicht und Schuldigkeit betrachtet haben, sich in diesen Hexenkessel zu begeben. Am 16. Juni, dem Tag nach Medgar Evers' Begräbnis, geht er zum Kai an der Dumaine Street, wo die »USS Wasp«, ein Flugzeugträger, festgemacht ist, und beginnt seine eben erhaltenen »Fair Play for Cuba«-Flugblätter zu verteilen. Hier ein Ausschnitt des Textes:
Am 16. Januar 1961 verhängte die US-Regierung ein Reiseverbot für US-Bürger nach Kuba. Zuwiderhandlungen können mit 5.000 Dollar Buße, fünf Jahren Gefängnis oder beidem geahndet werden... Als Grund gibt die Regierung in aller Unschuld an, daß das Reiseverbot im Interesse unseres Wohlergehens verhängt wurde...
Warum finden dann andere westliche Staaten wie Kanada, Mexiko, England, Frankreich, Westdeutschland etc., daß die Sicherheit ihrer Staatsangehörigen keine solchen Restriktionen erfordert?
Warum sind dann Reisen in *eingestandenermaßen* kommunistische Länder wie Polen, Jugoslawien und sogar die Sowjetunion nicht nur erlaubt, sondern sogar erwünscht?
Mit anderen Worten: WAS HAT DIE REGIERUNG ZU VERBERGEN?

Könnte es sein, daß die neuen Schulen, Häuser und Krankenhäuser im revolutionären Kuba in allzu krassem Kontrast zu jenem Kuba stehen, das den USA als Plantage diente und nun allzu schwer auf das amerikanische Gewissen drücken könnte? WIR BEHAUPTEN, DASS DIE WAHRHEIT ÜBER KUBA IN KUBA ZU FINDEN IST, UND DASS WIR DAS RECHT HABEN, SELBST HERAUSZUFINDEN UND ZU BEURTEILEN, WAS SICH DORT EREIGNET! (43)

Das Verteilen der Flugblätter zeitigte einige Konsequenzen.
Aus dem Bericht eines Special Agent des FBI vom 21. Juli 1963:
... Streifenbeamter Ray sah, wie dieser unbekannte männliche Weiße diese Flugblätter an US-Marinepersonal und Zivilisten, die die »USS Wasp« verließen, verteilte. Streifenbeamter Ray gab an, daß er diesen Mann darauf ansprach, ob er eine Genehmigung zur Verteilung der Flugblätter hätte. Der Mann erwiderte, daß er das Recht hätte, Flugblätter in jedem Bereich seiner Wahl zu verteilen. Streifenbeamter Ray gab an, daß er ihn darauf aufmerksam machte, daß die Kaianlagen und die Gebäude am Mississippi unter die Zuständigkeit der Hafenbehörde von New Orleans fielen. Der Mann berief sich weiterhin darauf, daß er von niemandem eine Genehmigung brauche, worauf ihn Streifenbeamter Ray aufmerksam machte, daß er ihn bei weiterer Weigerung, den Dumaine-Street-Kai zu verlassen, verhaften würde. Worauf fragliche Person den Kai verließ. Streifenbeamter Ray gibt an, daß er glaubt, das unbekannte Individuum sei Lee Harvey Oswald gewesen. (44)

Es ist nicht schwer, sich den unterschwelligen Druck dieser Konfrontation vorzustellen. Zu Hause mag er häufig hysterisch sein, aber auf der Straße ist er ein Musterbeispiel an Emotionslosigkeit: ruhig, geradlinig, mit gedämpfter Stimme, korrekt, aufrecht. Eben – sein eigenes Lieblingswort – stoisch. Es muß ihn eine Menge Mühe gekostet haben, seine Emotionen zu verbergen. Wie dem auch sei, er zieht Leine. In der kommenden Woche, am 24. Juni, wird er erfolgreich einen Reisepaß beantragen – die verspätete Belohnung für die Rückzahlung des Darlehens des State Department. Damit ist er in der Lage, die Vereinigten Staaten wieder zu verlassen, diesmal als politischer Hasardeur mit hohem Einsatz. Und abermals übermannt ihn die Angst:
McMillan: In einer Nacht Ende Juni erlitt er in Abständen von jeweils einer halben Stunde vier Angstanfälle, während derer er am ganzen Leib zitterte, ohne jedoch aufzuwachen. Wie während der Zeit, bis er zu dem Ent-

schluß kam, General Walker zu erschießen, schienen diese Anfälle Vorboten für eine peinigende Entscheidung zu sein. (45)

Am folgenden Abend sah er von seiner Lektüre auf, als er den Blick Marinas spürte:

McMillan: Sie sah die Traurigkeit in seinen Augen. Er legte das Buch weg und ging in die Küche. Als er nach einiger Zeit immer noch nicht zurückgekommen war, ging sie ebenfalls in die Küche. Lee saß im Dunkeln rittlings auf einem Stuhl, umklammerte mit Armen und Beinen die Lehne und starrte den Boden an. Marina nahm ihn in die Arme und spürte, wie er von Schluchzen erschüttert wurde.

Schließlich sagte sie: »Alles wird gut werden. Ich weiß es.«

Marina hielt ihn eine Weile im Arm, und schluchzend sagte er, daß er verloren sei. Er wüßte nicht mehr, was er tun solle. Dann endlich stand er auf und ging wieder ins Wohnimmer. (46)

Bei der Erinnerung an diese Nacht vor dreißig Jahren sagt sie, daß er ihr damals bestimmt von seinem Problem erzählt hätte, hätte sie ihn danach gefragt. Aber es sei besser gewesen, nicht daran zu rühren. Sie könne immer noch die ungeheure Bürde fühlen, die auf ihm lastete. Was es war, habe sie nicht gewußt. Es sei nur so traurig gewesen. Als sie beide ein bißchen Hunger verspürten, habe er ihr etwas von seinem Teller angeboten und sie ihm etwas von ihrem. »Heb es dir für später auf«, sagten sie beide.

In dieser Nacht waren sie einander so nahe.

McMillan: Plötzlich fragte er: »Möchtest du, daß ich mit dir nach Rußland gehe?«

»Du machst Witze.«

»Nein. Ich werde bei meinen Mädchen bleiben. Wir bleiben zusammen, du und ich und Junie und das neue Baby. Hier hält mich nichts mehr. Lieber habe ich weniger, brauche mir aber um die Zukunft keine Sorgen mehr zu machen.«

An diesem Wochenende des 29. und 30. Juni schrieb Marina ihren längsten, wärmsten und bisher einzigen freiwilligen Brief an Nikolai Resnitschenko, Leiter der konsularischen Abteilung der Sowjetischen Botschaft in Washington. (47)

Genosse Resnitschenko!

Ich erhielt zwei Schreiben von Ihnen, in denen Sie mich aufforderten, meine Gründe für die Rückkehr in die UdSSR anzugeben.

Gestatten Sie mir jedoch zuerst, mich für mein langes Schweigen zu entschuldigen und Ihnen für die wohlwollende Haltung der Botschaft zu danken. Die Gründe für mein Schweigen waren hauptsächlich familiäre »Probleme«, derentwegen ich auch in mein Heimatland zurückkehren möchte. Der Hauptgrund ist »natürlich« Heimweh, über das so viel gesprochen und geschrieben wird, dessen Bitterkeit jedoch erst der ermessen kann, der es selbst in der Fremde erleidet.

Zu meinen familiären »Problemen« rechne ich die Tatsache, daß meine Verwandten gegen meine Übersiedlung nach Amerika waren, und ich mich deshalb schämen würde, mich an sie zu wenden. Deshalb mußte ich alles noch einmal gründlich überdenken, bevor ich Ihre Briefe beantwortete.

In der Zwischenzeit hat sich die Situation insofern gebessert, als mein Mann den aufrichtigen Wunsch hat, mit mir in die UdSSR zurückzukehren. Ich bitte Sie dringend, ihm dabei zu helfen. Hier gibt es wenig, was uns ermutigt, und nichts, was uns hält. In Anbetracht meines jetzigen Zustands könnte ich noch längere Zeit nicht arbeiten, selbst wenn ich eine Beschäftigung finden würde. Und mein Mann ist arbeitslos. Für uns ist das Leben hier sehr schwer. Wir haben kein Geld für meinen Besuch der Botschaft, nicht einmal für das Krankenhaus und andere Ausgaben in Zusammenhang mit der Geburt unseres zweiten Kindes. Wir bitten Sie beide inständig um Ihre Unterstützung, damit wir in die UdSSR zurückkehren und dort arbeiten können.

In meinem Antrag habe ich nicht angegeben, wo ich in der Sowjetunion leben möchte. Bitte versuchen Sie, die Genehmigung für uns zu bekommen, in Leningrad zu leben, wo ich aufgewachsen und zur Schule gegangen bin. Ich habe dort eine Schwester und einen Bruder aus der zweiten Ehe meiner Mutter. Ich weiß, daß ich Ihnen nicht erklären muß, warum ich in eben dieser Stadt leben möchte. Die Gründe sprechen für sich. Wenn ich mir gestatte, diesen Wunsch zu äußern, soll das keine Schmälerung der Vorzüge aller unserer anderen Städte bedeuten.

Dies sind die Hauptgründe, warum ich und mein Mann in die UdSSR zurückkehren möchten. Bitte schlagen Sie uns diesen Wunsch nicht ab. Verhelfen Sie uns wieder zu unserem Glück, das wir durch eigene Torheit verloren haben. Es wäre schön, wenn auch mein zweites Kind in der UdSSR zur Welt käme.

Mit vorzüglicher Hochachtung
M. Oswald (48)

Am Morgen hatte er seine Meinung schon wieder geändert. Er hatte wieder aufgetankt. In seiner eigenen Mitteilung, die er Marinas Brief beifügte, schrieb er:

Dear Sirs,

bitte *beeilen Sie sich* mit dem Einreisevisum für die Rückkehr der Sowjetbürgerin Marina N. Oswald.

Sie wird ihr Baby im *Oktober* zur Welt bringen, deshalb müssen Sie vorher für das Einreisevisum wie für Reisearrangements sorgen.

Was mein eigenes Einreisevisum betrifft, behandeln Sie es bitte *gesondert.*

Mit bestem Dank
Lee H. Oswald (Ehemann von Marina Nikolajew) (49)

Er war die personifizierte Dialektik – welcher These in ihm wäre es nicht gelungen, ihre Antithese zu gebären? Schließlich ist es die Natur des Narzißten, im immerwährenden Dialog mit sich selbst eingekerkert zu sein. Die eine Hälfte des Ich reißt die Beweisführung eine Nacht an sich; die andere Hälfte übernimmt am nächsten Morgen.

6
Lügen werden wahr

Ruth Paine, die nichts von Oswalds Vorschlag einer Rückkehr der ganzen Familie nach Rußland wußte, schrieb Marina am 11. Juli auf russisch einen Brief, der auf ihrem früheren Angebot basierte, das sie dann doch nicht abgeschickt hatte:

Wenn Lee nicht mehr mit Ihnen leben und Sie in die Sowjetunion zurückschicken will, sollten Sie darüber nachdenken, ob Sie nicht bei mir leben wollen. Natürlich müßte ich Sie ein oder zwei Jahre unterstützen, solange die Babies noch klein sind, womit ich Sie aber keinesfalls beschämen will. Sie sind ein tüchtiges Mädchen. Nach einem oder zwei Jahren könnten Sie hier Arbeit finden.

Wie Sie wissen, haben mich meine Eltern lange finanziell unterstützt. Ich weiß also, wie es ist, »abhängig« zu sein. Es würde mich glücklich machen, Ihnen eine Tante sein zu dürfen. Und ich bin dazu in der Lage. Wir haben ausreichend Geld. Michael würde sich ebenfalls freuen. Er hat mir gerade 500 Dollar außer der Reihe für einen Urlaub oder zur Erfüllung irgendwelcher Sonderwünsche geschenkt. Mit diesem Geld könnten wir Arzt und Krankenhaus für die Entbindung im Oktober bezahlen. Vertrauen Sie auf Gott. Für Sie und die Kinder wird alles gut werden. Ich will Ihnen gestehen, daß ich glaube, daß Gott Sie mir geschickt hat. Auch wenn es nicht so sein sollte, glaube ich fest daran.

Marina, Sie müssen unbedingt Ende September zu mir kommen. Sie bleiben, solange Sie mögen. Zwei Monate oder zwei Jahre. Und wegen des Geldes machen Sie sich keine Sorgen.

Mit meiner Einladung möchte ich Lee keineswegs verletzen. Ich glaube nur, daß es besser wäre, daß Sie beide sich trennen, wenn er Sie nicht glücklich macht. Ich weiß, was in Michael vorgeht – er liebt mich nicht und möchte sich ein neues Leben mit einer anderen Frau aufbauen. Er muß wohl so handeln, und darum ist es für uns besser, wenn wir nicht zusammenleben. Ich wüßte gern, was Lees Empfindungen sind. Er hat es sicher auch sehr schwer. Ich hoffe, er ist froh darüber, daß Sie und die Kinder hier alles haben werden, so daß er sich keine Sorgen zu machen braucht. Dann könnte er sich auch ein neues Leben aufbauen.

Bitte schreiben Sie bald (50)

Als dieser Brief ankam, waren vielleicht zwei Wochen seit der Nacht vergangen, in der Lee sich in ihren Armen ausweinte, und zweifellos hatte sich die Windfahne ihrer Ehe wieder gedreht. Marina dürfte also das Angebot von Ruth zumindest erwogen haben.

Bald genug verdunkelten neue Wolken das Leben im Hause Oswald:

Mr. Le Blanc: Er stand einfach neben mir und schaute mir zu, so daß ich schließlich sagte: »Hast du alles geschmiert?« Er bejahte und blieb weiter schweigend bei mir stehen. Plötzlich fragte er: »Gefällt es dir hier?« Ich sagte: »Wie meinst du das?« Er wiederholte seine Frage, und ich sagte: »Klar gefällt es mir hier. Ich bin schon ungefähr achteinhalb Jahre hier.« Darauf sagte er: »Ich meine doch nicht diesen verdammten Job.« – »Was dann?« – »Dieses verdammte Land.« Ich sagte: »Das ist doch klar, ich liebe es. Schließlich ist es mein Land.« Er drehte sich um und ging. Er sagte nichts mehr. (51)

Mr. Liebeler: Verließ er seinen Arbeitsplatz im Lauf der Zeit immer häufiger?

Mr. Le Blanc: Gegen Ende war er praktisch regelmäßig verschwunden, und das war wohl der Grund, warum sie ihn entließen. Und dann hatte er noch diese Angewohnheit, jedesmal, wenn er an dir vorbeiging – wie ein Kind, das Cowboy spielt, richtete er seinen Finger auf dich und sagte: »Peng,

peng«. Ich habe ihn nur angeschaut und mir gedacht: »Mann, hat der einen Sprung in der Schüssel!« (52)

Am 17. Juli verlor er seinen Arbeitsplatz.

Mr. Alba: An seinem letzten Arbeitstag kam er in mein Büro und sagte: »Wir sehen uns noch.« Ich fragte: »Wo soll's denn hingehen?« Er sagte: »Dorthin, wo das Gold ist... Ich hab Ihnen doch erzählt, daß ich nach Michaud [das Luftfahrtzentrum der NASA] gehen werde. Jetzt habe ich Nachricht bekommen und nur noch einiges in der Kaffeefirma abwickeln müssen. Jetzt kann's losgehen.« (53)

Er hatte viele gedankenschwere Unterhaltungen mit Mr. Alba gehabt über gewichtige Themen wie die Tödlichkeit von Wunden und das richtige Gewehr. Er hätte den Teufel getan, ihm nun zu erzählen, daß er gefeuert worden war. Echte Trapper nehmen so voneinander in einer Aura der Verheißung Abschied – »dorthin, wo das Gold ist«.

McMillan: Am 17. Juli war Marinas 22. Geburtstag, und Lee hatte ihr ein besonders schönes Geschenk versprochen – ein Kleid oder ein Paar Schuhe. Er kam heim wie immer, hatte völlig vergessen, was für ein Tag es war. Beim Abendessen wirkte Marina griesgrämig, und er fragte nach dem Grund.

»Heute habe ich Geburtstag«, sagte sie.

Nach ein paar Minuten machte Lee den Vorschlag, auszugehen.

»Jetzt sind die Geschäfte sowieso zu«, sagte sie ohne große Begeisterung.

Sie gingen in den Drugstore gegenüber, wo er ihr ein Make-up und eine Cola kaufte.

Am nächsten Tag sagte er ihr, was passiert war. (54)

Nachdem er seinen Job in der Kaffeefirma verloren hatte, rasierte er sich an den Wochenenden nicht mehr. Manchmal auch an Werktagen nicht. Häufig putzte er sich die Zähne nur noch abends. Nach dem Aufstehen wusch er sich nicht einmal das Gesicht. Er saß drei Tage auf demselben Stuhl und faulte vor sich hin. Und eines Nachts begann er wieder im Schlaf zu sprechen.

McMillan: Wenn er ein Bad nahm, benutzte er nicht einmal mehr Seife. Er saß einfach teilnahmslos in der Wanne, bis ihn die Kälte zwang, sich wieder herauszubegeben. »Ich bin nicht schmutzig«, sagte er vor sich hin. Er rülpste beim Essen, ohne sich zu entschuldigen. Sein Atem wurde immer übelriechender, und Marina bat ihn inständig, sich die Zähne zu putzen, vor allem, wenn er sie küssen wollte. »Du bist meine Frau. Du hast mich so zu lieben, wie ich bin.« Er ging mit offenem Mund auf sie zu und hauchte sie so kräftig an, wie er nur konnte. (55)

Andererseits begann er über das zweite Kind zu sprechen, das im Oktober zur Welt kommen sollte. Er war nicht nur überzeugt, daß es diesmal ein Sohn sein würde, er wußte bereits genau, wie er ihn erziehen würde: *McMillan:* »Ich werde aus meinem Sohn einen Präsidenten machen.« Er hatte sich in dieser Art bereits vor der Geburt seines ersten Kindes geäußert, und noch einmal, bevor er versuchte, General Walker zu erschießen. Aber nun ging er noch einen Schritt weiter. Er sagte, daß er in zwanzig Jahren Präsident oder Premierminister sein würde. Es schien ihn nicht zu kümmern, daß es in Amerika keinen Premierminister gibt. (56) Offenbar dachte er an eine völlige Umkrempelung des Staatswesens.

Irgendwann Ende Juli schrieb Oswald dem F.P.C.C.-Hauptquartier in New York folgenden Brief:
Dear Mr. Lee,
ich war erfreut, Ihre Ratschläge betreffend meinen Versuch, eine F.P.C.C.-Ortsgruppe in New Orleans aufzubauen, zu erhalten. Ich hoffe, Sie mißbilligen meine Neuerungen nicht allzusehr, aber ich halte sie in diesem Raum für notwendig.
Ihrem Rat folgend habe ich ein Postfach gemietet (Nr. 30061).
Gegen Ihren Rat habe ich mich entschlossen, sofort ein Büro zu eröffnen. Wie Sie dem Rundschreiben entnehmen können, habe ich einen Schnellschuß gestartet, aber ich glaube, daß Sie das nicht überschätzen sollten; vielleicht erscheint Ihnen das Rundschreiben zu provokativ, aber ich möchte Aufmerksamkeit erregen, auch wenn es die der fanatisierten Randgruppen ist. Ich habe 2.000 Stück in Umlauf gebracht.
In jedem Fall werde ich Sie auf dem laufenden halten, und selbst, wenn das Büro nur einen Monat geöffnet sein würde, können sich mehr Leute über das F.P.C.C. informieren, als wenn es überhaupt kein Büro geben würde. (58)
Wie V.T. Lee der Warren-Kommission mitteilte, war er aufgrund dieses Briefes so bedient, daß er seine Korrespondenz mit Oswald abbrach:
Mr. Lee: Er war ohne Ermächtigung stur seinen eigenen Weg gegangen. Wenn jemand Ihnen schreibt und Sie um Unterstützung bittet, ist die erste Rekation: »Fabelhaft. Da gibt es einen neuen Kontakt in einem neuen Teil des Hinterlands, und – Donnerwetter! – hoffentlich wird es klappen.« Wenn jemand dann aber so losprescht und alle Verhaltensmaßregeln verletzt, die man ihm gibt, ist es eine Riesenenttäuschung, denn schließlich hatte man Hoffnungen in ihn gesetzt. Ganz klar ging dieser Mann nicht im offiziellen Auftrag der Organisation vor. (58)

Oswald war sich jedoch noch nicht bewußt, daß sein letzter Brief die Kontakte zerstört hatte:

Dear Mr. Lee,

bezüglich meiner Bemühungen, eine Ortsgruppe des F.P.C.C. in New Orleans zu errichten.

Wie geplant mietete ich ein Büro, das von den Vermietern nach drei Tagen prompt aus irgendwelchen obskuren Gründen geschlossen wurde; sie faselten etwas von Umbau und dgl.; ich bin sicher, daß Sie damit vertraut sind. Danach war ich über eine Postfachadresse tätig, und mit Straßendemonstrationen und Flugblättern konnte ich großes Interesse erregen, jedoch keine neuen Mitglieder werben.

Durch die Aktivitäten von exilkubanischen »Gusanos« wurde eine Straßendemonstration angegriffen, und wir wurden von der Polizei öffentlich verwarnt. Der Zwischenfall beraubte mich der Hilfe, die ich hatte, und nun bin ich auf mich allein gestellt.

Trotzdem wurden Tausende von Flugzetteln verteilt und viele, viele Broschüren, die mir Ihr Büro geliefert hat.

Wir konnten beim Einlaufen des Geschwaders eine Mahnwache besetzen, und ich war überrascht, wie viele Offiziere an unserem Schrifttum interessiert waren.

Nach wie vor erhalte ich über meine Postfachadresse Anfragen, die nach bestem Wissen zu beantworten ich bestrebt bleiben werde.

Mit bestem Dank
Lee H. Oswald (59)

McMillan: Der Brief trug das Datum vom 1. August, wurde am 4. August aufgegeben und enthält, abgesehen von dem Verweis bei der Mahnwache, den Vorfall, der anderthalb Monate vorher stattgefunden hatte, kein Körnchen Wahrheit.

Das Unheimliche ist, daß Lee am 5. August, einen Tag, nachdem er den Brief aufgegeben hatte, einige der Ereignisse, die er beschrieben hatte, anzuleiern begann. (60)

Die Essenz des Magischen beruht in dem Bewußtseinszustand, in dem Vergangenheit und Zukunft austauschbar erscheinen. In dieser primitiven Welt vermischen sich die Ereignisse des vergangenen Tages mit den Vorzeichen in den Träumen der letzten Nacht. Zu behaupten, daß man etwas getan habe, was noch nicht stattgefunden hat, ist darum der erste und wesentliche Schritt, die Zukunft zu formen. Aus Erscheinungen werden Ereignisse. Es

468

ist gleichsam, als ob die Zukunft nicht stattfinden könne, ohne a priori entworfen worden zu sein. Gott ersinnt die Welt, und dann erschafft er sie. Die kabbalistische Bedeutung ist, daß Gott die Welt, als Er über sie nachsann, bereits erschaffen hatte. (Der Rest sind Kleinigkeiten!)

Wiederholen wir einen Satz aus Oswalds Brief an V.T. Lee: »Durch die Aktivitäten von exilkubanischen ›Gusanos‹ wurde eine Straßendemonstration angegriffen, und wir wurden von der Polizei öffentlich verwarnt.« Das war am 1. August geschrieben worden.

Mr. Bringuier: Das erste Mal sah ich Lee Harvey Oswald am 5. August 1963, aber bevor wir über Oswald sprechen, möchte ich Ihnen meine Gefühle in diesem Moment schildern.

Mr. Liebeler: Das geht in Ordnung. Schießen Sie los.

Mr. Bringuier: Also, am 24. Juli 1962 führt meine Organisation, das Kubanische Studentendirektorium, in Havanna weitere Anschläge durch, und ein paar Tage später nimmt jemand vom FBI hier in New Orleans mit mir Fühlung auf – sein Name war Warren C. de Brueys. Es war in der Thompson Cafeteria. Als ich ihm sagte, daß ich zur Zeit der einzige vom Kubanischen Studentendirektorium hier in der Stadt sei, glaubte er mir nicht und wies mich darauf hin – ich zitiere: »Wir könnten Ihre Organisation infiltrieren und herausfinden, was Sie hier treiben.« Meine Antwort war: »Dann müssen Sie mich infiltrieren, denn ich bin der einzige.«

Nach diesem Gespräch war ich immer auf der Hut. Am 5. August also sprach ich mit einem jungen Amerikaner – sein Name ist Philip Geraci –, und fünf Minuten später kam Mr. Oswald herein, während ich Geraci erklärte, daß er zu jung sei, und daß ich ihm, wenn er Schrifttum gegen Castro verbreiten wolle, dieses Schrifttum geben könne, aber daß ich ihn nicht zum Kampf zulassen würde.

In diesem Moment mischt sich Oswald ein, stimmt mir zu und zeigt wirkliches Interesse am Kampf gegen Castro. Er wollte Broschüren auf englisch gegen Castro. Er sagte mir, daß er gegen Castro und den Kommunismus sei. Er sei im Marine Corps gewesen, im Guerillakrieg ausgebildet worden und bereit, Kubaner für den Kampf gegen Castro zu trainieren. Mehr noch, er sagte, daß er sich selbst beteiligen wolle. Ich lehnte sein Angebot ab. Ich sagte ihm, daß meine Aufgaben hier in New Orleans Propaganda und Information beträfen und nicht militärische Aktivitäten. Bevor er den Laden verließ, steckte er eine Hand in die Tasche und bot mir Geld an.

Mr. Liebeler: Oswald bot Ihnen Geld an?

Mr. Bringuier: Ja.

Mr. Liebeler: Und wieviel?

Mr. Bringuier: Weiß ich nicht. Er sagte: »Lassen Sie mich Ihre Gruppe wenigstens mit etwas Geld unterstützen«, aber zu diesem Zeitpunkt hatte ich vom Rathaus hier in New Orleans noch keine Genehmigung für Kollekten und sagte ihm, daß er das Geld direkt ans Hauptquartier überweisen könne. Ich gab ihm die Postfachnummer in Miami.« (61)

Der Halbwüchsige, Philip Geraci, den Bringuier als zu jung für den aktiven Kampf befunden hatte, liefert in seiner Aussage eine genauere Beschreibung des Gesprächs mit Oswald:

Mr. Geraci: Er war etwas nervös. Er fragte: »Ist das das kubanische Hauptquartier, das Hauptquartier der Exilkubaner?« Als Carlos bejahte, sagte Oswald etwas in der Art von: »Das ist aber eine aufregende Begegnung… jemand, der ein echter kubanischer Exilant ist, nein so was, jemand, der wirklich versucht, dem freien Kuba zu helfen…« Carlos ließ sich nicht auf eine große Unterhaltung ein, er mußte weg und ließ Oswald, mich und meinen Freund Vance allein.

Wir fragten ihn natürlich aus, denn wir waren ein bißchen am Guerillakrieg interessiert, und er sagte, daß er sich auf dem Sektor ein wenig auskenne. Ich erinnere mich, daß er sagte, um einen Zug zum Entgleisen zu bringen, müsse man eine Kette um eine Bahnschwelle wickeln und sie mit einem Vorhängeschloß sichern – dann würde der Zug entgleisen. Er sagte, am besten habe ihm gefallen, wie man die Huey P. Long Bridge sprengen könne. Er sagte, daß man an jedem Ende an der Böschung Sprengstoff anbringen und ihn zünden müsse, und daß dann nur ein Pfeiler stehenbleiben würde. Er erzählte auch, wie man zu Hause ein Gewehr zusammenbasteln und wie man Schießpulver herstellen könne, selbstgemachtes Schießpulver… Er ging nicht richtig ins Detail, und wir fragten ihn auch nicht. Carlos kam zurück und hörte zu, und damit war das Thema beendet.

Ach ja, da war noch was. Oswald sagte, daß er ein Handbuch der Marines hätte, und daß er es mir geben könne, und ich sagte: »Das müssen Sie nicht. Geben Sie es Carlos.« Er sagte, daß er es beim nächsten Mal mitbringen würde. (62)

Vier Tage später wird der Auftritt für Carlos Bringuier beträchtliche Bedeutung erhalten:

Mr. Bringuier: Am nächsten Tag, dem 6. August, war Oswald wieder in den Laden gekommen und hatte sein Handbuch meinem Schwager für mich hinterlassen. Ich fand es interessant und behielt es... Am 9. August kam ich um zwei Uhr nachmittags in den Laden zurück, und ein Freund kam und sagte, daß in der Canal Street ein junger Mann sei, der ein Schild mit der Aufschrift »Viva Fidel« trage.

Mit ein paar anderen zogen wir los, und ich war überrascht, als ich sah, daß dieser Bursche Lee Harvey Oswald war. Er war ebenso überrascht, als er mich erkannte, aber nur ein paar Sekunden. Er lächelte mich sofort an und wollte mir die Hand schütteln. Ich wurde noch wütender und fragte ihn, wie er die Unverschämtheit haben könne, so etwas zu tun. Er war ein Castro-Agent.

Das war Freitag so um drei Uhr, und viele Leute versammeln sich um uns, um zu sehen, was los ist. Ich beginne den Leuten zu erklären, was Oswald mit mir getrieben hat. Als Kubaner wollte ich den Kampf mit ihm nicht selbst auf mich nehmen, sondern die Amerikaner auf ihn hetzen. Ich sagte ihnen, daß er ein Castro-Agent sei, ein Kommunistenfreund, und daß er mit ihnen dasselbe vorhabe, was er mit uns in Kuba getan habe, sie zu töten und ihre Kinder an die Wand zu stellen. Das waren meine Sätze. Die Leute auf der Straße wurden wütend und begannen ihn zu beschimpfen: »Verräter! Kommunist! Geh nach Kuba! Schlagt ihn tot!« Sehr schlimme Sätze, schlimme Worte. (63)

In diesem Augenblick kam ein Polizist und forderte Bringuier auf, weiterzugehen:

Mr. Bringuier: Der Polizist sagte, daß ich Oswald seine gelben Flugblätter vom »Fair Play for Cuba«-Komitee, Abteilung New Orleans, austeilen lassen solle. Ich sagte dem Polizisten, daß ich Kubaner sei, ich erklärte ihm, was Oswald mit mir getrieben habe, und daß ich den Platz nicht eher verlassen würde, bevor Oswald gegangen sei, und daß ich Ärger machen würde.

Der Polizist ging, vermutlich, um die Zentrale anzurufen, und in diesem Moment nahm mein Freund Celso Oswald die Flugblätter ab, riß sie in Stücke und warf sie in die Luft. Eine Menge gelber Papierfetzen flog herum. Ich wurde noch wütender, nahm meine Brille ab, und ging auf ihn zu, um ihn zu verdreschen, aber als er merkte, was ich vorhatte, hielt er seine Arme gekreuzt nach unten, so [er demonstriert es].

Mr. Liebeler: Sie meinen, daß er seine Arme vor sich kreuzte?

Mr. Bringuier: Das ist richtig. Hielt mir sein Gesicht hin und sagte: »O.k., Carlos, wenn Sie mich schlagen wollen, schlagen Sie mich.«

Es war klar, daß er als Märtyrer erscheinen wollte, also beschloß ich, ihn nicht zu schlagen, und ein paar Sekunden später kam die Polizei. Wir wurden ins Erste Polizeirevier gebracht und alle in einen kleinen Raum gesteckt, und einige Polizisten begannen, Oswald zu befragen, ob er Kommunist sei. Oswald war in diesem Moment wirklich kaltblütig. Er beantwortete die Fragen, die er beantworten wollte, und er war nicht nervös, nicht außer Kontrolle, er wirkte sehr selbstsicher. (64)

Mr. Liebeler: Es scheint doch wohl ziemlich unwahrscheinlich, daß Oswald seine Flugblätter auf der Straße verteilte, wenn er wirklich versuchte, die Anti-Castro-Bewegung zu infiltrieren, oder?

Mr. Bringuier: Erinnern Sie sich bitte, daß das geschah, nachdem ich sein Angebot abgelehnt und ihm gesagt hatte, daß ich mit militärischen Aktivitäten nichts zu tun habe, nachdem ich ihm also praktisch einen Korb gegeben hatte. Er zeigte sein wahres Gesicht, nachdem er einen Korb bekommen hatte. (65)

Oswald landete am späten Freitagnachmittag im Gefängnis – nicht der geeignetste Zeitpunkt, um ihn wieder herauszubekommen. Dutz Murret war für drei Tage bei religiösen Exerzitien, Lillian Murrett lag wegen einer Augenoperation im Krankenhaus, und der einzige Mensch, der ihm helfen konnte, was seine Cousine Joyce Murret O'Brien, eine von Lillians Töchtern. Sie schaffte es nicht, ihn am Freitagabend freizubekommen, aber sie hielt sich lange genug im Gefängnis auf, um den Beamten zu erzählen, daß Lee Harvey Oswald in Rußland gewesen war.

Mrs. Murret: Sie erzählte mir, daß sie mit diesem Beamten gesprochen habe, und daß der Mann gesagt habe, sie solle nicht so dumm sein, eine Kaution zu stellen, weil sie das Geld möglicherweise nicht zurückkriegen würde. Der Beamte zeigte ihr das Schild, das Oswald getragen hatte, »Viva El Castro«. Als Joyce es sah, sagte sie: »Mein Gott, wenn er so einer ist, dann werde ich ihn hier nicht herausholen. Angeblich hält er sich hier auf, um sich nach einem Job umzuschauen, und dann tut er so etwas.« (66)

Am nächsten Morgen stand Oswald im Mittelpunkt der Aufmerksamkeit. Was gleichbedeutend damit ist, daß er ruhig und kaltblütig war. Der Beamte, der ihn befragte, war Lieutenant Francis Martello von der Intelligence Division der Polizei von New Orleans, der darüber einen Bericht verfaßte.

… ich fragte ihn, ob er Kommunist sei, und er verneinte. Ich fragte ihn, ob er Sozialist sei, und er sagte: »Schuldig.« Wir sprachen dann ausführlich über die kommunistische und sozialistische Philosophie und über Amerika. Er sagte, daß er voll mit dem Buch »Das Kapital« von Karl Marx übereinstimme. Ich weiß, daß dieses Buch die amerikanische Staatsform

in ihrer Gesamtheit verurteilt. Ich fragte ihn, ob er glaube, daß die kommunistische Lebensform besser sei als die amerikanische, und er antwortete, daß es in Rußland keinen wirklichen Kommunismus gebe. Er sagte, daß Marx nicht Kommunist, sondern Sozialist gewesen sei. Er sagte, daß er sich aus diesem Grund nicht als Kommunisten betrachte. Ich fragte ihn, was seine Meinung über die Form des Kommunismus in Rußland sei, da er doch dort gelebt habe, und er sagte:»Es hat gestunken.« Er sagte, daß es »dort genau dieselben fetten, stinkenden Politiker wie hier gäbe«.
Ich fragte ihn, was er über Präsident John F. Kennedy und Nikita Chruschtschow denke. Er sagte, daß er finde, daß sie recht gut miteinander zurechtkämen. Ich fragte ihn, welche Seite er wählen würde, wenn er sich zwischen Rußland und Amerika zu entscheiden hätte, und er sagte: »Ich würde meine Loyalität der Demokratie zu Füßen legen.« (67)

Mr. Liebeler: In Ihrem Memorandum steht, daß Sie Oswald fragten, was er von Präsident Kennedy und Premierminister Chruschtschow halte.
Mr. Martello: Alle seine Gedanken schienen in Richtung der sozialistischen oder russischen Lebensform zu gehen, aber ich bekam aus der Art, wie er sprach, den Eindruck, daß er den Präsidenten mochte, oder daß er zumindest gegen den Präsidenten weniger Abneigung hatte als gegen Chruschtschow. Er war von dieser seltsamen Sorte, die mir unter Demonstranten während meiner zweijährigen Tätigkeit in der Intelligence Division öfter untergekommen ist. Sie schienen auf der Suche nach sich selbst oder nach irgend etwas. Ich bin auf diesem Gebiet kein Experte und maße mir auch keine diesbezügliche Kompetenz an, aber bei ziemlich vielen von ihnen konnte man nach längeren Gesprächen auf das seltsame Phänomen stoßen, daß ihr Denken keinen logischen Zusammenhang mit ihren Schachzügen und Aktionen hatte. (68)

Oswald dürstet es nach Auseinandersetzung. Er möchte sich als einzigartige Figur auf der politischen, gesellschaftlichen und polizeilichen Bühne von New Orleans etablieren. Nach dem Adrenalinstoß, den ihm das Gespräch mit Lieutenant Marcello besorgt hat, wünscht er, einen FBI-Mann zu sprechen. Er ist bereit, bis zum letzten zu gehen – also warum seinen Scharfsinn nicht an einem FBI-Mann testen? Wenn wir einen gewissen Selbsterhaltungstrieb nicht ausschließen, müssen wir ihm auch die Angst zubilligen – zumal gemessen an der Virulenz der örtlichen Ressentiments gegen Castro –, daß er in diesem Gefängnis zusammengeschlagen und/oder vergewaltigt werden könnte; angesichts der Wankelmütigkeit seiner Cousine Joyce ist es denkbar, daß er noch eine weitere Nacht im Gefängnis zubringen muß. Daß er nach einem FBI-Mann verlangt, könnte dem Gefängnispersonal und den Gefängnisinsassen doch zu denken geben, wie sie mit ihm umzugehen haben.

Die Aussage des Special Agent John Quigley ist ein Musterbeispiel dafür, wie das FBI einen ungewöhnlichen auf einen ganz gewöhnlichen Vorfall herunterspielen kann:

Mr. Quigley: An einem bestimmten Punkt des Gesprächs sagte er mir, daß eines der Treffen des »Fair Play for Cuba«-Komitees bei ihm zu Hause stattgefunden habe. Ich fragte ihn: »Wie sind Sie mit den anderen Leuten in Kontakt gekommen?« – »Also darüber möchte ich mich nicht auslassen.« – »Wer waren die Personen, die an diesem Treffen teilnahmen?« »Keine Ahnung.« – »Wissen Sie wenigstens einige Namen?« – »Ja. Sie wurden mir mit ihren Vornamen vorgestellt.« – »Und wie lauteten diese Vornamen?« – »Kann ich mich nicht erinnern.« Es war mir also klar, daß er überhaupt nichts ausspucken würde. Ich fragte ihn zum Beispiel über A. J. Hidell. »Tja, Mr. Hidell hatte Telefon.« – »Und wie war seine Nummer?« »Mr. Hidells Telefon wurde gesperrt.« – »Und wie lautete die Nummer?« »Ich kann mich nicht mehr erinnern.« (69)

Mr. Stern: Ist es üblich, oder ist es Ihnen schon früher passiert, daß jemand um ein Gespräch bittet und sich dann weigert, Ihre Fragen zu beantworten? Kam Ihnen das nicht merkwürdig vor?

Mr. Quigley: Nicht unbedingt; nicht unbedingt. Häufig haben Leute ein Problem und möchten mit einem FBI-Agenten sprechen und ihm ihr Problem auseinandersetzen, aber sobald man zu sondieren beginnt, rücken sie nicht damit heraus. Ich glaube, daß das einfach in der menschlichen Natur liegt. Wenn man zu tief nachbohrt, wird es etwas heikel.« (70)

Als Joyce ohne Lee zurückkam, rief Lillian Murret einen Freund der Familie an, Emile Bruneau, ein hohes Tier im staatlichen Boxverband, der für Oswald eine Kaution hinterlegte und ihn bis zur Verhandlung am Montag, dem 12. August, freibekam. Lee kam am späten Samstagvormittag aus dem Gefängnis zu Hause an.

Marina war Freitagnacht erst um drei Uhr früh in Schlaf gefallen, aber sie hatte nicht dieses Angstgefühl gehabt wie am Abend des 10. April in Dallas. Hier in der Magazine Street war sein Gewehr nach wie vor im Schrank, also schloß sie messerscharf, daß er wegen der Verbreitung seiner Pamphlete verhaftet worden war.

McMillan: Lee erschien zu Hause mit der Allüre eines Taugenichts, schmutzig, zerzaust, unrasiert, mit lustvoll blitzenden Augen und ganz und gar aufgeräumt. »Ich war im Polizeigefängnis.«

»Das dachte ich mir«, sagte Marina. »So weit hat es ja kommen müssen.« Sie wollte wissen, wo er geschlafen habe. Er erklärte ihr, daß auf den Pritschen keine Matratzen waren, und daß er sich deshalb völlig ausgezogen habe, um eine Unterlage zu haben.

»Du hast ohne Hose geschlafen?«

»Es war heiß. Und es waren bloß Männer da, also was soll's. Wenn es ihnen nicht gepaßt haben sollte, hätten sie mich ja früher rauslassen können.« (71)

Oswald hatte seine Hose ausgezogen und sich einen Dreck darum geschert, was die ausgehungerten Knastis für Überlegungen über seinen Arsch anstellten. Das behauptete er jedenfalls. Wir aber wissen, daß er es besser wußte. Man zieht seine Hose bei einem »one-night-stand« für eine Nacht im Gefängnis nicht freiwillig aus.

McMillan: An diesem Abend kam Dutz Murret von seinen Exerzitien nach Hause und ging sofort zu den Oswalds. Er bemerkte mit Abscheu, daß Castros Foto an die Wand gepinnt war, und fragte Lee geradeheraus, ob er Mitglied einer kommunistischen Gruppe sei. Lee verneinte das. Dutz sagte ihm unmißverständlich, daß er am nächsten Tag vor Gericht zu erscheinen habe und sich danach schleunigst einen Job beschaffen solle, um für seine Familie sorgen zu können. (72)

Mr. Bringuier: Am 12. August erschienen wir vor der Zweiten Kammer des Amtsgerichts in New Orleans. Ich kam mit meinen Freunden als erster, es waren auch noch andere Kubaner da, und dann sah ich Oswald hereinkommen. Sehen Sie, in diesem Gerichtssaal gibt es zwei Seiten, eine für die Weißen und eine für die Farbigen. Und er setzte sich mitten unter die Farbigen, und das machte mich auch wütend, denn ich erkannte, daß er versuchte, die Farbigen auf seine Seite zu bringen. Als er aufgerufen wurde, verteidigte er Fidel Castro und die »Fair Play for Cuba«-Aktion, und die Farbigen sympathisierten mit ihm, und das war für seine Sache natürlich eine ungeheure Propaganda. Das war eine der Geschichten, die mich zu der Überzeugung brachten, daß er ein ausgekochter Bursche sei und kein Verrückter. (73)

Oswald bekannte sich »öffentlicher Ruhestörung« für schuldig, bezahlte eine Geldstrafe von 10 Dollar und ging. Sein Coup, sich zwischen die

Schwarzen zu setzen, mochte seinen Verdruß über die Geldstrafe ausgleichen, aber seine Gefühle für die Schwarzen könnten ebensogut aufrichtig gewesen sein. Überdies war es kaum eine billige Geste. Es waren erst zwei Monate vergangen, seit Medgar Evers in Mississippi niedergeschossen worden war.

War sich Oswald nicht der Ironie bewußt, daß Emile Bruneau, ein hochkarätiger Spieler, ihn aus dem Gefängnis geholt hatte? Passend war es jedenfalls. Er hatte sein ganzes Leben mit dem höchsten persönlichen Einsatz gepokert. Wie seine Zockbrüder hatte er Glückssträhnen, und zweifellos glaubte er, daß man das Glück am Schopf packen und mit den Gewinnen den Einsatz verdoppeln müsse. Nachdem seine Verhaftung ihn als Fürsprecher für Castros Kuba beglaubigt hatte, war es nun an der Zeit, die Medien zu erobern.

McMillan: Am Freitag, dem 16. August, wartete Lee mit ungewohnter Geduld, bis Marina sein Lieblingshemd gebügelt hatte. Er hatte bereits die lokalen Fernsehstationen angerufen und ihnen mitgeteilt, daß an diesem Tag eine »Fair Play for Cuba«-Demonstration vor dem Trade-Mart-Gebäude im Zentrum stattfinden würde.

Lee warb zwei Neulinge an, die ihm halfen, seine Flugblätter zu verteilen. Die fünfzehn- oder zwanzigminütige Demonstration verlief ohne Zwischenfälle, und ein Ausschnitt wurde am Abend in den Fernsehnachrichten gesendet. (74)

Die Medien stellten sich um acht Uhr am nächsten Morgen ein, in Gestalt eines dürren, bärtigen Mannes namens William Kirk Stuckey, der auf WDSU das Radioprogramm »Latin Listening Post« moderierte.

7

Fair Play

Mr. Stuckey: Ich ging schon früh hin, denn ich wollte ihn unbedingt erwischen, bevor er wegging. Es war ein Samstag. Ich klopfte, und dieser junge Bursche kam heraus. Er war ohne Hemd und trug eine Militär-Unterhose. Ich fragte: »Sind Sie Lee Oswald?« Er sagte: »Ja.« Ich stellte mich vor und erklärte ihm, daß ich ihn gerne in meiner Abendsendung hätte. (75) Oswald zeigte ihm eine Übersetzung einer Rede Fidel Castros und einen Essay von Sartre, »Materialismus und Revolution«.

Mr. Stuckey: Ich fragte ihn nach der Anzahl der Mitglieder seiner Organisation, und ich weiß nicht, warum, aber ich habe die Zahl 12 oder 13 im Kopf. (76)

Oswald und die zwölf Jünger. In seinem ideologischen Wahn von welterschütternden Taten hält er es für selbstverständlich, Parallelen zu wem auch immer zu ziehen – ob es sich nun um Hitler oder um Jesus handelt.

Mr. Jenner: Schildern Sie bitte so genau wie möglich, was er bei diesem Besuch sagte.

Mr. Stuckey: Er bestand vehement darauf, daß er nicht der Präsident sei, sondern der Sekretär, und er zeigte mir die Karte, wonach der Präsident ein Herr namens Hidell war. Er schien mir ein sehr logischer, intelligenter Bursche, das einzig Merkwürdige an ihm war seine Organisation. Irgendwie schien er nicht dazu zu passen. Ich hatte mit einem Bardentyp mit Bart und Sandalen gerechnet, statt dessen stand ein adretter und sauberer Bursche vor mir. Er wählte seine Worte mit Bedacht und hatte sich vollkommen unter Kontrolle. Er war die Sorte Mensch, die Vertrauen einflößt.

Ich bat ihn, gegen fünf Uhr nachmittags zu mir in den Sender zu kommen, und er war damit einverstanden, daß das Interview vor der Sendung aufgezeichnet würde.

Mr. Jenner: Warum das?

Mr. Stuckey: Um Fehler und Mißgeschicke zu vermeiden. Eine Live-Sendung ist eine riskante Sache. Und bei einem Vertreter des Komitees »Fair Play for Cuba« möchte man schon wissen, was man da in den Äther schickt. (77)

Der folgende Auszug stammt aus dem 37 Minuten langen Interview. Diese Passage und die Diskussion mit Anti-Castro-Vertretern einige Tage später sind zwei besonders gute Beispiele für seine rhetorischen Fähigkeiten. Wäre er nicht dyslektisch gewesen, hätte er sehr wahrscheinlich mindestens ebenso gut geschrieben wie gesprochen – keine schlechte Bilanz für einen 23jährigen Polemiker.

STUCKEY: Wir begrüßen heute abend einen Vertreter der wahrscheinlich widersprüchlichsten Organisation, die sich für die kubanischen Belange engagiert, das Komitee »Fair Play for Cuba«. Bei mir ist Lee Oswald, der Sekretär der Ortsgruppe New Orleans. Diese Organisation steht schon seit langem auf der Schwarzen Liste des Justizministeriums und gilt allgemein als die führende Pro-Castro-Kolonne der Nation. Als Reporter für lateinamerikanische Angelegenheiten in dieser Stadt bin ich schon lange auf der Suche nach einem Vertreter dieser Gruppe. Aber erst in der vergangenen Woche zeigte sich einer in der Öffentlichkeit: der junge Lee Oswald, der verhaftet und verurteilt wurde, weil er die öffentliche Ordnung gestört hatte. Er hatte Pro-Castro-Flugblätter verteilt und war von gewalttätigen kubanischen Anti-Castro-Flüchtlingen angegriffen worden. Schließlich konnten wir Mr. Oswald aufspüren und er war bereit, der »Latin Listening Post« Rede und Antwort zu stehen, auch um, wie er freimütig sagte, Mitglieder zu werben. Da wir wissen, daß Mr. Oswald über beachtliche dialektische Fähigkeiten verfügt, denn sonst wäre er nicht in dieses Amt berufen worden, wollen wir nun mit der Befragung von Mr. Oswald beginnen. (78)

Oswald muß sich im siebten Himmel gefühlt haben. Aber jetzt geht es nicht mehr um Petitessen, und sein Gastgeber geht rasch zum Angriff über:

STUCKEY Mr. Oswald, viele Kommentatoren dieses Landes vergleichen das Komitee »Fair Play for Cuba« mit der kommunistischen Partei Amerikas. Wie denken Sie darüber und sind Sie Mitglied dieser Partei?
OSWALD: Nun, das Komitee »Fair Play for Cuba« mit seiner Zentrale in New York, 799 Broadway, wird von den Unterausschüssen des Senats, die sich mit derlei Dingen befassen, schon lange beobachtet. Sie versuchen, unserer Organisation auf dem Umweg über Steuern, Unterstellung von Umsturzplänen und Staatstreue beizukommen und allgemein festzustellen, wo, wie und warum es uns gibt. Sie haben absolut nichts gefunden, was uns mit der kommunistischen Partei der Vereinigten Staaten in Verbindung bringen könnte. Bezüglich Ihrer Frage, ob ich selbst Kommunist bin, gehöre ich, wie ich schon sagte, keiner anderen Organisation an.
STUCKEY: Ist Ihre Gruppe der Überzeugung, daß Castro nicht ein Vorposten für eine sowjetische Kolonialisierung der westlichen Welt ist?
OSWALD: Castro ist eindeutig ein unabhängiger Führer eines unabhängigen Landes. Er ist der Sowjetunion verbunden, was nicht bedeutet, daß von Rußland abhängig ist. Er pflegt Handelsbeziehungen mit vielen Ländern, einschließlich Großbritannien und Frankreich und gewissen anderen Mächten der westlichen Welt. Es bestehen sogar Handelsbeziehungen zu verschiedenen weiterentwickelten afrikanischen Staaten, so daß man Castro nicht als russische Marionette bezeichnen kann. Ich glaube, das zeigte die Oktoberkrise sehr genau, als Castro Premier Chruschtschow die Inspektion seiner Raketenbasen auf Kuba verweigerte.

STUCKEY: Glauben Sie, daß das Komitee »Fair Play for Cuba« die Unterstützung Castros aufrechterhalten würde, wenn die Sowjetunion die Beziehungen zu dem Regime auf Kuba abbräche?

OSWALD: Wir unterstützen nicht den Mann, wir unterstützen nicht die Person. Wir unterstützen die Idee einer unabhängigen Revolution, frei von amerikanischer Einmischung, in der westlichen Welt. Wenn das kubanische Volk Castro ausschaltet, oder wenn sich erweist, daß er seine eigene Revolution verraten hat, dann hätte das keinen Einfluß auf das Komitee.

STUCKEY: Sind Sie der Meinung, daß das Castro-Regime ein kommunistisches Regime ist?

OSWALD: Sie sagen von ihrem Land, daß es marxistisch ist. Andererseits gilt das auch für Ghana und andere afrikanische Staaten. Jedes Land, das sich von feudalistischen Formen befreit, wie auch Kuba, experimentiert zunächst mit dem Sozialismus oder dem Marxismus. Aus diesem Grund hat Großbritannien ein verstaatlichtes Gesundheitswesen. Zum jetzigen Zeitpunkt kann man nicht sagen, daß Castro Kommunist ist, denn er hat sein Land und sein System noch nicht so weit entwickelt. Er hatte noch gar keine Chance, Kommunist zu werden. Er experimentiert, er versucht, den besten Weg für sein Land zu finden. Wenn er sich für einen sozialistischen, marxistischen oder kommunistischen Weg entscheidet, ist es ausschließlich Sache des kubanischen Volkes, ihm zu folgen. Uns steht ein Urteil nicht zu.

STUCKEY: Mr. Oswald, spielt es für Sie eine Rolle, ob die Aktivitäten der Ortsgruppe des Komitees »Fair Play for Cuba« der kommunistischen Partei oder den Zielen des internationalen Kommunismus dienlich sind?

OSWALD: Ich nehme an, Sie würden so etwas als eine Frage mit Haken und Ösen bezeichnen. Ich werde dennoch versuchen, sie zu beantworten. Es steht im Gegensatz zu meinen Idealen, meinen persönlichen Idealen, den Kommunismus zu unterstützen. Es steht im Gegensatz zu den Idealen des Komitees »Fair Play for Cuba«, den internationalen Kommunismus zu unterstützen. Dieses Problem tangiert uns nicht. Uns beschäftigt das Problem Kuba. Wir sind der festen Überzeugung, daß unsere Unterstützung von Kuba, daß unsere Pro-Castro-Ideale nicht im Gegensatz zu dem Glauben an die Demokratie stehen. Ganz im Gegenteil. (79)

Sie begannen, über andere lateinamerikanische Länder zu sprechen. Oswald bemerkte: »Wer ist in der Lage, einen Amtsträger oder eine andere Person aufzutreiben, der über Lateinamerika Bescheid weiß, und der zu sagen wagt, daß Nicaragua keine Diktatur ist?« Sie hatten den Knackpunkt der Diskussion erreicht. Stuckey könnte geglaubt haben, daß Oswald jetzt ins Schleudern geraten würde:

STUCKEY: Sehr interessant. Wir hören seit Jahren von diesen Diktaturen, aber für mich ist es eigenartig, daß allein im letzten Jahr kein Flüchtling aus Nicaragua in die Vereinigten Staaten kam, während wir aus Kuba 50.000 bis 60.000 registrierten. Wie lautet die offizielle Stellungnahme des Komitees »Fair Play for Cuba«?

OSWALD: Gute Frage. Die Situation in Nicaragua unterscheidet sich erheblich von der in Castros Kuba. Die Menschen neigen nicht zur Flucht aus ihrer Heimat, es sei denn, ein neues System, neue Faktoren werden ihnen aufgezwungen. Und das ist in Nicaragua seit ungefähr 300 Jahren definitiv nicht der Fall, die Menschen leben dort schon immer so. Wir haben es in Nicaragua mit einer feudalen Diktatur zu tun, bei der 90 Prozent der Bevölkerung in der Landwirtschaft tätig sind. Diese Bauern haben keinerlei Ausbildung. Sie haben einen der niedrigsten Lebensstandards der westlichen Hemisphäre, und da es keinerlei Befreiungsgedanken gibt, bleiben sie, wo sie sind. Die Menschen, die aus Kuba flüchteten, stellen uns vor eine interessante Situation. Unbestritten, es sind unter ihnen Verbrecher, die in Kuba wegen Verbrechen gegen die Menschlichkeit gesucht werden und die sich hier in New Orleans mit Blutgeld etabliert haben. Solche Leute würden wohl ungern nach Kuba zurückkehren. Es gibt noch andere Klassen, zum Beispiel Bauern, denen die Kollektivierung der kubanischen Landwirtschaft nicht paßt. Die meisten dieser Menschen dürfen Kuba mit einem Ausreisevisum verlassen. Dann gibt es Menschen, die ein solches Visum aus irgendwelchen Gründen nicht beantragen wollen, oder die befürchten, keines zu erhalten. Sie fliehen in Booten und auf jede erdenkliche Weise, und ich denke, die Haltung der kubanischen Regierung ist die: nicht schade drum.

STUCKEY: Was Sie da sagen, Mr. Oswald, ist für mich sehr interessant. Als Berichterstatter auf diesem Gebiet befrage ich nun seit etwa drei Jahren Flüchtlinge, und ich würde sagen, daß der letzte Batista-Anhänger Kuba vor zweieinhalb Jahren verließ, während die anderen, mit denen ich mich unterhielt, Taxifahrer, Arbeiter, Zuckerrohrhauer und dergleichen waren. Ich dachte, die Revolution sollte genau diesen Leuten dienen.

OSWALD: Wissen Sie, mit Revolutionen ist das so eine Sache. Revolutionen bedeuten Arbeit, Opfer, und die kubanischen Flüchtlinge wollten sich darauf nicht einlassen. Diese Leute haben keine Schulbildung. Diese Leute wollen sich nicht von jungen Menschen ausbilden lassen, sie haben

480

Angst vor dem Alphabet, sie haben Angst vor allem Neuen in ihrem Land, sie haben Angst, daß sie durch die Kollektivierung etwas verlieren. Sie haben Angst, daß sie durch den Verlust der Zuckerrohr-Monokultur und den Übergang zu anderen Produkten etwas verlieren. Diese Leute konnten sich nicht umstellen.

STUCKEY: Sie erwähnen die Zuckerrohrplantagen. Die meisten der Kubaner, mit denen ich gesprochen habe und die in der Landwirtschaft arbeiteten, besaßen auch nicht einen einzigen Quadratmeter Grund, sie waren Zuckerrohrhauer. (80)

Auch wenn Stuckey hier Punkte sammeln konnte, läßt das Oswald ziemlich kalt. Er hat Anlagen, reflexhaft zu debattieren, die eines Richard Nixon würdig wären – er produziert eine Weile heiße Luft, sammelt seine Argumente und läßt sie dann vom Stapel:

OSWALD: Das ist korrekt, das sind die Leute, die vor dem Castro-Regime fliehen. Das ist völlig korrekt, Sir. Es ist ja so wahr, und ich bin froh, daß Sie dieses Thema angeschnitten haben. Sehen Sie, diese Leute arbeiteten für die United Fruit Company oder andere amerikanische Firmen, die in Kuba Zucker oder Öl raffinieren. Sie waren Saisonarbeiter. Sie besaßen nichts. Nun haben sie das Gefühl, daß man ihnen das Recht genommen hat, nur fünf Monate im Jahr zu arbeiten. Sie glauben, daß sie nun das ganze Jahr über arbeiten müssen, daß man sie ihrer Freiheit beraubt hat. Was sie nicht begreifen, ist, daß man ihnen das Recht geraubt hat, ausgebeutet und betrogen zu werden. Natürlich müssen sie jetzt teilen. Jeder bekommt den gleichen Anteil. Das ist Kollektivierung, und für Menschen, die die Blutsauger-Ökonomie bevorzugen, ist das einfach hart. (81)

Mr. Jenner: Erzählen Sie uns etwas über die Sendung.

Mr. Stuckey: Wie ich schon sagte, das gesamte Interview dauerte 37 Minuten. Er schien sehr zufrieden damit. Wir haben es dann in seiner Gegenwart zusammengeschnitten und planmäßig gesendet.

Mr. Jenner: Auf wie viele Minuten haben Sie es eingeschrumpft?

Mr. Stuckey: Auf genau viereinhalb Minuten.

Mr. Jenner: War das Ihr letzter Kontakt mit Mr. Oswald?

Mr. Stuckey: Nein. ... Der Programmdirektor machte den Vorschlag, eine zweite Sendung mit einer Diskussionsrunde vorzubereiten, in der einige hiesige Antikommunisten seine Argumente zerpflücken sollten.

Also habe ich meine Diskussionsrunde zusammengestellt. Ich entschied mich für Mr. S. Butler, dem Executive Director des Information Council of the Americas in New Orleans, eine antikommunistische Propaganda-organisation. Dann noch Mr. Carlos Bringuier, um ein wenig kubanischen Touch beizusteuern.

Als mich Oswald anrief, sagte ich ihm, daß wir die Show veranstalten würden, und ob er Interesse hätte teilzunehmen, und er sagte, selbstverständlich, und außerdem: »Gegen wie viele muß ich antreten?«(82)

Lee ist davon überzeugt, daß er tatsächlich so gut ist, wie er sich selber sieht, seit er im Marine Corps bei politischen Diskussionen das große Wort geführt hat. Natürlich liegt er bei der Einschätzung der Machtmaschine, gegen die er ankämpft, total falsch.

McMillan: Stuckey wurde an diesem Tag mit einem leitenden Beamten des FBI-Büros in New Orleans verbunden, der ihm telefonisch Einzelheiten aus Oswalds Akte durchgab, einschließlich der Tatsache, daß er in Rußland gewesen war, versucht hatte, seine amerikanische Staatsbürgerschaft aufzugeben und mit einer Russin verheiratet ist. Stuckey durfte Einsicht in die Akte nehmen. (83)

Mr. Jenner: Als er am Mittwoch um 17:30 Uhr eintraf, wußte er davon nichts?

Mr. Stuckey: Er wußte nichts. Tagsüber hat mich Mr. Butler angerufen und mir erzählt, daß er dieselben Tatsachen herausgefunden habe, wobei seine Quelle wahrscheinlich das House Un-American Activities Committee war, und wir kamen überein, diese Informationen während des Programms zu präsentieren.

Mr. Jenner: Sie wollten eine Bombe platzen lassen?

Mr. Stuckey: Genau. Ich kam gegen 17:30 Uhr allein im Studio an. Oswald erschien in einem schweren, grauen Flanellanzug, und das im August in New Orleans, bei dieser extremen Hitze. Aber er trug diesen wuchtigen, schlecht geschnittenen Anzug, und man sah ihm an, wie heiß ihm war und wie unwohl er sich fühlte. Er hatte ein schwarzes Notizbuch mit losen Blättern bei sich. Dann kamen Mr. Butler und Mr. Bringuier. Beide brachten stapelweise Material und Statistiken mit.

Nach den einleitenden Worten gingen sie sofort auf ihn los. Oswald gegen Bringuier, Butler, Stuckey und einen Moderator namens Slatter.

BILL STUCKEY: Mr. Butler zeigte mir einige Zeitungsausschnitte, wonach Mr. Oswald 1959 versucht hat, seine amerikanische Staatsbürgerschaft abzulegen und sowjetischer Bürger zu werden. Ein anderer Ausschnitt aus dem Jahre 1962 besagt, daß Oswald mit Frau und Kind aus der Sowjetunion zurückgekehrt ist. Mr. Oswald, ist das korrekt?

OSWALD: Das ist korrekt. Korrekt, ja.

BILL STUCKEY: Sie lebten drei Jahre in Rußland?

OSWALD: Das ist korrekt. Und ich denke, die Tatsache, daß ich dort lebte, hat mich in hervorragender Weise qualifiziert, um die Anschuldigungen, daß Kuba und das Komitee »Fair Play for Cuba« kommunistisch kontrolliert sind, zu widerlegen.

SLATTER: Mr. Oswald, stimmt es, daß Sie Ihre amerikanische Staatsbürgerschaft ablegen und sowjetischer Bürger werden wollten?

OSWALD: Nun, ich glaube nicht, daß das in irgendeinem Zusammenhang mit unserer Diskussion steht. Wir sprechen hier über die kubanisch-amerikanischen Beziehungen.

SLATTER: Das glaube ich doch, Mr. Oswald: Sie behaupten, daß Kuba nicht von Rußland beherrscht wird, aber offensichtlich haben Sie durch Ihre eigenen Handlungen bewiesen, daß Sie eine gewisse Affinität zu Rußland und vielleicht sogar zum Kommunismus haben, wenn mir auch nicht bekannt ist, daß Sie selbst zugeben, ein Kommunist oder zumindest ein ehemaliger Kommunist zu sein. Vielleicht könnten Sie das klären?

OSWALD: Diese Frage habe ich schon in einer früheren Radiosendung beantwortet.

STUCKEY: Sind Sie Marxist?

OSWALD: Ja, ich bin Marxist.

BUTLER: Wo ist da der Unterschied?

OSWALD: Der Unterschied liegt hauptsächlich im Unterschied zwischen Ländern wie Guinea, Ghana, Jugoslawien, China oder Rußland. Sehr, sehr große Unterschiede. Unterschiede, die wir honorieren, indem wir beispielsweise Jugoslawien mit ungefähr einhundert Millionen Dollar jährlich unterstützen.

BUTTLER: Das gehört doch nicht hierher. Was also ist der Unterschied?

OSWALD: Der Unterschied ist, wie ich schon sagte, ein sehr großer. Viele Parteien und viele Staaten beruhen auf dem Marxismus. Viele Länder, wie etwa Großbritannien, haben sehr sozialistische Züge, wobei ich auf das dortige Gesundheitswesen verweisen möchte.

WERBUNG

STUCKEY: Mr. Oswald, ich glaube, Sie sagten auf eine Frage von Mr. Butler, daß alle Fragen, die sich auf Ihren Hintergrund beziehen, nicht zu der heutigen Diskussion gehören. Ich stimme Ihnen da nicht zu, weil Sie sich weigern, andere Mitglieder Ihrer Organisation zu nennen, so daß praktisch Sie das Komitee »Fair Play for Cuba« repräsentieren. Jeder, der sich für diese Organisation interessiert, sollte deshalb mehr über Sie wissen. Aus diesem Grund würde ich gerne von Ihnen erfahren, wovon Sie in den drei Jahren, die Sie in der Sowjetunion verbrachten, lebten. Sind Sie von der Regierung subventioniert worden?

OSWALD: Nun, wie ich – äh, ja, also ich werde diese Frage direkt beantworten, da Sie ja vorher keine Ruhe geben. Ich habe in Rußland gearbeitet. Wie ich bereits sagte, habe ich niemals meine Staatsbürgerschaft aufgegeben oder den Versuch dazu unternommen und zu keiner Zeit habe ich den Kontakt zur amerikanischen Botschaft abreißen lassen.

BUTLER: Verzeihung, darf ich Sie kurz unterbrechen. Hier kann etwas nicht stimmen. Der »Washington Evening Star« vom 18. Oktober 1959 berichtet auf Seite 1, daß Lee Harvey Oswald, ein früherer Angehöriger des Marine Corps, wohnhaft 4936 Connally Street, Ft. Worth, Texas, seinen Paß in der Amerikanischen Botschaft in Moskau abgegeben und die sowjetische Staatsbürgerschaft beantragt habe. In meinen Augen haben Sie Ihre Staatsbürgerschaft aufgegeben, als Sie Ihren Paß zurückgaben.

OSWALD: Nun, wie Sie sehen, bin ich in die Vereinigten Staaten zurückgekehrt. Wer seine Staatsbürgerschaft ablegt, ist gesetzlich nicht mehr berechtigt, in die USA zurückzukehren, aber ich habe schon während der ganzen Diskussion darauf hingewiesen, daß die Zeit knapp wird und wir uns von den kubanisch-amerikanischen Problemen entfernen. Aber wenn Sie wollen, dann reden wir den Rest der Sendezeit über mich.

SLATTER: Entschuldigen Sie, ich muß Sie unterbrechen. Ich glaube, Mr. Oswald hat hier wirklich recht. Wir sollten die Organisation, der er hier in New Orleans vorsteht – »Fair Play for Cuba« – nicht aus den Augen verlieren.

OSWALD: Das Komitee »Fair Play for Cuba«.

SLATTER: Sie kennen ebenso wie ich die allgemeine Haltung in Amerika, die gegen Kuba ist, und sie wissen, daß wir die diplomatischen Beziehungen natürlich schon vor einiger Zeit abgebrochen haben. Ich behaupte, in diesem Land ist niemand unbeliebter als Castro. Ganz praktisch gesehen, was hoffen Sie mit dem zu erreichen, was Sie »Fair Play for Cuba« nennen?

OSWALD: Die prinzipiellen Ideen von »Fair Play for Cuba« zielen auf die Wiederherstellung der diplomatischen, wirtschaftlichen und touristischen Beziehungen mit Kuba. Das ist eines unserer Hauptanliegen. Dafür stehen wir. Ich bin nicht Ihrer Meinung, daß die Situation hinsichtlich der amerikanisch-kubanischen Beziehungen sehr ungünstig ist. Wir sind natürlich in der Minderheit, aber wir bemühen uns, daß die Vereinigten Staaten Maßnahmen einführen, die eine freundlichere Haltung gegenüber dem kubanischen Volk und dem neuen kubanischen Regime fördern. Wir sind nicht alle kommunistisch gesteuert, ungeachtet der Tatsache, daß ich in Rußland gelebt habe, ungeachtet der Tatsache, daß wir ausspioniert worden sind, und ungeachtet all dieser Fakten ist das Komitee »Fair Play for Cuba« eine unabhängige Organisation, die in keiner Weise mit irgendeiner anderen Organisation verknüpft ist. Unsere Ziele und Ideale sind eindeutig und stehen in Einklang mit den amerikanischen demokratischen Traditionen.

BRINGUIER: Stimmen Sie mit Fidel Castro überein, der in seiner letzten Rede vom 16. Juli dieses Jahres Präsident John F. Kennedy als einen Schurken und Dieb bezeichnete?

OSWALD: Diesem Wortlaut stimme ich nicht zu. Jedoch glauben ich und das Komitee »Fair Play for Cuba«, daß die Regierung der Vereinigten Staaten in Gestalt einiger bestimmter Institutionen, wie das State Department und die CIA, monumentale Fehler im Umgang mit Kuba gemacht hat. Diese Fehler treiben Kuba in die Richtung von, sagen wir, sehr dogmatischen kommunistischen Ländern wie China. (84)

Bald danach ist die Diskussion zu Ende.

Diese Niederlage hinterließ jedoch tiefe Wunden:

McMillan: Marina hatte keine Ahnung, was er da auf der Veranda las, aber sie konnte sehen, daß Lee manchmal nur dasaß und auf die Straße starrte.

Eines Abends in der letzten Augustwoche machte sie mit June einen Spaziergang. Als sie in der Dämmerung heimkamen, fanden sie Lee auf der Veranda kniend, das Gewehr im Anschlag und auf die Straße zielend. Es war das erste Mal seit Monaten, daß sie ihn mit dem Gewehr sah – sie war entsetzt.

»Was machst du da?«

»Mach, daß du hier wegkommst. Und halt die Klappe.«

Ein paar Abende später traf sie ihn erneut mit dem Gewehr auf der Veranda an.

»Spielst wohl wieder mal mit deinem Schießeisen«, sagte sie sarkastisch.

»Fidel Castro braucht Verteidiger«, sagte er. »Ich werde in seine Freiwilligen-Armee eintreten.«

Danach hörte Marina, die ihrer Arbeit in der Wohnung nachging, ein häufiges Klicken von der Veranda. Bis Mitte September mußte sie es dreimal pro Woche oder noch öfter hören. (85)

8
Aufsammeln der Scherben

So oder so, ob er nun auf eigene Faust vorging oder ein bezahlter Provokateur war, seine Aktivitäten für das F.P.C.C. waren auf Grund gelaufen. Die tausend Handzettel und das Gerangel im Radio hatten nicht ein einziges Mitglied gebracht.

Er entdeckte, daß zwischen Öffentlichkeitsarbeit und greifbaren Resultaten ein Abgrund klafft. Oswald hatte geglaubt, den amerikanischen Goldgräbertraum gepachtet zu haben – daß man mit Eigenwerbung reich und/oder berühmt und/oder mächtig wird. Das miese kleine Geheimnis, das die guten Amerikaner auf der Suche nach ihrer Goldgrube nicht begriffen haben, ist, daß ein solcher Publicity-Wirbel einen weder reich, noch berühmt oder mächtig macht – bestenfalls zum König für einen Tag.

Um den Abgrund zwischen seinen konzentrierten Aktionen und ihrem jämmerlichen Ergebnis zu überbrücken, blieb nur noch ein verwegener Ausweg – der Weg nach Havanna. Castro zumindest könnte er von unschätzbarem Nutzen sein.

McMillan: Es türmten sich ungeheure Hindernisse. Lee hatte ein wenig Geld gespart, aber vermutlich nicht genug, um nach Kuba zu gelangen. Überdies hatte das State Department amerikanischen Bürgern verboten, nach Kuba zu reisen, und den ganzen Sommer über war »The Militant« voll mit Geschichten über Amerikaner gewesen, auf die bei ihrer Rückkehr Gefängnis und Geldstrafen warteten. Das war allerdings eine schwache Abschreckung, denn Lee hatte ohnehin nicht die Absicht, zurückzukehren. Er hoffte, bleiben zu können... Oder er konnte, falls es ihm dort nicht gefallen sollte, nach China gehen oder seine Wiederaufnahme in Rußland einfordern, wo er wieder mit Marina zusammenkommen würde. Aber das Hauptproblem war erst einmal, nach Kuba zu kommen. (86)

Natürlich hatte er sich bereits verwegene Gedanken gemacht. Sein Angebot, sich einer Gruppe von Carlos Bringuier anzuschließen, die eine Invasion in Kuba plante, war nur eine extreme Möglichkeit gewesen, die Reise zu finanzieren. Wir können guten Gewissens unterstellen, daß Oswald bei der Ankunft die Exilantengruppe sofort im Stich gelassen hätte, und jedwede Information über sie Castros Kadern, denen er zweifellos über den Weg laufen mußte, sofort angeboten hätte. Was für gefährliche Gedanken er doch in sich barg! Es ist ein so gefahrbeladenes Szenario, daß es gewissermaßen die selben Risiken in sich birgt wie ausgefallener Sex in seinen extremen Spielarten.

Marina erinnert sich an einen heißen Abend in ihrem Wohnzimmer. Die Hitze drückte wie ihre Armut. Kein Ventilator. New Orleans im Sommer. Ehemann und Eheweib schwitzten vor sich hin. Plötzlich sagte er: »Was wäre, wenn wir ein Flugzeug entführen?« Sie sagte: »Wer ist wir?«

»Du und ich«, teilte er ihr mit.

»Machst du Witze?«

»Nein«, sagte er.

»In Rußland«, sagte sie, »hat es dir nicht gepaßt, in Amerika paßt es dir auch nicht – nun also Kuba.«

Er sagte: »Ich meine es ernst.«

Sie sagte: »Schön, ich muß mir deine blödsinnige Idee wohl anhören.«

Er sagte: »Du brauchst niemand umzubringen.«

Sie wiederholte es als Frage: »Niemand umbringen?«

»Du wirst eine Pistole brauchen«, sagte er, »und ich werde auch eine haben, aber du brauchst niemand umzubringen. Nur die Leute in Schach halten.«

Sie sagte: »Natürlich, jeder wird furchtbare Angst vor mir haben – eine schwangere Frau mit einer Pistole in der Hand, und sie weiß nicht einmal, wie man so ein Ding hält.«

Er ließ sich nicht abbringen: »Sprich mir nach...« Und er versuchte, ihr auf englisch den Satz beizubringen: »Hoch die Pfoten!« Sie konnte ihn nicht einmal nachsprechen. Sie begann zu lachen. Er versuchte sie rumzukriegen. »Sprich mir nach...«, aber es war ein Fiasko, ein totales Fiasko.

Sie erzählt die Geschichte dreißig Jahre später, und der Interviewer sagt: »Sie haben keine kriminelle Energie. In jenen Jahren wäre das kein schlechter Plan gewesen, um ein Flugzeug zu entführen. Mit einer schwangeren Frau. Er hatte alles berechnet. Sie hätten die Pistole unter Ihrem Bauch verstecken können. Sie waren unentbehrlich für ihn.«

MARINA: Ich sagte: »Tut mir leid, ich weigere mich.«

INTERVIEWER: Damals sagte er sich vielleicht: »Ich habe die falsche Frau geheiratet.«

MARINA: Das sagte er sich wahrscheinlich vom ersten Tag an.

Sie möchte das Thema abtun:

MARINA: Es ist so lange her. Ich bin zweiundfünfzig. Ich habe es hinter mich gebracht. Ich brauche nicht zu erzählen, was ich mit zwölf, dreizehn oder zwanzig gemacht habe. Ich bereite mich auf den Himmel vor. Ich habe mir bereits meinen Platz reserviert.

INTERVIEWER: Wo immer Sie auch hingehen, man wird Sie auffordern, Platz zu nehmen, und sagen: »Erzählen Sie uns über Lee Harvey Oswald.«

MARINA: Wo, im Himmel?

INTERVIEWER: Sie werden sagen: »Wir warten schon auf Sie, Marina, fangen Sie an zu erzählen.«

MARINA: Ist nicht immer die Frau die letzte, die es erfährt?

Wir können uns Oswalds Frustration vorstellen: Mit einer Frau verheiratet zu sein, die einen brillanten verbrecherischen Plan nicht zu würdigen wußte. Er hatte sich alles so schlau ausgedacht: eine schwangere Frau – wer hätte schon genauer hingeschaut, wenn sie an Bord gingen?

Genau um diese Zeit zerbrach ein Spiegel, er fiel einfach von der Wand und zerbrach. Sie war verzweifelt, denn das war gewiß ein schlimmes Vorzeichen. Eines Morgens warf sie einen Blick auf das Bernsteinherz, das sie in einer Lade verwahrte; es hatte einen Sprung bekommen – sie dachte, daß jemand sterben würde.

Aus einem FBI-Bericht: Er sagte, es sei besser, ein Flugzeug zu entführen, das von der Küstenregion ins Landesinnere fliege, denn das sei unverdächtiger, als an Bord eines Flugzeugs mit Ziel im Ausland zu gehen.

Er sagte MARINA, daß er, OSWALD, vorne im Flugzeug sitzen werde, mit der Pistole, die er bereits besaß, und daß MARINA hinten sitzen würde, mit einer Pistole, die er für sie kaufen werde. Sie würden ihre Tochter JUNE mitnehmen. Sie würden die Crew zwingen, Kurs auf Kuba zu nehmen.

OSWALD sagte MARINA, daß sie zum verabredeten Zeitpunkt aufstehen und auf englisch »Hände hoch« schreien müsse. Sie sagte Oswald, daß sie das auf englisch nicht sagen könne. Er erwiderte, daß es auch auf russisch ginge, denn sobald sie die Pistole auf die Leute richte, würde sowieso jeder wissen, was sie meinte.

OSWALD sagte, daß er MARINA eine leichte Pistole kaufen werde, die sie bei dem Plan benutzen könne, aber sie sagte, daß er ihr keine zu kaufen brauche, weil sie bei dem Plan nicht mitmachen werde. Oswald sagte, daß sie wenigstens lernen solle, wie man eine Pistole halten müsse, aber sie weigerte sich.

Sie sagte, daß Oswald sie mindestens viermal zu überreden suchte, bei der geplanten Entführung mitzumachen.

Während der Vorbereitungszeit begann Oswald zu Hause mit Fitneß-Übungen, um seinen Körper zu stählen. (87)

McMillan: Lee hielt seine Übungen einige Wochen durch, was zu viel Belustigung im Haushalt führte. Dann rieb er sich mit einer streng riechenden Creme ein, nahm eine kalte Dusche und kam rot wie ein Krebs aus dem Badezimmer.

Inzwischen hatte er Flugpläne nach Hause gebracht und eine große Weltkarte, die er an die Innenseite der Veranda nagelte. Er begann, mit einem Lineal Entfernungen zu messen. (88)

Um einer so apokalyptischen Tat für immer zu gedenken und sich einer guten Aufnahme in Kuba zu versichern, sagte er, daß ihr neues Kind – es konnte nur ein Junge sein – den Namen Fidel tragen werde. Sie sagte ihm, daß sich in ihrem Bauch kein Fidel entwickle.

Er stritt sich deswegen nicht mit ihr. Er stellte ein Resümee seines Lebens zusammen. Und wieder einmal, wiewohl entschlossen, nach Kuba zu gehen, erwog er auch einen Umzug der Familie nach Washington, Baltimore oder New York. So oder so mußte er seine Papiere ordnen. In New York kann er sie den Funktionären der Kommunistischen Partei oder der Sozialistischen Arbeiterpartei zeigen. Und wenn es Kuba wird, kann er sein Dossier dort präsentieren.

Währenddessen mußte sich ein Teil von ihm so zerschmettert fühlen, als ob eine Granate in seinen Gedärmen explodiert sei. Die Radiodiskussion hat so viel kaputtgemacht; und außerdem liegen die ungeheure Unternehmung, einen Weg nach Kuba zu finden, und die Optionen, nach New York, Washington oder Baltimore zu gehen und dort Mitglied der Kommunistischen Partei zu werden, miteinander in Widerstreit.

Das führt zu Auswirkungen in seinen schriftlichen Versuchen. Wenn wir Dyslexie als eine Art geistige Eruption betrachten, dann ist dies hier der schlimmste Beleg unter allen seinen Schriftproben in der elfbändigen Sammlung der Beweisstücke der Warren-Kommission. Hier also ein unkorrigierter Ausschnitt aus seiner Vita, die er entweder den Kubanern oder der Kommunistischen Partei der USA zu Gemüte führen will:

Ich lese 1954, als ich 15 war, erst das Kommunistische Manifest und ersten Band des kapital. Nach 1950 habe ich Flisoffen des 18. Jahrhunderts studirt [und] Werke von Lein und an zahlreichen marxistischen Lesekreise und Gruppen in der Fabrik, wo ich arbeitete, teilgenomen, von denen manche obligatorisch waren und manche nicht. in Rußland lerte ich auch durch Zeitungen, Radio und TV viel über die Werke von Marx Engels und Lenin. solche Artikel werden in der UdSSR tälgich sehr gute Berichterstattung gegeben. (89)

Welch ein Gegensatz zu dem Interview mit Stuckey! Es ist Oswald in seiner schlimmsten Form. Wie gewaltig muß seine Angst sein. Sein Ehrgeiz führt ihn immer in Welten, für die er über wenig Erfahrung verfügt – er spricht nicht einmal Spanisch –, und seine Angst quillt aus jeder falsch geschriebenen Silbe, als er beginnt, seine Fähigkeiten als »Straßenagitator« und »Radiosprecher« zu beschreiben.

Da er sich in seinen Briefen an Behörden gewöhnlich einer viel gewissenhafteren Rechtschreibung befleißigt, können wir annehmen, daß er sich sonst die Zeit nimmt, seinen ersten Entwurf mit einem Wörterbuch zu korrigieren, während er hier, obwohl das Dossier von größter Wichtigkeit für ihn sein könnte, keine Korrekturen angebracht hat. Das ist ein gravierender Beweis, daß er kurz vor dem Durchdrehen ist.

Als Ruth Paine kam, um Marina und das Kind mitzunehmen, schien jedoch alles vorbei zu sein. Er sei gut aufgelegt gewesen, sagte Ruth später, so gut, wie sie ihn noch nie erlebt hätte. Wenn seine Angstanfälle ihn klaftertief hinabzogen, konnte er in blitzartigem Umschwung der Gefühle unvermittelt wieder in der Mittagssonne unter blauem Himmel auftauchen. Er hatte seinen Entschluß gefaßt, er hatte sich für Kuba entschieden. Ein riesiges Problem war gelöst. Außerdem würde sich Ruth um alle Einzelheiten von Marinas Entbindung in einem knappen Monat kümmern. Sie würde die Dispositionen im Parkland Hospital in Dallas treffen, und er würde sehr wenig zu zahlen haben, da er sechs Monate bei Jaggars-Chiles-Stovall gearbeitet hatte und so seinen Wohnsitz in Texas nachweisen konnte. Soweit Ruth wußte, das heißt, soweit er Marina erlaubt hatte, ihr etwas zu erzählen, würde er sich auf den Weg nach Houston machen und sich nach Arbeit umschauen. Sobald er sich dort eingerichtet hätte, würde er Frau und Kinder besuchen kommen.

Marina zeigte Ruth die Sehenswürdigkeiten im Französischen Viertel. Sie spähten durch die Schwingtüren der Stripteaselokale, eine große und eine kleine Frau, die drei Kinder an der Hand hielten. Inzwischen packte Lee zu Hause. Dazu gehörte auch, daß er sein Gewehr in eine Decke wickelte, sie verschnürte und das Paket in Ruths Wagen verstaute, bevor die zwei Frauen am Montag abfuhren.

McMillan: Kaum hatten sie sich verabschiedet und waren weggefahren, hörte Ruth ein Rumpeln in einem der Reifen. Sie fuhr in eine Tankstelle einen Block von der Wohnung entfernt, um ihn wechseln zu lassen. Lee kam ihnen in seinen Sandalen nach. Marina zog ihn zur Seite, und sie begannen erneut mit dem Abschiednehmen. Sie war zärtlich zu ihm und sagte, daß er auf sich aufpassen und ordentlich essen solle.

»Hör auf«, sagte er. »Ich kann es nicht verkraften. Möchtest du, daß ich vor Ruth zu weinen anfange?«

Auch für ihn war es das schwerste, vor Ruth zu verbergen, daß die Trennung für immer sein könnte. Und während sie beide ihre Tränen zurückzuhalten suchten, hielt Lee June vor dem Cola-Automaten hoch, um die Fassung wiederzugewinnen. »Los, Junie«, sagte er, »zeig mir mit deinen Fingern, was du möchtest.« Als er sich wieder im Griff hatte, legte er Marina noch einmal ans Herz, Ruth auf keinen Fall zu sagen, daß er nach Kuba gehe. (90)

Er blieb noch ein, zwei Nächte in der Wohnung. Wann genau er New Orleans verließ, läßt sich nicht feststellen, aber er schaffte es, wegzufahren, ohne Mrs. Garner, der Vermieterin, die Miete für die letzten zwei Wochen zu zahlen. Am Sonntagabend hatte sie gesehen, wie er Ruths Auto vollgepackt hatte, aber er hatte ihr erzählt, daß Marina zur Geburt des Babys nach Texas ginge und er bleiben würde. Er blieb nicht. Er machte sich aus dem Staub.

FÜNFTER TEIL

PROTAGONISTEN
UND PROVOKATEURE

1

Protagonisten und Provokateure

Oswald verläßt New Orleans, und wir wissen noch immer nicht, ob er ein Doppelleben führt oder nicht. Immer wieder stießen wir auf Hinweise, aber über die verfügten andere auch. Eine ehrfurchteinflößende Anzahl Bücher wurde von Verfechtern der Verschwörungstheorie verfaßt, die die verschiedensten Möglichkeiten geheimdienstlicher Aktivitäten Oswalds oder seines Umfelds unter die Lupe nahmen. Trotzdem hat sich bis heute kein zweifelsfreier Beweis gefunden, daß er eindeutig mit dem FBI, der CIA, den Geheimdiensten von Army oder Navy oder irgendwelchen kubanischen Gruppen in Verbindung stand. Es besteht nach wie vor die Möglichkeit, anzunehmen, daß Oswald nichts weiter als ein krankhaft ehrgeiziger Pantoffelheld war, ausgestattet mit einer labilen Psyche und dem Hang zur Brutalität gegen seine Frau, und daß das die erbärmliche Summe seiner Person ist.

Eine solche Deutung wurde uns von Priscilla Johnson McMillan in »Marina and Lee« und von Jean Davison in »Oswald's Game« nahegelegt, und erst jüngst wieder von Gerald Posner in »Case Closed«, einem Buch, das von all jenen in den Medien mit Jubel empfangen wurde, denen Oliver Stones »JFK« gegen den Strich gegangen war, und die generell an der Verschwörungstheorie Anstoß nehmen.

In unserem Buch indes gingen wir ohne vorgefaßte Meinung in jeder Richtung voran; es bestand allerdings eine gewisse Voreingenommenheit für die Verschwörungstheorie. Trotzdem war unser Plan, Oswald nach seiner eigenen Elle zu messen, solange das möglich sein würde – das heißt, solange davon auszugehen, daß seine Taten aus nichts anderem als seinem eigenen Antrieb kamen, bis sich herausstellen würde, daß wir mit einer solchen Prämisse nicht weiterkommen würden. Sein Leben auf diese Weise zu studieren erzeugt eine Hypothese: Oswald war ein Protagonist, ein Drahtzieher, ein Mann, der die Ereignisse in Gang brachte – kurz, eine komplexere Figur, als ihm andere zubilligten. Und in der Tat ist diese Sicht nun in ein Stadium gekommen, in dem der Autor sie nicht für einen Apfel und ein Ei aufgeben möchte. *Hier* liegt die Gefahr! Hypothesen dienen sich erst einmal an – sie ermöglichen uns, die Fakten auf die Reihe zu bringen, während wir versuchen, weiter im Nebel herumzustochern. Sobald sich die Vorteile einer solchen Methode zu häufen beginnen, ist man moralisch verpflichtet (wie ein Mann, der über Nacht reich geworden ist), peinlich auf der Hut davor zu sein, sich selbst zu korrumpieren. Sonst könnte die bislang nützliche Hypothese sich zum Herrn über alle neu hinzukommenden Informationen aufwerfen und die Integrität des Projekts gefährden.

Die Verlockung ist groß. Es ist möglich, daß die Arbeitshypothese für den Autor wichtiger geworden ist als die ursprüngliche Absicht, die Wahrheit herauszufinden. Denn wenn Oswald als bedeutender, wenn auch sinistrer Protagonist intakt bleibt, ist bereits eine Absicht erreicht: die Last einer ungeheuren amerikanischen Obsession ist leichter geworden, und die Luft ist von einer geschichtlichen Geißel gereinigt – der Absurdität. Solange Oswald eine mickrige Figur ist, ein einsamer, verdrehter, pathetischer Killer, der zufälligerweise genau in der richtigen Position war, um einen Präsidenten zu töten, der möglicherweise auf dem Weg zur Größe war, dann ist – wie bereits früher in diesem Buch erörtert – Amerika mit dem Fluch der Absurdität beladen. Es würde keine Logik in diesem Ereignis stecken und keine ausgleichende Gerechtigkeit im Universum. Geschichtliche Absurdität (wie der Vietnamkrieg) macht die Gesellschaft krank.

Wir haben natürlich eine Alternative, wie sie in dem Film »JFK« offeriert wurde. In dieser Lesart wurde unser Präsident von den Architekten einer riesigen Verschwörung ermordet, die die einflußreichsten Offiziere unserer Armee, unsere Geheimdienste und unsere Mafia umfaßte, ein massives Aufgebot des etablierten Bösen, das unser Bedürfnis kitzelt, im Geiste große Einsätze in großen Kriegen mitzuerleben, aber auch diese These läßt uns erschauern: wir sind klein, und die Heerscharen des Bösen sind unüberschaulich.

Allerdings ist die Wahrscheinlichkeit, daß eine derartig gigantische Verschwörung Erfolg hat und nicht einmal danach aufgedeckt wird, ebenso klein. Und Oswald wäre der Letzte gewesen, den sich der Führer solch einer allumfassenden Verschwörung als ausführendes Glied ausgesucht hätte. Obwohl »JKF« unserem wachsenden düsteren Gefühl Nahrung gibt, daß neun Zehntel unserer Freiheit bereits von Mächten besetzt sind, mit denen wir nicht mithalten können (und Stones Hypothese gibt dem Film seine enorme Durchschlagskraft), hilft uns das alles nicht bei der unmittelbaren

Frage weiter: Hat Lee Harvey Oswald JFK getötet, und wenn ja, war er ein einsamer Killer oder Teil einer Verschwörung?

Da Verschwörungen dazu neigen, die Stützpfeiler der Erklärungsversuche wie Gischt mit immer höheren Schaumkronen zu umbranden, kann der Leser gewiß mitfühlen, warum es angenehmer ist, sich an die immer deutlichere Konturen annehmende Vorstellung von Oswald als Protagonisten zu halten, von einem Mann, dem wir zähneknirschend ein gewisses Format zubilligen müssen, wenn wir seine bescheidenen Anfänge in Betracht ziehen. Das kann uns, um es noch einmal zu wiederholen, eher ein Gefühl für das Tragische verschaffen als für das Absurde. Wenn eine so überhöhte Gestalt wie Kennedy unvermittelt um ihr Leben geprellt wird, dann fühlen wir uns besser, unerklärlich besser, wenn sein Mörder ebenfalls nicht ganz ohne Größe ist. Dann können wir bis zu einem gewissen Grad beklagen, daß der Mann, der die Tat beging, seine Möglichkeiten ebenfalls einbüßte. Tragödie ist der Absurdität bei weitem vorzuziehen. Und das Kostüm eines tragischen, das Blut in Wallung bringenden Helden (oder, wenn man so will, Antihelden) steht Oswald besser als die Rolle eines kleinen, motzenden, die Ehefrau mißhandelnden Perverslings und Prügelknaben.

Dennoch müssen wir uns bewußt bleiben, daß es gefährlich ist, solche interessanten Fährten, die in der Tat auf eine Verschwörung deuten, einfach zu übergehen. Geheimnisse sind mit Mammuthöhlen verwandt. Es wäre verkehrt, auf das bereits Erkundete stolz zu sein, und das Labyrinth, das noch unendeckt ist, zu vergessen. Bevor wir New Orleans verlassen, müssen wir doch noch einige Ereignisse betrachten, die nicht in das Bild passen, das wir uns von Oswald in den drückenden Monaten Mai, Juni, Juli, August und dem größten Teil des September dort unten im Big Easy machten.

Mr. Rodriguez: Da kamen diese Männer in die Bar. Der, der spanisch sprach, bestellte Tequila, und ich sagte ihm, daß er 50 Cent kostet. Ich brachte den Tequila mit etwas Wasser. Der Mann meckerte wegen des Preises und sagte etwa, daß der Barbesitzer ein Kapitalist sein müsse, und wir hatten eine kleine Debatte, aber das legte sich wieder. Dann bestellte der andere, der – wie ich später erfuhr – Oswald war, Limonade. Nun, in unserer Bar gibt es keine Limonade, also fragte ich Orest Pena, was ich ihm servieren solle. Orest sagte, ich solle ein bißchen Zitronenkonzentrat mit Wasser verdünnen und 25 Cent berechnen.

Mr. Liebeler: Wie spät war es da?

Mr. Rodriguez: Zwischen 2:30 und 3 Uhr morgens, genau weiß ich es nicht mehr.

Mr. Liebeler: War einer der Männer betrunken?

Mr. Rodriguez: Der Mann, von dem ich später erfuhr, daß es Oswald war, hatte seinen Arm um den Mann gelegt, der wie ein Latino aussah, und schien ziemlich betrunken.

Mr. Liebeler: Können Sie sagen, welche Nationalität der Begleiter von Oswald hatte?

Mr. Rodriguez: Er hätte Mexikaner, aber auch Kubaner sein können, ich weiß es nicht.

Mr. Liebeler: Wie hat dieser andere Mann ausgesehen?

Mr. Rodriguez: Etwa 28 Jahre alt, sehr stark behaarte Arme. Es war ein untersetzter, breitschultriger Mann, etwa 1,73 m groß und 75 kg schwer.

Mr. Liebeler: Wie groß schätzten Sie Oswald ein?

Mr. Rodriguez: Schwer zu sagen, denn Oswald war betrunken und saß meistens in sich zusammengesunken da.

Mr. Liebeler: Mußte Oswald sich übergeben?

Mr. Rodriguez: Er kotzte auf den Tisch und auf den Fußboden.

Mr. Liebeler: Dann ging er nach draußen und übergab sich erneut?

Mr. Rodriguez: Der Latino-Typ half ihm auf die Straße, wo er sich weiter auskotzte.

Mr. Liebeler: Wie war Oswald gekleidet?

Mr. Rodriguez: Soweit ich mich erinnere, trug Oswald eine dunkle Hose und ein kurzärmliges weißes Hemd.

Mr. Liebeler: Trug er eine Krawatte?

Mr. Rodriguez: So etwas wie eine Fliege. Sein Kragen war offen, und das Ding baumelte an einer Seite herunter.

Mr. Liebeler: In welchem Monat geschah das?

Mr. Rodriguez: Genau weiß ich es nicht mehr, aber ziemlich vor einem Jahr, also wahrscheinlich im August. (1)

Könnte er sich im Datum geirrt haben? Soweit sich Marina erinnern kann, verbrachte Oswald bis auf die Nacht, die er im Gefängnis saß, während ihrer Anwesenheit in New Orleans jeden Abend mit ihr zu Hause. Entweder irrt sie sich, oder der Vorfall fand vor ihrer Ankunft oder nach ihrer Abreise statt, oder der Mann war nicht Oswald. Dennoch klingt die Geschichte zumindest in einem Detail wahr. Oswald, mitten in der Nacht schrecklich betrunken, ist möglicherweise so weit, um alles hinzuwerfen.

Die Episode macht uns auch mit Orest Pena, dem Barbesitzer, bekannt. Pena ist ein maßvoller Macho. Das heißt, er ist ein vorsichtiger Macho. Aber

495

wie anders könnte man als Kubaner ein kubanisches Etablissement mit dem stolzen Namen »Habana-Bar« führen, ohne sich gleichzeitig in scheinbaren Gegensätzen zu etablieren – als Macho auf leisen Sohlen?

Mr. Pena: ... sie fragten meinen Barkeeper Evaristo, warum ich so viel für die Drinks verlange, und daß ich ein Kapitalist sei. Evaristo kam zu mir. Ich sagte:»Haben sie schon bezahlt?« – »Ja.« – »Dann reg dich nicht auf. Denn wenn du dich über jeden Gast aufregst, wirst du nur verrückt.« (2)

Schon bald kommt Orest Pena auf das FBI und seine Verbindung zu ihm zu sprechen:

Mr. Pena: Als ich mich der Organisation gegen Castro in New Orleans anschloß, kam ein FBI-Agent namens de Brueys plötzlich sehr oft in meine Bar und fragte mich über verschiedene Leute aus, ich meine Latinos, und wollte alles mögliche wissen. Ich sagte ihm, was ich wußte: einige seien für Castro, andere gegen ihn. Ich erzählte ihm, was ich beobachtete. Ich habe ihn nie gefragt, was aus seinen Ermittlungen geworden ist.

Mr. Liebeler: Manchmal haben Sie auch das FBI angerufen und die Informationen weitergegeben, die Sie in Ihrer Bar aufschnappten?

Mr. Pena: Stimmt. Und dann stieß de Brueys zu unserer Organisation.

Mr. Liebeler: Er wurde Mitglied?

Mr. Pena: Nein, das nicht, aber er war immer dabei. Wir wußten, daß er ein FBI-Agent ist. Er kam immer wieder in die Bar und fragte mich über alle möglichen Leute hier in New Orleans aus. Und ich habe ihm die Leute genannt, von denen ich wußte, daß sie für Castro waren. Also, Mr. de Brueys hat mich irgendwie gestört.

Mr. Liebeler: De Brueys hat Sie gestört?

Mr. Pena: Ja. Irgendwie. Eines Tages sollte ich zum FBI kommen, ich weiß nicht mehr, weshalb. Da habe ich de Brueys' Boß gesagt, daß ich nichts mehr mit ihm zu tun haben möchte. Ich traute ihm nicht, einfach, weil er Amerikaner war.

Mr. Liebeler: Haben Sie dieses Mißtrauen begründet?

Mr. Pena: Ja. Mit seiner Einmischung in die Organisation gegen Castro. Zwei Tage später tauchte er in meinem Laden auf und wollte mit mir reden. Ich sagte:»Schießen Sie los.« Er sagte, daß ich nichts mehr über ihn erzählen solle, weil ich mir damit ganz schön Ärger einhandeln könnte. Er sagte:»Ich bin ein FBI-Mann. Ich kann Ihnen jede Menge Ärger machen.« (3)

Der Parlamentarische Untersuchungsausschuß für politisch motivierte Attentate stuft diese Verbindung wie folgt ein:

496

De Brueys bestätigte, daß er Pena in seiner Eigenschaft als Barbesitzer in New Orleans gelegentlich als informelle Nachrichtenquelle benutzte, bestritt aber, ihn als Informanten zu bezeichnen, da es hinsichtlich der Informationsweitergabe keine systematische Vereinbarung gab. (4)

Der HSCA-Bericht weiter: »Das FBI verfügt über keinerlei Aufzeichnungen, die Pena als Informanten nennen. Dies stützt die Aussage von de Brueys, daß Pena zu keiner Zeit systematisch als Nachrichtenquelle eingesetzt war.« (5)

Die Haarspaltereien einmal beiseite gelassen, wissen wir nun, daß Pena zumindest ein informeller Informant war, eine Quelle, die man bei Bedarf anzapfen konnte. Da de Brueys keine Akte über ihn anlegte, ist es nur billig anzunehmen, daß irgendein FBI-Mann, der Oswald als ähnliche Quelle benutzte, sich ebenfalls die Mühe sparte, darüber eine Akte anzulegen.

Es gibt jedoch andere Hinweise, daß Leute vom FBI mit Oswald arbeiteten:

Aus dem HSCA-Bericht: Adrian Alba sagte vor dem Ausschuß aus, daß eines Tages ein FBI-Agent in der Garage erschien und einen dort geparkten Wagen des Secret Service benutzen wollte. Der FBI-Agent wies sich aus, und Alba gab ihm einen Wagen des Secret Service, einen dunkelgrünen Studebaker. Alba beobachtete dann am selben oder am nächsten Tag, wie der FBI-Agent in diesem Wagen vor der Reily Coffee Co. Oswald einen weißen Umschlag übergab. Gesprochen wurde dabei nichts. Oswald wandte sich in gebeugter Haltung von dem Wagen ab und hielt den Umschlag an die Brust gedrückt, als er in die Reily Coffee Co. zurückging. Alba glaubte, eine ähnliche Transaktion einige Tage später gesehen zu haben, als er vom Mittagessen zurückkam, konnte dabei aber nicht erkennen, was Oswald übergeben wurde.

In seiner Aussage vor der Warren-Kommission hatte Alba von diesen Transaktionen nichts erwähnt. Er sagte dem Ausschuß 1978, daß ihm diese Ereignisse erst 1970 wieder eingefallen seien, als er im Fernsehen einen Werbespot sah, in dem ein Ladenbesitzer zwischen einem Taxi und seinem Geschäft hin und herlief, um einem Kunden behilflich zu sein.

Der Ausschuß überprüfte darauf Albas Bücher, um die Aussage zu erhärten. Aus diesen Büchern ging hervor, daß 1963 verschiedene Agenten des Secret Service mehrmals zwei Studebaker, einen Ford und einen Chevrolet benutzten und das mit ihrer Unterschrift bestätigten, jedoch nicht, daß diese Fahrzeuge auch FBI-Agenten überlassen wurden. (6)

Wie sollten sie auch. Alba konnte wohl kaum einem Buchprüfer des Secret

497

Service unter die Nase reiben, daß jemand in seiner Garage einem FBI-Mann einen Secret-Service-Wagen überlassen hatte. Trotzdem wäre eine solche Transaktion durch Barzahlung, die nicht in den Büchern erschien, leicht abzuwickeln gewesen.

Das HSCA hatte sich also zwischen der Aussage eines Mannes, dessen Gedächtnis sechs Jahre nach seiner Befragung vor der Warren-Kommission durch eine Fernsehwerbung aufgefrischt worden war, und den Aussagen einer Reihe von FBI-Beamten zu entscheiden. Sofern sich der Ausschuß nicht mit dem FBI anlegen wollte, hatte er dessen Agenten als viel zu integer anzusehen, um sich in solche albernen Vertuschungsmanöver einzulassen.

Angesichts Hoovers Schlußfolgerung in den ersten vierundzwanzig Stunden nach JFKs Ermordung, daß Oswald ein Einzeltäter sei, kam sofort die Vermutung auf, daß das FBI am besten mit vorher festgelegten Resultaten bedient sei. Das schien das geeignetste Verfahren, Spuren einzuebnen, Beweismittel zu vernichten und, falls nötig, neue zu schaffen.

Darüber hinaus mußte der Eindruck erweckt werden, daß das FBI auch wirklich jede Spur verfolge. So wurden Hunderte von Arbeitsstunden darauf verwendet, herauszufinden, wer alles mit Oswald im Bus von Laredo nach Mexiko City gefahren war. Als Ergebnis der Bemühungen konnten zwei Dutzend Leute aufgespürt werden, deren einzige Verbindung zu Oswald war, daß sie im selben öffentlichen Verkehrsmittel gesessen hatten. Eine gründliche Überprüfung der Pro- und Anti-Castro-Bewegungen in den Südstaaten wurde zur ewigen Schande des FBI jedoch nie erwogen. Natürlich ließ Hoover nicht zu, daß seine Männer bestimmte Grenzen überschritten, denn sonst wäre die konzertierte Aktion zwischen kriminellen Figuren wie Sam Giancana oder John Rosselli mit einigen der höchsten CIA-Offiziere zum Zweck der Ermordung Castros aufgekommen. Dabei war Hoover über die CIA noch weniger in Sorge als über sein eigenes Büro. Das FBI mußte seinen eigenen nackten Arsch bedeckt halten. Ganze Legionen von nackten Ärschen! Mehr als ein Jahrzehnt später wurden einige Aktivitäten des COINTELPRO (Abkürzung für Counter-Intelligence Program), der eigenen Undercover-Gruppe des FBI, enthüllt.

Hier ist ein Zitat aus »The American Police State« von David Wise angebracht:

Die ungeheuerlichste der FBI-Aktivitäten war die Operation COINTELPRO, die nach eigenem Eingeständis des FBI fünfzehn Jahre von 1956 bis 1971 bestand. Unter diesem Programm schikanierte eine Geheimabteilung der Regierung der Vereinigten Staaten, die vom Steuerzahler finanziert wurde, amerikanische Bürger und zerstörte unter Einsatz vielfältiger verdeckter Methoden ihre Organisationen. Wie der Parlamentarische Untersuchungsausschuß für die Geheimdienste in seiner eigenen Untersuchung von COINTELPRO befand,»wurden Karrieren zerstört, Freundschaften auseinandergerissen, Reputationen in den Dreck gezogen, Unternehmen in den Bankrott getrieben, und in manchen Fällen Leben gefährdet«. Ein geheimer und mächtiger Arm der Regierung hielt die Fäden in der Hand. In zahlreichen Fällen wurde offengelegt, daß der FBI-Informant die Rolle eines Agent provocateur spielte und dabei die jeweiligen Aktivisten im Gebrauch von Sprengstoffen unterwies und die Mitglieder zu Straftaten anstiftete. (7)

COINTELPRO hatte einen Modus operandi, der seine Spuren hinterließ. Manchmal war das gewalttätigste, vernunftwidrigste, unangenehmste und/oder wirrste Mitglied einer Gruppe linker Studenten oder der Black Panthers ein FBI-Provokateur, der die anderen Mitglieder in die übelsten Aktionen hineinritt. So konnten die Studenten in Berkley wilde Beschwörungen hören, die von COINTELPRO-Agenten ausgegeben waren. Laßt uns einen Hund auf dem Campus verbrennen, um dem amerikanischen Publikum zu zeigen, was wirklich in Vietnam los ist, oder vergleichbare Aufforderungen konnten sich als aussichtsreicher Eröffnungszug mit Bauernopfer erweisen. 1971, erfahren wir beiläufig von David Wise, bezeugte der FBI-Informant Robert Hardy, daß er eine Gruppe von dreißig Kriegsdienstverweigerern bei einem Einbruch in das Einberufungsamt in Camden, New Jersey, angeführt habe: »Alles, was sie konnten, hatte ich ihnen beigebracht – wie man Löcher in Fensterscheiben schneidet, ohne Lärm zu machen, wie man Aktenschränke ohne Schlüssel öffnet.« (8)
Es gibt keine Beweise, daß COINTELPRO in den frühen sechziger Jahren Kontakte mit Oswald hatte, aber manche seiner Unternehmungen tragen diese Handschrift. Für einen Mann Anfang zwanzig kannte sich Oswald in den Aktivitäten der linken Gruppierungen relativ gut aus. Es konnte ihm nicht entgangen sein, daß die Kommunistische Partei und die Sozialistische Partei einander seit der von Stalin diktierten Ermordung Trotzkis in den späten dreißiger Jahren spinnefeind waren. Trotzdem schrieb er am 31. August 1963 einen Brief an die Sozialistische Arbeiterpartei und einen Tag später einen an die Kommunistische Partei, in denen er beiden Gruppen ankündigte, daß er demnächst in den Bereich Baltimore-Washinton übersiedeln werde und mit Parteimitgliedern in Kontakt kommen wolle.

Falls Oswald auf der Gehaltsliste von COINTELPRO oder einer vergleichbaren Organisation stand, beinhaltete das nicht notwendigerweise, daß ihm bestimmte Ziele angewiesen wurden. Linke amerikanische Organisationen auszuhebeln, bedarf angesichts ihrer geringen Größe keines ausgetüftelten Plans. Es genügt, Chaos zu stiften. Die Mitgliedschaft in beiden Parteien war für eine weitere Spaltung gut, speziell wenn eine solche Doppelmitgliedschaft aufflog.

Während der ganzen Zeit steht Oswald unter der Beobachtung durch das FBI oder dessen Informanten:

> Unser New Yorker Büro erhielt am 26. Juni 1963 einen vertraulichen Hinweis, wonach ein gewisser Lee Oswald, Post Office Box 30061, New Orleans, Louisiana, einen Brief an »The Worker« in New York City geschrieben habe. Unser Büro in New Orleans überprüfte dieses Postfach und stellte fest, daß es von L.H. Oswald gemietet war; weitere Erkundigungen ergaben, daß Oswald in 4905 Magazine Street, New Orleans, wohnte, was am 5. August durch Mrs. Jessie James Garner, 4909 Magazine Street, New Orleans, bestätigt wurde. Zum selben Termin endete seine Beschäftigung bei der William B. Reily Coffee Company, 640 Magazine Street, New Orleans. (9)

Erinnern wir uns, daß John Fain, der FBI-Mann, der Oswald nach seiner Rückkehr nach Amerika befragte, auf die Frage, ob Lee für einen amerikanischen Geheimdienst arbeite, die Antwort bekommen hatte: »Wissen Sie das nicht?«

Natürlich konnte Fain es nicht wissen. Geheimdienste sind nicht ungeübt darin, geheime Staffeln über, unter und neben ihren offiziellen Mitarbeitern zu unterhalten. Oft stehen die Unternehmungen dieser Enklaven in krassem Widerspruch zu den Methoden und Aktivitäten ihrer eigenen Organisation.

Trotzdem paßt der Gedanke, daß Oswald für das FBI arbeitete, nicht in unsere Auffassung, daß er jemand war, der nicht so leicht gekauft werden konnte. Dafür saß der Haß auf den amerikanischen Kapitalismus zu tief. Bei genauerer Überlegung ist es dennoch nicht unvorstellbar, daß zwischen ihm und dem FBI eine Verbindung bestand. Sicher mußte ihm eine Rolle gefallen, in der er vorgeben konnte, jenen Kräften zu dienen, die er in Wahrheit zur Niederlage führen wollte.

Noch wahrscheinlicher – und ein weiterer Beitrag zu unserem frustrierenden Gefühl, daß sich mehrere Spuren kreuzen – ist die Möglichkeit, daß Oswald, falls er ein Provokateur war, von Leuten bezahlt wurde, die nicht offiziell mit dem FBI in Verbindung standen.

Wir müssen uns die subversive Atmosphäre in jenen Jahren nochmals ins Gedächtnis rufen. Nach der Raketenkrise im Oktober 1962 war der Abscheu vor dem Kommunisten in rechten amerikanischen Kreisen auf seinem Höhepunkt angelangt. Die fanatischeren Kohorten der Rechten waren von ihrem Haß auf Kennedy vergiftet.

Wenn wir in Rechnung stellen, daß FBI und CIA, ganz zu schweigen von den Geheimdiensten von Army und Navy, ebenfalls über ihr Kontingent rechtsextremer Eiferer verfügten, dann ist es mehr als wahrscheinlich, daß solche Patrioten in offiziellen Organisationen sich mit Personen außerhalb ihrer Reihen assoziiert hatten, die alle Arten halblegaler und illegaler Kapriolen ausheckten, die noch jenseits der offenen Grenzen von COINTELPRO angesiedelt waren.

Zwei der prominentesten Vertreter dieser Sorte waren in New Orleans W. Guy Banister und David Ferrie.

2
Abenteurer rechter Couleur

Durch welchen Filmstar hätte sich wohl Guy Banister am liebsten verkörpern lassen? Edward G. Robinson, James Cagney, Victor McLaglen, Humphrey Bogart?

Banister war an der Gefangennahme und Exekution von John Dillinger beteiligt gewesen und wurde Special Agent in Charge für Chicago; J. Edgar Hoover persönlich hatte ihn empfohlen. Zu der Zeit, als die Öffentlichkeit einen G-Man des FBI noch als Verkörperung eines edlen und mutigen Kämpfers für Recht und Ordnung sah, ging Banister im Zweiten Weltkrieg zum Geheimdienst der Navy und wurde anschließend vom Bürgermeister von New Orleans als Stellvertretender Polizeichef engagiert.

In seinem Buch »Conspiracy« präsentiert Anthony Summers eine präzise und hübsch formulierte Zusammenfassung von Banisters Karriere im Big Easy:

Im Jahre 1957 trat Banister 58jährig nach einem Vorfall im Old Absinthe House von New Orleans nicht ganz freiwillig in den Ruhestand: er hatte angeblich einen Ober mit der Waffe bedroht. Nach allem, was man weiß, war Banister ein Choleriker und schwerer Trinker, aber er blieb in New Orleans und gründete »Guy Banister Associates«, nach außen hin eine Detektei. In Wirklichkeit hatten ihn seine Vergangenheit beim Geheimdienst und die Sicht, die er von sich selbst als Superpatriot hatte, in einen privaten Kreuzzug gegen den Kommunismus getrieben. Er war Mitglied der fanatisch rechten John Birch Society, des »Komitees für unamerikanische Umtriebe« von Louisiana, der paramilitärischen Minutemen, und sogar noch 1963 wimmelte es, wie ehemalige Mitarbeiter von Banister aussagten, in den Geschäftsräumen der »Detektei« von Schießeisen jeder denkbaren Marke und Bauart. Es war kein Zufall, daß die kubanische Exilregierung, der Kubanische Revolutionsrat, seinen Stützpunkt in New Orleans im selben Gebäude hatte. Für Banister und seine kubanischen Protegés war die Lage ideal – ganz in der Nähe des CIA – wie des FBI-Büros. (10)

Banisters Büro lag außerdem um die Ecke der Reily Coffee Company und Adrian Albas Garage. Darum war Banisters Adresse, 544 Camp Street, auch die Rücksendeadresse, die Oswald nach seinem Streit mit Carlos Bringuier auf alle Pamphlete des F.P.C.C. gestempelt hatte.

Aufgrund dieser Koinzidenz sind lange Kapitel in zahllosen Büchern über das Attentat der möglichen Beziehung zwischen Oswald und Banister gewidmet, doch der Beweis konnte niemals festgemacht werden. Oswald behauptete, daß er einen freien Büroraum im Gebäude 544 Campstreet gemietet habe und nach drei Tagen an die Luft gesetzt worden sei. Sam Newman, der Vermieter, behauptet, daß den ganzen Sommer über drei Büros leergestanden hätten, und daß Oswald nie eines gemietet habe. Und natürlich gibt es keine Quittungen.

Wenn Oswald von Banister für bestimmte Undercover-Tätigkeiten bezahlt worden sein sollte, hätte es wohl kaum Sinn gemacht, wenn sie zusammen gesehen worden wären oder irgendeine schriftliche Spur hinterlassen hätten. Andererseits ist es schwer vorstellbar, daß Banister bei seinen Beziehungen nicht über Oswald und dessen Potential informiert war.

Natürlich ist nichts verführerischer als eine interessante Spekulation, die auf einer anderen interessanten Spekulation aufgebaut ist. Ohne konkrete Beweise für einen Kontakt zwischen Banister und Oswald können wir jedoch nur eine wolkige Möglichkeit erwägen, ohne den Schatten eines Beweises.

Bei David Ferrie liegen die Dinge etwas klarer. Mit sechzehn war Oswald Kadett in der Civil Air Patrol gewesen, und da Ferrie eine der Schlüsselfiguren dieser Gruppe in New Orleans war, reißen die Kontroversen nicht ab, ob sich die beiden gekannt haben könnten.

Summers: Er bestritt, jemals in irgendeiner Beziehung zu Oswald gestanden zu haben. Da er jedoch auch bestritt, gewußt zu haben, daß der Kubanische Revolutionsrat von der Camp Street aus operierte, was ihm zweifelsfrei bekannt war, hätte Ferries Leugnen Verdacht erregen müssen. Das FBI jedoch führte eine farcenhafte Überprüfung der Mitgliedschaft Oswalds in der Civil Air Patrol durch, womit die Angelegenheit erledigt war. Allerdings stellte der Attentats-Untersuchungsausschuß fest, daß Ferries »Anziehungskraft auf diverse junge Männer mit seinem außergewöhnlichem Interesse an ihnen hätte zusammenhängen können; er gab häufig Parties in seiner Wohnung, bei denen der Alkohol in Strömen floß«.

Ferries Homosexualität und speziell seine Schwäche für Minderjährige ist aktenkundig. Schließlich führten Ferries Fehltritte mit Jugendlichen der Air Patrol zu einem Skandal. Es gab Berichte über Sauforgien und nackt herumhüpfende Knaben, und das bedeutete schließlich das Ende von Ferries Amtszeit in der Sektion New Orleans. Bis jetzt gibt es keinen Nachweis dafür, daß Oswald an derartigen Vorfällen beteiligt war, allerdings hätten – mit sechzehn, an der Schwelle zum Sexualleben eines Erwachsenen – Menschen wie Ferrie ihm gewiß gefährlich werden können. Außerdem stellte der Ausschuß fest, daß Ferrie – abgesehen von seiner Homosexualität – einen »kolossalen Einfluß« auf die ihm anvertrauten Jugendlichen hatte, und daß er »mehrere Jungen drängte, sich den Streitkräften anzuschließen«. (11)

Es gibt auch, was immer es bedeuten mag, einen weißen Fleck in Oswalds erstem Jahr im Marine Corps. Er war in der Keesler Air Force Base in Mississippi stationiert und fuhr an jedem freien Wochenende nach New Orleans, das nur ein paar Busstunden entfernt war. Daniel Powers, der das der Warren-Kommission berichtete, nahm an, daß er Verwandte besuchte, aber Lillian Murret bezeugte, daß sie in der fraglichen Zeit nur einen einzigen Anruf von ihm erhalten habe, und Marguerite lebte damals in Fort Worth. Also erhebt sich eine weitere unbestätigte Spekulation.

Es sollte festgehalten werden, daß Ferrie möglicherweise die faszinierendste Figur gewesen sein könnte, der Oswald bis dahin begegnet war. Von seltsamem Aussehen, da er an einer Krankheit litt, die ihn haarlos machte, so daß er falsche Augenbrauen aus Mohair trug (was Ferrie zu einer komischen Figur in der Mythologie des Mordes machte), war er gleichwohl ein Kampf-

503

flieger von legendärer, geradezu mythischer Geschicklichkeit (er konnte eine leichte Kiste auf eine Lichtung im Dschungel herunterbringen, die nicht größer als eine Briefmarke war). Außerdem war er ein ernstzunehmender Hypnotiseur, ein Krebsforscher, der selbstverliebt genug war, an die Entwicklung einer eigenen Behandlungsmethode zu glauben, selbsternannter katholischer Bischof mit einem theologischen System von äußerster Strenge, das er selbst entwickelt hatte, und außerdem – um sich alle Optionen offenzulassen – auch noch Privatpilot von Carlos Marcello, dem Paten von New Orleans. Alles in allem hatte Ferrie genug von einem lokalen Genius, um einem jungen kujonierten Marine ein Wochenende weit weg von der Basis angenehm zu gestalten.

Aber auch für Ferrie gilt, daß sich niemand fand, der ihn im Sommer 1963 auch nur einen Augenblick zusammen mit Oswald gesehen hätte. Allerdings war da der berühmte Vormittag im September, an dem eine große schwarze Limousine in die Kleinstadt Clinton, Louisiana, 90 Meilen nördlich von New Orleans fuhr und ostentativ neben dem Registrierungsbüro parkte. An diesem Morgen wartete eine lange Schlange Schwarzer, um sich als Wähler eintragen zu lassen, eine Aktion, die vom Congress of Racial Equality (CORE) organisiert war. Ein junger Mann stieg aus der Limousine, in der der Chauffeur und noch ein weiterer Mitfahrer saßen, und reihte sich in die Schlange der Schwarzen ein. Dieser junge Mann wurde später als Lee Harvey Oswald identifiziert, und der andere Fahrgast im Fond als David Ferrie. Nach der Beschreibung als gutaussehender Mann mittleren Alters könnte der Chauffeur Guy Banister gewesen sein.

Banisters Anwesenheit wäre plausibel. Er betrachte CORE als linke Organisation, die drauf und dran war, alles im Süden zu besudeln und zu unterminieren, als einen Arm einer umfassenderen kommunistischen Strategie, deren Endziel es war, die Vereinigten Staaten zu zerstören. In der Tat nahm der CORE-Organisator, der an diesem Tag in Clinton war, an, daß das Auto sichtbares Zeichen der unfreundlichen Präsenz des FBI gewesen sei. CORE hatte in diesem Sommer schon zahlreiche Einschüchterungsversuche hinter sich.

Der junge Mann, der ausgestiegen war und sich in die Schlange der Schwarzen eingereiht hatte, mußte drei Stunden warten, bis er den Schreibtisch erreichte, an dem von einem Beamten namens Henry Palmer die Wahlberechtigten registriert wurden. Hier »zog er eine Identitätskarte der US-Navy heraus, die auf den Namen Lee H. Oswald mit einer Adresse in New Orleans ausgestellt war«. (12)

Summers: Laut Palmer war Oswalds Geschichte die, daß er sich um einen

504

Job im East Louisiana State Hospital bewerben wolle und eher Chancen hätte, ihn zu bekommen, wenn er sich in Clinton registrieren ließe. Für Palmer war das ein seltsames Anliegen, das mit der Kampagne für die Gleichberechtigung schwarzer Wähler nichts zu tun hatte. Er sagte Oswald, daß er noch nicht lange genug in der Region ansässig sei, um sich registrieren lassen zu können. Oswald dankte ihm und ging. (13)

Diese Episode in Clinton scheint die Verbindung zwischen Oswald und Ferrie zu untermauern, der mit seiner roten Perücke, den Mohair-Augenbrauen und seiner auffallend hellen Haut als einer der drei Männer in der Limousine identifiziert wurde. Gerald Posner mußte daher die Geschichte widerlegen, wenn er seine These von Oswald als einsamem Killer beweisen wollte, denn aus Posners Sicht war eine Verbindung zwischen Ferrie und Oswald ein äußerst unerfreulicher loser Faden; aber das war schließlich nicht das einzige Rätsel, dessen er sich für seine Theorie zu entledigen hatte.

Posner: Ferrie wurde am 27. November 1963 vom FBI befragt und bestritt, Oswald jemals in der Civil Air Patrol kennengelernt zu haben. Die CAP-Unterlagen bestätigen, daß er die Wahrheit sagte. Obwohl er bis einschließlich 1954 Mitglied war, wurde Ferrie gemaßregelt, weil er den Kadetten nicht genehmigte politische Vorträge gehalten hatte. Der Antrag auf Erneuerung seiner Mitgliedschaft für 1955 wurde abgelehnt. Ferrie wurde erst 1958 wieder aufgenommen. Er war also 1955, als Oswald Mitglied war, überhaupt nicht in der Civil Air Patrol. (14)

Allerdings war im November 1993 im Fernsehprogramm »Frontline« ein Gruppenfoto aus dem Jahr 1955 zu sehen, das etwa sechzehn Männer und Jungen bei einem Picknick zeigt. Da Ferrie und Oswald jeweils am entgegengesetzten Ende der Gruppe zu erkennen sind, kann Posner sich allenfalls darauf berufen, daß Ferrie wirklich glaubte, die Wahrheit zu sagen, als er behauptete, daß sie sich nie getroffen hätten.

Die Wahrscheinlichkeit ist also groß, daß die beiden zumindest bei dieser Gelegenheit miteinander bekannt wurden. Da der Pilot in jener Zeit viele Beziehungen mit Minderjährigen hatte, könnte er (wie ein Heterosexueller mit großem Frauenverschleiß ja auch Probleme hat, sich an jede Begegnung zu erinnern) einfach vergessen haben, daß er es mit Oswald getrieben hatte. Und falls er sich an einen solchen Vorfall erinnerte, hätte er es nach dem Attentat ganz gewiß abgestritten. Posner, der versucht, alles abzuschotten, schreibt, »...daß er die Wahrheit sagte«. Eine sehr großzügige Annahme.

3
Mexiko

Der Bus, mit dem Oswald von Laredo nach Mexico City fuhr, kam am Freitag, dem 27. September 1963, um 10 Uhr vormittags an, und Oswald, ausgerüstet mit Matchsack und einer kleinen Tasche, die all die für ihn so wertvollen Papiere barg, studierte die Preise verschiedener Hotels und stieg schließlich im Hotel del Comercio ab, in dem ein Zimmer mit Bad 1,28 Dollar pro Nacht kostete.

Dann ging er zur Kubanischen Botschaft. Er war sich zweifellos sicher, daß ihm die Kubaner ein Visum ausstellen würden, da seine sorgfältig zusammengestellten Unterlagen ihn als Anhänger Castros auswiesen. Er konnte Zeitungsausschnitte über seine Verhaftung vorlegen, er hatte die Belege, daß er in New Orleans eine Ortsgruppe des F.P.C.C. gegründet hatte, Rechnungen über die Flugschriften, die er auf seine Kosten hatte drucken lassen, und falls irgendwelche Anhänger Castros ihn im Radio mit Bill Stuckey gehört hatten, ergab sich noch der Vorteil, daß seine Ansprüche von anderen bestätigt werden konnten.

Die erste Person, auf die er in der Kubanischen Botschaft traf, war eine Frau namens Silvia Duran, die Englisch sprach. Sie hörte Oswald gute 15 Minuten zu. Posner liefert darüber eine anschauliche Schilderung, die auf der Aussage des Konsuls, Eusebio Azcue, vor dem HSCA basiert:

... Oswald erzählte weiter, daß er auf dem Weg in die UdSSR sei, daß er aber ein Transitvisum für Kuba brauche, wo er sich mindestens zwei Wochen aufhalten wolle. Er begann auf ihrem Schreibtisch Dokumente auszubreiten, die er jeweils kurz kommentierte. Er sagte, daß er am 30. September weiterreisen wolle, also bereits in drei Tagen. Duran, eine erklärte Marxistin, fand Gefallen an Oswald und wandte sich an Eusebio Azcue mit der Frage, ob er die Prozedur für den jungen Amerikaner nicht beschleunigen könne. (15)

Azcue erklärte ihm, daß er nichts übers Knie brechen könne, da er erst die Ermächtigung der Kubanischen Regierung in Havanna einholen müsse. Außerdem müsse Oswald einen Antrag ausfüllen und fünf Paßfotos beibringen. Als Oswald diesen Auftrag erledigt und den Antrag ausgefüllt hatte, erfuhr er, daß der beste Weg, sein Visum zu beschleunigen, sei, von der Russischen Botschaft die Genehmigung für eine Reise in die UdSSR einzuholen. Oswald war sichtlich verärgert darüber, welche Hürden sich abzeichneten, und begann zu protestieren. Als Freund Kubas habe er das Recht, auf der

Stelle ein Visum zu erhalten. Azcue erwiderte, daß er eine Aufenthaltsgenehmigung für einen 15tägigen Besuch Kubas erhalten könne, aber erst, sobald er im Besitz eines sowjetischen Visums sei. Ansonsten müsse er den üblichen Amtsweg gehen, und der dauere in Mexiko einige Wochen. Oswald antwortete, daß er nicht einige Wochen Zeit habe, und schon waren sie in einem Disput, der so heftig wurde, daß ein anderer Beamter, Alfredo Mirabel Diaz, dadurch aus seinem Büro gelockt wurde.

Oswald trollte sich darauf und machte sich zum ersten seiner beiden Besuche in der Sowjetischen Botschaft auf, die angenehmerweise nur einige Blocks entfernt war. Er sprach dort mit drei KGB-Agenten, die gleichzeitig als Konsularbeamte fungierten. Einer von ihnen, Oleg Netschiporenko, schrieb ein Buch,»Passport to Assassination«, das ziemlich detailliert über die beiden Besuche berichtet.

Oswald kam um 12 Uhr 30 in der Sowjetischen Botschaft an und wartete am Empfang, bis jemand von der konsularischen Abteilung erschien – Valerij Wladimirowitsch Kostikow. Der hörte sich sein Anliegen an, warf einen Blick auf seine Papiere und erfuhr von Oswald,»daß er in den Vereinigten Staaten unter ständiger Beobachtung durch das FBI stehe und in die UdSSR zurückkehren wolle«. (16)

Kostikow hatte eine wichtige Verabredung, und dieser Mensch schien ihm kaum ein Durchschnittsfall zu sein. Offensichtlich würde er einige Zeit in Anspruch nehmen. Also rief Kostikow zu seinem Kollegen Oleg Maximowitsch Netschiporenko durch:

Hören Sie, da ist ein Gringo, sagte Kostikow. Er möchte ein Visum für die Sowjetunion. Offenbar hat er dort bereits gelebt und eines unserer Mädchen geheiratet. Jetzt halten sie sich in den Staaten auf, aber das FBI schikaniert sie. Kommen Sie rüber und versuchen Sie, der Sache auf den Grund zu gehen. Der Fall scheint mehr in Ihrer Richtung zu liegen. Ich habe es eilig. (17)

Netschiporenko weiter:

Als ich zu dem kleinen Gebäude ging, in dem sich die konsularischen Abteilung befindet, sah ich einen ungefähr 25- bis 27jährigen Ausländer, der am Türpfosten lehnte. Er schien durch mich hindurchzublicken, von seinen Gedanken völlig in Anspruch genommen, und reagierte nicht einmal, als ich auf ihn zukam. Ich grüßte den Unbekannten mit einem Kopfnicken. Er erwiderte den Gruß auf dieselbe Art. (18)

Kostikow, der ein Büro mit Netschiporenko teilte, machte die beiden miteinander bekannt und ging. Oleg forderte den Amerikaner auf, sich zu setzen, und Oswald begann im Zustand ziemlicher Erregung zu sprechen. Er sah erschöpft aus. Er breitete ein weiteres Mal seine Unterlagen aus, beschwerte sich über das FBI und sagte, daß er nach Mexiko gekommen sei, um zwei Visa zu erhalten – ein Besuchervisum für Kuba und ein Dauervisum für die UdSSR.

Heimlich verfluchte ich Valerij, daß er mir diese Geschichte aufgehalst hatte, und beschloß, daß es Zeit sei, die Unterhaltung zu Ende zu bringen. Ich hatte wichtigere Punkte auf meiner Agenda. Ich erklärte Oswald, daß gemäß unseren Regeln alle Angelegenheiten, die Reisen in die UdSSR beträfen, von unseren Botschaften oder Konsulaten in den jeweiligen Ländern bearbeitet würden, in denen die betreffende Person ihren Wohnsitz habe. Was seinen Fall betreffe, könnten wir eine Ausnahme machen und ihn den Antrag hier ausfüllen lassen, den wir nach Moskau weiterleiten würden. Aber die Antwort würde in jedem Fall an seinen ständigen Wohnsitz geschickt werden, und außerdem würde das im allergünstigsten Fall vier Monate dauern.

Oswald hörte sich meine Darlegung aufmerksam an, aber seinen Bewegungen und seinem Gesichtsausdruck war zu entnehmen, daß er enttäuscht war und zunehmend ärgerlicher wurde. Als ich fertig war, beugte er sich langsam vor und schrie mir, kaum in der Lage, sich in Zaum zu halten, praktisch ins Gesicht: »Das hilft mir nichts! Nicht in meinem Fall! Für mich wird das alles in einer Tragödie enden!«

Ich zuckte die Achseln, stand auf und zeigte ihm damit das Ende unserer Unterredung an. Oswalds Hände zitterten, als er seine Dokumente wieder in seine Jacke steckte. Ich brachte Oswald am Empfang vorbei und zeigte ihm den Weg aus dem Gelände. Er ging, offensichtlich unzufrieden mit den Ergebnissen unseres Gesprächs und in großer Erregung. (19)

Später an diesem Tag begann Netschiporenko trotzdem über diesen Amerikaner nachzudenken, der in solcher Hochspannung wegen des FBI angekommen war.

Unser Leitgedanke beim Umgang mit solchen Ausländern – und ich irre mich wohl nicht in der Annahme, daß das für alle Geheimdienste gilt –, war das »fifty-fifty«-Prinzip. Das bedeutete, daß die Chance, gute, vielleicht sogar wertvolle Informationen zu bekommen, gleich hoch war wie die Möglichkeit, daß wir es mit einem Kuckucksei zu tun hatten, mit einer Falle, die uns vom Feind mit unvorhersehbaren Konsequenzen gelegt worden war.

Während ich über diesen Besucher nachdachte und die Kriterien gegeneinander abwog, kam ich zu dem Schluß, daß er in keine der beiden Kategorien paßte, was bedeutete, daß er für uns nicht von geringstem Interesse war. Es war völlig klar, daß die Gegenspionage in unserem Land ihn bereits unter die Lupe genommen hatte. Nun wurde er vom FBI beschattet, und ich dachte, daß die sich über ihn den Kopf zerbrechen sollten. (20)

Am Abend, als sie in einer mexikanischen Cantina ausspannten, erzählte ihm Kostikow, daß Silvia Duran angerufen hätte. Oswald war zu den Kubanern zurückgegangen und hatte ihnen erzählt, daß die Sowjets ihm ein Visum zugesagt hätten, und Silvia Duran wollte das nachprüfen. Kostikow hatte ihren Eindruck korrigiert. Während sie nun über ihren Bierkrügen saßen, unterhielten sich die beiden Männer ein wenig über Oswald. Da sie selbst jung und in guter körperlicher Verfassung waren, machte es ihnen Spaß, darüber zu debattieren, ob der Bursche eine schizoide Persönlichkeit aufweise oder lediglich neurotisch sei.

Wir sollten nicht versäumen, darauf hinzuweisen, daß Kostikow und Netschiporenko wie Mexikaner aussahen. Sie hatten einen dunklen Teint und waren schon lange genug in Mexico City, um einen ausgewachsenen Schnurrbart zu tragen. Vielleicht hatten sie ihre äußere Erscheinung auch bewußt angepaßt. Es ist für einen Geheimdienstoffizier von Vorteil, wenn er wie ein Einheimischer aussieht, und möglicherweise dachten sie bis zu einem gewissen Grad auch wie Mexikaner – was am nächsten Vormittag, als Oswald in die Sowjetische Botschaft zurückkehrt, in einer ganz exquisiten Episode zum Tragen kommen wird.

Kostikow, Netschiporenko und ihr unmittelbarer Vorgesetzter Jatskow waren die Stars im Volleyball-Team der sowjetischen Diplomaten. Ein »wichtiges Spiel« war für diesen Samstagvormittag angesetzt – es galt, das Team des militärischen Geheimdiensts (GRU) zu schlagen. (21)

Es ist eine der Ironien von Oswalds Reise nach Mexiko, daß an diesem für ihn wichtigen Tag, an dem er abermals mit dem festen Vorsatz in die Sowjetische Botschaft kommt, diese sowjetischen Beamten zu überzeugen, daß er angesichts seiner Voraussetzungen jedes Recht darauf habe, rasch ein Visum zu bekommen, ebendiese Beamten ihren Kopf ganz woanders haben. Seine Anwesenheit in ihrem Büro bedeutet für sie lediglich, daß sie zu spät zum Spiel kommen werden.

Pawel Jatskow, der an diesem Samstagmorgen als erster in seinem Büro ankam, war erleichtert, als Kostikow sich zu ihm gesellte, um so mehr, als der Fremde, der zu ihm vorgedrungen war, Englisch redete – eine Sprache, die Jatskow kaum verstand. Kostikow beschrieb Netschiporenko später die Szene:

Ich öffnete die Tür zum Chefbüro, und da saß Pawel an seinem Schreibtisch, und an dem Schreibtisch rechts von ihm, mit dem Rücken zum Fenster, saß der Amerikaner, der uns am Tag vorher aufgesucht hatte. Er war zerknittert, zerzaust und unrasiert. Er hatte einen gehetzten Blick und schien mir viel ängstlicher als am Vortag. Ich grüßte ihn, und er nickte zurück. Pawel schien ebenfalls ziemlich angespannt. Er wandte sich an mich: »Helfen Sie mir da heraus. Ich verstehe nicht ganz, was er will.« Oswald begann, seinen Lebenslauf zu erzählen, und ließ sogar einen Hinweis fallen, daß er so etwas wie einen Geheimauftrag ausgeführt hätte. Er gab bekannt, daß er Kommunist sei und Mitglied einer Organisation zur Verteidigung Kubas. Pawel unterbrach seinen Monolog und sagte, daß er sich, da er doch in der Sowjetunion gewesen sei und dort gearbeitet habe, vermutlich auf russisch ausdrücken könne, und sah ihn mißbilligend an. Unvermittelt begann Oswald, gebrochen Russisch zu sprechen, und auf diese Weise wurde das Gespräch fortgesetzt.

Während er seine Geschichte weitererzählte, versuchte er sie durch die Vorlage verschiedener Dokumente zu erhärten und wiederholte seinen Wunsch, so schnell wie möglich ein Visum für die UdSSR zu erhalten. Er gab als Grund an, daß es äußerst schwierig für ihn sei, in den Vereinigten Staaten zu leben, daß er unter ständiger Überwachung stehe, sogar verfolgt werde, und daß seine Frau und die Nachbarn ausgehorcht würden. Er habe seinen Job verloren, weil das FBI an seinem Arbeitsplatz Fragen gestellt habe. Während er das alles vorbrachte, schien er ständig Sorge um sein Leben zu signalisieren.

Er träume davon, so waren seine Worte, in seinen früheren Job in der Sowjetunion zurückzukehren und dort mit seiner Familie in Frieden zu leben. Er sprach mit bemerkenswerter Wärme über seine Frau und sein Kind.

Bisher war er extrem erregt und furchtbar nervös gewesen, zumal wenn er auf das FBI zu sprechen kam, aber plötzlich wurde er hysterisch, begann zu heulen und rief unter Tränen aus: »Ich habe Angst … sie werden mich töten. Lassen Sie mich in Ihr Land!« Während er ständig wiederholte, daß er verfolgt würde, sogar bis hierher nach Mexiko, steckte er seine rechte Hand in die linke Jackentasche, zog einen Revolver heraus und sagte: »Sehen Sie? Den muß ich nun mit mir herumtragen, um mein Leben zu schützen.« Und damit legte er den Revolver auf den Schreibtisch, an dem wir ihm gegenübersaßen.

Ich war sprachlos und schaute Pawel an, der etwas blaß geworden war, aber rasch reagierte: »Geben Sie mir das Ding her.« Ich nahm den Revolver vom Schreibtisch und überreichte ihn Pawel. Oswald wischte sich schluchzend die Tränen ab und reagierte nicht auf meine Bewegung. Pawel öffnete das Magazin des Revolvers, ließ die Kugeln in seine Hand gleiten und legte sie in eine Schublade. Dann überreichte er mir den Revolver wieder, und ich legte ihn auf den Schreibtisch zurück. Oswald schluchzte weiter, riß sich dann zusammen und schien völlig gleichgültig darüber, was wir mit seiner Waffe gemacht hatten. Pawel goß Oswald ein Glas Wasser ein und hielt es ihm hin. Oswald nahm einen Schluck und stellte das Glas wieder ab. (22)

In diesem Moment kam Oleg Netschiporenko im Volleyball-Dreß herein, um die anderen zum Spiel abzuholen. Es war bereits allerhöchste Zeit. Aber nun ging es nicht um das Spiel. Nicht mit dem Revolver auf dem Tisch. Netschiporenko schloß die Tür wieder. Später erzählte ihm Jatskow:

… seine Augen waren voll Tränen, und seine Hände zitterten. Ich begann ihn zu trösten und sagte, daß es für ihn sicher schrecklich sei, aber daß die Gründe, aus denen er verfolgt würde, für uns nicht deutlich seien. Valerij wiederholte einige meiner Sätze auf englisch. Was das Visum für die Sowjetunion betraf, legten wir ihm die Regeln noch einmal dar, aber angesichts seines Zustands bot ich ihm an, die notwendigen Formulare bei uns auszufüllen. Als er darauf beharrte, daß wir als Alternative den Kubanern empfehlen sollten, ihm ein Visum auszustellen, sagten wir ihm, daß Kuba ein souveräner Staat sei und in Visa-Fragen seine eigenen Entscheidungen treffe.

Oswald wurde allmählich ruhiger und ignorierte die Formulare, die wir ihm vorlegten. Seine hochgradige Erregung war nun in tiefe Depression übergegangen. Valerij und ich tauschten Blicke aus und stimmten überein, daß das Thema nun erschöpft und es Zeit sei, das Gespräch zu beenden. Ich erhob mich. Oswald stand von seinem Stuhl auf, nahm den Revolver und verstaute ihn irgendwo unter seiner Jacke, entweder in einer Hosentasche oder in seinem Gürtel. Er wandte sich zu Valerij und begann wieder davon, daß er verfolgt würde. Ich bückte mich, nahm die Kugeln aus der Schreibtischschublade und übergab sie Oswald, der sie in eine Jackentasche gleiten ließ. Wir verabschiedeten uns mit einem Kopfnicken. Valerij öffnete vorsichtig die Tür, die zum Empfang führte, ließ ihn vorausgehen und folgte ihm auf den Fersen. (23)

Hier überschneidet sich Olegs Schilderung, der es offensichtlich doch nicht hatte lassen können, die Tür wieder zu öffnen, mit der Jatskows:

In diesem Moment hörte ich deutlich, daß Oswald sagte, daß er Angst habe, in die Vereinigten Staaten zurückzukehren, weil sie ihn dort umbringen würden. »Aber wenn sie mich nicht in Ruhe lassen, werde ich mich zu verteidigen wissen.« Valerij bestätigt, daß das Oswalds Worte waren.

Er sagte es, ohne jemand im besonderen zu erwähnen. Zu diesem Zeitpunkt hatte der Satz für uns keine Bedeutung. Was ihm in seinem eigenen Land zustoßen könnte, war sein Problem. Wir erinnerten uns an seine Worte erst wieder an jenem schicksalhaften 22. November. (24)

Vor kurzem wurde Netschiporenko von den Interviewern für dieses Buch gefragt, wie es möglich war, daß ein KGB-Verantwortlicher nicht nur die Waffe, sondern auch die Kugeln jemandem zurückgab, der so offensichtlich verhaltensgestört war wie Oswald. Netschiporenko zuckte die Achseln. Es sei eben geschehen, sagte er. Er könne nicht sagen, warum. Jatskow habe es getan, aber zu jener Zeit sei es wohl nicht außergewöhnlich gewesen.

»Wenn sich dieselbe Episode in London abgespielt hätte, hätte ihm dann einer von Ihnen die Kugeln zurückgegeben?«

»Auf keinen Fall«, sagte Netschiporenko.

Das gab einen Anhaltspunkt, die Geschichte für glaubhaft zu halten. Wir könnten unterstellen, daß diese drei KGB-Leute lange genug in Mexiko Dienst taten, um zu befinden, daß es verkehrt sei, einen Mann seiner Waffe zu berauben. Das war nach mexikanischem Verständnis, der Logik der *cantinas*, gleichbedeutend mit Kastration, und für einen Mexikaner gab es nichts Ruchloseres.

»Schön«, wurde er gefragt, »es ist zu verstehen, daß ihm die Waffe zurückgegeben wurde. Aber die Kugeln! Was wäre gewesen, wenn Oswald auf dem Weg nach draußen seinen Revolver wieder geladen hätte und den Erstbesten, der ihm auf der Straße begegnete, über den Haufen geschossen hätte? Und dann gesagt hätte: ›Die Russen haben mir die Kugeln gegeben.‹«

Netschiporenko schüttelte den Kopf. Es habe sich so abgespielt, wie es sich abgespielt habe, und wahrscheinlich hätte man dabei sein müssen, um es zu glauben. Sie seien einfach nicht besorgt gewesen, daß dieser Mann Oswald auf die Straße gehen und mit seinem Revolver Ärger machen würde.

Sie würden es natürlich niemals zugeben, aber vielleicht waren sie der Ansicht, daß er eine Waffe nötig haben könnte, um sich gegen das FBI zur Wehr zu setzen. Wie viele FBI-Männer in derselben Situation würden schließlich nicht ebenfalls glauben, daß ein russischer Überläufer seine Munition zurückbekommen müsse, um sich gegen den KGB zu verteidigen.

Oder vielleicht wollte Jatskow, wenn wir weiter über sein Motiv nachgrü-

512

beln, nicht die Situation heraufbeschwören, daß Oswald schnurstracks zur Amerikanischen Botschaft in Mexico City ging und sich beschwerte, daß die Sowjets sein Eigentum zurückhielten. Der Bursche konnte ein gerissener Provokateur sein.

Auf jeden Fall kamen die drei Beamten an diesem Tag nicht zu ihrem Volleyball-Spiel gegen GRU. Jatskow, Kostikow und Netschiporenko waren damit beschäftigt, an einem kodierten Telegramm an die Zentrale in Moskau zu feilen, in dem sie ihr Treffen mit Oswald beschrieben. Da ihre Mannschaft gegen GRU verlor, fühlten sie sich schuldig.

An diesem völlig frustrierenden Samstagvormittag ging Oswald als nächstes zur Kubanischen Botschaft und geriet abermals mit dem Konsul Eusebio Azcue in Streit:

Posner: Oswald verlangte wieder ein Visum aufgrund seiner politischen Unterlagen, und der Konsul wiederholte, daß das ohne ein russisches Visum nicht möglich sei. »Ich höre ihn noch wie heute, wie er Feststellungen macht, die gegen uns gerichtet sind«, erinnerte sich Azcue, »er beschuldigt uns, daß wir Bürokraten sind, und das auf sehr unhöfliche Weise. An diesem Punkt werde ich ebenfalls wütend und fordere ihn auf, das Konsulat zu verlassen, vielleicht etwas heftig oder emotional.« Er sagte Oswald, daß »eine Person wie er der kubanischen Revolution, statt sie zu unterstützen, nur Schaden zufüge«. Azcue bewegte sich auf Oswald zu, um ihn nötigenfalls mit körperlichem Einsatz aus dem Konsulat zu entfernen. »Daraufhin geht er«, erinnerte sich Azcue, »scheint etwas in sich hineinzumurmeln und knallt die Tür zu, ebenfalls auf sehr unhöfliche Weise. Das war das letzte Mal, daß er sich bei uns blicken ließ.« (25)

Es ist schmerzlich, sich vorzustellen, wie Oswald die Straße hinunterging, mit den Dokumenten in seinem Matchsack. All sein Streben hatte dem Sammeln dieser Dokumente gegolten, und nun hatte sich niemand auch nur im geringsten von seinen Taten beeindruckt gezeigt.

Am Sonntag ging er zu einem Stierkampf, und am Montag rief er Netschiporenko noch einmal an. Liege eine positive Antwort aus Moskau auf seinen Visumsantrag vor? Keine, sagte Netschiporenko.

Oswald ging zum Busbahnhof und kaufte sich eine Fahrkarte Richtung Heimat. Wenn er sich auch 1959 und noch einmal 1962 gegen die gigantischen Bürokratien der Sowjetunion und der Vereinigten Staaten durchgesetzt hatte, konnte er nun nicht mehr von dem Glanz solcher Leistungen zehren.

Am Mittwoch fuhr er morgens um 8 Uhr 30 von Mexico City ab. Ungefähr dreißig Stunden später war er zurück in Dallas. Er rief Marina in Ruth Paines Haus in Irving nicht an, sondern nahm sich ein Zimmer im YMCA und schlief vermutlich allein, seine Arme um das Aschenhäufchen seiner Pläne geschlungen.

SECHSTER TEIL

OSWALD EX MACHINA

1

Auf dem Weg zur Häuslichkeit

Während der Rückfahrt von Mexiko nach Texas ereignete sich ein aufschlußreicher Zwischenfall. Als der Bus die Grenze zu Texas passiert, ißt Oswald gerade eine Banane. Als er die Schilder sieht, die das Mitführen von frischen Lebensmitteln in die USA verbieten, schlingt er beim Betreten der Zollstation in Laredo die Banane rasch hinunter. Der Zollbeamte hat es zumindest so in Erinnerung. Ist schon in Ordnung, wird ihm bedeutet, lassen Sie sich ruhig Zeit. (1)

Es ist eine kleine, aber bezeichnende Episode für einen Wandel in seinem Wesen. Nach den Verheerungen, die Mexiko in ihm angerichtet hat, wird er eine Zeitlang gesetzestreu. Während sich der Konflikt seines Lebens als Erwachsener bislang zwischen Ruhm und Familie abspielte, hat diese letzte Reise das Zünglein der Waage geneigt. Er fuhr in dem Glauben ab, daß er Marina wahrscheinlich nie wieder sehen würde, doch bei seiner Rückkehr fühlt er sich für die Rolle des Liebenden bereit.

Als er in Dallas um die Mittagszeit ankommt, verbringt er allerdings erst einmal den Nachmittag in der Texas Employment Commission, wo er seinen Anspruch auf Arbeitslosenunterstützung für die letzten Wochen einreicht und sich als Arbeitssuchender einschreiben läßt. Die Nacht verbringt er im YMCA und am nächsten Morgen bewirbt er sich als Setzer. Das ist nicht anders, als wenn Buster Keaton Bankier würde. Der dyslektische Oswald an der Setzmaschine! Oder betrachtet er es als treffliche Gelegenheit, seine eigenen Papiere herzustellen?

Beim Einstellungsgespräch zeigt er sich von seiner Schokoladenseite: »Oswald war gutgekleidet und ordentlich. Er machte auf den Werkmeister der Abteilung einen guten Eindruck. Da Oswald in einem ähnlichen Betrieb gearbeitet hatte, war ich an ihm als möglichem Angestellten interessiert.« (2)

Unglücklicherweise hat Oswald Jaggars-Chiles-Stovall als einen der frühe-

515

ren Arbeitgeber angegeben, und Theodore F. Gangl, der Direktor der Firma, der das Einstellungsgespräch geführt hat, notiert später auf der Rückseite seiner Bewerbung: »Bob Stovall kann diesen Mann nicht empfehlen. Er wurde wegen seiner Akte als Unruhestifter entlassen – *hat kommunistische Tendenzen.*« (3)

Im Vertrauen darauf, daß er den Job bekommen würde, rief Oswald Marina an und fuhr per Anhalter nach Irving, wo sie mit Ruth lebte.

McMillan: Er schwänzelte um sie herum wie ein Schoßhündchen, küßte sie immer wieder und sagte ihr ein ums andere Mal: »Du hast mir so gefehlt.«

Lee verbrachte das Wochenende bei den Paines. Ruth ließ sie soviel wie möglich allein und versuchte sogar, ihnen June abzunehmen. Sorglos wie Kinder saßen sie im Garten auf Schaukeln. Er gab sich äußerst besorgt um sie und bat sie, mehr zu essen und zu trinken, vor allem Obst, Säfte und Milch, damit sie vor der Entbindung ordentlich zu Kräften käme. Trotzdem blieb es Marina nicht verborgen, wie sehr ihm die Ungewißheit, ob er Arbeit finden würde, zu schaffen machte. Als ihn Ruth am Montagmittag zum Busbahnhof fuhr, fragte Lee, ob Marina bei ihr bleiben könne, bis er Arbeit gefunden hätte. Ruth versicherte ihm, daß Marina bleiben könne, solange sie wolle. (4)

Zurück in Dallas, mietete er ein Zimmer bei einer Dame namens Mary Bledsoe, die sich schon bei den ersten Worten ihrer Aussage als Verkörperung der klassischen Vermieterin zu erkennen gibt, so daß man beinahe glaubt, sie vor sich zu sehen, wie sie ihre schmalen Lippen schürzt.

Mr. Ball: Haben Sie mit ihm über die Benutzung des Kühlschranks gesprochen?

Mrs. Bledsoe: Also, er sagte, er wolle etwas hineinstellen, und ich sagte – es gab eigentlich nichts zu sagen, und ich brachte schließlich heraus: »Eigentlich nein; mein Kühlschrank ist nicht so groß.« Er sagte: »Nur dieses eine Mal.« Er war wirklich sehr entgegenkommend.

Mr. Ball: Ging er in den Lebensmittelladen?

Mrs. Bledsoe: Er kaufte Erdnußbutter und Sardinen und einige Bananen und brachte alles in sein Zimmer, außer der Milch, und er aß dort, er aß in seinem Zimmer. Das konnte ich gar nicht gut leiden. Dann telefonierte er mit jemand in einer fremden Sprache. Ich war in meinem Zimmer, das Telefon steht dort drüben... Das kann ich auch nicht leiden, und ich sagte zu meiner Freundin: »Ich mag es nicht, wenn jemand in einer fremden Sprache spricht.« (5)

Das Zimmer kostete sieben Dollar pro Woche, und als Oswald am Freitag wieder nach Irving fahren wollte, besprach er noch einige Kleinigkeiten mit Mrs. Bledsoe:

Mrs. Bledsoe: Er sagte: »Und ich wünsche, daß Sie mein Zimmer sauber-machen und das Bett frisch beziehen.«
Ich sagte: »Das werde ich auch tun, nachdem Sie ausgezogen sind, denn Sie ziehen aus.«
Er sagte: »Warum?«
Ich sage: »Weil ich Sie nicht mehr als Mieter haben will.«
Er sagte: »Dann geben Sie mir mein Geld zurück.« Also wegen zwei Dollar! Ich sagte: »Ich habe es nicht passend.«
Also verschwand er Samstag früh. (6)

Ohne die zwei Dollar. In der ersten Woche nach seiner Rückkehr war er oh-ne ersichtlichen Grund aus seinem Zimmer gesetzt worden und hatte einen Job nicht bekommen, der ihm so gut wie sicher gewesen war, also könnte er zu dem Schluß gekommen sein, daß das FBI die Leute über seine Existenz ins Bild setzte. Als er von seinem zweiten Wochenende in Irving nach Dal-las zurückkam und abermals ein Zimmer mietete, gab er deshalb seinen Na-men als O.H. Lee an. Es war dieser Deckname O.H. Lee, der ihn vermutlich an das Ende seines Lebensdramas führte.
Seine Beziehungen zur neuen Vermieterin Earlene Roberts waren nur mar-ginal besser als seine Begegnungen mit Mrs. Bledsoe.

Mr. Ball: Haben Sie jemals über irgend etwas mit ihm gesprochen?
Mrs. Roberts: Nein, denn er sagte überhaupt nichts.
Mr. Ball: Grüßte er?
Mrs. Roberts: Nein.
Mr. Ball: Sonst irgend etwas?
Mrs. Roberts: Er sagte keinen Piep.
Mr. Ball: Haben Sie ihn jemals angesprochen?
Mrs. Roberts: Nun ja, ich pflegte »Guten Tag« zu sagen, und er sah mich höchstens unverschämt an und ging einfach weiter in sein Zimmer. (7)

Die kommenden vierzig Tage wird Oswald während der Wochenden in Ir-ving ziemlich oft mit Ruth Paine und ihrem getrennt lebenden Ehemann zusammen sein. Ruth, wie schon früher angedeutet, ist ein Apostel an Ver-nunft und Anstand, als Liberale so archetypisch wie Mrs. Bledsoe als Ver-mieterin. Da sie kein großes Vorstellungsvermögen von Lee hat, scheint es müßig, sie zu fragen, ob sie die geheimen Gedanken eines jungen Mannes erahnte, der seine geistige Nahrung gleichermaßen von Autoritätshörigen wie von Anarchisten bezog.

Nichtsdestoweniger wurde Ruth Paine für die Warren-Kommission eine der Einspringerinnen vom Dienst, obwohl das FBI ihr anfangs mit großem Mißtrauen begegnete – war sie vielleicht eine KGB-Agentin, die auf Marina angesetzt worden war? Überdies fanden sie heraus, daß ihr Mann Michael der Sohn von Lyman Paine war, einem amerikanischen Radikalen, der in den dreißiger Jahren nach Norwegen gefahren war, um Leo Trotzkij zu besuchen, der dort im Exil lebte.

Im Rahmen ihrer Befragung fand die Warren-Kommission heraus, daß sie an ihre Mutter zahlreiche Briefe über Marina und Lee geschrieben hatte – Briefe, in denen sich ihre Fähigkeit, ihre Reflexe auf Lee und Marina bis aufs i-Tüpfelchen herauszuziselieren, minuziös manifestierte. Da diese Briefe ihren Aussagen hinzugefügt wurden, hält sie, was die Seitenzahl betrifft, den Rekord unter allen befragten Personen, eine Leistung, die nur von der Tatsache beeinträchtigt wird, daß wir nicht viel mehr erfahren, als wir ohnehin schon wissen. Es ist keine große Überraschung, daß Oswald sich inzwischen auf halbem Wege zum domestizierten Ehemann befindet:

Mrs. Paine: Im Frühjahr, als ich dachte, er wolle seine Frau loswerden, war er mir von Herzen verhaßt. Als ich ihn Ende September in New Orleans wiedersah, fand ich ihn sehr viel angenehmer. Es wäre also der geeignete Zeitpunkt, um den diesbezüglichen Teil meines Briefes vom 14. Oktober an meine Mutter in das Protokoll aufzunehmen, denn ich bin eine der wenigen, die bezeugen kann, daß Lee Oswald ein sehr menschliches Wesen war, eher gewöhnlich, und nicht ein Ungeheuer, das seine Frau sitzen ließ und zu allen grob und feindselig war, und das sollte die Öffentlichkeit wissen.

An diesen kurzen Wochenenden lernte ich ihn als einen Menschen kennen, der sich um Frau und Kind kümmerte und sich im Haus nützlich machen wollte, auch wenn er am liebsten mit sich allein war.

Sehr gesprächig war er nicht. In diesem Brief schrieb ich: »Liebe Mutter! Er kam vor eineinhalb Wochen hier an und ist seither auf Arbeitssuche. Ich kann mir vorstellen, daß das sehr deprimierend für ihn ist. Er verbrachte die beiden letzten Wochenenden bei uns und war ein willkommener Zuwachs für unsere Großfamilie. Er spielte mit Chris« – meinem damals zweijährigen Sohn – »schaute sich Football im Fernsehen an und hobelte die klemmenden Türen ab. Endlich ein Mann im Haus. Im Gegensatz zu meinem ersten Eindruck habe ich ihn inzwischen liebgewonnen.« (8)

Die nächsten Auszüge werfen etwas Licht auf Michael Paine, der nicht ohne Sorge um den moralisch einwandfreien Ruf seiner Familie war:

Mr. Liebeler: Wann hatten Sie diese Diskussion mit Ihrer Frau, in der es darum ging, ob Marina bei Ihnen wohnen sollte oder nicht? War das, bevor sie aus New Orleans zurückkamen?

Mr. Paine: Ja, davor.

Mr. Liebeler: Und damals fanden Sie, daß es keinen Grund gäbe, warum Marina nicht herkommen sollte; ist das richtig?

Mr. Paine: Ja, das stimmt. Natürlich horchte Ruth sie vorher vorsichtig aus und berichtete mir sogar über Oswalds Gesichtsausdruck, als sie den Vorschlag machte, aber er schien eher erleichtert als bekümmert.

Mr. Liebeler: Als Marina dann bei Ihnen wohnte, kam Oswald im Oktober und November öfter zu Besuch. Hat sich dabei Ihre Meinung über ihn bestätigt?

Mr. Paine: Ja.

Mr. Liebeler: Sie hielten ihn nicht für gewalttätig oder gar für fähig, ein Verbrechen wie die Ermordung des Präsidenten zu begehen?

Mr. Paine: Absolut nicht. Ich hatte den Eindruck, daß er verbittert war und die Menschen in seiner Umgebung recht negativ sah. Ein Mensch mit sehr wenig Mitgefühl, aber ich hielt ihn für harmlos.

Mr. Liebeler: War seine Verbitterung, als er aus Mexiko zurückkam, ein neuer Charakterzug?

Mr. Paine: Nein, so war er schon immer gewesen. Aber nachdem Marina zu uns gekommen war, erholte sie sich und nahm auch etwas zu. Sie sah besser aus, als ob es keine familiären Spannungen mehr gäbe. Sie stritten sich nicht mehr. Sie schnäbelten und turtelten miteinander. Sie saß auf seinem Schoß, und er flüsterte ihr Zärtlichkeiten ins Ohr. (9)

Unter der Woche rief Lee jeden Abend aus Dallas in Irving an, und jeden Abend mußte er die betrübliche Mitteilung machen: noch immer kein Job. Später fanden es viele Verfechter der Verschwörungstheorie in höchstem Grade verdächtig, daß er schließlich eine Stelle im Texas School Book Depository fand, aber auf den ersten Blick bekam er den Job durch eine von Ruth Paines Nachbarinnen, die erwähnte, daß »ihr Bruder im Schulbuchlager arbeite, und daß es da anscheinend eine freie Stelle gebe«. (10) Daß Ruth zu seiner Einstellung beitrug, war einer der Gründe, die sie dem FBI anfangs verdächtig machten.

Mr. Truly: Ich erhielt einen Anruf von einer Dame aus Irving, die sich als Mrs. Paine vorstellte. Sie sagte: »Sie kennen mich nicht, aber ich habe eine

519

Nachbarin, deren Bruder bei Ihnen arbeitet. Wie er uns sagt, haben Sie viel zu tun. Da dachte ich mir, ob Sie nicht vielleicht noch jemand brauchen könnten? Bei mir wohnt ein reizender junger Mann mit seiner Frau und seinem Baby, und in ein paar Tagen wird das zweite Kind zur Welt kommen, und er braucht dringend Arbeit.«

Ich sagte Mrs. Paine, sie solle ihn herschicken, ich würde ihn mir ansehen. Ich sagte ihr auch, daß eine Dauerstellung nicht in Frage käme, aber daß ich ihn vielleicht für kurze Zeit beschäftigen könnte. Er kam dann, stellte sich vor, und ich habe mich mit ihm in meinem Büro unterhalten. Er schien mir ruhig und wohlerzogen. Ich gab ihm ein Bewerbungsformular, das er ausfüllte. Ich fragte ihn, wo er vorher gearbeitet habe. Er sagte, er hätte gerade seinen Militärdienst beim Marine Corps geleistet und seine ehrenhafte Entlassung erhalten. (11)

Diesmal gab er Jaggers-Chile-Stovall nicht als Referenz an.

Mr. Truly: Ich gab mich mit dieser Auskunft zufrieden. Außerdem gefielen mir seine Manieren. Er gebrauchte das Wort »Sir«, und das ist heutzutage ja nicht mehr so üblich. Also sagte ich ihm, daß er am Morgen des 16. anfangen könne.

Mr. Belin: Könnten Sie uns schildern, wie er sich an seinem Arbeitsplatz machte?

Mr. Truly: Er war ein bißchen besser als der Durchschnitt. Er lieferte ordentliche Arbeit.

Mr. Belin: Wieviel bezahlten Sie ihm?

Mr. Truly: 1,25 Dollar Stundenlohn. Er arbeitete selbständig. Er brauchte mit niemandem zusammenzuarbeiten, nur gelegentlich mußte er Nachschub anfordern. Folglich hatte er nicht viel Gelegenheit, mit den anderen ein Plauderstündchen zu halten, was mir nur recht war. Und es schien mir, als ob er seine Arbeit ernst nähme. (12)

Am Freitag, dem 18. Oktober 1963, wurde er vierundzwanzig. Seit drei Tagen hatte er einen Job, Marina stand kurz vor der Entbindung, und es gab eine Überraschungs-Geburtstagsparty für ihn mit einem liebevoll geschmückten Tisch. Wie Marina Priscilla Johnson McMillan erzählte, konnte Lee »die Tränen nicht zurückhalten«. (13) Wie anrührend, bis wir uns klar werden, daß wir es wieder einmal mit einem dieser krassen Widersprüche zwischen den zwei Hälften seines Charakters zu tun haben – dem Stoiker und dem Mann, den wir schon so oft weinen sahen. Freilich, Tränen und Zärtlichkeit gehören zusammen – und nimmt er nicht Rücksicht auf Marinas Zustand? Er massiert ihre Knöchel und schiebt ihr Kissen in den Rücken. Aber er bleibt Marguerites Sohn, ein Perfektionist:

McMillan: Er brachte jedes Wochenende seine schmutzige Wäsche mit, die Marina waschen und bügeln mußte. Oft weigerte er sich, ein gerade gebügeltes Hemd anzuziehen, weil sie es nicht gut genug hingekriegt hatte. Kaum saßen sie bei Tisch, bellte er Marina an: »Warum habe ich keinen Eistee? Du wußtest doch, daß ich komme.« Oder er machte ein Babygesicht und beschwerte sich in Babysprache, daß er nicht essen könne, weil ihm Marina keine Gabel und keinen Löffel gegeben habe. Er stand nie auf, um sich selbst etwas zu holen oder seiner Frau in den letzten Tagen der Schwangerschaft zu helfen. (14)

Immerhin durfte sie ihren Kopf in seinen Schoß legen, als er an diesem Abend vor dem Fernseher saß.

Am Sonntag, dem 20. Oktober, setzten bei Marina die Wehen ein. Ruth fuhr sie ins Parkland Hospital in Dallas, Lee mußte in Irving bleiben und Ruths beide Kinder und June hüten. Er konnte nicht Auto fahren.

Nach nur zwei Stunden gebar Marina ein Mädchen, während Lee schon schlief. Er erfuhr es erst am Montagmorgen, bevor er zur Arbeit ging.

McMillan: Er kam am Nachmittag nach Irving zurück, sträubte sich aber aus irgendeinem Grund, ins Krankenhaus zu gehen. Ruth wunderte sich und vermutete, daß er befürchtete, jemand könne herausfinden, daß er Arbeit hatte, und daß er dann für die Entbindungskosten aufkommen müsse. Also erzählte ihm Ruth, daß das Krankenhaus bereits Bescheid wisse, denn sie war bei der Einlieferung danach gefragt worden. Aber das mache nichts aus. Die Entbindung und die Versorgung der Wöchnerin seien trotzdem kostenlos. Nachdem er das erfahren hatte, war er mit dem Besuch einverstanden.

Marina wußte nichts von dieser miesen Zögerlichkeit. »Mama, du bist wundervoll«, sagte er, als er sich an ihr Bett setzte. »Nur zwei Stunden! Du machst das, als wäre nichts dabei.« In seinen Augen standen Tränen. (15)

Aus Marinas Erzählung: Er war sehr glücklich über die Geburt einer zweiten Tochter und weinte sogar ein bißchen. Er sagte, daß zwei Töchter besser miteinander zurechtkämen – zwei Schwestern. Vor lauter Glück sagte er eine Menge dummes Zeug und war sehr lieb zu mir, und mich machte es glücklich, daß Lee sich etwas gebessert hatte, ich meine, daß er mehr an seine Familie dachte. (16)

Am darauffolgenden Wochenende in Irving erwies er sich als Bilderbuch Vater:

McMillan: Er hielt das Baby an der Brust und streichelte seinen Kopf. »Sie ist das hübscheste und kräftigste Baby der Welt«, prahlte er. »Erst eine Woche alt, und sie kann den Kopf schon aufrecht halten. Wir sind so stark, weil Mama uns Milch gibt und nicht die Flasche, die entweder zu heiß oder zu kalt ist. Von Mama kriegen wir nur das Beste.« Er bestaunte ihre Finger, »ihren süßen kleinen Mund« und ihr Gähnen. Er war begeistert und tat kund, daß sein Baby mit jedem Tag hübscher würde. »Sie ist ihrer Mutter aus dem Gesicht geschnitten.« (17)

Der vollständige Name des Babys lautet Audrey Marina Rachel Oswald. Sie wird Rachel gerufen werden.
Die erneute Vaterschaft bringt den Konservativen in Lee wieder zum Vorschein. Marina versucht, sein Verständnis für Ruths eheliche Situation etwas zu vergrößern, aber er geht mit Michaels Verhalten hart ins Gericht.
McMillan: Lees Meinung war, daß ein verheirateter Mann seine Frau zu lieben habe und sich Kinder wünschen müsse. Er war empört, daß Michael geheiratet hatte, ohne den Wunsch nach Kindern zu haben. Und er verurteilte Michael dafür, daß er nach Hause kam, zu Abend aß, seine Kinder wie ein normaler Familienvater behandelte und wieder wegging. Normalerweise interessierte Lee das Privatleben anderer Leute nicht, aber jetzt fragte er Marina ständig, wie Ruth und Micheal miteinander auskämen. Zum ersten Mal schien er die Paines als menschliche Wesen wahrzunehmen. Er gab sogar zu erkennen, daß er und seine Familie in dem bescheidenen einstöckigen Ranchhaus möglicherweise im Weg wären. (18)

In dieser Zeit erhält Marina einen Brief von ihrer jüngeren Schwester Galina aus Leningrad:
29. September 1963
Leningrad
Hallo, liebe Marinoschka,
ich träume oft von Mutter; das ist nicht angenehm, denn schließlich ist sie tot. Und wenn ich aufwache, habe ich Angst.
Marinoschka, es wäre so schön, wenn Du wieder heimkämst; Du könntest Arbeit finden, Dein Mann hätte Arbeit, und die Kinder kämen in einen öffentlichen Kindergarten, und alles würde gut werden. Aber dürftest Du überhaupt zurückkommen? Wenn Du die amerikanische Staatsbürgerschaft angenommen hast, erlauben sie es vielleicht nicht. Und ich glaube, es wäre grundsätzlich schwer für Dich, von dort wegzugehen. Aber ehrlich gesagt, mir gefiele es viel besser, wenn Du hier leben würdest. Ar-

beitslosigkeit ist die schlimmste Plage im Leben. Das gibt es bei uns nicht; wir wissen nicht einmal, was *Arbeitslosigkeit* ist. Aber das weißt Du ja selbst. In Leningrad werden Apotheker händeringend gesucht. Komm, ich warte auf Dich. Wenn es noch schlimmer wird – wir helfen Dir. Marinoschka, Liebste, schreib mir alles ganz genau. Ich freue mich auch immer sehr über einen Brief von Dir.

Galka (19)

Während dieser Brief für sich selbst spricht, hat er Nebeneffekte. Da er mit Sicherheit sowohl vom sowjetischen wie vom amerikanischen Postüberwachungsprogramm erfaßt worden ist, gelingt es dem FBI, die Fährte Oswalds wieder aufzunehmen, nachdem sie ihn nach seiner Abreise aus New Orleans aus den Augen verloren hatten.

2
Der Schatten des FBI

Am Freitagnachmittag, dem 1. November, während Marina in Erwartung von Lees Ankunft ihr Haar zurechtmachte, schaute ein FBI-Mann in Ruths Haus in Irving vorbei. Seine Name war James P. Hosty. Er hatte sich nicht nur die Adresse in Irving verschafft, sondern wußte auch, daß Oswald in Mexico City die Kubanische und die Sowjetische Botschaft besucht hatte. Da das FBI im russischen Komplex eine Quelle hatte, wußten sie nun, daß Oswald eine geheime Besprechung mit Valerij Kostikow gehabt hatte, der von FBI und CIA in jenen Kader des KGB eingestuft wurde, der von Zeit zu Zeit Liquidierungsaktionen unternahm, die euphemistisch »nasse Jobs« hießen. Wie wir feststellen können, hatte das FBI einen kühleren Blick auf Kostikow als Oleg Netschiporenko, der ihn als Volleyball-Star porträtierte.

McMillan: Ruth arbeitete gerade vor dem Haus, als Hosty auftauchte. Sie bat ihn ins Haus, und sie plauderten über dieses und jenes. Hosty sagte, daß das FBI im Gegensatz zum Parlamentarischen Untersuchungsausschuß für unamerikanische Umtriebe nicht auf Hexenjagd ginge.

Allmählich brachte Hosty das Gespräch auf Lee. Ob er auch in Ruths Haus lebe? Ruth verneinte. Ob sie wüßte, wo er wohne? Erstaunlicherweise wußte sie es nicht. Sie wußte, daß es irgendwo in Dallas war, vielleicht in Oak Cliff. Ob sie wüßte, wo er arbeitete? Sie erklärte ihm, daß Lee das FBI für seine Schwierigkeiten bei der Arbeitssuche verantwortlich mache.

523

Hosty versicherte ihr, daß das FBI niemals einen Arbeitgeber direkt kontaktiere. Das beruhigte Ruth, und sie sagte ihm, wo Lee arbeitete, und zusammen schlugen sie die Anschrift des Schulbuchlagers im Telefonbuch nach. Es war 411, Elm Street. (20)

Zu diesem Zeitpunkt betrat Marina den Raum:

McMillan: Bevor Hosty ging, bat ihn Marina, Lee an seinem Arbeitsplatz in Ruhe zu lassen. Sie sagte ihm, daß Lee schon öfter seine Arbeit verloren hätte, weil sich, wie er vermute,»das FBI für ihn interessiere«.

»Ich glaube nicht, daß er auch nur einen Job wegen des FBI verloren hat«, sagte Hosty verbindlich.

Ruth und Marina baten den Besucher zu bleiben. Falls er Lee treffen wolle, der sei gegen 17:30 Uhr zurück. Aber Hosty mußte in sein Büro; er bat Ruth noch, herauszufinden, wo er wohne. Ruth hielt das für unproblematisch: sie würde ihn einfach fragen. (21)

Mrs. Paine: Ich sagte Agent Hosty, daß ich ihm auch die Anschrift von Marina und Lee geben würde, wenn sie wieder zusammenleben und mir die neue Adresse geben würden. Am nächsten Morgen oder noch am selben Abend, auf jeden Fall kurz danach, spülten Marina und ich gerade ab, als sie plötzlich sagte, daß ihre Adresse ihre Privatangelegenheit sei. Das überraschte mich, denn so hatte sie noch nie mit mir gesprochen, und ich verstand auch nicht, was das viel ausmachte. (22)

Wir können über die verhaltene Wut nur spekulieren, die Oswald über Ruth Paines Ehrerbietung für die Amtsgewalt empfand, und ihren Stolz darauf, immer ehrlich und geradeheraus zu sein, immer ihr Wort zu halten und nichts zu verbergen zu haben.

Lee kam in guter Laune an, aber sobald er von Hostys Besuch hörte, geriet er sichtlich außer Fassung. Während des Abendessens versank er in tiefes Schweigen. Das ganze Wochenende erledigte er alles ziemlich mechanisch, hängte die Windeln im Garten auf, spielte mit den Kindern unter dem Baum daneben, schaute sich im Fernsehen Football an, was Samstag und Sonntag immer seine liebste Zerstreuung war, aber seine Gedanken waren beim FBI. Er gab Marina genaue Anweisungen: Wenn *sie* das nächste Mal kämen, erwarte er von ihr, daß sie ihm genau das Auto beschreiben könne und – vor allem – das Kennzeichen notiert hätte. Er sagte ihr sogar, daß das Auto möglicherweise nicht vor Ruths Haus parken würde, sondern vielleicht ein Haus weiter. Er war in einer jener Stimmungen, die sie nur allzu gut in der Neely Street kennengelernt hatte, und brütete am Sonntagnachmittag vor dem Fernseher vor sich hin. (23)

Zwei Tage später, am 5. November, einem Dienstag, kam Hosty wieder. Seine zweite Begegnung mit Ruth war fast noch herzlicher als die erste:

Mr. Jenner: Fällt Ihnen dazu außerdem noch etwas ein?

Mrs. Paine: O ja, da war noch etwas; Agent Hosty fragte mich, ob es meiner Meinung nach ein mentales Problem gäbe, wobei er sich auf Lee Oswald bezog. Ich sagte, daß ich die Gedankengänge von jemand, der sich mit der Marxistischen Philosophie befreunde, sowieso nicht verstehen könne, aber damit meinte ich natürlich nicht im geringsten, daß er seelisch aus dem Gleichgewicht sei oder sich in der normalen Gesellschaft nicht zurechtfinden könne.

Ich erzählte Lee, welche Frage mir gestellt worden war. Er gab keine Antwort, nur ein kaum hörbares höhnisches Lachen von sich. (24)

Unklar ist, ob Marina bei diesem zweiten Besuch von Hosty anwesend war oder nicht. Der FBI-Mann erinnert sich nicht daran, aber Marina ist sich ganz sicher, daß sie sich gut mit Hosty unterhalten habe. Da sich Marina, ebenso wie Lee, chamäleonartig verhalten konnte, war es ihr zwischendrin gelungen, hinauszuschlüpfen, sich das Aussehen von Hostys Wagen und das Kennzeichen einzuprägen, was sie alles zu Papier brachte, sobald sie in ihrem Schlafzimmer war.

McMillan: Später überlegten sie und Ruth, ob sie Lee von dem Besuch erzählen sollten. Ruth schlug vor, damit bis zum Wochenende zu warten. Jedesmal, wenn er anrief (und das war zweimal täglich), fragte er als erstes: »War das FBI da?« Und immer sagte Marina nein.

Kaum, daß er am Freitag angekommen war, fragte er Marina: »Waren sie wieder da?« Diesmal bejahte Marina.

»Wie in aller Welt konntest du das vergessen?«

»Es hat dich das letzte Mal so aufgeregt.«

»Wenn du es mir verheimlichst, regt es mich noch viel mehr auf. Warum mußt du immer so heimlichtun? Nie kann ich mich auf dich verlassen.« (25)

Das einzige, was ihn besänftigte, war, daß sie das Autokennzeichen aufgeschrieben hatte. Als erstes am Samstagmorgen, dem 9. November, bat er Ruth um ihre Schreibmaschine. Dann tippte er geheimnistuerisch eine handschriftliche Seite ab, die er mit der Hand bedeckte, offensichtlich etwas, was für ihn von großer Bedeutung war – nichts Geringeres als einen Brief an die Sowjetische Botschaft in Washington:

Dear Sirs,

hiermit möchte ich Sie über die Vorkommnisse seit meinem Gespräch mit

525

dem Genossen Kostine [Kostikow] in der Sowjetischen Botschaft in Mexico City, Mexiko, unterrichten.

Ich konnte nicht unbegrenzt in Mexico City bleiben, da mein mexikanisches Visum nur für 15 Tage gültig war.

Ich und Marina Nikolajewa leben nun in Dallas, Texas.

Das FBI ist zur Zeit nicht an meinen Aktivitäten in der fortschrittlichen Organisation F.P.C.C. in New Orleans, Louisiana, interessiert, deren Sekretär ich war, da ich nicht mehr in diesem Staat lebe.

Das FBI hat uns hier in Texas aufgesucht. Am 1. November hat der FBI-Agent Hosty mich darauf aufmerksam gemacht, daß das FBI sich wieder um mich »kümmern« werde, falls ich versuchen sollte, meine Aktivitäten für das F.P.C.C. in Texas wiederaufzunehmen. Dieser Agent »regte auch an«, daß meine Frau »in den USA unter dem Schutz des FBI bleiben könne«, was heißt, daß sie als sowjetische Staatsbürgerin überlaufen könne. Natürlich protestierten ich und meine Frau aufs heftigste gegen diese Taktiken des berüchtigten FBI.

Ich hatte meinen Besuch bei der Botschaft in Mexico City überhaupt nicht eingeplant, so daß sie nicht auf mich vorbereitet waren. Wenn ich, wie vorgesehen, nach Havanna gekommen wäre, hätte die Sowjetische Botschaft dort genügend Zeit gehabt, mich zu unterstützen. Aber natürlich war alles die Schuld des idiotischen kubanischen Konsuls in Mexico City. Ich freue mich, daß er in der Zwischenzeit durch einen anderen ersetzt wurde. (26)

Es ist ein bizarrer Brief, und außerdem ist nicht ersichtlich, welcher Absicht gegenüber den Sowjets in Washington er dienen sollte. Sie mußten völlig mißtrauisch werden. Entweder war er durchgedreht, oder er schrieb den Brief in der Anahme, daß er vom FBI gelesen würde und eine völlige Verwüstung der Beziehungen zwischen seinen offiziellen und geheimen Staffeln anrichten werde – eine COINTELPRO-Aktion, diesmal von Oswald angezettelt. Und erinnern wir uns, daß es nicht Ian Fleming, sondern das FBI war, das den Namen COINTELPRO gewählt hatte.

Nochmals müssen wir uns die Frage stellen, ob Oswald in der Tat für COINTELPRO oder eine andere Gruppe arbeitete. Seine extreme Reaktion auf Hosty deutet immerhin darauf hin, daß er zu einer Gruppe Kontakt hatte, die ihn nicht nur bezahlte, sondern auch entsprechend unter Druck setzte. Falls er sich in Dallas unter falschem Namen eine kurze Zeit frei gefühlt hatte, konnte Hostys Auftauchen, auch wenn es im Rahmen seiner relativ unschuldigen Aufgaben als offizieller FBI-Mann geschah, bei Oswald eine begreifliche Paranoia ausgelöst haben. Wenn wir unterstellen, daß er aktiver Provokateur für eine Gruppe war, die er für dem FBI zugehörig hielt, war ihm auch versprochen worden, daß er weder zu Hause noch in der Arbeit vom FBI aufgesucht würde. Nun hatten sich die Spielregeln geändert.

Jedenfalls tauchte er drei Tage später, am 12. November, während seiner Mittagspause in der FBI-Zentrale in der Commerce Street auf und übergab der Empfangsdame »mit wildem Blick« (27), wie sie es beschreibt, eine Nachricht für Hosty in einem offenen Umschlag. Der FBI-Mann war beim Mittagessen.

Was den Inhalt betrifft, können wir uns nur auf Hostys Gedächtnis verlassen. Und das kann sicherlich nicht als zuverlässig bezeichnet werden, zumal Hosty von seinem Chef Gordon Shanklin den Autrag bekam, die Nachricht zu vernichten. Laut Hosty, was eine solche Aussage auch immer wert sein mag, stand in der Notiz, daß Hosty Oswalds Frau weder besuchen noch behelligen solle, sowie die Androhung, daß Oswald etwas gegen das FBI unternehmen werde, falls Hosty nicht von seinen Besuchen ablassen sollte. Ob Oswald etwas in Händen hatte, oder ob es sich nur um eine persönliche Drohung handelte, konnte nicht geklärt werden.

Laut Hosty erhielt er ständig ähnliche unsignierte Wische, so daß er nicht einmal wußte, ob dieser von Oswald oder jemand anders stammte. Er legte ihn einfach in sein Ablagekörbchen. Eine solche Indifferenz paßt allerdings kaum zu dem Faktum, daß Hosty über den zweimaligen Besuch in der Sowjetischen Botschaft in Mexico City Bescheid wußte, und auch darüber, daß Oswald beide Male mit einem Agenten gesprochen hatte, der laut FBI in »nassen Jobs« bewandert war.

In der Zwischenzeit hatte Ruth Paine ihren eigenen Anflug von Paranoia. Lee hatte den handschriftlichen Entwurf für seinen Brief an die Sowjetische Botschaft auf ihrem Schreibtisch liegenlassen. Nachdem die Neugier den Sieg über ihr Ethos davongetragen hatte, überflog sie die ersten Zeilen und war außer sich:

Mrs. Paine: Ich wußte zwar, daß es sich nicht gehörte, aber ich mußte einfach weiterlesen, weil ich mich fragte, warum er das alles behauptete. Natürlich ärgerte ich mich auch maßlos, daß er solche Lügen auf meiner Schreibmaschine geschrieben hatte. Ich glaubte, ich hätte ein Recht, mir das anzuschauen. (28)

Hier kommt ihr verborgener Sinn für Besitz zum Vorschein. Auf Hunderten von Seiten ist dies eine der wenigen Bemerkungen von Ruth Paine, die darauf schließen lassen, daß noch ganz andere Kräfte im Universum am Werk sein könnten als Vernunft, süße Vernunft.

Mr. Jenner: Haben Sie mit ihm jemals über diesen Brief gesprochen?

Mrs. Paine: Nein, nur beinahe. Er schaute sich spätabends einen Spionagefilm an, und ich setzte mich neben ihn auf das Sofa und sagte: »Ich kann nicht schlafen.« Eigentlich wollte ich damit herausrücken. Aber ich hatte Angst und wußte nicht, was ich tun sollte.

Abgeordneter Ford: Wieso Angst?

Mrs. Paine: Nun, wenn er ein Agent war, hätte ich es wohl besser dem FBI gemeldet.

Mr. Jenner: Hatten Sie Angst, er könnte Ihnen etwas antun?

Mrs. Paine: Nein, eigentlich nicht, obwohl ich mir nicht ganz im klaren war. Ich setzte mich und sagte, daß ich nicht einschlafen könne, und er sagte: »Vermutlich sind Sie aufgeregt, weil Sie morgen zu Ihrem Anwalt gehen.« Er wußte, daß ich am nächsten Tag einen Termin bei meinem Anwalt hatte, um eine eventuelle Scheidung zu besprechen. Das war es zwar nicht, was mich wachhielt, aber es war immerhin freundlich von ihm, daran zu denken. Ich beließ es dabei und ging zu Bett. (29)

Als Lee am Freitag, dem 15., mittags anrief, um über das kommende Wochenende zu sprechen, meinte Marina, daß Ruth und Michael vielleicht einmal ein wenig Zeit für sich selbst haben wollten. Natürlich ist es möglich, daß sie selbst ein wenig Ruhe vor ihm haben wollte. Seine übersteigerte Reaktion auf Hostys zweiten Besuch hatte sie ziemlich mitgenommen, und das war sicherlich nicht gut für ihre Milch. Sie sagte nicht viel, aber er nahm ihren Vorschlag bereitwillig auf und sagte, daß er über das Wochenende ohnehin einiges in Dallas zu erledigen hätte.

Kein Mensch weiß, was er in Dallas zwischen Montag, dem 11. November, und Mittwoch, dem 20. November, außer seiner Arbeit getan hat. Die Lücke dieser zehn Tage ist lediglich von seinem erfolglosen Besuch im FBI-Hauptquartier am 12. November besetzt.

Gerald Posner macht eine Haupt- und Staatsaktion aus Earlene Roberts' Aussage, daß sie Oswald niemals abends ausgehen gesehen hätte, läßt jedoch die anschließende Bemerkung vor der Warren-Kommission weg: »Falls er ausging, muß das gewesen sein, nachdem ich ins Bett gegangen war, und dann konnte ich es nicht wissen.« (30)

Sein kleines, enges Zimmer lag im Erdgeschoß und hatte niedrige Fenster nach draußen, so daß er verschwinden konnte, wann immer er wollte. Wir wollen das nicht grundsätzlich behaupten, sondern damit nur unterstreichen – und man kann es nicht oft genug tun –, daß nicht wenige Fakten, die mit Autorität vorgetragen werden, so hart und unumstößlich sind wie eine Eierschale.

Am Sonntagabend jedoch, dem 17. November, als Lee wie besprochen nicht nur nicht gekommen war, sondern auch nicht angerufen hatte, wurde Marina allmählich unruhig:

McMillan: Als sie Junie am Telefon herumspielen sah und hörte, wie sie »Papa, Papa« hineinrief, beschloß sie spontan: »Rufen wir Papa an.«

Marina war nicht imstande, mit dem Wählsystem umzugehen, also mußte Ruth anrufen; ein Mann war am Apparat.

»Kann ich Lee Oswald sprechen?« fragte Ruth.

»Hier gibt es keinen Lee Oswald.«

Am nächsten Tag, also am Montag, dem 18. November, rief Lee wie üblich während der Mittagspause an. »Wir wollten dich gestern abend anrufen, wo warst du?« fragte Marina.

Am anderen Ende trat eine lange Pause ein. »Verdammt. Ich wohne hier nicht unter meinem richtigen Namen.«

Marina fragte nach dem Grund.

»Du hast wirklich von nichts eine Ahnung«, sagte Lee. »Ich möchte nicht, daß das FBI weiß, wo ich wohne.« Er wies sie an, Ruth nichts zu sagen.

Marina geriet in Angst und Schrecken. »Jetzt fängst du schon wieder mit diesem Blödsinn an. Hör bloß mit dieser Schmierenkomödie auf. Dauernd denkst du dir was Neues aus, und nun auch dieser falsche Name. Wo wird das alles noch hinführen?«

Lee mußte zu seiner Arbeit zurück. Er würde später noch mal anrufen, sagte er. (31)

Marina war nicht schlecht wütend, daß er einen falschen Namen benutzte. Es bedeutete für sie, daß er seine hochtrabenden Pläne niemals aufgeben würde; von ihrem Standpunkt aus mit gutem Recht betrachtete sie sein politisches Engagement als Gift für ihre Ehe. Seine Pläne waren gleichbedeutend mit der Notwendigkeit zu lügen. Seinen Decknamen O.H. Lee würde sie ihm nicht vergeben. Das nahm sie sich fest vor.

Lee machte außerdem auch noch den Fehler, sie am Montagabend, dem 18. November, anzurufen. Sie begannen sich zu streiten. Er gab ihr die Weisung, seine Nummer aus Ruth Paines Telefonbuch zu streichen, damit das

FBI nicht rankommen könne. Marina sagte ihm, daß sie sich nicht an Ruths Eigentum vergreifen würde.

»Ich befehle dir, sie auszustreichen«, sagte er. Seine Stimme klang so unangenehm, daß sie aufhängte.

Am Dienstag und Mittwoch rief er nicht an. Am Donnerstag, dem 21. November, fragte er Ruth Paines Nachbarn, der mit ihm im Schulbuchlager arbeitete, ob er außertourlich mit ihm nach Irving fahren könne, er müsse sich Vorhangstangen besorgen.

Oswald hat mittlerweile eine gravierende Entscheidung getroffen. Es ist erst eine vorbereitende Maßnahme für seinen finalen Entschluß, aber er hat beschlossen, sein Gewehr am Freitag, dem 22. November, in das Schulbuchlager mitzunehmen. Die ganze Woche haben sich die Gespräche in der Arbeit um den Besuch von Präsident Kennedy gedreht. Die Fahrtroute ist in den Zeitungen veröffentlicht worden. Die Autokolonne wird am Schulbuchlager in der Elm Street vorbeikommen.

Mr. Rankin: Hat er Ihnen gesagt, daß er am Donnerstag, dem 21., kommen würde?

Marina Oswald: Nein.

Mr. Rankin: Das Attentat geschah am 22.

Marina Oswald: Das kann man wohl schwer vergessen.

Mr. Rankin: Hat Ihnen Ihr Mann irgendeinen Grund genannt, warum er am Donnerstag zu Ihnen kam?

Marina Oswald: Er sagte, er hätte sich so einsam gefühlt, weil er doch am Wochenende zuvor nicht gekommen war, und daß er sich mit mir versöhnen wolle.

Mr. Rankin: Waren Sie böse auf ihn?

Marina Oswald: Natürlich war ich wütend, und er war verstört. Er tat alles, um mich zu besänftigen. Er räumte Windeln auf und spielte mit den Kindern auf der Straße.

Mr. Rankin: Wie zeigten Sie ihm, daß Sie böse auf ihn waren?

Marina Oswald: Indem ich nicht mit ihm redete.

Mr. Rankin: Und woraus schlossen Sie, daß er verstört war?

Marina Oswald: Er versuchte mehrmals, mit mir zu reden, aber ich gab keine Antwort. Er sagte, daß es für ihn ganz furchtbar wäre, wenn ich böse auf ihn sei, und er schlug vor, eine Wohnung für uns in Dallas zu mieten. Er sagte, er sei es leid, alleine zu leben, und daß ich vielleicht so wütend sei, weil wir immer getrennt wären, und wenn ich es nur wollte, würde er schon morgen eine Wohnung in Dallas mieten. Das sagte er nicht nur ein-

mal, sondern immer wieder, aber ich lehnte ab. Und er sagte, daß ich
schon wieder einmal meine Freunde vorziehe und daß ich ihn nicht brauchen würde.

Mr. Rankin: Was sagten Sie darauf?

Marina Oswald: Daß es besser wäre, wenn ich bis zu den Feiertagen bei
Ruth bliebe, denn so würden wir weniger Geld brauchen. Und ich sagte
ihm, daß er mir eine Waschmaschine kaufen müsse, denn mit zwei Kindern sei es zu mühsam, alles mit der Hand zu waschen.

Mr. Rankin: Was sagte er dazu?

Marina Oswald: Er sagte, er würde mir eine Waschmaschine kaufen.

Mr. Rankin: Und was sagten Sie darauf?

Marina Oswald: Vielen Dank; er solle lieber etwas für sich kaufen, ich käme schon zurecht.

Mr. Rankin: Schien er dadurch noch verstörter?

Marina Oswald: Ja. Er sagte nichts mehr und setzte sich vor den Fernseher
und ging bald zu Bett. Ich ging erst später schlafen. Als er ging, war es ungefähr 9 Uhr. Ich ging gegen 11:30 Uhr ins Bett und hatte den Eindruck,
daß er wach war, aber ich habe nichts gesagt. (32)

Nach der Demütigung in Mexiko muß er nun subtilere Niederlagen einstecken. Seit Marina bei Ruth lebt, ist sie verhältnismäßig unabgängig. Sie
braucht ihn jedenfalls nicht mehr zum Überleben. Aus der Kleinbürgertyrannei, die er seit der Heirat auf sie ausübte, können wir schließen, wie
tief seine einsame und bange Überzeugung sitzt, daß sie nie etwas mit ihm
zu schaffen haben würde, wenn sie ihn nicht brauchte. Also war sein Liebesbedürfnis (im Gegensatz zu seiner Liebesfähigkeit) unersättlich. Liebe
war die Sicherung gegen den physischen Angriff auf die menschliche Rasse
als solche. Wenn Kennedy das großartigste Exemplar der amerikanischen
Gattung war, das im Augenblick zur Verfügung stand, mußte Lees Besorgnis über Marinas Liebe oder ihren Mangel daran in der Nacht vor Kennedys Ankunft ungeheuer sein. Kennedy war die Sorte Mann, die jede Frau
(und ganz gewiß Marina) ihm bei weitem vorziehen würde. Und natürlich
wühlte ihn der Gedanke auf, ob sie überhaupt so etwas wie Liebe für ihn
empfinde. Keine Grube war für Oswald so tief wie der Abgrund unerwiderter Liebe.

An diesem Abend, als sich die Dämmerung senkte, war es im novemberlichen Texas noch warm genug, um draußen herumzutrödeln:

McMillan: Lee ging vors Haus und spielte mit den Kindern, bis es dunkel wurde – den Paine-Kindern, Kindern aus der Nachbarschaft und June. Er setzte sich June auf die Schultern und sie versuchten, einen Schmetterling zu fangen. Dann versuchte er, für June die herunterwirbelnden Ahornsamen aufzufangen. (33)

Man kann ein Gespür für finale Momente haben – zum letzten Abschied fangen wir zusammen Ahornsamen.

McMillan: Es war ein friedlicher Abend. Lee erzählte auch Ruth, daß er im FBI-Hauptquartier gewesen sei, versucht habe, mit den Agenten zu sprechen und eine Nachricht hinterlassen habe, in der er ihnen unverblümt sagte, was er von ihren Besuchen halte. Marina glaubte ihm nicht. Sie hielt ihn für ein »tapferes Schneiderlein«, und die Story war für sie lediglich ein weiteres Beispiel für sein provozierendes Benehmen. Die Unterhaltung beim Abendessen war dann so alltäglich, daß sich niemand mehr daran erinnert; doch Ruth hatte den Eindruck, daß die jungen Oswalds »herzlich«, »freundlich«, »liebevoll« miteinander umgegangen seien – »wie ein Paar, das sich nach einem kleinen Zank gerade ausgesöhnt hatte«. (34)

Ruth hat wieder einmal die richtige Witterung, die richtige Witterung aus der falschen Richtung. Oswald hat das Stadium ruhiger Heiterkeit erreicht, die manche Männer vor dem Kampf befällt, wenn die Angst so tief sitzt, daß sie in stumme Verzückung übergeht: du unternimmst endlich eine Tat, die der Bedeutung deines Lebens entspricht.

McMillan: Marina stand noch am Spülbecken, als Lee den Fernseher abschaltete, seinen Kopf in die Küche steckte und fragte, ob er helfen könne. Marina fand, daß er traurig aussah.

»Ich gehe ins Bett«, sagte er. »Wahrscheinlich komme ich dieses Wochenende nicht.«

»Warum nicht?«

»Zu oft. Schließlich bin ich heute da.«

»Okay«, sagte Marina. (35)

Mr. Jenner: Was machten Sie an diesem Abend? Hatten Sie Gelegenheit, ihn zu beobachten?

Mrs. Paine: Wir haben wie üblich zu Abend gegessen, dann habe ich meine Kinder zu Bett gebracht und ihnen noch eine Geschichte vorgelesen. Danach stellte ich fest, daß er bereits zu Bett gegangen war, das muß so gegen 9 Uhr gewesen sein. Ich ging in die Garage, um einige Bauklötzchen für die Kinder zu bemalen, was ungefähr eine halbe Stunde dauerte. Als ich in die Garage kam, fiel mir auf, daß das Licht brannte.

Mr. Jenner: Was das ungewöhnlich?

Mrs. Paine: Allerdings. Aber dann erinnerte ich mich, daß Lee vor mir aus der Garage gekommen war. Sie hatten dort Sachen untergebracht, so daß es also nichts Besonderes war, aber ich fand es gedankenlos von ihm, das Licht nicht auszuschalten. (36)

Wahrscheinlich war er in die Garage gegangen, um sein Gewehr zu zerlegen und Kolben und Lauf in einem großen Papiersack zu verstauen, den er im Schulbuchlager zusammengeklebt und an diesem Nachmittag nach Irving mitgebracht hatte.

McMillan: Wie üblich, ging Marina als Letzte schlafen. Sie saß noch etwa eine Stunde in der Badewanne und dachte an nichts Bestimmtes, nicht einmal an Lees Bitte, zu ihm nach Dallas zu übersiedeln. Als sie ins Bett schlüpfte, lag Lee auf dem Bauch und schien zu schlafen. Marina hatte noch immer ihre Schwangerschaftsprivilegien, was hieß, daß sie ihre Füße auf jeden seiner Körperteile hochlegen durfte. Ungefähr gegen drei Uhr morgens legte sie einen Fuß auf eines seiner Beine. Lee schlief nicht und stieß in einer Art stummer Wut ihren Fuß grob weg. Hat der eine miese Laune, dachte Marina. (37)

Die eheliche Intimität ihres Fußes muß auf Lee in diesem Augenblick erstickend gewirkt haben – eine falsche Verheißung, nur dazu bestimmt, ihn von kühnen Taten abzuhalten.

McMillan: Normalerweise wachte Lee auf, bevor der Wecker klingelte, und stellte ihn ab, um die Kinder nicht zu stören. Am Morgen des 22. November hörte er den Wecker nicht.

Marina war wach, und nach etwa zehn Minuten sagte sie: »Zeit zum Aufstehen, Alka.«

»Na schön.« (38)

Als er ging, gab er ihr keinen Kuß, sondern sagte nur, daß er etwas Geld in den Schreibtisch gelegt habe.

Als sie aufstand, stellte sie fest, daß es sich um den stolzen Betrag von 170 Dollar handelte. Da wir im nachhinein wissen, daß ihm nur ein paar Dollar zur Flucht blieben, war es wohl seine Art, ihr nahezulegen, daß sie ihn immer noch in der Arbeit anrufen könne. Aber sie dachte nicht daran. Ihr Warnsystem schlug nicht Alarm. Es fiel ihr nicht einmal auf, daß er seinen Ehering in einer Tasse auf der Kommode zurückgelassen hatte, etwas, was er noch nie zuvor getan hatte.

3

Die Tauben flatterten vom Dach

Aus einem FBI-Protokoll: Am Morgen des 22. November 1963 gegen 7:10 Uhr sah die Schwester des Nachbarn BUELL WESLEY FRAZIER, der OSWALD immer nach Dallas bzw. Irving mitnahm, wie OSWALD zum Auto ihres Bruders ging und die rechte hintere Tür öffnete. Sie rief ihrem Bruder zu, daß OSWALD wartete.

Sie gab an, daß OSWALD einen langen, in braunes Papier eingewickelten und offensichtlich schweren Gegenstand trug. (39)

Die beiden Männer stiegen ein. Während er den Motor anließ, warf FRA-ZIER einen Blick auf den Rücksitz und bemerkte ein langes, hellbraunes Paket, und OSWALD sagte, daß die Vorhangstangen drin seien.

FRAZIER gab an, daß sie zur Arbeit fuhren und den Wagen etwa zwei Blocks nördlich des Schulbuchlagers parkten. OSWALD stieg zuerst aus, und FRA-ZIER sah, daß er das Paket mit einem Ende unter dem Arm hatte – das andere Ende wurde offenbar mit der rechten Hand gehalten. OSWALD ging dann vor FRAZIER auf das Gebäude zu und hielt sich die ganze Strecke von etwa 100 bis 200 m vor ihm. Am Eingang des Gebäudes hatte OSWALD einen Vorsprung von mindestens 25 m, und als FRAZIER den Eingang erreichte, sah er OSWALD nicht mehr und wußte nicht, wohin er gegangen war. Später hat er ihn nicht mehr mit dem Paket gesehen. (40)

Ruth Paine wachte auf, als Oswald schon gegangen war.

Mrs. Paine: Im Haus war es so still, daß ich dachte, Lee hätte verschlafen, aber als ich mich umsah, bemerkte ich den leeren Plastikbecher im Spülbecken, der ganz offensichtlich benutzt worden war, und schloß daraus, daß Lee sich Kaffee gemacht hatte, bevor er gegangen war.

Mr. Jenner: Ein Plastikbecher mit Kaffeeresten?

Mrs. Paine: Ja, Instantkaffee. (41)

Als Roy Truly, der Leiter des Schulbuchlagers, um 8 Uhr ankam, sah er, daß Lee bereits arbeitete, die Schreibplatte in der Hand.

McMillan: Da Ruth wußte, wie fasziniert Marina vom Präsidentenehepaar war, ließ sie den Fernseher an, als sie das Haus verließ, und Marina machte es sich auf dem Sofa gemütlich, um sich die Wiederholungssendung eines Frühstücks anzusehen, an dem Mr. Kennedy in Fort Worth teilgenommen hatte. Jemand setzte ihm einen riesigen Cowboyhut auf, und es schien ihm Spaß zu machen. (42)

Nach dem Frühstück hatte sich Jack Kennedy für einige Minuten in sein Hotelzimmer zurückgezogen, bevor er und seine Begleitung den kurzen Flug mit der *Air Force One* nach Dallas antraten. Der folgende kurze Abschnitt aus William Manchesters Buch »Death of a President« läßt die First Lady zu Wort kommen:
»Ist das nicht reizend, Jack?« sagte sie. »Sie haben ihr ganzes Museum ausgeräumt, um diese düstere Suite ein bißchen heiterer zu machen.« Er nahm sich den Katalog des Komitees vor: »Schauen wir mal, wer das gemacht hat.« Am Ende waren etliche Namen aufgeführt, der erste war Mrs. J. Lee Johnson III. »Warum rufen wir sie nicht an?« schlug er vor. »Sie steht bestimmt im Telefonbuch.« Auf diese Weise war Ruth Carter Johnson, die Frau des Chefredakteurs einer Zeitung in Fort Worth, die Person, die den letzten Telefonanruf von John Kennedy erhielt. Sie war zu Hause und pflegte ihre kranke Tochter. Sie hatte ebenfalls die Übertragung des Gala-Frühstücks auf WBAP-TV gesehen, und als sie die Stimme des Präsidenten hörte, war sie sprachlos. (43)
Mrs. J. Lee Johnson III! Ihr Name enthält das erste Initial von J. Edgar Hoover, der zweite Name ist Lee und der dritte ist der Familienname des Präsidenten, der Nachfolger von Jack Kennedy werden wird. (Als Dreingabe lautet ihr Mädchenname Carter.) Vielleicht gefällt es dem Kosmos, Koinzidenzen um den Rand des Trichters zu streuen, in dem große Ereignisse zusammenströmen.
Manchester: Kennedy entschuldigte sich, daß er nicht schon früher angerufen habe, aber sie seien erst gegen Mitternacht im Hotel angekommen. Dann übernahm Mrs. Kennedy das Telefon. Mrs. Johnson empfand ihre Stimme als überwältigt und lebhaft. »Es wird ganz schön schwierig werden, mich mit all diesen wunderbaren Kunstschätzen hier herauszukriegen«, sagte sie. »Wir sind beide sehr gerührt – vielen, vielen Dank.« (44)
Ken O'Donnell, der Privatsekretär des Präsidenten, kam mit einem unerfreulichen Zeitungsbeitrag herein. Es war eine ganzseitige Anzeige in den »Dallas Morning News« mit einem Rand, wie er bei Todesanzeigen üblich ist. Der Präsident wurde darin willkommen geheißen und im gleichen Atemzug beschuldigt, williges Werkzeug der Kommunisten zu sein. Die Leute, die die Anzeige bezahlt hatten, nannten sich »The American Fact-Finding Committee«.
Kennedy war über das, was er las, nicht belustigt. Jedenfalls war das seinem

535

Gesichtsausdruck zu entnehmen, als er die »Dallas Morning News« Jackie hinschob:

Manchester: Ihre Lebhaftigkeit war wie weggewischt; ihr wurde übel. Der Präsident schüttelte den Kopf. Leise fragte er Ken: »Können Sie sich vorstellen, daß eine Zeitung dazu imstande ist?« Nachdenklich sagte er zu ihr: »Gestern abend wäre eine verdammt gute Gelegenheit gewesen, einen Präsidenten zu ermorden.« Er sagte es beiläufig, und sie nahm es gelassen. Auf diese Weise pflegte er Unangenehmes, wie diese Anzeige, von sich abzuschütteln. »Überleg mal«, fuhr er fort. »Es hat geregnet, es war Nacht, und wir wurden alle angerempelt. Stell dir vor, jemand hätte eine Pistole in seiner Aktentasche gehabt.« Er fuchtelte herum, zielte mit ausgestrecktem Zeigefinger auf die Wand und tat so, als drückte er zweimal ab. »Dann hätte er Pistole und Aktentasche fallenlassen« – er spielte es pantomimisch vor, wirbelte herum – »und wäre in der Menge verschwunden.« (45)

Der Flug nach Dallas dauerte nicht einmal zwanzig Minuten. In Love Field wurden sie von Vizepräsident Johnson an der Spitze des Begrüßungskomitees willkommen geheißen. Die Kennedys nahmen im Fond der Präsidentenlimousine Platz, Gouverneur Connally und seine Frau setzten sich auf die Klappsitze. Die Fahrt sollte zum Trade Mart gehen, wo ein Mittagessen für 12 Uhr 30 geplant war.

Im fünften Stock des Schulbuchlagers war ein großer Teil des Fußbodens aufgerissen worden, und fünf Männer legten den ganzen Vormittag Sperrholzplatten. Lee war von Zeit zu Zeit im fünften Stock aufgetaucht, aber er war ihnen nicht besonders aufgefallen, da er acht oder neun Meter entfernt Lieferscheine für Bücherstapel ausfüllte. Außerdem bekamen sie ihn nur selten zu Gesicht, denn die Kartons türmten sich in diesem Lagerraum vom Boden bis zur Decke.

McMillan: Um 11:45 oder 11:50 Uhr gingen die fünf Bodenleger in die Mittagspause und beeilten sich, mit dem Lastenaufzug nach unten zu kommen. Dabei sahen sie Lee am Gitter des vierten Stocks stehen. Kaum unten, bemerkte Givens, einer der Männer, daß er seine Jacke mit den Zigaretten im fünften Stock vergessen hatte. Er fuhr noch einmal hinauf und sah Lee abermals. (46)

Ein anderer von diesen Männern, Bonnie Ray Williams, hatte vor, sich die Vorbeifahrt des Präsidenten anzuschauen. Vom fünften Stock würde er eine gute Sicht auf die Autokolonne haben, wenn sie von der Houston Street auf das Gebäude zufuhr. Von der Houston Street in die Elm Street hatten sie eine so scharfe Kurve zu nehmen, daß sie direkt unter ihm die Fahrt verlangsamen mußten. Er würde bei dem Schauspiel praktisch in der Präsidentenloge sitzen. Deshalb verzehrte Bonnie Ray in freudiger Erwartung seinen Lunch also im fünften Stock. Da aber keiner der anderen wieder auftauchte, fuhr er anschließend doch hinunter, um zu schauen, wo sie blieben.

Auch wenn Oswald hinter den Bücherkartons am anderen Ende des fünften Stocks verborgen war, muß ihn das ständige Kommen und Gehen fürchterlich enerviert haben. Wie konnte er wissen, ob er im entscheidenden Augenblick allein sein würde? Daß nicht an der anderen Seite der Kartons eine Meute Arbeiter schrie und johlte?

An der Dealey Plaza drängten sich die Menschen auf dem Grashügel und den beiden dreieckigen Grasinseln, die durch das Zusammentreffen der Elm Street, der Main Street und der Commerce Street vor der dreispurigen Unterführung gebildet werden. Hunderte von Menschen waren zusammengekommen, die meisten säumten die Elm Street, und es lag eine Fröhlichkeit wie bei einem sommerlichen Volksfest in der Luft. Ein großes Ereignis steht bevor, ein Mann wird gleich aus einer Kanone geschossen werden, aber es wird vorüber sein, bevor man überhaupt den Knall gehört hat. Die Leute in der Elm Street werden von der Erregung der Menge an der Main Street eine halbe Meile entfernt erfaßt, als die Autokolonne wie eine träge Flutwelle Richtung Dealy Plaza heranrollt. Zeit ist zum Verschwenden da, so wie Kleingeld, das einfach weg ist. Der Präsident kommt nicht jeden Tag nach Texas, nicht einmal nach Dallas, das heute die sicherste Stadt der Welt ist.

Forrest Sorrels, der Verantwortliche des Secret Service in Dallas, saß im ersten Wagen der Autokolonne, etwa neun Meter vor der Limousine des Präsidenten:

Mr. Stern: Können Sie sich erinnern, ob Ihnen irgend etwas aufgefallen ist, als Sie die Fenster entlang der Main Street beobachteten?

Mr. Sorrels: Ja. In der Main Street hatte sich eine große Menschenmenge eingefunden. Ich machte die Bemerkung: »Mein Gott, sehen Sie mal. Die Leute hängen wie Trauben aus den Fenstern.«

Mr. Stern: Als Sie dann von der Main Street nach rechts in die Houston Street einbogen, ist Ihnen da an den Fenstern eines Gebäudes in Ihrem Blickfeld etwas aufgefallen?

Mr. Sorrels: Ja. Als wir nach rechts in die Houston Street einbogen, war unmittelbar vor uns das Buchlager. Ich betrachtete das Gebäude, und ich erinnere mich genau, daß ich einige farbige Männer in den Fenstern nicht ganz in der Mitte des Gebäudes sah, wahrscheinlich zwei Stockwerke unterhalb des Daches. Aber ich habe keine Betriebsamkeit wahrgenommen – also niemand lief herum oder so etwas. Natürlich kann ich mich nicht daran erinnern, ob ein Gegenstand oder so etwas wie ein Gewehr aus einem der Fenster ragte. Keine Aktivität, keine Bewegung – mehr stellte ich nicht fest. (47)

Versetzen wir uns in das Gemüt eines Schützen, der sich in einem Schlupfwinkel aus Bücherkartons eingenistet hat. Als sich die Autokolonne von der Houston Street dem Lagerhaus nähert, hat er freie Sicht auf Kopf und Körper des Präsidenten auf dem Rücksitz seines offenen Kabrioletts. Es ist ein direkter Frontalschuß auf ein Ziel, das im Visier immer größer wird.
Andererseits behalten geschulte Profis im ersten Wagen der Autokolonne die Fenster des Buchlagers scharf im Auge, und motorisierte Polizei sucht das Gebäude mit ihren Blicken ab. Der Instinkt eines Heckenschützen würde ihn vermutlich dazu veranlassen, sich einen halben Meter vom Fenster in den Schatten zurückzuziehen.
Wenn der Heckenschütze notabene ein Amateur ist und nicht sicher, ob er das Zeug dazu hat, die Einbahnbrücke zu überqueren, die zu dem unwiderruflichen Schuß führt, wenn er am Abzug hantiert und nicht schießt, wird er sich jemals wieder ins Gesicht schauen können?
Die Autokolonne drosselt das Tempo und biegt nach links in die Elm Street ein, und die erste riesige Chance ist vertan.

Aus einer Niederschrift einer außergerichtlichen eidlichen Aussage vor dem FBI: Ich, Bonny Ray Williams, gebe folgende freiwillige Aussage zu Protokoll.
Ich bin ein männlicher Schwarzer, geb. am 3. September 1943 in Carthage, Texas…
Am 22. November 1963 habe ich mich zusammen mit Harold »Hank« Norman und James Earl Jarman, jr., die ebenfalls beim Texas School Book Depository arbeiten, im vierten Stock des Gebäudes aufgehalten, wo wir uns vom Fenster aus die Autokolonne des Präsidenten ansahen. (48)
Schließlich rollte die Limousine mit JFK unter ihrem Fenster vorbei:
Mr. Williams: Das Letzte, was ich von ihm sah, war, wie er seine Hand so an den Kopf legte. Ich dachte, er wolle sich das Haar zurückstreichen. Und dann gab es einen lauten Schuß – ich nahm an, Salutschüsse für den Prä-

sidenten, oder vielleicht eine Fehlzündung eines der Begleit-Motorräder. Ich habe es gar nicht beachtet, weil ich nicht wußte, was los war. Der zweite Schuß klang, als wäre er im Gebäude abgefeuert worden, der zweite und der dritte Schuß. Also es krachte – das Gebäude zitterte sogar, da, wo wir standen, und Zement fiel mir auf den Kopf.

Mr. Ball: Sie sagen, daß Ihnen Zement auf den Kopf fiel?

Mr. Williams: Zement, Kies, Dreck, oder sonstwas... denn es erschütterte die Fenster und alles. Harold Norman saß direkt neben mir und sagte, es käme direkt von über uns. Wenn Sie wissen wollen, was genau ich gesagt habe, könnte ich es Ihnen sagen.

Mr. Ball: Sagen Sie es uns.

Mr. Williams: Ich sagte wörtlich: »Ach, du Scheiße!« (49)

Er meinte es im Ernst. Es war etwas Unbegreifliches geschehen. »Ach, du Scheiße!« Hank Norman stimmte ihm zu.

Mr. McCloy: Nachdem Sie die Schüsse hörten, dachten Sie da daran, nach oben in den fünften Stock zu laufen und nachzuschauen, ob jemand dort sei?

Mr. Norman: Nein, Sir.

Mr. McCloy: Dachten Sie, es könnte gefährlich sein?

Mr. Norman: Ja, Sir. (50)

Unbewaffnet, verspürte er keine ausgesprochene Neigung, eine Treppe hinaufzusteigen und einem Gangster in die Arme zu laufen. Dafür wurde er nicht bezahlt. James Earl Jarman fand, daß es an der Zeit sei, sich »verdammt aus dem Staub zu machen«. (51)

Der Secret-Service-Agent Forrest Sorrels konnte nicht sehen, aus welchem Fenster die Schüsse kamen, denn sein Auto befand sich in der Elm Street vor dem Lincoln des Präsidenten, und der Winkel vom Heckfenster aus war zu ungünstig. Die Schüsse wird er jedoch für immer im Ohr haben.

Mr. Stern: Können Sie den Zeitabstand zwischen dem ersten und dem dritten Schuß schätzen?

Mr. Sorrels: Ja. Ich habe es mir immer wieder ins Gedächtnis gerufen und die Zeit gestoppt. Ich würde sagen, ziemlich genau sechs Sekunden.

Mr. Stern: Das klingt, als ob Sie diese Schüsse noch im Ohr hätten.

Mr. Sorrels: Ich werde sie mein Leben lang hören – das kann ich nicht aus meinem Gedächtnis löschen. (52)

Auch Lady Bird Johnson wird die Schüsse nicht mehr vergessen können:
Es fing alles so schön an. Nach dem Nieselregen am Morgen kam die

Sonne strahlend heraus. Wir fuhren nach Dallas hinein, die Straßen waren von Menschenmassen gesäumt – die Kinder so fröhlich, Transparente, Konfetti, Leute, die uns aus den Fenstern zuwinkten...

Plötzlich gab es einen scharfen, lauten Knall – ein Schuß. Kurz danach zwei weitere Schüsse rasch hintereinander. Die Stimmung war so festlich, daß ich dachte, es wären Feuerwerkskörper oder so etwas. Dann hörte ich über Funk »Nichts wie weg hier«, und unser Bodyguard vom Secret Service, ich glaube, es war Rufus Youngblood, warf sich über Lyndon, riß ihn zu Boden und sagte: »In Deckung.«

Senator Yarborough und ich zogen den Kopf ein. Der Wagen beschleunigte und raste immer schneller. (53)

Ein Polizist der Motorradeskorte, Marrion Baker, berichtete der Warren-Kommission von den ersten Reaktionen der anderen Polizisten, die das offene Kabriolett mit den Kennedys und den Connallys flankierten:

Mr. Belin: Dieser Beamte fuhr vorne links vor dem Wagen des Präsidenten?

Mr. Baker: Jawohl, Sir, das ist korrekt.

Mr. Belin: Was sagte er zu Ihnen über Blut oder dergleichen?

Mr. Baker: Er sagte, daß er nicht ausmachen hätte können, woher der erste Schuß gekommen sei. Er schaute sich um, reflexartig, wissen Sie, und dann wendete er sein Motorrad, und der zweite Schuß ging los, und beim dritten Schuß spritzte Blut und alles mögliche auf seinen Helm und seine Windschutzscheibe.

Mr. Belin: Auf die Innen- oder Außenseite, hat er das gesagt?

Mr. Baker: Darüber weiß ich nichts. Aber die ganze rechte Seite seines Helms war voll.

Mr. Belin: Seines Helms?

Mr. Baker: Und auch die Uniform. (54)

Baker wird als erster Polizist das Buchlagerhaus betreten und dort auf Oswald treffen.

Aber gehen wir zuerst wieder in die Main Street, wo er auf seinem Motorrad im Schneckentempo einige Fahrzeuge hinter dem Präsidenten herfährt:

Mr. Baker: Als wir zur Ecke Main/Houston kamen und rechts abbogen, erfaßte mich eine starke Windböe, so daß ich beinahe das Gleichgewicht verloren hätte.

Mr. Belin: Welche Geschwindigkeit hatte Ihr Motorrad schätzungsweise?

Mr. Baker: Wir krochen ziemlich langsam dahin.

Mr. Belin: Sagen Sie uns, was geschah, nachdem Sie in die Houston Street eingebogen sind.

Mr. Baker: Als ich wieder im Gleichgewicht war, was so ungefähr sieben bis zehn Meter dauerte, hörte ich auf einmal die Schüsse. Ich dachte sofort an Gewehrschüsse, weil ich gerade von der Rotwildjagd zurückgekommen war, und sie genau so klangen wie Schüsse aus einem langläufigen Gewehr.

Mr. Belin: Gut, und was taten und sahen Sie?

Mr. Baker: Ich sah sofort nach oben und hatte das Gefühl, daß sie aus dem Gebäude unmittelbar vor mir gekommen waren, diesem Buchlagerhaus, denn alle Tauben flatterten vom Dach und flogen herum.

Mr. Belin: Und was taten Sie nach dem dritten Schuß?

Mr. Baker: Nun, ich brachte das Motorrad auf Touren und fuhr zu der Ecke, die so 50 bis 60 Meter von dem Punkt entfernt ist, an dem wir die Schüsse hörten. Sehen Sie, ich glaube, da waren vielleicht 500 oder 600 Leute, die in Panik in allen Richtungen davonrannten.

Mr. Belin: Sie rannten dann in das Gebäude, stimmt das?

Mr. Baker: Das ist korrekt, Sir.

Mr. Belin: Was sahen Sie und was taten Sie, als Sie in das Gebäude rannten?

Mr. Baker: Als ich das Gebäude betrat, rief ich, wo die Treppe oder der Aufzug sei, und dieser Mann, Mr. Truly, meldete sich, und ich glaube, er sagte: »Ich bin der Betriebsleiter. Folgen Sie mir, ich werde es Ihnen zeigen.« Also liefen wir, nicht wirklich schnell, sondern mehr im Jogging-Tempo, zur Rückseite des Gebäudes, und er versuchte, den Lastenaufzug herunterzuholen. Er brüllte hinauf: »Macht, daß ihr den Aufzug runterbringt.«

Mr. Belin: Wie oft hat er gebrüllt, können Sie sich daran erinnern?

Mr. Baker: Ich glaube zweimal. Ich sagte: Nehmen wir die Treppe.

Mr. Belin: Was hatten Sie zu diesem Zeitpunkt vor?

Mr. Baker: Ich wollte ganz nach oben, von wo, wie ich glaubte, die Schüsse abgegeben worden waren, um zu sehen, ob ich dort irgend etwas finden könnte.

Mr. Belin: Und sind Sie geradewegs bis ganz nach oben gelaufen?

Mr. Baker: Nein, Sir, das sind wir nicht. Als ich im ersten Stock ankam, war Mr. Truly vor mir, und ich sah gerade noch, wie dieser Mann ungefähr sieben Meter von mir entfernt in den Pausenraum ging.

Mr. Belin: Was haben Sie gemacht?

Mr. Baker: Ich brüllte ihn an: »Kommen Sie her.« Er machte kehrt und kam geradewegs auf mich zu.

541

Mr. Belin: Er ging auf Sie zu?

Mr. Baker: Jawohl, Sir.

Mr. Belin: Hielt er irgend etwas in der Hand?

Mr. Baker: Er hatte zu diesem Zeitpunkt nichts in der Hand.

Mr. Belin: Gut. Hatten Sie irgend etwas in der Hand?

Mr. Baker: Jawohl, Sir, ich hatte meinen Revolver gezogen.

Mr. Belin: Wann haben Sie den Revolver gezogen?

Mr. Baker: Als ich die Treppe hinaufzulaufen begann. Ich schätze, ich zog die Pistole, weil mir jeder verdächtig vorkam... Mr. Truly stand neben mir, und ich fragte ihn: »Kennen Sie diesen Mann? Arbeitet er hier?« Er bejahte, und ich drehte mich um und lief sofort weiter nach oben.

Abgeordneter Boggs: War er außer Atem, als Sie ihn sahen? Schien er gerade gerannt zu sein, oder so etwas?

Mr. Baker: Den Eindruck hatte ich nicht. Er schien mir ganz normal.

Abgeordneter Boggs: War er ruhig und gefaßt?

Mr. Baker: Jawohl, Sir. Er sagte kein Wort. Sein Gesichtsaudruck veränderte sich kein bißchen.

Mr. Belin: Ist er irgendwie erschrocken, als Sie die Pistole auf seinen Kopf richteten?

Mr. Baker: Nein, Sir.

Mr. Belin: Hat er irgendwie reagiert, als Mr. Truly sagte, daß er hier arbeite?

Mr. Baker: Ich habe mich nicht mehr nach ihm umgedreht, sondern bin sofort weiter nach oben gerannt. (55)

4

Ein Nachmittag im Kino

Unschuldig oder schuldig, der Durchschnittsmensch würde zurückschrecken, wenn er in das gnadenlose Auge eines Pistolenlaufs blickt. Oswald muß zu diesem Zeitpunkt in einem bemerkenswerten Zustand gewesen sein, im Zustand geradezu statischer Ruhe, wie im schwingungslosen Zentrum eines Traums. Das setzt natürlich voraus, daß er der Mann war, der vom fünften Stock aus auf Kennedy schoß. Für manche Leute gibt es indes keinen größeren Beweis für seine Unschuld als sein gelassenes Verhalten. Wie konnte ein Mann Maß nehmen und dreimal auf ein bewegliches Ziel feuern, sehen, daß die Schüsse dieses Ziel erreicht hatten, und trotzdem imstande sein, aufzuspringen, das Gewehr am anderen Ende des Raums zwischen Kartons zu verstecken, geräuschlos vier Stockwerke hinunterzulaufen und dann im Pausenraum völlig entspannt und passiv dem Polizisten Baker und seiner Waffe gegenüberstehen? Vielen Kritikern scheint das unmöglich, außer Oswald hätte sich nicht im fünften Stock aufgehalten, als die Schüsse fielen. Die einzige Antwort darauf – wenn man annimmt, daß er Kennedy erschossen hat – ist, daß er die gewaltigste aller psychischen Barrieren durchbrochen hatte: er hatte den König getötet. Es war psychologisch mit dem Durchbrechen der Schallmauer zu vergleichen. Alle Zwänge waren umgestoßen. Wenn er in einem solchen Zustand transzendentaler Ruhe war, als er in Bakers Pistole blickte, dauerte dieser Zustand wohl nicht lange an. In der nächsten Minute schlüpfte er aus dem Texas School Book Depository, und seine bemerkenswerte, wenn auch kurzlebige Selbstbeherrschung begann brüchig zu werden. In der nächsten Szene, in der wir ihm begegnen werden, und das wird durch die Brille einer höchst voreingenommenen Zeugin sein – seiner früheren Vermieterin Mrs. Bledsoe! –, wirkt er wahnsinnig.

Zuerst müssen wir uns allerdings in seine Reaktion hineindenken, als er auf die Elm Street und die Dealey Plaza hinauskommt. Wenn er der Täter ist, kennen wir ihn genug, um zu wissen, daß er den ganzen Vormittag in der geistigen »Glückshaube« eines Neugeborenen, dem paranormale Gaben in den Mutterschoß gelegt wurden, zugebracht hat, und daß die Stimmen der anderen wie ferne Echos von der anderen Seite des Hügels klangen. Er hat sich auf seine Mission zentriert, synchron mit seinem Herzschlag, in einer so intensiven Spannung zwischen Schrecken und Erwartung, daß sie sich gegenseitig aufheben. Er verfügt über eine Art innerer Ruhe, die manche im Augenblick extremster Entscheidungen überkommt: wird er den Mut haben, zu schießen, und wird er treffen? Alles andere, einschließlich der immer mehr überschwappenden Erregung der Massen außerhalb des Lagerhauses, haben für ihn nicht mehr Wirklichkeitswert als das Murmeln eines Vorübergehenden. In sich selbst ruhend, ist er nun in jene Tiefen hinabgestiegen, in denen man auf das Jüngste Gericht wartet.

Er muß noch immer in diesem Zustand gewesen sein, als ihn der Polizeibeamte Baker stellte.

Nun in den Hexenkessel der Dealey Plaza zu geraten, dürfte für ihn denselben Effekt gehabt haben, als wenn er durch ein Spiegelglasfenster geschleudert worden wäre. Hunderte von Leuten liefen in kopfloser Hysterie durcheinander. Alle, ob Männer oder Frauen, weinten. Polizeisirenen kündigten aus allen Richtungen gellend ihre Ankunft auf der Dealey Plaza an.

Falls die Tat, auf Kennedy zu feuern, eine Selbstinszenierung gewesen war, die ihn aus dem Mittelmaß zur Unsterblichkeit erheben sollte, hatte dieses Regiekonzept niemanden anderen eingeschlossen. Nicht einmal das Opfer. Nun ist jedoch jeder um ihn herum in äußerster Bestürzung. Als ob er völlig alleine in einem Bergwerksstollen eine Explosion gezündet hätte und sich, zurück an der Oberfläche, mitten in einer Meute von Hinterbliebenen befände. Ein solches Szenario ist ihm völlig fremd. Er rennt die Straße hinunter, möglichst weit weg vom Buchlager, und steigt einige Blocks weiter in einen Bus.

Und in diesem Bus sitzt Mrs. Bledsoe, eben jene Vermieterin, die ihn nach seinem mexikanischen Abenteuer um zwei Dollar betrogen hat:

> **Mrs. Bledsoe:** Oswald stieg ein. Er sah aus wie ein Wahnsinniger. Ein Ärmel war hier ausgerissen [zeigt, wo]. Sein Hemd hing aus der Hose, mit einem Loch drin, und er war dreckig, und ich habe ihn nicht angeschaut. Ich tat so, als hätte ich ihn überhaupt nicht gesehen, und schaute in die andere Richtung, und auf einmal sagte der Fahrer, daß der Präsident erschossen worden sei. (56)

Vielleicht hat sie sich an das Flackern in Oswalds Augen erinnert, als sie ihm sein Zimmer kündigte.

Der Bus muß nach einem Block halten. Er ist in dem Chaos um die Dealey Plaza steckengeblieben. Oswald fragt den Fahrer nach einer Umsteigmöglichkeit, steigt aus und geht zum Greyhound-Busbahnhof, wo Taxis warten.

> **Mr. Whaley:** Er sagte: »Sind Sie frei?«
> Ich sagte: »Für Sie immer. Steigen Sie ein.« Und statt sich in den Fond zu setzen, öffnete er die Beifahrertür und setzte sich neben mich, das ist hier erlaubt. Ungefähr gleichzeitig steckte eine alte Dame – ich glaube wenigstens, es war eine alte Dame, ich kann mich nicht mehr an sie erinnern – ihren Kopf durch die Beifahrertür an ihm vorbei und bat mich, ein anderes Taxi für sie zu rufen.
> Er öffnete die Tür, als ob er aussteigen wollte, und sagte zu ihr: »Sie können das hier haben«, und sie sagte: »Lassen Sie nur, der Fahrer kann mir eins rufen.«
> Ich habe keinen Kollegen gerufen, weil ich wußte, daß sowieso gleich einer kommen würde, und fragte ihn, wo er hinwolle, und er sagte: »500, North Beckley.«
> Ich fuhr also los zu dieser Adresse, überall Polizeiautos, heulende Sirenen, rennende Menschen, ein Riesenaufstand, und ich sagte: »Hier ist ja der Teufel los, ich möchte wissen, was da los ist.«

Er sagte kein Wort. Ich nahm also an, daß er einer von den Wortkargen war, darum sagte ich auch nichts mehr.

Aber als wir schon fast bei Hausnummer 500 waren, Ecke Neches und North Beckley, sagte er: »Wenn ich hier aussteigen könnte, wäre das prima.« Ich hielt also an. Die Fahrt kostete 95 Cent. Er gab mir einen Dollarschein, sagte kein Wort, stieg einfach aus, schlug die Autotür zu und ging vorne um das Taxi herum auf die andere Straßenseite. Natürlich war ganz schön Verkehr, also legte ich den Gang ein und schaute, daß ich wegkam. (57)

Oswald ging die fünf Blocks bis zu seiner Pension zu Fuß. Der Anblick von Polizist Baker mit gezogener Waffe hatte wohl – wenn auch mit Verzögerung – einen Verteidigungsreflex ausgelöst, so daß es ihm geraten schien, seinen eigenen Revolver zu holen.

Mrs. Roberts: Er kam an diesem Freitag heim und hatte es ungewöhnlich eilig.

Mr. Ball: Um welche Uhrzeit war das?

Mrs. Roberts: Nun, nachdem Präsident Kennedy erschossen wurde. Eine Freundin hatte mir gesagt: »Roberts, Präsident Kennedy wurde erschossen«, und ich sagte: »O nein.« Aber sie sagte: »Schalt den Fernseher ein.« Das habe ich gemacht, aber ich konnte den Kanal nicht finden, und als er kam, habe ich nur kurz aufgeschaut und gesagt: »Sie haben's aber eilig.« Er sagte kein Wort, überhaupt nichts. Er ging in sein Zimmer und blieb dort ungefähr drei oder vier Minuten. (58)

Als er herauskam, hatte er sich eine andere Windjacke angezogen. Vielleicht vermutete er, daß bereits Details über seine Kleidung am Vormittag durchgegeben worden waren. Tatsächlich hatte ein Zeuge auf der Dealey Plaza, Howard Brennan, der sich einer besonders guten Beobachtungsgabe rühmte, bereits die Beschreibung eines Mannes mit einem Gewehr gegeben, der ihm an einem Fenster in fünften Stock aufgefallen war. Die Beschreibung ist oberflächlich, könnte aber auf Oswald passen, und ging um 12 Uhr 45 hinaus, fünfzehn Minuten nach den drei Schüssen und etwa fünfzehn Minuten, bevor Oswald seine Pension für immer verließ.

Aus einer Niederschrift der außergerichtlichen eidlichen Aussage von Howard Brennan im Büro des Dallas County Sheriff: Ich hatte ihn gesehen, bevor der Wagen des Präsidenten kam. Er saß einfach da, schaute herunter, offensichtlich wartete er auf den Präsidenten. An diesem Mann fiel mir nichts Außergewöhnliches auf. Es war ein Weißer, Anfang 30, schlank, nett aussehend, schlank, jawohl, vielleicht 75 bis 80 kg. Er trug helle, bunte Kleidung, aber ganz sicher keinen Anzug. Ich wandte meine Aufmerksamkeit wieder der Wagenkolonne des Präsidenten zu, die an der Ecke links einbog, und dann sah ich, wie dieser Mann im Fenster ein langläufiges Gewehr anlegte und zielte. Dann legte der Mann das Gewehr seitlich ab und verschwand aus meinem Blickfeld. Er schien es nicht eilig zu haben. (59)

Niemand sah Oswald in den zehn Minuten vom Verlassen der Pension bis zu seinem Auftauchen Ecke Zehnte/Dalton Street, eine Strecke von zehn oder zwölf Blocks durch ein Villenviertel. Kurz vor der Kreuzung Zehnte/Dalton Street wurde Oswald – oder ein Mann, auf den seine Beschreibung im großen und ganzen zutrifft (und es gab genügend einander widersprechende Zeugen, um einem Strafverteidiger Material zu liefern) – jedoch vom Polizeibeamten J.D. Tippit angehalten, der in seinem Polizeiauto langsam vorbeifuhr. Es ist anzunehmen, daß Tippit die Beschreibung des Verdächtigen gehört hatte. Sie war seit 12 Uhr 45 viermal über Polizeifunk durchgegeben worden. Der Mann, den er angehalten hatte, legte fügsam seine Hände gegen das rechte Fenster des Polizeiautos, so wurde es jedenfalls später von Zeugen geschildert. Der Beamte Tippit stieg langsam auf der anderen Seite aus dem Auto, die Pistole immer noch im Holster, und ging um die Motorhaube herum. Dabei wurde er durch vier Schüsse des Mannes getötet, der seine Hände brav gegen das Fenster gelegt hatte, aber plötzlich einen Revolver zog und schoß. Ein Zeuge hörte ihn sagen: »Armer blöder Bulle«, und dann rannte er davon. Im Laufen entfernte er die leeren Patronen aus der Trommel.

Es gibt eine Menge Beweismaterial, daß es Oswald war, der Tippit erschoß, aber da unsere Annäherung nicht juristisch, technisch oder beweisführend, sondern romanhaft ist – was bedeutet, daß wir versuchen, Oswald zu begreifen –, wollen wir es, falls er Kennedy erschoß, für gegeben halten, daß es durchaus im Rahmen unserer Erwartungshaltung liegt, daß er, nachdem er die Pistole vor der Nase gehabt hatte, auf die Dealey Plaza hinausgekommen war, in seine Pension geflüchtet war und sie sofort wieder verlassen hatte, daß er also verzweifelt genug war, um auch Tippit niederzuschießen. Falls er allerdings die Schüsse auf Kennedy nicht abgegeben haben sollte, dann gewinnen kleine, aber verwirrende Details bei diesem zweiten Mord an Bedeutung. Denn wenn Oswald am Mord an Kennedy unschuldig war, warum sollte er dann auf Tippit geschossen haben?

546

Auf jeden Fall geht ein Mann, der aller Wahrscheinlichkeit nach Oswald ist, die Jefferson Street Richtung Westen hinunter, nur ein paar Blocks entfernt, wenige Minuten später. John Calvin Brewer, dem jungen Geschäftsführer eines Schuhgeschäfts in der Jefferson Street, fällt auf, daß dieser Mann sich in den Windfang zwischen den beiden Schaufenstern des Schuhgeschäfts verzieht, als jaulende Polizeiautos an den Tatort von Tippits Ermordung rasen. Er steht mit dem Rücken zur Straße, so daß die Polizei sein Gesicht nicht sehen kann, und dem Geschäftsführer fällt auf, daß der Bursche »verängstigt« und »fix und fertig« ausschaut. Und tatsächlich sieht Brewer, wie der Mann, kaum daß die Polizeiautos außer Sicht sind, sich in das Texas Theatre ein paar Türen weiter schleicht, ohne eine Kinokarte zu kaufen. Brewer geht zu der Kassiererin, informiert sie darüber, und sie ruft bei der Polizei an. (60)

Es folgt eine knappe Schilderung der nächsten Ereignisse in dem einbändigen Bericht der Warren-Kommission:

Streifenwagen mit mindestens 15 Polizeibeamten näherten sich dem Texas Theatre von allen Seiten. Patrolmen M. N. McDonald, R. Hawkins, T. A. Hudson und C. T. Walker betraten das Kino durch den Hintereingang. Andere Beamte betraten es durch den Vordereingang und durchsuchten den Balkon. Detective Paul L. Bentley lief sofort auf den Balkon und wies den Filmvorführer an, die Saalbeleuchtung einzuschalten. Brewer traf an der in eine Sackgasse führenden Ausgangstür auf McDonald und die anderen Beamten, sprang auf die Bühne und zeigte ihnen den Mann, der das Kino betreten hatte, ohne eine Eintrittskarte zu lösen. Der Mann war Oswald. Er saß allein im Parkett hinten in der Nähe des rechten Mittelgangs. Ungefähr sechs oder sieben Leute saßen im Parkett und etwa gleich viele auf dem Balkon.

McDonald durchsuchte zuerst zwei Männer, die etwa in der 10. Reihe Parkett Mitte saßen. Er ging dann den rechten Mittelgang nach hinten. Als er zu der Reihe kam, in der der Verdächtige saß, blieb McDonald abrupt stehen und forderte Oswald auf, aufzustehen. Oswald erhob sich und hielt beide Hände hoch. Als McDonald begann, Oswald auf eine Waffe hin zu durchsuchen, hörte er ihn sagen: »So, jetzt ist alles aus.« Dann schlug Oswald ihm die linke Faust zwischen die Augen. (61)

Mr. Belin: Wer schlug wen zuerst?
Mr. Brewer: Oswald schlug McDonald zuerst, er schlug ihn nieder. McDonald fiel gegen einen der Sitze. Er kam schnell wieder auf die Füße, und

ich sah, daß Oswald auf einmal eine Waffe in der Hand hatte. Jemand
schrie: »Er hat eine Waffe!«
Einige Beamte überwältigten ihn und nahmen ihm die Waffe ab, aber er
wehrte sich immer noch und schlug um sich, und ich hörte einen Beam-
ten brüllen: »Den Präsidenten erschießen, das kannst du!« Und ich sah,
daß sie ihn ganz schön verdroschen haben.
Mr. Belin: Hat er sich noch gewehrt?
Mr. Brewer: Ja, und wie.
Mr. Belin: Was geschah dann?
Mr. Brewer: Sie legten ihm ziemlich fix Handschellen an und führten ihn
ab.
Mr. Belin: Hörten Sie ihn etwas sagen?
Mr. Brewer: Als sie ihn abführten, blieb er stehen, drehte sich um und
schrie vielleicht zweimal: »Ich widersetze mich meiner Verhaftung nicht.«
Dann brachten sie ihn raus. (62)

Dies ist in Oswalds Alptraumleben, durch all seine Mißgeschicke hindurch, außer der Prügelei mit den Neumeyer-Brüdern in der Oberschule,
der einzige Bericht, den wir haben, daß er einen anderen Mann nieder-
schlägt.

McMillan: Er wurde ins Polizeipräsidium gefahren und kam dort im Souterrain gegen 14:00 Uhr an. Reporter lungerten herum, damit ihnen ja
kein Mordverdächtiger durch die Lappen ging. Er wurde gefragt, ob er
sein Gesicht bedecken wolle. »Warum sollte ich?« antwortete er, »ich habe
nichts getan, dessen ich mich schämen müßte.« (63)

5

Panische Stunde

Wir haben Lady Bird Johnson im Wagen des Vizepräsidenten verlassen, als
der Secret-Service-Agent ihren Mann mit seinem Körper schützte, während
sie und die anderen Insassen auf dem Boden kauerten und der Wagen da-
vonraste.

Plötzlich bremsten sie so scharf, daß ich schon das Schlimmste befürchtete, dann bogen wir links ab. Wir hielten vor einem Gebäude. Ich schaute hoch, es stand »Hospital« dran. Die Secret-Service-Leute schafften uns

eiligst aus dem Wagen. Ich drehte mich kurz um und sah im Wagen des Präsidenten auf dem Rücksitz ein pinkfarbenes Häufchen liegen, wie nach einem Blütengestöber. (64)

Es war Mrs. Kennedy, die sich über ihren Mann geworfen hatte. Ungefähr eine halbe Stunde später sah Lady Bird Jackie Kennedy wieder. Sie war zwischen Wartezimmer und Operationssaal hin- und hergelaufen, wo die Ärzte versuchten, Jack Kennedy am Leben zu erhalten, das heißt, sein Herz in Gang hielten, obwohl er einen Großteil seiner Gehirnmasse verloren hatte. Jackie Kennedy hatte einen Teil auf dem Rücksitz gefunden, den sie seither in ihrer weiß behandschuhten Hand hielt, bis sie ihn schließlich stumm, empfindungslos, nur mit einem leichten Rippenstoß auf sich aufmerksam machend, dem Chefchirurgen übergab.

Davon wußte Lady Bird nichts.

Plötzlich stand Jackie vor mir in einem kleinen Raum vor dem Operationssaal. Menschen wie sie empfindet man immer als irgendwie isoliert, abgeschirmt; diesmal war sie wirklich allein. Ich glaube nicht, daß ich jemals einen Menschen sah, der so allein war. Ich ging zu ihr, legte meinen Arm um sie und sagte etwas. Es muß bestimmt »Gott stehe uns allen bei« gewesen sein, denn ich war viel zu aufgewühlt, als daß ich etwas anderes herausgebracht hätte. (65)

In Irving befinden sich Ruth und Marina immer noch im Stande relativer Unschuld.

Mrs. Paine: Ich bereitete gerade das Mittagessen zu, als die Meldung kam, daß der Präsident erschossen worden sei, und ich habe es für Marina übersetzt. Sie hatte es aus der Fernsehmeldung nicht mitbekommen. Ich weinte dabei. Und wir setzten uns vor den Fernseher und warteten auf weitere Nachrichten und hatten das Mittagessen ganz vergessen.

Ich zündete ein paar Kerzen an, und meine Kleine holte sich auch eine Kerze. Marina sagte: »Ist das eine Art Gebet?« und ich sagte, »Ja, ein Gebet auf meine Art.« (66)

Marina erkennt als erste, daß das Ereignis sie direkt betreffen könnte.

Mr. Rankin: Sagte Mrs. Paine irgend etwas in der Richtung, daß Ihr Mann beteiligt sein könnte?

Marina Oswald: Sie sagte nur: »Übrigens, sie haben aus dem Gebäude geschossen, in dem Lee arbeitet.«

Mein Herz blieb stehen. Ich ging in die Garage, um zu sehen, ob das Gewehr noch da war, und ich sah, daß die Decke noch da war und

dankte Gott. Ich dachte mir: Kann jemand wirklich so dumm sein, daß
er so etwas tut? Aber ich war zu diesem Zeitpunkt schon sehr aufgeregt.
(67)

Das war Marinas mieses kleines Geheimnis. Sie hatte Ruth nichts davon erzählt, daß Lee ein Gewehr besaß und daß er es in eine grüne Decke gewickelt
mit dem anderen Gepäck in Ruth Paines Kombi gepackt hatte, als die beiden Frauen von New Orleans nach Irving fuhren. Jetzt lag die zusammen-
gerollte grüne Decke auf dem Garagenboden. Die Paines dachten, sie ent-
hielte Camping-Ausrüstung.

Als Marina ins Wohnzimmer zurückkam, sagte ihr Ruth, daß Präsident
Kennedy tot sei.

Aus Marinas Erzählung: Ich war so erschüttert, daß ich hemmungslos
weinte. Ich weiß nicht, warum, aber ich weinte um den Präsidenten wie
um einen lieben Freund, obwohl ich aus einem vollkommen anderen
Land komme und eigentlich nichts von ihm weiß. (68)

Ruth macht sich noch immer keine Sorgen über Lees Anwesenheit im Texas
School Book Depository.

Senator Cooper: Haben Sie auch nur mit einem Gedanken daran gedacht,
daß Lee Oswald der Schütze sein könnte?

Mrs. Paine: Absolut nicht, nein.

Mr. Jenner: Warum nicht, Mrs. Paine?

Mrs. Paine: Er war mir nie gewalttätig vorgekommen. Er sagte nie etwas
gegen Präsident Kennedy, und ich wußte nicht, daß er eine Waffe besaß.
Ich weiß noch, wie wir auf dem Sofa saßen, als die endgültige Meldung
vom Tod des Präsidenten kam. Und sie sagte zu mir: »Jetzt müssen die
beiden Kinder ohne ihren Vater aufwachsen.«

Mr. McCloy: Bitte lassen Sie sich Zeit, bis Sie sich wieder gefaßt haben.

Senator Cooper: Vielleicht wollen Sie sich ein paar Minuten erholen?

Mrs. Paine: Es geht schon wieder. Ich erinnere mich, daß ich weinte, als ich
vom Tod des Präsidenten hörte, das übertrug sich auf meine Kleine, die
die Situation selbst noch nicht verstehen konnte. Sie weinte sich auf dem
Sofa in den Schlaf, und ich brachte sie ins Bett. Christopher schlief sowieso, June auch.

Mr. Jenner: Zeigte Marina irgendwelche Gefühle? Weinte sie?

Mrs. Paine: Nein. Sie sagte zu mir: »Mir geht das auch sehr nahe, aber wir
scheinen unsere Gemütsbewegung auf unterschiedliche Weise zu zeigen.«
Sie hat nicht eigentlich geweint. (69)

Dann hörten sie sehr lautes Klopfen. Ruth Paine öffnete die Tür, draußen standen sechs Polizeibeamte. Sie sagten, sie seien vom Büro des Sheriffs in Irving und von der Polizei von Dallas:

Mr. Jenner: Sagten Sie etwas?
Mrs. Paine: Ich konnte nichts sagen. Ich glaube, ich stand nur mit offenem Mund da. Der eine Beamte gab als Begründung an: »Lee Oswald befindet sich in Untersuchungshaft. Er ist beschuldigt, einen Polizeibeamten erschossen zu haben.« Damals dachte ich zum ersten Mal daran, daß Lee vielleicht irgendwie an den Ereignissen dieses Tages beteiligt sein könnte. Ich bat sie herein. Sie sagten, daß sie das Haus durchsuchen wollten. Ich fragte, ob sie einen Durchsuchungsbefehl hätten. Sie sagten nein, aber daß der Sheriff sofort hier sein würde, wenn ich darauf bestünde. Und ich sagte, das müsse nicht sein, sie sollten sich wie zu Hause fühlen. (70)
Marina beschrieb das Benehmen der Polizisten als »nicht gerade höflich«.
Marina Oswald: Sie folgten mir auf Schritt und Tritt. Ich wollte mich umziehen, denn ich war nur fürs Haus angezogen. Aber sie wollten mich nicht einmal ein Kleid anziehen lassen. Sie waren ziemlich grob. Dauernd trieben sie mich zur Eile an. (71)
Mr. Rankin: Wann haben Sie erfahren, daß das Gewehr nicht in der Decke war?
Marina Oswald: Als mich die Polizei fragte, ob mein Mann ein Gewehr hätte, und ich »Ja« sagte.
Mr. Rankin: Was geschah dann?
Marina Oswald: Sie begannen mit der Durchsuchung. Als sie in die Garage gingen, dachte ich: »Jetzt werden sie es finden.« (72)
Ruth Paine stand auf der Decke, als ihr Marina sagte, daß das Gewehr unter ihr liege. Ruth übersetzte das den Polizisten, die ihr sagten, sie solle zur Seite gehen.
Mrs. Paine: Ich trat von der Decke, der Polizist hob sie in der Mitte an, und sie hing einfach herunter.
Mr. Jenner: So schlaff, wie sie jetzt von Ihrer Hand herunterhängt?
Mrs. Paine: In diesem Moment war mir klar, daß dieser Mann in großen Schwierigkeiten steckte. (73)

In den Augen der Polizei benahmen sich diese beiden Frauen höchst verdächtig. Sie sprachen nicht nur russisch miteinander, sondern wenigstens eine wußte von der Waffe. Es wurde beschlossen, sie zum Polizeirevier zu bringen.
Mrs. Paine: Marina wollte ein Kleid anziehen, was ich schon getan hatte.

Sie erlaubten es ihr nicht. Ich sagte: »Sie hat das Recht dazu, sie ist eine Frau und darf anziehen, was sie will, bevor Sie uns mitnehmen.« Ich schickte sie ins Badezimmer zum Umziehen. Der Polizist öffnete die Badezimmertür – nein, dazu sei keine Zeit mehr. Ich war immer noch damit beschäftigt, Babysitter für die Kinder zu organisieren, damit sie zu Hause bleiben konnten, und einer der Beamten sagte dem Sinn nach, wir sollten uns lieber beeilen, sonst nähmen sie die Kinder einfach mit und würden sie der Fürsorge übergeben.

Als Antwort sagte ich: »Lynn, du kannst mitkommen.« Ich mag es nicht, wenn man mir droht. Christopher schlief noch, also ließ ich ihn zurück. Ich nahm meine Tochter Lynn, und Marina nahm ihre Tochter und ihr Baby mit zur Polizei. Im Auto drehte sich der Polizist auf dem Beifahrersitz nach mir um und fragte: »Sind Sie Kommunistin?«, und ich sagte: »Nein, bin ich nicht, und ich glaube nicht einmal, daß ich mich hier auf den Fünften Zusatz zur Verfassung zu berufen brauche.« Damit gab er sich zufrieden. (74)

Im Parkland Hospital hatte es in der Zwischenzeit ein ziemliches Durcheinander gegeben. Im Operationssaal war der Präsident um 1 Uhr mittags für tot erklärt worden. Lyndon Johnson indes war mehr als besorgt, daß sich die Entourage des ehemaligen wie des neuen Präsidenten in der einen oder anderen gräßlichen Gefahr befinden könnte, und war der Meinung, daß sie alle auf dem schnellsten Weg nach Love Field zurückkehren und sich an Bord der *Air Force One* begeben sollten, bevor der Tod offiziell bestätigt wurde. Wer wußte schon, wer hinter dem verhängnisvoll erfolgreichen Anschlag auf den Präsidenten steckte? Der Knall der Schüsse auf der Dealey Plaza hatte sehr gebieterisch geklungen. Es hätte ein Bekenntnis der John Birch Society gewesen sein können, der Mafia, der Castro-Anhänger, oder sich im allerschlimmsten Fall – und Gott mochte geben, daß es nicht so war – als Anschlag in einer Reihe von Versuchen der Russen erweisen, einen Dritten Weltkrieg zu entfesseln.

Lyndon Johnson brachte diese Hypothesen wohl kaum zur Sprache, aber sein Instinkt als guter Texaner sagte ihm, daß sie auf Teufel komm raus aus Texas draußen sein müßten, bevor Kennedys Tod publik wurde. Es stellte sich jedoch heraus, daß Jacqueline Kennedy nicht von der Stelle zu bewegen war. Sie würde auf keinen Fall Jacks Leichnam zurücklassen. Während Lyndon Johnson mit seinem Stab bereits in der Maschine saß, und um 1 Uhr 33 der Welt Kennedys Tod verkündet wurde, spielte sich zwischen Behördenvertretern der Stadt Dallas und Kennedys Stab eine grausige

Komödie ab. Es ging um die Frage, ob die Leiche freigegeben werden könne. Das Verbrechen hatte in Texas stattgefunden, und deshalb mußte die Autopsie auch hier vorgenommen werden. Texas war ein souveräner Staat. Bevor das ausgestanden war, so behaupteten einige, hätten die Beamten des Secret Service ihre Waffen gezogen und die Leiche so aus dem Bereich der texanischen Jurisdiktion gebracht. Es dauerte jedenfalls bis kurz nach 2 Uhr, bis Jacqueline Kennedy, ein Brigadegeneral und vier Secret-Service-Männer den Sarg in einen Ambulanzwagen laden und zum Flugplatz fahren konnten, wo sie um 2 Uhr 18 an Bord gingen. Lyndon Johnson, der die Höflichkeit und/oder die politische Klugheit besessen hatte, nicht ohne Jackie Kennedy und die Leiche abzufliegen, nahm sich noch die Zeit, seinen Amtseid vor einem örtlichen Richter abzulegen – schließlich sollte man die texanische Empfindlichkeit nicht überstrapazieren. Erst danach startete das Flugzeug. Jackie Kennedy saß den ganzen Heimflug neben dem Sarg.

Lady Bird beschreibt diese Schicksalsstunde im Leben Jacqueline Kennedys: Wir wurden im Flugzeug zuerst in den privaten Bereich des Präsidenten geführt, aber Lyndon sagte sofort: »Nein, nein«, und wir verließen den Raum wieder, denn er gebührte jetzt niemand anderem als Mrs. Kennedy. Ich ging zu Mrs. Kennedy, und so unglaublich es klingt, sie machte es mir leicht. Sie sagte etwa: »Lady Bird, es tut gut, daß wir Sie beide immer so gern gemocht haben.« Sie sagte: »Es wäre schrecklich, wenn ich nicht dagewesen wäre. Ich bin so froh, daß ich bei ihm war.« Ich sah sie an. Mrs. Kennedys Kostüm war blutbefleckt, ihr rechter Handschuh – bei dieser makellosen Frau – vom Blut ihres Mannes verkrustet. Sie trug immer Handschuhe, sie war es nicht anders gewöhnt. Mir wäre das lästig gewesen. Irgendwie schmerzte mich dieser Anblick am meisten –diese exquisit gekleidete Frau über und über mit Blut befleckt. Ich fragte sie, ob ich ihr jemanden zum Umkleiden schicken solle, aber sie sagte: »O nein, vielleicht später, aber jetzt noch nicht.«
Ich sagte: »Ach, Mrs. Kennedy, Sie wissen doch, daß wir nicht einmal Vizepräsident werden wollten, und nun das, gütiger Gott.« Ich hätte alles getan, um ihr zu helfen, aber es gab nichts, was ich hätte tun können, darum verließ ich sie bald wieder und ging zu den anderen. (75)

6

Das Comeback der Marguerite Oswald

Im Polizeipräsidium zeigte man Marina das Mannlicher-Carcano-Gewehr, und sie sagte, daß sie es nicht identifizieren könne, denn sie hasse Waffen und alle sähen für sie gleich aus.

Ihre Angst in diesem Augenblick war nicht, daß Lee Kennedy getötet habe, sondern daß sie vielleicht eine Verbindung zwischen ihrem Mann und dem Attentatsversuch auf General Walker herstellen könnten. Sie fragte, ob sie Lee sehen könne, und man sagte ihr, daß er verhört werde, und daß das Verhör möglicherweise den ganzen Tag dauern würde. Aber vielleicht könne sie ihn morgen sehen.

An diesem Punkt erschien Marguerite Oswald auf der Bildfäche. Sie hatte sich gerade für die Arbeit fertig gemacht, als sie in den Nachrichten hörte, daß Lee verhaftet worden sei.

Marguerite Oswald: Mein Dienst dauerte von 15:00 bis 23:00 Uhr. Ich aß zu Mittag und zog meine Schwesternkleidung an. Ich muß um 14:30 Uhr von zu Hause weg. Also hatte ich wenig Zeit, mir den Umzug des Präsidenten anzuschauen. Während ich auf dem Sofa saß, kam die Nachricht, daß auf den Präsidenten geschossen worden sei. Ich konnte mir jedoch die Sendung nicht länger anschauen. Ich mußte meinen Dienst antreten. Also setzte ich mich ins Auto, und nach ungefähr sieben Blocks stellte ich das Autoradio an. Ich hörte, daß Lee Harvey Oswald als Verdächtiger verhaftet worden sei.

Ich wendete sofort den Wagen und fuhr zurück nach Hause, hängte mich ans Telefon und rief beim »Star Telegram« an und fragte, ob sie mir jemand schicken könnten, denn ich fühlte mich außerstande, selbst nach Dallas zu fahren. Das taten sie auch. Sie schickten mir zwei Reporter vom »Star Telegram«. (76)

Während sie wartet, erhält sie einen Anruf von der Schwester, die sie ablösen soll. In einem Interview mit Lawrence Schiller im Jahr 1976 (in dem sie praktisch im selben Tonfall und mit denselben Redewendungen wie vor der Warren-Kommission spricht) wird uns mitgeteilt:

...es war ungefähr fünf nach drei, und ich war nicht erschienen, und sie sagte: »Wieso sind Sie zu Hause? Wieso haben Sie mich nicht abgelöst?« Ich sagte: »Ach, mein Junge ist im Zusammenhang mit der Ermordung von Präsident Kennedy aufgegriffen worden.« Daraufhin – und das werde ich nie vergessen – beschimpfte sie mich. Sie sagte in einem schrecklichen Ton: »Also das mindeste, was Sie hätten tun können, wäre gewesen, den Telefonhörer zu nehmen und mich zu informieren, damit ich eine Vertretung für Sie finde.« Zu einer Zeit, in der ich eigentlich ... Bei dieser ganzen Geschichte bin ich immer nur fertigemacht worden. Niemand brachte mir auch nur die geringste Sympathie entgegen, als ob ich kein menschliches Wesen wäre und nicht auch meine Gefühle und Tränen hätte.« (77)

Es ist interessant, festzustellen, wie nahtlos ihre Übergänge nach zwölf Jahren anschließen:

Marguerite Oswald: Als ich ankam, verlangte ich ausdrücklich, FBI-Agenten zu sprechen. Meinem Wunsch wurde Folge geleistet. Ich wurde in ein Zimmer gebracht...

Mr. Rankin: Um welche Uhrzeit war das?

Marguerite Oswald: Ungefähr um 15:30 Uhr. Ich werde also in das Büro geführt, und die zwei FBI-Agenten Brown, sie sind Brüder, so viel ich weiß ...

Mr. Rankin: Damit wollen Sie sagen, daß sie Brown hießen?

Marguerite Oswald: Sie hießen Brown, und ich sagte ihnen, wer ich sei. Und ich sagte: »Ich möchte mit Ihnen sprechen, Gentlemen, weil ich das Gefühl habe, daß mein Sohn Agent der Regierung ist, und im Interesse der Sicherheit meines Landes möchte ich nicht, daß das herauskommt ... Ich möchte, daß das absolut geheim bleibt, bis Sie Ihre Nachforschungen anstellen. Ich weiß zufällig, daß das State Department meinem Sohn die Rückkehr in die Vereinigten Staaten bezahlt hat, und ich weiß nicht, was das für Folgen nach sich ziehen würde, falls es herauskäme, also stellen Sie bitte Ihre Nachforschungen an und halten Sie darüber den Mund.«

Das war natürlich etwas völlig Neues für sie.

Sie ließen mich in ihrem Büro zurück ... Sehen Sie, ich machte mir wirklich große Sorgen über die Sicherheit meines Landes.

Mr. Rankin: Nannten Sie ihnen noch andere Gründe für Ihren Verdacht, daß Ihr Sohn Agent sei?

Marguerite Oswald: Ich habe ihnen überhaupt nichts erzählt. Aber einer von ihnen sagte: »Sie scheinen eine Menge über Ihren Sohn zu wissen. Wann haben Sie ihn das letzte Mal gesehen?«

Ich sagte: »Ich habe meinen Sohn ein Jahr lang nicht gesehen.«

Er wurde sarkastisch: »Also Mrs. Oswald, glauben Sie wirklich, daß wir Ihnen das abnehmen? Sie sind eine Mutter.«

Ich sagte: »Glauben Sie, was Sie wollen, aber mein Sohn wollte mich da

555

nicht hineinzuziehen. Er hat mich aus allen seinen Aktivitäten herausgehalten. Es ist die Wahrheit, so wahr mir Gott helfe, daß ich meinen Sohn ein ganzes Jahr nicht gesehen habe.«

Die Herren gingen, und ich habe sie danach nicht mehr gesehen.

Sie schickten mir eine Stenographin aus dem Vorzimmer, die sich zu mir setzte und mich zu verhören begann.

Ich sagte: »Junge Frau, ich denke nicht daran, mich verhören zu lassen. Sie müssen sich damit abfinden, daß ich einfach hier sitze.« (78)

Ein weiteres Mal ist aus dem Interview mit Schiller im Jahre 1976 nicht ersichtlich, daß zwölf Jahre zwischen den beiden Befragungen liegen:

Sie sagte: »Äh, also, Mrs. Oswald, ich bin nur hier, um mich um Sie zu kümmern«, und sie machte nicht den Versuch, mich zu verhören, oder etwas dergleichen. Ich sage nun etwas, was unter meiner Würde ist, aber wir leben schließlich in einer solchen Welt, daß ich glaube, daß es nicht unter meiner Würde ist. Ich sagte ihr, daß ich auf die Toilette möchte. Aber ich konnte nicht einmal das Zimmer verlassen, ich stand unter Aufsicht. Sie steckte eine Menge Zeitungen in den Papierkorb und ließ mich da hinein urinieren. Ich war empört und außer mir, aber ich sagte nicht allzuviel, denn ich hatte den Eindruck, müssen Sie wissen, daß sie eine Beamtin vom Gericht war.« (79)

Marguerite Oswald: Ich saß ungefähr zwei bis drei Stunden allein in diesem Büro, meine Herren, mit dieser Frau, die immer wieder hereinkam und hinausging, bis ich in das Büro geführt wurde, in dem Marina und Mrs. Paine waren. Und natürlich brach ich sofort in Tränen aus und drückte Marina an mich. Marina hielt mir Rachel hin, die ich noch nie gesehen hatte. Ja, ich wußte bis zu diesem Augenblick überhaupt nicht, daß ich eine zweite Enkelin hatte. Also begann ich zu weinen. Marina begann zu weinen. Und Mrs. Paine sagte: »Ach, Mrs. Oswald, ich bin so froh, Sie kennenzulernen. Marina hat so oft gesagt, wie gerne sie Sie sehen würde, vor allem, als das zweite Baby zur Welt kam. Aber Lee ließ es nicht zu.« Und ich sagte: »Mrs. Paine, Sie sprechen Englisch. Warum haben Sie mich nicht angerufen?« (80)

McMillan: Marina weiß nicht, wieviel Zeit sie im Polizeipräsidium verbrachten, aber schließlich ließ man sie, Ruth, Michael und die vier Kinder gehen, und sie kehrten nach Irving zurück. Sie weiß nicht mehr, ob oder was sie gegessen haben, und wer kochte. Das Haus war von Reportern belagert, die mit Marina, Ruth und Marguerite sprechen wollten.

Plötzlich gab es einen heftigen Wortwechsel zwischen Ruth und Marguerite. (81)

Marguerite Oswald: Ich bringe diese Geschichte aufs Tapet, weil, kaum daß wir fünf Minuten in Mrs. Paines Heim waren, an die Tür geklopft wurde, und zwei Vertreter von »Life« das Haus betraten.

Was die Namen dieser Männer betrifft, heißt der eine Allan Grant und der andere Tommy Thompson.

Und ich wurde nicht vorgestellt...

Mr. Rankin: Um welche Uhrzeit war das?

Mrs. Oswald: Ungefähr um 18:30 Uhr. Wir waren gerade angekommen. Und nach fünf Minuten klopften sie an die Tür.

Mrs. Paine sagte sofort: »Ich hoffe, daß Sie Farbfilm haben, damit wir ein paar gute Fotos bekommen.«

Erst da wußte ich, daß es Zeitungsleute waren, wegen ihrer Bemerkung und der Kamera.

Also, Tommy Thompson begann, Mrs. Paine zu interviewen. Er sagte: »Mrs. Paine, erzählen Sie mir, sind Marina und Lee auseinander, seit Lee in Dallas lebt?«

Sie sagte: »Nein, sie sind eine glückliche Familie. Lee lebt nur gezwungenermaßen in Dallas. Er arbeitet in Dallas, und Irving ist doch ein Stück entfernt, aber er kommt seine Familie jedes Wochenende besuchen.«

»Schön«, sagte er, »was für eine Art Familienvater ist er?«

Sie sagte: »Ein ganz normaler Familienvater. Er spielt mit seinen Kindern. Gestern abend hat er June gefüttert. Er sitzt vor dem Fernseher wie jeder andere.«

Also, während das so weiterging, wurde ich wütend, meine Herren, denn ich lehne eine solche Art von Publicity ab. Ich fand das ganze höchst unpassend, unmittelbar nach dem Attentat und der darauffolgenden Verhaftung meines Sohns.

Aber schließlich war ich im Heim von Mrs. Paine.

Ich hatte jedoch die Möglichkeit, mich großzügig zu geben. Ich nahm kein Blatt vor den Mund und sagte: »Also, Mrs. Paine, es tut mir leid. Ich bin in Ihrem Heim. Und ich weiß es zu schätzen, daß ich Gast in Ihrem Heim bin. Aber ich möchte nicht, daß Sie Erklärungen abgeben, die nicht korrekt sind. Zufälligerweise weiß ich, daß Sie eine unkorrekte Erklärung abgegeben haben. Erstens einmal kann ich eine solche Art von Publicity nicht gutheißen. Und wenn wir eine Homestory im ›Life‹-Magazin bekommen« – zu diesem Zeitpunkt wußte ich bereits, worum es ging –, »dann möchte ich dafür bezahlt werden. Meine Schwiegertochter hat zwei

557

kleine Kinder, und ich selbst bin mittellos, also finde ich, daß wir, wenn wir Auskunft geben, dafür bezahlt werden sollten.«

Daraufhin stand der »Life«-Vertreter auf und sagte: »Mrs. Oswald, ich werde mein Büro anrufen und sehen, was sich machen läßt.«

Er schloß die Tür, um ungestört telefonieren zu können. Im Wohnzimmer herrschte Schweigen.

Er kam zurück und sagte, daß der Verlag ihm nicht gestatten würde, für die Story zu zahlen. Sie wären aber bereit, unsere Auslagen in Dallas zu bezahlen, Essen, Spesen und die Hotelunterbringung.

Ich sagte ihm, daß ich mir das durch den Kopf gehen lassen wolle.

Inzwischen lungerten sie weiter herum. Der Fotograf, Mr. Allen, schoß unentwegt Fotos. Ich war entsetzlich müde und verärgert. Ich rollte meine Strümpfe herunter, und dieses Foto ist im »Life«-Magazin. Also stand ich auf und sagte: »Ich verwahre mich gegen diesen Einbruch in mein Privatleben. Ich weiß, daß ich in Mrs. Paines Heim bin. Aber Sie machen von mir ein Foto ohne meine Zustimmung, und noch dazu eines, das ich ganz gewiß nicht veröffentlicht sehen möchte.« Es sieht schrecklich aus – wie ich meine Strümpfe herunterrolle. Ich wollte es mir lediglich bequemer machen.

Er folgte Marina bis in das Schlafzimmer. Sie kleidete June aus. Er fotografierte einfach alles. Und Mrs. Paine platzte vor Wichtigkeit – das muß ich leider sagen. Mrs. Paine konnte sich gar nicht einkriegen, daß all diese Fotos geschossen wurden. Bis ich schließlich höchst ungehalten wurde und sagte: »Es reicht mir jetzt. Klären Sie, welche Arrangements Sie für uns treffen können, für meine Schwiegertochter und mich, damit wir in Dallas sein können, um Lee beizustehen, und lassen Sie es mich morgen vormittag wissen.«

Daraufhin gingen sie. (82)

Mrs. Paine: Allmählich wurde es dunkel, und so gegen 21.00 Uhr bat ich Michael, Hamburger zu besorgen, damit wir nicht zu kochen brauchten. Bevor wir alle zu Bett gingen, erzählte mir Marina, daß Lee ihr noch am Abend zuvor gesagt habe, daß er hoffe, bald eine gemeinsame Wohnung zu finden. Als sie mir das sagte, spürte ich, wie verletzt und verwirrt sie war, denn sie konnte nicht verstehen, warum er das sagte, während er bereits etwas plante, was unweigerlich die Trennung für immer bedeuten würde. Ich fragte sie, ob sie glaube, daß Lee den Präsidenten getötet habe, und sie sagte: »Ich weiß nicht.« (83)

McMillan: Später machte Marina eine schreckliche Entdeckung. Ihr Blick fiel zufällig auf den Schreibtisch, und dort hatte die Polizei wie durch ein Wunder eines ihrer Besitztümer übersehen. Es war eine kleine, zwischen blaßblau und grün opalisierende Porzellantasse mit Veilchen und einem dünnen Goldrand, die ihrer Großmutter gehört hatte. Sie war hauchdünn, so daß das Licht wie durch Pergament hindurchschimmerte. Marina schaute hinein. Lees Ehering lag darin. (84)

Da ihm der Ring etwas zu weit war, nahm er ihn bei der Arbeit manchmal ab und verwahrte ihn in der Tasche. Aber niemals ging er ohne Ring aus dem Haus. An diesem Morgen hatte er ihn zurückgelassen.

Sie machte noch andere Funde. In einem Stammbuch, das sie für June führten, fand sie die beiden Fotos von Lee mit Gewehr und Revolver, diese idiotischen Bilder, die sie von ihm an diesem idiotischen Sonntag in der Neely Street hatte machen müssen.

McMillan: Sie nahm sie heraus und zeigte sie ihrer Schwiegermutter. »Mama«, sagte sie, zeigte auf die Fotos und erklärte ihr, so gut sie konnte, auf englisch: »Walker – das ist Lee.« – »O nein«, stöhnte Marguerite, legte den Finger an den Mund, zeigte in Richtung von Ruths Zimmer und sagte: »Ruth, nein.« Sie schüttelte den Kopf, um ihr zu bedeuten, daß sie Ruth die Bilder weder zeigen, noch ihr davon erzählen dürfe. (85)

Über dieser Abmachung, Beweismittel verschwinden zu lassen, ist es Freitagnacht geworden. Wo ist Lee inzwischen? Zuletzt sahen wir ihn gegen zwei Uhr nachmittags. Was ist seit seiner Einlieferung in das Polizeipräsidium im Rathaus geschehen, bei der er es ablehnte, sein Gesicht zu verhüllen, da er nichts getan hätte, dessen er sich zu schämen brauche?

7

In den Krakenarmen der Medien

Das Pandämonium im zweiten Stock des Polizeipräsidiums im Rathaus von Dallas begann bereits eine Stunde nach Lees Verhaftung zu eskalieren und zeitigte zwischen Freitagnachmittag und Sonntagvormittag (mit kleinen Verschnaufpausen in den frühen Morgenstunden) immer größere Auswüchse. Die Presse Amerikas und der westlichen Welt, zahlreiche Vertreter anderer Kontinente sowie alle Spürhunde und freien Mitarbeiter von Fernsehen und Rundfunk, die ein Ticket nach Dallas hatten ergattern können, drängten sich in diesem zweiten Stock. Die Schilderungen von Captain Will

Fritz, der die periodischen Verhöre Oswalds führte, und von Forrest Sorrels, dem Chief des Secret Service in Dallas, geben ein anschauliches Bild.

Mr. Hubert: Hatten Sie keine Bedenken, daß allein schon die Nähe und Masse der Medienleute eine bedrohliche Situation schaffen könnten?

Mr. Fritz: Wir kannten nicht viele von ihnen. Eigentlich nur sehr wenige. Natürlich kannten wir die Leute von den örtlichen Medien. Viele waren aus dem Ausland gekommen, und einige sahen ganz schön heruntergekommen aus. Wir wußten nichts über sie.

Aus diesem Grund wollten wir sie eigentlich überhaupt nicht dort oben haben, falls es sich vermeiden ließ. Abgesehen davon blendeten uns die Kamerascheinwerfer, und da wir nicht sehen konnten, wo wir hintraten oder was wir taten, war eigentlich alles möglich.

Mit den Presseleuten aus Dallas kamen wir ganz gut zurecht. Sie hielten sich an das, worum wir sie ersuchten. Unsere Leute haben sich ordentlich benommen, aber die anderen führten sich wie eine wilde Meute auf. (86)

Mr. Sorrels: Man mußte sich richtig durchkämpfen, über Kabel steigen und auf Stative und Leitungen achten, und kaum ging die Tür von Captain Fritz' Büro auf, ging dieses Blitzlichtgewitter los, und ich habe immer meine Augen abgeschirmt. Sie hatten ihre Kabel einfach von der Straße aus durch das Büro eines Sheriff-Stellvertreters bis zu einer Steckdose auf dem Gang gelegt; daraus zweigten wieder Kabel ab, die sie am Boden festgeklebt hatten, damit man nicht stolpere. Sie können sich das kaum vorstellen. (87)

Wie ein Krake umschlangen die Medien das Ereignis mit ihren Saugarmen und erstickten jede Bewegung mit ihrem Rumpf. Die Medien waren eine neue Größe im Spiel der Mächte geworden; sie waren im Begriff, alles unter ihre Kontrolle zu bringen, was Nixon in der Watergate-Affäre zu spüren bekommen sollte und Oswald nach zweitägigen Verhören am Sonntagvormittag um 11 Uhr 22 in einem Donnerschlag erfuhr, in dem sich die Aufmerksamkeit, die ihm die meiste Zeit seines Lebens verweigert worden war, ins Gigantische multiplizierte.

Aber gehen wir zurück und verfolgen wir die Geschehnisse jener Tage geordnet, auch wenn von Ordnung schwerlich die Rede sein konnte.

Mr. Ball: Wie spät war es, als Sie hörten, daß der Präsident erschossen worden war?

Mr. Fritz: Einer der Leute vom Secret Service, der uns zugeteilt war, erhielt einen Funkspruch über sein Transistorempfangsgerät, und Chief Stevenson schickte mich zum Krankenhaus, aber ich hielt das für falsch. Ich fand, daß wir besser an den Tatort gehen sollten, und er sagte: »Einverstanden, dann los.« (88)

Um 12 Uhr 58 befahl Captain Fritz, das Lagerhaus zu versiegeln, und begann mit der systematischen Durchsuchung der einzelnen Stockwerke.

Mr. Fritz: Wir begannen im Erdgeschoß. Natürlich hat dauernd jemand nach mir gerufen, wenn er etwas gefunden hatte, von dem er glaubte, daß ich es wissen müsse, so daß ich ständig rauf und runter rannte. Und es dauerte nicht lange, als einer meiner Männer mich zu dem vorderen Eckfenster im fünften Stock rief. Sie hatten in dieser Ecke leere Patronenhülsen gefunden.

Mr. Ball: Was taten Sie?

Mr. Fritz: Ich sagte ihnen, daß sie nichts anfassen sollten, bevor die Spurensicherung sie in der ursprünglichen Lage fotografiert hatte.

Mr. McCloy: Fanden Sie irgend etwas, das als Auflage für das Gewehr gedient haben könnte?

Mr. Fritz: Jawohl, Sir; eine Kiste stand im Fenster, und eine andere auf dem Boden. Auf der rechten Seite waren einige Kisten gestapelt, die den Schützen zum Raum hin abschirmten. Falls noch jemand dort oben gewesen wäre, bezweifle ich, daß er ihn dort hätte sitzen sehen können. (90)

Ein paar Minuten später rief mich einer der Beamten, denn sie hatten das Gewehr in der Nähe der Hintertreppe gefunden.

Mr. Ball: Während Sie dort waren, kam Mr. Truly zu Ihnen hinauf?

Mr. Fritz: Jawohl Sir. Mr. Truly sagte mir, daß einer seiner Arbeiter das Gebäude verlassen habe, und nannte mir den Namen, Lee Harvey Oswald, und die Anschrift in Irving. (91)

Trulys Aussage liefert das Bild eines anständiges Mannes, der sich plötzlich in einer äußerst zwielichtigen Lage befindet.

Mr. Truly: Ich stellte fest, daß Lee Oswald fehlte. Ich fragte Bill Shelley, ob er ihn gesehen hätte, und der sagte nein. Also sagte ich zu Mr. Campbell: »Einer meiner Leute fehlt, und ich weiß nicht, ob ich es melden soll oder nicht.« Er sagte: »Wir melden es lieber.« Es war erst so kurz danach.

Mr. Belin: Warum haben Sie sich nicht nach anderen Arbeitern erkundigt?

Mr. Truly: Er war der einzige, von dem ich sicher wußte, daß er fehlte. Ich sagte es dann Chief Lumpkin, der gab es an Captain Fritz weiter. Und Captain Fritz sagte: »Wir danken Ihnen, Mr. Truly. Wir werden der Sache nachgehen.«

Nach einigen Minuten ging ich wieder hinunter.

Ein Reporter folgte mir und fragte mich, wer Oswald sei. Ich sagte: »Sie müssen Ohren wie ein Luchs haben. Ich sage nichts über jemanden, von dem ich nichts weiß. Das ist eine schlimme Sache.« (92)

Captain Fritz fuhr ins Rathaus, um festzustellen, ob der fehlende Arbeiter bereits eine Strafakte hatte, aber als er dort ankam,

... hörten wir, daß einer unserer Polizisten erschossen worden war. Ich fragte, wer Tippit erschossen habe, und man nannte mir den Namen Oswald. »Sein voller Name?« Als ich ihn hörte, sagte ich: »Das ist der Verdächtige, den wir in Zusammenhang mit der Ermordung des Präsidenten suchen.« (93)

Zu diesem Zeitpunkt saß Oswald bereits in einem Verhörzimmer im Rathaus.

Mr. Fritz: Ich fragte, welche Beweise wir für den Mord an dem Polizisten hätten, und sie sagten mir, daß es mehrere Augenzeugen gäbe. Also wies ich sie an, diese Zeugen so schnell wie möglich zur Gegenüberstellung beizubringen, damit wir eine hieb- und stichfeste Anklage vorbereiten und Oswald festhalten könnten, denn was die Ermordung des Präsidenten betraf, hatten wir nicht allzuviel in der Hand. (94)

Da er nun einen Verdächtigen hatte, mit dem er sich Zeit lassen konnte, begann er, sich auf die Verhöre vorzubereiten:

Mr. Ball: Beschreiben Sie uns bitte das Verhörzimmer.

Mr. Fritz: Zimmer 317 im zweiten Stock des Gerichtsgebäudes. Ich glaube, es ist ca. drei mal vier Meter, alle Wände sind aus Glas, und eine Tür geht in den Gang.

Mein Büro ist für so etwas völlig unzureichend ausgerüstet. Schließlich hatte es so etwas bei uns noch nie gegeben. Ich habe keinen zweiten Ausgang und keinen direkten Zugang zum Aufzug in das Untersuchungsgefängnis, so daß man immer etwa sieben Meter über den Gang gehen muß. Und jedesmal, wenn wir ihn durch diese Medienmeute schleusen mußten, schrien die ihm alles mögliche zu, Beschimpfungen oder Sachen, die ihm zu gefallen schienen, oder solche, die ihn deprimierten, so daß ich nicht glaube, daß die Verhöre dadurch erleichtert wurden. Ich denke, daß ihn das alles in einen Zustand ständiger Erregung versetzte.

Mr. Ball: Und wie verlief die Befragung selbst?

Mr. Fritz: Wir hatten im Büro jede Menge Verhörspezialisten. Ich halte es für viel besser, wenn ein Verdächtiger nur von zwei oder drei Mann verhört wird, denn dann ist er konzentrierter und bleibt bei der Sache.

Aber in einem solchen Fall! Wir konnten dem Secret Service und dem FBI schlecht sagen, daß sie sich da raushalten sollten, sondern wir baten sie natürlich, an der Befragung teilzunehmen, und deshalb war es ganz schön überfüllt da drin.

Mr. Ball: Hatten Sie ein Tonbandgerät?

Mr. Fritz: Nein, Sir. Wir hätten dringend eines gebraucht. Hätten wir damals eines gehabt, hätten wir wesentlich besser arbeiten können.

Mr. Ball: Die Polizei von Dallas verfügt nicht über ein Tonbandgerät?

Mr. Fritz: Nein, Sir. Ich habe etliche Male eines beantragt, aber man hat es mir nicht bewilligt. (96)

Mr. Ball: Und während der Verhöre gab es dauernd Unterbrechungen, nicht wahr?

Mr. Fritz: Jawohl, Sir, viele Unterbrechungen. Ich glaube nicht, daß man viel mehr hätte machen können, als die Meute draußen loszuwerden. Aber ich denke doch, daß ich eher ein Geständnis oder wenigstens mehr Wahrheiten aus ihm herausgekriegt hätte, wenn ich mich irgendwo ungestört mit ihm hätte unterhalten können. (97)

Da saß also Captain Fritz ohne Tonbandgerät und machte sich Notizen auf einem Block, sobald Oswald eine Frage beantwortete; Fritz war ein angenehmer, fast freundlicher Mann mit dicken Brillengläsern, klein, gebaut wie ein Stier. Er war in Dallas für seine Verhörtaktik berühmt, eine Methode, die vom Bezirks-Staatsanwalt Henry Wade als gleichermaßen exzellent wie miserabel eingeschätzt wurde:

Mr. Wade: Fritz ist eine Art Ein-Mann-Betrieb, er läßt niemand wissen, was er tut. Sogar mir gegenüber ist er mit seinen Auskünften sehr zögerlich, womit ich ihn jedoch nicht herabsetzen will. Ich würde sagen, daß Captain Fritz einer der besten Männer ist, die mir jemals begegnet sind, was die Aufklärung eines Verbrechens betrifft, aber er ist gleichzeitig der schlechteste, was die Beschaffung von Beweismaterial betrifft, und ich bin wieder mehr an Beweismaterial interessiert, und daraus ergibt sich unser Hauptkonflikt. (98)

Es ist die alte Leier, daß die Aufklärung eines Verbrechens und die Beschaffung von ausreichenden Beweisen, um gegen einen Täter Anklage erheben zu können, oft zwei Paar Stiefel sind. In beiden Fällen ist es jedoch von Vorteil, nicht über ein Tonbandgerät zu verfügen. Die Aufzeichnung enthüllt schließlich jede Phase des Verhörs, in der möglicherweise die Rechte des Untersuchungsgefangenen verletzt worden sein könnten. Wenn wir all die Tricks, Drohungen und Fallen während eines solchen Verhörs in Rechnung

563

stellen, ist ein solches Dokument ein gefundenes Fressen, um in Berufung zu gehen.

Daß Captain Fritz die Notwendigkeit eines Tonbandgeräts für seine Abteilung derart betonte, mag also ein Lippenbekenntnis gewesen sein. Wir dürfen jedenfalls annehmen, daß dafür bis zu jenem außergewöhnlichen Wochenende im November kein Bedarf gewesen war, als sie es nicht nur mit Oswald zu tun hatten, sondern mit der wachsenden Meinung der Welt, daß die Polizei in Dallas mit Oswald den Falschen erwischt habe.

Aus heutiger Sicht ist es durchaus denkbar, daß Fritz unter den gegebenen Umständen sein Bestes tat, oder zumindest scheint es so.

Auf jeden Fall begann er mit maßvollen, relativ einfachen Fragen:

Mr. Fritz: Ich fragte Oswald, warum er unter diesem anderen Namen, O. H. Lee, eingetragen sei, und er sagte, die Vermieterin hätte ihn wohl mißverstanden, und er habe es dabei belassen. (99)

Als Fritz ihn fragte, warum er seine Pistole bei sich hatte, als er sich einen Film ansah, antwortete Oswald: »Sie wissen also von einer Pistole. Na ja, ich hatte sie eben mit.« (100)

Mr. Ball: Haben Sie Oswald, bevor Sie ihn zum ersten Mal verhörten, über seine Rechte aufgeklärt?

Mr. Fritz: Jawohl. Ich sagte ihm, daß jede Aussage gegen ihn verwendet werden könne.

Mr. Ball: Hat er etwas dazu gesagt?

Mr. Fritz: Er sagte, er brauche keinen Anwalt, und ein- oder zweimal sagte er auch, daß er meine Fragen überhaupt nicht beantworten wolle, und ich sagte ihm jedesmal, er brauche das auch nicht, wenn er nicht wolle. Später fing er dann von selber zu reden an. (101)

Mr. Ball: Fragten Sie ihn, ob er Tippit erschossen habe?

Mr. Fritz: Selbstverständlich.

Mr. Ball: Was sagte er darauf?

Mr. Fritz: Er leugnete es. »Das einzige Mal, daß ich ein Gesetz verletzt habe, war in dem Kino. Ich habe den Polizisten geschlagen, aber er schlug mich zuerst aufs Auge, und ich finde, er hat es verdient. Das ist das einzige, was mir zur Last gelegt werden kann.« (102)

Mr. Ball: Haben Sie ihn gefragt, ob er in der Garage in Irving ein Gewehr aufbewahrte?

Mr. Fritz: Jawohl. Ich fragte ihn, ob er es aus New Orleans mitgebracht hätte. Er sagte nein. Ich sagte ihm, die Paines hätten ausgesagt, daß er dort ein Gewehr aufbewahrt habe, und er sagte, das sei nicht wahr. (103)

Oswald wich keinen Fußbreit. Solange er nicht zugab, daß er im Besitz eines Gewehrs war, konnte er behaupten, daß andere ihm etwas in die Schuhe schieben wollten.

Gleichwohl hält ihn seine Eitelkeit davon ab, zu lange zu schweigen. Es geht um ein geistiges Gefecht, in dem er seine Befrager aufs Kreuz legen will. Wenn der Preis für sein Entgegenkommen zu hoch wird, zieht er sich gleichsam wieder in seine Vorhaut zurück. Aber er ist im Höhenrausch und trunken von der Schlacht, die er zu führen hat.

Sie zeigen ihm das Foto, auf dem er mit dem Gewehr posiert, und er weist es von sich:

Mr. Fritz: Er sagte, das sei nicht sein Foto. »Das ist zwar mein Gesicht, aber jemand hat es auf einen anderen Körper montiert.« Er sagte: »Über Fotografie weiß ich alles, damit habe ich lange genug gearbeitet. Das Foto hat jemand anders gemacht. Ich habe es noch nie in meinem Leben gesehen.« (104)

Gelegentlich war er spröde. Und machmal war er so zynisch, daß seine Antworten geradezu frevelhaft klangen.

Mr. Fritz: Ich sagte zu ihm: »Sie haben nämlich den Präsidenten getötet, und das ist eine sehr schwerwiegende Beschuldigung.«

Er leugnete.

Ich sagte, der Präsident sei getötet worden. Er sagte, die Leute würden das in ein paar Tagen vergessen haben, und es würde einen neuen Präsidenten geben. (105)

Mr. Dulles: Wie war Oswalds Haltung gegenüber der Polizei und der polizeilichen Autorität?

Mr. Fritz: Wissen Sie, ich hatte keine Probleme mit ihm. Wenn wir ruhig mit ihm gesprochen haben, so wie wir das jetzt tun, lief alles bestens, bis ich ihm eine Frage stellte, die wesentlich war und Beweise hätte liefern können. Dann sagte er sofort, daß er nichts dazu sagen würde. Er schien vorauszuahnen, was ich ihn fragen wollte. Einmal war er so geschickt, daß ich ihn fragte, ob er darin geübt sei und ob er schon früher verhört worden sei.

Mr. Dulles: Früher verhört? (106)

Es ist kein Geringerer als CIA-Direktor Allen Dulles, der diese Frage stellt: verhört von wem? In diesem Moment muß Allen Dulles sämtliche Antennen ausgefahren haben!

Mr. Fritz: Er sagte, das FBI hätte ihn über einen langen Zeitraum befragt, nachdem er aus Rußland zurückgekommen war, und sie hätten mehrere Methoden ausprobiert – die Kumpelmethode, die strenge Methode, und

565

dann gab er mir noch Einblick in eine weitere Methode und sagte: »Ich kenne mich da aus.« (107)

Es kam jedoch auch zu einem verbalen Gefecht. Bald nachdem die Verhöre begonnen hatten, tiefer zu loten, kam ein Anruf von Gordon Shanklin, dem für Dallas zuständigen Special Agent des FBI:

Mr. Fritz: Mr. Shanklin verlangte, daß Mr. Hosty bei den Verhören dabei sein solle, weil Mr. Hosty diese Leute kannte. (108)

Shanklin sagte noch andere Dinge, die ich hier nicht wiederholen möchte, was passieren würde, falls mein Assistent seinen Arsch nicht schnell in Bewegung setze. Also holte ich Hosty herein. (109)

Erinnern wir uns an die Notiz, die Oswald für Hosty im FBI-Hauptquartier hinterlassen hatte. Shanklin konnte inzwischen von der Existenz dieser Notiz Kenntnis erhalten haben.

Sobald Hosty das Verhörzimmer betrat und Oswald seinen Namen hörte, änderte sich die Situation schlagartig:

Mr. Fritz: Mr. Hosty mischte sich ein und fragte ihn, ob er in Rußland gewesen sei und in Mexiko City, und das brachte Oswald so auf, daß er auf den Tisch schlug und eine Art Koller bekam. Er sagte, daß er nicht dort gewesen sei. Er sagte allerdings, er sei in Rußland gewesen, ich glaube, er sagte, daß er ziemlich lange dort gewesen sei.

Mr. Ball: Wurde Oswalds Frau erwähnt?

Mr. Fritz: Jawohl, Sir. Er sagte zu Hosty: »Ich kenne Sie, Sie haben meine Frau zweimal belästigt«, und er wurde immer erregter, und ich wollte ihn beruhigen, weil ich wußte, daß es nicht schwer war, ihn zu besänftigen. Und ich fragte ihn, was er mit »belästigen« meine. Ich glaubte, er meine vielleicht körperlichen Mißbrauch oder so etwas, und er sagte: »Er hat sie bedroht. Er sagte ihr praktisch, sie müsse zurück nach Rußland.« (110)

Oswald schlug abermals auf den Tisch. Da er Handschellen trug, dürfte es in dem kleinen Raum einen ziemlichen Widerhall gegeben haben. In der Tat war es Oswald gelungen, seine Befrager durch den delikaten Aspekt seiner Beschuldigung des FBI-Manns ziemlich durcheinanderzubringen. Überdies ließen sich die Probleme, in die Special Agent Hosty geraten war, nicht so schnell aus dem Weg räumen.

McMillan: Als Hosty vom Verhör im Dallas-Bezirksgefängnis ins FBI-Büro zurückkehrte, stellte J. Gordon Shanklin ihn wegen der Nachricht, die Oswald einige Tage zuvor für ihn abgegeben hatte, zur Rede. Shanklin, der »erregt und aufgebracht« schien, fragte Hosty nach den näheren Umständen, die zu der Nachricht geführt hatten, und wollte Einzelheiten über seine Besuche bei Ruth und Marina wissen. Auf Shanklins Befehl diktierte Hosty eine mehrseitige Aktennotiz, in der er alle ihm bekannten Fakten zusammenstellte, und übergab sie Shanklin in doppelter Ausfertigung. (111)

Am Freitagnachmittag werden die Verhöre zum Zweck einer Vorführung unterbrochen. Der Taxifahrer William Whaley befand sich unter den Personen, die Oswald identifizieren sollten. Es war das übliche Verfahren. Whaley saß hinter einem Einwegfenster und starrte auf die Personen, die vor ihm in der Reihe standen:

Mr. Whaley: Sechs junge Männer, die meisten Halbwüchsige, alle mit Handschellen aneinandergefesselt. Und ich sollte meinen Fahrgast identifizieren.

Er trug schwarze Hosen und ein weißes T-Shirt. Mehr nicht. Aber ich hätte ihn allein schon daran erkannt, wie er sich aufführte, denn er quengelte ständig herum und beschimpfte die Polizisten, daß sie kein Recht hätten, ihn mit diesen Teenagern vorzuführen usw. usw.

Mr. Ball: Die anderen Männer waren viel jünger als er?

Mr. Whaley: Es waren fünf. Junge Burschen, vielleicht aus dem Gefängnis.

Mr. Ball: Sah er älter aus als die anderen?

Mr. Whaley: Ja.

Mr. Ball: Und er redete auch, nicht wahr?

Mr. Whaley: Er zeigte sich nicht beeindruckt von den Polizisten und sagte ihnen seine Meinung, daß sie ihn reinlegen wollten, und daß er seinen Anwalt sprechen wolle.

Mr. Ball: Hat Ihnen das bei der Identifizierung geholfen?

Mr. Whaley: Ganz bestimmt, wenn ich mir nicht ohnehin sicher gewesen wäre. Aber ich erkannte ihn im ersten Moment wieder. Als Taxifahrer kriegen Sie einen Blick für Menschen. Als er einstieg, hielt ich ihn für einen Säufer, der zwei Tage nichts gekriegt hatte, so sah er aus, Sir, so schätzte ich ihn ein. (112)

Am Freitag um 19 Uhr 10 wurde Oswald angeklagt, den Mord an dem Polizeibeamten Tippit begangen zu haben. Dann wurde das Verhör weitergeführt. Später gab es eine weitere Vorführung, bei der Howard Brennan, der Augenzeuge, der einen Gewehrschützen im fünften Stock gesehen hatte, jedoch nicht in der Lage war, Oswald eindeutig zu identifizieren.

Mr. Ball: Diesmal wurde Oswald zusammen mit zwei Beamten der Sittenpolizei und zwei Gefängnisbeamten vorgeführt, nicht wahr?

Mr. Fritz: Richtig. Ich habe mir die Leute ausgeborgt, weil ich Bedenken hatte, daß ihn andere Gefangene vielleicht angreifen könnten, denn es gab schon jede Menge Animosität. Also waren die Kollegen so freundlich.

Mr. Ball: Waren die anderen nicht besser angezogen als Oswald?

Mr. Fritz: Ich glaube nicht, daß da ein großer Unterschied bestand. Sie trugen normale Kleidung, hatten ihre Krawatten abgenommen –, das Hemd aufgeknöpft und sahen eigentlich aus wie sonst jemand. (113)

Allerdings war Oswald der einzige mit blauen Flecken im Gesicht. Andererseits hatte Brennan seine eigene Theorie, die ihn daran hinderte, sich auf Oswald festzulegen:

Mr. Brennan: Ich glaubte damals und glaube auch heute noch, daß die Kommunisten dahinter steckten. Und wenn es bekannt geworden wäre, daß ich der einzige Augenzeuge war, dann wären meine Familie und ich nicht mehr sicher gewesen.

Mr. Belin: Aber da Sie ihn nicht identifiziert haben, wäre er womöglich auf freien Fuß gesetzt worden.

Mr. Brennan: Bestimmt nicht. Bei meinen Überlegungen hat auch die Tatsache eine Rolle gespielt, daß ich schon wußte, daß er wegen Mordes dran war und nicht freigelassen werden würde.

Mr. Belin: Des Mordes an wem?

Mr. Brennan: Am Polizisten Tippit.

Mr. Belin: Aufgrund welchen Ereignisses haben Sie inzwischen Ihre Meinung geändert?

Mr. Brennan: Nachdem Oswald getötet worden war, war ich ganz schön erleichtert... die unmittelbare Gefahr war vorüber. (114)

Es lohnt sich, die Einschätzung eines Polizisten wiederzugeben, der mit Captain Fritz bei den Verhören durch die Polizei von Dallas, den Secret Service und das FBI anwesend war:

Mr. Boyd: Ich kann Ihnen sagen, so einen Menschen wie ihn habe ich noch nie erlebt.

Mr. Stern: In welcher Hinsicht?

Mr. Boyd: Er benahm sich, als ob er äußerst intelligent wäre. Kaum wurde er etwas gefragt, kam die Antwort wie aus der Pistole geschossen. Er zögerte keine Sekunde. Noch nie ist mir ein Mensch untergekommen, der Fragen beantworten konnte wie er.

Mr. Stern: Für alle war das ein langer Tag. Hatte er sich gegen Ende immer noch unter Kontrolle, oder schien er müde und erschöpft?

Mr. Boyd: Keineswegs. Vielleicht war er müde, aber er ließ es sich nicht anmerken.

Mr. Stern: Ein außergewöhnliches Phänomen. Es ist tatsächlich erstaunlich, daß ein Mann, der des Mordes an zwei Menschen beschuldigt wird – wobei einer der Präsident der Vereinigten Staaten ist –, sich auch nach endlosen Verhören noch so unter Kontrolle hat. (115)

Mr. Boyd: Da machen Sie wirklich eine bemerkenswerte Feststellung, Sir. Also Oswald beantwortete die Fragen, dann stand er auf und sagte: »Es hat geheißen, daß das eine kurze Befragung sein würde, aber sie hat sich ganz schön in die Länge gezogen. Ich glaube, ich habe alle Fragen beantwortet, die ich beantworten wollte, und jetzt habe ich keine Lust mehr.« Und dann setzte er sich wieder hin. (116)

Er wurde für eine Zeit in seine Zelle gebracht. Dann wurde er wieder vorgeführt und des Mordes an Präsident Kennedy angeklagt. Der Friedensrichter David Johnston erledigte die Formalitäten in einem kleinen Raum, der mit Aktenschränken vollgestopft war. Am unteren Ende des Formulars, das der Richter ausfüllte, stand: »Keine Kaution – Kapitalverbrechen.«

8
Ein schwarzer Pullover mit ausgefransten Löchern

Da das »Life«-Magazin sich bereit erklärt hatte, die Zimmer im »Adolphus« zu bezahlen, fuhren sie am nächsten Morgen aus Irving ab.

Marguerite Oswald: Wir kamen im Adolphus Hotel zwischen 09:30 Uhr und 10 Uhr an.

Mr. Rankin: Welcher Tag war das?

Marguerite Oswald: Samstag, der 23. November. Kurz darauf kam ein FBI-Agent, Mr. Bart Odum, mit einem anderen Agenten ins Zimmer und wollte Marina zu einem Verhör abholen. Und ich sagte: »Nein, wir werden Lee besuchen.« Wir waren gerade beim Frühstücken, als er hereinkam. Also sagte er zum Dolmetscher: »Würden Sie bitte Mrs. Oswald sagen, daß ich sie verhören möchte.«

Ich sagte: »Das wird Ihnen nichts helfen. Sie brauchen das dem Dolmetscher nicht zu sagen, denn meine Schwiegertochter wird nicht mit Ihnen gehen. Alle weiteren Aussagen wird sie über ihren Anwalt machen.«

Mr. Odum sagte zu dem Dolmetscher: »Würden Sie Mrs. Oswald sagen, daß sie ihre eigene Entscheidung treffen und nicht auf ihre Schwiegermutter hören soll.«

In diesem Moment kam mein Sohn Robert ins Zimmer, und Mr. Odum sagte: »Robert, wir möchten Marina gerne zu einem Verhör mitnehmen.« Er sagte: »Nein, tut mir leid, wir versuchen Anwälte für sie und Lee zu bekommen.«

Also ging Mr. Odum wieder.

Wir gingen zum Gerichtsgebäude und warteten und warteten, während mein Sohn Robert entweder vom Secret Service oder von FBI-Agenten – das weiß ich nicht – in einem verglasten Raum befragt wurde. Wir mußten also ziemlich lange warten, bevor wir am Nachmittag Lee sehen konnten.

Mr. Rankin: War noch jemand anwesend?

Marguerite Oswald: Nein. Marina und ich wurden in einen Raum mit einer Glaswand und Telefonen geführt. Marina ging an ein Telefon und sprach mit Lee russisch. Das ist mein Handicap. Ich weiß nicht, was gesprochen wurde. Lee schien ganz und gar ruhig und selbstgewiß. Er schien ziemlich eins draufbekommen zu haben. Er hatte blaue Augen, und sein Gesicht war voller blauer Flecken. Aber er war die Ruhe selbst. Er lächelte seine Frau an, während er mit ihr sprach, und dann ging ich ans Telefon und sagte: »Liebling, du hast so viele blaue Flecken im Gesicht, was machen sie mit dir?«

Er sagte: »Mutter, reg dich nicht auf. Ich habe mir das bei einer Rauferei geholt.« Also redete ich weiter und sagte: »Kann ich irgend etwas tun, um dir zu helfen?«

Er sagte: »Nein, Mutter, alles ist bestens. Ich kenne meine Rechte und ich werde einen Anwalt bekommen. Mach dir überhaupt keine Sorgen.« Das war mein ganzes Gespräch mit ihm.

Gentlemen, Sie müssen sich eines klarmachen. Im Fernsehen hatte ich meinen Sohn sagen gehört: »Ich habe es nicht getan. Ich habe es nicht getan.« Ich denke doch, daß Sie inzwischen meine Gemütsart kennen, meine Herren. Wer war ich, um meinen Sohn zu beleidigen und ihn zu fragen, ob er auf Präsident Kennedy geschossen habe? Warum? Weil ich ihn selbst sagen gehört hatte: »Ich habe es nicht getan, ich habe es nicht getan.«

Also das genügte mir. Ich wäre nicht auf den Gedanken gekommen, ihm eine solche Frage zu stellen. (117)

Marinas Zwiegespräch mit Lee war fast ebenso kurz:

Mr. Rankin: Fragten Sie ihn, ob er Präsident Kennedy getötet habe?

570

Marina Oswald: Nein. Ich sagte: »Ich glaube nicht, daß du das getan hast. Alles wird gut werden.«
Ich konnte ihn doch nicht beschuldigen, er war schließlich mein Mann.
Mr. Rankin: Und was sagte er darauf?
Marina Oswald: Ich solle mir keine Sorgen machen. Aber ich sah in seinen Augen, daß er schuldig war. Er wollte nur tapfer erscheinen. Aber in seinen Augen konnte ich seine Angst sehen.
Es war nur ein Gefühl. Schwer zu beschreiben.
Mr. Rankin: Vielleicht helfen Sie uns ein bißchen und versuchen, uns zu erklären, was Sie in seinen Augen sahen.
Marina Oswald: Er hat sich mit den Augen von mir verabschiedet. Ich wußte es. Er sagte, alles würde gut werden, aber er hat es selbst nicht geglaubt. (118)

Marguerite Oswald verfügt über die Fähigkeit, ziemlich weit auszuholen, wenn es gilt, Lee zu verteidigen:
Mr. Rankin: Wieviel Zeit verbrachten Sie und Marina mit Ihrem Sohn?
Marguerite Oswald: Ich würde sagen, daß ich drei, vier Minuten am Telefon war, und dann kam Marina wieder ans Telefon und sprach mit Lee, und danach gingen wir. Marina fing an zu weinen. Sie sagte: »Mama, ich sage Lee, ich liebe Lee, und Lee sagt, er liebt mich sehr viel. Und Lee sagt mir, muß versprechen, ich kaufe Schuhe für June.«
Also da ist ein Mann, der des Mordes an einem Präsidenten bezichtigt wird. Einen Tag, oder sagen wir, ungefähr 24 Stunden ist er verhört worden. Er trägt es mit Fassung. Und er denkt an das Schuhwerk seiner kleinen Tochter.
Nun war es so, daß June Schuhe trug, die Mrs. Paines kleiner Tochter gehörten, wie mir Marina sagte – es waren kleine rote Tennisschuhe, und vorne waren sie abgewetzt, und der Junge macht sich Sorgen um Schuhe für die Kleine, obwohl er in dieser schrecklichen Klemme steckt. Also muß er sich unschuldig fühlen oder sicher sein, daß alles wieder in Ordnung kommen wird, so wie er es mir sagte. (119)

Als nächster ist Robert an der Reihe, Lee zu besuchen. Es ist bereits ein Jahr her, daß sie sich an Thanksgiving das letzte Mal gesehen haben, aber sie sind Brüder, also hat ihr Gespräch die Tendenz, sich innerhalb brüderlicher Parameter zu halten. Das nächste Zitat stammt aus Robert Oswalds Buch »Lee«:
Nach einigem Geplauder über das Baby und Marina fragte ich ihn unverblümt: »Lee, was zum Henker läuft da ab?«

»Ich weiß es nicht«, sagte er.

»Du weißt es nicht? Sie haben deine Pistole, sie haben dein Gewehr, du bist beschuldigt, den Präsidenten und einen Polizisten erschossen zu haben. Und du sagst, du weißt nicht, was da läuft.«

Er richtete sich steif und kerzengerade auf, sein Gesichtsausdruck war plötzlich steinern.

»Ich weiß einfach nicht, wovon du sprichst«, sagte er sehr bestimmt und wohlüberlegt. »Glaubst du etwa diesen ganzen sogenannten Beweisen?«

Ich sah ihn prüfend an und suchte nach einer Antwort auf meine Frage in seinen Augen. Er war sich dessen bewußt und sagte ruhig: »Bruder, dort wirst du nichts finden.« (120)

Robert gibt sich jedoch nicht so leicht geschlagen. Er erkundigt sich nach dem Anwalt in New York, den Lee zu erreichen versucht hat. Lee schüttelt die Frage von sich ab, indem er vorgibt, das sei lediglich der Mann, den er sich als Verteidiger wünsche. Er denkt nicht daran, Robert zu erzählen, daß dieser John Abt die Führer der Kommunistischen Partei, Gus Hall und Benjamin Davis, gegen die Anklage der Verschwörung zum Zwecke des Sturzes der Amerikanischen Regierung verteidigt hat. Das würde einen Streit heraufbeschwören, dem die brüderlichen Bande nicht standhalten würden.

Robert kennt Lee jedoch gut genug, um zu spüren, daß etwas oberfaul ist. Er sagt:

»Ich werde dir hier einen Anwalt besorgen.«

»Nein«, sagte er, »du hältst dich da raus.«

»Mich raushalten, das ist gut. Es ist doch wohl so, daß ich da reingezogen worden bin.«

»Ich will niemand von hier«, sagte er sehr bestimmt. »Ich bestehe auf diesem Anwalt.«

»Wie du meinst.« (121)

Die Gabe, die Südstaatler mit der Muttermilch einsaugen, ist, familiäre Zwistigkeiten nicht zu weit zu treiben. Sie haben alle die alten Familiengeschichten von Verwandten im Kopf, die über einer kleineren Beleidigung zwanzig Jahre brüteten und dann vor der Tür des Vetters mit einer geladenen Schrotflinte erschienen und ihn über den Haufen schossen.

McMillan: Unmittelbar nach Marinas Besuch versuchte Oswald, Abt zu erreichen. Er erhielt zwar die Privat- und Bürotelefonnummer über die New Yorker Auskunft, Abt meldete sich jedoch unter keiner dieser Nummern.

Fritz fragte Oswald später, ob er mit Abt habe sprechen können. Er sagte, daß er keinen Erfolg gehabt hätte, und bedankte sich artig bei Fritz, daß er das Gefängnistelefon hatte benutzen dürfen. (122)

Wir können uns lebhaft die Bestürzung vorstellen, die die Kommunistische Partei in New York befiel, als die Zeitungen meldeten, daß Oswald sich Abt als Anwalt nehmen wolle. Falls Oswald für COINTELPRO gearbeitet hatte, sieht es so aus, als ob er immer noch nicht aufgegeben hätte. Oder vielleicht ist er auch nur verbissen einfältig. Abt wird schon wissen, wie er seine politische Verteidigung aufbauen und den Gerichtssaal zum Tribunal machen kann. Die Kommunistische Partei wird dafür zwar einen hohen Preis zahlen müssen, aber nach Oswalds Bilanz wird sein persönliches Plus das klaffende Minus der Partei mehr als ausgleichen.

Mrs. Paine: Etwa um halb vier oder um vier Uhr nachmittags erhielt ich einen Telefonanruf. Die Stimme sagte: »Hier ist Lee.«

Mr. Jenner: Wiederholen Sie bitte möglichst wortgetreu, was Sie sagten, und natürlich, was er sagte.

Mrs. Paine: Ich sagte: »Ach, hi.« (123)

Lee wies sie an, Abt anzurufen, sobald die günstigeren Abendtarife für Ferngespräche galten. »Ruth war perplex, ja geradezu sprachlos über soviel Unverschämtheit, versuchte aber trotzdem, Abt zu anzurufen, doch auch sie hatte keinen Erfolg.« (124) Der Anwalt war auf seiner Hütte in Connecticut und telefonisch nicht erreichbar.

Mr. Ball: Sie haben ihn nochmals nach der Waffe gefragt, nicht wahr?

Mr. Fritz: An diesem Samstag morgen habe ich ihn eine Menge gefragt, das können Sie mir glauben.

Mr. Ball: Und Sie fragten ihn auch nach Größe und Form der Papiertüte?

Mr. Fritz: Er gab niemals zu, diese Tüte mitgehabt zu haben. Er sagte, er hätte lediglich sein Lunchpaket mitgenommen. (125)

Sein Leben lang ist die Lüge Oswalds Werkzeug gewesen. Aber nun liegt der Fall anders. Während er früher fünf schnelle Lügen servieren konnte, um sein Gegenüber durcheinanderzubringen, nehmen nun fünf ausgewiesene Experten in der Erforschung von Dichtung und Wahrheit seine Lügen einzeln unter die Lupe. Die scharfe Klinge seines Verstandes muß sich gegen das verhärtetste menschliche Material beweisen.

Mr. Fritz: Ich habe auch nochmals wegen der Fotografie gefragt, und er sagte, das sei nicht sein Bild.

Mr. Ball: Jemand hätte sein Gesicht hineinmontiert?

Mr. Fritz: Ja, das sagte er. (126)

McMillan: Am Samstag, kurz nach 17:00 Uhr, wurde Mr. Louis H. Nichols, Präsident der Anwaltskammer von Dallas, in die Hochsicherheitszelle von Oswald im fünften Stock gebracht. Oswalds Zelle war die mittlere von drei Zellen, von denen die rechte und linke unbelegt waren. Oswald lag auf seiner Pritsche. Er stand auf und begrüßte Nichols. Die beiden Männer setzten sich auf gegenüberliegende Pritschen und sprachen miteinander. Nichols erklärte, daß er gekommen sei, um zu erfahren, ob Oswald einen Anwalt wünsche.

Ob Nichols einen Rechtsanwalt namens John Abt in New York City kenne? Nichols mußte verneinen.

Nun, sagte Oswald, das sei der Mann, den er als seinen Rechtsbeistand wolle. Aber falls das nicht möglich sein sollte, fügte er hinzu, »und ich kann hier in Dallas einen Anwalt finden, der an all das glaubt, an das ich glaube, und der an meine Unschuld glaubt« – hier zögerte Oswald –, »zumindest so weit, wie ihm das möglich ist, würde ich ihn unter Umständen als meinen Rechtsbeistand akzeptieren«. (127)

Etwa eine Stunde später, um 6 Uhr Samstagabend, wurden Marina, Marguerite, June und Rachel von Männern des Secret Service aus dem Hotel Adolphus (das zu voll war, um für ihre Sicherheit zu garantieren) in das Executive Inn neben dem Flugplatz Love Field gebracht. Als sie sich in den neuen Zimmern eingerichtet hatten, beschlossen sie, Lees Foto mit der Pistole im Halfter und dem Gewehr in der erhobenen Hand zu verbrennen.

Mr. Rankin: Hatten Sie ihr schon vorher den Vorschlag gemacht, das Bild zu verbrennen?

Marguerite Oswald: Nein, Sir. Das letzte Mal, als ich das Foto sah, war, als sie mir zu sagen versuchte, daß es in ihrem Schuh stecke. Ich lege hier nun dar, daß sie das Bild zerriß und ein Streichholz daran hielt. Dann nahm ich es und spülte es die Toilette hinunter.

Mr. Rankin: Welcher Tag war das?

Marguerite Oswald: Samstag, der 23. November. Ich spülte also die Schnipsel und das halbverbrannte Stück, das vor der Kommode lag, hinunter. Und nichts wurde gesprochen. Es wurde nichts gesprochen. (128)

Sie wußten nicht, daß das Foto, das sie vernichteten, kein entscheidendes Beweismittel war, sondern lediglich ein weiterer von den Abzügen, die die Polizei bereits unter Oswalds Habseligkeiten in der Garage der Paines gefunden hatte. (129)

Marguerite erwachte jedoch am Sonntagmorgen in einem Angstanfall. Es war, als ob ein weiterer Kummer, vage noch, sich anschickte, sich zu ihren

574

zahlreichen anderen Kümmernissen hinzu zu gesellen. Wo sollten sie und Marina leben, und wie sollten sie dafür aufkommen? Sie waren zwei alleinstehende und schutzbedürftige Frauen. Sie mußten auch in der Lage sein, vertraulicher miteinander zu sprechen, ohne daß ein offizieller Dolmetscher des FBI oder des Secret Service zwischen ihnen herumlungerte.

Es dauerte nicht lange an diesem Morgen, bis ihr Peter Paul Gregory einfiel, der in der Bibliothek in Fort Worth seine Muttersprache Russisch unterrichtete; ja, das war ein Fingerzeig, denn früher in diesem Jahr 1963 hatte sie ein paar Unterrichtsstunden bei Peter Paul Gregory gehabt, mit dem Hintergedanken, daß sie sich, falls Lee in der Stimmung wäre, sie wiederzusehen, mit ihrer Enkelin auf russisch unterhalten könnte. Es war ein Traum gewesen. Nach zwei Stunden hatte sie aufgegeben. Mr. Gregory hatte nicht zu erkennen gegeben, daß ihm ihr Name etwas sage, und außerdem war Russisch eine sehr schwierige Sprache.

Aber es war ein Fingerzeig. Peter Paul Gregory war der erste Mensch von Bedeutung außerhalb der Familie gewesen, dem Lee begegnet war, als er vor fünfzehn Monaten aus Sowjetrußland nach Fort Worth gekommen war.

Marguerite Oswald: Also rief ich an. Ich sagte: »Mr. Gregory, ich möchte nicht sagen, wer ich bin, aber Sie kennen meinen Sohn und meine Schwiegertochter, und ich bin in Schwierigkeiten, Sir. Ich bin hier.«

Er sagte: »Tut mir leid, aber ich spreche mit niemandem, den ich nicht kenne.«

Mr. Rankin: Welchen Namen gaben Sie an?

Marguerite Oswald: Ich nannte ihm keinen Namen.

Er sagte: »Tut mir leid, aber ich spreche mit niemandem, den ich nicht kenne.«

Und ich wiederholte: »Also, Sie kennen meinen Sohn wirklich gut.«

Er sagte: »Oh, Sie sind Mrs. Oswald.«

Ich sagte: »Jawohl, hier spricht Mrs. Oswald. Wir sind im Executive Inn in Dallas gestrandet. Kennen Sie jemand, der meiner Schwiegertochter und mir eine Bleibe geben und uns aufnehmen könnte, solange das alles läuft, so daß wir in der Nähe von Lee im Gerichtsgebäude sein können? Ich brauche Hilfe, Mr. Gregory.«

Er sagte: »Mrs. Oswald, was ist Ihre Zimmernummer? Ich werde Ihnen helfen. Bleiben Sie, wo Sie sind. Hilfe ist bereits unterwegs.« (130)

Marguerite konnte nicht wissen, daß im Rathaus bereits beschlossen worden war, Oswald ins Kreisgefängnis zu verlegen, wo er unter der Aufsicht des Büros des Sheriffs stand und die Sicherheitsvorkehrungen sich leichter durchführen ließen. Die Pläne bestanden seit Samstagnachmittag 3 Uhr, und inzwischen waren diverse Möglichkeiten für einen sicheren Transport erwogen und wieder verworfen worden, und die Stunden waren inzwischen dahingegangen.

Mr. Ball: Haben Sie erwogen, ihn in der Nacht zu verlegen?

Mr. Fritz: In der Nacht zum Sonntag rief mich, ich glaube, ein Captain Frazier an, der mir meldete, daß es einige Drohungen gegeben hätte, und daß er Oswald verlegen müsse.

Ich sagte, daß ich nicht so recht wüßte, was wir tun sollten. Ich sagte, es gäbe keine geeigneten Sicherheitsvorkehrungen. Er rief mich nach einigen Minuten zurück und sagte, daß wir Oswald dort lassen sollten, wo er war. (131)

Darauf beschlossen sie, die Verlegung auf Sonntag, 10 Uhr, festzusetzen, aber da war es bereits zu spät.

Mr. Fritz: In diesem Zusammenhang habe ich etwas getan, was ich Ihnen sagen sollte. Als der Chief zurückkam und mich fragte, ob ich alles für die Verlegung vorbereitet hätte, sagte ich ihm, daß ich mich wegen der großen Kameras, die im Gefängnisbüro aufgebaut waren, beschwert hätte, und daß ich befürchtete, wir würden ihn bei all diesen Kameras und den vielen Menschen nicht heil herausbringen.

Als nun der Chief fragte, ob wir für die Verlegung bereit seien, sagte ich: »Wir sind bereit, wenn die Sicherheit so weit ist.« Er sagte: »Alles organisiert. Die Leute sind auf der anderen Straßenseite, und die Zeitungsleute sind im Hintergrund der Garage.« Er sagte auch: »Wir haben vorgesorgt. Wir haben den Geldtransporter für ihn bekommen.« Ich sagte: »Chief, also das mit dem Geldtransporter für Oswald schmeckt mir überhaupt nicht.« Schließlich kannten wir den Fahrer nicht, wußten weder, wer er war, noch wie der Geldtransporter konstruiert war, und er sagte: »Wenn Sie wollen, nehmen Sie Ihren Wagen, und wir benutzen den Geldtransporter als Köder.« (132)

Da Fritz wußte, daß er den Zugriff auf Oswald verlieren würde, sobald er dem Sheriff übergeben worden war, hatte er den Gefangenen fast den ganzen Sonntagvormittag vernommen. Schließlich wurde Oswald, nachdem sich das letzte Verhör eine Stunde länger als erwartet hingezogen hatte, um 11 Uhr 10 für die Verlegung fertiggemacht.

McMillan: Aber das Hemd, das er bei seiner Verhaftung getragen hatte, war an ein kriminologisches Labor in Washington geschickt worden, und er hatte nur noch ein T-Shirt. Man brachte einige seiner Kleidungsstücke

in Fritz' Büro, und die Polizisten suchten das ihrer Meinung nach beste
Stück für ihn aus. Oswald war unerbittlich. Nein, sagte er, und bestand
darauf, einen schwarzen Pullover mit ausgefransten Löchern anzuziehen.
Er war jetzt wie auf den Fotos gekleidet, die Marina aufgenommen hatte
– ganz in Schwarz. Schwarze Hose, schwarzer Pulli. Fritz schlug ihm noch
vor, zur Tarnung einen Hut aufzusetzen. Wieder einmal, wie schon zwei
Tage zuvor beim Betreten des Gefängnisses, weigerte sich Oswald. Die
Welt sollte ihn so sehen, wie er war.
Begleitet von Captain Fritz und vier Detectives kam Oswald um 11 Uhr 58
in der Tiefgarage des Polizeigebäudes an, wo ein Wagen auf ihn wartete.
(133)

Mr. Ball: Wie weit hinter Oswald gingen Sie? Oder war Oswald hinter
Ihnen?
Mr. Fritz: Er war hinter mir.
Mr. Ball: Wie weit hinter Ihnen würden Sie schätzen?
Mr. Fritz: Vielleicht zweieinhalb Meter. Wir riefen zuerst hinunter, und sie
sagten uns, daß alles in Ordnung sei. Ich ließ meine Beamten im Gefäng-
nis zurück und fragte zwei Beamte vor dem Gefängnis, ob für die nötige
Sicherheit gesorgt worden sei, und sie sagten, alles sei in Ordnung. Aber
als wir in die Tiefgarage traten, kam uns die Meute entgegen und schob
die Beamten vor sich her. (134)

Es kann ohne unangemessene Übertreibung gesagt werden, daß sich Dallas, das pulsierende Herz von Texas, noch immer nicht ganz von dem erholt
hat, was in den nächsten Sekunden passierte, als ein Mann aus der Menge
trat und Lee Harvey Oswald vor aller Augen tötete.

9

»*Er weinen, Auge naß*«

Lassen Sie uns jedoch, bevor wir den Versuch unternehmen, in den Tiefen von Jack Rubys Gedankengängen die Motive für sein finales Handeln aufzuspüren, Lee wenigstens noch auf seinem letzten Weg begleiten.

Marguerite Oswald: Am Sonntag um 11:30 Uhr kamen mein Sohn Robert und Mr. Gregory völlig aufgeregt im Executive Inn an. Windeln lagen überall herum, und meine Schwesternkleidung war gewaschen worden. Ich hatte keine anderen Kleider bei mir.
Ich mußte meine nasse Uniform anziehen.
»Beeilt euch, ihr müßt so schnell wie möglich von hier weg.«
Ich bin nicht jemand, der es schätzt, wenn ihm gesagt wird, was er tun soll, und Sie, meine Herren, wissen das inzwischen. Ich sagte: »Was soll die Hast? Hier liegen Windeln und alles mögliche herum. Erzähl mir erst, was los ist.«
»Mutter, Mutter, hör auf zu reden. Wir müssen euch hier rausbringen.«
Mr. Gregory sagte: »Mrs. Oswald, hören Sie bitte auf uns. Wir müssen Sie hier rausbringen.«
Ich sagte: »Nichts anderes haben wir seit gestern getan, als von einem Ort zum anderen zu hasten. Geben Sie uns eine Minute. Wir kommen gleich, aber zuerst müssen wir die Sachen zusammenpacken.«
Mr. Rankin: Hatten Sie einen Fernseher auf Ihrem Zimmer?
Marguerite Oswald: Jawohl, Sir. Und da haben wir ein weiteres Geschenk des Himmels. Wir schauten uns Fernsehen an, Marina und ich. Sie mehr als ich. Wir hatten viel zu tun, Mr. Rankin. Die Babies hatten Durchfall und was weiß ich noch. Ich hatte also viel Arbeit mit den Babies, und Marina auch, und wir bekamen immer nur Ausschnitte mit. Aber Marina wollte es wissen. »Mama, ich will Lee sehen.« Sie hoffte, daß Lee wieder im Fernsehen erscheinen würde. Aber an diesem Sonntagvormittag sagte ich: »Liebling, laß uns den Fernseher ausmachen. Es ist doch immer nur dasselbe.«
Und ich machte den Fernseher aus. Also sahen Marina und ich nicht, was mit meinem Sohn passierte.
Wir schalteten den Fernseher ab.
Also wußten wir es nicht.

578

Aber Robert und Mr. Gregory bestanden verzweifelt darauf, daß wir packten und uns auf die Beine machten.

Als wir hinunterkamen, wimmelte es von Agenten des Secret Service. (135)

Auf eine Reaktion konnte man seine Haut verwetten: sobald Marguerite Oswald der Behördenvertreter ansichtig wurde, wurde sie widerborstig.

Marguerite Oswald: Sobald wir ins Auto gestiegen waren, sagte Mr. Gregory: »Wir bringen Sie zu Roberts Schwiegermutter.«

Also die arbeiten in der Milchwirtschaft, diese Schwiegereltern von Robert. Und sie wollten uns dahinbringen, mindestens 45 Meilen von Dallas entfernt.

Und ich sagte: »Also mich bringen Sie nicht in die hinterste Provinz. Ich will in Dallas bleiben, wo ich Lee beistehen kann.«

»Aber aus Sicherheitsgründen ist das der beste Ort. Niemand wird dort hinfinden.«

Ich sagte: »Sicherheitsgründe? Sie können für Sicherheit in einem Hotelzimmer in der Stadt sorgen. Ich fahre nicht in dieses Nest. Ich will in Dallas bleiben, wo ich Lee helfen kann.«

Ich machte mich also nicht beliebt, denn es waren bereits alle Arrangements getroffen worden, um uns zu dieser kleinen Farm zu bringen.

Ich hätte das nicht überlebt, 40 oder 50 Meilen entfernt zu sein, während mein Sohn unter Mordanklage stand. Ich hatte an Ort und Stelle in Dallas zu sein, aber wir hatten Kleidung nötig – Marina und das Baby brauchten Kleidung. Also beschlossen sie, nach Irving zu fahren.

Als wir dort ankamen, brachten sie uns zum Haus des Polizeichefs von Irving. Und überall standen Autos herum.

Sobald der Wagen hielt, sagte der Secret-Service-Agent: »Auf Lee ist geschossen worden.«

Und ich sagte: »Ist er ernstlich verwundet?«

Er sagte: »An der Schulter.«

Ich weinte und sagte: »Marina, auf Lee ist geschossen worden.«

Während Marina ins Haus geht und Mrs. Paine anruft, damit sie Windeln und alles zurechtlegt, sitze ich mit dem Agenten im Auto. Etwas wird über Funk durchgegeben, und der Secret-Service-Agent sagt: »Wiederholen Sie nicht. Wiederholen Sie nicht.«

Ich sagte: »Mein Sohn ist von uns gegangen, habe ich recht?«

Er gab keine Antwort.

Ich sagte: »Antworten Sie mir. Ich möchte es wissen. Wenn mein Sohn von uns gegangen ist, möchte ich meditieren.«

Er sagte: »Ja, Mrs. Oswald, Ihr Sohn ist gerade verschieden.«

Ich ging in der Tat in das Haus und sagte: »Marina, unser Junge ist von uns gegangen.«

Wir weinten beide. Sie schauten sich alle die Wiederholung der Szene an. Sie hatten den Fernseher umgedreht, so daß Marina und ich es nicht sehen konnten. Sie setzten uns auf ein Sofa, und die Frau des Polizeichefs brachte uns Kaffee. Und wir starrten auf die Rückseite des Fernsehers. Und die Männer, es waren viele Männer, schauten sich die Sendung an. Wahrscheinlich war es eben erst geschehen, denn der Mann hatte gesagt: »Wiederholen Sie nicht.« Aber ich hatte darauf bestanden.

Sie gaben uns Kaffee. (136)

Später an diesem Sonntag beschloß der Secret Service, Marina, Marguerite, June und Rachel im Inn of the Six Flags unterzubringen, einem Motel zwischen Dallas und Fort Worth, das im November fast leer stand, aber erst erhob sich die Frage, ob die Ehefrau und die Mutter Lees Leiche sehen dürften.

Marguerite Oswald: Ich sagte sofort: »Ich will Lee sehen.« Und Marina sagte: »Ich auch will Lee sehen.«

Und der Polizeichef und Mr. Gregory sagten: »Also es wäre besser, zu warten, bis er im Bestattungsinstitut hergerichtet worden ist.«

Ich sagte: »Nein, ich will Lee jetzt sehen.«

Marina sagte: »Ich auch will Lee jetzt sehen.«

Sie wollten uns nicht lassen, offensichtlich wegen des häßlichen Anblicks. Aber ich bestand darauf, und Marina ebenso.

Noch auf dem Weg zum Auto versuchten sie, uns umzustimmen. Und Mr. Mike Howard, der das Auto fuhr, sagte: »Mrs. Oswald, aus Sicherheitsgründen wäre es viel besser, wenn Sie Lee erst später sehen.«

Ich sagte: »Was die Sicherheitsgründe betrifft, möchte ich Sie darauf aufmerksam machen, daß ich amerikanische Bürgerin bin und, obwohl ich arm bin, dasselbe Recht habe wie irgendein anderes menschliches Wesen. Mrs. Kennedy wurde ins Hospital eskortiert, um ihren Mann zu sehen. Und ich bestehe darauf, ebenfalls eskortiert zu werden, und auf ausreichenden Sicherheitsvorkehrungen, um mich ins Hospital zu bringen, damit ich meinen Sohn sehen kann.«

Gentlemen, ich fordere dieselben Privilegien ein.

Also sagte Mr. Mike Howard: »Ich möchte, daß Sie wissen, daß ich nicht in der Lage bin, Sie zu schützen, sobald wir dort ankommen. Unser Zuständigkeitsbereich endet dort. Die Polizei wird Sie da übernehmen müssen.«

Ich sagte: »Das ist schön. Wenn ich sterben muß, werde ich auf diese Weise sterben. Aber ich will und werde meinen Sohn sehen.«

Mr. Gregory sagte – und in einem abscheulichen Ton, den ich nie vergessen werde –, erinnern Sie sich bitte, daß mein Sohn angeklagt worden war, und daß ich diesen Sohn gerade verloren hatte.

Er sagte: »Mrs. Oswald, Sie sind zu selbstsüchtig. Sie gefährden das Leben dieser jungen Frau und der beiden Kinder.«

Ich möchte das herausarbeiten. Er denkt nicht an mich. Er denkt nur an diese junge Russin. Ich werde das immer und immer wieder auf den Tisch bringen – daß diese Russen immer nur auf diese junge Russin Rücksicht nehmen. Er schnauzte mich an.

Ich sagte: »Mr. Gregory, ich spreche nicht für meine Schwiegertochter. Sie kann tun, was sie will. Ich sage, daß ich meinen Sohn zu sehen wünsche.«

Also fuhren sie uns zum Hospital.

Mr. Rankin: Und was geschah dann?

Marguerite Oswald: Mr. Perry, der Arzt, kam herunter und sagte: »Ich werde alles tun, was die Damen wünschen. Ich möchte nur eines sagen; es wird kein angenehmer Anblick sein. Das ganze Blut ist ihm abgezapft worden, und es wäre viel besser, wenn Sie ihn sich anschauen würden, sobald er hergerichtet ist.«

Ich sagte: »Ich bin Krankenschwester. Ich habe schon mehr Tote gesehen. Ich will meinen Sohn jetzt sehen.«

Marina sagte: »Ich auch will Lee sehen.« Also mußte sie verstanden haben, was der Arzt sagte.

Wir wurden die Treppe hinauf in einen Raum geführt. Sie sagten, es sei der Leichenraum, aber das stimmte nicht. Lees Körper lag auf einem fahrbaren Tisch, wie er in den Operationssaal geschoben wird. Viele Polizisten standen herum und schauten auf seinen Körper. Und natürlich lag auch sein Gesicht frei. Marina ging als erste zu ihm hin. Sie öffnete seine Lider. Also für mich – ich bin eine Krankenschwester, aber ich glaube nicht, daß ich dazu imstande gewesen wäre. Sie muß sehr, sehr stark sein, daß sie die Lider eines Toten öffnen kann. Und sie sagt: »Er weinen, Auge naß.« Zum Arzt. Und der Arzt sagt: »Ja.«

Also ich weiß, daß die Feuchtigkeit aus dem Körper tritt. Also rührte ich Lee nicht einmal an. Ich wollte nur sicher sein, daß es mein Sohn war.

Als wir den Raum verließen, sagte ich zu den Polizisten: »Ich denke, daß Sie sich eines Tages Asche aufs Haupt streuen werden.«

Ich sagte: »Zufällig weiß ich einiges und kenne auch einige Fakten, daß dieser Tote hier vielleicht der unbesungene Held dieses Ereignisses ist.«

Und damit verließ ich den Raum.

Dann wurden wir mit dem Kaplan des Parkland Hospital bekannt gemacht, und ich sagte ihm, daß ich glaube, daß mein Sohn Agent gewesen sei, und daß ich deshalb wünsche, daß mein Sohn auf dem Friedhof von Arlington begraben würde.

Also, meine Herren, ich wußte nicht, daß Präsident Kennedy dort bestattet würde. Ich weiß nur, daß mein Sohn Agent war, und daß er ein Begräbnis auf dem Arlington-Friedhof verdient hätte. Also redete ich mit dem Kaplan darüber und bat ihn auch, mit Robert darüber zu sprechen. Denn sobald ich damit angefangen hätte, hätte er gesagt: »Gott, Mutter, vergiß es.« (137)

Vom Hospital werden sie zum Inn of the Six Flags gefahren. Robert berichtet, daß »das Hotel eine Stunde nach unserer Ankunft wie ein überfülltes Heerlager aussah«.

Robert Oswald: »Jetzt fehlt nur noch, daß einer von Ihnen verletzt oder getötet wird, dann ist die Kacke erst richtig am Dampfen«, sagte einer der Agenten zu mir.

Wir fühlten uns vollkommen von der Außenwelt abgeschnitten. Wir durften an diesem Sonntagnachmittag und -abend weder Zeitungen lesen, noch Radio hören oder fernsehen. (138)

Robert war den ganzen Abend damit beschäftigt, Lees Beerdigung für Montag zu organisieren. Der erste Schritt bestand darin, ein Bestattungsinstitut zu finden.

Robert Oswald: Der Leichenbestatter begann zunächst, die Friedhöfe anzurufen, damit ich eine Grabstelle für Lee kaufen konnte. Keiner der Verantwortlichen dachte auch nur im entferntesten daran, seinen Friedhof für Lees Leichnam zur Verfügung zu stellen.

Während der Leichenbestatter dankenswerterweise seine Bemühungen fortsetzte, begann ich die Suche nach einem Geistlichen im Bezirk Dallas-Fort Worth für die Aussegnung, und ihre Reaktionen überraschten mich. Die ersten vier lehnten meine Bitte mit flauen Ausreden ab.

Einer der Geistlichen, ein prominentes Mitglied des Greater Dallas Council of Churches, hörte mir ungeduldig zu und sagte dann eiskalt: »Das kommt überhaupt nicht in Frage.«

»Warum nicht?« fragte ich.

»Ihr Bruder war ein Sünder.«

Ich legte auf. Wir wußten noch nicht, wer die Aussegnung vornehmen würde, als ich am Sonntag schlafen ging, obwohl die Beerdigung auf vier Uhr am Montagnachmittag angesetzt war.

Das Problem wird ihn noch den ganzen Montagvormittag wie ein Alptraum verfolgen. Robert ist auf dem Weg, ein erfolgreicher leitender Angestellter zu werden. Und wie viele andere Senkrechtstarter ist er der Ansicht, daß er alles Private, das ihn vom bewährten Schema abbringt, zurückdrängen muß, auch auf Kosten psychischer Beschädigungen. Diese psychischen Beschädigungen lassen sich an der Intensität ablesen, mit der einer überall Verschwörungen wittert. Robert erweist sich nun als Sohn seiner Mutter, was seine Begabung für starke Szenarien betrifft. Es genügte ihm ein erster Blick, als er Ruth und Michael Paine in Begleitung Marinas und der Polizei am frühen Freitagnachmittag zum ersten Mal sah, um zu dem Schluß zu kommen, daß das Paar Paine in höchstem Maße verdächtig sei und möglicherweise in irgendeinem Komplott mit den Russen stecken könne.

Er ist auch mehr als hellhörig, was die wachsende Spannung zwischen Secret Service und FBI betrifft:

Robert Oswald: Schon am Freitagabend kamen mir Gerüchte über eine eventuelle Verschwörung zu Ohren, die für die Ermordung des Präsidenten verantwortlich sein könnte, und ich fragte mich, ob Marina darin verwickelt sei. Am Samstag und Sonntag verbreitete die Gerüchteküche in Dallas, daß eine Regierungsbehörde in die »Verschwörung« verwickelt sei. Am Sonntag dämmerte mir, daß es sich dabei nur um das FBI handeln konnte. (140)

In Anbetracht der geheimen Existenz von COINTELPRO gab es in den frühen sechziger Jahren Gründe für einen solchen Verdacht, aber dieses Denkmodell war wohl von der Polizei nach Oswalds Tirade, als er Hosty im Büro von Captain Fritz begegnete, zusammengebosselt worden. Die Vorliebe für Situationen, die Verdacht wecken, ist profund amerikanisch, und wer ist amerikanischer als die Polizei in Dallas?

Dennoch bedarf die Behauptung, daß die Amerikaner ihre Paranoia hätscheln, einer gewissen Auslegung: unser Land wuchs aus dem Expansionsdrang von Menschen, deren ewiger Traum der Zug nach dem Westen war – viele Amerikaner zogen mit nicht mehr Besitz als ihrer Einbildungskraft in die Wildnis. Als sich die Grenze schließlich nicht mehr weiter verlegen ließ, verwandelte sich die Einbildungskraft unausbleiblich in Paranoia (die, wenn man so will, als die erzwungene Eingrenzung der Einbildungskraft interpretiert werden kann – ihre künstlerische Form ist ein Drehbuch), und – siehe da! – dort, wo der Drang nach dem Westen durch die Küsten des Pazifik gestoppt wurde, entstand Hollywood. Es schickte seine Filmrollen retour an den Rest Amerikas, dessen Einbildungskraft, inzwischen an die Scholle gefesselt, Bedarf an Szenarien hatte. In den späten fünfziger und frühen sechziger Jahren sah die amerikanische Einbildungskraft die Rote Gefahr unter jedem Bett, einschließlich dem von Marina Oswald.

Also konnte Robert Oswald seinem Gram über den Tod seines Bruders, dem Entsetzen über das Attentat und seiner Angst, daß Lee der Täter gewesen war, auch noch seinen Argwohn gegen Marina und die Paines beimischen, nebst einer neuen scheelen Sicht auf das FBI, wobei er allerdings am Ende all dieser Szenarien lediglich zu der Erkenntnis kam, daß es einfacher war, ein Begräbnis für einen Aussätzigen zu arrangieren als für seinen Bruder Lee Harvey Oswald.

Robert Oswald: Schließlich erschienen am Montag ungefähr um 11:00 Uhr zwei Lutheranische Geistliche, die offensichtlich Mitleid mit uns hatten, im Inn of the Six Flags. Einer blieb in der Halle, der andere kam zu uns herauf. Das Büro des National Council of Churches in Dallas hatte sie beauftragt, die kirchlichen Riten bei dem Begräbnis zu verrichten, das nunmehr auf 04:00 Uhr nachmittags auf dem Rose-Hill-Friedhof angesetzt war.

Der Geistliche schien von seiner Mission alles andere als entzückt, aber er versprach, wenn auch ziemlich zögernd, daß er um 04:00 Uhr am Friedhof sein würde. (141)

Warum waren all diese Geistlichen so unchristlich? Wohl deshalb, weil es einen Seelenhirten im Bereich Dallas-Fort Worth sein künftiges Weiterkommen kosten konnte, wenn er Oswald den letzten Segen gab. Sehr bald kam auch die Nachricht, daß es sich der Lutheranische Geistliche inzwischen wieder anders überlegt hatte.

Während sich das unselige Hin und Her fortsetzte, konnte Marguerite endlich einen Agenten des Secret Service beschwatzen, ihre Aussage auf Band aufzunehmen – sie wollte für die Nachwelt festhalten, warum Lee ihrer Meinung nach mit allen Ehren in Arlington beerdigt werden müsse; doch kaum, daß sie richtig auszuholen begonnen hatte, kam Robert weinend aus dem Schlafzimmer, und Marguerite sprach auf das Tonbandgerät: »Es tut mir leid, aber ich habe den Faden verloren, weil mein Sohn weint.«

Marguerite Oswald: Im ersten Moment dachte ich, daß Robert über das weinte, was ich sagte, und daß es ihm leid täte, daß er mir nicht zugehört

584

hatte, als ich versuchte, ihm von Lees Überlaufen und meiner Reise nach Washington zu erzählen. Aber Robert weinte, weil er einen Anruf erhalten hatte, daß wir keinen Geistlichen am Grab meines Sohnes haben würden.« (142)

In Erinnerung an diese kalte Dusche teilt sie der Warren-Kommission ihr persönliches Credo mit, das zu überliefern sie mit Stolz erfüllt:

Marguerite Oswald: Ich habe keine kirchliche Bindung. Durch meinen Kummer habe ich erfahren, daß mein Herz meine Kirche ist. In diesem Sinn gehe ich den ganzen Tag in die Kirche, ich meditiere. Außerdem arbeite ich sonntags meistens und kümmere mich um die Kranken, und die Leute, für die ich arbeite, haben nicht ein einziges Mal gesagt: »Heute bleibe ich zu Hause und kümmere mich um meine Mutter, damit Sie, Mrs. Oswald, auch einmal in die Kirche gehen können.«

Sie sehen also, daß von mir Sonntagsarbeit erwartet wird.

Das ist der Grund, warum ich meine eigene Kirche habe. Und manchmal denke ich, daß sie besser ist als eine aus Holz. (143)

Es ist das Credo der Einsamen: mein Herz ist meine Kirche.

In der Zwischenzeit reißen die Komplikationen nicht ab. Ein weiterer Geistlicher taucht auf:

Marguerite Oswald: Ein Reverend French aus Dallas kam in das Six Flags, und wir saßen auf dem Sofa. Robert weinte bitterlich und beschwor Reverend French, zuzulassen, daß Lees Leichnam in der Kirche aufgebahrt würde. Und der Reverend legte auseinander, warum das nicht möglich sei. Also griff ich ein und sagte: »Hören Sie, wenn Lee ein verlorenes Schaf ist und Sie ihn deshalb nicht in der Kirche haben wollen, dann müßten Sie gerade dieses verlorene Schaf aufnehmen.«

Der Agent, der bis dahin den Anstand gehabt hatte, sich am anderen Ende des Raums aufzuhalten, sagte: »Mrs. Oswald, seien Sie still. Sie machen die Sache nur noch schlimmer.«

Also diese Dreistigkeit – und dann sagte uns Reverend French, daß der Leichnam nicht in die Kirche dürfe. Also einigten wir uns auf eine Trauerfeier in der Kapelle. (144)

Der Agent, der Marguerite gesagt hat, daß sie die Sache nur schlimmer machen würde, taucht umgehend in ihrer Erzählung wieder auf:

Marguerite Oswald: Er war sehr, sehr unhöflich zu mir. Bei allem, was ich sagte, schnauzte er mich an. Zu diesem speziellen Zeitpunkt wurde im Fernsehen das Gewehr gezeigt. Ich sagte: »Wie können sie behaupten, daß Lee den Präsidenten erschossen hat? Selbst wenn sie beweisen können, daß es sein Gewehr ist, würde das noch lange nicht bedeuten, daß er es auch gebrauchte. Niemand hat gesehen, daß er es gebrauchte.«

Er bellte mich an: »Mrs. Oswald, wir wissen, daß er den Präsidenten erschossen hat.«

Ich ging dann zu Mr. Mike Howard und sagte: »Was ist los mit diesem Agenten? Dieser Agent wird gleich zerspringen. Seit er hier ist, stichelt er ständig.«

Er sagte: »Mrs. Oswald, er war 30 Monate der persönliche Leibwächter von Mrs. Kennedy, und vielleicht hat er ein kleines Vorurteil gegen Sie.«

Ich sagte: »Lassen Sie ihn seine persönlichen Vorurteile für sich behalten. Er ist im Dienst.« (145)

Wenn es gilt, eine Wagenburg um ihr Ego zu bauen, kann sie es mit jedem vom FBI oder Secret Service aufnehmen.

Ihre Beschwerden über das gefühllose Betragen, das alle um sie an den Tag legen, werden nicht nachlassen. Es ist für Marguerite schwierig, zu trauern, denn erst muß sie alle ihre Verstimmungen loswerden, und die sind so zahlreich, daß sie sie von der Trauerarbeit abkapseln:

Marguerite Oswald: Marina war mit dem Kleid sehr unglücklich – sie hatten ihr zwei gebracht. »Mama, zu lang.« – »Mama, nicht paßt.« Aber es stand ihr wunderbar. Sie können sehen, daß ich weiß, wie man sich angemessen anzieht. Als Geschäftsführerin bin ich in diesem Gewerbe zu Hause. Und das Kleid stand Marina ausgezeichnet. Aber sie war damit nicht glücklich.

Ich sagte: »Liebling, zieh deinen Mantel an. Wir gehen zu Lees Begräbnis. Es ist durchaus passend.«

Wir hatten noch eine Stunde, um uns für das Begräbnis fertigzumachen. Ich sagte: »Das schaffen wir nie. Marina ist zu langsam.«

Sie sagte: »Ich nicht langsam. Ich zu tun habe.« (146)

Während Marina sich über ihr Kleid beklagte, stand meine kleine Enkelin, zwei Jahre alt – sie ist ein ganz besonderes kleines Kind, alle beide sind gute Kinder –, bei ihrer Mutter. Und Marina war schrecklich nervös. Sie war nicht glücklich mit dem Kleid. Marina kämmte ihr Haar. Sie nahm den Kamm und schlug June damit auf den Kopf. Ich sagte: »Marina, laß das sein.« Und dieser Agent – ich wünschte, ich wüßte seinen Namen – schnauzte mich an und sagte: »Mrs. Oswald, lassen Sie sie zufrieden.« Ich sagte: »Erzählen Sie mir nicht, was ich meiner Schwiegertochter zu sagen habe, wenn sie meiner Enkelin mit einem Kamm auf den Kopf schlägt.« Nun frage ich Sie: warum tat dieser Mann das?

Mr. Rankin: Wollen Sie damit sagen, daß der Agent etwas Unschickliches tat, was Marina betraf?

Marguerite Oswald: Nein. Ich möchte damit sagen – und zwar mit allem Nachdruck, wie ich von allem Anfang an erklärt habe –, daß all diese Unannehmlichkeiten in unserer eigenen Regierung zu suchen sind. Und ich verdächtige diese beiden Agenten der Konspiration mit meiner Schwiegertochter innerhalb dieser Verschwörung.

Mr. Rankin: Welche Art von Konspiration meinen Sie, in die diese Männer verwickelt waren?

Marguerite Oswald: Die Ermordung von Präsident Kennedy.

Mr. Rankin: Sie glauben also, daß diese beiden Agenten und Marina und Mrs. Paine in diese Verschwörung verstrickt waren?

Marguerite Oswald: Jawohl, das ist meine Meinung. Und außerdem andere hohe Amtsträger. (147)

Gram, Angst, Zorn, Leid und wachsende Abscheu vor Marguerite sind nur einige der Emotionen in dem Auto auf der Fahrt zu dem Friedhof, der sich bereit erklärt hat, Lees Leiche unter die Erde zu bringen.

Robert Oswald: Marina, Mutter und die Kinder betraten die Kapelle zuerst. Ich folgte ihnen, begleitet von Mike Howard und Charlie Kunkel. Die Kapelle war vollkommen leer. Ich sah nichts, was nach einer Trauerfeier aussah.

»Jetzt verstehe ich überhaupt nichts mehr«, sagte ich zu Mike und Charlie, die sichtlich ebenso verblüfft waren. Sie wollten feststellen, was los war. Nach zwei oder drei Minuten kam einer von ihnen in die Kapelle zurück.

»Wir haben uns wohl ein paar Minuten verspätet. Es gab da ein Mißverständnis, und sie haben den Sarg bereits zum Grab gebracht. Die Aussegnung wird am Grab stattfinden.« (148)

Wozu Marguerite in ihrer Aussage noch das Detail liefert, daß »Robert bitterlich weinte«. (149) Sie mußte wissen, wie sehr er diese zahlreichen Schilderungen seiner Tränenausbrüche hassen würde, die sie so offen vor der Warren-Kommission ausbreitete.

Am Friedhofszaun standen alle paar Meter uniformierte Beamte auf Wachtposten.

Der Sarg war in eine Barchentdecke gehüllt, und vermutlich wußten die Totengräber nicht, daß darunter Lee Harvey Oswald lag. Es war ihnen gesagt worden, daß der Name des Mannes William Bobo sei. (150)

Aber natürlich fanden sie es sehr schnell heraus. Eine Meute von Reportern war auf dem Friedhof aufgetaucht.

Robert Oswald: Wir fuhren eine kurvige Straße entlang zum Grab. Unmittelbar bevor wir dort ankamen, sagte einer der Secret-Service-Leute zu Bob Parsons: »Also, Sie bleiben mit dem Karabiner im Wagen. Wenn irgend etwas passiert, dann schießen Sie.«

»Ich könnte mir nichts Schöneres vorstellen, als fünfzehn bis zwanzig Reporter umzumähen«, sagte Bob.

Der Lutheranische Geistliche war noch nicht erschienen, und der Secret Service erhielt die Mitteilung, daß er auch nicht mehr kommen würde. Reverend Louis Saunders vom Fort Worth Council of Churches war zum Rose-Hill-Friedhof gefahren, um Marina und der Familie beizustehen. Als er hörte, daß der andere Geistliche nicht erscheinen würde, sprach Reverend Mr. Saunders selbst die schlichten Aussegnungsformeln.

Ich winkte Mike Howard, und als er kam, sagte ich ihm, daß ich die Absicht hätte, den Sarg noch einmal öffnen zu lassen, und daß sich alle Reporter und Neugierigen vom Grab zurückziehen sollten. Er nickte, und fast im selben Augenblick bildeten sechs oder acht Polizisten in Zivil einen schützenden Halbkreis zwischen uns und der Menge und verschafften uns wenigstens einen Moment des Alleinseins.

Mutter, Marina, die Kinder und ich traten an den offenen Sarg. Nachdem ich meinem Bruder ein letztes Mal lange ins Gesicht gesehen hatte, ging ich wieder zu meinem Platz. Erst da bemerkte ich die Beamten, die mit feierlicher, steinerner Miene Wache hielten. (151)

SIEBTER TEIL

DER AMATEURRÄCHER

1

Der Amateurrächer

Oswalds Geheimnis birgt in sich auch das Rätsel Jack Ruby. Falls allerdings das erste Rätsel die amerikanischen Geheimdienste mit dem Schreckbild verfolgte, daß sie mitbetroffen seien, interessiert Jack Ruby den Rest von uns einen ziemlichen Dreck. Als Chicagoer Kleingangster mit einer Mutter, die wegen psychischer Störungen häufig in Krankenhäusern untergebracht werden mußte, hatte er Verbindungen zum Mob. Obwohl diese Kontakte nicht eindrucksvoller sind als die Hunderttausender anderer kleiner Strolche in fünfzig amerikanischen Städten, hatte er es doch so weit gebracht, daß er Mobster der mittleren Ränge beim Vornamen ansprechen durfte. Gleichwohl ist er keineswegs formelles Mitglied – dazu ist er zu verrückt, zu betriebsam, zu sehr mit sich selbst befaßt, zu jüdisch sogar für den jüdischen Mob. Trotzdem ist er in einem Teil seines Gehirns ein Bilderbuch-Mafioso – er möchte als aufrechter Patriot erscheinen, seinem Land und seinen Leuten in Treue ergeben. Er ist loyal. Gib ihm einen Auftrag, und er wird keinen Fehler machen.

Wir alle kennen seine berühmte Story, oder was dafür ausgegeben wird. Gramgebeugt durch den Tod von JFK, sich so sehr als Hinterbliebener fühlend, daß er über das Wochenende seine Striptease-Schuppen zumachte, und so von der Vorstellung verstört, daß Jacqueline Kennedy möglicherweise als Zeugin bei Oswalds Prozeß in Dallas aussagen müsse, beschloß er, den Beschuldigten zu erschießen – »den Kotzbrocken«, wie er ihn nannte. Aber er entschloß sich dazu erst im allerletzten Moment. Kein Vorbedacht. Am Sonntagvormittag um 11 Uhr 17, nachdem er an einem Schalter der Western Union in der Reihe gestanden hatte, um einer seiner Stripperinnen, die sich in akuter Geldnot befand, 25 Dollar zu überweisen, überquerte er die Straße, ging die Rampe in die Tiefgarage hinunter und rannte geradewegs in Oswald hinein, der – während die Fernsehkameras surrten – unter polizeilicher Bedeckung zu dem Auto ging, das ihn ins County Jail bringen sollte.

589

Und hier, wegen des offenen Mundes des Opfers und des ungläubig scheelen Gesichtsausdrucks seiner Bewacher unauslöschlich in das Fernsehge-
dächtnis Amerikas geprägt, tötete Ruby Oswald. Nie zuvor in der Geschichte hatte der Tod so viele Zeugen gehabt wie diesmal, als sie alle voll konzentriert vor ihren Geräten saßen. Ein großer Teil der Welt hielt Ruby nun für
einen Mafiakiller. Die Logik einer solchen Schlußfolgerung gebot, eine Verschwörung zu unterstellen, deren Ziel es nicht nur war, Kennedy zu ermorden, sondern auch Oswald aus dem Weg zu räumen, weil er zuviel wußte.
Die Hypothese, bestechend wie ein gutes Filmdrehbuch, hatte nur einen
dramaturgischen Schwachpunkt, der sich niemals herausschreiben ließ:
warum stand Ruby in der Reihe in der Western Union, um einer Stripperin
25 Dollar zu überweisen, während die Zeit verrann, und Oswald jeden
Augenblick verlegt werden konnte? Die Frage konnte nicht beantwortet
werden. Wie viele Spießgesellen – und die meisten mußten Polizisten sein
– wären nötig gewesen, um einen solchen Schachzug vorzubereiten? Niemand, der die Schlüsselfigur in einem sorgfältig arrangierten Spiel ist, das
seine Klimax erreicht, sobald das Opfer abtransportiert wird, würde ein
paar Gehminuten entfernt auf der anderen Straßenseite in einem Postamt
herumtrödeln. Es würde einen Opernregisseur Stunden kosten, auch nur
den Anfang einer solchen Szene in einer Oper anzulegen.
Ruby selbst sagte in seinem letzten Interview, bevor er an Krebs starb, daß
er es für ausgeschlossen halte, daß er Teil einer solchen Kalkulation gewesen sei, außer »es sei die perfekteste Verschwörung in der Weltgeschichte gewesen … denn die Chance, seinem Schicksal zu begegnen, betrug in der
einen oder der anderen Richtung 30 Sekunden«. (1)
Also ist Oswalds Tod von einer Logik, die unter ihren einander widersprechenden Schlüssen ächzt. Dennoch hat kein Verbrechen an der Oberfläche
signifikanter die Handschrift der Mafia getragen.
In einem brillanten Buch, das die Risse innerhalb der amerikanischen Gesellschaft erforscht, »The Yankee and Cowboy War«, war Carl Oglesby der
erste, der die Meinung äußerte, daß Ruby versuchte, Earl Warren mitzuteilen, daß die Mafia ihm sehr wohl den Auftrag zu der Tat gegeben hätte.
Falls Warren mit ihm, Jack Ruby, am selben Tag nach Washinton fliegen
würde, könne er, Jack Ruby, Warren die ganze Wahrheit liefern und sich zum
Beweis an Ort und Stelle einem Test durch den Lügendetektor unterziehen.

Wenn man diese Erklärungen in Jack Rubys Aussage liest, fällt es schwer,
Oglesby nicht recht zu geben. Im Verlauf einer halben Stunde wiederholt
Ruby sein dringendes Ersuchen fünfmal.

Mr. Ruby: Sehen Sie eine Möglichkeit, mich nach Washington zu bringen?

Chief Justice Warren: Wie bitte?

Mr. Ruby: Sehen Sie eine Möglichkeit, mich nach Washington zu bringen?

Chief Justice Warren: Nicht daß ich wüßte. Ich wäre bereit, die Situation mit Ihrem Anwalt zu besprechen, falls sich die Gelegenheit dazu ergibt.

Mr. Ruby: Ich glaube nicht, daß mich mein Anwalt Joe Tonahill angemessen vertritt, ganz bestimmt nicht. (2)

Er verleugnet Joe Tonahill. Er gibt vor, daß er nicht weiß, für wen sein Anwalt tätig ist.

Im nächsten Augenblick wiederholt er sich:

Mr. Ruby: Meine Herren, wenn Sie mich nicht nach Washington bringen, werden Sie nichts aus mir herauskriegen.

Wenn Sie verstehen, was ich sagen will, dann müssen Sie mich nach Washington bringen, damit ich die Tests machen kann.

Halten Sie mich für theatralisch? Für übergeschnappt?

Chief Justice Warren: Nein, Sie sprechen sehr vernünftig, und ich bin wirklich erstaunt, wieviel Ihnen noch gegenwärtig ist.

Sie haben sich sehr ausführlich geäußert.

Mr. Ruby: Wenn Sie mich nicht nach Washington bringen, und ich bin kein Dummkopf, ich habe meine fünf Sinne beisammen – ich möchte mich um kein Verbrechen drücken, dessen ich schuldig bin. (3)

Es vergehen fünf Minuten. Sie sprechen über andere Dinge.

Dann bringt Ruby seine Forderung erneut vor, geht sogar noch einen Schritt weiter:

Mr. Ruby: Meine Herren, wenn Sie weitere Aussagen von mir wollen, dann müssen Sie mich bald nach Washington bringen, denn es hat etwas mit Ihnen zu tun, Chief Warren.

Halten Sie mich für nüchtern genug, um Ihnen das zu sagen?

Chief Justice Warren: Ja, fahren Sie fort.

Mr. Ruby: Ich möchte die Wahrheit sagen, und das kann ich hier nicht. Ich kann das hier nicht. Erscheint Ihnen das vernünftig?

Chief Justice Warren: Wir wollen hier nicht über Vernunft diskutieren. Aber ich verstehe wirklich nicht, warum Sie nicht vor dieser Kommission aussagen können. (4)

Nun, er kann es nicht. Nicht in Dallas. Ruby wird nahezu hysterisch: Ihr Strohköpfe, wißt ihr nicht, daß ich hier nichts sagen kann? In dieser Stadt haben ganz andere Leute das Sagen. Ihr könnt mich in Dallas nicht schüt-

591

zen. Ich werde in meiner Zelle abgestochen, während die Wärter wegschauen.

Mr. Ruby: Warum ich vor einer Aussage zurückschrecke? Sie hatten wohl noch keinen Zeugen, für den eine Aussage solche Probleme bedeutet?

Chief Justice Warren: Sie haben offensichtlich größere Probleme, als alle unseren anderen Zeugen.

Mr. Ruby: Dafür gibt es eine Menge Gründe. Wenn Sie mich auffordern würden, jetzt auf der Stelle mit Ihnen nach Washington zu fliegen, das ginge wohl nicht, oder?

Chief Justice Warren: Nein, das ist ganz unmöglich, völlig ausgeschlossen. Hier spielen viele Faktoren eine Rolle, Mr. Ruby.

Mr. Ruby: Welche?

Chief Justice Warren: Nun, die Öffentlichkeit würde aufmerksam, es wären zu viele Leute dabei. Wir haben keine Möglichkeit, für Ihre Sicherheit zu garantieren, wenn wir Sie mitnehmen würden, es gäbe keine Polizeibeamten, und es ist nicht unsere Aufgabe, uns in derartige Dinge einzulassen. (5)

Ruby versucht es schließlich mit den einfachsten Worten: »Meine Herren, mein Leben ist in Gefahr.« Dann fügt er hinzu: »Ich meine damit nicht meine Schuldigerklärung, die meine Hinrichtung zur Folge hat.« (Er war von einem Geschworenengericht in Dallas zum Tode verurteilt worden). Jetzt will er ihnen sagen: Ich werde sehr viel früher getötet werden.

Mr. Ruby: Halten Sie mich jetzt, während ich das sage, für nüchtern?

Chief Justice Warren: Aber selbstverständlich. Für völlig nüchtern.

Mr. Ruby: Habe ich mich nicht vom ersten Moment meiner Aussage an, abgesehen von Gefühlsausbrüchen, vernünftig geäußert?

Chief Justice Warren: Das kann ich Ihnen bestätigen. Alles, was Sie sagten, habe ich einwandfrei verstanden. Wenn nicht, war es mein Fehler.

Mr. Ruby: Dann möchte ich nochmals darauf zurückkommen. Ich erlebe vielleicht den nächsten Tag nicht mehr und kann nichts mehr aussagen. Alles, was ich der Öffentlichkeit sagen will, und das kann ich hier nicht, ist aufrichtig und die reine Wahrheit darüber, warum ich die Tat begangen habe, aber hier kann ich das nicht zur Sprache bringen.

Vorsitzender Warren, wenn Sie wüßten, daß Ihr Leben in diesem Augenblick in Gefahr ist, wie wäre Ihnen zumute? Würden Sie es sich nicht auch zweimal überlegen, bevor Sie weitersprechen, auch wenn es von Ihnen verlangt wird?

Chief Justice Warren: Ich glaube schon, daß ich an Ihrer Stelle Bedenken hätte, gewiß doch. Ich würde sehr sorgfältig abwägen, ob ich mich dadurch in Gefahr bringe oder nicht.

Wenn Sie der Meinung sind, daß irgend etwas, das ich tue oder frage, Sie auf eine wie auch immer geartete Weise gefährdet, so bitte ich Sie, uns unverzüglich zu sagen, ob Sie die Befragung beenden wollen.

Mr. Ruby: Und was geschieht dann? Ich habe nicht das geringste erreicht.

Chief Justice Warren: Nein, dann wurde nichts erreicht.

Mr. Ruby: Nun, und Sie könnten nicht mit irgend etwas anderem fortfahren?

Chief Justice Warren: Es gibt nichts, an das man anschließen könnte, wenn Sie Ihre Aussage nicht zu Ende bringen.

Mr. Ruby: Sie sagten, Sie hätten die Macht, das zu tun, was Sie wollen, ist das richtig?

Chief Justice Warren: Exakt.

Mr. Ruby: Ohne jede Einschränkung?

Chief Justice Warren: Wir haben das Recht, jedermann in Zusammenhang mit diesem ganzen Komplex zu befragen, und wir haben das Recht, die Aussage auf jede uns geeignet erscheinende Weise zu verifizieren.

Mr. Ruby: Aber Sie haben nicht das Recht, einen Gefangen mitzunehmen, wenn Sie das wollen?

Chief Justice Warren: Nein; es steht in unserer Befugnis, Zeugen nach Washington vorzuladen, wenn wir wollen. Aber wir haben die Aussagen von schätzungsweise 200 bis 300 Leuten hier in Dallas gehört, ohne nach Washington zu gehen.

Mr. Ruby: Mag sein. Aber keiner dieser Leute ist Jack Ruby.

Chief Justice Warren: Nein, das war keiner.

Mr. Ruby: War keiner. (6)

In der Pause versucht Ruby, ihnen die unberechenbaren Tiefen der dräuenden Gefahren zu schildern:

Mr. Ruby: Meine Herren, meine ganze Familie ist gefährdet. Das Leben meiner Schwestern.

Chief Justice Warren: Wirklich?

Mr. Ruby: Daß ich an erster Stelle der Abschußliste stehe, ist klar. Dann meine Schwestern Eva, Eileen und Mary.

Meine Brüder Sam, Earl, Hyman – meine Schwäger und Schwägerinnen,

593

Harold Kaminsky, Marge Ruby, die Frau von Earl, Phylis, die Frau von Sam Ruby – alle sind in Lebensgefahr, nur weil sie mit mir verwandt sind – meinen Sie nicht, daß das schlimm genug ist, Chief Justice Warren?
Chief Justice Warren: Nichts könnte schlimmer sein, wenn das wahr ist. (7)

An diesem Punkt beginnt Ruby zu verzweifeln, daß er Warren mit seiner Botschaft erreichen kann. Er kann nicht wissen, wie groß die Wahrscheinlichkeit ist, daß Lyndon Johnson bereits mehr als ein halbes Jahr zuvor Earl Warren eine noch viel geheimere Direktive hatte zukommen lassen – *ein einzelner Schütze; keine Verschwörung; die Ruhe und Wohlbehaltenheit unseres Landes gebietet nichts Geringeres.* Dennoch beginnt Ruby in seiner zutiefst verwundeten, aber immer noch funktionierenden Sensibilität zu erkennen, daß sein eigener Versuch, das Thema zu verhandeln, hoffnungslos ist. Wenn er weitere Andeutungen macht und Warren darauf nicht reagiert, dann kann das Protokoll seiner Aussage ihn und seine Familie der Vergeltung der Mafia ausliefern. Also kehrt er zu seinem eigenen Leitmotiv zurück, seiner opernhaften Version: er beschwört den Namen Jackie Kennedys.
Mr. Ruby: Ich habe mit Mrs. Kennedy mitgefühlt und mit erlitten, was sie alles durchmachen mußte – ich habe alles genau mitverfolgt. Jemand war es unserem geliebten Präsidenten schuldig, ihr zu ersparen, dieses verabscheuungswürdige Verbrechen bei einer Verhandlung nochmals durchleben zu müssen.
Und ich hatte nie die Möglichkeit, das auszusprechen, zu untermauern, zu beweisen. (8)

Da er bereits die lebensbedrohliche Situation für ihn und seine Brüder und Schwestern angesprochen hat und Warren trotzdem nicht daran denkt, ihn nach Washington mitzunehmen, muß er nun von der Mafia jegliche Verantwortung abwälzen. Also bringt er die John Birch Society ins Spiel, aber so wirr, daß ihm keiner folgen kann.

Mr. Ruby: Da gibt es diese John Birch Society, die zur Zeit ziemlich aktiv ist – und Edwin Walker ist einer ihrer Führer. Vielleicht sagt Ihnen das etwas, Chief Justice Warren?
Unglücklicherweise habe ich diesen Leuten die Gelegenheit gegeben, an die Macht zu kommen. Denn meine Tat hat das Leben vieler Menschen in Gefahr gebracht.
Bei Ihnen klingelt's immer noch nicht, hab ich recht?
Chief Justice Warren: Nein. Das verstehe ich nicht. (9)

Dann kommt Ruby wieder auf Jackie Kennedy zurück. Auch wenn seine Gedankengänge nicht gerade überzeugend sind, sind sie zumindest nicht widerlegbar. Denn aufgrund seiner angeborenen Eloquenz, seiner Fähigkeit, die Dinge wie ein Taschenkünstler zu drehen und zu wenden, verschwinden zu lassen und wieder hervorzuzaubern, kann ihm keiner ins Hirn schauen und feststellen, was in der Mogelpackung ist.

Mr. Ruby: Ja, es war ein kleiner Absatz in der Zeitung, daß Mrs. Kennedy vielleicht zur Verhandlung gegen Lee Harvey Oswald erscheinen müsse. Das war der Auslöser für alles, was ich tat, das war der Auslöser. Ich weiß nicht, wie ich es sagen soll, Chief Justice, ich war nicht mehr Herr meiner selbst. Ich weiß, daß ich vorher nie auf die Idee gekommen wäre. Ich empfand diesem Menschen gegenüber keine Rachegefühle. Niemand hat von mir verlangt, irgend etwas zu tun. (10)

»Niemand hat von mir verlangt, irgend etwas zu tun.«
Wenn eine Kopie dieser Niederschrift nach draußen gelangt – und im Labyrinth von Rubys Paranoia wimmelt es nur so von Anwälten und Anwaltsgehilfen, die darauf lauern, mit einem solchen Text zu den verkehrten Leuten zu rasen –, kann er sich immer auf den Satz berufen: »Niemand hat von mir verlangt, irgend etwas zu tun.«
Es ist ihm so ernst damit, so gräßlich ernst. Er, Jack Ruby – ein guter und großzügiger Mann, der sich seinen Weg aus den Straßen Chicagos in eine anständige Existenz, oder wenigstens eine halbanständige, erkämpft hat – wird nun vom Staat hingerichtet werden, oder im anderen Fall von einem Mafia-Lakaien, einem Gefängnisaufseher oder einem Häftling, in einem Gefängnis, von dem er weiß, daß es für ihn nicht sicher ist, und das alles wegen einer Tat, die er ursprünglich gar nicht begehen wollte.
Das ist ungeheuer unfair gegenüber Ruby, denkt Ruby, und noch unfairer gegenüber seiner Familie. Die Leute draußen, die ihn bestrafen werden, wenn er sie hinhängt, sind das Böse. Und das Böse kennt keine Grenzen, wie Hitler bewies. Wenn Jack Ruby also versucht, der Warren-Kommission zu erklären, daß er beim Tod Oswalds lediglich ein Botenjunge war, dem die Mafiabosse den Auftrag über eine Zwischenperson durchgaben, dann werden die Mafiabosse vor Wut schäumen, weil er versucht hat, sie hinzuhängen. Und zur Vergeltung werden sie alle Juden umbringen. Die Sicherheit der Juden hängt ohnehin immer nur an einem Haar.
Versuchen wir, uns seine Schlußfolgerung zu eigen zu machen. Es ist nicht so, daß Ruby verrückt ist. Er ist alles andere als verrückt; er hat sogar ein stärkeres Gefühl für die Bedeutung seines eigenen Lebens als Oswald. Wenn

sie Ruby töten, spürt Ruby, dann ist seine engere Familie und seine größere Familie, das gesamte Judentum auf der Welt, in Gefahr.

Also schwingt er sich zu einem letzten Versuch auf:

Mr. Ruby: Die Dinge, die ich Ihnen sagen sollte, sind so verworren... ich stecke tief im Schlamassel und habe keine Ahnung, wie ich gerettet werden könnte... Was Sie wissen sollten... das jüdische Volk wird in diesem Augenblick ausgelöscht. Folglich kommt in unserem Land eine völlig neue Regierungsform an die Macht, und ich weiß, daß ich nicht lange genug leben werde, um Sie noch einmal zu sehen.

Haben Sie den Eindruck, daß ich wirres Zeug rede?

Chief Justice Warren: Nein. Ich denke, daß Sie das glauben, sonst würden Sie es nicht unter Eid aussagen.

Mr. Ruby: Aber die Situation ist sehr ernst. Es wird wohl zu spät sein, den Gang der Dinge aufzuhalten? (11)

Wenn er sich nicht selbst retten kann, dann kann er auch die Menschheit nicht retten. Ohne es zu ahnen, ist er Oswalds Bruder im Geiste. Das Schicksal der Menschheit, davon war jeder von beiden überzeugt, ruhte auf seinen Schultern.

Er unternimmt einen allerletzten Versuch. Wie oft muß er es noch erklären? Begreifen sie denn immer noch nicht, daß er nach Washington muß, um den Lügendetektortest zu machen?

Mr. Ruby: Ich bin mißbraucht worden, und es wird sich eine bestimmte Tragödie ereignen, wenn Sie meine Aussage nicht ernst nehmen und mich nicht irgendwie rechtfertigen, damit meine Leute nicht für das bestraft werden, was ich getan habe. (12)

Jawohl. Wenn ich getötet werde, werden auch meine Leute getötet.

Mr. Ruby: Wenn Sie mich hier lassen, bin ich erledigt. Meine ganze Familie ist erledigt.

Abgeordneter Ford: Es stimmt doch, Mr. Chief Justice, daß Mr. Ruby auch weiterhin Personenschutz der höchsten Sicherheitsstufe gewährt wird?

Mr. Ruby: Aber jetzt, nachdem ich bestimmte Informationen weitergegeben habe...(13)

Er versucht, Gerry Ford davon zu überzeugen, daß er an diesem Tag schon viel zuviel gesagt hat. Seine Sicherheit stehe auf dem Spiel. »Ich verlange den

Lügendetektortest, aber vermutlich gibt es Leute, die Angst vor der Wahrheit haben. Drücke ich mich deutlich aus?«(14)

Wenn Ruby nicht von Sinnen ist – äußerst verstört, aber bei Verstand –, dann scheint er in der Tat sagen zu wollen, daß er als bezahlter Killer agierte. Dennoch ist da nach wie vor sein merkwürdiges In-der-Schlange-Stehen am Schalter der Western Union. Wie läßt sich das erklären?
Es bleibt uns nichts übrig, als uns ein wenig mit den Ressentiments der Mafia gegen Kennedy zu beschäftigen. Das ganze Jahr 1963 über war fernes Grollen vom Gipfel zu vernehmen gewesen. »Wer wird diesen Stein aus meinem Schuh entfernen?« hatte Carlos Marcello gefragt und mit dem Stein Jack Kennedy gemeint, und Santos Trafficante war noch deutlicher geworden. Jimmy Hoffa lief bläulich an, wenn die Namen der Kennedys fielen.
Ein jüngst erschienenes Buch, »Mob Lawyer« von Frank Ragano, Trafficantes Rechtsbeistand, läßt keinen Zweifel darüber, daß Marcello und Trafficante Jimmy Hoffa glauben lassen wollten, daß sie die Verantwortung für das Attentat trügen. »Sagen Sie ihm, daß er mir etwas schuldig ist, daß er mir sehr viel schuldig ist«, trug Marcello seinem Rechtsbeistand auf. (15) Es war die in eine makellose sizilianische Metapher gekleidete Botschaft an Hoffa, daß die angemessene Gegenleistung für einen solchen Coup ein Darlehen von 3,5 Millionen Dollar aus der Pensionskasse der Transportgewerkschaft wäre, als Investition in ein Luxushotel, das Marcello und Trafficante im Französischen Viertel von New Orleans eröffnen wollten. Raganos Enthüllung wird durch keinen Zeugen außer Trafficante bestätigt, und der ist inwischen tot.
Nichtsdestoweniger regt das unsere Phantasie zu zwei Hypothesen an, die beide in dieselbe Richtung weisen können. Eine Hypothese, wie unangenehm oder bizarr sie zuerst einmal sein mag, blüht oder welkt je nach ihrem Vermögen, die zur Verfügung stehenden Fakten zu deuten. Diese beiden Hypothesen sind nicht nur lebensfähig, sondern werden durch die zahlreichen Details genährt, die Gerald Posner aus den verschiedensten Quellen sammelte, um Jack Rubys Weg während der ominösen drei Tage minuziös zu verfolgen. In der Tat ist das Kapitel über Ruby der sorgfältigste und am besten geschriebene Teil seines Buchs.
Posner häuft diese Details, um zu beweisen, daß Ruby nicht im Auftrag handelte, sondern daß er geistesgestört war. Gleichwohl ist es interessant, die Fülle seines Materials zu benutzen, um den entgegengesetzten Standpunkt zu vertreten – daß Ruby Oswald im Auftrag von oben tötete.
Beschäftigen wir uns mit unseren beiden Hypothesen. Die erste und größer

597

dimensionierte ist, daß Marcello und/oder Trafficante irgendwann zwischen September und November den Auftrag zur Ermordung Kennedys gaben. Gemessen am Ernst einer solchen Tat und den damit verbundenen Gefahren mußten sie sich aufs allersorgfältigste gegen jedes Risiko abschotten, so daß der Auftrag zahlreiche Sicherheitsventile passierte, wobei jede Schaltstelle immer nur den Mann identifizieren konnte, der den Auftrag weitergegeben hatte. Fügen wir hinzu, daß die Einzelheiten der Ermordung den Leuten am anderen Ende überlassen wurden – denen, die die Tat ausführten. Der Abstand war so groß, daß Marcello und/oder Trafficante weder über den oder die Täter, noch über Zeitpunkt oder Ort Kenntnis hatten. Es konnte irgendwo geschehen – in Miami, Texas, Washington, New York –, es spielte keine Rolle. Sie hatten mit der Art der Ausführung nichts zu tun.

Unmittelbar nach der Ermordung Kennedys nahmen sie an – und wie sollten sie auch nicht? –, daß ihr Auftrag ausgeführt worden sei. Als sie deshalb in der ersten Stunde danach mitbekamen, daß Oswald sich als Sündenbock bezeichnete, war sein Schicksal besiegelt. Ein Sündenbock packt aus – Oswald mußte beseitigt werden. Daß er der Neffe von Dutz Murret war, und deshalb eine Verbindung, wie indirekt auch immer, zu Marcello herzustellen war, verdoppelte die Notwendigkeit, ihn loszuwerden. Daß er nicht einer ihrer Killer war, kam Marcello oder Trafficante wahrscheinlich gar nicht in den Sinn. Dafür war die Kette zu lang. Statt dessen wurde eine schnelle Order ausgegeben: Oswald liquidieren. Diesmal hatten sie es eilig, also gab es vermutlich nicht so viele Schaltstellen; und es könnten mehrere Killer-Kandidaten ausgewählt worden sein, von denen Ruby – wenn diese Hypothese funktioniert – nur einer war. Er war ein Amateur, ein Spinner und hatte möglicherweise zu wenig Mumm, um den Job durchzuziehen. Aber Ruby hatte auch zwei Pluspunkte: er gehörte alles in allem zu ihrer Kultur – er würde sich hüten, zu plaudern – und er verfügte über eine einzigartige Möglichkeit, sich Zugang zu verschaffen. Die Mafia wußte über Charakter und Gewohnheiten jedes einzelnen, den sie rekrutierten, genau Bescheid. Also war ihnen auch bekannt, daß Ruby mit mindestens hundert Polizisten in Dallas auf freundschaftlichem Fuß stand. Ergo konnte Ruby an Oswald herankommen. Er war vielleicht nicht der beste Mann für den Job, aber er war zweifellos derjenige, der die beste Chance hatte, ihn in der kürzestmöglichen Zeit auszuführen.

Also bekam er den Wink von jemandem, den er am Freitagnachmittag traf. Es wäre eine krasse Spekulation, dabei auf Ralph Paul zu tippen, Rubys ältesten Freund, damals in seinen Sechzigern, denn Paul war gütig und hatte keinen bekannt gewordenen Kontakt zur Mafia, außer daß er ein Restaurant in Dallas führte. Natürlich läßt sich sagen, daß es in den großen Städten kaum Restaurantbesitzer ohne Kontakte zur Mafia gibt. Ralph Paul war außerdem einer von Rubys engsten Freunden, und Ruby schuldete ihm viele tausend Dollar – was dem Mob auch nicht unbekannt gewesen sein dürfte. Ralph Paul könnte also die Botschaft überbracht haben: »Töte Oswald, und *sie* werden sich um dich kümmern.«

Falls sich die Frage erhob, wie Ruby die Tat begehen und davonkommen könne, war die Antwort, daß Ruby mit dem richtigen Anwalt lediglich ein paar Jahre bekommen hätte, oder – wenn auf Geistesgestörtheit plädiert worden wäre, überhaupt nicht ins Gefängnis gemußt hätte. Seine finanzielle Situation hätte sich gewiß verbessert. Sein Schuldenberg wäre neu geordnet worden, und er hätte seine Einkommensteuerschulden begleichen können. Und was das Motiv betraf, wurde Ruby mit einem prachtvollen, wenn auch verrückten Grund ausgestattet oder – was noch wahrscheinlicher ist – brachte ihn selbst zur Sprache, denn der Grund schlummerte bereits als eine Art kleine Narretei in ihm: er war ein extrem sentimentaler Mensch, dem in der Tat die Qualen unterträglich waren, die Jackie Kennedy bei einer Zeugenaussage in Dallas hätte durchstehen müssen. Ein Schauspieler kann einen Killer, einen Liebhaber, einen Polizisten oder einen Dieb darstellen, wenn nur fünf Prozent einer solchen Möglichkeit in ihm stecken. Ruby war ein Schauspieler, dessen Gaben brachlagen: er hatte die wichtigste Voraussetzung für einen guten Bühnenauftritt – seine Gefühle waren schnell abrufbar, so schnell abrufbar in der Tat, daß sie sich in seine Syntax drängten, was der Grund dafür ist, daß wir seinen Ausführungen manchmal so schwer folgen können.

Das also wäre die erste Hypothese. Die zweite ist simpler. Marcello und Trafficante hatten bei Hoffa damit renommiert, daß sie sich den Präsidenten vornehmen würden, erteilten aber keinen Auftrag dazu. Als der Präsident jedoch ermordet wurde, witterten sie ihre Chance, ihre Finger in die Pensionskasse der Transportgewerkschaft stecken zu können, und setzten alle Hebel in Bewegung, um Hoffa wissen zu lassen, daß sie der Kopf hinter dieser Tat gewesen seien. Ragano gibt uns in »Mob Lawyer« dafür Hinweise: »Wenn es darum ging, großes Geld zu machen, waren Santo und Carlo durchaus imstande, Jimmy mit der Behauptung aufs Kreuz zu legen, daß sie die Ermordung lediglich zu seinem Wohl arrangiert hätten.« (16) Und Hoffa würde sich dafür entsprechend erkenntlich zeigen müssen. Das Problem war Oswald. Wenn er redete, und das war anzunehmen, würde Hoffa schnell dahinterkommen, daß Marcello und Trafficante nichts mit dem

Attentat auf der Dealey Plaza zu tun hatten. Oswalds Todesurteil war also gefällt.

Hypothese eins und Hypothese zwei mögen sehr unterschiedlich sein, aber sie führen zu demselben Schluß – angesichts der Notwendigkeit, schnell zu handeln, wurde Jack Ruby als Killer erkoren.

Daß er es nicht als Ehre ansah, läßt sich aus seinem Verhalten erkennen. Der Auftrag bedeutet den völligen Zusammenbruch seines Lebens. Ralph Paul, wenn er denn das letzte Glied zu Ruby war, hätte sicher keine persönlichen Drohungen ausgesprochen, aber das wäre auch gar nicht nötig gewesen. Ein solches Angebot abzulehnen, hätte gewiß erheblich größeren Schaden gezeitigt als die Quittung für die Ausführung der Tat. Ruby konnte lediglich vermuten, wer ein solches Projekt veranlaßt hatte, aber wer immer auch der Mann an der Spitze war, er saß mit Sicherheit in nicht allzu großem Abstand zur Rechten des Teufels.

Wenn wir uns nun in der Lage befinden, zu untersuchen, ob das von Posner gesammelte Material im Gegensatz oder im Einklang mit dem gemeinsamen Nenner dieser beiden Hypothesen ist, dann ist die erste Frage, die wir uns stellen müssen, wann Ruby diesen Auftrag bekommen hatte: der allerfrüheste Zeitpunkt wäre bei seinem Gespräch mit Ralph Paul gewesen, um 2 Uhr 45 Uhr am Freitagnachmittag. Das waren nur eineinviertel Stunden nach der Bekanntgabe des Todes, aber die Reaktion von oben hätte rasch kommen können. Marcello und Trafficante waren nicht nur für ihre Vorsicht, sondern auch für ihre Schnelligkeit bekannt.

Posner: Aus den Unterlagen des »Carousel« geht hervor, daß das »Bullpen« [Pauls Restaurant] um 02:42 Uhr einen Telefonanruf erhielt, der kürzer als eine Minute war. Als Ruby feststellte, daß Paul nicht in seinem Restaurant, sondern in seiner Wohnung war, rief er ihn dort an. Laut Te0lefonprotokoll fand der Anruf um 02:43 Uhr statt. (17)

Mr. Paul: Gerade als ich heimkam, rief mich Jack an, und er sagte: »Weißt du, was passiert ist?« Ich sagte: »Ja, ich hab's im Radio gehört.« Er sagte: »Ist das nicht eine schreckliche Geschichte?« – »Ja, Jack.« Er sagte: »Ich habe mich entschlossen. Ich mach' zu.«
Mr. Hubert: Hat er Sie um Ihre Meinung gefragt, ob er schließen soll?
Mr. Paul: Nein. Er sagte mir einfach, daß er schließen würde. (18)

Es sei denn, daß Paul derjenige war, der ihm sagte, daß er schließen müsse. Es ist sehr gut möglich, daß Paul als Bote zu ihm sagte: »Jack, du mußt deine Schuppen ein paar Tage dichtmachen. Du wirst eine Menge Zeit brauchen, um das zu erledigen.«

Auf jeden Fall besucht Ruby seine Schwester zweimal an diesem Nachmittag und muß in der Zwischenzeit auf jeden Fall den Wink bekommen haben. Seine Schwester, die ein paar Tage zuvor nach einer Blinddarmoperation nach Hause entlassen worden war, lag im Bett, und Ruby erledigte für sie die Einkäufe.

Posner: Ruby kam um 17:30 Uhr wieder zu Eva und blieb zwei Stunden. Eva sagte, er hätte »Lebensmittel für 20 Leute eingekauft, aber er wußte damals nicht mehr recht, was er tat«. Er erzählte ihr, daß er seine Clubs schließen wolle. »Und er sagte: ›Wir sind sowieso pleite, also werde ich ein bankrotter Millionär sein. Ich werde drei Tage zusperren.‹« Angesichts seiner katastrophalen finanziellen Situation – er konnte sich gerade über Wasser halten, wenn beide Clubs täglich geöffnet waren – war das ein Entschluß von einiger Tragweite.

Aber seine Schwester Eva sah, wie tief die Angst in ihm saß, und trug unwissentlich noch dazu bei. »Er saß da und weinte. Es wurde ihm schlecht, und er ging ins Bad. Er sah schrecklich aus.« (19)

Dasselbe berichtete sie vor der Warren-Kommission:

Mrs. Grant: Er war nicht er selbst, und – Gott steh mir bei – er sagte wirklich: »Man hat mir das Herz herausgerissen«, und weiter: »Ich habe mich nicht einmal so schrecklich gefühlt, als Pops starb, aber er war ein alter Mann.« (20)

Das sei der schlimmste Zustand gewesen, in dem sie ihn jemals erlebt hätte.

Daß er mehr Essen gebracht hat, als irgendwer aufessen kann, ist natürlich. Essen ist Leben, und sein Leben kann schnell zu Ende sein. Es ist schön und gut, auf Oswald zu schießen, aber was, wenn er, Jack Ruby, im weiteren Verlauf niedergemäht wird?

Sobald er das Haus seiner Schwester verlassen hatte, ging er ins Polizeipräsidium im Rathaus, wo Oswald verhört wurde. Er hatte nie ein Problem gehabt, hineinzukommen, und nun, angesichts des ungewöhnlichen Zustroms der Medienleute, gab es nicht die geringste Schwierigkeit. Von 6 Uhr abends an hielt er sich dort auf und hoffte auf die Chance, nahe genug an Oswald heranzukommen, um den Job zu erledigen.

Posner: John Rutledge, der Polizeireporter der »Dallas Morning News«, kannte Ruby. Er sah ihn aus dem Aufzug steigen, in gebückter Haltung zwischen zwei Reportern aus einem anderen Staat, die Presseausweise an ihren Mänteln trugen. »Die drei gingen einfach an den Polizisten vorbei, bogen um die Ecke, vorbei an den Kameras und Scheinwerfern und weiter den Gang hinunter«, erinnerte sich Rutledge. Als Rutledge ihn das nächste Mal sah, stand er vor Zimmer 317, wo Oswald verhört wurde, und »er erläuterte den auswärtigen Presseleuten, um wen es sich gerade handelte, wenn jemand in den Raum hineinging oder von dort herauskam. Sie riefen ihm -zig Fragen gleichzeitig zu, und Jack beantwortete alle korrekt.« Als einige Detectives vorbeigingen, erkannte ihn einer. »Hey Jack, was machst du denn hier?« – »Ich helfe diesen Burschen ein bißchen«, sagte Ruby.

Victor Robertson, ein WFAA-Radioreporter, kannte Ruby ebenfalls. Er sah, wie er zur Tür des Verhörraums ging, in dem Oswald war, und sie öffnen wollte. »Er hatte die Tür schon einen Spalt offen und wollte gerade hineingehen, als ihn die beiden Beamten zurückhielten. Einer sagte: ›Da kannst du nicht rein, Jack.‹«

Ruby verließ das Polizeipräsidium wahrscheinlich kurz nach 20:30 Uhr. (21)

Sein erster Versuch war fehlgeschlagen. Er fuhr rasch in seine Wohnung, die er mit George Senator teilte. In einer eidesstattlichen Erklärung gab Senator später an, daß »ich ihn zum ersten Mal mit Tränen in den Augen sah«. (22) Dann ging Ruby in die Synagoge. Kein Wunder, daß ihm nach Beten zumute war.

Posner: In der Synagoge weinte er hemmungslos. »Niemand glaubte, daß ein Bursche wie Jack überhaupt weinen konnte«, sagte sein Bruder Hyman. »Jack hatte in seinem ganzen Leben noch nie geweint. Das paßte nicht zu ihm.« (23)

Jawohl, er erzählt den Leuten, daß er einfach den Gedanken nicht ertragen kann, daß diese wunderschöne Frau, die frühere First Lady Jacqueline Kennedy, verpflichtet ist, nach Dallas zurückzukehren und auszusagen. Man zahlt sein Geld und macht seinen Einsatz, aber wir können – bei allem schuldigen Respekt vor Jacqueline Kennedy – darauf wetten, daß es 18 zu 5 steht, daß Ruby an sich selbst denkt. Und wenn es um jemand anderen als Jacqueline Kennedy ginge, wären die Chancen 99 zu 1, daß er einzig und allein über sich selbst brütet. Alles, was er besitzt, ist sein Leben, und das soll ihm nun genommen werden. Ein wertvoller Edelstein, der Rubin Ruby, ist drauf und dran, ins Scheißhaus geworfen zu werden.

Nach dem Besuch der Synagoge ging er wieder zurück ins Polizeipräsidium.

Posner: Im zweiten Stock traf er auf einen uniformierten Beamten, der ihn nicht erkannte. Ruby sah einige Detectives, die wußten, wer er war, rief ihnen zu, und sie ließen ihn eintreten. Er hatte es geschafft und »war von der geschichtlichen Bedeutung überwältigt«, wie er sagte. Detective A. M. Eberhardt, der Ruby kannte und in seinem Club gewesen war, hielt sich gerade im Einbruchs- und Diebstahl-Dezernat auf, »als Jack seinen Kopf zur Tür hereinsteckte und uns lautstark begrüßte. Er kam herein und schüttelte mir die Hand. Ich fragte ihn, was er hier zu suchen hätte. Er sagte, er sei ein Dolmetscher für die Presse. Er sagte: ›Ich bin als Reporter hier‹, nahm das Notizbuch und schlug mit der Hand drauf.« (24)

Er hat die Situation erkannt. Er ist nicht umsonst Bauchladenverkäufer in Baseball-Stadien und Varietés und Straßenstricher gewesen: er macht sich mehr und mehr für eine ganze Reihe von Reportern unentbehrlich. Er kann nicht wissen, wann die richtige Tür sich öffnen und die Gelegenheit sich bieten wird. Hier ist sein Operationsfeld, und vielleicht kriegt er noch vor Mitternacht seine Chance.

Posner: Nach weniger als einer halben Stunde wurde Oswald aus Zimmer 317 in den Versammlungsraum im Souterrain zur Pressekonferenz gebracht. Ruby erinnert sich, daß er, als Oswald vorbeiging, »nicht einmal einen Meter« von ihm entfernt stand«. (25)

Die Herausforderung entspricht dem ersten Sprung von zwölf bis fünfzehn Metern vom Grat eines Steinbruchs in den Tümpel darunter. Und Ruby wagt den Absprung nicht. Alles, was er zu tun hat, wäre, seinen Revolver zu ziehen und Oswald kaltzumachen, aber er tut den Schritt nicht. Es ist schließlich ein schwindelerregender Sprung.

Seine Feigheit macht ihn krank, wie es uns allen gehen würde, wenn wir diesen kleinen wagemutigen Sprung nicht riskieren würden, zu dem uns ein höherer Instinkt oder ein Kameradenschinder oder ein Vater oder Bruder antreibt.

Posner: In seiner ersten Aussage vor dem FBI gab Ruby zu, daß er seinen 38er-Revolver am Freitagabend bei sich hatte (Commission Document 1252.9). Als ihm später klar wurde, daß ihm das Mitführen der Waffe als Vorbedacht ausgelegt werden könnte, sagte er, daß er am Freitag keine Waffe mitgeführt hätte. Auf einem Foto, das an diesem Abend im zweiten Stock aufgenommen wurde, und das Ruby von hinten zeigt, ist jedoch rechts hinten unter seinem Jackett eine Wölbung zu erkennen. Wäre er ein vom Mob angeheuerter Killer mit dem Auftrag gewesen, Oswald zu töten, hätte er bei der ersten Gelegenheit geschossen. Dennoch schoß

Ruby nicht, obwohl er die perfekte Gelegenheit dazu hatte, als Oswald zum Greifen nahe vor ihm stand. (26)

Posner könnte es hier an Einfühlungsvermögen mangeln. Wenn einer gesagt bekommt, daß er Oswald töten soll, bedeutet das noch nicht, daß er dazu in der Lage ist. Dennoch geht Ruby mehr und mehr in die Rolle auf, die es ihm ermöglicht, sich im zweiten Stock aufzuhalten und auf eine bessere Gelegenheit zu warten. Es hilft, daß ihm die Rolle gefällt. Solange er sie ausleben kann, fühlt er sich wie ein Schauspieler erst richtig zum Leben erweckt und kann den Schrecken seiner realen Mission von sich fernhalten.

Sobald er jedoch das Polizeipräsidium verläßt, irrt er durch die Straßen von Dallas wie durch eine Walpurgisnacht. Schließlich kehrt er in seine Wohnung zurück und weckt George Senator.

Mr. Senator: Ja, es war anders. Wie er mich ansah, ganz anders.

Mr. Hubert: Hatten Sie ihn schon einmal in einem solchen Zustand erlebt?

Mr. Senator: Ich habe erlebt, wie er herumbrüllte, Geschichten, die ich Ihnen schon erzählt habe, aber das! Er hatte einen starren Blick.

Mr. Griffin: Das habe ich nicht verstanden. Was für einen Blick?

Mr. Senator: Einen starren Blick. Ich weiß nicht ... ich kann das schwer beschreiben.

Mr. Hubert: Aber es war anders als alles, was Sie bisher mit Jack Ruby erlebt hatten?

Mr. Senator: Ja.

Mr. Hubert: Und es war auffallend?

Mr. Senator: O ja. (27)

Ruby ruft darauf Larry Crafard an, sein Faktotum im »Carousel«, weckt ihn auf und fährt den jungen Mann und George Senator zu einer Anschlagtafel in Dallas, auf der steht: EARL WARREN AUF DIE ANKLAGEBANK. Ruby hatte sich bereits früher am Tag schrecklich über eine Anzeige in den »Dallas Morning News« aufgeregt, die Jack Kennedy als Kommunistenfreund hinstellte, und die von einem gewissen Bernard Weissman unterzeichnet war. Nun ist er überzeugt, daß die John Birch Society den Namen Weissman erfunden hat, um den Juden die Schuld in die Schuhe zu schieben.

Nun wird auch er, Jack Ruby, bald zu den Juden gehören, denen die Schuld an Kennedys Tod gegeben wird, wenn auch nur in dem indirekten Sinn, daß sie ihn als denjenigen ausgewählt haben, der Oswald töten soll. Also wird Jack Ruby, ein Jude, den zweitschwersten Preis zahlen. Er ist der Sündenbock, wie die Juden im Holocaust und wie alle Juden, denen bald die Schuld an der Weissman-Anzeige in die Schuhe geschoben werden wird.

Erst im Morgengrauen des Samstag setzt er Larry Crafard wieder vor dem »Carousel« ab, und der schläft auf dem Sofa in Rubys Büro sofort wieder ein. Crafard revanchiert sich allerdings, als er Ruby um halb neun anruft, um ihm zu sagen, daß die Hunde im »Carousel« kein Fressen haben. Ruby bekommt einen Wutanfall, weil er aus dem Schlaf gerissen worden ist, und beschimpft Crafard wie nie zuvor. Seine Ausfälle sind so persönlich, daß Crafard seine Sachen packt und abhaut. Er ist so zornig oder eingeschüchtert, daß er per Anhalter heim nach Michigan fährt.

Was später an diesem Morgen geschieht, erfahren wir von Posner:
Ruby schaltete den Fernseher ein und schaute sich einen Gedenkgottesdienst aus New York an. »Ich hörte Rabbi Seligman«, erinnerte er sich. »Er pries einen Mann [JFK], der in jeder Schlacht gekämpft hatte, in jedes Land gereist war, und in sein Heimatland zurückkommen mußte, um in den Rücken geschossen zu werden. Die Weise, wie er das sagte, wühlte mich ungeheuer auf.« (28)

Zweifellos sucht er nach eindrucksvollen Gründen für die geplante Tat. Er ist sich zu gut dafür, einen solchen Job nur deshalb auszuführen, weil der Mob es angeordnet hat; nein, er hat die Anlage zu einem ehrenwerten jüdischen Patrioten, der einen Fehler im Universum wieder korrigieren will. Er ist kein professioneller Killer, dem der Kodex des Mob genug Rechtfertigung wäre, er hat als Amateur seine Aufgabe mit höheren Werten zu verbrämen.

Auf jeden Fall treibt es ihn ohne erkennbares Ziel um, bis er am Nachmittag zur Dealey Plaza fährt. Als er die Unmenge der Kränze und Gebinde sieht, die dort für Jack Kennedy niedergelegt worden sind, weint er in seinem Auto oder behauptet das zumindest.
Posner: Es scheint, als ob Ruby von der Dealey Plaza aus wieder einmal in den zweiten Stock des Polizeipräsidiums ging, in der Hoffnung auf eine Verlegung von Oswald, die nicht stattfand. Später leugnete er, am Samstag dort gewesen zu sein, wahrscheinlich, weil er befürchtete, dies könnte ihm abermals als Vorbedacht ausgelegt werden. Die Warren-Kommission »kam zu keinem Beschluß, ob Ruby am Samstag im Polizeipräsidium von Dallas war oder nicht«. Nach der Aussage eines glaubhaften Augenzeugen war er dort. (29)
Er schaut sich noch immer um und er weint noch immer. Ruby muß von Freitag bis Sonntag zehn- bis zwanzigmal geweint und/oder Tränen in seinen Augen gehabt haben. Aber, das müssen wir uns abermals ins Gedächt-

nis rufen, er weint um sich selbst. Sein Leben entgleitet ihm. Nichtsdestoweniger weint er, um einen besseren Eindruck von sich aufrechtzuerhalten, auch um Jack, Jackie und die Kinder.

Bald darauf beginnt er wieder, umherzustreifen:
Posner: Am Spätnachmittag sahen ihn [Fernsehreporter in ihrem Ü-Wagen] auf ihren Monitoren durch die Gänge des zweiten Stockwerks zum Büro von Wade schlendern, zu dem normale Reporter keinen Zutritt hatten. (30)
Seine Aktivitäten werden immer hektischer:
Posner: Thayer Waldo, ein Reporter vom »Fort Worth Star-Telegram«, beobachtete, wie Ruby zwischen 16:00 und 17:00 Uhr Geschäftskarten des »Carousel« an die Reporter verteilte. Er bemühte sich aufdringlich um sie, zupfte sie am Ärmel oder klopfte ihnen auf den Rücken. Ruby sagte: »Hier ist meine Karte mit den Adressen meiner beiden Clubs. Hier kennt mich jeder. Sobald Sie Gelegenheit haben, besuchen Sie mich, ich gebe einen aus.« (31)
Die Hälfte der Zeit verhält er sich, wie er sich unter normalen Umständen verhalten hätte. Er scheint sogar vergessen zu haben, daß er das »Carousel« geschlossen hat. Er lebt auf zwei Bewußtseinsebenen. Er steckt in seiner eigenen Haut und spielt gleichzeitig in einem Film, der schwanger ist von Bedeutung und künftigem Herzeleid.
An diesem Abend, an dem Oswald in seiner Gefängniszelle in einem unzugänglichen Bereich eingeschlossen ist, beginnt eine weitere lange Reise in die Nacht. Ruby hat versagt, und es ist anzunehmen, daß *sie* sich bald mit ihm darüber unterhalten werden.

Posner: Gegen 21:30 Uhr war Ruby wieder in seiner Wohnung. Er erhielt einen Anruf von einer seiner Stripperinnen, Karen Bennett Carlin, die unter dem Künstlernamen Little Lynn auftrat. Sie war mit ihrem Mann aus Fort Worth nach Dallas gekommen und wollte wissen, ob das »Carousel« am Wochenende geöffnet sein würde, denn sie brauchte Geld. »Er wurde richtig wütend und war sehr kurz angebunden«, erinnerte sich Miss Carlin. Er sagte: »Hast du denn gar keinen Respekt vor dem Präsidenten? Weißt du nicht, daß der Präsident tot ist? Ich weiß noch nicht, wann ich wieder aufmachen werde. Ich weiß nicht, ob ich jemals wieder aufmache.« (32)
Wie könnte er auch? Wenn er Oswald nicht tötet, wird ihm der Mob, nachdem er ihm Nase, Kinn und Kniescheiben gebrochen hat, die Clubs weg-

nehmen. Wenn er jedoch erfolgreich ist, wird die Regierung das »Carousel« beschlagnahmen. Um zehn Uhr abends ruft er seine Schwester Eva an und klagt, wie depressiv er ist.

Eine Stunde später ruft er Ralph Paul an. Der meldet sich nicht.

Posner: Ruby rief um 23:18 Uhr wieder in Pauls Restaurant an und erfuhr, daß Paul heimgegangen sei. Er rief dreimal bei Paul zu Hause an, das erste Mal um 23:19 Uhr –das Gespräch dauerte drei Minuten –, dann um 23:36 Uhr – diesmal dauerte es zwei Minuten – und schließlich um 23:47 Uhr. Dieses Gespräch war nach einer Minute beendet. Paul sagte ihm, daß er sich nicht wohl fühle und »daß ich krank war und zu Bett gehen wollte, und daß er mich nicht mehr anrufen solle«. (33)

In dieser Nacht erhält das Gefängnis von Dallas anonyme Anrufe, in denen Oswalds Leben bedroht wird. Rückblickend meinte Captain Fritz, die Morddrohungen könnten von Ruby gekommen sein. Vielleicht hat er recht. Ruby suchte nach Ausreden – er hatte alles für Sonntag geplant, aber Oswald war in der Nacht zuvor verlegt worden.

Er ruft einen alten Freund an, Lawrence Meyers, der sich einige Tage in Dallas aufhält:

Mr. Meyers: Er war ganz offensichtlich verstört. Ich habe ihn noch niemals derart unzusammenhängendes Zeug reden hören. Der Bursche klang absolut ausgerastet.

Ich sagte: Jack, wo bist du? Er sagte: Komm auf einen Drink oder eine Tasse Kaffee zu mir, und ich: Jack, das ist dummes Zeug. Ich liege frisch gebadet im Bett und möchte schlafen, aber wenn du möchtest, komm zu mir. Er sagte, nein, nein, das ginge nicht, er hätte allerhand zu erledigen, er könne nicht kommen. Das ging eine Weile so weiter, bis ich schließlich sagte: Jack, warum schläfst du nicht eine Nacht drüber und vergißt das Ganze? Und morgen kannst du mich gegen sechs Uhr abends anrufen, dann essen wir zusammen. Er sagte okay.

Mr. Griffin: Das FBI zitierte Sie dahingehend, daß Ruby unter anderem zu Ihnen sagte: »Ich muß in dieser Angelegenheit etwas tun.« Erinnern Sie sich daran?

Mr. Meyers: Natürlich. (34)

Diese Bemerkung läßt sich auf zweierlei Weise interpretieren: Ich selbst muß etwas in dieser Angelegenheit unternehmen; oder: man hat mir befohlen, etwas in dieser Angelegenheit zu tun.

Er verbrachte eine entsetzliche Nacht.

Mr. Senator: Er machte sich Rührei und Kaffee und hatte immer noch diese unheimliche Art, die gar nicht angenehm war, wie soll ich das nur beschreiben?

Mr. Hubert: Sie meinen, wie er sprach oder was er sagte?

Mr. Senator: Wie er sprach. Er murmelte etwas, das ich nicht verstehen konnte. Gleich nach dem Frühstück zog er sich an. Danach lief er zwischen Schlafzimmer und Wohnzimmer hin und her, und seine Lippen bewegten sich. Was er da brabbelte, ich weiß es nicht. Aber er rannte wie gejagt hin und her. (35)

Im Telefongespräch am Abend vorher hatte Meyers in bezug auf Jackie Kennedy gesagt: »Das Leben geht weiter. Sie wird ihr eigenes Leben beginnen …« (36)

Eine schlimmere Bemerkung hätte er nicht machen können. Inzwischen sind Jack Ruby und Jackie Kennedy eins geworden – zwei dahinsiechende Seelen, die miteinander verschmolzen sind. Ruby will kein neues Leben beginnen. Er will sein altes zurück.

Er ist noch in anderer Hinsicht verstört. Als er am Sonntagmorgen erwachte, war es mit dem Wissen, das ihm am Vorabend zugekommen war – daß Oswald um 10 Uhr vormittags verlegt würde. Wenn er zu diesem Termin nicht im Rathaus war, hätte er im County Jail wahrscheinlich nie mehr eine solche Gelegenheit.

Ruby hatte jedoch beschlossen, nicht dort zu sein. Während der Nacht hatte er diesen Entschluß gefaßt. Er würde lieber alle Konsequenzen auf sich nehmen, die der Mob in solchen Fällen auf der Pfanne hatte. Zur Hölle mit ihnen. Er würde nicht ihr Killer sein.

Die Ereignisse entwickelten indes ein Eigenleben.

Posner: Um 10:19 Uhr kam ein Anruf von Karen Carlin: »Jack, ich rufe dich an, weil ich Geld brauche. Die Miete ist fällig, und zu essen haben wir auch nicht mehr viel, und du hast gesagt, ich könne dich anrufen.« Ruby fragte, wieviel sie brauchte, und sie bat um 25 Dollar. Er bot ihr an, in die Stadt zu gehen und es ihr über die Western Union zu schicken, sagte aber: »Es dauert noch, ich muß mich erst anziehen.« (37)

Dann verließ er die Wohnung. Es war kurz vor 11 Uhr, und auf seinem Weg fuhr er an der Dealey Plaza vorbei und begann, einmal mehr zu weinen. Vielleicht auch darüber, daß er seine letzte Chance um 10 Uhr verpaßt hatte, und über die Konsequenzen, die sich daraus ergeben würden.

Oswald ist jedoch noch immer nicht verlegt worden. Fritz hat beschlossen, ihn noch einmal der Presse vorzuführen. Ein Foto zum Abschied!
Währenddessen überweist Ruby am Schalter der Western Union seiner Stripperin 25 Dollar. Wenn sein Leben vernichtet wird, kann er wenigstens noch eine gute Tat tun.

Posner: Er stellte sich geduldig an. Dann war er an der Reihe, die telegrafische Überweisung kostete insgesamt 26,87 Dollar. Er bezahlte mit 30 Dollar und wartete auf das Wechselgeld. Rubys Quittung wurde um 11:17 Uhr abgestempelt. Vom Western-Union-Gebäude aus waren es nicht einmal 200 Schritte bis zum Polizeipräsidium. (38)

Und ungefähr 250 Schritte zur fragwürdigen Unsterblichkeit.

Mr. Ruby: Ich ging von der Western Union hinüber zur Rampe. Ich habe mich nicht hineingeschlichen. Ich habe dort nicht herumlungert. Ich habe mich nicht hinter jemandem versteckt, wenn es auch aus dem Winkel der Fernsehkameras so aussah. (39)

Posner: Im zweiten Stock erfuhr Oswald kurz nach 11:00 Uhr, daß er sofort nach unten gebracht würde. Er fragte, ob er sich umziehen könne. Captain Fritz ließ ihm einige Pullis bringen. Hätte sich Oswald nicht im letzten Moment einfallen lassen, daß er einen Pulli anziehen wolle, hätte er das Gefängnis fast fünf Minuten früher verlassen, als Ruby noch im Western-Union-Gebäude war. (40)

Mr. Ruby: Ich habe mich nicht unter die Menge gemischt. Es war niemand in meiner Nähe, als ich die Rampe hinunterging. (41)

Dazu gibt es die Aussage eines Polizisten in Zivil namens Archer von der Polizei in Dallas:

Mr. Archer: Ich konnte die Detectives rechts und links von Oswald sehen, die ihn zur Rampe führten. Ich wurde von einigen Scheinwerfern geblendet, und auf der gegenüberliegenden Seite der Rampe konnte ich nur schwer etwas erkennen, aber ich sah die Gestalt eines Mannes. Ich hatte Oswald und die Detectives im Auge behalten, und mein erster Gedanke, als ich mich in Bewegung setzte, war, daß ihm jemand, der aus der Menge geprescht war, vielleicht in die Fresse hauen wollte. Es wäre ja möglich gewesen, daß jemand die Beherrschung verloren hatte und ihn zusammenschlagen wollte. Aber als ich hinlief, sah ich, daß der Mann bei Oswald war, auf ihn zielte und feuerte. (42)

Mr. Ruby: Ich weiß, es ist schrecklich, was ich getan habe, und es war dumm, aber ich wurde von meinen Gefühlen überwältigt. Können Sie mir folgen?

Chief Justice Warren: O ja, ich verstehe jedes Wort.

Mr. Ruby: Ich hatte die Waffe in meiner rechten Gesäßtasche und impulsiv, wenn das hier das richtige Wort ist... ich sah ihn, mehr kann ich dazu nicht sagen. Es war mir egal, was mit mir geschehen würde. (43)

Die Ironie ist, daß er wirklich impulsiv war. Er hatte über der Tat seit Freitag gebrütet; er hatte seine Möglichkeiten gehabt und sie nicht ergriffen. Als er nun, so wie er es sieht, seine Chance verpaßt hat, zieht es ihn magisch ins Polizeipräsidium zurück. Schließlich war hier das Zentrum seiner Aktivitäten in den letzten zwei Tagen. Und zu seiner Überraschung ist Oswald in diesem Augenblick an Ort und Stelle! Als ob Gott ihm den Mann gesandt hätte. Gott hatte gesprochen: Jack Ruby mußte das Werkzeug sein. Also erfüllte er seinen Vertrag. Oder besser: zwei Kontrakte. Einen mit dem Mob, aber gleichzeitig, soweit hatte er sich das inzwischen eingeredet, daß er es selbst glaubte, tat er es für Jack, Jackie, die Kinder und das jüdische Volk. Er spann sich immer tiefer in das Garn ein, daß er es schließlich und endlich für Jackie Kennedy getan habe.

Vor der Warren-Kommission beschreibt er seine Empfindungen mit bemerkenswertem Stilgefühl:

Ich wollte die Liebe für meinen Glauben zeigen, für meinen jüdischen Glauben, ich habe dieses Wort noch nie verwendet und möchte auch nicht tiefer gehen – plötzlich überkam mich dieses Gefühl, dieses tiefempfundene Gefühl, daß einer es unserem geliebten Präsidenten schuldig sei, ihr die schwere Prüfung zu ersparen, zurückkehren zu müssen. Ich weiß nicht, warum mir dieser Gedanke gekommen ist. (44)

Allerdings war er an jenem finalen Sonntag, als ihm die Waffe abgenommen wurde, weniger scheinheilig gewesen:

Mr. Archer: Wir brachten ihn ins Gefängnisbüro. Ich hielt ihm den linken Arm auf den Rücken, wer den anderen Arm festhielt, weiß ich nicht. Wir zwangen ihn zu Boden, er hatte das Gesicht abgewandt, darum fragte ich: »Wer ist das?« Er sagte: »Ihr kennt mich alle. Ich bin Jack Ruby.« Und er sagte noch: »Ich hoffe, ich habe diesen Schweinehund getötet.« Ich sagte damals zu Ruby: »Jack, ich glaube, Sie haben ihn getötet.« Er sah mir direkt in die Augen und sagte: »Eigentlich wollte ich ihn dreimal durchsieben.« (45)

Posner: Als sie im zweiten Stock ankamen, redete Ruby, der nach dem Schuß in einem Zustand höchster Erregung war, jeden an, der vorbeikam. »Hätte ich das geplant, hätte ich den Zeitpunkt nicht besser erwischen können«, prahlte er. »Die Chance war eins zu einer Million – ich habe der Welt wieder mal gezeigt, daß ein Jude Mumm in den Knochen hat.« (46) Mehr als vierzig Stunden hat er sich im Schlafen und Wachen gegeißelt: Du Jude, du hast nicht den Mumm, ein Killer zu sein – nur Italiener haben das Zeug dazu. Also wollte er der Mafia eine unverwechselbare Signatur liefern, seine eigene – drei Schüsse –, und der Welt beweisen, daß eine Hinrichtung nach Art der Mafia auch ihm, einem Juden, möglich war.

Die Chirurgen im Parkland-Krankenhaus konnten nichts mehr für Oswald tun.

Posner: »Man kann sich kaum vorstellen, daß eine einzige Kugel eine so verheerende Wirkung haben kann«, sagt Dr. John Lattimer. »Sie drang durch den Brustraum, durchschlug Zwerchfell, Milz und Magen. Sie zerriß die Baucharterie und die Aorta, die Hauptschlagader und die rechte Niere. Diese Wunde war definitiv tödlich.« (47)

Jack Ruby trug Schlagringe, für den Fall, daß er in eine Schlägerei in seinem Nightclub hineingezogen würde. Er prahlte vor seinem Faktotum Larry Crafard, daß er jedes Mädchen im Club durchgezogen hätte, und dennoch… und dennoch… Wie bei Oswald war bei Ruby mehr im Busch.

Mrs. Carlin: Er hat mich ständig gefragt: »Glaubst du, daß ich andersrum bin? Sehe ich so aus? Kennst du so einen von der Sorte, der aussieht wie ich?«

Mr. Jackson: Wollen Sie damit sagen, daß er das Thema von sich aus anschnitt?

Mrs. Carlin: Ja. Er sagte oft: »Glaubst du, daß ich so aussehe oder mich so benehme?« (48)

Ein Mann mit vielen Facetten – er liebte seine Tiere:

Posner: Er ließ seine Lieblingshündin Sheba im Auto zurück. »Leute, die Jack nicht kannten, werden das nie verstehen«, sagte Bill Alexander dem Autor. »Aber Ruby hätte den Hund niemals mitgenommen und im Auto gelassen, wenn er gewußt hätte, daß er Oswald erschießen und im Gefängnis landen würde. Er hätte dafür gesorgt, daß der Hund bei Senator zu Hause blieb und gut versorgt würde.« (49)

Jawohl, Posner hat völlig recht, daß Ruby nicht vorhatte, Oswald am Sonntag um 11 Uhr 21 zu töten. Aber das läßt außer Betracht, warum Ruby schließlich – aus Gründen, die ihm mehr am Herzen lagen als die Qualen und der Aufruhr, die Jacqueline Kennedy erwarteten – die Tat beging und damit einen Deckmantel tausend mutmaßlicher Verschwörungen über Lee Harvey Oswald, sein Leben und seinen Tod warf.

ACHTER TEIL

OSWALDS GESPENST

1

Tod eines Manipulators

De Mohrenschildt hat in unserer Geschichte eine nicht unwesentliche Rolle gespielt.

Er erfährt in Haiti, daß Kennedy getötet worden ist und genießt noch in der Erinnerung seinen Scharfsinn:

> **Mr. De Mohrenschildt:** Ich will nicht gerade behaupten, daß ich ein Genie bin. Aber der allererste Gedanke – als wir von einem Botschaftsangehörigen in Port-au-Prince erfuhren, was passiert war, und er sagte, der Name des mutmaßlichen Attentäters sei so etwas wie Lee, Lee, sagte ich: »Könnte es Lee Oswald sein?«.
> **Mr. Jenner:** Das schoß Ihnen durch den Kopf?
> **Mr. De Mohrenschildt:** Ja, sofort.
> **Mr. Jenner:** Als Sie den Namen Lee hörten?
> **Mr. De Mohrenschildt:** Als ich den Namen Lee hörte. Und warum war das so? – Er war ein verrückter Irrer. (1)

Während der nächsten Wochen muß die Haitianische Regierung einige gedankliche Rösselsprünge vollführt haben, was die Einschätzung ihrer Beziehung zu De Mohrenschildt betraf. Das Manuskript von De Mohrenschildt »Ich bin ein Sündenbock« liefert uns dafür etliche handfeste Hinweise.

Wir erfuhren, daß die Haitianische Regierung von einflußreicher Stelle aus Washington ein Schreiben mit der Aufforderung erhalten hatte, mich von der Gehaltsliste zu streichen und schnellstmöglich auszuweisen. Glücklicherweise hatte ich gute Freunde, und so konnte wenigstens das letztere verhindert werden. Später und kaum merklich wurden wir durch den Botschafter der Vereinigten Staaten Timmons und dann von den amerikanischen Geschäftsleuten und den Botschaftsangehörigen, mit denen wir stets ein sehr gutes Verhältnis hatten, immer mehr geschnitten, bis wir schließlich erfuhren, daß unsere sämtlichen Freunde und sogar flüchtige Bekannte in den Vereinigten Staaten befragt und verhört worden waren.

Nach einer ziemlich langen Zeit wurden wir offiziell nach Washington eingeladen, um der Warren-Kommission Auskunft zu geben. Auch wenn wir kaum etwas beizutragen hatten, waren wir damit einverstanden, in Washington auszusagen. Es hatte zwar geheißen, daß unsere Aussagen vertraulich behandelt würden, aber alle 300 Seiten mit belanglosem Geplauder wurden gedruckt und großzügig verteilt. (2)

Gegen Ende seines Manuskripts schildert er die Situation freimütiger:

Da die Atmosphäre in Port-au-Prince immer bedrückender wurde, dachten wir daran, mein Landvermessungsprojekt aufzugeben und in die USA zurückzukehren. Aber Präsident Duvalier dachte sich eine Lösung aus. Er bat mich und Dr. Herve Boyer, den Finanzminister, mit dem ich befreundet war, in sein Büro zu einem kleinen Plausch. Boyer sagte nachdrücklich: »Sie sind in schweres Wasser geraten. Jeder spricht über Sie und Ihre Frau. Gehen Sie in die Staaten und sehen Sie, daß Sie Ihre Weste wieder weiß kriegen. Wenn das nicht gelingt, dann kommen Sie wieder her, wickeln Ihr Projekt ab und verlassen das Land.«
Zufällig erhielt unsere Botschaft am selben Tag ein Schreiben für mich und meine Frau von Mr. L. Lee Rankin, General Counsel der Warren-Kommission. Mr. Rankin lud uns nach Washington, D.C., ein, um auszusagen, falls wir damit einverstanden wären. Natürlich wollten wir alles in unseren Kräften Stehende tun, um zur Lösung dieses Verbrechens beizutragen. Jeanne weigerte sich jedoch, ohne unsere beiden Hunde – Manchesterterrier – abzureisen, und nach einigem Hin und Her akzeptierte Mr. Rankin diese zusätzlichen »Hundespesen«.
Ich kam als erster dran. Meine Aussage wurde von Albert Jenner, einem Rechtsanwalt aus Chicago, aufgenommen, der später in Zusammenhang mit dem Watergate-Fall sehr bekannt wurde. Ich muß gestehen, daß er entweder sehr viel schlauer war als ich, oder daß mich die gesamte Inszenierung in Washington derart beeindruckte, daß Jenner mit mir spielen konnte, als wäre ich ein Kleinkind. (3)

Es war ein Nervenkrieg. Er mußte die CIA schützen und vor allem mußte er sich schützen. Wie wir wissen, sah sein modus operandi vor, die Agency mit hineinzuziehen, sollte man so rüde sein, ihm den Boden unter den Füßen wegzuziehen und dadurch seine ohnehin schon gefährdeten Pfründe in Haiti vernichten.

Gegen Ende seines Aufenthalts in Washington dürfte De Mohrenschildt bei einer kleinen Dinnerparty versucht haben, seine Situation zu verbessern:

> Völlig erschöpft nach unseren Aussagen wurden wir zum Abschluß dieser Folter in das luxuriöse Haus der Mutter und des Stiefvaters von Jacqueline Kennedy, Mr. Hugh Auchincloss, eingeladen. Dieses Luxusanwesen lag in Georgetown, und das Geld von Auchincloss stammte aus irgendeiner Verbindung der Familie von Hugh mit der Öl-Dynastie von John D. Rockefeller sen. (4)

So ganz nebenbei erwähnt De Mohrenschildt, daß Allen Dulles ebenfalls anwesend war. Die Spekulation muß erlaubt sein, daß Dulles die Auchinclosses um dieses Dinner gebeten hat. Dulles, der nach dem Schweinebucht-Desaster als Direktor der CIA mehr oder weniger gezwungen zurücktreten mußte, hatte sicher noch Kontakt zu so manchen CIA-Kreisen. Dulles müssen Fragen bezüglich der Verbindungen der Agency mit De Mohrenschildt auf den Nägeln gebrannt haben. Er wollte sicher in Erfahrung bringen, wie weit die CIA involviert war, da der Versuch, Castro zu töten, schließlich unter seiner Ägide stattgefunden hatte.

Natürlich findet sich nichts über ein Gespräch unter vier Augen zwischen ihm und George in den Akten. De Mohrenschildt begnügt sich mit der Bemerkung, daß Allen Dulles »… mir ein paar Fragen über Lee stellte«.

> Ich erinnere mich, daß eine davon lautete: Hatte Lee einen Grund, Präsident Kennedy zu hassen? Als ich jedoch antwortete, daß er den toten Präsidenten eher bewundert habe, glaubte mir wohl niemand. Die überwältigende Meinung war auch hier, daß Lee der alleinige Attentäter war. (5)

Wie immer lenkt De Mohrenschildt rasch ab:

> Ich mußte immer noch an den armen Lee denken und verglich sein Leben mit dem dieser Multimillionäre. Ich versuchte zu argumentieren – es war sinnlos. Ich sah mich einer Verschwörung aus Sturheit und Schweigen gegenüber. Schließlich wurden Jeanne und Janet (Mrs. Auchincloss) von ihren Gefühlen überwältigt, sie umarmten sich und weinten, die eine um ihren Schwiegersohn, die andere um einen großen Präsidenten, den sie so sehr bewundert hatte.

> »Janet«, sagte ich beim Abschied zu ihr, »Sie waren die Schwiegermutter von

Jack Kennedy. Ich bin nur ein Fremder. Ich würde viel Geld und Zeit opfern, um die wahren Mörder und Verschwörer zu entlarven. Wollen Sie keine weitergehenden Untersuchungen? Sie haben schließlich unerschöpfliche Ressourcen.«

»Jack ist tot, nichts kann ihn zurückbringen«, sagte sie entschlossen. (6)

Wie immer gibt es keinen emotionalen szenischen Aufbau in De Mohrenschildts Erzählung. Etwas ereignet sich, und dann etwas anderes, und jeder kleine Vorfall scheint nicht das geringste mit dem nächsten zu tun zu haben. Der beste Weg, die Entwicklung eines Szenarios zu vereiteln, ist, anekdotisch zu bleiben.

> Wir wollten gerade gehen. »Übrigens«, sagte Mrs. Auchincloss kalt, »meine Tochter Jacqueline möchte Sie nie wieder sehen, weil Sie dem Mörder ihres Mannes so nahe standen.«
> »Das ist ihr gutes Recht«, sagte ich.
> Hugh, der ein sehr ruhiger Mann war, fragte mich plötzlich: »Und wie ist Marina finanziell gestellt?«
> »Ich weiß es nicht. Ich habe gerade gelesen, daß sie vom mildtätigen amerikanischen Volk ganz schön viel Geld bekommen hat – vielleicht 80.000 Dollar.«
> »Das wird nicht lange reichen«, sagte er nachdenklich und ohne jeden Zusammenhang zeigte er auf ein außergewöhnliches Schachspiel: »Alte persische Arbeit, ist auf 60.000 Dollar geschätzt.« (7)

Als Gegenleistung für seine Aussage vor der Warren-Kommission erhielt er die Zusage, daß sein Job gesichert sei. Um präzise zu sein, er erhielt sie und auch wieder nicht. Kräfte standen im Wechselspiel mit Gegenkräften.

> Zum Glück war dem haitianischen Botschafter in Washington versichert worden, daß wir anständige Leute seien. Diese Meldung ging an Präsident Duvalier, und wir konnten unbehelligt nach Haiti zurückkehren. Allerdings haben mir diese negative Publicity und die merkwürdige Haltung der Amerikanischen Botschaft in nicht wieder gutzumachender Weise geschadet. Und der schlaue Papa Doc wußte von seinen Informanten, daß unsere Botschaft meine Rechte nicht länger schützen würde. Der alte Fuchs hatte völlig recht; die Zahlungen begannen zu versickern, und weder die Botschaft noch das State Department waren mir bei der Eintreibung der restlichen Außenstände behilflich. (8)

Immerhin konnte er sich bis 1966 in Haiti halten, dann kehrte er mit Jeanne nach Dallas zurück.

McMillan: Wieder einmal hatte sich sein Leben zum Schlechteren gewendet. Es blieb ihm versagt, den großen Sisal- oder Ölcoup zu landen. Sein Buch über seine Abenteuer in Mittelamerika war von mehreren Verlagen abgelehnt worden. Und wie immer war er in Geldnöten. Da er sein Leben in der Gesellschaft von Krösussen verbracht hatte, konnte er nie so viel Geld verdienen, wie er zu brauchen glaubte. Sein Verhältnis zu Jeanne wurde bitter. Sie ließen sich scheiden, lebten aber weiter zusammen, entfremdet von all ihren Bekannten. Jeanne nahm eine Arbeit an, während George an einem kleinen College für Schwarze in Dallas Französisch unterrichtete. Etwa ein Jahrzehnt nach dem Attentat versank er in eine Depression. (9)

Posner nahm diesen Niedergang von De Mohrenschildt zum willkommenen Anlaß, ihn als lebenslangen Versager hinzustellen:

Posner: Zu dem Zeitpunkt seines letzten [Epstein] Interviews war De Mohrenschildt ziemlich verrückt. Fast das ganze Jahr vor seinem Tode war er paraniod und lebte in der Angst, daß das »FBI und die Juden-Mafia« vorhätten, ihn zu töten. Er versuchte zweimal, sich mit einer Überdosis von Tabletten das Leben zu nehmen, einmal schnitt er sich die Pulsadern auf und legte sich in die Badewanne. Danach wachte er jede Nacht auf, schrie und schlug sich selbst, bis ihn seine Frau schließlich in die psychiatrische Abteilung des Parkland Hospital einweisen ließ, wo man eine Psychose diagnostizierte und ihn einer zweimonatigen intensiven Schocktherapie unterzog. Nach dieser Behandlung behauptete er, am Tag des Attentats mit Oswald zusammen gewesen zu sein, obwohl er tatsächlich mit Dutzenden anderer Gäste in der Bulgarischen Botschaft in Haiti war. Trotz des gestörten Zustands De Mohrenschildts zitieren Epstein und andere das letzte Interview, als handelte es sich um unbestrittene Tatsachen. (10)

De Mohrenschildt hat das Etikett »ziemlich verrückt« nicht verdient, als er sein letztes Interview gab. Wieder einmal verschweigt Posner Quellen, aus denen hervorgeht, daß De Mohrenschildt in seinen letzten Lebensmonaten zwar depressiv war, aber nicht in Wahnvorstellungen lebte.

McMillan: Sam Ballen, der ihn in Dallas nur einen Monat vor seinem Tode traf, befand, daß George »sich sehr hart selbst bestrafte«. Er überschüttete sich mit Selbstvorwürfen wegen verlorener Freundschaften und nicht genutzter Möglichkeiten und sagte, daß sein Leben eine Niederlage sei.

Ballen, der De Mohrenschildt seit Jahren nicht gesehen hatte, fühlte sich nach dem Treffen niedergeschlagen. Trotz all seiner Fehler, von denen der größte seine »absolute Verantwortungslosigkeit« war, war George, wie zumindest Ballen glaubte, »ein Großer dieser Welt«. Er lud George nach Santa Fe ein und bot ihm harte körperliche Arbeit im Freien an, die George am meisten zu helfen schien. In der Rückschau hat Ballen das Gefühl, daß er mit »Hemingway vor dem Selbstmord« zu Abend gegessen habe. (11)

Wir verabschieden George mit einer Passage aus Gaeton Fonzis Buch »The Last Investigation«.

Das Haus versteckte sich hinter hohen Hecken, ein merkwürdig abweisendes Haus in diesem schmalen Streifen für Wohlhabende an der Küste von Florida, wo die Herrenhäuser schickes Pastell oder traditionelles Weiß tragen.

Als ich aus dem Auto stieg, kam plötzlich eine junge Frau hinter dem Haus hervor. Sie war von atemberaubender Schönheit.

»Verzeihung«, sagte ich und ging auf sie zu. »Ich suche George De Mohrenschildt.«

Sie zögerte einen Moment und taxierte mich mißtrauisch.

»Er ist gerade nicht zu Hause. Ich bin seine Tochter Alexandra. Kann ich Ihnen helfen?«

Ich sagte ihr meinen Namen und den Grund meines Besuchs. »Es wäre sehr freundlich von Ihnen, wenn Sie ihm bestellten, daß ich hier war und daß ich ihn treffen möchte.« Ich hatte nur noch alte Visitenkarten, die mich als Rechercheur im Stab des US-Senators Richard Schweiker auswiesen. Ich strich Schweikers Namen durch und schrieb auf die Karte: »House Select Committee on Assassinations«. Sie nahm sie und wollte ihrem Vater ausrichten, daß ich ihn anrufen würde.

Ungefähr um halb sieben am selben Abend erhielt ich einen Anruf von Staatsanwalt Dave Bludworth aus Palm Beach, der mir mitteilte, daß meine Karte in der Hemdtasche von De Mohrenschildt gefunden worden sei. Etwa vier Stunden nachdem ich dort gewesen war, war De Mohrenschildt heimgekommen. Seine Tochter erzählte ihm von meinem Besuch und gab ihm meine Karte. Er steckte sie in die Tasche und schien laut Alexandra nicht beunruhigt. Kurz danach sagte er, er wolle sich ausruhen. Was De Mohrenschildt dann offensichtlich tat, war, eine Schrotflinte vom Kaliber .20 aus dem Nachttisch zu nehmen, sich in einen Sessel zu setzen, den Schaft des Gewehrs auf den Boden aufzustützen, den Lauf in den Mund zu nehmen, sich nach vorne zu beugen und den Abzug zu betätigen. (12)

2
Im Schutt des Nachbebens

Solange Lee noch lebte, in den mehr als vierzig Stunden, in denen sich Marguerite einen Prozeß ausmalte, der sich endlos in die Länge ziehen würde, war das Problem, wie es sich ihr darstellte, wovon sie, Marina und die Kinder leben würden. Sie wußte, daß sie sich ihre Lebensversicherung ausbezahlen lassen konnte, die sich auf 836 Dollar belief, genug, um den Grundstock für ihre neue Familie zu legen.

Marguerite Oswald: Ich bin nicht an materiellen Dingen interessiert, meine Herren. Ich dachte, daß Marina und ich, wie es sich für eine Familie gehört, zusammenleben und unsere Zukunft gemeinsam meistern sollten. Ich dachte, es wäre am vernünftigsten, wenn wir in meiner Wohnung leben und versuchen würden, das Beste daraus zu machen. Ich sagte sogar: »Geben Sie uns eine Chance als Familie. Bringen Sie die junge Frau nicht bei Fremden unter, eine Russin, eine Ausländerin, die ihre Mama verlassen mußte.« (13)

In den knapp vier Tagen, die Lee nach dem Tod von JFK noch lebte, könnte Marina durchaus ein Leben mit Marguerite in Betracht gezogen haben; so wären sie in der Lage gewesen, sich gemeinsam eine Art Verteidigung für Lee auszudenken. Nach seiner Ermordung wirkte alles zusammen, um sie auseinanderzubringen. Zum einen schätzte Marina ihre Schwiegermutter nicht übermäßig; der Secret Service, von dem Marina mehr und mehr abhängig wurde, verabscheute Marguerite ohne Zweifel; und schließlich betrachtete der Manager, den sich Marina bald nahm, sie als entwicklungsfähige Melkkuh: die vereinsamte sowjetische Witwe des Mörders des Präsidenten bekam mit jeder Post bereits kleine Beiträge – manch gutherziger Amerikaner zögert nicht, den Zehnten für seine sentimentalen Anwandlungen zu zahlen. Marguerite, ob sie nun die erste oder letzte war, die es kommen sah, hatte ihre Rolle ausgespielt.

Marguerite Oswald: Einer der anderen Männer vom Secret Service hatte mit Roberts Chef gesprochen, weil sich Robert um seinen Posten Sorgen machte, und klopfte Robert auf die Schulter und sagte: »Also, Robert, ich habe mit Ihrem Chef gesprochen. Sie sind schon in Ordnung. Ich habe ihm versichert, daß Sie in keiner Weise in die Geschichte verwickelt sind.«

Also, meine Herrn, für Marina wird gesorgt; für Robert wird gesorgt – ich tue mir nicht leid, glauben Sie mir, denn ich kann selbst für mich sorgen. Aber da ist eine Mutter, die zu Hilfe geeilt ist, ihren Job verloren hat, ihre aufrichtige Liebe und das Geld von der Versicherung angeboten hat, und keiner hat sich dafür interessiert, was aus mir werden würde.

Mr. Rankin: Schön, finden Sie es unangemessen, daß der Mann vom Secret Service zu Roberts Chef ging und ihm versicherte, daß Robert nichts damit zu tun habe, oder finden Sie, daß daran nichts Unangemessenes war?

Marguerite Oswald: Nein, Sir, ich denke nicht. Ich finde, es war eine sehr anständige Geste. Aber warum diese anständigen Gesten, Marina ein Heim zu verschaffen und sich um sie zu kümmern, und Roberts Posten zu sichern – und ich bin das reine Nichts. Ich gehörte nicht mit in den Plan. Und was wird nun aus mir? Ich habe keine Einkünfte. Ich habe keinen Job. Ich habe meinen Job verloren. Und niemand hat einen Gedanken an mich verschwendet.

Ich möchte damit nicht den Eindruck erwecken, daß ich mich bemitleide. Ich möchte nur deutlich machen, daß ich bei all dem nicht berücksichtigt worden bin, selbst was meine Zeugenaussage betraf. Ich möchte wissen, warum. Ich verstehe nicht, warum.

Es ist sehr sonderbar. (14)

Die Verbitterung beginnt gewaltige Dimensionen anzunehmen.

Marguerite Oswald: Es war am 28. Ich sagte dem Agenten, der mich nach Hause bringen sollte, daß ich Marina von meiner Abfahrt unterrichten wolle. Der russische Dolmetscher des State Department, Mr. Gopadze, kam an die Tür, und der Agent sagte: »Mrs. Oswald fährt nach Hause und möchte sich von Marina und den Kindern verabschieden.«

Er sagte: »Also wir befragen sie gerade und nehmen ihre Aussage auf Tonband auf. Sie wird sich mit Ihnen in Verbindung setzen.«

Und danach habe ich Marina nie wieder gesehen. (15)

Außer im Fernsehen.

Marguerite Oswald: Das erste Mal, daß Marina eine Erklärung abgab oder in der Öffentlichkeit auftrat, war vor ungefähr zwei Wochen. Sie war in einer Exklusivsendung auf Kanal 4 in Fort Worth, Texas, wo sie öffentlich erklärte, sie denke in ihrem Inneren, daß Lee Präsident Kennedy erschossen habe. Was für eine gräßliche Sache für eine 22jährige Ausländerin, zu *denken*. Sie weiß es nicht. Aber sie denkt, meine Herren: »In meinem Inneren denke ich, daß Lee Präsident Kennedy erschossen hat.« Sie ist eine Russin, und vielleicht tun sie das in Rußland. Aber was ich sagen will, ist, daß Marina Oswald vom Secret Service einer Gehirnwäsche unterzogen worden ist in den acht Wochen, in denen sie sie abschirmten – acht Wochen, Gentlemen, in denen keiner mit ihr sprach.

Marina kann nicht Englisch lesen. Marina kennt kein einziges der Fakten aus den Zeitungsberichten. Die einzige Weise, auf die sich Marina Fakten beschaffen kann, beschränkt sich darauf, was das FBI oder der Secret Service ihr vielleicht erzählen, oder darauf, was sie selbst seither dazuerfunden hat. (16)

Gegen Ende des Winters 1964 brach Marina ihre Geschäftsbeziehungen zu ihrem Manager Jim Martin ab – ihr Mißtrauen gegen jedermann, der mit ihr Geld machte, wurde immer stärker – und kaufte sich ein eigenes Heim in Richardson, Texas. Es dauerte die ganze Zeit ihrer Aussagen vor der Warren-Kommission und noch ein Gutteil des Jahres, bevor Marina allmählich ihre Angst vor Gefängnis und Ausweisung verlor. Sie hatte inzwischen Marguerite als Landplage ausgemacht, denn ihr Englisch war so gut geworden, daß sie den Zeitungen die letzten Weisheiten ihrer ehemaligen Schwiegermutter entnehmen konnte, wonach Lee absichtlich fälschlich beschuldigt worden sei.

Mr. Rankin: Schildern Sie uns bitte, wie jetzt das Verhältnis zwischen Ihnen und Ihrer Schwiegermutter aussieht.

Marina Oswald: Ich begriff ihre mütterliche Sorge. Aber angesichts all dessen, was später geschah – ihrer Mitteilungen im Radio und in der Presse –, glaube ich nicht, daß sie klar denken kann, und ich glaube, daß sie ein Teil der Schuld trifft. Ich klage sie nicht an, aber ich glaube, daß sie für das mitverantwortlich ist, was mit Lee später geschah. Wenn sie noch Kontakt mit meinen Kindern hätte, würde ich dafür sorgen, daß sie keine seelischen Krüppel aus ihnen macht.

Mr. Rankin: Hat sie versucht, Sie nach dem Attentat zu treffen?

Marina Oswald: Ja, ständig.

Mr. Rankin: Und haben Sie sie seitdem gesehen?

Marina Oswald: Wir trafen uns zufällig an einem Sonntag auf dem Friedhof, als ich das Grab besuchte, aber ich wollte nichts mit ihr zu tun haben und bin gegangen. (17)

Rankin mußte ein heikles Thema ansprechen. Marguerite hatte öffentlich behauptet, daß Marina einer Gehirnwäsche unterzogen worden sei, und es war unerläßlich, diesen Punkt näher zu untersuchen.

Mr. Rankin: Haben die Polizei, das FBI und der Secret Service Ihnen nach dem Attentat viele Fragen gestellt?

Marina Oswald: Auf dem Polizeirevier fand eine übliche Routinebefragung statt. Danach stellten mir natürlich das FBI und der Secret Service viele Fragen – sehr viele Fragen. Manchmal sagten die FBI-Leute, daß ich ihnen, wenn ich in diesem Land leben wolle, helfen müsse, obwohl ihre Fragen oft völlig bedeutungslos waren. Aber so ist das FBI eben.

Mr. Rankin: Hatten Sie während dieser Zeit auch mit der Einwanderungsbehörde zu tun?

Marina Oswald: Ja.

Mr. Rankin: Was wurde Ihnen gesagt?

Marina Oswald: Daß ich, falls ich mich nicht schuldig gemacht und kein Verbrechen gegen die Regierung begangen hätte, das Recht hätte, in diesem Land zu leben. Das war sozusagen die Vorbereitung für die Befragung durch das FBI. Der Mann sagte sogar, daß es besser für mich wäre, wenn ich ihnen helfen würde.

Mr. Rankin: Haben Sie das so verstanden, daß Ihnen die Ausweisung drohen würde, wenn Sie diese Fragen nicht beantworteten?

Marina Oswald: Nein, so habe ich das nicht aufgefaßt. Sehen Sie, man hat es mir sehr behutsam beigebracht, aber mit dem deutlichen Hinweis, daß meine Unterstützung von Vorteil wäre. (18)

Der Secret Service hatte auch Michael und Ruth Paine auf seiner Liste verdächtiger Personen. Michael war in der ACLU aktiv, und für die Behörden in Texas handelte es sich dabei um eine radikale Organisation. Der Polizei von Dallas fiel schließlich doch der Brief in die Hände, den Lee damals im April in der Neely Street in Russisch geschrieben hatte, bevor er Walker erschießen wollte. Durch seine Entdeckung mußte Marina wieder befürchten, eingesperrt oder ausgewiesen zu werden, wenn sie weiterhin Informationen über Lee zurückhielt.

Ungefähr zu dieser Zeit entschloß sich Marina, mit den Behörden zu kooperieren. Ihre Freundschaft mit Ruth war vorbei. Beide Frauen hatten ihre Mängelrügen. Marina hatte Ruth das Gewehr, die Sache mit General Walker und Lees mexikanisches Abenteuer verschwiegen. Andererseits fühlte Marina sich von Ruth im Stich gelassen, die der Polizei das Kochbuch mit dem Brief ausgehändigt hatte, so daß sich Marina auf Lees Kosten verteidigen mußte. June und Rachel würden mit dem Stigma aufwachsen, Kinder eines Mörders zu sein.

Solche Aufrechnungen sind immer hart. Trotzdem ist es nicht leicht, mit einer großzügigen Freundin radikal zu brechen, nur weil sie in ihrer Rolle als Beschützerin einige Ausrutscher gemacht hat. Da müssen schwerwiegendere Gründe her.

Mr. Rankin: Sie sagten, Ruth Paine wollte Sie aus Eigennutz sehen. Würden Sie uns sagen, was Sie damit meinten?

Marina Oswald: Sie genießt es, bekannt zu sein, und ich glaube, daß zum Beispiel jedes Wort, das ich ihr geschrieben hätte, sofort in der Presse aufgetaucht wäre.

Ich glaube das deshalb, weil sie beim ersten Mal, als wir Lee im Gefängnis besuchten, ihre Kinder mitnahm und ständig versuchte, sich vor die Kameras zu drängen, und ihre Kinder herumschob und ihnen sagte, wo sie hinschauen sollten. Die ersten Fotos, die erschienen, zeigen deshalb mich und ihre Kinder. (19)

Marina ist für diesen kleinen Riß in Ruth Paines quäkerhafter Herzensgüte so empfänglich, wie es ein Henry James gewesen wäre. Ein kleiner Makel, den man nicht vergeben kann, ist nach dem Gesetz der James'schen Wahrnehmungen nicht geringfügiger als ein schwarzes Loch im Firmament.

Wie dem auch sei – mit Ruth Paine und Marguerite wollte sie nichts mehr zu tun haben. Marina hat zwei Kinder aufzuziehen, und für die lohnt es sich zu leben. Sie muß sich gegen die Vergangenheit abschotten. Marina muß sich, gemessen an ihrer Wurzelhaftigkeit und den tiefen Tümpeln ihrer Schuldgefühle, bewußt sein, was es sie kostet, ihre Vergangenheit zum dritten Mal hinter sich zu verbrennen – das erste Mal, als sie Leningrad verließ, das zweite Mal, als sie Rußland verließ, und nun abermals, indem sie Lee Lebewohl sagt.

Sie schaffte es nicht wirklich. Nach ihrer russischen Auffassung war sie seine Frau. Also war sie für seine Taten verantwortlich. Sie war sich nicht immer sicher, daß sie keine Schuld am Tode des Präsidenten und des Polizisten Tippit traf. Welches Leid mußten deren vaterlose Kinder erdulden, vereint nur im Leid mit ihren eigenen beiden Kindern. Es konnte vorkommen, daß sie während eines Gespräches wütend zu klagen begann, was sie Lee sagen würde, wenn er zurück auf die Erde käme: »Ich würde ihn so fertigmachen, daß er nochmals tot umfallen würde«, (20) aber das waren nur Gefühlsausbrüche. Die Vergangenheit wegzuätzen, das mußte sie schaffen.

McMillan: Marina schlug ein wenig über die Stränge, kümmerte sich nur

sporadisch um ihre Kinder und verbrachte jede freie Minute mit Liebhabern oder Nachbarn bei nächtelangen Bowling-Vergnügen oder mit genau kalkulierten Besuchen des Nightclubs »Music Box« in Dallas, in dem
sie bald der Star wurde. Marina nannte diese Phase der Selbstzerstörung
1964 ihr »zweites Leningrad«. (21)

Inzwischen schreiben wir 1965. Marina hatte zahlreiche Heiratsanträge abgelehnt (wegen ihres Verdachts, daß sie weniger wegen ihrer komplexen Per-
sönlichkeit als wegen ihres neugewonnenen Reichtums geliebt werden
könnte – sobald ihr Komplimente gemacht wurden, reagierte sie wie ein
Stachelschwein auf eine feindliche Annäherung), als sie sich für einen Mann
entschied, dem sie glaubte, vertrauen zu können, einen hochgewachsenen
Texaner mit besten, unaufdringlichen Manieren und dem Auftreten eines
Gentleman.
McMillan: Sie lebt heute außerhalb von Dallas auf einer 42 Hektar großen
Viehfarm mit Kenneth Porter, den sie 1965 heiratete. Sie ließen sich 1974
scheiden, leben jedoch nach wie vor wie Mann und Frau zusammen. Ken-
neth gefällt das Farmleben, und er ist ein hervorragender Mechaniker,
»einer der besten«, wie Marina sagt. Er ist ein gutaussehender Mann und
ein hingebungsvoller Stiefvater, für Marina nach ihrer eigenen schweren
Kindheit ein Geschenk, für das sie Dankbarkeit empfindet. (22)
Dort trafen wir sie 1993. Wir wollten eigentlich auch mit June, Rachel und
Mark, ihrem Sohn aus der Ehe mit Kenneth Porter, sprechen, die 31, 29 und
27 Jahre alt sind, aber Marina wollte nichts davon wissen, und wer könnte
es ihr verdenken?
Der Gedanke, daß es ein weiteres Buch über Lee und sie geben würde, war
für sie äußerst quälend. Gespenster wehten in ihr Gemüt wie giftige Schwa-
den in einem Horrorfilm. Sie wollte nicht über die Vergangenheit sprechen.
Sie kann sich nicht einmal an ihre Aussage von damals erinnern. Vielmehr
erklärt sie, sie glaube heute, daß Lee unschuldig war. Oder, wenn auch nicht
unschuldig, so doch Teil einer Verschwörung. Aber, sagt sie, er war nicht derjenige, der die Schüsse abfeuerte. Da Beweise ihr nur den Sinn vernebeln,
sagt sie kurz darauf, daß sie nicht sicher sein kann, was sie glauben soll.
Wenn sie nur wüßte, ob er es getan hat oder nicht. Welche Last würde von
June und Rachel genommen, wenn er die Tat nicht begangen hätte. Was
glauben Sie? fragt sie. Wir versuchen es herauszufinden, sagen wir.

3
Beweislage

Hat Oswald es getan?

Wenn man eine Antwort finden will, die mehr ist als eine Meinung, muß man sich mit den Beweisen herumschlagen. Und gerät in einen Dschungel einander widersprechender Expertenmeinungen, ob Oswald die Schüsse innerhalb so kurzer Zeit abgeben konnte, ob er zielsicher genug war, ob er der einzige Attentäter auf der Dealey Plaza war, um schließlich, wenn man auch das letzte Zipfelchen aller Möglichkeiten erforscht hat, auf eine entmutigende Wahrheit zu stoßen: der Beweis allein kann niemals die Antwort auf ein Geheimnis liefern. Denn es liegt in der Natur des Beweises, früher oder später einen Gegenbeweis zu produzieren, den der gegnerische Experte stolz vor Gericht präsentiert.

Es wird dem Leser klar sein, daß wir Beweisen nicht mit demselben religiösen Eifer Respekt zollen (oder zollen sollten), wie es andere tun:

Mr. Specter: Wäre die Verwendung eines Zielfernrohrs mit vierfacher Vergrößerung ein echter Vorteil?

Sergeant Zahm: Besonders bei einer Entfernung von ca. 90 Metern. Das Ziel ist deutlich zu erkennen, und die Vergrößerung ist nicht stark genug, um Verzerrungen durch die eigenen Bewegungen zu verursachen.

Mr. Specter: Könnte ein Mann mit Oswalds Schützenqualität einen solchen Schuß zustande bringen und diese weiße Markierung treffen?

Sergeant Zahm: Ganz bestimmt. Bei seiner Ausrüstung und seiner Fähigkeit halte ich das für einen sehr einfachen Schuß.

Mr. Specter: Und könnte derselbe Schütze mit einem solchen Gewehr und einem solchen Zielfernrohr den Präsidenten in den Hinterkopf treffen?

Sergeant Zahm: Das wäre schon schwieriger gewesen und an die Grenzen seiner Fähigkeiten gegangen. Aber wenn wir annehmen, daß er auf die Mitte des Körpers des Präsidenten zielte, dann hätte er ihn mit Sicherheit irgendwo getroffen. (23)

Man kann sich vorstellen, wie diese Aussage vor Gericht zerpflückt worden wäre, wenn Oswald am Leben geblieben wäre. Die Verteidigung hätte einen Experten angeschleppt, der sich an der merkwürdigen Einstellung des Zielfernrohrs festgebissen hätte, denn die ersten Schützen, die für die Warren-Kommission Tests mit dem Mannlicher-Carcano machten, mußten erst die Fluchtung korrigieren, bevor sie überhaupt ein feststehendes Ziel treffen konnten.

Mr. Frazier: Ich muß Ihnen sagen, daß die Halterung auf dem Gewehr lose war, als wir es erhielten. Und offensichtlich war das Zielfernrohr zur Sicherung von Fingerabdrücken abgenommen worden. Als wir es bekamen, muß die Visier-Einstellung also nicht unbedingt dieselbe gewesen sein, wie die, als das Gewehr zurückgelassen wurde. (24)

Aber wir wollen uns nicht auf das Terrain ballistischer Untersuchungen wagen. Wie es scheint, ist alles ebenso möglich wie unmöglich. Dasselbe trifft auf Oswalds Qualität als Schütze zu. Von verschiedenen Leuten wird er, abhängig davon, was ihren eigennützigen Zwecken dienlich ist, mal als miserabler, mal als ordentlicher Schütze eingeschätzt oder sogar als veritables As. Nichts anderes wurde über den Schwierigkeitsgrad der Schüsse selbst abgesondert – von Sergeant Zahms Einschätzung, daß sie kinderleicht waren, bis zu den Experten, die sie für schier unmöglich hielten.
Eine solche Debatte ist jedoch höchst zweifelhaft. Ein Schütze kann an einem Tag ins Schwarze treffen und an einem anderen sein Ziel weit verfehlen. Warum sollten wir von einem Mann mit einem Gewehr (unter vergleichbaren Einsatzbedingungen) mehr Formbeständigkeit erwarten als von einem Baseballspieler, dessen Treffsicherheit oft von Abend zu Abend dramatisch variiert? Überdies haben wir es mit Oswald zu tun. Wir haben ihn so oft hysterisch erlebt und dann wieder als den überlegensten Mann, was die Raumdeckung betraf. Wenn wir uns durch alle Wechselfälle dieses Buches bewegt haben, ohne zu begreifen, daß der Abstand zwischen seiner gelungensten und seiner schlechtesten Leistung ein breites Spektrum abdeckt, dann haben wir herzlich wenig gewonnen. Wir müssen nur seinen Rundfunkauftritt bei Stuckey in New Orleans mit dem jämmerlichen brieflichen Erguß aufgrund seines dyslektischen Handicaps zwei Wochen später vergleichen – oder seinen hysterischen Ausbruch beim KGB in Mexiko mit der Kaltblütigkeit, mit der er die Fragen von Captain Fritz im Polizeipräsidium in Dallas konterte.
Also ist die eigentliche Frage nicht, ob Oswald die Fertigkeit hatte, die Tat zum erfolgreichen Abschluß zu bringen, sondern ob er eine Killermentalität hatte. Doch auch diese Definition ist zu simpel. Es besteht wenig Zweifel, daß jeder von uns unter entsprechendem Streß ein potentieller Mörder, Selbstmörder oder eine Kombination von beidem ist. Genauer formuliert lautet die Frage: Hatte Oswald unter diesem extremen Umständen das Zeug zu einem Killer?
Wir wissen inzwischen eine ganze Menge über Oswald. Unter der Voraussetzung, daß wir die wesentlichsten Fakten gesammelt haben – eine kühne

Behauptung, wenn man es mit Lee Harvey zu tun hat – bleibt kaum ein Zweifel, daß er den Abzug selbst betätigt hat. Wozu hätte er sein Mannlicher-Carcano an jemanden anderen ausleihen sollen? Das wäre wohl kaum die ausreichende Ersatzhandlung eines Mannes gewesen, wie wir ihn in diesem Buch beschrieben haben, ganz abgesehen davon, daß er trotzdem tief in die Geschichte verstrickt gewesen wäre, aber nur als kleines Rädchen. Wenn jemand seinen Charakter in diesem Punkt fehlinterpretiert, dann hat er ihn völlig mißverstanden. (25) Allerdings kann niemand sicher sein, daß unser Protagonist nicht nur der Killer war, sondern auch völlig allein handelte. Unsere persönliche Ansicht, um damit endlich herauszurücken, steht 3 zu 4, daß er ohne allen Zweifel schuldig ist und der einzige Akteur bei diesem Attentat war. Zu wenig ist nach wie vor über die Kontakte von CIA und FBI zu Oswald an die Öffentlichkeit gedrungen, um ihn plausibler zu überführen. Da gibt es zum Beispiel diesen ominösen vierten Schuß aus der Richtung des Grashügels. Wenn es diesen Schuß gegeben haben sollte, mußte er nicht von einem Mitverschwörer Oswalds abgefeuert worden sein. Es hätte ein anderer einsamer Killer gewesen sein können, oder ein Verschwörer, der mit einer anderen Gruppe paktierte. Da die Könige und politischen Führer großer Nationen sich in regelmäßigen Abständen der Öffentlichkeit präsentieren müssen, können wir eine spezielle Eigenheit des Kosmos sogar voraussagen – die Zufälle häufen sich derart, daß sie schließlich wie vorherbestimmt im Brennpunkt des Geschehens explodieren. Es liegt nicht außerhalb des Bereichs der Möglichkeiten, daß zwei Killer in völlig unterschiedlicher Absicht in denselben, die Welt erschütternden Sekunden geschossen haben.

Gleichwohl steht keine dieser Theorien im Widerstreit mit der Vorgabe, daß Oswald – soweit ihm bekannt war – ein einzig und allein auf sich selbst gestellter Attentäter war. Alle Einblicke, die wir in ihn nehmen konnten, weisen ihn als absoluten Einzelgänger aus. Darüber hinaus, welches gangbare Szenario man sich auch zusammenzimmert, ist es geradezu lachhaft, anzunehmen, daß irgendwer innerhalb einer Verschwörung ihn als Schützen ausgesucht hätte. Andere Dilettanten möglicherweise. Aber niemals Profis. Wer konnte sich darauf verlassen, daß er sein Ziel treffen würde? Jede konzertierte Aktion, die ihn auf diesen Posten gehievt hätte, mußte damit rechnen, daß er danebenschießen würde.

Damit sind wir beim letzten Fragenkomplex: Warum suchte sich Oswald Kennedy aus?

Jeder Zeuge, der sich an seine gelegentlichen Bemerkungen über Kennedy erinnert, stimmt darin überein – und Übereinstimmung ist eines der sel-

tensten Beweisphänomene! –, daß Oswald JFK mehr oder weniger als guten Präsidenten ansah und daß er ihn mochte. Wenn wir Oswalds reflex-
hafte Fähigkeit in Betracht ziehen, wie auf Kommando zu lügen, stellt sich
die Frage, ob er lediglich ein Lippenbekenntnis lieferte, um auch die Spur
eines Anscheins zu vermeiden, vor allem vor Marina, daß er den großen
Plan zu einem solchen Attentat schon im Kopf hatte. Da es ihm allerdings
in Dallas oder New Orleans bis in die letzten Novemberwochen an jeder Gelegenheit mangelte, dem Thron so nahe zu kommen, daß er die Tat begehen konnte, ist die wahrscheinlichere Annahme, daß er Kennedy möglicherweise mochte, wie er einen herkömmlichen Politiker eben schätzen
konnte, aber daß schlußendlich solche Gefühle herzlich wenig mit seiner Tat
zu tun hatten. Es geht nicht darum, daß er auf Kennedy schoß, weil er ihn
mochte oder nicht mochte – das wäre für die tiefe Bedeutung seiner Tat völlig irrelevant gewesen.
Der Schwerpunkt hatte sich verlagert. Wenn wir erkennen, daß wir diesen
Punkt nur auf die Wahrscheinlichkeit von Oswalds Schuld untersuchen,
und nicht aufgrund einer fundierten Erklärung, was war dann die wirkliche Absicht seiner Tat?

4
Charakter

Die Antwort ergibt sich aus unserem Verständnis seiner Person: es war die
größte Gelegenheit, die ihm jemals geboten worden war.
Die Ermordung eines Präsidenten würde eine seismische Wirkung haben.
Für die Amerikaner würden die Nachbeben bis zum Ende des Jahrhunderts
oder länger nicht aufhören. Er würde ebenfalls die Russen und die Kubaner
bestrafen. Sie würden über Jahrzehnte an den Nebeneffekten zu leiden haben. Und damit hatte er sich über den Kapitalismus und den Kommunismus erhoben. Über beide! Er hatte, wie er es sah, die himmelstürmende
Hingabe und das Potential eines Mannes wie Lenin. Auch wenn wir wissen,
daß er keine von Lenins Fähigkeiten besaß, gewaltige Ziele sowohl philoso-
phisch wie organisatorisch zu erreichen, verfügte Oswald zumindest über
denselben felsenfesten Glauben an das triumphale Ende, das die alltägliche
Plackerei rechtfertigen würde. Den tiefsten Abgrund seiner Verzweiflung erreichte er immer dann, wenn er sich selbst nicht mehr als den Wegbereiter
einer neuen Weltordnung erkennen konnte.

Angesichts seiner Demütigung in Mexiko und seiner dürftigen Rolle während der Wochenenden in Irving besteht die Wahrscheinlichkeit, daß Oswalds politische Ideologie schließlich in den Stromkreis des Nihilismus geraten war – die Dinge mußten ungeheuer viel schlechter werden, bevor sie besser werden konnten. Wir können uns dabei auf den Entwurf seines politischen Programms beziehen, den er auf dem Briefpapier der Holland-Amerika-Linie niederlegte:

Ich frage mich, was geschehen würde, wenn einer aufstünde und sagte, daß er nicht nur in äußerstem Gegensatz zur Regierung stehe, sondern auch zum Volk, zum ganzen Land und zu den gesamten Grundlagen seiner Gesellschaftsform. (26)

Die ganze Begründung für den Mord an Kennedy steckt in diesem Satz. Zitieren wir noch einmal aus »Mein Kampf«:

Schon damals ersah ich, daß hier nur ein doppelter Weg zum Ziele einer Besserung dieser Zustände führen könne:

Tiefstes soziales Verantwortungsgefühl zur Herstellung besserer Grundlagen unserer Entwicklung, gepaart mit brutaler Entschlossenheit in der Niederbrechung unverbesserlicher Auswüchslinge. [In der Originalausgabe kursiv gedruckt] (27)

Kennedy hatte die Fähigkeit, dem amerikanischen Verantwortungsbewußtsein wieder Hoffnung zu geben. Das alleine war Grund genug, zu »brutaler Entschlossenheit in der Niederbrechung unverbesserlicher Auswüchslinge« aufzurufen. Kennedy war in der Reihe der amerikanischen Präsidenten kein schlechter Präsident; dazu war er zu gut. Im tiefsten Sinne hatte er, wie Oswald es sah, den »Auswüchsling« bereits geortet – es lag also daran, daß Kennedy eben zu gut war. Die Welt war in der Krise, und die gesellschaftliche Notwendigkeit erforderte Bedingungen, die endlich deutlich machten, daß eine neue Form von Gesellschaft geschaffen werden müsse. Sonst würden die Krebsgeschwüre des Kapitalismus in Verbindung mit der sowjetischen Herabwürdigung des Kommunismus die Menschen auf einen Punkt hinunterziehen, an dem sie allen Willen, eine neue Welt zu erschaffen, verlieren würden.

Eine Explosion im Zentrum der Selbstzufriedenheit des amerikanischen Establishment wäre genau die erforderliche Schocktherapie, um die Welt wachzurütteln.

Es ist fraglich, ob Oswald einen solchen Weltenplan wirklich mit sich ausfocht. Er verfügte wohl über einen Instinkt, der ihm sagte, daß er etwas Ungeheuerliches tun müsse, und das rasch, und zwar im Interesse seines eigenen Wohlbefindens. Der Mörder tötet, um selbst zu genesen – das ist der eigentliche Grund, warum Mord als verwerflich betrachtet wird. Er ist die selbstsüchtigste aller Taten.

McMillan: Die unerklärliche Wahl einer Route, die ihm den Präsidenten unmittelbar unter sein Fenster brachte, konnte nur eines bedeuten. Er war vom Schicksal auserwählt, die gefährliche, aber notwendige Aufgabe zu erfüllen, die nur ihm vorbehalten war, und durch die er in die Geschichte eingehen würde. (28)

Damals im März in der Neely Street schrieb er in einem Brief an seinen Bruder Robert Oswald: »Es ist immer besser, die Gelegenheit beim Schopf zu packen«. (29)

Auf diese Art könnte Oswald seine Überzeugung ausgedrückt haben, daß sich uns das Universum durch die Möglichkeiten erschließt, die es uns bietet. Da der Präsident unter den Fenstern des Schulbuchlagers vorbeifuhr, hatte er nicht das Recht, eine solche monumentale Chance frevlerisch zunichte zu machen. Kein anderer Mensch war wie er dafür geschaffen, diese Situation, die »ihm durch eine göttliche Gnade gewährt worden war«, schreibt McMillan, zu nutzen,

um dem Kapitalismus den letzten, tödlichen Schlag zu versetzen. Er würde nicht nach rechts oder nach links schlagen, sondern gleich auf den Kopf zielen. Es war ihm vorbestimmt, das amerikanische politische System zu enthaupten. Er war vom Schicksal zum Henker auserwählt. (30)

In Priscilla Johnson McMillans Interpretation wird allerdings außer Betracht gelassen, daß Oswald nach dem Attentat die Wahl hatte. Er hatte die Chance, nicht das Werkzeug, sondern die Hauptfigur zu sein. Der letztere Fall konnte nur eintreten, wenn er gefangengenommen und vor Gericht gestellt würde. Wenn es ihm gelingen sollte, unentdeckt zu bleiben, würde er wieder in die Bedeutungslosigkeit zurücksinken. Das hatte er nach dem Attentatsversuch auf Walker erfahren müssen.

Gefangennahme dagegen würde ihm einen hohen Aufmerksamkeitsgrad sichern. Und wenn er eingesperrt würde, hatte er den Charakter, um alleine in einer Zelle zu leben; er war daran schon mehr als halb gewöhnt. Ja, er konnte sein bisheriges Leben als Vorbereitung dafür betrachten, viele Jahre im Gefängnis zu verbringen.

Es könnte durchaus der Gedanke an den Prozeß gewesen sein, der ihn anfeuerte. Was für eine Arena! Ein solcher Schauprozeß konnte die Geschichte verändern, die Törichten zum Denken bringen, die Lethargischen aufrütteln, die Machthaber in Verwirrung stürzen. So fühlte er sich zwischen dem kreatürlichen Fluchtdrang und der Erkenntnis gespalten, daß Gefangennahme, Prozeß und Einkerkerung ihm ein ungleich erhabeneres Schicksal bestimmen würden. Wenn ihm die Flucht nicht gelingen sollte, konnte er seine Geschichte erzählen. Und wenn er zwanzig Jahre bekäme, konnte er an seiner politischen Agenda feilen, wie es vor ihm bereits Hitler, Stalin und Lenin getan hatten. Und falls die Todesstrafe über ihn verhängt würde, wäre er wenigstens unsterblich.

Was er wahrscheinlich nie in Erwägung zog, war, daß die Furien, die er entfesselt hatte, ihn verschlingen würden, bevor er auch nur eine seiner umwälzenden Ideen vortragen konnte. Die erste Tat, mit der er sich um einen heroischen Prozeß brachte, waren die vier Schüsse, die er auf Tippit abfeuerte. Es besteht wohl kaum ein Zweifel, daß er in Panik handelte. In dem Moment, in dem er Tippit tötete, kam die gewaltige, himmelhoch aufragende Architektur seiner Ideologie, die nur aus den Spielkarten seiner politischen Einbildung errichtet war, zum Einsturz. Er kannte die Amerikaner gut genug, um zu wissen, daß einige seinen Ideen Gehör schenken würden, wenn er einen Präsidenten tötete, aber nahezu alle würden von einem Killer abgestoßen sein, der einen Polizisten, einen Familienvater, niedermähte. Mit dem Mord an Tippit hatte er seinen großen Plan, eines der Orakel der Geschichte zu sein, zunichte gemacht. Nun mußte er eine Verteidigung aus dem Ärmel zaubern: Ich bin ein Sündenbock.

Es hätte Oswald gleichwohl aufs Empfindlichste gekränkt, wenn er gewußt hätte, daß die Geschichte ihn nicht als Helden, sondern als Anti-Helden einstufen würde. Er ging an jenem letzten Morgen zur Arbeit, ließ Reste von Instantkaffee in einem Plastikbecher zurück, und zwei Tage später fuhr er zum Olymp unserer nationalen Zwangsvorstellungen auf – er wurde zu unserem Gespenst Nummer eins.

Oswald verfügte über alles, was ein Gespenst ausmacht – maßlosen Ehrgeiz, Hinterlist, Missionsdrang und die namenlose Enttäuschung eines abrupten Todes in dem Augenblick, in dem sich der langgehegte Traum persönlicher Bedeutung zu verwirklichen begann. Gibt es einen Amerikaner in unserem Jahrhundert, der – als Lebender ein Versager – uns nach seinem Tode mehr heimsuchte?

Das letzte Wort überlassen wir Lees Halbbruder John, den er so selten sah:

Mr. Pic: Seit ich alt genug war, mich zu erinnern, hatte ich immer das Gefühl, daß Lee von einer großen Tragödie heimgesucht werden würde.

Auch am Tag des Attentats dachte ich daran, als ich mich auf den Weg zur
Arbeit machte. Ich hielt sein Überlaufen und die Rückkehr für seine
Tragödie. Und ich mußte feststellen, daß es etwas anderes war. (31)

5
Elegie der Witwe

Erst wurde Jacqueline Kennedy zur Witwe, dann Marina. Als die zweite Witwe weiß sie nicht mehr, was sie wissen soll. Hinter ihr liegen dreißig Jahre
mit Interviews, mehr als tausend Stunden Interviews, und die Fragen hören
nicht auf. Sie ist wahrscheinlich die letzte lebende Raucherin, die es auf vier
Schachteln pro Tag bringt. Woran hätte sie sich auch sonst festhalten sollen?
Die Vergangenheit ist voller Schuld, die Zukunft voller Angst. Nur die Gegenwart ist klar: sie mißtraut den Motiven der Fremden, die sie ansprechen.
Jetzt fühlt sie wieder, wie die Wände um sie herum näher rücken und sie zu
erdrücken drohen. Wenn sie an das Geschehene denkt, nicht mit Selbstmit-
leid, wie sie selbst sagt, sondern in der Hoffnung, den Druck zu mildern, der
auf ihr lastet, fürchtet sie zu ersticken. Sie kann die Nacht in New Orleans
nicht vergessen, als Lee auf der Veranda saß und weinte.
Es fällt ihr schwer, sich an Einzelheiten zu erinnern. Nach ihrer Aussage vor
der Warren-Kommission wurde sie von allen Seiten als Lügnerin beschuldigt, aber wenn sie gelogen haben sollte, dann war sie sich dessen nicht bewußt gewesen, denn sie schwamm in einem undurchdringlichen Nebel. Erinnerungen tauchten auf und verschwanden. Ein Selbstschutzmechanismus
hatte die Kontrolle übernommen, um ihre Seele vor der Zerstörung zu retten. Leute munterten sie dauernd auf: »Sie sind so tapfer«, aber mit Tapfer-
keit hatte das nichts zu tun. »Das steckt in jedem Menschen – du entschließt
dich für das Leben, mehr nicht. Du wagst es nicht, zu sterben.«

Jetzt, mit 52, steht Marina über solchen Etiketten wie: gute Frau, böse Frau,
Hexe, Heldin, arme Dulderin oder verwöhntes Ding. »Man kann alles in einer Person vereinen«, sagt Marina. »Du kannst heute ein Schuft und morgen ein Held sein.«
»Wenn wir Lees Charakter ergründen wollen, möchte ich für mich selbst
herausfinden, wer er war. War er wirklich so mies? – was ich selbst schon
glaube – aber es ist für mich ein hartes Stück Arbeit, denn ich will ihn eigentlich nicht verstehen. Ich muß Ihnen gleich vorweg sagen – ich mag Lee

nicht. Ich bin wütend auf ihn. So wütend. Wenn ein Mensch stirbt, hadern die Hinterbliebenen. Sie haben den Toten so lange geliebt und sagen: ›Warum tust du mir das an?‹ Bei mir ist das etwas anderes. Ich sage: ›Wie kannst du es wagen, mich im Stich zu lassen? Unter solchen Umständen? Du stirbst einfach, und ich bleibe zurück und lecke meine Wunden.‹ Egal, ich bin mir ganz sicher, daß er es nicht war, auch wenn ich immer noch wütend auf ihn bin. Mit Frau und Kind kann man solche Spielchen nicht spielen. Ich glaube wirklich, er hatte einen Auftrag, vielleicht schon, als er nach Rußland ging, aber das muß ich erst noch herausfinden. Das in Amerika geschah nicht aus heiterem Himmel, es war eine Fortsetzung. Ich muß für mich die Lösung finden, ich will weder Sie noch die amerikanische Öffentlichkeit davon überzeugen. Ich glaube, man hat ihn nach Rußland geschickt. Ich habe keinerlei Beweis dafür. Ich habe nichts. Ich glaube, er war menschlicher, als man ihn dargestellt hat. Ich versuche nicht, einen Engel aus ihm zu machen, aber er hat mich angezogen, weil er anders war, er hat meinen Horizont erweitert, und alle anderen Männer, die ich gewollt hätte, hatte man mir weggenommen, oder sie wollten mich nicht.«

Niemals wird sie vergessen können, wie er an ihrem letzten gemeinsamen Abend in Irving um ihre Gunst buhlte und sie ihn zurückwies. Sie hatte sich vorgenommen: Wenn ich jetzt nicht hart bleibe, wird er es nie begreifen und weiter lügen. O. H. Lee wird seine Scheinexistenz niemals aufgeben. Mach dir nichts vor.

Später machte sie sich Vorwürfe. Und wenn er meine Nähe wirklich gebraucht hätte? Was ist, wenn ich ihn in diese schlimme Gemütsverfassung gebracht habe? Es quält und verfolgt sie. Wenn wir uns in dieser letzten Nacht geliebt hätten? Aber sie sei die falsche Adresse, sagt sie, denn sie sei nicht sexuell eingestellt. Sinnlich, aber nicht sexuell. Sie sei keine Expertin, und sie könne auch nicht erzählen, wie großartig etwas gewesen sei, weil sie es nie erfahren habe. Für sie kein Beethoven oder Tschaikowskij, nicht im Bett, kein großes Finale.

MARINA: Die texanische Sonne ist mir zu heiß, zu hart und zu grell. Ich liebe den Mond. Er ist kühl und schimmert, wie die Anflüge meiner Melancholie. Manche Menschen schimmern, manche leuchten und manche verbrennen dich. Wissen Sie, was ich meine? Ich bin nicht wie die Sonne, ich bin ein Mond.

Ich schaue mir Amerika an, es ist großartig. Aber gehen Sie in den verdammten Supermarkt – es gibt 200 Sorten Frühstücksflocken. Dabei ist alles eigentlich nur Hafer, Getreide… Nur damit jemand noch ein paar Mil-

lionen machen kann. Es ist so überflüssig. Wenn das Fortschritt oder Vielfalt sein soll, dann sind wir dumm, wenn wir das wollen. 300 Tüten voller Gift, und vielleicht zwei oder drei, die brauchbar sind. Ich glaube nicht, daß wir nach dieser Art von Fortschritt streben sollten. Finden Sie, daß ich Blödsinn rede oder nur herummeckere?
INTERVIEWER: Nein, Sie haben recht.

Nach dem Attentat stand sie oft an der Schwelle zum Selbstmord. Sie hatte den Ozean für nichts überquert. Trotzdem versuchte sie zu überleben. Es war ein einsames Leben. Was ihre Qual ins Unerträgliche steigerte, war die Ungewißheit, ob sie ihn am Schluß nicht mehr geliebt habe als zu Beginn. Vielleicht war das erst der Anfang der Trauer. Vielleicht! Weil sie bisher keine Gelegenheit dazu gehabt hatte. Da war nur Taubheit mit diesem ständigen Schmerz gewesen.
An diesem letzten überraschenden Donnerstag, als er zu Besuch kam, wirkte er ein bißchen wie ein Schaf, wohl wegen der O. H.-Lee-Lüge. Als er hereinkam, sagte er lieb und freundlich »Hi«, und sie sagte: »Was willst du denn hier?« – kalt und grob brutal.
Am Freitagmorgen, dem 22. November 1963, als Lee ging, stand sie nicht mit ihm auf. Eigentlich wollte sie, aber er sagte: »Kümmer dich um nichts. Schlaf weiter.« Und er verließ leise das Haus.
Am Abend zuvor war sie erst nach ihm zu Bett gegangen. Er schlief bereits oder tat so. Als sie nachts aufwachte und nach dem Baby sah, betrachtete sie ihn. Das einzige Licht kam von einem sehr schwachen Nachtlämpchen. Lees Anblick machte ihr Angst. Sie berührte ihn mit dem Fuß, aber er stieß ihn weg. Dann lag er bewegungslos, wie tot. Sie fragte sich: Ist er tot? Er sah so still aus. Sie konnte seinen Atem nicht mehr hören. Sie mußte sich ganz nah über ihn beugen, um seinen Atem zu spüren – sie dachte, er wäre tot.

Wie seltsam! All die Jahre hat sie nicht vergessen, daß sie sich sagte: Gott sei Dank! Er lebt. Er blieb die ganze Nacht totenstill und rührte sich nicht. Am Morgen trank er Instantkaffee aus einem Plastikbecher und ging zur Arbeit. Sie sitzt in einem Sessel, eine zierliche Frau Anfang Fünfzig, die schmalen Schultern in solcher seelischen Qual und unter soviel Schuld nach vorne gebeugt, daß man sie trösten möchte, wie man ein Kind festhält. Was von ihrer früheren Schönheit übriggeblieben ist, sind ihre außergewöhnlichen Augen, wie blaue Diamanten, mit einem Schimmer, der gleichsam eine göttliche Entschädigung ist für all das tote Gewicht, das immer auf ihrer Brust lasten wird, ein Abglanz davon, daß sie einen winzigen Blick in die Ewigkeit tun durfte, der anderen nicht vergönnt ist. Vielleicht ist es der Funke, der Opfern verliehen wird, die wie die Götter gelitten haben.

6
Die dritte Witwe

Marguerite Oswald: Ich glaube nicht, daß dieser Brief zu den anderen gehört. Darf ich ihn bitte sehen? Ist das ein Brief aus Rußland? Ich glaube nicht, soweit ich das von hier aus sehen kann.
Mr. Rankin: Es scheint aber so zu sein, Mrs. Oswald. Sprechen sie von Beweisstück Nr. 198?
Marguerite Oswald: Ja. Es tut mir leid. Ich dachte, es handle sich um einen anderen wichtigen Brief in dieser Größe, der möglicherwiese zwischen die russischen Briefe geraten ist. Sie müssen entschuldigen, Chief Justice Warren, aber es handelt sich dabei um ein ziemlich großes Unterfangen. (32)

Den ganzen Tag über, während der gesamten Befragung, hat sie in ihrem Stapel Briefe herumgefummelt und »Dokumente, Gentlemen« hervorgezaubert, die nichts weiter beweisen, als daß auch sie ihr Teil an den Nächten hatte, die mit unerträglichen Verdachts-Szenarios erfüllt waren. Ihre Briefe sind in der juristischen Sphäre der Hearings der Warren-Kommission wenig hilfreich. Sie hat darin nur ihre Zeit mit Belanglosigkeiten vertan, auch wenn der Besitz dieser Briefe für sie so bedeutend ist wie Grabsteine. Und wer versetzt die Grabsteine auf dem Familienfriedhof?

Die Befrager werden allmählich gereizt:
Abgeordneter Boggs: Warum ist Ihr Sohn nach Rußland übergelaufen?
Marguerite Oswald: Das kann ich nicht mit Ja oder Nein beantworten, Sir. Ich muß die ganze Geschichte aufrollen, sonst hat es keinen Sinn. Und damit bin ich vor dieser Kommission schon den ganzen Tag beschäftigt gewesen – eine Geschichte mitzuteilen.
Abgeordneter Boggs: Ich schlage vor, daß Sie sich kurz fassen.
Marguerite Oswald: Ich kann mich nicht kurz fassen. Ich möchte damit sagen, daß ich außerstande bin, es kurz zu machen. Dies ist mein Leben und das Leben meines Sohnes, die beide in die Geschichte eingehen werden. (33)

Marguerite hat soviel Tadel, Verachtung und Hohn von anderen Leuten erfahren müssen (einschließlich der kaum verhüllten Feindseligkeit der Warren-Kommission), daß keine Notwendigkeit besteht, sie in noch ungünstigerem Licht erscheinen zu lassen – zumindest hat es als sicher zu gelten, daß jede Mißbildung in Lee Oswalds Charakter, oder nahezu jede, auf sie zurückzuführen ist. Doch ist es, auch wenn wir dies alles für gegeben nehmen, schwierig, nicht eine vorsichtige Sympathie für Marguerite Claverie Oswald zu empfinden. Wie bei Lee arteten all ihre seelischen Beweggründe in harte Arbeit aus, und alles, was sie mit den besten Absichten zuwege zu bringen suchte, scheiterte – vor allem ihr offensichtliches Sehnen, ein wenig Liebe von ihren Söhnen zu empfangen, so viel Liebe wenigstens, um ihren herben Stolz zu befriedigen. Es ist nicht erfreulich, Marguerites Leben durch ihre eigene Brille zu sehen. Alle Söhne verlassen sie, sobald sie nur können, und ihre aufsässigen Frauen – aufsässig in ihren Augen – haben keine Vorstellung von ihrer Sehnsucht, eine nette Schwiegermutter zu sein. Ihre Opfer sind zahlreich und zu greifen – aber ihre Liebe wird nicht erwidert. Nur Verbannung von ihren Kindern und eisiges Schweigen. Und dann wird ihr Liebling beschuldigt, den Präsidenten ermordet zu haben. Im tiefsten Inneren ihres Herzens muß sie sich die Frage stellen, ob er es wirklich getan hat – sie weiß, wie weit er gehen kann.

Ehrabschneider werden einwerfen, wie sehr Marguerite Oswald das Rampenlicht genoß, nachdem er von ihr gegangen war, und sie haben recht: ihre Sucht nach Aufmerksamkeit war nicht geringer als seine – sie sprach zum ersten Mal in ihrem Leben vor großem Publikum, und es war ein enormer Schritt vorwärts von jenem Job als Verkäuferin in New York, aus dem sie wegen nicht zu beseitigenden Körpergeruchs gefeuert worden war.

Dennoch müssen wir in die Waagschale werfen, daß sie trotz all ihrer neuerworbenen Bekanntheit in Einsamkeit starb, verseucht von Krebs, der im Gegensatz zu den abgrundtiefen Geschwüren ihrer seelischen Wunden diagnostizierbar war. Nein, sie hatte ihr Leben, und es gäbe wohl keinen, der mit ihr tauschen wollte, aber irgendwo in den Amtskorridoren der karmischen Wiederaufbereitung streitet sie vermutlich mit einem der Sortierer, weil sie mit dem ihrer Meinung nach viel zu niedrigen Status ihrer nächsten Wiedergeburt ganz und gar nicht einverstanden ist. »Ich habe einem der berühmtesten und bedeutendsten Amerikaner, die jemals lebten, das Leben geschenkt!« wird sie dem Büro-Engel erzählen, der ihre Geschichte zu Protokoll nimmt.

INTERVIEWER: Haben Sie hier überhaupt Familie?

MARGUERITE: Ich habe keine Familie. Punkt. Ich habe drei Söhne zur Welt gebracht, ich habe Schwestern, Nichten und Neffen, ich habe Enkelkinder und ich bin völlig allein. Das beantwortet Ihre Frage, und ich möchte kein Wort mehr darüber hören. (34)

Da steht sie also mit ihrem vorwurfsvollen Ego und ihrem Selbstbetrug, ihrer Einsamkeit, die sie erhobenen Hauptes erträgt, obwohl die Kälte bis in die Knochen dringt, und all den brennenden Schwären endloser Erniedrigungen.

Dennoch hat sie das Zeug zu einer Dickens-Figur. Marguerite Oswald kann es als literarisches Knetmaterial mit Micawber oder Uriah Heep aufnehmen. Kein Wort, das aus ihrem Mund kommt, verfälscht ihren Charakter; jeder Satz trägt ihren unverwechselbaren Stempel. Wenige Menschen ohne ein schriftstellerisches Motiv würden für längere Zeit ihre Gesellschaft suchen, aber ein Romancier würde Marguerite zu schätzen wissen. Sie erledigt für ihn seine ganze Arbeit.

Nach diesen bescheidenen Erwägungen ist es Zeit, unsere traurige Geschichte über einen jungen Amerikaner zu beenden, der im Ausland lebte und in ein Grab nach Texas zurückkehrte. Sagen wir also Lee Harvey Oswalds langem und entschlossenen Traum von politischem Triumph, weiblicher Billigung und einem erhabenen Schicksal Lebewohl. Wer von uns kann behaupten, daß das nicht auch irgendwie unser aller Traum ist? Wenn es nicht Theodore Dreiser und sein letztes großes Werk gäbe, hätten wir gerne »Eine amerikanische Tragödie« als Titel für diese Reise durch Oswalds traumatisches Leben gewählt.

ANHANG

Namenverzeichnis

Pseudonyme sind in Anführungszeichen angegeben. Bisweilen wird eine Person auf Wunsch nur bei ihrem Vornamen genannt. Einige Frauen, die vor der Warren-Kommission aussagten, wurden nur mit dem Namen ihrer Ehemänner genannt (beispielsweise Mrs. John Doe anstelle von Mary Doe) und werden in diesem Glossar auch so aufgeführt.

THOMAS AAGSHAW: Oswalds Zimmergenosse auf dem Luftwaffenstützpunkt in Atsugi, Japan

JOHN ABT: Ein New Yorker Anwalt, mit dem Oswald nach seiner Verhaftung in Dallas versuchte, in Kontakt zu treten

ROSA AGAFONOWA: Chef-Übersetzerin im Intourist-Büro des Hotels Berlin in Moskau

ALEXANDER AIMSCHENKO: Leiter des Moskauer OVIR (Paß- und Visabüro) 1959

ADRIAN ALBA: Besitzer einer Autowerkstatt neben der Reily Coffee Co.

ALBINA: Freund der Zigers

ALIK: Spitzname für Oswald, den seine russischen Freunde und Bekannten am häufigsten benutzten

ALJOSCHA: Spitzname, den Oswald von Stellina erhalten hat

ALKA Variante von Alik

»OBERST ANDREJEW«: KGB-Offizier, der Juri Mereschinski befragte

DEAN ADAMS ANDREWS: Anwalt, in dessen Kanzlei Oswald erschien

RICHARD ANYDER: Konsul in der Amerikanischen Botschaft, Moskau, zum Zeitpunkt von Oswalds Ankunft

DON RAY ARCHER: Polizei Detective aus Dallas, der bei Oswalds Ermordung anwesend und an der Verhaftung Rubys beteiligt war

EUSEBIO AZCUE: Konsul an der Kubanischen Botschaft in Mexiko City im Jahre 1963

MARRION BAKER: Polizeibeamte in der Motorrad-Eskorte Kennedys

SAMUEL BALLEN: Leitender Angestellter, der sich auf Wunsch von George De Mohrenschildt mit Oswald traf

GUY BANISTER: Pensionierter FBI-Agent, der als Privatdetektiv arbeitete, während Oswald in New Orleans war

TOMMY BARGAS: Oswalds Vorgesetzter bei Leslie Welding

PAULINE VIRGINIA BATES: Beeidigte Stenographin, die Teile von Oswalds Manuskript über das Leben in der UdSSR auf der Schreibmaschine geschrieben hat

GALINA (GALJA) BELJANKIN: Juri Beljankins Ehefrau, Model, die Marina und Lee kannte

JURI BELJANKIN: Ein in Moskau wohnender Filmvorführer, der Marina und Lee traf, während er in Minsk arbeitete

MARY BLEDSOE: Oswalds erste Vermieterin, als er im Oktober 1963 aus Mexiko City nach Dallas zurückkehrte

KONSTANTIN (KOSTJA) BONDARIN: Student am Medizinischen Institut in Minsk; 1961 für kurze Zeit einer von Marinas Freunden

638

PROFESSOR BONDARIN: Mitglied der Fakultät des Medizinischen Instituts in Minsk
GEORGE BOUHE: Inoffizieller Führer des Komitees der russischen Emigranten in Dallas
JOHN BOWEN: Oswalds Kollege bei Jaggars-Chiles-Stovall
ELMER BOYD: Polizeibeamter aus Dallas, der bei einigen der Verhöre Oswalds zwischen dem 22. und dem 24. November 1963 anwesend war
HOWARD BRENNAN: Ein Zeuge, der einen Schützen in einem Fenster des Texas School Book Depository gesehen hat
JOHNNY BREWER: Manager eines Schuhgeschäfts, der Oswald in das Texas Theatre gehen sah, ohne daß er bezahlte, und die Kassiererin die Polizei rufen ließ
CARLOS BRINGUIER: Kubanischer Anti-Castro Exilant; einer von Oswalds Opponenten in der Radio-Debatte in New Orleans
EMILE BRUNEAU: Freund von Charles Murret; sorgte für die Kaution für Oswald nach dessen Verhaftung in New Orleans
EDWARD BUTLER: Chef des antikommunistischen Information Council of the Americas; einer von Oswalds Opponenten in der Radio-Debatte in New Orleans
RICHARD CALL: Diente mit Oswald im USMC in Kalifornien
DONALD CAMARATA: Diente mit Oswald im USMC in Japan
JOHN CARRO: Sozialarbeiter, der Oswald während seines Aufenthaltes im Erziehungsheim in New York 1953 kannte
GALI CLARK: Russische Emigrantin, die die Oswalds in Dallas kannte
MAX CLARK: Anwalt in Dallas, mit Gali Clark verheiratet
PETER CONNOR: Diente mit Oswald im USMC in Japan
SHERMAN COOLEY: Diente mit Oswald im USMC Boot Camp
LARRY CRAFARD: »Mädchen für alles« in Jack Rubys Nachtclub
JESSE CURRY Polizeichef in Dallas
NAPOLEON (GATOR) DANIELS: Diente mit Oswald im USMC in Japan
NELSON DELGADO: Diente mit Oswald im USMC in Kalifornien
GEORGE DE MOHRENSCHILDT: Russischer Emigrant; Oswalds bester Freund in Dallas
JEANNE DE MOHRENSCHILDT: George De Mohrenschildts vierte und letzte Frau
WILLIAM DONOVAN: Oswalds Radar-Ausbilder im USMC in Kalifornien
SILVIA DURAN: Sekretärin des kubanischen Konsuls an der Kubanischen Botschaft in Mexiko City im September 1963
LYDIA DYMITRUK: Russische Emigrantin, die die Oswalds in Dallas kannte
MYRTLE EVANS: Half Oswald, ein Apartment zu finden, als er im Frühling 1963 nach New Orleans zurückkehrte
JOHN FAIN: FBI-Agent, der Oswald nach seiner Rückkehr in die USA in Dallas befragte
DAVID FERRIE: Partner von Guy Banister und Gruppenführer der Civil Air Patrol in New Orleans, in der Oswald als Teenager Mitglied war
DECLAN FORD: Katja Fords Ehemann
KATYA FORD: Russische Emigrantin, die die Oswalds in Dallas kannte
WESLEY FRAZIER: Ruth Paines Nachbar und ein Angestellter beim Texas School Book Depository
WILL FRITZ: Captain der Polizei von Dallas; führte hauptsächlich die Verhöre nach Oswalds Verhaftung
GALINA (GALJA): Marinas Halbschwester
MRS. JESSE GARNER: Vermieterin der Oswalds in der Magazine Street in New Orleans

639

JIM GARRISON: Bezirksstaatsanwalt von New Orleans, der Clay Shaw, einen prominenten Geschäftsmann vor Gericht brachte wegen Verschwörung zur Ermordung Kennedys

PHILLIP GERACI: Ein Teenager, der in Carlos Bringuiers Geschäft in New Orleans war, als Oswald den kubanischen Exilanten das erste Mal aufsuchte

ELLA GERMANN: Oswalds Kollegin in der Radio-Fabrik, der er neun Monate den Hof machte

PAWEL GOLAWATSCHEW: Oswalds Freund und KGB-Informant

JOHN GRAEF: Oswalds Vorgesetzter bei Jaggars-Chiles-Stovall

EVA GRANT: Eine von Jack Rubys Schwestern

STEPAN WASSILJEWITSCH GREGORIEW: KGB-Offizier in Minsk; mit dem Fall Oswald betraut

PETER PAUL GREGORY: Aus Rußland stammender Öl-Ingenieur, der die Oswalds in Dallas kannte

»IGOR IWANOWITSCH GUSMIN«: Chef der Gegenspionage, KGB, Weißrußland, zum Zeitpunkt der Ankunft von Oswald in Minsk

ANNA HALL: Russische Emigrantin, die die Oswalds in Fort Worth kannte

JAMES HOSTY: FBI-Agent, der zweimal bei Ruth Paine auftauchte, um Oswald zu sprechen

INESSA: Marinas Freundin in Minsk

»IRINA«: Marinas Freundin in Leningrad

WILLIAM JARMAN: Oswalds Kollege im Texas School Book Depository

KATJA: Arbeiterin in der Radio-Fabrik in Minsk

ALEX KLEINLERER: Russischer Emigrant, der die Oswalds in Dallas kannte

NELLJA KORBINKA: Studentin am Fremdsprachen-Institut in Minsk, mit der Oswald eine Affäre gehabt haben will

LUDMILLA KUSMITSCH: Larissas ältere Schwester; Frau von Michail Kusmitsch und Waljas und Iljas Nachbarin

MICHAIL KUSMITSCH: Arzt im MVD; Iljas Kollege und Nachbar; Larissas Schwager

VALERY KOSTIKOW: KGB-Offizier in der Russischen Botschaft in Mexiko City

LARISSA (LJALJA): Marinas beste Freundin in Minsk; Nachbarin von Walja und Ilja

CHARLES LEBLANC: Kollege von Oswald bei der Reily Coffee Co.

LIBESIN: Parteisekretär in der Minsker Radio-Fabrik

CARLOS MARCELLO: Mafia-Boss in New Orleans

»GENERAL MAROW«: Aus drei hochrangigen KGB-Offizieren, die anonym bleiben wollten, gebildete fiktive Person

FRANCIS MARTELLO: Lieutenant der Polizei von New Orleans, der Oswald nach seiner Festnahme wegen der Auseinandersetzung mit Bringuier verhörte

PRISCILLA JOHNSON MCMILLAN: Amerikanische Schriftstellerin, die Oswald in Moskau interviewte; Biographin von Marina

ALEXANDER MEDWEDEW: Marinas Stiefvater

KLAWDIJA (KLAWA) MEDWEDEW (GEB. PRUSOKOWA): Marinas Mutter

ANNA MELLER: Russische Emigrantin, die die Oswalds in Dallas kannte

JURI MERESCHINSKI: Student am Medizinischen Institut in Minsk; Sohn hochrangiger Wissenschaftler

LAWRENCE MEYERS: Freund von Jack Ruby

DAVID CHRISTIE MURRAY: Diente mit Oswald im USMC

CHARLES (DUTZ) MURRET: Oswalds Onkel; Lillian Murrets Ehemann
DOROTHY MURRET: Oswalds Cousine; Lillian Murrets Tochter
JOHN MURRET: Lillian Murrets Sohn; Oswalds Cousin
JOYCE MURRET O'BRIEN: Lillian Murrets Tochter
LILLIAM MURRET: Schwester von Marguerite Oswald
NALIM: KGB-Spitzname für Oswald
OLEG NECHIPORENKO: KGB-Offizier in der Russischen Botschaft in Mexiko City
NIKOLAEW: Ingenieur, Kollege von Ilja in Archelansk; wird von der Prusakow-Familie für Marinas leiblicher Vater gehalten
HAROLD NORMAN: Kollege von Oswald im Texas School Book Depository
HART ODUM: FBI-Agent, der Marina nach dem Attentat mehrmals befragte
DENNIS OFSTEIN: Kollege von Oswald bei Jaggars-Chiles-Stovall
YAEKO OKUI: Junge Japanerin, mit der sich Oswald bei einer Party ausführlich unterhielt
MACK OSBORNE: Diente mit Oswald im USCM in Kalifornien
MARINA PRUSAKOWA OSWALD: Ehefrau von Lee Harvey Oswald
ROBERT OSWALD: Oswalds älterer Bruder
VADA OSWALD: Robert Oswalds Ehefrau
MICHAEL PAINE: Von Ruth Paine getrennt lebender Ehemann
RUTH PAINE: Marinas Freundin, in deren Haus sie, June und Rachel lebten, nachdem Oswald aus New Orleans nach Dallas zurückgekehrt war
INNA PASENKO: Studentin am Fremdsprachen-Institut Minsk
OREST PENA: Besitzer der Habana-Bar in New Orleans
JOHN PIC: Oswalds älterer Halbbruder
MARGERY (MARGY) PIC: John Pics Ehefrau
SASCHA PISKALEW: Medizinstudent; Marinas Verehrer in Minsk
JERRY PITTS: Diente mit Oswald im USCM
DANIEL POWERS: Diente mit Oswald im USCM
MAX PROCHORTSCHIK: Arbeiter in der Radio-Fabrik in Minsk; Ehemann von Ella Germann
ILJA PRUSAKOW: Marinas Onkel; Oberst im MVD
TATJANA PRUSAKOWA: Marinas Großmutter; Iljas Mutter
WALJA PRUSAKOWA: Marinas Tante; Iljas Ehefrau
JOHN QUIGLEY: FBI-Agent, der Oswald nach seiner Verhaftung in New Orleans verhörte
EVARISTO RODRIGUEZ: Barkeeper in der Habana-Bar in New Orleans
MIGUEL RODRIGUEZ: Diente mit Oswald in Japan; wurde von Oswald angegriffen, was zu dem zweiten Verfahren vor dem Kriegsgericht gegen Oswald führte
JACK RUBY: Nachtclub-Besitzer in Dallas, der Oswald erschoß
VOLKMAR SCHMIDT: Deutscher Geologe, von De Mohrenschildt mit Oswald bekanntgemacht
GEORGE SENATOR Jack: Rubys Freund; teilte sich mit ihm die Wohnung
GORDON SHANKLIN: Leitete das FBI-Büro in Dallas
RIMMA SCHIRAKOWA: Oswalds Intourist-Führerin in Moskau
SONJA: Arbeiterin in der Radio-Fabrik in Minsk
FORREST SORRELS: Agent des Secret Service in der Wagenkolonne von Kennedy
STELLINA: Leiterin von Intourist, Hotel Minsk

EVELYN STRICKMAN: Sozialarbeiterin, die sowohl Oswald als auch seine Mutter während dessen Aufenthalt im Erziehungsheim in New York 1953 befragte

WILLIAM STUCKEY: Radioreporter, der ein Interview mit Oswald nach dessen Verhaftung in New Orleans sendete und die Radiodebatte organisierte

»TANJA«: Intourist-Führererin vom Hotel Minsk, die mit Oswald einige Monate ausging; KGB-Quelle

INNA TATSCHINA: Studentin am Fremdspracheninstitut, mit der Oswald eine Affäre gehabt haben will

OLEG TARUSSIN: Marinas treuester Verehrer in Leningrad

ALEXANDRA TAYLOR: George De Mohrenschildts Tochter

GARY TAYLOR: George De Mohrenschildts Schwiegersohn

KERRY THORNLEY: Diente mit Oswald im USMC in Kalifornien

ERICH TITOVEZ: Englisch sprechender Student am Medizinischen Institut, Minsk; Oswalds bester Freund in Minsk

J. D. TIPPIT: Polizist in Dallas, der eine Stunde nach JFK erschossen wurde

MRS. MAHLON TOBIAS: Vermieterin der Oswalds in der Elsbeth Street

SANTO TRAFFICANTE: Mafia-Don von Tampa

ROY TRULY: Oswalds Vorgesetzter im Texas School Book Depository

JOHN VOEBEL: Oswalds Freund in der High School in New Orleans

IGOR VOSCHININ: Russischer Emigrant, der die Oswalds in Dallas kannte

MRS. IGOR VOSCHININ: Russische Emigrantin, die die Oswalds in Dallas kannte

GENERAL EDWIN A. WALKER: Gallionsfigur der rechtsextremistischen John Birch Society in Dallas, auf den ein Attentatsversuch unternommen wurde

WILLIAM WHALEY: Taxifahrer in Dallas, der Oswald nach dem Attentat in seine Pension fuhr

BONNIE RAY WILLIAMS: Kollege von Oswald im Texas School Book Depository

ALEXANDER ZIGER (DON ALEJANDRO): Ingenieur in der Radio-Fabrik in Minsk und Freund von Oswald

ALBINA ZIGER: Alexander Zigers Tochter

ANITA ZIGER: Alexander Zigers Tochter

ELEONORA ZIGER: Alexander Zigers Tochter

MRS. ZIGER: Alexander Zigers Ehefrau

Danksagung

Unserer besonderer Dank gilt:

Ludmila Pereswetowa, die über neun Monate unsere Dolmetscherin und Übersetzerin bei allen Interviews war, und deren starke Persönlichkeit in diesem Buch ihren Niederschlag gefunden hat;

Marina Oswald Porter, die sich die Qual eines fünftägigen Interviews in Dallas auferlegt hat, für ihre Ehrlichkeit, mit der sie alte Wunden öffnete, um einen Zipfel der Wahrheit zu entdecken;

meinem guten Freund, dem Privatdetektiv William Majeski, für seine scharfsinnigen Beobachtungen während unserer Zusammenarbeit in Dallas und New Orleans;

Mary McHughes Ferrell für ihre grenzenlose Energie und ihre Großzügigkeit, mit der sie uns ihre umfangreichen Archive über das Kennedy-Attentat zur Verfügung stellte. Von besonderer Hilfe waren Mary Ferrells Arbeiten über Oswalds Finanzen. Ein zusätzlicher Dank gilt Gary Shaw, Mary Ferrells Freund und Mitarbeiter

und Jim Lesar vom Assassination Archive and Research Center, Washington, D.C., der für dieses Buch freundlicherweise alle zwölf Bände des HSCA zur Verfügung stellte, die sich mit dem Kennedy-Attentat befassen.

Unser Dank gilt folgenden Personen für ihre Bereitschaft, sich von uns interviewen zu lassen (Pseudonyme sind in Anführungszeichen angegeben): Rosa Agafonowa, Ljuba Aksjonowa, Galina und Juri Beljankin, Musja Berlowa, Konstantin Bondarin, Walentin Borowzow, Arzt im Botkin-Krankenhaus, Olga Dmowskaja, Leonid Benzianowitsch Gelfant, Ella Germann, »Stepan Wassilewitsch Gregoriew«, Romana Aleksandra Gregoreewna, Pawel Golawatschew, Ludmilla und Mischa Kusmitsch, »Igor Iwanowitsch Gusmin«, Nadascha und Dementi Maknowez, Galina Makowskaja, »General Marow«, Juri Mereschinski, Lidija Semjonowna Mereschinski, Walentin Jurewitsch Michailow, Oleg Netschiporenko, Stellina Pajaluista, Sascha Piskalew, Inna Andrejewna Pasenko (der außerdem Anerkennung für ihre Hilfe als Übersetzerin bei speziellen Projekten gebührt), Galina Semjonowna Prokaptschuk, Maks Prochortschik, Polina Prusakowa, Walentina (Walja) Prusakowa, Janina Sabela, Tamara Sankowskaja, Larissa (Ljalja) Sewostjanowa, Albina Schaljakina, Rimma Semjonowna Schirakowa, Anatoli Schpanko, Stanislaw Schuschkewitsch, Aleksandr Simtschenko, Sonja Skopa, Mischa Smolski, Natascha Gregoriewna Titowez, Leonid Stepanowitsch Tsagiko, Raisa Maksimowna Wedeneewa, Inessa Jachiel, Raisa Romanowna Schinkewitsch, Mrs. Alexander Ziger.

Zwei Interviews, an denen uns viel gelegen wäre, waren leider nicht mehr möglich. Don Alejandro Ziger lebte 1992 in Argentinien und starb, bevor wir Verbindung mit ihm aufnehmen konnten. Alex Levine interviewte seine Witwe, jedoch hat Mrs. Ziger ein gesegnetes Alter erreicht, in dem ihr Hauptanliegen darin besteht, niemandem Schwierigkeiten zu machen. Was sie über Oswald sagte, war allgemein gehalten – »Er war ein netter junger Mann.«

Der Versuch, Erich Titowez zu interviewen, entwickelte sich zu einer frustrierenden Angelegenheit. Wir trafen Titowez insgesamt sieben Mal, aber er gab uns kein Interview. Wie er uns sagte, wollte er selbst ein Buch über Oswald schreiben. Da alle unsere

643

Bemühungen im Sande verliefen, beschlossen wir, seinen Charakter einzig anhand seiner Beziehungen zu anderen darzustellen.

Den folgenden Personen gebührt unser Dank für ihre Unterstützung: Genrich Borowik, Lenord Komarow, Anatoli Michailow, Sergei Pankowski, Stanislaw Schuschkewitsch, Dmitri Volkogonow sowie den KGB-Mitarbeitern in Minsk und Moskau, die uns ihre Namen nennen durften: Eduard Iwanowitsch Schirakowski, Iwan Chrebrowski, Walentin Demidow, Juri Kobaladse, Aleksei Kondaurow.

Des weiteren danken wir für die Hilfe, die uns durch unsere Mitarbeiter in Minsk zuteil wurde: Sascha Batanow, Tammy Beth Jackson, Robert Libermann, Keith Livers, Marat, Sascha Paltschinkow.

In den Vereinigten Staaten danken wir für die Unterstützung von: Lauren Agnelli, Henrietta Alves, Stephanie Chernikowski, Ingrid Finch, Tamara Gritsai, Boris Komorov, Alex Levine (in Buenos Aires), Maggie Mailer, Julianna Pereswetowa, Ferris Rockstool III, Marc Schiller, Anatoly Walushkin und Jason Epstein, Harry Evans, Andrew Carpenter, Oksana Kushnir, Beth Pearson, Veronica Windholz von Random House.

Unseren Dank und Respekt zollen wir den beeindruckenden Erkenntnissen und Nachforschungen Edward Epsteins, und unser kollegialer Gruß gilt auch den folgenden Autoren, deren Werke in dieses Buch mit einbezogen sind: Jean Davison, Don DeLillo, Gaetan Fonzi, Oleg Netschiporenko, Carl Oglesby, Gerald Posner, Richard Russell und Anthony Summers. Eine Würdigung Hitlers verbietet sich von selbst. Auch Robert Oswald, William Manchester, Frank Ragano, Selwyn Raab und David Wise dürfen in der Liste derer, denen unser Dank gilt, nicht fehlen.

Schließlich ist noch besonders auf den Beitrag von Priscilla Johnson McMillan einzugehen. Ihr Buch »Marina and Lee« spielte im zweiten Band eine gewichtige Rolle. Auch wenn ich mit ihrer Interpretation von Lees Leben und Charakter keineswegs übereinstimme (warum hätte ich sonst selbst ein Buch schreiben sollen?), gibt es kein Buch über Lees und Marinas Ehe in den Vereinigten Staaten, das auch nur annähernd so ausführlich ist. Mrs. McMillan ist nicht nur die erste, sondern vielleicht die einzige Autorin, die erkannt hat, daß die Persönlichkeit von Lee Harvey Oswald über seine Ehe zu entschlüsseln ist.

Anmerkungen

Allgemeines:

1. Alle Erinnerungen Marina Oswalds stammen – sofern sie nicht in den folgenden Anmerkungen anders zugeordnet sind – aus Interviews, die der Autor und Laurence Schiller speziell für diese Buch mit ihr geführt haben.

2. Lee Harvey Oswald litt an Dyslexie; dies zeigt sich in unterschiedlichem Ausmaß in praktisch allen seinen schriftlichen Unterlagen. Um dem Leser die Lektüre zu erleichtern und um den Gedanken Oswalds gerecht zu werden, wurden seine Orthographie- und Interpunktionsfehler in allen Auszügen aus seinen Briefen, seinem »Historic Diary« und anderen Schriftstücken korrigiert, sofern im Text nicht anders vermerkt.

644

3. Da die Hearings der Warren-Kommission nach Mitschriften veröffentlicht und nicht sorgfältig, wenn überhaupt, redigiert worden sind, gibt es zahlreiche kleine Unstimmigkeiten – zum Beispiel unterschiedliche Schreibweisen eines russischen Namens. Diese gelegentlichen Abweichungen wurden entsprechend ihrer Bedeutung behandelt und, wo notwendig, mit einer Anmerkung versehen.

Abkürzungen in den Zitaten:

WC Testimony, Bd.: Zeugenaussage vor der Warren-Kommission aus den 26 Bänden Hearings and Exhibits (Anhörungen und Beweisdokumente), die den Bericht der Warren-Kommission (Warren Commission Report) begleiten, unter Angabe der Band- und Seitenzahl.

WC Hearings, Bd: Affidavits und andere Dokumente, die dem Bericht der Warren-Kommisssion beigefügt sind, unter Angabe der Band- und Seitenzahl.

CE: Commission Exhibit (Kommissions-Beweisdokument) (gefolgt von Exhibit, Band und Seitenzahl). Bestimmten Exhibits wurden von der Warren-Kommission Namen zugeordnet, und diese Form wurde, wo angebracht, beibehalten, z. B. Paine Exhibit Nr. 1.

HSCA Report: House Select Committee Report on Assassinations (Bericht des Parlamentarischen Untersuchungsausschusses für politisch motivierte Attentate) (Ausgabe U.S.Government Printing Office)

HSCA, Bd: Die zwölf Kennedy-Bände der Hearings und Anhänge des House Select Committee on Assassinations, unter Angabe der Band- und Seitenzahl.

Quellenverweise

ERSTER BAND: OSWALD IN MINSK MIT MARINA

Zweiter Teil
Oswald in Moskau

(1) Aus dem von Oswald »Historic Diary« genannten Tagebuch, das nach seinem Tode unter seinen Papieren gefunden und von der Warren-Kommission als Beweisdokument abgedruckt wurde (Warren Commission Exhibits); CE 24, Bd. XVI, S. 94ff
(2) WC Testimony, Bd. V, S. 264
(3) ebenda, S. 266f
(4) ebenda, S. 279ff
(5) CE 943, Bd. XVIII, S. 157
(6) CE 942, Bd. XVIII, S. 156
(7) Priscilla Johnson McMillan, »Marina and Lee«, S. 83ff
(8) In seinem »Historic Diary« gibt Oswald manchmal Geldbeträge in alten

Rubel und manchmal in neuen Rubel an. Alle hier genannten Zahlen beziehen sich auf neue Rubel, wobei das Verhältnis 1:10 ist. Z. B. erhielt Oswald vom Roten Kreuz 5.000 Rubel (alte Währung), die nunmehr 500 Rubel entsprachen. Sein Lohn betrug folglich 70 Rubel (neue Währung) monatlich.
(9) WC Testimony, Bd. V, S. 294

Dritter Teil
Oswalds Arbeit, Oswalds Flamme

(1) Dieser Tagebuchauszug ist aus dem von Oswald so genannten »TAGEBUCH (eigene Seite), welches nicht Teil des offiziellen Tagebuchs ist«; CE 2759, Bd. XXVI, S. 144
(2) In seinem Historic Diary buchstabierte Oswald Inna Tatschinas Namen »Ennatatschina«. Diese Schreib-

weise wurde korrigiert, um Mißverständnisse zu vermeiden.

(3) In seinem Historic Diary buchstabiert Oswald Nellja Korbinka (Inna Pasenko bezieht sich auf sie auf S. 111)»Nell Korobka«. Um Mißverständnisse zu vermeiden, wurde der Name korrekt Nellja Korbinka geschrieben.

(4) In dem Tagebuchtext bezieht sich Oswald wieder auf Inna Tatschina als »Enna«. Der Name wurde korrigiert, um Mißverständnisse zu vermeiden.

Vierter Teil
Marinas Freunde, Marinas Verehrer

(1) McMillan, a.a.O., S.71f

Fünfter Teil
Werbung und Hochzeit

(1) In den Niederschriften ihrer Zeugenaussagen vor der Warren-Kommission werden sowohl Marina als auch Marguerite Oswald (Lees Mutter) als »Mrs. Oswald« bezeichnet. Ebenso wird Robert Oswald (Lees Bruder) stets als »Mr. Oswald« bezeichnet. Der Autor hat immer dort, wo Zeugenaussagen dieser drei Personen zitiert werden, die Vornamen hinzugefügt.

(2) WC Testimony, Bd. I; S 90ff

(3) CE 994, Bd. XVIII, S. 597ff
Marinas Erzählung datiert vom 4. Januar 1964; McMillan, a.a.O., S. 583. In der Übersetzung der Warren-Kommission dieses Dokuments wurde der Name Juri Yuriy geschrieben. Der Autor hat dies verbessert, um Mißverständnisse zu vermeiden.

(4) CE 994, Bd. XVIII, S. 605

(5) CE 1401, Bd. XXII, S. 750

(6) CE 994, Bd. XVIII, S. 606

(7) ebenda, S. 607ff

(8) ebenda, S. 608

Sechster Teil
Eines langen Jahres Reise in die Heimat

(1) CE 932, Bd. XVIII, S. 133

(2) ebenda, S. 133f

(3) CE 1084, Bd. XXII, S. 31

(4) WC Testimony, Bd. V., S. 278

(5) CE 251, Bd. XVI, S. 251

(6) CE 1085, Bd. XXII, S. 33

(7) CE 969, Bd. XVIII, S. 366

(8) CE 970, Bd. XVIII, S. 367

(9) CE 252, Bd. XVI, S. 704ff

(10) CE 960, Bd. XVIII; S. 340; 343

(11) CE 977, Bd. XVIII, S. 378ff

(12) CE 1122, Bd. XXII, S. 87

(13) CE 305, Bd. XVI, S. 833

(14) CE 1122, Bd. XXII, S. 88

(15) CE 66-I, Bd. XVI, S. 226

(16) CE 53, Bd. XVI, S. 191

(17) CE 56, Bd. XVI, S. 196

(18) CE 55, Bd. XVI, S. 193

Siebter Teil
Vater, Mutter, Kind

(1) CE 2744, Bd. XXVI, S. 120

(2) CE 309, Bd. XVI, S. 852

(3) CE 185, Bd. XVI, S. 544

(4) CE 985, Bd. XVIII, S. 433

(5) CE 311, Bd. XVI, S. 857f

(6) CE 189, Bd. XVI, S. 554

(7) WC Testimony, Bd. I, S. 193f

(8) CE 1058, Bd. XXII, S. 9

(9) ebenda, S. 10

(10) CE 256, Bd. XVI, S. 717f

(11) CE 1101, Bd. XXII, S. 51

(12) CE 2743, Bd. XXVI, S. 117

(13) CE 190, Bd. XVI, S. 558

(14) CE 314, Bd. XVI, S. 865

(15) CE 1081, Bd. XXVII, S. 28

(16) CE 223, Bd. XVI, S. 613

(17) CE 192, Bd. XVI, S. 562

(18) CE 1082, Bd. XXII, S. 29

(19) CE 193, Bd. XVI, S. 564f

(20) McMillan, a.a.O., S. 173

(21) CE 63, Bd. XVI, S. 212

In den Exhibits der Warren-Kommission finden sich, je nach Übersetzer, unterschiedliche Schreibweisen als Transliterationen des Namens Alik – wie Aleck und Alek – aus dem Russischen. Der Autor hat diese vereinheitlicht, um Mißverständnisse zu vermeiden.

(22) CE 37, Bd. XVI, S. 162
(23) CE 40, Bd. XVI, S.169
(24) CE 60, Bd. XVI, S. 206
(25) CE 64, Bd. XVI, S. 213f
(26) CE 61, Bd. XVI, S. 207
(27) Der KGB hat Oswald tatsächlich zwei Spitznamen gegeben: Den am häufigsten verwendeten, oben genannten »Lichoi« und – seltener – »Nalim« (was tückisch, aalglatt bedeutet). Dieser Bericht verwendet hier »Nalim«; der Autor hat sich die Freiheit genommen, es durch das bekanntere »Lichoi« zu ersetzen.
(28) CE 1086, Bd. XXII, S. 35
(29) CE 2687, Bd. XXVI, S. 47
(30) SOV ist die inoffizielle Abkürzung des State Department der Abteilung für Angelegenheiten mit der ehemaligen Sowjetunion.
(31) James Exhibit Nr. 2, Bd. XX, S. 236f
(32) CE 2686, Bd. XXVI, S. 47
(33) CE 823, Bd. XVII, S. 723f
(34) CE 1315, Bd. XXII, S. 488
(35) CE 196, Bd. XVI, S. 573
(36) CE 317, Bd. XVI, S. 877f
(37) James Exhibit Nr. 5, Bd. XX, S. 242
(38) CE 2688, Bd. XXVI, S. 48
(39) James Exhibit Nr. 4, Bd. XX, S. 241
(40) James Exhibit Nr. 6, Bd. XX, S. 243
(41) CE 1105, Bd. XXII, S. 62
(42) CE 318, Bd. XVI, S. 880f
(43) Aus einem Bericht der FBI-Agenten Anatole A. Boguslaw und Wallace R. Heitman. CE 1401, Bd. XXII, S. 755
(44) CE 833, Bd. XVII, S. 790

Achter Teil
Im Vorzimmer der Geschichte

(1) Oswald hat in Frage 6 zwei Fehler bezüglich der Daten gemacht. In der linken Spalte schrieb er »Frühjahr 1961«, was hier korrigiert wurde zu »Frühling 1962«. In der rechten Spalte wurde sein Juli 1962 gleichfalls korrigiert zu Juli 1961.
(2) CE 100, Bd. XVI, S.436ff
(3) CE 25, Bd. XVI, S. 106ff
(4) WC Testimony, Bd. I, S. 318
(5) CE 994, Bd. XVIII, S. 616
(6) WC Testimony, Bd. I, S. 313f
(7) CE 994, Bd. XVIII, S. 617f
(8) WC Testimony, Bd. I, S. 330ff
(9) ebenda, S. 131f
(10) WC Testimony, Bd. VIII, S. 331ff
(11) CE 823, Bd. XVII, S. 728f
(12) WC Testimony, Bd. I, S. 689
(13) CE 132, Bd. XVI, S. 503ff

ZWEITER BAND:
OSWALD IN AMERIKA

Erster Teil
Frühe Jahre, Militärzeit

(1) WC Testimony, Bd. I, S. 225
(2) WC Testimony, Bd. XI, S. 11f
(3) WC Testimony, Bd. VIII, S. 106f
(4) ebenda, S.160
(5) ebenda, S. 103
(6) WC Testimony, Bd. XI, S. 17
(7) ebenda, Bd. XI, S. 27
(8) ebenda
(9) ebenda, S. 28
(10) WC Testimony, Bd. VIII, S. 112
(11) WC Testimony, Bd. XI, S. 29
(12) ebenda, S. 30
(13) WC Testimony, Bd. VIII, S. 119
(14) WC Testimony, Bd. XI, S. 75
(15) WC Testimony, Bd. I, S. 226
(16) WC Testimony, Bd. XI, S. 37ff
(17) WC Testimony, Bd. I, S. 226f

(18) WC Testimony, Bd. XI, S. 39; 41f
(19) WC Testimony, Bd. I, S. 227
(20) WC Testimony, Bd. VIII, S. 205
(21) ebenda, S. 209ff
(22) Siegel Exhibit Nr. 2, Bd. XXI, S. 497; 501
(23) ebenda, S. 485
(24) ebenda, S. 497ff
(25) ebenda
(26) WC Testimony, Bd. XI, S. 43
(27) WC Testimony, Bd. I, S. 228
(28) Siegel Evidence Nr. 2, Bd. XXI, S. 503ff
(29) ebenda, S. 505
(30) WC Testimony, Bd. VIII, S. 207
(31) ebenda, S. 209
(32) WC Testimony, Bd. VIII, S. 124
(33) ebenda, S. 127
(34) ebenda, S. 131
(35) ebenda, S. 125
(36) ebenda, S. 132
(37) WC Testimony, Bd. I, S. 200
(38) WC Testimony, Bd. VIII, S. 2ff
(39) ebenda, S. 7; 9f
(40) ebenda, S. 19
(41) ebenda, S. 18
(42) CE 2240, Bd. XXV, S. 140f
(43) WC Testimony, Bd. XI, S. 4
(44) CE 1127, Bd. XXII, S. 101f
(45) WC Testimony, Bd. I, S. 256
(46) WC Testimony, Bd. VII, S. 319
(47) ebenda, S. 270
(48) Edward J. Epstein, »Legend«, S. 352
(49) ebenda, S. 355
(50) ebenda, S. 357
(51) ebenda, S. 620, Anm. 1
(52) ebenda, S. 358f
(53) ebenda, S. 621, Anm. 7
(54) WC Testimony, Bd. VIII, S. 280
(55) WC Testimony, Bd. VIII, S. 316
(56) Epstein, a.a.O, S. 363f
(57) ebenda, S. 621, Anm. 11
(58) ebenda, S. 365
(59) ebenda, S. 359
(60) ebenda
(61) WC Testimony, Bd. VIII, S. 275
(62) Epstein, a.a.O, S. 620, Anm. 3

(63) ebenda, S. 366
(64) Folsom Evidence Nr. 1, Bd. XIX, S. 683
(65) Epstein, a.a.O, S. 367
(66) ebenda
(67) ebenda, S. 620, Anm. 4
(68) ebenda, S. 367f
(69) ebenda, S. 360
(70) ebenda, S. 621, Anm. 6
(71) ebenda, S. 368
(72) ebenda, S. 369
(73) ebenda, S. 369f
(74) ebenda, S. 370
(75) Epstein, a.a.O, S. 373
(76) ebenda, S. 374
(77) WC Testimony, Bd. VIII, S. 322f
(78) ebenda, S. 321
(79) ebenda, S. 233f
(80) ebenda, S. 240f
(81) ebenda, S. 291f
(82) ebenda, S. 300
(83) ebenda, S. 292f
(84) WC Testimony, Bd. XI, S. 87
(85) ebenda, S. 89ff
(86) ebenda, S. 94f
(87) Epstein, a.a.O, S. 264, Anm. 8–11
(88) ebenda, S. 376f
(89) CE 200, Bd. XVI, S. 580
(90) WC Testimony, Bd. VIII, S. 297f
(91) WC Hearings, Bd. VIII, S. 317
(92) HSCA-Bericht, S. 371
(93) CE 1127, Bd. XXII, S. 100f
(94) CE 206, Bd. XVI, S 594f
(95) WC Testimony, Bd. I, S. 205ff
(96) ebenda
(97) ebenda

Zweiter Teil
Nächstenliebe in Fort Worth

(1) WC Testimony, Bd. I, S. 136
(2) McMillan, a.a.O., S. 234
(3) WC Testimony, Bd. I, S. 6; 5
(4) ebenda, S. 136
(5) CE 984, Bd. XVIII, S. 619
(6) WC Testimony, Bd. IV, S. 416ff
(7) WC Testimony, Bd. I, S. 133ff

(8) WC Testimony, Bd. II, S. 338f
(9) WC Testimony, Bd. VIII, S. 351f
(10) ebenda, S. 363f
(11) ebenda, S. 371f
(12) ebenda, S. 384
(13) WC Testimony, Bd. I, S. 134f
(14) McMillan, a.a.O., S. 242
(15) WC Testimony, Bd. VIII, S. 380
(16) WC Hearings, Bd. XI, S. 122
(17) WC Testimony, Bd. II, S. 305
(18) WC Testimony, Bd. IX, S. 72
(19) WC Testimony, Bd. VIII, S. 436f
(20) WC Testimony, Bd. I, S. 10f
(21) ebenda, S. 138f
(22) WC Testimony, Bd. VIII, S. 383
(23) ebenda, S. 365
(24) ebenda, S. 397
(25) ebenda, S. 376
(26) De Mohrenschildts Name wird an
     verschiedenen Stellen der Proto-
     kolle de Mohrenschildt oder De
     Mohrenschildt geschrieben. Da die
     Warren-Kommission die letztere
     Schreibweise wählte, entschied
     man sich, dem zu folgen, wenn-
     gleich die korrekte Schreibweise
     vermutlich die erstere ist.
(27) McMillan, a.a.O., S. 265
(28) WC Testimony, Bd. IX, S. 99
(29) ebenda, S. 222
(30) HSCA, Bd. XII, S. 75
(31) ebenda, S. 76
(32) ebenda, S. 153
(33) ebenda, S. 115
(34) ebenda, S. 183f
(35) ebenda, S. 97
(36) ebenda, S. 111
(37) WC Testimony, Bd. IX, S. 225
(38) ebenda, S. 228
(39) ebenda, S. 273
(40) ebenda, S. 282
(41) ebenda, S. 266
(42) ebenda, S. 241
(43) ebenda, S. 236
(44) ebenda, S. 237
(45) ebenda, S. 242
(46) ebenda, S. 243

(47) HSCA, Bd. XII, S. 116
(48) WC Testimony, Bd. IX, S. 261ff
(49) ebenda, S. 235
(50) ebenda
(51) ebenda, S. 253; 264
(52) Norman Mailer, »Harlot's Ghost«,
     S. 414ff
(53) Epstein, a.a.O., S. 558f

Dritter Teil
Dunkle Tage in Dallas

(1) HSCA, Bd. XII, S. 89
(2) WC Testimony, Bd. IX, S. 96
(3) ebenda, S. 78
(4) WC Testimony, Bd. I, S. 138
(5) WC Testimony, Bd. IX, S. 82f
(6) WC Testimony, Bd. X, S. 166
(7) ebenda, S. 165
(8) Als sie 1964 als Zeugin aussagte,
     war Alexandra von Gary geschie-
     den und wieder verheiratet. Die
     Niederschrift bezeichnet sie als
     »Mrs. Gibson«; ihr Vorname wurde
     zur Klarheit hinzugefügt.
(9) WC Testimony, Bd. XI, S. 148
(10) ebenda, S. 134f
(11) WC Testimony, Bd. X, S. 178
(12) WC Testimony, Bd. IX, S. 86
(13) ebenda, S. 233
(14) WC Testimony, Bd. VIII, S. 366
(15) McMillan, a.a.O., S. 254
(16) McMillan,a.a.O., S. 257f
(17) Adolf Hitler, Mein Kampf, S. 25
(18) ebenda, S. 35
(19) ebenda, S. 20f
(20) ebenda, S. 578f
(21) WC Testimony, Bd. VIII, S. 467f
(22) WC Hearings, Bd. XI, S. 120
(23) Hitler, a.a.O., S. 485
(24) ebenda, S. 34
(25) WC Testimony, Bd. IX, S. 48
(26) WC Testimony, Bd. IX, S.323f
(27) WC Testimony, Bd. XI, S. 127f
(28) WC Hearings, Bd. XI, S. 121f
(29) WC Testimony, Bd. XI, S. 143
(30) ebenda, S. 144

(31) ebenda, S. 147
(32) WC Hearings, Bd. XI, S.121f
(33) McMillan, a.a.O., S. 260
(34) WC Hearings, Bd. XI, S. 121
(35) WC Testimony, Bd. XI, S. 140f
(36) McMillan, a.a.O., S. 262
(37) WC Testimony, Bd. X, S. 239; 242f
(38) WC Testimony, Bd. VIII, S. 386
(39) McMillan, a.a.O., S. 263
(40) ebenda, S. 280f
(41) WC Testimony, Bd. IX, S. 238
(42) ebenda
(43) HSCA; Bd. XII, S. 138
(44) WC Testimony, Bd. I, S. 11
(45) WC Testimony, Bd. IX, S. 232
(46) WC Testimony, Bd. II, S. 302f
(47) McMillan, a.a.O., S. 284
(48) ebenda, S. 285
(49) CE 994, Bd. XVIII, S. 625
(50) WC Testimony, Bd. IX, S. 325
(51) McMillan, a.a.O., S. 286
(52) CE 994, Bd. XVIII, S. 625
(53) Robert Oswald mit Myrick und Barbara Land, »Lee: A Portrait of Lee Harvey Oswald«, S. 130f
(54) CE 994, Bd. XVIII, S. 624
(55) McMillan, a.a.O., S. 309
(56) ebenda, S. 309f
(57) ebenda, S. 306
(58) ebenda
(59) WC Testimony, Bd. IX, S. 319
(60) McMillan, a.a.O., S. 305
(61) Epstein, a.a.O., S. 481f
(62) Epstein, a.a.O., S. 564
(63) ebenda, S. 565
(64) WC Testimony, Bd. IX, S. 235
(65) Diese Zahlen verdankt der Autor Mary McHughes Ferrells Zusammenstellung aus den Daten der Warren Commission Testimony and Exhibits. Ihre auf den Penny genau berechneten Summen wurden hier auf Dollar gerundet.
(66) CE 994, Bd. XVIII, S. 626
(67) ebenda
(68) McMillan, a.a.O., S. 307
(69) ebenda, S. 308. Während des Interviews mit Marina bewegte Priscilla Johnson McMillan sie dazu, den Brief nochmals aus dem Gedächtnis zu schreiben, etwa eineinhalb Jahre nach der ursprünglichen Fassung.
(70) HSCA, Bd. XII, S. 172
(71) WC Testimony, Bd. X, S. 204
(72) ebenda, S. 206
(73) ebenda, S. 187
(74) Epstein, a.a.O., S. 484f
(75) McMillan, a.a.O., S. 317
(76) ebenda, S. 318
(77) WC Testimony, Bd. X, S. 167f
(78) CE 51, Bd. XVI, S. 187f
(79) CE 986, Bd. XVIII, S. 501; von der Warren-Kommission aus dem Russischen übersetzt.
(80) WC Testimony, Bd. XI, S. 299
(81) McMillan, a.a.O., S. 328
(82) ebenda, S. 329
(83) WC Testimony, Bd. X, S. 256
(84) ebenda, S. 247; 242
(85) McMillan, a.a.O., S. 332
(86) ebenda, S. 333
(87) CE 322, Bd. XVI, S. 886
(88) WC Testimony, Bd. X, S. 189
(89) Epstein, a.a.O., S. 488
(90) CE 2694, Bd. XXVI, S. 60
(91) Mary McHughes Ferrell, chronologische Zusammenstellung der Warren Commission Testimony and Exhibits.
(92) CE 2694, Bd. XXVI, S. 60
(93) McMillan, a.a.O., S. 349
(94) WC Testimony, Bd. X, S. 190
(95) McMillan, a.a.O., S. 351
(96) CE 1403, Bd. XXII, S. 779
(97) CE 1, Bd. XVI, S. 1f
(98) CE 1401, Bd. XXII, S. 756
(99) WC Testimony, Bd. XI, S. 405
(100) ebenda, S. 410
(101) Epstein. a.a.O., S. 491
(102) CE 2521, Bd. XXV, S. 730
(103) McMillan, a.a.O., S. 359
(104) Gerald Posner, »Case Closed«, S. 116
(105) WC Testimony, Bd. V, S. 446

(106) Epstein, a.a.O., S. 647, Anm. 1
(107) Posner, a.a.O., S. 116
(108) CE 1403, Bd. XXII, S. 777
(109) WC Testimony, Bd. XI, S. 293
(110) McMillan, a.a.O., S. 358
(111) ebenda, S. 357
(112) ebenda, S. 373
(113) ebenda, S. 374
(114) CE 1403, Bd. XXII, S. 777
(115) WC Testimony, Bd. V, S. 619
(116) WC Testimony, Bd. IX, S. 248ff
(117) McMillan, a.a.O., S. 349
(118) WC Testimony, Bd. IX, S. 314
(119) ebenda, S. 315
(120) ebenda
(121) ebenda, S. 316
(122) ebenda, S. 317
(123) WC Testimony, Bd. IX, S. 317f
(124) CE 994, Bd. XVIII, S. 629f
(125) WC Testimony, Bd. IX, S. 234
(126) Epstein, a.a.O., S. 648, Anm. 10: In einem Interview mit Lawrence Schiller bestätigte Marina, daß Lee das Gewehr mit den 25 Dollar kaufte und daß sie davon De Mohrenschildt erzählte und von Lee als ihrem »dummköpfigen Mann« sprach.

Vierter Teil
The Big Easy

(1) Unveröffentlichtes Interview von Lawrence Schiller mit Marguerite Oswald, 1976
(2) WC Testimony, Bd. VIII, S. 58f
(3) ebenda, S. 46
(4) ebenda, S. 46ff
(5) ebenda, S. 51f; 55
(6) McMillan, a.a.O., S. 384
(7) HSCA, Bd. XII, S. 170
(8) WC Testimony, Bd. VIII, S. 183; 186
(9) ebenda, S. 135f
(10) ebenda, S. 151
(11) ebenda, S. 136
(12) McMillan, a.a.O., S. 388
(13) Posner, a.a.O., S. 429

(14) WC Testimony, Bd. XI, S. 326f
(15) ebenda, S. 337f
(16) McMillan, a.a.O., S. 396f
(17) WC Testimony, Bd. II, S. 471
(18) McMillan, a.a.O., S. 396
(19) WC Testimony, Bd. II, S. 470
(20) WC Testimony, Bd. IX, S. 460
(21) ebenda
(22) CE 422, Bd. XVII, S. 140ff
(23) McMillan, a.a.O., S. 398f
(24) ebenda, S. 398
(25) ebenda, S. 415
(26) WC Testimony, Bd. X, S. 267f
(27) ebenda, S. 214f
(28) ebenda, S. 227
(29) ebenda, S. 225ff
(30) ebenda, S. 223
(31) CE 408, Bd. XVII, S. 88ff; übersetzt von der Warren-Kommission.
(32) WC Testimony, Bd. VIII, S. 148f
(33) CE 986, Bd. XVIII, S. 518
(34) Robert Payne, »Portrait of a Revolutionary«, S. 5
(35) Epstein, a.a.O., S. 497
(36) ebenda
(37) Lee (Vincent T.) Exhibit Nr. 2, Bd. XX, S. 512f
(38) Lee (Vincent T.) Exhibit Nr. 3, Bd. XX, S. 514ff
(39) WC Testimony, Bd. V, S. 401
(40) WC Testimony, Bd. I, S. 23
(41) CE 994, Bd. XVIII, S. 631f
(42) McMillan, a.a.O., S. 411
(43) CE 1412, Bd. XXII, S. 807
(44) ebenda, S. 805f
(45) McMillan, a.a.O., S. 417
(46) ebenda, S. 418
(47) ebenda
(48) CE 986, Bd. XVIII, S. 521f
(49) ebenda, S. 526
(50) CE 410, Bd. XVII, S. 102ff
(51) WC Testimony, Bd. X, S. 215
(52) ebenda, S. 216
(53) ebenda, S. 226
(54) McMillan, a.a.O., S. 424
(55) ebenda, S. 416
(56) McMillan, a.a.O., S. 424f

(57) Lee (Vincent T.) Exhibit Nr. 4, Bd. XX, S. 518ff
(58) WC Testimony, Bd. X, S. 90
(59) Lee (Vincent T.) Exhibit Nr. 5, Bd. XX, S. 524f
(60) McMillan, a.a.O., S. 430
(61) WC Testimony, Bd. X, S. 34ff
(62) ebenda, S. 77
(63) ebenda, S. 37
(64) ebenda, S. 38
(65) ebenda, S. 45
(66) WC Testimony, Bd. VIII, S. 145
(67) WC Testimony, Bd. X, S. 55f
(68) ebenda, S. 59f
(69) WC Testimony, Bd. IV, S. 436
(70) ebenda, S. 438
(71) McMillan, a.a.O., S. 433
(72) ebenda, S. 434
(73) WC Testimony, Bd. X, S. 39
(74) McMillan, a.a.O., S. 438
(75) WC Testimony, Bd. XI, S. 160
(76) ebenda, S. 162
(77) ebenda
(78) Stuckey Exhibit Nr. 2, Bd. XXI, S. 621
(79) ebenda, S. 622ff
(80) ebenda, S. 628ff
(81) ebenda, S. 630
(82) WC Testimony, Bd. XI, S. 165f
(83) McMillan, a.a.O., S. 440
(84) Stuckey Exhibit Nr. 3, Bd. XXI, S. 634; 637
(85) McMillan, a.a.O., S. 451f
(86) McMillan, a.a.O., S. 443
(87) CE 1404, Bd. XXII, S. 788
(88) McMillan, a.a.O., S. 444
(89) CE 93, Bd. XVI, S. 339
(90) McMillan, a.a.O., S. 463

Fünfter Teil
Protagonisten und Provokateure

(1) WC Testimony, Bd. XI, S. 341f
(2) ebenda, S. 350f
(3) ebenda, S. 361f
(4) HSCA Bericht, S. 193
(5) ebenda
(6) ebenda, S. 193f

(7) Wise, David, »The American Police State«, S. 314; 311
(8) ebenda, S. 311
(9) CE 833, Bd. XVII, S. 794
(10) Anthony Summers, »Conspiracy«, S. 290f
(11) ebenda, S. 301f
(12) Posner, a.a.O., S. 146
(13) Summers, a.a.O., S. 306
(14) Posner, a.a.O., S. 143
(15) Posner, a.a.O., S. 181f
(16) Oleg Netschiporenko, »Passport to Assassination«, S. 67
(17) ebenda, S. 67f
(18) ebenda, S. 68f
(19) ebenda, S. 70f
(20) ebenda, S. 72
(21) ebenda, S. 75
(22) ebenda, S. 76ff
(23) ebenda, S. 78f
(24) ebenda, S. 80f
(25) Posner, a.a.O., S. 185f

Sechster Teil
Oswald ex machina

(1) McMillan, a.a.O., S. 422
(2) WC Hearings, Bd. XIII, S. 479
(3) Gangl Exhibit Nr. 1, Bd. XX, S. 3
(4) McMillan, a.a.O., S. 471
(5) WC Testimony, Bd. VI, S. 403f
(6) ebenda, S. 406
(7) ebenda, S. 437
(8) WC Testimony, Bd. II, S. 509
(9) ebenda, S. 42
(10) CE 994, Bd. XVIII, S. 634
(11) WC Testimony, Bd. III, S. 213f
(12) ebenda, S. 210; 217f
(13) McMillan, a.a.O., S. 474
(14) ebenda, S. 489
(15) ebenda, S. 477
(16) CE 994, Bd. XVIII, S. 636
(17) McMillan, a.a.O., S. 492
(18) ebenda, S. 491
(19) CE 75, Bd. XVI, S. 237ff
(20) McMillan, a.a.O., S. 494f
(21) ebenda, S. 495f

(22) WC Testimony, Bd. III, S. 100
(23) McMillan, a.a.O., S. 497
(24) WC Testimony, Bd. III, S. 102
(25) McMillan, a.a.O., S. 498f
(26) CE 103, Bd. XVI, S. 443f
(27) McMillan, a.a.O., S. 507
(28) WC Testimony, Bd. III, S. 14
(29) ebenda, S. 17
(30) WC Testimony, Bd. VI, S. 437
(31) McMillan, a.a.O., S. 515f
(32) WC Testimony, Bd I, S. 65f
(33) McMillan, a.a.O., S. 522
(34) ebenda, S. 523
(35) ebenda, S. 524
(36) WC Testimony, Bd. III, S. 47
(37) McMillan, a.a.O., S. 524
(38) ebenda, S. 524f
(39) CE 2008, Bd. XXIV, S. 407
(40) CE 2009, Bd. XXIV, S. 408f
(41) WC Testimony, Bd. III, S. 68
(42) McMillan, a.a.O., S. 537
(43) William Manchester, »Death of a President«, S. 121
(44) ebenda
(45) ebenda
(46) McMillan, a.a.O., S. 528
(47) WC Testimony, Bd. VII, S. 342
(48) CE 1381, Bd. XXII, S. 681
(49) WC Testimony, Bd. III, S. 175
(50) ebenda, S. 197
(51) ebenda, S. 211
(52) ebenda, S. 345
(53) WC Hearings, Bd. V, S. 565
(54) WC Testimony, Bd. III, S. 265
(55) ebenda, S 245ff
(56) WC Testimony, Bd. VI, S. 409
(57) WC Testimony, Bd. II, S. 256
(58) WC Testimony, Bd. VI, S. 438
(59) CE 2003, Bd. XXIV, S. 203
(60) McMillan, a.a.O., S. 535
(61) Warren Report, S. 71f
(62) WC Testimony, Bd. VII, S. 6
(63) McMillan, a.a.O., S. 536
(64) WC Hearings, Bd. V, S. 565
(65) ebenda, S. 566
(66) WC Testimony, Bd. III, S. 68
(67) WC Testimony, Bd. I, S. 74

(68) CE 994, Bd. XVIII, S. 639
(69) WC Testimony, Bd. III, S. 69
(70) ebenda, S. 79
(71) WC Testimony, Bd. I, S. 75
(72) ebenda, S. 74
(73) WC Testimony, Bd III, S. 79
(74) ebenda, S. 81
(75) WC Hearings, Bd. V, S. 566
(76) WC Testimony, Bd I, S. 141ff
(77) Unveröffentlichtes Interview von Lawrence Schiller mit Marguerite Oswald, 1976
(78) WC Testimony, Bd. I, S. 141ff
(79) Unveröffentlichtes Interview von Lawrence Schiller mit Marguerite Oswald, 1976
(80) WC Testimony, Bd. I, S. 143
(81) McMillan, a.a.O., S. 543
(82) WC Testimony, Bd. I, S. 144ff
(83) WC Testimony, Bd. III, S. 83
(84) McMillan, a.a.O., S. 544
(85) ebenda
(86) WC Testimony, Bd. XV, S. 152
(87) WC Testimony, Bd. VII, S. 359
(88) WC Testimony, Bd. IV, S. 204
(89) ebenda, S. 205
(90) ebenda, S. 220
(91) ebenda, S. 204ff
(92) WC Testimony, Bd. III, S. 230
(93) WC Testimony, Bd. IV, S. 206
(94) ebenda, S. 207
(95) ebenda
(96) ebenda, S. 232
(97) ebenda
(98) WC Testimony, Bd. V, S. 218
(99) WC Testimony, Bd. IV, S. 211
(100) ebenda, S. 214
(101) ebenda, S. 216
(102) ebenda, S. 214
(103) ebenda, S. 217
(104) ebenda, S. 226
(105) ebenda, S. 225
(106) ebenda, S. 239
(107) ebenda
(108) ebenda, S. 209
(109) ebenda, S. 238
(110) ebenda, S. 210

(111) McMillan, a.a.O., S. 625, Anm. 22
(112) WC Testimony, Bd. II, S. 260f
(113) WC Testimony, Bd. IV, S. 212
(114) WC Testimony, Bd. III, S. 148
(115) WC Testimony, Bd. VII, S. 135
(116) ebenda, S. 130
(117) WC Testimony, Bd. I, S. 148f
(118) ebenda, S. 78
(119) ebenda, S. 150
(120) Oswald, a.a.O., S. 144
(121) ebenda, S. 145
(122) McMillan, a.a.O., S. 551
(123) WC Testimony, Bd. III, S. 85
(124) McMillan, a.a.O., S. 551
(125) WC Testimony, Bd. IV, S. 228f
(126) ebenda, S. 230
(127) McMillan, a.a.O., S. 552
(128) WC Testimony, Bd. I, S. 152
(129) WC Testimony, Bd. IV, S. 226
(130) WC Testimony, Bd. I, S. 156
(131) WC Testimony, Bd. IV, S. 233
(132) ebenda, S. 233f
(133) McMillan, a.a.O., S. 555
(134) WC Testimony, Bd. I, S. 235; 150
(135) WC Testimony, Bd. I, S. 156f
(136) ebenda, S. 158ff
(137) ebenda, S. 161ff
(138) Oswald, a.a.O., S. 155
(139) ebenda, S. 153f
(140) ebenda, S. 156
(141) ebenda, S. 160f
(142) WC Testimony, Bd. I, S. 166
(143) ebenda, S. 167
(144) ebenda, S. 167
(145) ebenda, S. 169
(146) ebenda
(147) ebenda, S. 169f
(148) Oswald, a.a.O., S. 162
(149) WC Testimony, Bd. I, S. 168
(150) Epstein, a.a.O., S. 532
(151) Oswald, a.a.O., S.162ff

Siebter Teil
Der Amateurrächer

(1) Interview von Lawrence Schiller mit
Jack Ruby, 1966, © Alskog, Inc.

(2) WC Testimony, Bd. V, S. 190
(3) ebenda, S. 191
(4) ebenda, S. 194
(5) ebenda, S. 195
(6) ebenda, S. 196
(7) ebenda, S. 197
(8) ebenda
(9) ebenda, S. 198
(10) ebenda, S. 198f
(11) ebenda, S. 208ff
(12) ebenda, S. 211
(13) ebenda, S. 212
(14) ebenda
(15) Frank Ragano und Selwyn Raab,
»Mob Lawyer«, S. 151
(16) ebenda, S. 152
(17) Posner, a.a.O., S. 374, CE 2303, Bd.
XXV, S. 27, zitierend
(18) WC Testimony, Bd. XIV, S. 151
(19) Posner, a.a.O., S. 376
(20) WC Testimony, Bd. XIV, S. 468
(21) Posner, a.a.O., S. 377
(22) ebenda, S. 378, das Affidavit von
George Senator vom 24. November
1963 zitierend.
(23) Posner, a.a.O., S. 378
(24) ebenda, S. 379
(25) ebenda
(26) ebenda
(27) WC Testimony, Bd. XIV, S. 221
(28) Posner, a.a.O., S. 384
(29) ebenda, S. 386
(30) ebenda, S. 387
(31) ebenda
(32) ebenda, S. 389
(33) ebenda, S. 390, WC Testimony, Bd.
XV, S. 672f, zitierend.
(34) WC Testimony, Bd. XVI, S. 632f
(35) WC Testimony, Bd. XIV, S. 236
(36) ebenda
(37) Posner, a.a.O., S. 391
(38) ebenda, S. 392f
(39) WC Testimony, Bd V, S. 199
(40) Posner, a.a.O., S. 393
(41) WC Testimony, Bd. V, S. 199
(42) WC Testimony, Bd. XII, S. 399
(43) WC Testimony, Bd. V, S. 199

(44) ebenda
(45) WC Testimony, Bd. XII, S. 400f
(46) Posner, a.a.O., S. 396
(47) ebenda, S. 395
(48) WC Testimony, Bd. XIII, S. 215
(49) Posner, a.a.O., S. 392

Achter Teil
Oswalds Gespenst

(1) WC Testimony, Bd IX, S. 274
(2) HSCA, Bd. XII, S. 73
(3) ebenda, S. 214f
(4) ebenda, S. 225
(5) ebenda
(6) ebenda, S. 225ff
(7) ebenda, S. 228f
(8) ebenda, S. 229f
(9) McMillan, a.a.O., S. 569f
(10) Posner, a.a.O., S. 118
(11) McMillan, a.a.O., S. 570
(12) Fonzi, a.a.O., S. 189ff
(13) WC Testimony, Bd. I, S. 172
(14) ebenda, S. 173f
(15) ebenda, S. 174
(16) ebenda, S. 175
(17) ebenda, S. 60f
(18) ebenda, S. 79f
(19) ebenda, S. 61
(20) McMillan, a.a.O., S. 565
(21) ebenda, S. 563
(22) ebenda, S. 568
(23) WC Testimony, Bd. XI, S. 308f
(24) WC Testimony, Bd. III, S. 411

(25) Man nimmt natürlich an, daß es Oswalds Mannlicher-Carcano-Gewehr war, das für das Attentat benutzt wurde. Sollte dies nicht der Fall gewesen sein, so stellt sich die Frage, was mit seinem Gewehr passiert ist und was in dem Paket war, das er an diesem Morgen mit zum Texas School Book Depository brachte. Warum sollte er denn sein Gewehr mit zur Arbeit bringen, wenn es nicht benutzt werden würde? Hat er es dorthin mitgenommen, um bei den anderen in Verdacht zu geraten? Es gibt viele Argumente, die den Gebrauch des Mannlicher-Carcano widerlegen könnten, doch sie alle erscheinen schwach im Lichte der Lehre des Philosophen Wilhelm von Ockham: Die einfachste Erklärung, die sämtliche Fakten abdeckt, ist wahrscheinlich die richtige.
(26) CE 25, Bd. XVI, S. 106
(27) Hitler, a.a.O., S. 29
(28) McMillan, a.a.O., S. 573
(29) CE 322, Bd. XVI, S. 886
(30) McMillan, a.a.O., S. 518
(31) WC Testimony, Bd XI, S. 49f
(32) WC Testimony, Bd. I, S. 182
(33) ebenda
(34) Unveröffentlichtes Interview von Lawrence Schiller mit Marguerite Oswald, 1976

Bibliographie

ANMERKUNG: Bei Vorliegen mehrerer Ausgaben stammen die Zitate aus den mit Stern (*) gekennzeichneten Ausgaben.

Berichte der Regierung
Report of the President's Commission on the Assassination of President John F. Kennedy (Bericht der vom Präsidenten eingesetzten Kommission zur Untersuchung der Ermordung von Präsident John F. Kennedy) und 26 Begleitbände Hearings und Exhibits. Washington, D.C.: U.S. Government Printing Office, 1964. (Der Bericht ohne Be-

gleitbände wurde auch von The Associated Press, 1964*, und von Doubleday, 1964, veröffentlicht).

Report of the Select Committee on Assassinations (Parlamentarischer Untersuchungsausschuß für politisch motivierte Attentate), US-Repräsentantenhaus, mit 12 Begleitbänden Hearings und Anhänge der Kennedy-Untersuchung. Washington, D. C.: U.S. Government Printing Office, 1979*. (Der Bericht allein wurde auch von Bantam, 1979*, veröffentlicht.)

Bücher

Epstein, Edward Jay. *Legend: The Secret World of Lee Harvey Oswald,* abgedruckt in *The Assassination Chronicles.* New York: Carroll & Graf Publishers, Inc., 1992*. (Ursprünglich veröffentlicht als *Legend: The Secret World of Lee Harvey Oswald.* New York, Reader's Digest Press/McGraw-Hill, 1978.)

Fonzi, Gaeton. *The Last Investigation.* New York: Thunder's Mouth Press, 1993; erste Paperback-Ausgabe 1994*.

Hitler, Adolf. *Mein Kampf.* München: Eher, 1933, 30. Auflage*.

McMillan, Priscilla Johnson. *Marina and Lee.* New York: Harper & Row, 1977.

Mailer, Norman. *Harlot's Ghost.* New York: Random House, 1991. In Deutsch: *Gespenster/Feinde – Das Epos der geheimen Mächte.* München, Berlin: Herbig, 1991, 1992.

Manchester, William. *The Death of a President.* London: Micheal Joseph, 1967.

Nechiporenko, Col. Oleg Maximovich. *Passport to Assassination.* New York: Birch Lane Press, 1993.

Oswald, Robert L. mit Myrick and Barbara Land. *Lee: A Portrait of Lee Harvey Oswald.* New York: Coward-McCann, 1967.

Payne, Robert. *Portrait of a Revolutionary: Mao Tse-tung.* New York: Abelard-Shuman, 1961.

Posner, Gerald. *Case Closed: Lee Harvey Oswald and the Assassination of JFK.* New York: Random House, 1993; Anchor Books, 1994*.

Ragano, Frank und Selwyn Raab. *Mob Lawyer.* New York: Charles Scribner's Sons, 1994.

Summers, Anthony. *Conspiracy.* New York: McGraw-Hill, 1980; Paragon House, 1989 und 1991*. In Deutsch: *Die Wahrheit über den Kennedy-Mord.* München, Berlin: Herbig, 1983.

Wise, David. *The American Police State: The Government Against the People.* New York: Vintage Books, 1979.

Unveröffentlichtes und sonstiges Material

Zusammenstellung der Einkünfte und Ausgaben aus den Hearings und Exhibits der Warren-Kommission, Mary McHughes Ferrell, 1993.

Interview von Lawrence Schiller mit Marguerite Oswald, 1976, © New Ingot Company.

Interview von Lawrence Schiller mit Jack Ruby, 1966, © Alskog, Inc.

Niederschrift des Dialogs, Frontline, »Who Was Lee Harvey Oswald?«, produziert von WGBH, Boston, Mass., gesendet über die Stationen von PBS, November (verschiedene Termine) 1993.